1945년 2월 얄타 정상회담에 모인 연합국 세
정상. 윈스턴 처칠, 프랭클린 루스벨트, 이오시프
스탈린.

한국전쟁 당시 피란민과 아기를 촬영한 사진.

1951년 유럽연합 선전 포스터.

1961년 베를린 위기 당시 소련과 미국의 탱크가
체크포인트 찰리에서 대치하고 있다.

1961년 10월 동서 베를린의 아이들.

쿠바미사일위기, 1962년 10월 29일 국가안보회의 집행위원회 회의.

1966년 미군에 의해 공산주의자로 의심받은 베트남 농민들.

1968년 소련의 체코슬로바키아 침공은
제2차 세계대전 이후 유럽에서 일어난
큰 군사 작전 중 하나였다.

1972년 중국을 방문하여 저우언라이와
회담하는 닉슨.

1973년 6월, 브레즈네프가 워싱턴에서
닉슨과 만났다. 이때가 데탕트의 정점이었다.

미국 소녀 서맨사 스미스가 유리 안드로포프에게 핵전쟁에 대한 두려움을
표현하는 편지를 쓴 후, 안드로포프는 스미스를 소련으로 초대했다.

1990년 6월 1일 백악관에서
조지 H. W. 부시 대통령과 미하일 고르바초프
대통령이 화학무기 생산을 중단하고
각자의 재고를 폐기하기 위한 협정에 서명하고 있다.

냉전

냉전

우리 시대를 만든 냉전의 세계사

초판 1쇄 발행 2025년 3월 10일

지은이	오드 아르네 베스타
옮긴이	유강은
해제	옥창준

펴낸이	이영선
책임편집	김종훈

편집	이일규 김선정 김문정 김종훈 이민재 이현정
디자인	김회량 위수연
독자본부	김일신 손미경 정혜영 김연수 김민수 박정래 김인환

펴낸곳 서해문집 | 출판등록 1989년 3월 16일(제406-2005-000047호)
주소 경기도 파주시 광인사길 217(파주출판도시)
전화 (031)955-7470 | 팩스 (031)955-7469
홈페이지 www.booksea.co.kr | 이메일 shmj21@hanmail.net

ISBN 979-11-94413-23-3 03900

우리 시대를 만든
냉전의 세계사

냉전

THE
COLD
WAR

오드 아르네 베스타 지음
유강은 옮김
옥창준 해제

서해문집

일러두기

• 각주는 모두 옮긴이의 주다.

• 인명, 지명 등 외래어 표기는 국립국어원 외래어표기법을 따랐으나, 일부는 관례에
따라 그대로 두었다.

오드비에르그 베스타(1924~2013)와
아르네 베스타(1920~2015)를 추모하며

차례

《냉전》 한국어판 출간은 저에게 큰 영광입니다. 훌륭히 작업해 준 번역자와 출판사의 수고에 감사드립니다.

제가 이 책에서 개관했듯이 냉전의 결과로 한반도만큼 고통을 겪은 지역은 세계 어디에도 없습니다. 19세기 후반부터 전개된 이념적 분열은 일본 식민주의에서 벗어나기 위해 고군분투하던 한반도에서 나라를 갈라놓는 데 일조했습니다. 그리고 지구적 차원에서 일어난 국가들의 분열, 무엇보다도 미국과 소련의 갈등은 한반도에서 장기적으로 정치적 분단을 가능하게 했습니다. 더욱 놀라운 사실은 1990년대 초 냉전 국제 체제가 종식된 이후에도 한반도는 여전히 분단된 상태로 남아 있다는 점입니다. 이는 한반도와 동아시아 모두의 장기적 안정에 끔찍한 결과를 초래했습니다.

그렇기에 제가 이 책에서 전체 장을 할애한 유일한 지역이 한반도라는 점은 놀라운 일이 아닙니다. 제가 한 장에 걸쳐서 한반도를 다루기로 한 데에는 두 가지 이유가 있습니다. 첫 번째는 한국전쟁의 중요성과 결과입니다. 한국전쟁은 한반도를 초토화했고, 미일 동맹을 공고히 하고, 소련과 중국의 동맹과 중국공산당의 통치를 단단히 했으며, 전 세계적으로 냉전을 군사화했습니다. 두 번째는 한반도보다 훨씬 더 넓은 범위에서 지구적 차원의 냉전이 어떻게 현지 세력과 서로 작용하면서 세계 각지에서 새로운 결과(이는 대개 비참한 결과로 이어졌습니다)를 낳았는지 이해할 필요가 있기 때문입니다. 두 번째 이유는 첫 번째 이유만큼이나 중요합니다. 너무 오랫동안 냉전의 역사는 주로 미국이나 소련이 세계 각지에 미친 영향에 대한 역사로만 쓰여 왔습니다. 이 책에선 초강대국만이 아니라, 다양한 형태의 행위자들을 다루면서, 냉전을 보다 비판적이고 포괄적인 시각의 세계사로 접근하고자 했습니다.

한국어판 독자들은 제가 이 책에서 충분히 다루지 않은 한 가지 문제에 더 관심을 보이리라 생각합니다. 모든 곳에서 반복되는 질문 가운데 하나인데, 바로 1990년대 초 소련의 붕괴와 함께 냉전이 실제로 종식되었느냐 하는 질문입니다. 오늘날 일부 학자들은 서방과 러시아가 다시 깊이 대립하고 있어서 냉전은 절대 끝나지 않았다고 주장합니다. 그리고 때때로 한국인들도 한반도에서 냉전이 끝나지 않았다고 말합니다. 두 세대 전 한국전쟁으로 만들어진 선을 따라 나라가 여전히 분단되어 있기 때문입니다.

저는 전자보다는 후자의 주장에 더 공감하지만, 두 주장 모두 잘못되었다고 생각합니다. 러시아는 현재 블라디미르 푸틴 대통령의 우크라이나 침공 개시 결정 이후 외부 세계와 많은 갈등을 겪고 있습니다. 하지만 이는 냉전의 연속이라 보기 어렵습니다. 푸틴을 움직이

009

는 이념적 원동력은 소련에 영감을 준 마르크스레닌주의와는 크게 다릅니다. 푸틴에게는 세계 자본주의 질서를 무너뜨리고자 하는 의도가 없으며, 푸틴의 쇠약한 러시아는 지구적 초강대국(Superpower)도 아닙니다. 냉전은 반복되는 것이 아닙니다. 미국과 중국이 가장 중요한 강대국(Great Powers)으로 존재하긴 하지만 세계는 훨씬 더 다극화된 모습으로 나아가고 있는 것 같습니다. 이 세상은 1945년 이후 세계보다 19세기 후반의 제국주의 경쟁과 훨씬 더 비슷해 보입니다.

한반도에서 냉전은 절대 끝나지 않았을까요? 분단이 아직 끝나지 않았다는 좁은 의미에서는 사실일 수 있습니다. 그리고 한반도 내부와 국제적 환경 모두에서 원초적 갈등의 요소가 일부 해소되지 않은 것도 사실입니다. 그러나 오늘날 한반도의 두 국가, 남한과 북한은 냉전의 초창기 모습과는 매우 다릅니다. 한국(남한)은 민주주의 국가이며, 한국 국민은 어렵게 얻은 민주적 성과를 지켜내려는 의지를 거듭해서 보여 주었습니다. 또 한국은 세계에서 성공한 자본주의 경제 중 하나입니다. 북한의 왕조적이고 개인 숭배적 독재 체제에는 여전히 마르크스주의적 요소가 일부 들어가 있습니다. 그러나 마르크스주의는 북한의 지속적 경제 실패를 설명하는 데에만 의미가 있을 뿐입니다. 두 국가의 정치 체제는 완전히 다릅니다. 그리고 두 국가는 냉전 시대의 특징이었던 지구적 차원의 이념과 경제 경쟁의 영향을 받지 않습니다.

물론 냉전 시대와 차이가 난다는 사실이 모두 좋은 것만은 아닙니다. 냉전의 국제 체제는 대체로 평화적으로 붕괴되었습니다. 19세기 말부터 20세기 초에 존재했던 체제는 대격변에 가까운 전쟁 없이는 무너지지 않았습니다. 다르다고 해서 더 쉽게 해결될 문제는 아닙니다. 물론 한국인들은 오늘날 한반도와 그 너머에 존재하는 도전에 맞서 싸우면서 이와 같은 사실을 이미 잘 알고 있을 것입니다.

스위스 뤼트리Lutry에서
오드 아르네 베스타

한국어판 서문

프 롤 로 그

세 계 의 형 성

1960년대에 노르웨이 소년이던 내가 자란 세계는 냉전으로 한계가 정해져 있었다. 냉전은 가족과 도시, 지역과 나라를 갈라놓았다. 냉전은 공포와 커다란 혼란을 퍼뜨렸다. 당신은 내일 당장 핵 재앙이 일어나지 않을 거라고 확신할 수 있었나? 무엇이 핵 재앙을 벌어지게 할 수 있었을까? 우리 동네에서는 소규모 집단이었던 공산당원은 관점이 다르고, 어쩌면 조국이 아니라 소련에 충성한다는 이유로 -종종 그 이유만으로도 충분하다고 했다- 남들의 의심을 받았다. 제2차 세계대전 중에 나치 독일에 점령된 곳에서 후자는 심각한 문제였다. 반역을 경계하는 지역에서 그것은 배신을 함축했다. 노르웨이는 북부에서 소련과 국경을 맞댔고, 국제 상황의 온도가 조금만 올라가도 국경선이 그어진 연중 얼어붙은 강을 따라 긴장이 고조되었다. 고요한 노르웨이에서도 세계는 갈라졌고, 이따금 그 충돌이 얼마나 격렬했는지 기억을 떠올리기란 쉽지 않은 일이다.

　　　냉전은 자본주의와 사회주의가 맞선 대결로, 1945~1989년 정점에 이르렀지만, 그 기원은 한참 시간을 거슬러 올라가며, 그 결과는 지금도 감지할 수 있다. 전성기에 냉전은 하나의 국제체계를 구성했다. 세계 주요 강대국들이 냉전과 일정한 관계를 두고 그것을 바탕으로 대외정책을 세웠기 때문이다. 냉전에 담긴 경쟁적인 사고와 관념이 대부분의 국내 담론을 지배했다. 하지만 대결이 최고조로 치달았을 때도 냉전이 지배적이기는 해도 유일한 경쟁은 아니었다. 20세기 말 세계는 냉전이 창조하거나 결정하지 않은 여러 중요한 역사적 상황이 전개되었음을 보았다. 냉전은 모든 것을 결정하지 않았지만, 대부분의 일에 영향을 미쳤고, 종종 나쁜 쪽으로 영향을 미쳤다. 냉전으로 생긴 대결은 두 초강대국이 지배하는 세계를 공고히 하는 데 도움을 주었다. 힘과 폭력-또는 폭력의 위협-이 국제관계의 기준이 되고, 절대적인 믿음-자신의 체계만 선이고 다른 체계는 본래 악이라는 믿음-을 부추기는 세계였다.

　　냉전의 유산은 대부분 이런 종류의 절대적 이분법에 초점을 맞춘다. 최악의 유산은 미국이 이라크와 아프가니스탄에서 벌인 전쟁에서 볼 수 있다. 도덕적 확신, 대화 회피, 군사적 해법에 대한 전적인 신뢰 등이 그것이다. 하지만 자유시장 메시지에 대한 교조적 신념이나, 사회악과 세대 문제에 대한 하향식 접근법 등에서도 이런 유산을 발견할 수 있다. 몇몇 체제는 지금도 냉전 시대까지 거슬러 올라가는 권위주의적 형태의 정당성을 주장한다. 당연히 중국은 가장 거대한 사례이고 북한은 가장 소름이 끼치는 예이겠지만, 베트남과 쿠바부터 모로코와 말레이시아에 이르기까지 수십 개 나라의 정부 체계에 냉전의 중요한 요소들이 새겨져 있다. 세계의 많은 지역은 여전히 환경의 위협을 받거나 사회적으로 분열하며, 종족들이 갈등하며 살아간다. 모두 가장 최근의 거대한 국제체계에 자극되어 나타난 현상이다. 몇몇 비판자는 인간의 안녕이나 심지어 인류의 생존을 위협할지 모르는 무한한 경제성장 개념이 냉전 경쟁이 낳은 현대적 형태의 피조물이라고 주장한다.

그러나 국제체계의 관점에서 공정히 말하자면, 냉전, 아니 적어도 이 충돌의 몇몇 측면은 그만큼 해롭지 않았다. 서유럽인이나 동남아시아인 가운데 자기가 속한 대륙의 동부 지역에 생겨난 것과 같은 공산주의 국가에서 사는 쪽을 선호한 이는 거의 없었을 것이다. 그리고 미국이 아시아에 개입하면서 생긴 유산은 대체로 격렬히 비난받지만, 유럽인 대다수는 예나 지금이나 자국 국경 안에 미군이 주둔하는 것이 평화를 유지하고 민주주의가 발전하는 데 도움이 되었다고 확신한다. 물론 초강대국 사이의 냉전 대결이 평화로이 끝났다는 사실 자체가 엄청나게 중요했다. 세계를 몇 번이나 전멸하게 할 수 있는 막대한 양의 핵무기가 존재하는 가운데, 우리는 모두 핵 아마겟돈을 피하려고 절제와 지혜에 의지했다. 냉전은 몇몇 역사학자가 여기는 것처럼 긴 평화가 아니었을지 모른다.[1] 하지만 국제체계의 상층 수준인 미국과 소련 사이는 변화가 일어날 만큼 충분히 오랫동안 전쟁을 피했다. 우리는 모두 생존을 위해 그런 오랜 유예에 의지했다.

그렇다면 냉전은 역사에서 다른 국제체계와 비교해 얼마나 특별했을까? 대부분의 세계 질서는 여러 강국이 경쟁하는 다극적인 경향이 있지만, 몇몇 국제체계와 비교할 수 있다. 예를 들어, 1550년대부터 17세기 초까지 유럽의 정치는 에스파냐와 잉글랜드를 양극으로 하는 경쟁에 큰 영향을 받았다. 두 나라 사이의 경쟁은 냉전의 일부 특징을 공유했다. 그 기원은 이데올로기적 성격이 짙었는데, 에스파냐와 잉글랜드의 군주는 각각 가톨릭과 개신교를 대표한다고 믿었다. 두 나라는 각각 이데올로기적 형제들로 이루어진 동맹을 결성했고, 제국 중심부에서 한참 먼 곳에서 전쟁이 벌어졌다. 외교와 협상은 제한적이었다 – 두 나라는 상대를 자연적으로 정해진 적으로 여겼다. 두 나라의 엘리트들은 자신의 대의를 열렬히 신봉했고, 향후 수백 년의 경로는 누가 경쟁에서 승리하는지에 달려 있다고 굳게 믿었다. 아메리카의 발견, 그리고 케플러, 튀코 브라헤, 조르다노 브루노의 세기에 이루어진 과학의 발전 덕분에 큰판이 벌어졌다. 어느 쪽이 이기든 미래를 지배할 뿐만 아니라 자기 목적을 위해 미래를 손에 넣을 것이라고 여겨졌다.

하지만 16세기 유럽과 11세기 중국(송나라와 요나라의 충돌), 그리고 물론 많은 이가 탐구한 고대 그리스의 아테네와 스파르타의 경쟁을 제외하면, 양극 체계의 사례는 매우 드물다. 시간이 흐르면서 대다수 지역은 다극화나 좀 드물기는 해도 일극화로 나아가는 경향이 있었다. 예를 들어, 유럽은 9세기 말에 카롤링거제국이 붕괴한 뒤 대부분의 시대에 다극 체계가 지배했다. 동아시아는 13세기 원나라부터 19세기 청나라에 이르기까지 중화제국이 지배했다. 양극 체계가 상대적으로 드문 이유는 설명하기 어렵지 않을 것이다. 일정한 형태의 균형이 필요한 양극 체계는 제국 중심의 단극 체계나 폭이 넓은 다극 체계에 비해 유지하기가 어려웠다. 또한 양극 체계는 대부분 양극 초강대국의 직접 통제를 받지 않지만, 대체로 이데올로기적으로 동일시하여 일정한 형태로 그 체계에 끌려 들어간 다른 국가들에 의존했다. 그리고 냉전을 제외한 모든 경우에 양극 체계는 결국 파국적 전쟁으로 끝났다. 30년전쟁, 요나라 붕괴, 펠로폰네소스전쟁 등이 대표적이다.

이념 대결의 열기가 냉전의 양극화에 크게 공헌했음은 의문의 여지가 없다. 시장과 이동성, 끝없는 변화를 강조하는 미국의 지배 이데올로기는 유럽 계통의 모든 사회는 필연적으로 미국과 전반적으로 같은 방향으로 나아간다는 믿음으로 무장한 채 보편주의와 목적론을 추구했다. 반면 공산주의-소련에서 발전한 특별한 형태의 사회주의-는 애초부터 미국이 대표하는 자본주의 이데올로기의 반정립으로 창조되었다. 말하자면 모든 나라의 사람들이 스스로 획득할 수 있는 대안적 미래였다. 많은 미국인과 마찬가지로, 소련 지도자들도 지역 정체성과 사회적 복종, 과거의 정당화 등에 바탕을 둔 "낡은" 사회는 죽었다고 믿었다. 미래의 사회를 둘러싸고 경쟁이 벌어졌는데, 완전히 근대적 형태의 미래 사회는 두 개밖에 없었다. 온갖 결함과 불의를 지닌 시장, 그리고 합리적이고 통합된 계획이 그것이다. 소련 이데올로기는 국가를 인류의 향상을 위해 행동하는 기구로 만들었지만, 대다수 미국인은 중앙집권화된 국가권력에 분개하고 그 결과를 두려워했다. 무려 세계의 생존이 걸린 격렬한 경쟁이 벌어질 무대가 마련되었다.

이 책에서 나는 냉전을 100년의 시각에서 전 지구적 현상으로 평가하고자 한다. 냉전은 전 지구적 자본주의가 첫 번째 위기에 빠지고, 유럽 노동운동이 급진적으로 변하며, 미국과 러시아가 대륙을 가로지르며 제국으로 확장한 1890년대에 시작해, 베를린 장벽이 붕괴하고, 소련이 몰락하며, 마침내 미국이 진정한 글로벌 패권국으로 부상한 1990년 무렵에 끝이 난다.

냉전을 100년의 시각에서 보려는 취지는 다른 중대한 사건들- 두 차례 세계대전, 식민주의 붕괴, 경제와 기술의 변화, 환경 파괴-을 깔끔한 하나의 틀에 포함하려는 게 아니다. 그보다 사회주의와 자본주의의 충돌이 거대한 차원의 전 지구적 상황과 어떻게 영향을 주고받았는지를 이해하기 위함이다. 또한 20세기 내내 왜 일군의 충돌이 거듭 되풀이되었는지, 그리고 왜 다른 모든 물질적 또는 이데올로기적 권력 경쟁자가 그 충돌에 연루되었어야 했는지를 이해하기 위함이다. 냉전은 19세기 말 유럽의 근대가 정점에 도달하는 듯 보인 순간에 시작해 충돌의 단층선을 따라서 자라났다.

만약 이렇게 두툼한 책에 **하나의** 주장이 있다면, 내 주장은 냉전이 19세기 말의 전 지구적 변혁에서 탄생해 100년 뒤 거대하고 급속한 변화가 일어난 결과로 땅에 묻혔다는 것이다. 이념 대립이자 하나의 국제체계로서 냉전은 따라서 냉전 자체로 탄생한 사건들보다 한층 광범위하고 심대한 경제적·사회적·정치적 변화의 측면에서만 파악할 수 있다. 냉전의 주요한 의미는 여러 가지 방식으로 이해할 수 있다. 나는 앞서 쓴 책에서 식민 지배에서 벗어난 아시아와 아프리카, 라틴아메리카에서 벌어진 심대하고 종종 폭력적인 변화가 냉전이 낳은 주요한 결과라고 주장했다.[2] 하지만 이 충돌에 다른 여러 의미도 있었다. 냉전은 미국이 세계 패권국으로 발돋움하는 판을 깔았다. 특히 레닌이 신봉한 형태의 사회주의 좌파가 (서서히) 패배한 과정으로도 볼 수 있다. 그리고 냉전은 두 차례 세계대전의 재앙 위에서 자라나, 1970년대와 1980년대에 새로운 세계 분열과 결합한 국제 경쟁의 극심하고 위험한 단계로도 묘사할 수 있다.

냉전의 어떤 측면을 강조하고 싶든 간에, 이 충돌이 벌어지는 배경이 된 경제적·사회적·기술적 변화의 강도를 인식하는 게 무엇보다 중요하다. 1890년대부터 1990년대에 이르는 100년 동안 우리는 아찔한 속도로 세계 시장이 탄생하는(그리고 파괴되는) 것을 보았다. 이 시기에 우리는 앞선 세대들이 단지 꿈만 꿀 수 있던 여러 기술의 탄생을 목격했다. 일부 기술은 다른 이들을 지배하고 착취하는 인류의 능력을 드높이는 데 사용되었다. 또한 이 시기에 거의 모든 곳에서 이동성이 높아지고 도시화가 진전되는 가운데 우리는 전 지구적 생활양식이 대단히 급속히 변화하는 것을 경험했다. 좌파와 우파를 막론하고 모든 형태의 정치적 사고가 이런 변화들의 신속함과 게걸스러움에 영향을 받았다.

이데올로기의 중요성에 더해, 기술 또한 냉전이 하나의 국제체계로서 지속되게 한 주된 이유이다. 1945년 이후 수십 년 동안 두 초강대국은 세계의 미래를 지킨다는 명목으로, 세계를 파괴할 수 있을 만큼 -독자 여러분은 물론 이 역설을 놓치지 않을 텐데- 대규모로 핵무기를 증강했다. 소련 지도자 이오시프 스탈린이 즐겨 말한 것처럼, 핵무기는 "새로운 유형의 무기"였다. 전장 무기가 아니라 도시 전체를 싹 쓸어버리는 무기였다. 1945년 미국이 일본 도시 히로시마와 나가사키를 쓸어버린 것처럼 말이다. 하지만 오직 두 초강대국 미국과 소련만이 지구 자체를 절멸로 이끄는 위협을 가할 만큼 충분한 핵무기를 보유했다.

역사에서 언제나 그렇듯, 20세기도 수많은 중요한 이야기가 거의 나란히 전개되었다. 자본주의와 사회주의의 충돌은 두 차례 세계대전과 1930년대의 대공황을 비롯해 이런 거의 모든 이야기에 영향을 미쳤다. 세기말에 다가가면서 이런 몇몇 상황 때문에, 냉전은 하나의 국제체계로서나 지배적인 이념 대립으로서 한물간 과거로 전락했다. 따라서 미래의 역사학자들은 냉전을 그다지 중요하지 않은 역사로도 볼 수 있다. 그들의 관점에서 아시아의 경제적 힘의 기원이나 우주 탐험의 개시, 천연두 근절 등을 더 중요히 볼 것이기 때문이다. 역사는 언제나 의미와 중요성이 복잡하게 뒤얽힌 그물망인데, 여기서는 역사를 서술하는 역사학자의 관점이 무엇보다 중요하다. 나는 오늘날 우리가 아는 세계를 창조하는 데 냉전이 어떤 역할을 했는지에 몰두한다. 물론 그렇다고 해서 냉전 이야기를 다른 모든 이야기보다 특권화하려는 것은 아니다. 다만 오랫동안 사회주의와 자본주의의 충돌이 지역적으로나 지구적으로나 사람들이 어떻게 살아가는지, 그리고 정치에 관해 어떻게 생각하는지에 심대한 영향을 미쳤다고 말하고 싶다.

일반적으로 말해서, 냉전은 국제 정치에서 두 가지 심대한 변화의 과정이라는 맥락에서 벌어졌다. 하나는 신생 국가의 등장인데, 이 나라들은 19세기 유럽 국가들이 형성된 양상을 바탕으로 탄생했다. 1900년에 세계에서 독립국가는 50개국이 채 되지 않았는데, 그중 절반가량이 라틴아메리카에 있었다. 지금 그 수는 200개국에 육박하며, 대부분 통치와 행정에서 놀라울 정도로 비슷한 점이 있다. 다른 근본적인 변화는 미국이 지배적인 세계 강국으로 부상했다는 것이다. 1900년 미국의 국방예산은 2010년 미국 달러로 가치를 환산하면 약 100억 달러였는데, 이는 에스파냐-미국 전쟁과 필리핀과 쿠바에서 벌인 반란 진압 작전 덕분에 지난 몇 년간 이례적으로 증가한 수치다. 오늘날 국방 지출은 1조 달러로 100배 증가했다. 1870년 미국 국내총생산(GDP)은 세계 전체의 9퍼센트였고, 냉전이 최고조로 치달은 1955년은 약 28퍼센트였다. 미국이 수년간 쇠퇴했다고 하는 지금도 약 22퍼센트다. 그리하여 냉전은 국가가 급증하고 미국의 힘이 고조되는 시대에 형성되었는데, 두 현상 모두 충돌이 취하는 방향을 창조하는 데 도움을 주었다.

이런 국제적 변화들은 또한 민족주의가 지속적인 힘을 발휘하는 틀 안에서 냉전이 작동하도록 보장해 주었다. 사회적·경제적 체계로서 사회주의나 자본주의를 신봉하는 자들은 언제나 이를 개탄하는 듯 보였지만, 어떠한 형태로든 민족 정체성을 호소하는 것은 이따금 인류 진보를 위해 가장 잘 준비된 이데올로기적 계획을 물리칠 수 있었다. 근대화나 동맹, 초국가적 운동을 위한 이런저런 원대한 기획이 민족주의나 다른 형태의 정체성 정치가 세운 첫 번째 장애물에 걸려 넘어지는 일이 다반사였다. 민족주의는 또한 정의에 따라 세계 체제로서도 뚜렷한 한계가 있기는 했지만(독일과 이탈리아, 일본 등 극단적 민족주의 국가가 제2차 세계대전에서 패배한 것을 보라), 보편주의적 이데올로기가 미래를 소유할 것으로 생각한 이들에게 언제나 하나의 도전이었다.

따라서 1945년부터 1989년까지 냉전이 최고조에 이르렀을 때도 양극성은 언제나 한계가 있었다. 전 지구적 차원에서 매력을 발산하긴 했으나 다른 나라에서 소련이나 미국의 체계를 완전히 복제하는 일은 없었다. 그런 복제는 가장 열렬한 이데올로그들의 마음속에서도 아마 불가능했을 것이다. 사회 발전 측면에서 나타난 결과는 지역적 영향을 강하게 받는 자본주의 경제이거나 사회주의 경제였다. 어떤 경우에 순수한 형태로 정치적 이상을 실현하기를 원한 정치 지도자들은 이런 혼합에 크게 분개했다. 하지만 -대부분은 다행이라고 주장할 수 있는데- 타협해야 했다. 폴란드나 베트남 같은 나라는 소련식 발전 이상에 동의했지만, 실제는 소련과 크게 다른 모습을 유지했다. 일본이나 서독이 미국의 심대한 영향을 받았음에도 미국과 다른 모습을 유지한 것도 마찬가지다. 의회민주주의와 상세한 경제 계획이 독특히 뒤섞인 인도 같은 나라는 어떤 종류의 냉전 이상형과도 한참 거리가 멀었다. 오직 두 초강대국만이 자국 지도자들이나 다른 나라의 강력한 지지자들이 볼 때 순수한 모습을 유지하면서 다른 나라가 모방해야 할 본보기 역할을 했다.

어떻게 보면 놀랄 일이 아니다. 미국과 소련에서 근대 개념은 19세기 말에 공통된 출발점을 가졌고, 냉전 시기 내내 많은 공통점을 유지했다. 두 나라는 모두 과거 세 세기에 걸쳐 전 지구적 차원에서 이루어진 유럽의 팽창 및 유럽적 사고방식의 팽창에 그 기원이 있었다. 인류 역사에서 처음으로 한 중심-유럽과 그 파생물-이 세계를 지배했다. 유럽인이 세운 제국들은 점차 지구 대부분을 손에 넣었고, 이 제국들은 자국민을 세 대륙에 정착하게 했다. 이는 독특히 펼쳐지는 과정이었기 때문에 일부 유럽인과 유럽계 사람은 자신들이 발전시킨 이념과 기술로 세계 전체의 미래를 통제할 수 있다고 믿었다.

이런 형태의 사고는 역사 속에 한층 깊이 뿌리를 두었지만, 19세기에 정점으로 치달았다. 이번에도 놀랄 일은 아니다. 19세기는 의심의 여지 없이 유럽인이 다른 모든 이에 비해 기술과 생산, 군사력의 측면에서 우위를 점한 시대였다. 일부 역사학자가 말하는, 이른바 "계몽주의의 가치"-이성, 과학, 진보, 발전, 하나의 체계로서의 문명-에 대한 확신과 헌신은 분명 유럽의 힘이 우세해서 생겨났다. 아프리카, 동남아시아의 식민화 및 중국과 아랍 세계 대부분의 지배도 마찬가지였다. 19세기 말에 이르러 유럽과 러시아 및 미국 등의 그 파생물은 내부가 분열했음에도 최고의 지위를 누렸고, 그들이 투사하는 이념도 마찬가지였다.

유럽이 지배하는 시대에 유럽의 이념이 점차 다른 곳에서 싹텄다. 근대는 세계의 각기 다른 지역에서 서로 다른 형태를 띠었지만, 중국과 일본에서 이란과 브라질에 이르기까지 자기 나름의 산업 문명을 창조하겠다는 현지 엘리트들의 희망이 확대되었다. 그들이 모방하고자 한 근대적 전환의 열쇠는 자연에 대한 인간 의지력의 우위, 새로운 형태의 에너지를 이용해 생산을 기계화하는 능력, 대중이 공중으로 참여하는 민족국가 건설 등이었다. 유럽에서 기원한 이념의 이러한 확산은 역설적으로 유럽이 지배하는 시대가 종언을 고한다는 신호였다. 다른 지역의 사람이 주인 노릇을 하는 제국들에 제대로 저항하기 위해 그들 스스로 근대성을 원한 것이다.

19세기에 유럽 근대성의 핵심 안에서도 이데올로기적 경쟁이 전개되면서 결국 하나의 근대라는 인위적 개념 자체가 산산이 무너진다. 산업사회가 확고히 자리를 잡자, 근대 자체보다 그 종착점에 의문을 제기하는 수많은 비판이 전개되었다. 어떤 이들은 몇몇 사람을 부유하게 만들고 일부 유럽 제국만 아프리카와 아시아에서 팽창하게 만드는 것보다, 현재 진행되는 생산과 사회의 주목할 만한 전환을 더 가속해야 한다고 주장했다. 산업화 과정 때문에 생겨난 인간의 비참을 -적어도 역사적 측면에서- 보상하는 목표가 있어야 했다. 이런 비판자 가운데 몇몇은 산업화 자체를 개탄스럽다고 주장하며, 때로 산업화 이전 사회를 이상화하는 이들과 동맹을 이루었다. 산업화 반대자는 자본주의의 원심분리기에 내던져진 평범한 남녀의 지지에 바탕을 둔 새로운 정치·경제 체계를 요구했다.

이런 비판 가운데 가장 근본적인 것은 사회주의였다. 1830년대에 대중적으로 사용된 이 용어는 프랑스혁명에 그 뿌리가 있었다. 그 중심 이념은 자산과 자원의 사적 소유가 아닌 공적 소유와 대중민주주의의 확대다. 첫째로 상당수의 사회주의자는 미래만큼이나 과거에도 눈길을 주었다. 그들은 농민 공동체의 평등주의, 또는 몇몇 경우에 종종 예수의 산상수훈과 연결된 종교적 자본주의 비판을 찬미했다. "네게 달라는 사람에게는 주고, 네게 꾸려고 하는 사람을 물리치지 말아라."

하지만 1860년대에 이르러 초기 사회주의 사상은 카를 마르크스와 그 추종자들의 사고에 압박받았다. 사회주의 원리를 근본적인 자본주의 비판으로 조직화하고자 한 마르크스는 과거보다 미래에 몰두했다. 그는 19세기 중반의 경제적·사회적 변화의 혼돈 속에서 사회주의가 자연스레 성장할 것이라고 가정했다. 마르크스는 과거의 봉건 질서나 현재의 자본주의 질서가 근대 사회의 도전을 다루지 못한다고 생각했다. 경제를 운영하기 위한 과학적 원리에 바탕을 둔 사회주의 질서로 두 질서를 대체해야 했다. 이런 질서는 자신의 몸 말고 아무 자산도 없는 산업노동자인 프롤레타리아트의 혁명으로 생겨날 것이었다. 마르크스는 《공산당 선언》에서 이렇게 말했다. "프롤레타리아트는 정치적 지배권을 이용하여 부르주아지에게서 모든 자본을 차례로 빼앗을 것이다. 그리고 모든 생산도구를 국가의 수중에, 즉 지배계급으로 조직된 프롤레타리아트의 수중에 집중하며, 최대한 신속히 생산력을 증대할 것이다."[3]

《공산당 선언》 이후 공산주의자를 자처한 마르크스 지지자들은 19세기에 결코 소규모 집단 수준을 넘어서지 못했지만, 그럼에도 숫자를 훌쩍 뛰어넘는 영향력을 발휘했다. 무엇보다도 그들이 지닌 신념과 근본적 국제주의의 강한 힘이 그들의 특징이었다. 다른 노동계급 운동은 점진적 진보를 추구하면서 그들이 대변하는 소외계층의 경제적 요구를 강조했지만, 마르크스 추종자들은 가차 없는 계급투쟁과 혁명을 통해 정치권력을 획득할 필요가 있다고 역설했다. 그들이 볼 때, 노동자는 조국도, 왕도 없었다. 그들은 새로운 세계를 위한 투쟁에 국경이 없다고 보았지만, 경쟁자 대부분은 민족주의자였고 때로 제국주의자였다.

19세기 말로 향해 가면서 마르크스주의자들이 종종 다른 노동계급 운동에 밀린 주된 이유는 그들이 추구한 국제주의와 반민주적 교조주의 때문이었다. 예를 들어 마르크스의 독일에서 1870년대에

프롤로그 세계의 형성

많은 노동자는 비스마르크 아래서 새롭고 강한 통일국가를 세운 것을 환영했다. 민족국가 건설을 계급투쟁보다 선호한 것이다. 정작 마르크스 자신은 런던 헤이버스톡힐에서 편안히 망명 생활을 할 때, 인터뷰하면서 신생 독일 국가를 "군사적 전제정이자 생산 대중을 무자비하게 억압하는 기구"라고 비난했다.[4] 독일사회민주당이 1891년 강령에서 민주주의를 위한 투쟁을 주요한 정치적 목표로 강조했을 때도, 마르크스주의자들은 그들을 강력히 비난했다. 독일사회민주당은 "모든 선거에서 모든 시민을 위한 보편, 평등, 직접, 비밀 투표"를 요구한 바 있었다.[5] 마르크스의 협력자이자 후계자인 프리드리히 엥겔스는 이를 "절대주의의 치부를 가리는 무화과 잎을 떼어 내고, 그 대신 벌거벗은 절대주의를 가리는 가림막을 자처한 셈"이라고 보았다. "운동의 현재를 위해 그 미래를 포기하는 것은 '정직'으로 포장되지만, 이는 여전히 기회주의이며, '정직한' 기회주의는 아마 가장 위험한 기회주의일 것이다."[6]

1890년대에 이르러 유럽과 남북 아메리카 전역에 사회민주당이 세워졌다. 마르크스주의에 고무되어 종종 자본주의 체계를 비판했지만, 대다수는 혁명보다 개혁을 강조하고, 민주주의와 노동자 권리, 보편적 사회복지의 확대를 요구하는 운동을 벌였다. 상당수는 이미 자국의 노동조합과 연결된 대중 정당으로 발전한 상태였다. 독일 사회민주당은 1890년 선거에서 150만 표로 전체의 20퍼센트 가까이 득표했다(하지만 불공정한 선거법 때문에 소수의 의석만 획득할 수 있었다). 북유럽 나라들도 득표율이 비슷했다. 프랑스는 사회주의노동당

(Fédération des travailleurs socialistes de France, FTSF)이 이미 1880년대에

지자체 정부를 장악했다. 엥겔스를 비롯한 마르크스주의자들이 비판했지만, 대다수 사회민주당은 민주주의가 진전하게 하는 한편, 그 결실의 혜택을 누리기 시작했다.

1890년대에 전 지구적 경제위기가 닥치자 이런 상황이 모조리 바뀌었다. 2007~2008년 위기와 마찬가지로, 당시의 위기도 1890년 한 주요 은행이 파산 직전까지 치닫는 것으로 시작했다. 영국의 베어링Baring은행이 해외시장에 과도한 위험 투자를 한 탓에 휘청거린 것이다. 시티오브런던City of London*은 더 심각한 위기를 겪은 적도 있었지만, 이번은 경제적 상호 의존이 확대된 탓에 문제가 급속도로 확산하고 세계 전역의 각국 경제도 감염되기에 이르렀다는 게 차이였다. 그리하여 1890년대 초에 최초로 전 지구적 경제위기가 벌어지면서 실업률이 치솟고(미국은 한 시기에 20퍼센트에 육박했다), 노동자 소요가 대규모로 벌어졌다. 많은 노동자와 심지어 젊은 전문직-처음으로 다수가 실업에 직면한 이들-도 자본주의가 끝나지 않았나 자문했다. 소요가 확산하는 가운데 기성 질서의 여러 성원도 같은 질문을 던졌다. 일부 극좌파-주로 아나키스트-는 국가에 맞서 테러를 시작했다. 1892~1894년에 프랑스에서 대규모 폭탄 투척 사건이 11차례 벌어졌는데, 의회에서도 폭탄이 터졌다. 유럽과 미국 전역에서 정치 지도자들이 암살되었다. 1894년 프랑스 대통령, 1897년 에스파냐 수상, 1898년 오스트리아 황후, 1900년 이탈리아 국왕이 암살되었다. 이듬해 미국 대통령 윌리엄 매킨리가 뉴욕주 버펄로에서 열린 범아메리

---

*   런던의 금융 중심지.

카 박람회에서 암살되었다. 전 세계 통치자들이 격분하면서도 두려워했다.

1890년대의 소요를 계기로 고용주와 정부의 전례 없는 공격에 직면한 각국 사회민주주의운동은 갈가리 분열되었다. 곳곳에서 벌어진 파업은 대개 폭력적으로 진압되었다. 사회주의자와 노동조합 활동가가 투옥되었다. 첫 번째 전 지구적 경제위기의 여파로 앞서 수십 년간 이루어진 민주주의의 발전에 차질이 생겼다. 또한 극좌파 사회주의자는 위기를 계기로 활력을 되찾았다. 그들은 민주주의가 부르주아지의 겉치레에 지나지 않는다고 보았기 때문이다. 훗날 레닌이라는 이름을 쓰는 젊은 블라디미르 일리치 울리야노프가 이런 배경에서 성장했고, 20세기 초반에 유럽의 사회주의운동과 노동자운동을 좌파로 몰고 가는 다른 많은 이도 마찬가지였다.

노동자 조직에 속한 사람은 위기에서 각자 다른 교훈을 끌어냈다. 위기 당시 상당수가 1890년대 초에 치명상을 입은 금융 때문에 혼란이 생겨난 결과로 자본주의 자체가 붕괴할 것으로 기대했다. 하지만 자본주의는 붕괴하지 않았고, 적어도 일부 지역에서 1890년대 후반에 경제가 상승세를 되찾자, 사회민주당 주류는 노동조합을 조직화하고 단체교섭을 향해 나아가라는 압박을 받았다. 그들은 노동자가 위기에서 배운 교훈을 끌어낼 수 있었다. 효과적인 노동조합만이 경기 침체가 닥칠 때 손쉬운 해고와 노동조건 악화에 저항할 수 있다는 교훈이었다. 독일과 프랑스, 이탈리아와 영국에서 노동조합원 수가 급증했다. 1899년 덴마크 노동조합 중앙위원회는 고용주 연합을 상대로 임금과 노동조건을 놓고 연례 교섭을 벌이는 체계를 만드는 데 합의했다. 세계 최초로 이루어진 이 장기 협약은 점차 다른 나라로 확산할 모형의 시작이었다. 그 결과 덴마크는 냉전 시기에 세계에서 양극화가 가장 미약한 사회가 되었다.

유럽의 급진 좌파는 덴마크 사회민주당이 9월협정(September Agreement)에서 보여 준 "계급 배반"을 증오했다. 경제위기를 계기로 생명 연장의 기회를 얻은 급진주의자는 마르크스가 예측한 것처럼 자본주의가 조만간 종말을 고할 것이라고, 그 어느 때보다 확신했다. 일부 급진주의자는 노동자 스스로 정치적으로 조직화함으로써 역사를 그 논리적 종착점으로 몰고 가는 데 조력할 수 있다고 믿었다. 파업과 불매운동을 비롯한 여러 형태의 집단적 항의는 노동계급의 운명을 개선하기 위한 수단만이 아니었다. 이런 행동은 부르주아 국가를 전복하는 데도 이바지할 수 있었다. 따라서 1890년대에 개혁주의적 사회민주당과 혁명적 사회주의자-조만간 다시 공산주의자를 자처한다 - 는 결국 갈라졌고, 이 분열은 냉전이 끝날 때까지 지속된다. 두 세력의 대결은 20세기 역사에서 중요한 부분이 된다.

정치적으로 조직된 노동자운동의 등장은 19세기 말 각국의 기성 체계에 엄청난 충격을 주었다. 하지만 당시 들끓은 다른 두 본질적인 결집에 기성 정치권이나 사회주의 반대파는 처음에 크게 관여하지 않았다. 하나는 정치적·사회적 정의를 추구하는 여성운동이었는데, 이는 투표권을 요구하는 초기 노동계급 운동에 대한 반작용의 성격으로 성장했다. 어떤 이들은 글줄도 읽지 못하는 남성 노동자에게 참정권을 주면서, 왜 교육된 부르주아 여성에게는 투표권을 주려 하지 않느냐고 의문을 던졌다. 다른 이들은 여성의 요구-완전한 경제적 권리나 가족 내의 권리 포함-와 노동계급의 요구 사이에 일정한 형태의 연대가 존재한다고 보았지만, 페미니즘 운동의 첫 번째 물결 시기에 그들은 소수였을 것이다. 하지만 페미니즘 운동의 투쟁성은 특히 제1차 세계대전 이전 영국에서 인상적이었다. 완전한 정치적 해방이라는 목표가 거듭 부정된 여성 참정권 운동가(suffragette)는 경찰에 구타당하고 감옥에서 단식 투쟁을 벌였다. 특히 충격적인 사건으로, 한 여성 참정권 운동가가 경마장에서 왕 소유의 말 앞으로 몸을 던져 목숨을 잃었다. 여성 참정권 운동가와 그 자매들은 결국 모든 나라에서 승리를 거뒀지만, 사회주의 좌파의 일부로 승리하지는 않았다.

여성운동과 동시에 반식민주의운동도 성장했다. 1890년대에 이르러 아프리카와 아시아 일부 지역에서 점령과 식민화를 겪은 최초의 충격이 사라지고 있었다. 제국 본국에서 받아들여, 지역에 맞게 개조한 신념과 개념으로 무장한, 교육받은 엘리트들은 식민 체계에서 이득을 얻기도 하고, 자치라는 이름으로 그 체계에 반기를 들기도 했다. 농민운동 또한 서양 세력에 반기를 드는 데 합류했다. 한국의 동학운동, 중국의 의화단, 북아프리카 지하드jihād(성전)의 전사 등은 식자층 동포와 다른 세계를 바랐을 테지만, 그들 또한 반식민주의 저항의 씨를 뿌리는 데 힘을 보탰다. 미국이 아시아에서 처음으로 식민 모험-1899년 필리핀-에 발을 들였을 때, 이 시도에 반발한 지역 운동에 귀족과 농민이 두루 참여했다. 20세기 초에 이르러 첫 번째 반식민주의 조직이 이미 모양을 갖춘 상태였다. 인도국민회의(Indian National Congress), 남아프리카의 아프리카민족회의(African National

Congress, ANC), 인도네시아 국민당의 전신 등이다.

자본주의와 식민주의, 가부장제에 반대한 이들이 기성 체제에 맞서 싸우는 한편, 국가 간 체계 안에서도 전 지구적 변화가 벌어지고 있었다. 유럽과 동아시아에서 독일과 일본이 지위를 강화했다. 하지만 가장 두드러진 변화는 유럽의 가장자리에서 벌어지고 있었다. 유럽-아니 정확히 말하자면 서유럽 지역-은 17세기 이후 세계적 차원에서 군사적으로 우세했다. 또한 18세기 이후 몇몇 서유럽 지역은 혁신의 측면에서 보면 지구 차원에서 경제적으로 가장 중요했다. 특히 영국과 프랑스, 저지대 국가가 두드러졌다. 하지만 19세기 말에 이르러 유럽 변두리에 자리한 거대한 대륙국가-특별한 종류의 제국-가 유럽의 핵심 국가를 따라잡고, 일부 지역에서 앞지르기도 했다. 러시아와 미국은 정치와 경제 조직화의 측면에서 무척 달랐다. 하지만 둘 다 엄청난 거리를 확장하면서 자국 경계에 사는 민족의 거대한 영토를 정복했다. 미국은 1780년대 37만 5000제곱마일(97만 1245제곱킬로미터)이던 국토 규모가 380만 제곱마일(984만 1954제곱킬로미터)로 10배 늘어났다. 러시아 또한 1613년 로마노프왕조가 시작된 이후 빠르게 몸집을 키웠는데, 훨씬 광대한 규모였다. 대략 200만 제곱마일(517만 9976제곱킬로미터)에서 860만 제곱마일(2227만 3895제곱킬로미터)로 늘어났다. 영국과 프랑스는 물론 거대한 식민지도 보유했다. 하지만 이들 식민지는 붙어 있지 않았고, 대부분 원주민이 살았다. 경제적으로 이득을 얻기가 훨씬 어려웠고, 장기적으로 통제를 유지하기도 쉽지 않았다.

본문에서 살펴볼 것처럼, 러시아와 미국이 팽창하는 데 관념과 숙명 의식이 결정적인 역할을 했다. 두 나라의 엘리트는 자국이 팽창하는 데 이유가 있다고 믿었다. 자국민의 자질 때문에 지역 안에서, 그리고 -결국- 전 지구적 차원에서 우위를 점할 수 있다고 본 것이다. 우위를 점하는 과정에서 두 나라 엘리트는 그들이 유럽의 사명을 수행한다고 느꼈다. 유럽계 출신인 그들은 어떤 의미에서 유럽을 세계화하는, 즉 태평양까지 유럽을 확대하는 기획에 참여했다. 또한 지식인 지도자 몇몇은 이 과정에서 그들이 자국민을 유럽인에 가깝게 변모하게 한다고 믿었다. 유럽의 가치를 중심에 두고, 제국 시대에 제국의 부담을 기꺼이 짊어지게 만든다고 본 것이다. 하지만 그와 동시에 두 나라에 모두, 그러한 팽창이 유럽 제국의 팽창과 근본적으로 다르다고 보는 이도 있었다. 영국인과 프랑스인은 자원을 조사하고 상업적 이익을 추구했지만, 러시아인과 미국인은 고차원적인 팽창의 동기가 있었다. 기업과 사회 조직 개념을 확산하고, 종교뿐만 아니라 정치에서도 영혼을 구제하는 것이었다.

종교의 역할은 미국과 러시아에서 모두 중요하다.[7] 19세기 말에 이르러 유럽에서(다른 많은 지역에서도) 조직화된 신앙의 지위는 이미 쇠퇴했지만, 러시아인과 미국인은 여전히 종교가 자기 삶에서 중심을 차지한다고 보았다. 어떻게 보면, 미국의 복음주의 개신교와 러시아정교회는 비슷한 점이 있었다. 다른 기독교 집단의 공통적 견해에 비해 둘 다 목적론과 신앙의 확실성을 강조했다. 원죄 개념에 무관심한 두 종교는 사회를 완벽히 만들 수 있다고 믿었다. 무엇보다도 복음주의와 정교회는 자기네 종교가 정치에 직접 영감을 준다고 믿었다. 오직 그들만이 인간과 더불어 인간을 위한 하느님의 계획을 수행하도록 정해졌다.

　미국과 러시아가 세계 무대에 진입한 방식은 각국이 19세기 말을 지배한 세계 강대국 영국과 어떤 식으로 경쟁했는지에 따라 달라졌다. 미국인은 영국의 해외무역 특권에 분개했으며, 영국이 공언한 자유무역과 투자의 자유 원리가 자기 잇속만 차리는 겉치레라고 보았다. 미국의 많은 엘리트가 영국 방식을 찬양하기는 했지만, 1890년대에 이르러 미국과 영국은 점차 영향력을 놓고 경쟁을 벌였다. 특히 미국이 세계적인 강국으로 처음 등장한 남아메리카 대륙이 경쟁 무대였다. 러시아도 영국의 세계 체계가 자국이 떠오르는 것을 가로막는 주요 걸림돌이라고 보았다. 1850년대 크림전쟁에서 영국이 주도한 동맹이 러시아의 흑해 지역 장악을 견제하자, 많은 러시아인이 영국을 자국의 부상을 저지하려는 반러시아 패권국으로 보았다. 영국과 러시아의 이해관계는 중앙아시아와 발칸반도에서 충돌했고, 1905년 전쟁에서 러시아가 일본에 패배한 것은 영국이 일본을 지원한 탓이라고 여겨졌다. 미국과 달리, 러시아는 세계 자본주의 패권국으로서 영국의 잠재적 계승자가 될 만한 경제 발전을 이루지 못했다. 하지만 영토 확장과 경제적 후진성이 결합하면서 러시아가 -소비에트 마르크스주의의 형태로- 기존 국제체계에 저항하는 지구적 강대국 (global antisystemic power)으로 부상할 수 있는 맹아가 만들어졌다.

　비록 냉전은 미국이 영국의 계승자로서 세계 무대에 등장한 현상을 나타내지만, 이런 계승이 평화롭거나 순조로이 이루어졌다고 생각한다면 오산이다. 20세기 대부분에 미국은 세계 정치와 해외 각

033

국 사회에 혁명적인 영향을 미쳤다. 라틴아메리카나 아시아, 아프리카에 미친 영향만큼이나 유럽(영국 포함)에 미친 영향도 마찬가지다. 1870년대에 헨리 제임스는 자기 작품의 미국인 주인공을 "순진하고 기운차게 앞으로 나아가, 이 가련하고 쇠약한 구세계를 한동안 응시하다 와락 덤벼드는 위대한 서부의 야만인"으로 보았는데, 영 헛다리를 짚은 것은 아니었다.[8] 미국은 국제적인 골칫거리여서 처음에 영국 패권이 19세기에 확립한 규칙을 따르기를 거부했다. 미국의 이념은 혁명적이었고, 관습은 뒤집혔으며, 교조적 태도는 위험했다. 냉전이 종언을 고하고 나서야 미국의 패권은 전 지구적 차원에서 안정을 찾았다.

그러므로 냉전은 미국의 힘이 떠오르고 그것을 공고화하는 문제였다. 냉전은 또한 그것을 넘어서는 의미였다. 그것은 소련식 공산주의의 패배와 유럽에서 유럽연합을 통해 제도화된 민주적 합의라는 형태의 승리에 관한 문제였다. 중국에서 냉전은 중국공산당이 실행한 정치적·사회적 혁명을 의미했다. 라틴아메리카에서 냉전은 냉전의 이데올로기 분단선을 따라 사회가 점차 양극화됨을 의미했다. 이 책은 자본주의와 사회주의가 세계 차원에서 벌인 냉전의 의미를, 그 모든 다양한 양상과 때로 혼란스럽게 한 모순으로 보여 주고자 한다. 역사책 한 권은 복잡한 전개를 수박 겉핥기식으로 살펴볼 수밖에 없다. 하지만 독자 여러분이 냉전이 어떤 식으로 오늘날의 세계를 만들었는지 더 탐구할 마음을 먹게 할 수 있다면, 이 책은 목적을 이룬 셈이다.

출발점들

미국은 세계에서 가장 강력한 나라로

올라섰지만, 경제적 의미를 제외하면

세계에서 어떤 역할을 맡아야 할지

확신하지 못했다. 공산주의 대 자본주의라는

이데올로기적 냉전은 이미 격화했지만,

아직 대립하는 국가들로 이루어진 양극화된

국제체계를 창출하지 못했다.

냉전은 20세기 전환기에 벌어진 두 과정에서 기원했다. 하나는 미국과 러시아가 점차 국제적 사명감을 갖춘 강력한 제국으로 전환된 과정이고, 다른 하나는 자본주의와 그 비판자 사이의 이데올로기적 분열이 첨예화한 과정이다. 두 과정은 미국의 제1차 세계대전 참전 및 1917년 러시아혁명, 자본주의의 대안적 전망으로서 소비에트 국가의 창설과 나란히 이루어졌다. 세계대전과 대공황이 일어난 결과로 소비에트라는 대안은 세계 곳곳에서 큰 지지를 받았지만, 그 적수와 경쟁자는 비판과 공격의 초점으로 삼기도 했다. 1941년에 이르러 소련과 미국이 제2차 세계대전에 발을 들여놓았을 때, 소련은 내부적으로 어느 때보다도 강했지만, 국제적으로 더욱 고립되었다. 전시에 소련과 미국, 그리고 19세기 최대 열강인 영국 사이에 이루어진 상호작용이 미래 국제관계의 틀을 결정할 터였다.

소련이 세계 자본주의에 반대하는 동안 미국은 그 자본주의의 지도자가 되었다. 한 세대 전이라면 어떤 유럽인도 꿈꾸지 못했을 상황이 낳은 결과이긴 했다. 19세기 말과 20세기 초 세계의 역사는 무엇보다도 경제적·기술적·군사적으로 미국의 힘이 성장한 역사다. 미국 남북전쟁과 제1차 세계대전 사이 50년간, 미국의 국내총생산은 7배 넘게 증가했다. 1870년에 겨우 영국의 5퍼센트 수준이던 철강 생산은 1913년 영국의 4배에 이르렀다. 기술 변화와 풍부한 천연자원이 결합해 자본주의가 발전하는 데 불가항력이 생겨났고, 이는 한 세대 만에 모든 경쟁자를 곤혹스레 만들었다.

　미국이 성공한 한 요인은 거대한 경제력과 미국 시민의 일상생활이 서로 만났기 때문이다. 역사에서 부상한 다른 강대국은 주로 엘리트가 성장의 이득을 누린 데 비해, 보통 사람은 제국의 식탁에 남은 음식 찌꺼기에 만족해야 했다. 미국은 이 모든 것을 바꿔 놓았다. 미국의 경제적 성장은 국내 소비자 사회가 탄생하게 했다. 원래 차별되고 정치적 영향력도 거의 없던 최근 이민자와 아프리카계 미국인을 포함한 모든 이가 이 사회에 참여하기를 열망할 수 있었다. 각종 신제품은 지위와 편리함을 제공했고, 신기술로 생산된 상품으로 근대를 경험하는 것은 미국인이 어떤 존재인지를 규정해 주었다. 미국인은 무엇보다도 자원과 발상이 풍부해 서로를 비옥하게 만드는 나라에서 변화와 새 출발의 주체였다.

　19세기 말 특별함, 사명, 풍부함 등의 개념이 결합해 거대한 힘과 응집력이라는 미국의 대외정책 이데올로기를 낳았다. 미국은 그자체로 다른 나라들과 달랐다. 더 근대적이고, 발전했으며, 합리적이었다. 또한 미국인은 유럽이 지배하는 세계의 나머지 지역이 미국에 대한 인식을 재창조하도록 도와야 한다는 의무감을 느꼈다. 미국이 더 발전한 형태의 유럽 문명임을 의심하는 미국인은 거의 없었지만,

이런 이점 덕분에 미국이 어떤 종류의 힘을 가질 수 있는지에 대해서는 의견이 갈렸다. 어떤 이들은 미국혁명으로 확립된 틀을 여전히 신봉했다. 미국은 미국식 공화주의와 검약, 진취성의 본보기로서 세계 모든 곳에 영향을 미치며, 미국인 스스로 그랬듯이, 다른 민족이 유럽의 경험을 다시 시작하게 만든다는 것이었다. 다른 이들은 팽창하는 제국들의 세계에서 미국이 맨 앞에서 이끌어야 한다고 믿었다. 하나의 본보기로만 행동하기보다 세계를 바로잡기 위해 개입해야 했다. 세계는 미국의 이념만이 아니라 미국의 힘도 필요했다.

미국이 에스파냐-미국 전쟁에서 승리를 거두면서 세기 전환기에 이념과 힘이 하나로 결합했다. 전쟁은 4개월도 되지 않아 끝났지만, 미국은 필리핀, 괌, 푸에르토리코, 쿠바 등 과거 에스파냐 점령지를 포함하는 식민제국이 되었다. 미국의 초대 필리핀 총독 윌리엄 하워드 태프트William Howard Taft는 필리핀 군도를 자기가 생각하는 미국식 발전의 실험장으로 만들었다. 자본주의, 교육, 근대화, 질서 정연 등이 목표였다. 1908년 미국 대통령으로 뽑혔을 때, 태프트는 미국 자본이 해외, 즉 카리브해나 중앙아메리카, 아시아 태평양 지역 등에서 유익한 역할을 할 수 있다고 역설했다. 또한 그는 미국 기업들이 해외에서 돈을 벌 수 있는 기회를 풍부히 제공하고 그 기업들을 보호할 정부의 역할을 강조했다. 태프트의 "달러 외교"는 미국이 세계적인 강대국으로 부상한다는 신호였다.

1914년에 이르러 미국은 세계 강대국이 되었다. 하지만 미국 지도자들은 여전히 자국이 세계 무대에서 어떤 역할을 해야 하는지 확신하지 못했다. 미국은 효과적 개입이나 효과적 단절 가운데 무엇을 추구해야 하는가? 미국이 힘을 행사하는 주된 목적은 자국민을 보호하는 것인가, 아니면 세계를 구제하는 것인가? 이런 논쟁이 결합해 우드로 윌슨 대통령은 1917년 제1차 세계대전에 참전하기로 했다. 윌슨은 미국의 사명 가운데 하나가 세계를 바로잡는 데 도움이 되는 것이라고 믿었다. 그가 두 차례 개입한 멕시코에 대한 정책은 남쪽 이웃 나라를 입헌주의와 미국식 민주주의로 밀어붙이는 것이 미국에 이익이 된다는 원칙에 따른 것이었다. 윌슨은 독일과 오스트리아-헝가리가 이끄는 동맹국(Central Powers)에 맞서 싸우는 영국과 프랑스, 러시아가 이끄는 연합국(Allied Powers)에 전적으로 공감했다. 윌슨의 개입을 재촉한 것은 독일이 미국과 연합국 사이의 국제 해운을 상대로 벌인 잠수함 전투였다. 윌슨은 선전포고에서 "이기적인 독재 권력에 맞서 세계의 삶에서 평화와 정의의 원칙을 입증하"고, "민주주의를 위해" 세계를 "더 안전한 곳"으로 만들겠다고 약속했다.[1] 미국이 유럽에서 잠깐 전쟁을 벌이는 동안 윌슨이 구사한 화려한 언어는 혼돈과 소요에 맞서 싸우면서 인간과 상업, 무역을 위해 자유를 지켜야 한다는 점에 초점이 맞춰졌다.

　　윌슨은 남북전쟁 이후 처음으로 대통령에 당선된 남부인이었고, 인종과 미국의 사명에 관한 그의 견해는 당대 백인의 견해를 반영한 것이었다. 대통령이 볼 때, 미국의 전 지구적 임무 가운데 하나는 민주주의와 자본주의를 실행하는 다른 나라의 능력을 점차 높이는 것이었다. 이런 사명을 위해 윌슨은 뚜렷한 인종적 위계를 두고 사고했다. 미국 백인과 서유럽인은 이미 이 임무를 맡기에 적합했다.

중앙·동부·남부 유럽인은 이에 대비해야 했다. 라틴아메리카인과 아시아인, 아프리카인은 스스로 문제를 책임질 수 있을 때까지 지도나 신탁통치를 통해 계몽되고 교육되어야 했다. 본질적으로 자유주의적 국제주의자인 월슨이 볼 때, 합리적인 정치적 결정을 내리고 경제적 결정을 할 역량은 따로 떨어지지 않았다. 후자를 완전히 익힌 사람만이 전자도 습득할 터였다. 미국의 역할은 누구나 이런 결정을 내리는 시기, 무역과 자유로운 경제적 상호작용을 통해 평화적인 균형 상태가 증진되는 시기를 위해, 세계가 준비하게 하는 것이었다.

　미국은 적어도 대다수 시민의 눈에 자본주의와 시장의 약속을 이행한 것처럼 보였지만, 19세기 말의 러시아는 많은 이가 볼 때 이런 가치를 부정하고 있었다. 차르 니콜라이 2세 통치 기간 (1894~1917)에 상업과 공업 생산이 확대되긴 했지만, 정부와 반대파 대다수는 러시아를 시장 전환의 용광로로 끌고 들어가지 않을 대안을 찾으려고 했다. 19세기 내내 러시아제국은 동유럽에서 중앙아시아, 만주, 한반도로 거침없이 팽창했다. 많은 미국인이 현실 가능성이 존재하기 한참 전부터 북아메리카 대륙 전체를 자기 나라라고 믿은 것처럼, 대다수 러시아인도 그들의 운명을 바다에서 바다까지, 즉 발트해와 흑해부터 카스피해와 태평양에 이르기까지 지배권을 굳히는 것으로 생각했다. 영국이나 프랑스 같은 제국은 해군력으로 팽창할 수 있었지만, 러시아는 연속하는 지상 제국을 창조하고자 했다. 미국 본토보다 거의 2배 넓은 영토에 자국민을 정착하게 하려 한 것이다.

　이 새로운 러시아에서 낡은 관념과 새로운 관념이 우위를 놓고 다퉜다. 때로 놀라운 결합을 이루기도 했다. 차르의 고문은 종종 러시아적인 것과 제국을 지탱하는 가치를 오염하는 것으로 시장을 깎아 내렸다. 위계질서, 진정성, 공감, 종교만이 아니라 학문과 문화도 광적으로 물질적 이익을 추구하느라 사라지고 있었다. 차르를 지지하지 않는 이조차 자연스럽고 직접적이며 진정한 형태의 개인적 상호 작용이 사라지고 있으며, 진정성이 없는 외래의 생활방식에 밀려날지 모른다고 느꼈다. 제1차 세계대전을 앞둔 시기에 이 모든 상황은 러시아에서 우파와 좌파에 모두 반자본주의 저항이라는 기름을 끼얹었다. 자유주의적 자본주의 사상을 믿은 소수는 이런 아수라장에서 종종 길을 잃었다.

좌우파를 막론하고 러시아에서 반자본주의의 추세가 강해지는 가운데, 사회민주노동당의 등장은 러시아제국을 유럽의 광범위한 추세와 연결한 주요한 움직임이었다. 1898년에 창건된 당은 마르크스주의적 사고를 배경으로 삼았는데, 물론 이 사고는 당을 독일, 프랑스, 이탈리아 노동운동의 중요한 부분과 연결해 주었다. 이미 사회민주노동당 2차 대회 이전인 1903년에 차르의 경찰은 당 지도자 대다수를 국외 망명으로 내몰았다. 그리하여 2차 대회는 런던에서 소집됐는데, 이 자리에서 당은 두 당파, 즉 "다수파"(러시아어로 볼셰비키)와 "소수파"(멘셰비키)로 갈렸다. 이 분열은 정치적인 만큼이나 개인적인 요인도 작용했다. 많은 당원은 이제 볼셰비키 대표가 된 레닌이 당 조직 위에서 당을 개인적으로 통제하려 한다고 분개했다. 이 분열은 차르 반대파 사이에서 혼란을 일으켰다. 레닌은 쉽게 타협하는 인간이 아니었다.

런던대회 한참 전부터 레닌은 추종자에게 러시아혁명과 국가 권력 쟁취라는 꿈을 심어 주었다. 레닌은 1870년 모스크바에서 동쪽으로 500마일(약 805킬로미터) 떨어진 소도시의 자유주의 부르주아 집안에서 블라디미르 일리치 울리야노프라는 이름으로 태어났다. 젊은 시절 그의 삶을 뒤바꾼 핵심 순간은 1887년에 찾아왔다. 차르 암살을 계획한 좌파 테러 집단의 단원인 형 알렉산드르가 체포되어 처형된 것이다. 블라디미르는 곧바로 급진적 학생단체에 가입하고 러시아어만이 아니라 독일어, 프랑스어, 영어로 된 책을 닥치는 대로 읽었다. 1897년 체포되어 시베리아로 유배된 그는 레나강의 이름을 따서 레닌을 가명으로 삼았다. 경찰의 감시를 받으며 농부의 오두막에서 3년을 살면서 책을 읽고 글을 쓰고 사람들을 조직했다. 1902년에 출간된 초기의 주요 저작《무엇을 할 것인가?》에서 레닌은 1852년 독일 사회주의자 페르디난트 라살레Ferdinand Lassalle가 마르크스에게 보낸 편지를 인용한다. "당파 투쟁은 당에 힘과 활력을 줍니다. 당이 약하다는 가장 분명한 증거는 당이 산만하고 뚜렷한 경계를 흐린다는 사실이지요. 당은 자체 숙청을 할수록 더 강해집니다."[2] 유배지에서 풀려난 레닌은 싸울 준비가 되어 있었다.

러시아 혁명가의 첫 번째 호기는 전혀 예상치 못하게 찾아왔다. 1905년 러시아제국은 일본과 벌인 전쟁에서 패했고, 패배의 충격으로 모스크바와 상트페테르부르크에서 대규모 반정부 시위가 벌어졌다. 수도에서 사회주의자 레프 브론시테인Lev Bronstein은 트로츠키라는 이름으로 바꾼 뒤 자율적인 노동자평의회(소비에트)를 이끌면서 당국에 반기를 들었다. 러시아의 반대파 전체는 자유선거와 일정한 형태의 의회민주주의를 들여올 것을 요구했다. 차르는 몇몇 요구에 굴복했지만, 그와 고문은 정부를 통제하면서 새로 선출된 의회 두 마에 의존하는 상황에서 벗어나려고 했다. 볼셰비키는 1905년 사태에 참여했지만, 레닌은 선거가 사회주의로 가는 길이라고 믿지 않았다. 볼셰비키와 멘셰비키를 합해도 선출직 대표의 5퍼센트를 넘은 적이 없다.

세기 전환기 무렵은 세계 전반에 사회적·정치적 긴장이 높아지는 상태였다. 여러 차례 벌어진 새로운 충돌은 과학적 합리주의와 점진적 진보, 새로운 기회로 가득 채워진 미래라는 유럽의 낙관적 전망을 점점 갉아먹었다. 1893년의 경제위기가 특히 미국을 강타하면서 실업이 늘어나고 노동계급의 소득이 감소하는 상황이 몇 년간 이어졌다. 자원과 시장, 위세를 가차 없이 추구하자 아프리카와 아시아의 더 많은 영토는 식민지가 되었고, 한편으로 인도와 남아프리카, 동남아시아, 중동에서 처음으로 조직화된 반식민주의운동이 등장했다. 이런 불협화음 때문에 계급 갈등과 무장 저항이 늘어났음에도, 유럽과 유럽에서 파생된 다른 지역에서 미래는 더 나아질 것이라는 관념이 굳건히 유지되었다. 100년 가까이 유럽 전체가 휘말린 전쟁이 없었고, 합리적 사고와 국민 복지에 대한 약속, 경제적 상호 의존 덕분에 대다수 사람은 앞으로도 전쟁이 일어나지 않을 것으로 생각했다. 새로운 세기에도 분명 일시적 고장이 있기는 하겠지만 진보로 나아가는 전반적인 길은 직선적이고 영원할 것이었다.

1914년에 모든 게 바뀌었다. 유럽 엘리트는 젊은이를 전쟁터로 끌고 가면서 일종의 집단 자살을 시작했다. 그들 다수를 죽이고 살아남은 이에게서 많은 부와 세계적 지위를 빼앗는 형태의 자살이었다.

제1차 세계대전은 30년에 걸친 유럽 내전이 그 시작인데, 이 내전은 1914년 초에 누구도 예상하지 못한 규모의 혁명, 신생 국가, 경제적 혼란, 파괴를 낳았다. 제1차 세계대전에서 1500만 명이 넘는 사람이 죽었다. 대부분 한창나이의 유럽 남성이었다. 2100만여 명이 다쳤다. 프랑스는 국내총생산이 40퍼센트 감소했고, 독일은 그보다 2배 넘게 감소했다. 오스트리아-헝가리제국과 오스만제국은 사라졌다. 영국은 역사 최초로 식량을 배급했다.

총력전이 낳은 신체적 결과보다 더 나쁜 것은 심리적 결과였다. 전 세대의 유럽인이 이웃을 죽이고 파괴하고 증오하는 것이 삶의 평범하고 일상적인 측면이라고 배웠고, 19세기의 도덕적 확실성은 공허한 문구에 지나지 않았음을 깨달았다. 그들은 승자도 고귀한 목적도 없는 전쟁으로 그들을 끌고 간 기존 질서를 불신하는 법을 배웠다. 1916년 솜Somme전투가 끝난 뒤, 한 웨일스 젊은이는 일기에 이렇게 썼다. "아무 생각도 느낌도 없고, 아무것도 보이지 않는 상태에 빠져드는 가운데 저 멀리 물러나는 것은 죽음이 아니라 삶이었다. 사람들이 다른 사람을 떠메고 옆을 지나갔는데, 몇은 울부짖고, 몇은 욕설을 퍼부었고, 몇은 입을 굳게 다물었다. 모두 그림자였고, 나도 그들보다 조금도 대단하지 않았다. 산 자나 죽은 자나 모두 비현실적이었다. … 과거와 미래는 같은 거리에 있어서 손에 넣을 수 없었고, 내가 기억하는 나 자신과 내가 붙잡고자 한 모든 것에서 갈라놓는 틈을 가로지르는 희망의 다리는 어디에도 없었다."[3]

나중에 냉전을 형성한 것이 바로 이 제1차 세계대전 세대다. 대전쟁*의 모든 요소가 그 안에 있었다. 공포, 불확실성, 무언가를 믿을 필요성, 더 나은 세계를 창조하라는 요구 등등. 유럽의 총력전이 낳은 절망과 그 전쟁이 지구의 많은 지역에 퍼뜨린 공포는 전쟁을 겪은 모든 이의 마음속에 담겼다. 어디서 전쟁을 경험했든 상관없었다. 훗날 영국 총리가 되는 클레멘트 애틀리Clement Attlee 소령은 튀르키예와 이라크에서 싸웠다. 해리 트루먼 대위는 중요한 뫼즈-아르곤Meuse-Argonne 공세에서 싸웠다. 드와이트 D. 아이젠하워 소위는 전선에 나가는 병사를 훈련했다. 후에 서독 총리가 되는 콘라트 아데나워는 전쟁으로 고통받은 독일 제4의 도시 쾰른의 시장이었다. 소련을 창건한 이오시프 스탈린은 시베리아의 혁명 유배지에서 전쟁을 혹평했다. 베트남의 냉전 시대 혁명가 호찌민은 프랑스가 쇠약해지는 것을 보면서 조국의 첫 번째 독립운동을 결성했다. 그들 모두 제1차 세계대전의 재앙에서 성장했다.*

자본주의 세계 체계에 대한 공산주의의 도전 또한 대전쟁과 함께 시작되었다. 전쟁은 모든 나라의 사회민주당을 전쟁에 찬성하는 진영과 반대하는 진영으로 갈라놓았다. 일부 사회민주당원은 나라에 대한 의무감에서 전쟁을 수행하는 활동을 지지했다. 하지만 독일과 프랑스, 이탈리아와 러시아에서 러시아 볼셰비키를 비롯한 소수 사회주의자는 전쟁을 각기 다른 자본가 집단 사이의 충돌이라고 비난했다. 독일 의회에서 사회주의자로 유일하게 전쟁에 반대표를 던진 카를 리프크네히트Karl Liebknecht는 용감히 주장했다. "휘말린 어떤 민족도 바라지 않은 이 전쟁은 독일인이나 다른 어떤 국민을 위해 시

* 제1차 세계대전을 가리키는 당대의 표현.

작되지 않았다. 이것은 제국주의 전쟁, 즉 산업자본과 금융자본의 이익을 위해, 자본주의가 세계 시장을 지배하고 중요한 식민지를 정치적으로 지배하기 위한 전쟁이다."[4]

리프크네히트나 레닌 같은 혁명가는 병사와 노동자, 농민이 자기편 상급자나 전선 뒤에 있는 자본가보다 반대편에 있는 형제와 공통점이 더 많다고 주장했다. 전쟁은 강도와 도둑이 벌이는 싸움이고, 보통 사람은 그들을 위해 고통을 받아야 했다. 자본주의 자체가 전쟁을 만들어 냈으며, 자본주의를 폐지하지 않으면 더 많은 전쟁이 벌어질 터였다. 극좌파는 그에 대한 해답으로 초민족적 형태의 혁명, 즉 병사가 자기네 장교에게 총부리를 돌리고 참호 건너편의 동지를 끌어안는 혁명을 선언했다.

대전쟁은 미래 냉전에서 두 초강대국의 운명을 촉발했다. 대전쟁을 계기로 미국은 자본주의의 세계 전형이 되었고, 러시아는 소련으로 변신해서 자본주의 세계의 영원한 적수가 되었다. 따라서 이 전쟁이 낳은 결과는 하나의 국제체계로서의 냉전을 예시했다. 많은 일이 벌어지고 나서야 20세기 말의 완전한 양극화가 나타나긴 했지만 말이다. 하지만 제1차 세계대전을 거치며 등장한 급진 공산주의자가 자본주의의 유일한 도전자는 아니었다. 이탈리아 파시스트[파시스트당(Partito Nazionale Fascista)]와 독일의 나치[국가사회주의독일노동자당(Nationalsozialistische Deutsche Arbeiterpartei, NSDAP)]도 대전쟁의 가마솥에서 등장했다. 하지만 20세기의 가장 긴 충돌의 경로를 정한 것은 세계 최대의 제국에서 공산주의 권력이 탄생한 사건이었다. 그 결과로 생겨난 국가와 그것이 다른 나라에 미친 영향을 통해서였다.

047

러시아에서 볼셰비키가 권력을 장악한 것은 프랑스와 영국의 전시 연합국이던 제국이 전쟁 때문에 약해진 탓이었다. 1917년이 시작되었을 때 전선의 상황은 암울했고, 승리의 가능성이 전혀 보이지 않았다. 자유주의 야당은 전쟁을 지지한 탓에 국민의 신망을 잃었다. 1917년 3월 러시아 군주정이 뒤집혔을 때, 볼셰비키의 영향력은 제한적이었다. 하지만 혁명 이후 집권한 자유주의-사회주의 연합은 전쟁을 끝내거나 그 파국적인 경제적 결과를 처리할 수 없었다. "토지, 빵, 평화"라는 레닌의 구호와 그가 전쟁에 반대하면서 다른 사회주의자에게서 얻은 인기 덕분에 레닌의 정치적 영향력이 커졌다. 1917년 11월, 임시정부가 내분을 겪으면서 한층 약화한 가운데 볼셰비키가 쿠데타를 성사해 페트로그라드(상트페테르부르크)와 모스크바에서 권력을 잡았다.

러시아 구력舊曆에 따라 볼셰비키 용어로 11월 쿠데타에 붙인 이름인 10월혁명은 러시아의 심대한 전환을 개시했다. 1918년 볼셰비키는 선거로 뽑힌 제헌의회를 몰아내고 러시아사회주의연방소비에트공화국을 수립했다. 뒤이어 볼셰비키의 붉은군대와 다면적인 반볼셰비키 백군 사이에 내전이 벌어져서 200만 명이 죽었다. 볼셰비키는 점차, 심지어 자기들도 무척 놀랄 정도로 군사적 흐름을 그들에게 유리하게 뒤집을 수 있었다. 1922년 러시아소비에트공화국은 소비에트사회주의공화국연방(USSR)의 중심축이 되었다. 옛 제국에서 생겨나 모두 볼셰비키가 통치하는 16개 공화국의 연방이었다. 이제 공산주의자를 자처하는 레닌의 추종자가 전쟁에서 승리한 것은 국민의 진정한 지지를 받았기 때문이다. 국민 대다수는 신뢰를 잃은 옛 제국으로 돌아가기를 원하지 않았다. 레닌의 쿠데타에 맞서는 싸움에서 많은 지도자를 배출한 자유주의자와 사회주의자는 차르의 장교에게 군사적 지지를 의지해야 했는데, 이 때문에 국민에게 큰 존경을 잃었다.

볼셰비키가 권력을 잡자 제1차 세계대전에서 러시아의 연합국 엘리트는 깜짝 놀랐다. 그들이 볼 때, 볼셰비키는 나쁜 꿈속의 악몽이었다. 레닌은 러시아의 대독일 전쟁을 끝냈을 뿐만 아니라, 러시아의 지상 목표가 유럽 **모든** 나라에서 혁명을 일으키는 것이라고 선포했다. 또한 그 혁명은 페트로그라드의 사례처럼 되도록 폭력 혁명일 것이라고 선언했다. 연합국은 처음에 독일과 오스트리아-헝가리를 상대로 계속 싸우기를 원하는 비볼셰비키를 돕기 위해 러시아 내전에 개입했다. 하지만 이 개입은 금세 볼셰비키 정권 자체를 겨냥한 싸움이 되었다. 1918년 유럽 전쟁이 끝난 뒤에도 외국 군대가 여전히 남았다. 러시아의 반볼셰비키 세력은 군사적으로 신뢰할 수 없고 정치적으로 약했으며, 외국의 개입은 결국 거의 효과를 발휘하지 못했다. 오히려 볼셰비키 대의에 새롭게 뛰어든 이들에게 자본주의 세계는 기회만 되면 자기들에게 무기를 겨누는 것을 주저하지 않을 것이라고 확신하게 했다. 레닌의 체제는 이제 외국 세력에 맞서 러시아를 수호하는 정권임을 정당히 내세울 수 있었다.

전쟁이 끝나면서 미국이 전 세계에서 주요한 경제적·정치적 강대국으로 등장했다. 오직 미국만이 신용과 산업 생산물이 남아돌았다. 전쟁은 또한 미국이 정치적으로 세계 최고의 도덕적 권위를 획득하며 끝났다. 윌슨 대통령은 미국의 전쟁 목표와 평화 조건을 설명하는 14개조 평화원칙에서 미국이 단순히 국가적 이익이 아니라 정의로운 세계를 위해 싸운다고 선언한 바 있다. 이념과 원칙을 바탕으로 세워진 국가로서 미국은 단순한 민족국가를 능가했다. 미국은 능력 있는 민족이라면 누구나 자치 정부를 세우고 새로운 세계 기구인 국제연맹(League of Nations)에 참여할 권리가 있다고 믿었다. 1918년 볼셰비키에 대항해 러시아에 개입했을 때, 미국은 "이렇게 도와주면 자기방어 조직에 속한 러시아인이 순순히 받아들일 것"[5]이기 때문이라고 이유를 밝혔다. 사실 미국 엘리트는 유럽인만큼 레닌의 통치를 보고 공포에 질렸다. 언론이든 의회든 "살인마"니 "야만인"이니 하는 용어를 입에 올리지 않으면서 공산주의자를 언급하는 일은 보기 드물었다. 한결 냉철한 태도를 견지한 윌슨도 소비에트 기획을 자기가 추구하는 국제주의와 경쟁하는 형태로 보았다.

1920년대에 소련이 유럽에서 즉각적인 혁명을 포기하는 것처럼, 미국도 이내 국제연맹을 통해 유럽을 재편한다는 윌슨의 꿈을 포기했다. 1920년대와 1930년대에 미국이 흔히 고립주의라는 비난을 받기는 했어도 이는 결코 사실이 아니었다. 어느 때보다도 많은 미국인이 유럽을 비롯한 해외로 나갔다. 미국과 나머지 세계 사이에 문화적 교류, 상품과 서비스의 교환이 급격히 증가했다. 유럽과 아시아, 라틴아메리카에서 미국의 소비재가 선풍적인 인기를 끌었다. 자동차, 세탁기, 진공청소기, 라디오, 영화 등은 여러 정치적 기획만큼이나 가정과 사회를 바꿔 놓았다. 높은 관세와 수입 제한이 지배하던 시대에도 미국의 대외무역과 투자는 급격히 증가했다. 1920년대부터 줄곧 세계 금융의 중심은 영국에서 미국으로, 런던에서 월스트리트로 옮겨 갔다.

이처럼 미국의 영향력이 높아지는 현상은 유럽에서 가장 두드러졌다. 수백 년 동안 유럽 엘리트는 전 지구적 취향과 목표를 결정하는 주역이었다. 러시아와 아메리카, 식민지 세계에서 잉글랜드 신사나 박학다식한 프랑스 계몽사상가(philosophe)의 이상이 지배했다. 하지만 전간기에 아메리카는 제1차 세계대전 이전에 누구도 예상하지 못한 방식으로 유럽에 변화를 일으켰다. 미국식 사업방식이 유럽의 오랜 전통을 대체했다. 경영 방식이나 회계 기법, 그리고 ─좀 더 점진적이긴 했어도─ 투자 원칙 같은 중대한 문제에서 유럽의 전통은 밀려났다. 헨리 포드가 디트로이트에서 선구적으로 개척한 공장의 조립공정은 생산량을 객관화하고 인간과 기계를 연결했다. 생산의 동기화(synchronization), 정밀성, 전문화를 뜻하는 포디즘은 다른 삶의 영역으로 확산했고, 서유럽의 자유주의자만이 아니라 파시스트, 나치스, 소비에트 공산주의자도 조직에 대한 기술적 접근법을 취했다.[6] 하지만 유럽의 미국화는 첨단 생산의 조립공정을 훌쩍 넘어섰다. 태도와 이상 또한 점차 바뀌었다. 규칙적인 노동시간과 정규 임금을 갖춘 일자리를 갖는다는 생각은 세기 전환기에 대다수 유럽인에게 생소했다. 산업에 종사하는 이에게도 오래된 온정적 관습이 적용되었고, 길드나 직능협회가 정한 규칙도 여전히 남아 있었다. 귀족은 물론 전혀 일자리를 갖지 않았지만, 귀족이 부리는 농민과 막노동자도 마찬가지였다. 유럽은 이런 의미에서 아주 오랜 시간에 걸쳐 변화하고 있었다. 하지만 1918년 이후 시대의 미국화는 독특한 미국적 특징을 지닌 시장 경제로 전환하는 과정의 정점을 이루었다.

전쟁과 그 여파로 일어난 급속한 변화는 유럽을 비롯한 여러 지역에서 수많은 사람 사이에 이례적인 공포 분위기를 조성했다. 이런 공포 가운데 가장 파괴적인 것은 개인적 또는 민족적 굴욕과 궁핍에 집중되었다. 급진주의자나 유대인, 자본가, 공산주의자, 이웃 나라가 대전쟁과 그 여파로 이미 고통받고 희생된 사람의 뼈도 갉아 먹으려 한다는 주장이 퍼졌다. 유럽에서 이런 공포는 파시즘이나 나치즘 같은 민족주의적 권위주의 운동을 낳았다. 그뿐만 아니라 공포는 새로운 형태의 반혁명적 사고를 창조했다. 공산주의와 러시아혁명이 종교, 개인의 자유, 자기계발을 통한 사회적 상승을 위협한다는 우려가 무엇보다 핵심이었다. 미국에서 1919~1920년에 휘몰아친 빨갱이 공포(Red Scare)는 급진주의자로 찍힌 이를 체포하고 국외로 추방했으며, 언론의 자유를 제한하고, 파업과 노동자 항의시위를 깨뜨리려는 고용주를 연방이 지원하는 것 등으로 이어졌다. 1920년 시애틀시장 올 핸슨Ole Hanson은 빨갱이 공포를 생생히 보여 주었다.

생디칼리슴-그리고 그 막냇자식 볼셰비즘-이 번성하는 가운데 지상에 살인, 강간, 약탈, 방화, 자유연애, 빈곤, 궁핍, 기아, 도덕적 타락, 노예제, 독재, 억압, 슬픔과 지옥이 펼쳐진다. 이것은 무능하고 부적합하며 정식 교육을 받지 못한 자, 즉 인간 말종, 쓰레기, 잔인한 자, 실패자의 계급 정부다. 자유(freedom)가 사라지고, 자유(liberty)가 이민하며, 보편 참정권이 폐지되고, 진보가 중단되며, 남자다움과 여자다움이 파괴되고, 예절과 공정한 대우가 잊히며, 오로지 자만심만 비대한 호전적 소수자가 프롤레타리아트 독재 아래 차르나 황제, 강한 독재자 시절보다 더한 거대한 폭정을 환생하게 한다.[7]

미국과 영국에서 자유주의는 전쟁과 급진적 도전의 압력을 받으며 분열되었다. 제2차 세계대전 이후 벌어지는 사태와 비슷한 방식으로 많은 자유주의자가 반혁명 행동주의의 물결 속에서 보수주의자와 손을 잡았다. 윈스턴 처칠은 아직 자유당 의원이던 1920년 이렇게 말했다. "어느 도시나 혼란을 일으켜 이익을 챙기기를 기대하면서, 사회 전체를 뒤집을 기회를 굶주린 눈동자로 호시탐탐 노리는 열정에 불타는 소수 남녀 무리가 있으며, 이런 악질 범죄자는 볼셰비키의 자금을 먹고 삽니다. … 그들은 공산주의 교리를 전파하고, 폭력 혁명을 설파하며, 불만에 불을 붙이는 식으로 우리에게 병균을 옮기기 위해 끊임없이 시도합니다."[8] 오직 소수의 자유주의적 회의론자만이 계속 남았다. 철학자 버트런드 러셀은 한편으로 볼셰비키가 구사하는 방식을 비판하면서도 "러시아의 영웅적 행동이 인류에게 희망의 불을 붙였다"라고 믿었다.[9] 러셀이 볼 때, 러시아혁명 초기 몇 년간은 더 나은 세계를 만들 수 있다는 가능성이 그 매력을 설명해 주었다.

전간기에 많은 사람이 크나큰 배신감을 느꼈다. 각국의 엘리트는 풍족한 생활 대신 전쟁을 안겨 주었다. 기회가 많아지기는커녕 실업이 생기고 착취가 심해졌다. 식민지에서 여러 현지 지도자는 전쟁과 뒤이은 경제위기를 겪으면서, 유럽인은 해외에서 다스리는 이들을 위한 진보에 관심을 기울이기보다 자기 자신만 안중에 있음이 입증되었다는 결론에 다다랐다. 소비에트 공산주의가 전쟁과 궁핍, 억압에 대한 현실적인 대안으로 보였다. 1919년 레닌이 설립한 새로운 공산주의인터내셔널 조직(제3인터내셔널 또는 코민테른)에 볼셰비키 모형을 따라 만들어진 많은 나라의 신생 공산당이 포함되었다. 조직은 각국 공산당을 중앙집중화된 강력한 소련 지도부가 지휘하는 코민테른의 단순한 지부로 규정했다. 훗날 북베트남 지도자가 되는 베트남 반식민주의 활동가 호찌민은 이렇게 말했다. "처음에는 공산주의가 아니라 애국 때문에 레닌과 제3인터내셔널을 신뢰했다. 그런데 투쟁을 따라 현실적 활동에 참여하는 것과 나란히 마르크스레닌주의를 공부함으로써 점차 사회주의와 공산주의만이 세계 곳곳의 피억압 민족과 노동대중을 노예제에서 해방할 수 있다는 사실을 깨달았다."[10] 노르웨이 시인 루돌프 닐센Rudolf Nilsen은 공산주의 혁명의 목소리가 세계만방에서 "불타는 심장"에 울려 퍼지고 있다고 썼다.

> **그래, 여러분이 가진 최고의 것을 내게 주면, 당신들에게 모든 걸 주겠다.**
> **승리를 손에 넣기 전에는 우리에게 얼마나 많은 게 떨어질지 아무도 알지 못하니.**
> **어쩌면 우리 지구를 구한다는 의미일지 모른다.**
> **나의 외침은 최고의 것에 보내지니.**[11]

전쟁과 식민 억압에 진력난 세계 곳곳에 코민테른의 호소가 울려 퍼졌다. 많은 공산당이 소규모로 시작해서 다른 더 큰 운동과 연합했다. 일례로 1921년 창건된 중국공산당(Chinese Communist Party,

CCP)은 1919년 의사이자 혁명가인 쑨원이 창건한 훨씬 큰 민족주의 집단인 국민당과 협력했다. 1920년 북부 지역에서 수립된 소비에트 공화국이 불운하게 끝을 맺은 이란에서 공산당은 지하로 내몰렸는데, 당원은 지하활동을 하면서 노동조합과 도시 조직을 세우는 데 집중했다. 남아프리카에서 1921년에 설립된 공산당은 "남아프리카의 모든 노동자, 조직된 노동자나 미조직 노동자, 백인과 흑인에게 모두, 자본주의 체제와 자본가 계급의 무법 행위를 끝장내고 세계 전역에서 노동자 공화국(Commonwealth of Workers)을 세우자"라고 호소했다.[12] 공산당은 이후 아프리카민족회의에서 활동하면서 아파르트헤이트에 맞선 투쟁에서 많은 지도자를 배출했다. 코민테른은 이 모든 당을 하나로 연결했고, 점차 그 당들이 소련 대외정책의 도구로 전환하는 데 조력했다. 하지만 공산주의인터내셔널은 단순히 공산당 자체를 넘어서는 영향을 미쳤다. 예를 들어 1927년 브뤼셀에서 창립된 첫 번째 반제국주의 운동인 반제국주의연맹(League Against Imperialism)은 코민테른의 자금을 받았고 대부분 코민테른이 조직했다.

몽상가들이 세계를 구제할 공산주의 혁명을 꿈꾸는 한편, 레닌과 그 후계자는 신생 국가에서 사회주의를 건설했다. 하지만 계획은 거의 시작하자마자 어그러졌다. 부유층과 식자층이 공산주의 체제를 피해 도망친 자리를 정식 훈련을 받지 않은 정치적 열성분자가 채움에 따라, 경제가 붕괴했을 뿐만 아니라 내전과 외국의 개입에 맞선 전쟁이 벌어졌고, 소비에트 권력이 독립을 선포한 옛 러시아제국 지역을 유혈 침공하면서 체제는 큰 대가를 치렀다. 1920년에 이르면, 농민에게서 식량을 징발해서 도시에 있는 노동자에게 운송하는 지경에 이르렀다. 이듬해 경제를 다시 가동하기 위해 시장 유인책을 시험하기로 한 레닌의 결정, 이른바 신경제정책(New Economic Policy, NEP)은 전술적 술책에 지나지 않았고, 즉각적인 결과가 나오자마자 폐지되었다. 공산당이 저지른 최악의 행동은 폴란드를 상대로 형편없이 싸우고 피해만 본 전쟁이었는데, 소련은 이 전쟁으로 러시아제국의 일부였던 많은 영토를 신생국 폴란드에 내주었다. 폴란드가 승리하자 소련은 발트해 공화국인 리투아니아, 라트비아, 에스토니아를 공격할 수 없었고, 이제 발트3국은 독립을 굳건히 지켰다.

하지만 소비에트 지도자들에게 유럽 다른 나라의 혁명 실패는 소비에트 국가의 영토를 상실한 것보다 훨씬 더 심각한 문제였다. 레닌이 1917년 권력을 장악하면서 염두에 둔 핵심 사고는 러시아혁명에 뒤이어 곧바로 사회적·기술적으로 발전한 유럽 지역에서 혁명이 벌어진다는 것이었다. 이렇게 혁명을 일으킨 여러 나라가 대륙 차원의 소비에트연합을 이루면, 유럽의 기술과 혁명적 규율을 비롯한 러시아의 자원을 바탕으로 더 높은 단계의 근대로 나아갈 것이었다. 하지만 다른 나라에서 혁명은 성공하지 못했다. 베를린에서 좌파 사회주의자가 일으킨 봉기는 1919년 1월 진압되었고, 카를 리프크네히트를 포함한 지도자들은 살해되었다. 바이에른소비에트공화국은 겨우 27일 지속되다가 결국 1919년 5월 뮌헨 거리에서 독일군 잔재 세력에 패배했다. 옛 오스트리아-헝가리제국 동부 지역의 중심지인 헝가리에서 공산당은 최장기간 버텼다. 하지만 1919년 8월 헝가리소비에트공화국은 프랑스와 영국의 지원을 받은 루마니아 군대의 침략으로 불길 속에 무너졌다. 내전에 몰두하느라 한눈팔 새가 없던 소련은 전혀 도와줄 수 없었다. 1920년대 초에 이르면 적어도 당분간은 다른 어떤 공산주의 혁명도 러시아혁명에 이어 일어나지 않을 것임이 분명해졌다. 하지만 소련에 대한 승전국 열강의 깊은 적대는 여전히 남았다. 모스크바의 새로운 통치자에게 전망은 암울해 보였다.

그렇다 하더라도 공산주의자는 점차 소비에트 정부를 안정화할 수 있었다. 처음에 생각한 것과 다른 형태이긴 했지만. 1924년 레닌이 사망한 뒤, 당 조직을 이끈 것은 스스로 "철의 인간"이라는 뜻의 스탈린이라는 이름을 붙인 조지아 공산주의자 이오시프 주가시빌리였다. 1878년 조지아 농촌의 소읍에서 태어난 스탈린은 공식 교육을 거의 받지 못했다. 스물한 살부터 레닌과 그의 당을 위해 일하면서 은행 강도나 때때로 암살 같이 가장 위험한 일을 도맡았다. 1922년에 이르러 스탈린은 공산당 서기장이 되었다. 중앙당 행정의 수장이 된 것이다. 6년 뒤 그는 정치적 경쟁자를 모두 물리치고 당과 소비에트 국가의 무적 지배자가 되었다. 이 과정에서 스탈린과 그의 추종자는 아마 그들이 대표하는 정부를 구했을 것이다. 어떻게 이런 일이 가능했을까? 그들은 옛 제국의 풍부한 천연자원과 인적 자원에 의존할 수 있었다. 또한 이런 자원을 활용할 수 있는 공산당의 조직적 능력도 있었다. 그리고 중앙집중화된 권력과 경제·사회 계획을 활용해서 효율을 높였다. 마지막으로, 그들은 현실과 상상의 모든 적에게 테러를 행사했다. 스탈린의 목표는 사회주의를 건설하기 위해 모든 사람이 단 하나의 의지와 일군의 목적을 추구하는 전체주의 사회였다. 그리고 그는 이런 사회를 세우는 데 완전히 성공하지는 못했지만, 스탈린을 지도자로 둔 국가는 우방에나 적에게나 모두 인상적인 기구로 보였다.

스탈린의 국가를 건설하는 데 막대한 인간적 대가를 치렀다. 레닌은 어떤 형태의 사법 절차도 없이 최소한 10만 명을 처형함으로써 유혈 양상을 만든 바 있었다.[13] 대부분 "계급의 적"이거나 구체제를 위해 활동했다는 이유로 살해되었다. 또한 레닌은 일당 독재와 모든 반대파에 대한 무관용을 제도화했다. 하지만 최측근 동료가 우리의 지도자라는 뜻의 수령(vozhd)이라고 부르는 인물인 스탈린은 이와 같은 살인적·반민주적 원리를 제노사이드의 수준으로 밀어붙였다. 레닌 사후 당내 투쟁에서 트로츠키와 그의 지지자를 겨냥한 조직적 행동이 1920년대 말의 양상을 확립했다. 뒤이어 부농인 쿨락을 "하나의 계급으로서 절멸하자"라는 소름이 끼치는 운동이 벌어졌다. 모든 토지를 공공의 수중으로 손쉽게 이전하기 위한 활동이었다. 1930년대에 무고한 소련 시민 수백만 명이 체포·투옥·추방·총살되었다. 전체 숫자는 추산하기가 쉽지 않다. 1920년대 말부터 1953년 스탈린이 사망할 때까지 그의 체제로 최소한 1000만 명의 소련인이 살해되었다. 2300만 명이 투옥되거나 추방되었다. 그 밖에 우크라이나 기근 동안 최소한 300만 명이 사망했는데, 체제는 이러한 일이 일어나는 데 큰 몫을 했지만 방지하기 위한 노력을 하나도 하지 않았다. 폴란드인, 카렐리야인, 발트해 민족, 캅카스 민족에 대한 학살과 처형은 그 수를 추산할 수 없지만, 당연히 제노사이드로 규정해야 한다. 스탈린이 지배한 소비에트 체제는 자국민과 다른 민족에게 모두 야만적인 폭력을 행사했다. 이런 폭력은 소련이 기록한 경제성장에 아무런 도움도 되지 못했다.

테러와 정복에 바탕을 둔 소비에트 체계가 어떻게 세계 곳곳의 수많은 사람에게 매력을 발휘할 수 있었을까? 대공황이 기회를 제공했다. 자본주의가 그렇게 형편없이 망가지지 않았더라면, 공산주의가 모든 곳에서 헌신적이고 지적인 수많은 사람에게 애정을 받지 못했을 것이다. 많은 이가 볼 때, 자본주의는 이미 전쟁과 식민지 노예화를 초래한 바 있었다. 1929년 주식시장 대폭락 이후, 자본주의는 가장 발전한 산업 국가에서도 빈곤을 낳았다. 체제가 살아남기는 했지만, 소련인도 특히 1920년대 중반 이후로 그다지 성공을 거두지 못했다. 하지만 세계 자본주의는 1930년대에 자멸을 작정한 듯 보였다. 대폭락 이후 처음 3년간, 세계 국내총생산이 15퍼센트 정도 감소했고, 그 후로 계속 정체했다. 자본주의 전체가 20세기 전반기에 심각한 난조에 빠졌다. 자본주의에 반대하고 사회정의와 지역 공동체 수호라는 이상에 찬성하는 세계 여론에 불을 댕기기는 어렵지 않았다. 설령 악당과 살인자가 그런 가치를 내세운다고 할지라도.

전간기에 집단주의 체제로 자유주의적 자본주의에 도전장을 내민 것은 소련만이 아니었다. 이탈리아에서 베니토 무솔리니가 이끄는 파시스트당은 민족주의와 사회주의의 결합이 나아갈 방향이라고 주장했다. 바이에른소비에트공화국이 패배하고 불과 4년 뒤인 1923년, 뮌헨에서 독일의 젊은 극단주의자 아돌프 히틀러가 나치를 위해 권력을 장악하려고 했다. 히틀러는 처음에 실패했지만, 그의 당은 극단적 민족주의와 반자본주의, 반유대주의를 바탕으로 자유주의적 바이마르공화국과 그에 도전하는 공산주의자의 대안이 되고자 했다. 1928년 선거에서 나치스는 여전히 득표율이 3퍼센트에 미치지 못했다. 세계적인 규모의 경제위기가 독일을 강타한 뒤 실업률이 40퍼센트로 치솟고 인플레이션이 걷잡을 수 없이 고조되자, 1930년 나치스는 18퍼센트를 득표했고 2년 뒤에 37퍼센트를 얻었다. 단연코 독일 최대 정당으로 부상했다. 히틀러는 1933년 독일 정부를 넘겨받은 뒤 나라를 소련이나 이탈리아 같은 일당 국가로 만들었다. 동유럽과 아시아, 라틴아메리카의 많은 나라도 일당 독재로 나아갔다. 1930년대 중반에 이르면, 영국과 그 해외 영토, 미국을 제외하고 모든 곳에서 자본주의만이 아니라 정치적 다원주의도 사멸하거나 죽는 듯 보였다.

새로운 일당 국가들은 자본주의 이상에 대한 집단주의적 도전을 형성했다. 이 나라들은 개인의 자유와 민주적 실천, 부르주아지, 사회민주주의 대중 정당을 모두 경멸했지만, 서로를 최악의 적으로 여겼다. 왜냐하면 각국은 자국 영토에서 어떤 경쟁 이데올로기도 절멸하기를 바랐고, 대체로 각국의 민족주의는 이웃 나라의 민족주의에 반대해서 구성되었기 때문이다. 후자의 예외가 있다면 소련인데, 스탈린이 다스리는 소련은 매우 독특한 형태의 민족 정체성을 구성하면서, 소비에트 국가를 모든 나라 노동자의 자연스러운 "조국"으로 이상화하는 동시에 국내에서 지지를 얻기 위해 과거 러시아의 여러 상징에 의존했다. 스탈린이 소비에트 국가를 눈에 띄게 우선시했음에도, 공산주의 이데올로기는 민족주의가 아니라 국제주의였다. 이런 점에서 공산주의는 파시즘이나 나치즘 이데올로기와 근본적으로 달랐다. 그것은 권위주의적이고 무자비한 한편, 동시에 전 지구적 연대와 사회정의에 호소했다. 유럽과 다른 지역의 공산주의자는 종종 자국에서 파시즘 독재에 가장 용감하고 이타적으로 반기를 든 이들이었지만, 스탈린의 소련에서 벌어지는 억압에는 목소리를 높이지 않았다.

　나치즘과 파시즘이 점점 강해지자, 스탈린의 공산당은 노동계급 조직이 손을 잡고 두 세력에 저항하는 것을 가로막았다. 1928~1935년에 코민테른은 사회당과 사회민주당을 "사회파시즘(Social Fascists)"이라고 규정하고, 아돌프 히틀러와 자유주의자 구스타프 슈트레제만Gustav Stresemann이나 사회민주당의 헤르만 뮐러Herman Müller 같은 독일 민주주의자가 사실 아무런 차이가 없다고 전 세계 노동자에게 역설했다. 이런 견해가 얼마나 황당한 것이든 간에 대다수 공산주의자는 기꺼이 그 견해를 따랐다. 헤르베르트 프람Herbert Frahm(냉전 시기에 빌리 브란트Willy Brandt라는 이름으로 서독 총리가 된 인물) 같은 독일의 젊은 사회민주당원은 다른 좌파 당에 대한 공산당의 공격을 비난하면서, 공산당이 히틀러가 떠오르는 데 간접적으로 도왔다고 규탄했다. 1932년 무렵 당원 30만 명에 연방의원 100명 규모의 독일공산당은 코민테른이 다음과 같이 요약한 스탈린의 견해를 고수했다. "파시즘은 사회민주주의의 능동적인 지지에 의지하는 부르주아지의 호전적 조직이다. 사회민주주의는 객관적으로 파시즘의 중도파다."[14]

　1930년대 중반에 국제적 긴장이 고조되는 가운데 스탈린은 공산당과 소비에트 국가에 대한 장악력을 공고히 굳혔다. 그는 이미 확고한 책임자였지만, 마음속은 의심으로 가득해서 소련 안에서 공산당 권력을 허물어뜨리려는 대규모 음모가 진행되고 있다고 자신과 다른 이를 설득했다. 스탈린은 자기에게 위협이 될 만한 모든 이를 공격했다. 계급의 적을 체포하거나 추방, 처형하는 일은 물론 소련에서 전혀 새로운 현상이 아니었다. 하지만 이른바 1930년대 말의 대숙청(Great Purge)은 공산당원도 겨냥했다. 1937년에 이르면 누구도 무사하지 못했다. 100만 명에 가까운 사람이 대부분 체제가 날조한 범죄 혐의로 처형되었다. 의도적 기아, 강제노동수용소에서 과도한 노동으로, 또는 대규모로 국외 추방하면서 자행된 방치와 학대 등으로 그보다 몇 배 많은 수가 사망했다. 체포된 사람에 볼셰비키당의 초창기 지도자도 거의 전부 들어 있었다. 스탈린의 부상을 두 눈으로 본 사람을 전부 제거하지 않으면 그의 통치가 결코 안전할 수 없는 것 같았다. 레닌이 가장 아낀 동료 니콜라이 부하린은 1938년 체포되어 처형되었다. 고문을 당한 뒤, 아마 자신이 창건에 힘을 보탠 당에 대한 비뚤어진 충성심 때문이었을 텐데, 부하린은 스탈린 본인이 일부 작성한 자백서에 서명하는 데 동의했다. "나는 극악무도한 범죄인 사회주의 조국에 대한 반역과 쿨락 봉기 조직화, 테러 준비와 지하 반소비에트 조직 가입 등의 죄를 지었다. … 범죄의 심각성이 분명하고, 정치적 책임이 막대하며, 법적 책임 또한 중대해서 가장 가혹한 형벌을 받아 마땅하다. 이런 범죄라면 총살형을 10번 받아 마땅하기에 가장 가혹한 형을 내림이 정당하다."[15]

모스크바 재판에도 전 세계 공산주의자의 믿음은 조금도 줄어들지 않았다. 그들 대부분은 스탈린의 주장, 즉 자기가 소련을 적들의 공격에서 구했다는 주장을 믿었다. 에스파냐 내전 때 세계 각지에서 모여든 공산주의자는 프란시스코 프랑코 장군의 세력에 맞서 싸웠다. 히틀러와 무솔리니의 도움을 받은 프랑코는 에스파냐 입헌정부를 몰아내고 파시즘 독재를 세우려고 했다. 에스파냐 정부를 돕고 나선 것은 공산주의자만이 아니었다. 아나키스트, 노동조합원, 사회 민주당원도 힘을 보탰다. 하지만 민주주의 강대국은 관여하려 하지 않았고, 얼마 지나지 않아 프랑코 군대가 마드리드로 진군했다. 1939년 봄, 최후의 저항이 분쇄되었다. 하지만 그전에 공산당은 에스파냐의 다른 국제주의자와 완전히 결별했다. 스탈린의 지침을 따른 소련 고문단은 에스파냐에서 프랑코와 싸운 시간만큼 긴 시간을 사회민주당, 아나키스트, 트로츠키주의(혐의)자와 싸우느라 보냈다. 프랑코에게 맞서 치른 전쟁에서 패배한 경험을 통해 공산당과 사회민주당은 서로의 차이에 관해 많은 것을 배웠다. 또한 영국과 프랑스, 미국은 웬만큼 극단적인 상황이 아니라면 히틀러에게 맞서지 않을 것이라는 점도 깨달았다.

　1930년대 후반은 유화의 시대라고 이름을 붙이는 게 마땅하다. 영국은 이미 지도적 역할을 상실했고, 영국 엘리트는 권력을 증강하는 히틀러에 맞설 생각이 없었다. 프랑스는 군사적으로 약하고 정치적으로 분열돼 있었다. 미국은 유럽에서 다시 전쟁에 가담할 마음이 없었다. 히틀러는 먼저 오스트리아를 집어삼킨(1938년) 뒤 체코슬로바키아 서부를 차지했다(1939년 초). 영국, 프랑스, 미국은 히틀러를 전혀 저지하지 않았다. 3개국 지도자는 히틀러의 영토 요구가 충족되기를 희망했고, 그중 일부는 독소전쟁이 이어지기를 기대했다. 영국의 많은 보수당원은 두 독재 정권이 서로 산산조각 낼 것이라는 전망에 아무 불만이 없었다. 본능적인 반공주의자임에도, 프랑스와 영국과 소련이 힘을 합쳐야만 히틀러의 팽창을 막을 수 있음을 일찍부터 깨달은 윈스턴 처칠 같은 부류의 말에 귀를 기울이는 이는 거의 없었다. 서구 열강과 집단안보 협정을 교섭하려 한 스탈린의 필사적인 시도는 무위로 돌아갔다.

1930년대 영국과 프랑스, 미국은 전쟁보다 복지에 더 많은 관심을 쏟았다. 3개국 지도자는 대공황의 파국적인 사회적 결과를 누그러뜨리지 않는다면 자국 정치 체계가 내부에서 위협받을 것임을 깨달았다. 러시아, 독일, 이탈리아와 에스파냐에서 권력을 잡은 것과 같은 유형의 세력이 주요한 위협이었다. 영국 정부는 실업급여제를 들여왔고, 공공근로사업을 개시했으며, 전체 복지 지출을 2배로 늘렸다. 프랑스는 한 걸음 더 나아가 실업급여를 의무화하고 노동시간을 국가가 정했다. 미국의 프랭클린 델러노 루스벨트 신임 행정부는 전임자들의 정책과 단절하고 이른바 뉴딜에 착수했다. 대통령은 이를 "우리 국민 삶의 거대한 조정"이라고 일컬었다. 전례 없는 수준의 계획과 정부 규제 방식을 활용해서 구호하고 경제를 안정화하는 정책이었다. 루스벨트는 이 방식을 시도하면서 과거 미국의 거대한 운동에 의지했다. 세기 전환기의 혁신적 복지 운동과 제1차 세계대전에서 싸우기 위해 미국 사회 전체가 동원된 경험이 그것이었다. 뉴딜은 엄청난 정치적 강도로 진행된 정책으로, 사람들을 다시 일하게 만드는 식으로 경제를 활성화하려는 시도였다. 루스벨트의 의도는 자본주의를 폐지하는 게 아니라 국가를 활용해서 자본주의를 강화함으로써, 우파와 좌파 양쪽의 자본주의 비판자를 질적·양적으로 압도하려는 것이었다.

루스벨트의 정책은 미국을 분열하게 했다. 대다수는 그를 지지했고, 그는 선거에서 네 차례 연속으로 승리했다. 하지만 목소리를 내는 소수는 그의 정책을 혐오했으며, 사회주의적이고 권위주의적인 것으로 여겼다. 루스벨트의 대외정책을 둘러싸고도 논란이 많았다. 1933년 대통령이 된 직후 루스벨트는 소련과 외교관계를 수립했다. 당시에(그리고 나중에도) 대통령의 적과 친구 모두 이를 중요히 여겼지만, 사실 루스벨트는 영국과 프랑스, 심지어 독일과 이탈리아가 한참 전에 한 수준을 넘어서는 일을 별로 하지 않았다. 그저 조만간 사라지지 않을 하나의 현실로 소비에트 체제를 인정했을 뿐이다. 1930년대 말에 이르러 루스벨트는 나치 독일이 국제 평화를 위협하는 가장 위험한 세력임을 파악했지만, 독일의 침략이 미국에도 위협이 될 수 있음을 미국의 여론이 받아들이게 하려고 커다란 노력을 기울여야 했다. 1936년에 95퍼센트라는 절대다수의 미국인은 유럽에서 벌어지는 전쟁에 미국이 끼어들어서는 안 된다고 생각했다.[16] 대다수 사람이 실패한 십자군으로 여긴, 미국이 제1차 세계대전에 개입한 기억은 루스벨트의 대외정책을 무겁게 짓눌렀다.

적어도 몇몇 서구 지도자가 독일의 침략에 소련을 기꺼이 희생물로 내놓을 것임을 간파한 스탈린은 제2차 세계대전을 촉발하는 행동을 취했다. 1939년 8월 스탈린은 그가 가장 두려워하는 적인 아돌프 히틀러와 불가침조약을 체결했다. 이 조약은 단순히 서로 공격하지 않겠다는 약속이 아니었다. 이는 또한 두 독재자가 동유럽 지역을 나눈다는 약속이었다. 폴란드 서부는 히틀러가 차지하는 한편, 스탈린은 조약에 따라 폴란드 동부, 핀란드, 발트3국, 루마니아를 침략할 수 있었다. 당시는 예상을 깬 이 협정의 세부 내용이 완전히 알려

지지 않았지만, 인류를 위협하는 두 대적이 합의를 이루자, 전 세계는 도무지 믿기지 않는다면서 격렬한 반응을 보였다. 《뉴욕타임스》는 사설에서 조약을 규탄했다. "이 협정이 무엇을 의미하든 간에 평화는 아니다. 협정은 단지 위기를 악화할 뿐이다."[17] 9월 1일 히틀러가 폴란드를 공격했다. 이틀 뒤, 폴란드와 맺은 방위협정에 따라 영국과 프랑스가 독일에 선전포고했다. 9월 17일 소련이 동부에서 폴란드로 진입했다.

유럽에서 새로 벌어진 전쟁은 처음에 워낙 더뎌서 '가짜 전쟁(Phony War)'이라고 불렸다. 양쪽 모두 제1차 세계대전에서 치른 막대한 희생을 다시 겪을까 경계했다. 나치스가 소련을 공격할 준비를 한다는 수많은 경고가 있었음에도, 스탈린은 히틀러와 체결한 협정을 활용할 계획에 몰두했다. 수령이 추종자에게 말한 바에 따르면, 새로운 전쟁은 "자본주의 나라로 이루어진 두 집단-(식민지, 원료 등의 면에서 가난한 나라와 부자 나라)-이 세계를 재분할"하려는 시도였다. "양쪽이 어려운 싸움을 실컷 하면서 서로를 악화한다면 우리로선 나쁠 게 없다. … 다음번에 우리는 다른 편을 응원할 것이다."[18] 전쟁이 시작되고 8개월 뒤인 1940년 봄, 독일군이 네덜란드와 벨기에를 점령하고, 프랑스 전선을 돌파하며, 덴마크와 노르웨이를 공격하면서 '가짜 전쟁'이 끝나고 진짜 전쟁이 시작되었다. 6월 18일 프랑스가 항복했다. 고통스러운 한 해 동안 영국 홀로 남아 대륙을 장악한 나치 독일과 맞섰다. 독일에 점령된 유럽의 대다수 사람과 마찬가지로 영국 사람에게도 소련은 독일 편으로 보였다.

전 세계 공산주의자에게 모스크바와 베를린의 협정은 처음으로 그들의 신념을 진지하게 시험하는 가늠자였다. 대다수는 소련의 설명을 고수했다. 제2차 세계대전은 제1차 세계대전과 마찬가지로 자본주의 강도와 도둑 사이의 전쟁이며, 공산주의자는 아무 관계가 없다는 것이었다. 선구적인 포크 가수 우디 거스리Woody Guthrie는 당시 캘리포니아에서 활동하는 공산당 동조자였는데, 스탈린 비난을 거부했다는 이유로 처음으로 구한 라디오 일자리에서 해고되었다.[19] 하지만 프랑스나 네덜란드, 체코슬로바키아, 노르웨이의 공산주의자는 자국 사회가 나치 점령의 직격탄을 맞았기 때문에 그런 허구를 지탱하기가 어려웠다. 노르웨이 해안 지역에서 일부 공산당원은 다른 좌파와 힘을 합쳐 독일군에 맞서 싸웠다. 1940년 7월 그들은 "우리의 나라는 다시 자유를 얻어야 한다"라고 선언했다. "우리 민족의 독립을 파괴하고, 우리를 노예로 묶어 두고, 우리가 험난한 싸움으로 획득한 권리를 폐지하려는 어둠의 세력과 싸우자."[20] 하지만 공산당 지도부는 이런 행동을 받아들이지 않았다. 코민테른 대표 불가리아공산당원 게오르기 디미트로프Georgi Dimitrov는 프랑스공산당에 다음과 같은 지침을 내렸다. "이 전쟁은 민주주의와 파시즘의 전쟁이 아니다. 이는 프랑스와 독일이 벌이는 제국주의 반동 전쟁이다. 이 전쟁에서 국가방어를 앞세우는 것은 프랑스 공산주의자의 올바른 태도가 아니다."[21] 스탈린은 히틀러의 억압을 피해 도망친 독일 공산당원을 독일 교도소로 돌려보내기도 했다. 히틀러에게 신의를 보이기 위한 행동이었다.[22]

하지만 히틀러는 소련을 공격해서 파괴한다는 장기 계획을 주저한 적이 없었다. 다만 모스크바와 체결한 조약을 위반할 적절한 시

067

기를 찾아야 했다. 1941년 여름 유럽 대부분이 점령되어 영국이 고립되고, 미국이 전쟁에 직접 관여할 조짐이 전혀 보이지 않자, 히틀러는 이제 때가 되었다고 판단했다. 1941년 6월 22일, 독일의 117개 사단이 소련 영토로 진입했고, 나치 공군이 소련 비행장을 무차별 파괴했다. 스탈린은 큰 충격을 받은 나머지 몇 시간 동안 독일의 전면 공세에 직면했다는 사실을 믿으려 하지 않았다.[23] 6월 29일, 스탈린은 최측근 동지들에게 성난 목소리로 내뱉었다. "레닌이 위대한 국가를 창건했건만 우리가 망쳐 버렸군."[24] 독일의 공격은 멈추지 않았다. 1941년 11월 히틀러의 군대가 벨라루스와 발트3국, 우크라이나 서부를 정복했다. 독일군은 레닌그라드(그전 이름은 상트페테르부르크 또는 페트로그라드)를 포위했고, 모스크바에서 6마일(약 9.7킬로미터)도 떨어지지 않은 곳까지 진격했다.

1914년 이후 시기에 세계의 많은 것이 뒤집혔다. 제1차 세계대전은 유럽을 황폐하게 만든 한편, 세계를 집산주의적 방향으로 변혁하고자 하는 급진적 반자본주의운동의 일련의 도전을 열었다. 식민지 나라도 저항이 끓어올랐다. 미국은 세계에서 가장 강력한 나라로 올라섰지만, 경제적 의미를 제외하면 세계에서 어떤 역할을 맡아야 할지 확신하지 못했다. 공산주의 대 자본주의라는 이데올로기적 냉전은 이미 격화했지만, 아직 대립하는 국가들로 이루어진 양극화된 국제체계를 창출하지 못했다. 1941년에 이르면, 침략적인 민족주의 이데올로기에 따라 움직이는 나치 독일이 이런 세계 상황에서 가장 큰 이득을 보는 것처럼 보였다. 독일은 유럽에서 대부분 목적을 이루었지만, 영국과 소련을 전쟁에서 떨어져 나가게 만들지는 못했다. 이데올로기적 성향에서 정반대로 대립한 두 나라는 끝까지 버티면서, 이제 정략적인 동맹을 맺고 전시의 적을 물리치고 세계 지도를 다시 그린다.

전쟁의 시험대

02 · TESTS OF WAR

1945년에 이르러 스탈린은 유럽의 심장부와 중국과 이란에서도 동유럽에서 보인 행동과 비슷한 행보를 취했다. 이 지역에서 소련이 벌인 행동 때문에 미국의 정책이 급변했고, 멀찍이서 지켜보는 다른 나라도 공포를 느꼈다. 이런 행동이 그 자체로 냉전을 재촉하지는 않았을 것이다. 하지만 전후 소련을 겨냥한 봉쇄 가능성을 한층 높인 것은 확실하다.

6년간 이어진 제2차 세계대전은 냉전의 반세기를 규정하는 틀을 만들었다. 전쟁 시기 대부분 소련과 영국, 미국은 연합국이었다. 하지만 공동의 적이었던 독일·이탈리아·일본을 물리치자, 소련이 이끄는 공산주의와 미국이 이끄는 반공 세력의 충돌은 세계정치의 새로운 중심이 되었다. 프랑스에 이어 영국도 유럽의 양대 식민 제국이 지위와 영향력을 극적으로 상실하자 미국이 세계 최고의 강대국으로 올라섰다. 제2차 세계대전의 결과로 미국은 세계 패권을 확보했고 소련과 그에 고무된 각국 공산당이 대규모 도전 세력으로 유일하게 남았다.

제2차 세계대전이 냉전의 국제체계를 창조하는 데 어떤 역할을 했는지를 이해하는 것이 중요하지만, 세계대전을 다가올 미래를 위한 서곡만으로 축소하지 않는 것도 마찬가지로 중요하다. 미국의 관점에서 보면, 제2차 세계대전은 무엇보다 유럽과 아시아에서 독일과 일본의 팽창주의를 물리치려는 시도였다. 하지만 그렇다 하더라도 흔히 제기되는 질문-제2차 세계대전에서 미국과 소련은 연합국이

될 수 있었는데, 왜 그 후에 냉전이 시작됐는가?—은 그릇되었다. 양
국은 공동의 적이 일으킨 세계적 전쟁에서 우연히 연합국이 되었다.
1941년 6월 독일이 소련을 공격했고, 그해 12월 일본이 미국을 공격
했다. 대부분의 성공한 연합과 달리, 소련과 미국, 영국이 이룬 '대연
합(Grand Alliance)'은 공동의 목표를 위해 오랫동안 협력한 바탕에서
형성되지 않았다. 이 연합은 각국이 당면한 위협을 물리치기 위해 도
움을 찾아야 하는 순간에 현실적인 필요로 생겨난 일종의 강제 결혼
(shotgun marriage)이었다.

　　1940년 이후 영국 총리를 맡은 윈스턴 처칠은 1941년 6월 22
일 나치가 바르바로사작전(Operation Barbarossa)으로 소련을 공격하자,
국민에게 라디오 연설을 하면서 이런 궁지를 토로했다. 처칠은 소비
에트나 스탈린의 이름을 언급한 적이 없지만, 사실상 모스크바와 연
합을 선언했다.

> 나치 정권은 최악의 공산주의와 별로 다를 바가 없습니다. … [그리
> 고] 저는 지난 25년간 누구보다 일관해서 공산주의 반대를 소리 높
> 여 외쳤습니다. 저는 제가 지금껏 한 말을 한마디도 취소하지 않을
> 겁니다. 하지만 이 모든 이야기는 지금 우리 눈앞에서 펼쳐지는 광경
> 앞에서 사라져 버립니다. 과거는 과거에 벌어진 모든 범죄와 어리석
> 은 행동과 비극과 더불어 섬광처럼 사라집니다. 러시아 병사들이 그
> 들 조국의 생사의 문턱에 서 있는 모습이 보입니다. … 따라서 우리
> 는 러시아와 러시아 국민에게 어떤 도움이든 주어야 합니다. … [히
> 틀러의] 러시아 침략은 영국제도를 침략하려는 시도의 서막일 뿐입

니다.[1]

　스탈린은 소련 체제가 외국의 지원을 받아 무척 다행이라고 생각했다. 독일의 기습 공격을 받은 뒤 소련 전역에서 자기의 독재에 대항하는 봉기가 일어날 것으로 예상했듯이, 영국과 미국이 자국 방어에 집중하면서 러시아를 운명에 맡길 것으로 예상했기 때문이다. 스탈린의 견해는 놀랍지 않았다. 일찍이 스탈린은 히틀러와 불가침 조약을 맺어서 제2차 세계대전이 일어나게 했을 뿐만 아니라, 이 조약의 보호를 받는 가운데 폴란드 동부를 침공하고, 발트3국을 점령하고, 핀란드를 공격할 수 있었다. 1930년대 정점에 이른 소련의 테러에 대한 유럽의 기억은 여전히 생생했고, 소련이 1939~1940년에 독일에 연료와 석유를 공급했다는 기밀정보도 고스란히 남아 있었다. 1941년 보수주의자만이 아니라 자유주의자와 사민주의자도 히틀러와 스탈린을 같은 시장에서 활개 치는 두 도둑, 잔인한 체제를 이끄는 두 독재자라고 여길 만한 이유가 충분했다. 두 체제는 자유시장 자본주의뿐만 아니라 독립적인 노동자 조직과 대의민주주의의 치명적인 적이었다.

　하지만 외국 지도자들은 미국이 참전하지 않는 한 영국이 전쟁에서 살아남을 유일한 기회는 소련이 최대한 오랫동안 독일군에 저항하는 것임을 깨달았다. 그리고 그렇게 만들기 위해서 영국과 미국이 소련에 지원하고 원조해야 했다. 히틀러가 소련을 침략한 날 처칠은 개인 비서에게 이렇게 빈정거렸다. "히틀러가 지옥을 침략하면 나는 하원에서 최소한 악마에 찬성하는 발언을 할 것이네."[2] 결국 드러난 것처럼, 처칠(과 루스벨트)은 이후 전쟁 중에 스탈린과 소비에트 체제에 관해 1941년 여름 누구든지 예상한 것보다 훨씬 긍정적인 발언을 한다. 하지만 그 결정적인 해에 무엇보다 중요한 것은 붉은군대가 전투를 계속 이어갈 수 있는 능력이었다. 그런데 영국군 지도자들은 소련의 군사 역량을 거의 믿지 못했다. 총참모장은 총리에게 이렇게 말했다. "아마 소련군은 소 떼처럼 몰이를 당할 겁니다."[3] 처음은 실제로 그랬다. 1941~1942년 겨울에 나치 독일의 육·해·공군을 아우르는 국방군(Wehrmacht)이 잡은 소련 포로는 350만 명이었다. 독일 전선 배후에서 많은 민간인은 거리낌 없이 독일군에 협력했다. 특히 발트3국과 우크라이나에서 상당수의 사람은 독일의 점령을 소비에트 통치에서의 해방이라고 보면서 적극 협력했다. 유대인을 겨냥한 잔학행위가 흔히 벌어졌다. 히틀러는 볼셰비즘을 유대인의 지배와 동일시하면서 대스탈린 전쟁을 유대-볼셰비키의 위협에서 "유럽을 구하기 위한 십자군"이라고 불렀다. 루마니아, 헝가리, 크로아티아, 슬로바키아, 핀란드, 에스파냐 군대가 공세 초기 몇 달간 독일군에 합세했다.

독일이 소련을 공격하자 또한 영국과 미국이 한층 가까워졌다. 루스벨트는 새로운 영국 동료를 (지난 행적을 바탕으로 정당히) 맹목적 애국주의자이자 무뢰한으로 보았다. 처칠은 그 누가 보아도 쉬운 상대로 보기 어려운 인물이었다. 또한 루스벨트는 처칠이 나치 독일에 맞서 끝까지 싸울 것임을 순식간에 깨달았다. 항복이란 없을 터였다. 한편 루스벨트 자신은 미국에서 자기의 반나치 정책이 공격받고 있음을 점점 우려하면서, 정치적 반대파의 뉴딜 공격을 지극히 당파적인 방식으로 해석했으며, 영국 편이라는 자신의 태도를 끝까지 고수하고자 했다. 미국이 직접 군사개입 하는 것을 제외한 모든 수단으로 영국의 생존을 보장하는 데 행정부의 대외정책을 집중함으로써, 루스벨트는 국내 정적들이 비애국적이거나 그보다 더 극악하다고 몰아세웠다. 런던 당국과 체결한 무기대여(Lend-Lease)협정이 1941년 3월 11일 입법화되자, 거의 무제한으로 미국의 산업 생산 역량을 영국의 총력전에 활용할 수 있었다. 미국 병사를 유럽에 투입하는 것 말고 모든 수단을 동원하는 전쟁이었다. 1941~1945년에 미국은 310억 달러(2016년 달러 가치로 환산하면 5000억 달러에 육박한다) 상당의 장비를 영국에 넘겼다. 선박, 항공기, 석유, 식료품 등이었다. 독일이 소련을 공격한 뒤, 루스벨트는 무기대여를 소련으로 확대했다. 처칠과 루스벨트는 공동 전문에서 스탈린에게 이렇게 말했다. "지금 우리는 귀국에 가장 시급히 필요한 최대한의 물자를 제공하기 위해 협력하는 중입니다. 이미 많은 선박이 화물을 가득 싣고 우리 해안을 떠났고 곧바로 더 많은 선박이 출항할 겁니다."[4]

동부전선에서 전쟁이 발발하고 3개월 뒤인 1941년 9월, 대다수 전문가는 여전히 소련이 쓰러질 것으로 예상했다. 1917년에 그런 것처럼 군사적으로 무너지거나 내부 봉기가 일어나 붕괴한다는 것이었다. 하지만 몇 달이 지나자, 그들은 이제 더는 자신만만히 예상하지 못했다. 스탈린과 그의 장군들이 조직한 모스크바와 레닌그라드 방어선은 끈질기게 유지되었다. 독일의 보급선은 지나치게 길어졌고 보급선이 끊기는 일이 잦아졌다. 독일의 인종 정책 때문에 현지 주민 가운데 신병을 모집하는 게 어려웠다. 히틀러가 광대한 점령지에서 유대인과 공산주의자를 절멸하는 데 잔인하게 집착하자 독일군은 진군하는 데 차질을 빚었다. 그리고 겨울이 시작되면서 기온이 영하 40도까지 내려갔다. 독일군 병사는 이런 상황에서 싸울 준비가 되어 있지 않았다. 히틀러는 병사들에게 프랑스에서 그런 것처럼 공세가 금방 끝날 것이라고 말한 바 있었다.

1941년 가을 독일이 소련을 물리치는 데 실패하자 국제 상황은 완전히 바뀌었다. 영국을 기습 침략할 가능성이 한결 줄어들었다. 유럽 점령지에서 사람들은 독일이 결국 패배할 수 있으리라고 기대했다. 유럽의 독일 동맹국과 우방-이탈리아, 헝가리, 루마니아, 에스파냐-은 낙담했고, 몇몇 지도자는 영국이나 소련과 화해하는 방안을 궁금해했다.

하지만 동부전선의 교착 상태가 가장 큰 영향을 미친 곳은 일본이었다. 소련이 무너지거나 자국 군대의 손쉬운 공격 대상이 될 것이라는 믿음을 잃은 도쿄 당국은 공격 전략을 남쪽과 동쪽으로 바꿨다. 대중국 전쟁은 4년째 질질 끄는 중이었다. 일본 지도자들은 이제 아시아에서 유럽의 이해관계에 괴멸적인 타격을 가하고, 동남아시아의 중요한 원료에 접근하는 통로를 확보하기로 했다.

1941년 12월, 일본이 하와이 진주만에 있는 미국의 주요 해군 기지와 유럽의 아시아 식민지에 공격을 가하자 결국 미군이 동양과 곧이어 유럽에서 벌어지는 전투에 가세했다. 미 해군 고위 전략가들은 일찍이 일본이 태평양에서 해군력을 증강하는 데 깊이 우려했지만, 누구도 미국 시설에 전면 공격할 것을 예상하지 못했다. 이어진 사태는 훨씬 더 충격적이었다. 6개월 만에 일본은 동남아시아 전역을 장악하고 영국령 인도의 문턱 앞에 서 있었다. 동맹국 일본이 승리한 직후, 독일은 경솔히 미국에 선전포고했다. 독일과 그 동맹을 일컫는 추축국은 이제 유럽 대부분과 아시아의 많은 지역을 장악했다. 하지만 무모히 권력을 추구하는 과정에서 그들은 세계가 이제껏 본 적 없는 가장 강력한 연합군을 결집하게 했다.

　미국이 새로운 연합국 소련의 상황을 파악한 것은 이후의 상황 전개에 중요했다. 영국은 미국이 익히 아는 나라였다. 많은 미국인이 영국의 계급체계와 식민주의, "벼락부자"가 된 북아메리카의 옛 식민지 주민을 깔보며 잘난 체하는 태도를 싫어하긴 했지만, 공통의 언어와 문화, 정치적 전통이 양국 사람을 연결해 주었다. 반면 소련은 아주 달랐다. 전쟁에 뛰어든 많은 미국인은 공통의 대의를 통해 소련이 "민주적"으로 바뀌고 미국을 좋아하기를 기대했다. 미국 정부는 영웅적인 러시아인이 악마 같은 적과 싸우는 모습을 선전했다. 다른 나라처럼 미국에서도 일부 좌파가 볼 때, 소련과 미국의 참전은 비록 둘 다 자발적이지는 않았지만 엄청난 안도를 주었고, 양국이 힘을 모아 히틀러를 물리치고 더 나은 세계를 건설할 수 있는 미래를 위한 희망을 주었다. 독소불가침조약을 놓고 스탈린을 비난하는 것을 거부했다는 이유로 처음 구한 라디오 일자리를 잃은 우디 거스리는 이제 노동조합이라는 총을 들고 전장에 나가 노예제의 세계를 끝장내겠다는 노래를 부를 수 있었다. "너희는 패배할 수밖에 / 너희 파시스트는 패배할 수밖에 없어!"[5]

　파시스트는 패배할 수밖에 없었는지 모른다. 하지만 새로 발견된 세 연합국은 서로에게 조심스레 접근했다. 스탈린이 볼 때, 영국·

미국과 히틀러·일본 사이에 근본적으로 아무런 차이가 없었다. 그가 생각할 때, 이데올로기적 적과 형성한 연합은 일시적이고 불안정했으며, 상대가 자기네 목적에 소련이 필요하다고 여길 때까지만 지속될 것이었다. 미국이 전쟁에 뛰어들었는데도 스탈린은 자본주의 연합국이 어느 시점에 나치 독일과 독자적으로 평화를 이루어 공산주의 소련을 저버리려 할 것이라고 예상했다.[6] 스탈린의 붉은군대가 인적·물적으로 막대한 희생을 치르면서 서서히 독일군 사단을 밀어내는 가운데, 소련 지도자는 연합국에 독일에 맞서 유럽 북서부에 제2의 전선을 만들라고 끊임없이 요구했다. 소련 군인 900만 명이 전사한 뒤에도 1944년 6월까지 그런 제2의 전선이 형성되지 않은 사실은 스탈린에게 영국과 미국의 배신과 적대감을 보여 주는 증거였다.

스탈린이 연합국을 불신하고 경멸했다 하더라도 소련은 점차 양국의 지원에 생존을 의지했다. 1941년 6월부터 1945년 9월까지 전부 합쳐 113억 달러(2016년 달러 가치로 1800억 달러) 상당의 물품과 무기가 소련에 전해졌다. 소련 각지 항구에 원조품을 보내는 과정에 수병 5000명이 사망했다. 이 물자의 일부는 소련이 전쟁을 수행하는 데 매우 중요했다. 기관차와 철도 차량은 병력 수송에 도움이 되었다. 다지 트럭은 독일과 이후 일본을 상대로 벌인 거대한 전차전에서 소련 병참의 주축이 되었다. 오하이오와 네브래스카에서 생산된 통조림 식량 덕분에 소련인 수백만 명이 아사를 면할 수 있었다. 스탈린은 소련군이 전장에서 흘린 피로 이 물자의 값을 치렀다고 생각했는데, 이런 평가에는 일리가 있었다. 그는 또한 미국의 보급이 붉은군대의 전투 역량에 너무도 중요한 까닭에, 어떤 상황에서든 지속적으로 공급될 수 있게 위험한 상황을 만들어서는 안 된다는 것도 알았다. 따라서 스탈린은 전쟁이 계속되는 한, 그리고 가능하다면 전쟁이 끝난 뒤 소련을 재건하는 오랜 시간 동안 연합국과 협력을 이어 나가려는 아주 구체적인 동기가 있었다.

전쟁 시기에 연합국 사이의 주요 정치 교섭은 여러 차례 열린 정상회담에서 이루어졌다. 1943년 11월 테헤란, 1945년 2월 얄타, 1945년 7월 포츠담에서 연합국 주요 3개국 지도자가 회동했다. 그 밖에도 수많은 양자 회담이 있었다. 처칠은 1942년 8월 처음으로 모스크바를 방문하기 전에 루스벨트를 세 차례 만나러 갔다. 처칠의 스탈린 방문은 중대한 사건이었다. 세계 공산주의의 수장과 골수 반공주의자가 실질적인 협정을 이룰 수 있다면, 적어도 대독일 전쟁이 지속되는 동안 어울리지 않는 세 동반자의 연합은 유지될 것이었다. 모스크바에서 이루어진 첫 번째 회동의 긍정적인 결과는 독일의 힘을 마주한 영국과 소련이 생존을 위해 어떠한 협력에 얼마나 의존하고 있는지를 보여 주었다. 하지만 처칠과 대화할 때 스탈린은 독일에 맞서 지상 공세를 가하지 않는 영국(과 미국)의 지도자를 질책할 기회를 놓쳤다. 1942년 8월 크렘린 회담의 영국 측 회의록에 따르면, "스탈린은 더 많은 희생이 요구된다고 말했다. 러시아 전선에서는 하루에 1만 명이 희생되고 있었다. … 소련인은 그들이 겪는 희생에 대해 불만을 토로하지 않았지만, 그 규모를 인정해야 한다."[7]

1943년 11월 테헤란 정상회담에서 전쟁이 끝날 때까지 지속될 양상이 굳어졌다. 소련의 역할은 탄원자에서 요구자로 바뀐 상태였다. 1943년 1월 붉은군대가 스탈린그라드에서 독일의 공세를 꺾었다. 1943년 여름부터 소련군이 여러 넓은 전선에서 동유럽을 향해 공격에 나섰다. 9월에 연합군이 이탈리아에 상륙하긴 했지만, 프랑스에 제2의 전선을 형성하겠다는 잦은 약속은 실현되지 않았다. 아시아 쪽을 보면 일본은 중국에서 여전히 공세를 퍼부었지만, 미군이 태평양 곳곳에서 일본제국 육군을 서서히 밀어내고 있었다. 무엇보다도 1943년 말에 이르러 미국은 아시아와 유럽 양쪽에서 전쟁을 수행하기 위해 병력을 전면 동원한 상태였다. 이후 수년간 미국은 군용기 30만 대와 대형 군함 529척을 생산한다. 독일의 생산량은 13만 3000대와 20척, 일본은 7만 대와 90척이었다. 1943년 일사분기에 미국은 일본이 7년의 전쟁 기간에 건조한 전체 규모와 맞먹는 톤수의 선박을 생산했다. 소련은 유럽에서 공세를 폈지만 나라 자체는 황폐해졌다. 미국은 전쟁 피해를 전혀 보지 않았고, 국내총생산은 1939년 이후 2배 가까이 늘어났다.

테헤란에서의 논의를 통해 스탈린은 의제를 정하려고 했다. 미국이 그에게서 무언가를 얻어 내려고 한다는 것을 알았기 때문이다. 소련이 일본을 공격하면 일본 본토 침공 이후 벌어질 전투는 말할 것도 없고 태평양에서 미군 병사 수십만 명을 구할 수 있었다. 또한 루스벨트는 전후의 세계 조직—국제연합(UN)이 된다—에 관해 생각을 굳혔고, 소련도 여기에 참여하기를 바랐다. 영국의 경제적·정치적 입지가 점점 약해지는 상황에서 스탈린과 루스벨트는 처칠이 직접 참여하지 않은 가운데 이 회담의 여러 핵심 논점을 정했다. 1943년 12월 1일 오후, 스탈린이 테헤란 주재 소련대사관의 미국 대통령 숙소로 루스벨트를 찾아갔다. 루스벨트가 보안을 이유로 옮겨 간 곳이었다. 이 대화에서 미국 대통령은 독일을 희생하면서 폴란드 국경을 200마일(약 322킬로미터) 서쪽으로 옮기고, 스탈린과 히틀러가 1939년에 합의한 폴란드 동부 국경을 유지하는 데 동의했다. 루스벨트는 또한 발트3국을 소련에 편입하는 데도 동의했다. 다만 스탈린에게 이 합의를 비밀로 할 것을 요청했다. 1944년 대통령 재선 기회에 악영향을 미칠 수 있었기 때문이다. 루스벨트는 어쨌든 이 나라들을 위해 할 수 있는 일이 거의 없다고 생각했다. 전쟁이 끝나는 시점에 영국과 미국이 이 나라들을 놓고 소련과 싸우지 않는 한(양국은 그럴 생각이 없었다) 붉은군대가 그 영토를 장악할 것이었다.[8] 루스벨트는 독일이 패배한 뒤 소련이 대일본 전쟁에 참전한다는 스탈린의 합의를 끌어냈다.[9]

1945년 2월 얄타 정상회담이 열렸을 때, 군사 상황은 소련 쪽에 한결 유리하게 바뀌었다. 회담 중에 붉은군대가 부다페스트를 함락했다. 회담이 아직 진행 중이던 시점에, 소련의 전진 부대는 결국 베를린에서 70마일(약 113킬로미터)도 채 되지 않는 곳까지 접근했다. 그렇다 하더라도 얄타는 소련의 이익을 보장하는 전면적인 승리가 아니었다. 병을 앓던 루스벨트는 스탈린에게 독일이 패배하고 최소한 3개월 안에 동아시아에서 참전하겠다는 굳은 약속을 다시 다짐하게 했다. 또한 그는 자기가 제안한 새로운 세계 기구인 유엔에 소련이 가입하게 해 주었다. 한편 처칠은 소련과 미국이 회담 전에 반대 의사를 표시했음에도 전후 독일에 프랑스 점령 지역을 만들게 했다. 영국이 이 방안을 원한 것은 전쟁이 끝나고 미국이 철군한 뒤 소련이 유럽을 장악하는 것에 맞서 힘을 강화하기 위해 프랑스의 열강 지위를 복원하고자 했기 때문이다. 스탈린은 군사력으로 이미 얻은 지역 말고 거의 얻지 못했다. 연합국은 런던에 있는 폴란드 망명 정부가 아니라 붉은군대의 점령 이후 바르샤바에 이미 만들어진 공산당 중심의 폴란드 정부를 세우는 데 합의했다. 소련은 혁명 전에 중국 북동부(만주)에 가진 권리 일부를 돌려받는 식으로 아시아에서 기울인 노력을 보상받을 터였다. 이 문제에 대해 중국의 견해를 물어본 열강은 없었다.

적어도 루스벨트와 처칠이 볼 때 소련이 크게 양보한 것은 해방된 유럽 선언(Declaration on Liberated Europe)을 공동으로 발표하는 데 합의한 사실이었다. 하지만 선언은 원칙만 길게 나열했을 뿐, 세부 내용은 짧았다. 선언은 유럽 각국 국민에게 "스스로 선택해서 민주적 제도를 만들"고, "각국 정부가 국민의 의지를 받아들여 자유선거를 통해 최대한 이른 시일 안에 정부를 구성하는 것"을 포함해, "자기가 살아갈 정부 형태를 선택할" 권리를 보장하겠다고 약속했다. 또한 "주권과 자치권을 강제로 빼앗긴 국민에게 이를 복구해 주겠다"라는 약속이었다.[10] 미국과 영국 지도자는 소련이 적어도 붉은군대가 점령한 유럽 지역에서 "민주주의"와 "선거"의 몸짓이라도 일으킬 것이라고 예상했다. 이는 치부를 가리는 행위 이상이었다. 런던과 워싱턴의 지도자는 자국의 여론을 위해서나 연합국 사이 신뢰의 징표로나 이런 양보를 얻어 낼 필요가 있었다. 하지만 그러면서도 동유럽 현지의 상황을 바꿀 수는 없다고 생각했다. 루스벨트는 얄타에서 보좌진에게 "지금으로서 이게 폴란드를 위해 할 수 있는 최선의 일이오"[11]라고 말했다. 처칠은 한 걸음 더 나아가 크림반도에서 돌아온 뒤 각료에게 이렇게 말했다. "내 장담하건대, 스탈린은 세계와 폴란드에 선의가 있"으며, "폴란드 사람을 위해 자유롭고 폭넓은 기반 위에 선 정부가 선거를 시행하게" 할 것이었다.[12]

온갖 전투로 다져진 정치인도 긴 전쟁이 끝을 맺는 순간이 오면 낙관적 사고에 굴복할 수 있다. 루스벨트와 처칠은 전쟁이 끝난 뒤 평화를 원했고, 스탈린도 평화를 이루는 데 힘을 보탤 것으로 기대했다. 하지만 자국으로 돌아가서 얄타 합의의 성과를 부풀려 말하자 충돌의 위험이 줄어들기는커녕 오히려 커졌다. 스탈린은 폴란드에서 서방식 선거를 허용할 생각이 전혀 없었다. 1940년 폴란드 동부를 점령한 뒤 스탈린의 비밀경찰은 폴란드 장교와 경찰, 공무원, 지주, 공장주, 변호사, 사제 2만 2000명을 처형한 뒤 카틴Katyn 숲의 경우처럼 공동묘지에 매장했다. 소련은 폴란드에서 어떤 식으로든 선거를 치르게 하면 압도적 다수가 소련과 그들이 창립한 정부에 반기를 들 것임을 알았다. 하지만 문제는 소련과 폴란드의 관계만이 아니었다. 유럽의 민주주의와 민족 권리에 관한 선언에 서명한 스탈린은 1936년 소련에서 새로운 민주 헌법을 제정한 바로 그 사람이었다. 그해에 스탈린 정권은 최소한 30만 명의 자국 시민을 처형했다. 그는 모든 민족을 망명이나 죽음으로 내모는 동안, 듣기 좋은 구절로 가득한 마르크스주의와 "민족 문제"에 관한 이론서를 썼다고 알려진 바로 그 인물이었다. 문제는 스탈린을 믿을 수 있느냐가 아니었다. 중요한 점은 소련 체제가 동유럽에서 민주 선거를 시행하고자 했을지라도 들여올 수 없었다는 것이었다. 소련은 그런 체제가 아니었다.

구체적인 계획은 대부분 장군에게 맡겼다 하더라도 스탈린은 거대한 규모로 전쟁을 수행하는 법을 재빨리 익혔다. 독일군의 공격이 워낙 흉포한 탓에 소련 지도자는 러시아 장교가 (필연적으로) 자기와 공산주의 체제에 충성한다고 (처음이자 유일하게) 믿었고, 적어도 전쟁이 계속되는 동안만이라도 그런 식으로 상황을 유지하기 위해 대대적으로 러시아 민족주의 선전 활동을 시작했다. 공산주의 자기 홍보에서 "혁명"이라는 단어가 "민족"으로 대체되었다. 러시아인이 지금도 제2차 세계대전을 대조국전쟁(Great Patriotic War)으로 알고 있는 데는 충분한 이유가 있다. 스탈린 자신의 견해가 크게 바뀐 것인지는 판단하기 쉽지 않다. 다만 과대망상증은 확실히 심해졌다. 소련은 그 어느 때보다도 스탈린 개인 권력의 도구가 되었다. 스탈린은 연합이 안겨 준 개인적 인정을 흡족히 즐긴 것은 분명하다. 조지아 소읍 출신 전직 은행 강도로서, 영국의 귀족과 지구 최강대국의 대통령에게 동등한 대우를 받는 것이 즐거운 일이었다. 하지만 전시에 연합국 동료와 대화하긴 했어도 세계를 바라보는 스탈린의 관점은 바뀌지 않은 채 여전히 조잡한 마르크스주의를 고수했다. 그가 생각할 때, 자본주의에서 이득을 얻는 이는 언제나 소련의 실험에 반대하고 그 실험을 절멸하려고 할 것이었다. 따라서 장래에 소련과 반대 세력은 전쟁을 포함한 충돌을 일으킬 터였다. 하지만 지금 당장 무엇보다 중요한 것은 소련에서 소비에트 권력이 생존하고, 군사적으로 가능하다면 중유럽으로 팽창하는 것이었다. 스탈린 생각에 유럽의 공산주의 혁명은 유럽 민중이 준비될 때까지 기다릴 수 있었다. 1945년 모스크바의 견해는 붉은군대가 그런 혁명을 촉진할 수 있지만, 성공을 보장할 수는 없다는 것이었다.

스탈린은 미국·영국과 맺은 연합이 전쟁이 끝나고 몇 넌간 지속될 것을 기대했다. 소련은 1945년에 재난 상황이었다. 물리적 파괴가 어마어마했고, 인적 손실도 엄청났다. 스탈린은 소련이 회복하기 위해서 평화가 필요하다는 것을 알았다. 그는 전쟁이 끝난 뒤에도 국민이 비참한 삶을 강요받는다면 공산당에 어떤 영향이 미칠지 우려했다. 하지만 스탈린은 평화가 정말로 무엇을 뜻하는지, 또는 자신과 공산주의에 맞서는 국제적 반대 세력이 기꺼이 그에게 휴식을 주려고 할지 결코 확신하지 못했다. 소련에서 그의 독재에 반대하는 세력은 없었고, 붉은군대가 새롭게 정복한 지역에서 반대 세력이 등장하리라고 상상하기도 어려웠다. 이 나라들은 아직 공산주의를 세울 만큼 성숙하지 못했을지라도, 자신의 권위와 소련이 소비에트 국가의 본보기임을 내세워 공산주의로 인도할 수 있다는 게 그의 판단이었다. 영국과 미국은 유럽의 심장부에 그들의 형태를 본뜬 자본주의를 확대할 것이었다. 적어도 시간이 흐르면 스탈린도 공산주의 체계를 확대하려고 시도할 것이다. 그것은 이데올로기적으로나 전략적으로 절대적인 요구였다. 1945년 4월 스탈린은 유고슬라비아의 공산주의 숭배자에게 이렇게 말했다. "이 전쟁은 과거와 다릅니다. 영토를 점령하는 이는 누구나 또한 자국의 사회 체계를 강제합니다. 모두 군대가 세력을 뻗치는 곳까지 자국의 체계를 강요해요. 다르게 움직일 여지가 없습니다."[13]

　　평범한 소련인에게 대조국전쟁은 스탈린과 공산당이 조국 방위의 상징이 되었음을 의미했다. 1930년대에 스탈린은 근대화, 사회정의, 소련을 새로운 종류의 국가로 융합하는 것을 상징했을 테지만, 그와 그의 심복은 여전히 외부자였다. 훗날 내가 대화를 나눈 어떤 이는 나라를 도둑맞고 나라 없이 살아야 했던 느낌을 이야기했다. 오시프 만델시탐Osip Mandelstam은 1933년에 쓴 시에서 '수령'을 "크렘린의 산골 촌놈"으로 묘사했다. 어쩌면 시인은 "그의 인중 위에 앉아 껄껄 웃는 거대한 바퀴벌레들"이라는 구절 때문에 목숨을 빼앗겼는지도 모른다. 하지만 많은 이는 조지아인이 지휘하는 "외국" 정권이 러시아인에게 권위를 강요하는 것을 보고 똑같은 모욕감을 느꼈다.[14] 독일의 흉포한 공격, 점령지에서 벌인 히틀러의 절멸정책, 그리고 어쩌면 무엇보다도 외국 침략자에 맞서 싸운 소비에트 체제의 능력 때문에 많은 게 바뀌었다. 1945년 스탈린 독재는 단지 독일의 침략에 맞서 싸우고 결국 물리침으로써 러시아 민족을 대표한다고 여겨질 수 있었다. 러시아정교회-1917년 볼셰비키는 원래 교회를 모조리 불태우려고 했다. 되도록 신자들이 안에 있는 채로-조차 1945년에 소비에트 체제를 축복했다. "러시아인은 이 전쟁을 성전聖戰으로, 자기의 신앙과 조국을 위한 전쟁으로 받아들였다. … 애국과 정교회는 하나다"[15]라고 어느 교회 지도자가 말했다.

나치 독일에 승리를 거뒀다는 러시아인의 자부심은 다른 나라가 소련을 바라보는 시각에도 반영되었다. 유럽의 많은 지역에서 붉은군대는 나치의 대륙 지배를 끝장낸 진정한 해방자로 여겨졌다. 1945년 소련군이 진출한 노르웨이 북부에서 은신처에 숨어 있던 어부들과 그 가족들은 스탈린과 붉은군대를 찬양하는 현수막을 들고나왔다. 장장 6년간 독일의 점령에 고통을 받은 체코슬로바키아 사람들은 도심을 행진하는 소련 병사를 끌어안았다. 동유럽에서 많은 이는 붉은군대를 독일의 인종 억압에서 자기를 해방하는 슬라브 군대로 바라보았다. 스탈린과 소련은 점령지 바깥에서도 대륙의 해방자로 환호를 받았다. 1930년대에 프랑스에서 공산주의를 비난한 상당수의 사람은 소련이 히틀러를 상대로 전쟁을 치르면서 막대한 희생을 당한 것을 보고 난 뒤 공산주의를 다소 긍정적인 관점에서 바라보았다. 서유럽에서 공산당에 대한 지지는 그 어느 때보다 높았다. 신참 공산당원 대부분은 전쟁 중에 성년이 된 젊은이였다. 그들이 볼 때 공산주의와 소비에트의 사례는 무엇보다도 자국에서 개혁이 시급함을 의미했다. 그들은 완전고용과 사회복지를 원했다. 전쟁 중에 노동력으로 가세한 여성은 가부장적 가정생활로 다시 밀려나는 것을 바라지 않았다. 전쟁 당시 무기를 집어 들지 않은 것을 후회하는 이를 비롯한 많은 사람이 독일의 점령에 맞서 저항하는 데 큰 역할을 한 공산주의자를 진심으로 존경했다. 이제 나치즘과 파시즘은 수명을 다했고, 유럽은 다시 태어날 수 있었다. 소련에서 유혈이 낭자한 과거가 있었음에도 공산주의는 유럽의 전환을 위해 준비된 본보기였다.

제2차 세계대전이 막바지로 치달으면서 유럽 바깥에서도 변화가 필요하다는 인식이 뚜렷이 나타났다. 제1차 세계대전이 유럽의 세계 지배에 종말을 알리는 사건이었다면, 제2차 세계대전은 특히 유럽인에게 이 지배의 폐지를 필연으로 만들었다. 전쟁에서 살아남은 유럽 젊은이는 자국의 식민지에서 벌어진 사태보다 자국 내의 복지에 훨씬 몰두했다. 무엇보다 결정적으로, 수많은 젊은이는 그들 자신의 소득과 지위가 이제 더는 해외 식민 지배를 유지하는 데 좌우된다고 생각하지 않았다. 그와 동시에 특히 아시아에서 반식민주의 저항이 고조되었다. 독일에 맞선 전쟁과 동쪽에서 일본이 가한 공격 때문에 휘청거린 영국은 1942년 전쟁이 끝나는 즉시 인도에 자치를 제안한 바 있었다. 하지만 독립 지도자 모한다스 간디, 일명 "위대한 영혼"이라는 뜻의 마하트마는 즉각적인 독립에 대한 요구를 한 치도 양보하려 하지 않았다. 1942년 그가 개시한 '인도철수운동(Quit India Movement)'은 영국이 전시에 약해진 틈을 타 인도 아대륙에서 몰아내는 것을 목표로 삼았다. 간디는 어떤 타협도 원하지 않았다. 간디는 처칠의 제안을 "영국 제국주의가 유례없이 벌거벗은 모습을 보여 준 것"이라고 언급하며, 설사 히틀러와 일본에 맞서 싸우기 위해서라도 영국은 "우리가 노예로서 도와주는 것만 바란다. 외국 군인을 인도에 들이는 것은 인도의 이익에 해로우며, 인도의 자유라는 대의에 위험하다"라고 말했다.[16]

더 동쪽에서도 식민주의는 자유낙하를 하는 듯 보였다. 인도네시아-본토의 말레이어권과 더불어 동남아시아 남부의 모든 섬에 대해 민족주의자가 새로 만들어 낸 영토 개념-에서 반식민주의 지도자 수카르노는 일본 점령자와 협력하면서 네덜란드에서 독립을 얻어 내려 했다. 또한 프랑스가 식민지로 삼았던 베트남어권 전체를 가리키기 위해 새로 만든 용어인 베트남에서 공산주의자 호찌민이 독립국가를 세우고 국가주석을 맡았다. 미국 정부는 전쟁 전에 필리핀에 독립을 약속한 바 있었고, 이 약속을 이용해서 일본의 점령에 맞서기 위해 병력을 동원했다. 이란과 이집트에서 민족주의자는 영국의 강제 지배에 맞서 항의했다. 이러한 나라의 많은 사람이 볼 때, 나치즘과 일본은 주요 문제가 아니었다. 문제는 온갖 형태의 유럽 식민주의였다. 베를린이나 도쿄와 협력하는 것은 독립과 민족자결의 날을 앞당기는 데 도움이 될 수 있었다. 1941년 8월 루스벨트와 처칠이 발표한 대서양헌장은 일부 비유럽 민족주의자가 보기에, 우드로 윌슨이 제1차 세계대전 당시 내세운 이상주의와 너무도 흡사했다. 물론 그 이상주의가 다른 나라에 영감을 주기는 했지만 말이다. 양국은 헌장에서 "모든 민족이 자신이 살아갈 정부 형태를 선택할 권리를 존중하고, 그들이 강제로 빼앗긴 주권과 자치권을 다시 누리는 것을 보고 싶다"라고 약속했다.[17] 인도, 인도네시아, 알제리 민족주의자는 체코슬로바키아, 폴란드, 덴마크, 프랑스 같은 유럽 백인 나라와 똑같이 자국에도 이 약속이 유효해야 한다고 주장했다.

대다수 미국인에게 대서양헌장은 그들이 지키기 위해 싸운 원칙을 요약한 것이었다. 그들이 생각할 때, 미국이 일본과 독일의 공격을 받은 것은 일본과 독일 지도자가 미국이 열렬히 신봉하는 이 원칙을 혐오하기 때문이었다. 미국의 관점에서 제2차 세계대전은 개인의 자유와 헌법 질서, 미국적 생활방식을 지키기 위한 싸움이었다. 제1차 세계대전과 마찬가지로, 전 지구적 전쟁을 벌인 것은 이 원칙을 혐오하는 적이었고, 미국은 전 세계를 바로잡기 위해 다시 한번 자국 젊은이의 목숨을 희생해야 했다. 제2차 세계대전이 막바지로 치닫는 가운데 미국에서 정치 영역 전반에 걸쳐, 미국이 본보기를 보임으로써 세계를 지도할 권리를 얻었으며, 다시 전쟁이 벌어지는 것을 막으려면 세계가 미국의 노선을 따라 개혁해야 한다는 인식이 굳게 자리 잡았다.

미국은 점차 주요 쟁점에 관해 동맹국의 도전을 받는 짓을 참지 못했다. 이는 어느 정도 전쟁이 끝나 가는 가운데 미국의 국력이 반영된 결과였다. 미국은 생산이든 전투든 적을 훌쩍 앞질렀다. 1945년 중반에 이르러 미 해군은 세계 각국의 해군을 전부 합친 것보다 규모가 커졌고, 미국 폭격기는 베를린과 드레스덴, 도쿄와 요코하마를 폐허로 만들었다. 전쟁이 끝났을 때, 미국은 전 세계 대형 항공기 60퍼센트를 넘게 소유했다. 적군 폭격기는 미국 본토를 한 번도 때리지 못했다. 1945년 미국 경제는 전 세계에서 군림했는데, 이는 미국의 생산력 때문이기도 했고, 전쟁 피해를 보지 않은 덕분이기도 했다. 이제 세계 제조업 생산 능력의 절반을 넘어섰다. 쓸 수 있는 전체 금융 준비금의 3분의 2를 보유하면서 세계에서 유일하게 안정된 통화가 되었고, 모든 세계 무역에서 통용되었다.

프랭클린 루스벨트 대통령은 전쟁이 끝나고 세계를 어떤 모양으로 만들지에 대해 원대한 구상이 없었다. 1945년 4월 12일 갑자기 사망할 때까지 그는 여전히 전쟁을 수행하는 데 오롯이 집중하고 있었다. 유럽의 전쟁은 아직 끝나지 않았지만, 독일군이 급속히 힘을 잃었다. 일본은 항복할 기미가 보이지 않았다. 루스벨트는 일본 본토를 침공해야 한다면 미국인의 생명을 아끼기 위해 여전히 소련이 대일본 전쟁에 참전하기를 원했다. 끝까지 자신만만한 인물이었던 루스벨트는 전쟁이 끝나도 그리고 그 후에도 연합국과 맺은 관계를 잘 관리할 수 있을 것이라는 데 추호의 의심이 없었다. 특히 폴란드의 미래를 놓고 소련에서 긴장이 고조되긴 했지만, 루스벨트는 전시의 연합이 돌파할 것이라고 확신했다. 특히 자기의 권위와 정치적 온건함, (때로는 연합국과 자국민에 모두 진실을 다 말하지 않는 식으로) 전반적인 대결을 피하는 능력을 굳게 믿었다. 죽음은 말할 것도 없고 정치적 패배는 그의 계산에 아예 없었다.

루스벨트는 불사不死는 아니라도 자신의 내구력에 대한 이런 확신을 행정부에 전달하는 데 성공했기 때문에, 그가 갑자기 서거하자마자 대통령직을 승계한 부통령 해리 S. 트루먼은 인생 최악의 날을 맞았다. 신임 미국 대통령은 제1차 세계대전 당시 프랑스에서 대위로 전투를 지켜본 경험 외에 해외에 나가 본 적이 없었고, 루스벨트는 대외정책을 결정하는 데 트루먼이 전혀 참여하지 않게 했다. 이제 트루먼은 전쟁이 막 끝난 시점에 지구에서 가장 강력한 나라를 이끄는 책임을 떠맡았다. 전임자와 마찬가지로, 신임 대통령도 독일이 패배한 뒤에도 '대연합'이 굳게 유지될 것으로 믿었지만, 그에게는 이를 위해 루스벨트가 의지한 도구가 없었다. 개인적 매력, 전략적(그리고 도덕적) 유연성, 세계 문제에 관한 지식 등이 그것이다. 다시 말해, 전형적인 중간계급인 트루먼은 행동거지이든 세계관이든 귀족적인 전임자보다 평범한 미국인에 더 가까웠다. 또한 그는 미국이 세계 상황을 바로잡을 힘이 있다고 굳게 믿었고, 그런 확신 때문에 도전을 받을 때는 참지 못했다. 루스벨트와 트루먼 둘 다 공산주의를 혐오했지만, 신임 대통령은 취임 초부터 공산주의를 미국에 대한 도전으로, 미국이 이끄는 세계질서를 위협하는 탐탁지 않은 대안으로 보았다. 트루먼은 스탈린과 합의를 이루려고 했지만, 그런 합의는 스탈린이 세계가 어떻게 작동해야 하는지와 관련해 미국의 견해에 따라 행동할 때만 가능한 일이었다.

1945년 4월 30일 히틀러가 자살했고, 5월 7일 독일이 무조건 항복했다. 총통이 사망하고 나라가 폐허가 된 상황에서 히틀러의 장군들은 싸울 이유가 전혀 없었다. 최종 단계는 신속히 찾아왔다. 소련군이 동쪽에서 돌진하고 미군과 영국군이 서쪽과 남쪽에서 몰려온 것이다. 모든 나라가 최대한 많은 땅을 장악하려고 했지만, 전쟁이 지속되는 한 대개 군사적 고려가 영토 경쟁에 우선했다. 라이프치히 북쪽 엘베강 강가에서 처음 만난 미군과 소련군 병사가 끌어안고 함께 술을 마시면서 서로 고향 노래를 가르쳐 주었다. 미국인과 소련인이 다시 서로 수월히 어우러질 수 있으려면 40년 넘게 기다려야 할 터였다.

1945년 7월 17일부터 8월 2일까지 승전국 주요 3개국 정상이 패전국 독일의 수도 베를린 외곽에서 회동했다. 역대 프로이센 왕의 여름 궁전이 있는 소도시 포츠담에서 스탈린은 얄타와 테헤란처럼 다시 한번 주최 측을 맡았다. 하지만 독일 수도를 차지한 것은 소련군이었는데도 스탈린은 독일의 점령 체제를 둘러싸고 연합국과 충돌을 피하고자 했다. 포츠담에서 소련 지도자는 무엇보다도 동유럽에서 소련의 지배적 지위를 미국과 영국이 수용하기를 원했다. 루스벨트와 처칠 둘 다 그렇게 될 것이라고 믿을 만한 태도를 보인 바 있었다. 하지만 포츠담에 모인 세 지도자 가운데 스탈린이 유일한 상수였다. 회담이 소집됐을 때, 루스벨트는 세상을 떠났고 트루먼이 그 자리를 이어받았다. 회담 중에 영국 보수당은 총선에서 노동당에 패해서 7월 26일부터 클레멘트 애틀리가 처칠 대신 포츠담으로 왔다. 스탈린은 애초에 트루먼과 애틀리를 신뢰하지 않았다-트루먼을 믿지 않은 것은 소련 정보 보고서에 그의 반공주의가 강조되었기 때문이고, 애틀리는 세계 전역에서 공산주의의 숙적인 영국 노동운동의 우파를 대표했기 때문이다. 하지만 소련 지도자는 자신에게 비장의 무기가 두 개 있다는 걸 알았다. 소련군이 유럽의 절반을 점령하고 있었다. 그리고 동아시아의 전쟁은 아직 끝나지 않았다. 미국의 신임 대통령은 전임자와 마찬가지로 일본을 물리치기 위해 소련의 지원이 필요했다.

포츠담회담은 특히 거대한 전쟁이 막바지로 치달을 때 전 지구적 사태가 얼마나 빠르게 진행될 수 있는지를 보여 주는 증거다. 회담 참가자는 독일 문제에 신경을 집중하지 않았다. 히틀러는 사망했고, 독일은 패배했다. 임시 점령지 설정, 무장해제와 탈나치화, 독일의 모든 병합 무효화, 독일의 비용으로 폴란드 국경을 서쪽으로 이동(스탈린이 1939년에 정복한 땅을 유지할 수 있도록)하는 것 등에 관한 합의는 손쉽게 이루어졌다. 테헤란과 포츠담은 이들 문제에 관해 기준을 마련한 바 있었고, 스탈린은 이 합의들이 여전히 굳건한 것을 보고 속으로 안도했다. 회담장에 모인 주요 3개국의 관심은 동아시아에서 벌어지는 전쟁과 해방된 유럽의 정치적 합의로 옮겨 갔다. 스탈린은 트루먼이 소련을 대일본 전쟁에 끌어들이려고 안달이 나 있었기 때문에 어쩌면 유럽을 포함해서 다른 문제에서도 이득을 볼 수 있음을 알았다. 회담 중에 트루먼은 미국이 핵무기를 개발했다고 넌지시 말했지만, 스탈린은 전혀 놀라지 않았다. 1942년부터 소련 첩자가 미국의 원자폭탄 개발 과정을 추적했기 때문이다. 1945년 당시 소련 지도자가 미국의 핵무기 독점에 위협을 느꼈음을 보여 주는 증거는 없지만, 그래도 스탈린은 자국의 핵무기 개발 계획에 박차를 가했다. 붉은군대는 유럽에 1000만 명의 병력이 있었지만, 포츠담회담에 앞서 스탈린은 일본을 공격하기 위해 병력을 동아시아로 이동했다. 스탈린은 인류 역사상 최대 규모의 전쟁에서 살아남아 승자로 부상한 상태였다. 미래에 대해 불길한 예감을 느꼈을지 몰라도(그는 언제나 그랬다) 포츠담에서 그는 자신감과 열정으로 가득했다. 트루먼은 스탈린의 됨됨이를 가늠할 수 있는바, 소련과 교섭할 수 있다고 믿었다. 신임 대통령은 일기에 속내를 털어놓았다. "스탈린은 충분히 다룰 수 있다. 솔직한 사람이다-하지만 지독히 영리하다."[18]

　　포츠담회담은 미래를 위한 결정을 내리는 것을 피하느라 상당한 시간을 보냈다. 일종의 버티기 경기였다. 아시아에서 여전히 전쟁이 벌어지고, 트루먼과 애틀리는 신임 권력자였으며, 스탈린은 유럽의 전장에서, 그리고 그 결과로 테헤란과 얄타에서 이미 획득한 성과를 굳히고자 했다. 영국과 미국은 소련이 점령한 동유럽에서 선거가 치러지고 최소한 형식적으로나마 민주주의 원리가 지켜지기를 기대했다. 하지만 당시에 평화를 가로막는 물리적 장애가 엄청나게 많았다. 전쟁을 피해 도망친 수많은 사람이 대륙 곳곳에서 고국으로 돌아가려고 기를 썼다. 대도시는 폐허나 다름없었다. 수백만 명이 먹을 것이나 연료가 전혀 없었다. 전반적으로 정치적 해결이 미뤄질 수 있다는 정서가 있었던 것은 놀랄 일이 아니다. 지도자들은 커다란 쟁점에 관해서는 주저했지만, 현장에서 속속 결정이 내려지고 있었다. 전쟁이 끝난 뒤 사회를 어떻게 재조직해야 하는지에 대한 여러 견해가 상충한 것이 이유였다.

　　유럽 전역에서 이런 경쟁이 벌어졌지만, 그래도 냉전이 시작된 곳은 폴란드였다고 주장할 수 있다. 이 나라에서 엄격한 소련의 통제를 시행하려는 스탈린의 정책은 연합국과 폴란드인 절대다수의 바람과 충돌했다. 영국은 1939년 폴란드의 운명을 놓고 독일과 전쟁을 벌였고, 어떤 영국 정부든 간에 그 나라에서 소련의 점령과 독재를 받아들이기는 어려웠을 것이다. 처칠은 급박히 돌아가는 전쟁 상황에 몰두하는 한편, 폴란드 국민을 무시한 채 폴란드 정부를 재조직한다는 스탈린의 의도에 관한 낙관적 사고에 상당히 이끌린 나머지 소련의 계획을 수용했다. 하지만 이는 폴란드를 굴복하게 하려는 소련의 첫 번째 활동일 뿐이었다. 1944년 여름 바르샤바에서 폴란드인이 독일에 맞서 반란을 일으켰을 때, 붉은군대는 폴란드 수도 외곽에서 진행하던 공세를 일부러 중단해 나치가 폴란드 국내군(Home Army)[*]을 괴멸하도록 했다. 스탈린은 살아남은 폴란드 장교의 수가 적을수록 소련이 이 나라를 장악하기에 유리하다고 판단했다. 붉은군대가 마침내 바르샤바를 접수하라는 명령을 받았을 때, 이미 폴란드인 25만 명이 독일 국방군과 나치스 친위대에 살해되고 도시 대부분이 완전히 파괴된 뒤였다. 그런데도 폴란드 수도에 진입한 스탈린의 비밀경찰은 생존한 저항군 지도자 다수를 납치해서 모스크바로 이송한 뒤, 전형적인 스탈린식 공개 재판(show trial)에 부쳤다. 스탈린은 그들에게 "가벼운" 형량을 선고하라고 소련 판사들에게 지시했다. 열강 연합국에 호의를 보이려 한 것이다. 어쨌든 몇 명을 제외하고 전부 수감 상태에서 사망할 운명이었다.

---

*   1942년 창설된 폴란드 저항 운동 조직.

바르샤바에서 이 모든 상황이 전개되자 소련의 행태를 바라보는 미국의 견해가 바뀌었다. 루스벨트는 폴란드 문제에 점점 관심을 기울였다. 그는 소련이 바르샤바 문제를 다루면서 외국의 견해를 무시하는 점을 주로 우려했다. 루스벨트의 후임자는 좀 더 구체적으로 문제를 바라보았다. 해리 트루먼은 폴란드에 관한 얄타협정에 따라, 민주적 자유와 자유선거를 준비하는 포괄적인 과도 정부가 보장되었다고 생각했다. 그가 볼 때, 소련은 약속을 제대로 지키지 않았다. 그 결과 루스벨트가 세상을 떠나고, 12일 뒤이자 포츠담회담 3개월 전에 신임 대통령이 소련 외무장관 뱌체슬라프 몰로토프Vyacheslav Molotov와 처음 만난 자리는 냉랭하기 짝이 없었다. 미국의 공식 기록에 따르면, "대통령은 소련 정부와 친선을 바란다고 말했지만, 일방통행이 아닌 상호 합의 준수를 바탕으로 해야만 이를 이룰 수 있다고 느꼈다."[19] 트루먼은 후에 한 친구에게 이렇게 말했다. "그자에게 폴란드를 그냥 가지게 내버려두지 않을 거라고 단도직입적으로 말했네. 턱에 원투 스트레이트를 꽂은 거지."[20]

폴란드는 연합국 지도자들에게 경계선처럼 보였다. 아시아에서 벌어지는 최종 단계의 전쟁에 큰 이해관계가 없던 처칠은 소련에 관해 이전의 견해로 쉽사리 돌아갔다. 5월 12일 처칠은 트루먼에게 개인적 서신을 보냈는데, 여기서 서방 지도자로는 처음으로 냉전을 규정하는 "철의 장막"이라는 표현을 사용했다.

[소련] 전선 위에 철의 장막이 드리워져 있습니다. 우리는 그 뒤에서 무슨 일이 벌어지는지 알지 못합니다. 뤼베크에서 트리에스테를 거

처 케르키라를 잇는 선을 따라 동쪽에 있는 지역 전체가 조만간 그들의 수중에 완전히 들어가는 건 의심의 여지가 없지요. … 이처럼 모스크바가 유럽 중앙부로 진출하는 일이 벌어지는 가운데 … 소련이 선택하기만 하면 북해와 대서양 해역으로 순식간에 진출할 수 있는 길이 열립니다. … 물론 우리 군대를 치명적으로 약화하거나 점령 지구로 물러나기 전에, 지금은 러시아와 합의를 하거나 우리가 러시아와 어떤 관계인지 살피는 게 중요하지요.[21]

점차 동부에서 소련이 보이는 행태를 우려한 처칠은 전쟁이 끝난 뒤에도 미군과 영국군이 차지한 위치를 그대로 지켜야 한다고 보았다. 트루먼은 처칠의 제안을 거절하면서 앞서 소련과 합의한 책임 경계선을 지키기 위해 철수할 것을 지시했다. 그 결과 독일인 수십만 명이 소련 점령 지구를 피하려고 서쪽으로 도망쳤다. 트루먼도 충분히 우려하면서 루스벨트가 신임한 보좌관이자 소련과 협력을 주장한 해리 홉킨스Harry Hopkins를 모스크바로 보내 스탈린에게 실수하지 말라고 설득했다. 홉킨스는 이미 암으로 죽어 가고 있었는데, 러시아까지 힘든 여정은 진이 완전히 빠지게 했다. 그렇지만 여전히 소련 독재자와 손을 잡으려고 했다. 홉킨스는 트루먼에게 다음과 같이 보고했다. "저는 스탈린에게 개인적으로 양국 관계가 위협받는다고 느꼈고, 솔직히 이 관계에 많은 의혹이 들며, 상황을 자세히 살펴본바, 현재 진행되는 몇몇 일 때문에 솔직히 당혹스럽다고 말했습니다."[22] 스탈린은 생각을 바꾸려 하지 않았다. 그는 영국이 미소 관계를 복잡하게 만든다고 비난했다. 주로 미국의 전후 비용 삭감의 방법으로 구상하긴 했지만, 1945년 5월 유럽에서 승리한 뒤 트루먼이 갑작스레 소련과 무기대여협정을 종결한 것도, 스탈린이 워싱턴의 태도가 바뀌고 있다고 확신하는 데 한몫했다. 스탈린은 이 조치가 유럽 전쟁이 끝났기 때문인지 아니면 새 대통령이 취임했기 때문인지 알지 못했다. 그는 포츠담에서 줄곧 최대한 점잖게 행동했다. 하지만 의심은 커졌다. "폴란드라니! 정말 대단하군!" 소련 외무장관 몰로토프가 1945년 2월에 쓴 글이다. "우리는 벨기에나 프랑스, 독일 등의 정부가 어떻게 조직되었는지 모른다. 우리가 이 정부들을 좋아한다고 말할 수는 없지만, 그래도 어느 한 나라도 우리와 협의하지 않았다. 영국과 미국 군대가 관리하는 지역이기 때문에 우리도 간섭하지 않았다!"[23]

소련 점령지의 경계 안에 있는 동유럽의 나머지 지역에서 열강 동맹국에 대한 스탈린의 짜증은 한층 뚜렷이 나타났다. 1945년 초 스탈린은 불가리아에서 현지 공산주의자의 더욱 급진적 노선을 수용했다. 붉은군대가 침공한 뒤 공산당이 이끄는 조국전선(Fatherland Front)이 나라를 통치했는데, 핵심 반대파 수백 명을 처형하고 1만여 명에게 징역형을 선고했다. 대다수는 히틀러 독일의 동맹자였던 불가리아 전시 정부에서 일한 이들이었다. 따라서 연합국이나 불가리아 국민 대부분이나 이 조치에 크게 항의하지 않았다. 하지만 이 조치는 서유럽에서 벌어진 것과 같은 부역자 재판이 아니었다. 불가리아에서 소련과 현지 공산주의자는 하나의 방식을 확립했다. 공산당의 정부 장악에 반대하는 이는 누구든 그 본성을 파시스트로 규정하고, 따라서 투옥하거나 더 심한 처벌을 하는 방식이었다. 전쟁이 끝나고 소련에서 체첸인 전체를 포함해서 발트와 캅카스 사람 100만여 명이 시베리아와 극동 지방으로 추방되었다. 소련 체제는 국경 지역 안에 신뢰할 수 없는 인구 집단을 두는 모험을 하려 하지 않았다.

스탈린은 전쟁이 끝난 뒤 동유럽을 어떤 식으로 처리할지에 대한 종합 계획이 없었다. 동유럽 각국 공산당은 오직 스탈린에게만 충성했고, 미국 및 영국과 관계가 어긋날 때를 대비해 소련의 장악을 궁극적으로 보장했다. 그리고 1945년 봄에 스탈린은 이전 동맹자에 관한 마르크스주의의 가르침에 점차 의존했다. 이미 1월에 그는 모스크바와 서방의 이익공동체가 지속된다고 믿어서는 절대 안 된다고 경고한 바 있었다. 유고슬라비아와 불가리아 방문단을 접견한 자리에서 스탈린은 "자본주의의 위기는 자본가가 두 파벌-파시스트와 민주주의-로 나뉘면서 드러났다"라고 말했다. "우리가 민주적 자본가 파벌과 동맹을 맺은 건 그들이 히틀러의 지배를 막는 데 사활을 걸었기 때문입니다. 그 야만적인 국가는 노동계급을 극단으로 밀어붙여 자본주의 자체를 전복했을 테니까요. 현재 우리는 다른 파벌에 맞서는 한 파벌과 연합하지만, 장래에는 민주적 자본가 파벌과도 겨룰 겁니다."[24]

1945년 소련이 가장 놀란 일은 영국 총선에서 노동당이 승리한 사건이었다. 스탈린은 윈스턴 처칠을 불신하면서 그가 영국 상층계급 지배를 구현하는 인물이라고 보았을 테지만, 윈스턴은 그가 아는 악마였다. 첩자를 통해 이 늙은 보수당원이 제2차 세계대전에서 승자로 살아남은 동료로서 자기와 어느 정도 감상적인 관계를 맺고 있음을 알았기 때문이다. 더욱이 영국 노동당과 소련 볼셰비즘 사이에 이미 악감정이 쌓여 있었다. 노동당 지도자들-이제 총리가 된 클레멘

ΙΟΙ

트 애틀리와 외무장관이 된 어니스트 베빈Ernest Bevin-은 그들이 이
끄는 노동조합운동 내부의 공산당원을 혐오했다. 둘 다 모스크바 지
지자가 1920년대와 1930년대에 노동조합운동을 분열하게 한 책임
이 있다고 굳게 믿었기 때문이다. 미숙련 노동자 출신으로 영국 최
대 노동조합인 운수일반노동조합(Transport and General Workers' Union,
TGWU) 위원장으로 두각을 나타낸 베빈은 노동조합뿐만 아니라 다
른 영역에서도 공산당의 영향력에 맞서 가차 없이 싸운 인물이었다.
전후에 스탈린 및 몰로토프와 거래하면서 베빈은 이 많은 싸움이 국
제적 규모로 되풀이된다고 느꼈다. 베빈이 훗날 말한 것처럼, 몰로토
프는 노동당 지부에서 활동하는 공산주의자 같았다. 푸대접하면 고
충 처리를 최대한 활용했고, 친절히 대해 주면 다음 날 값을 올려서
욕을 퍼부었다. 한 내각 동료는 베빈을 "현실적인 감각뿐만 아니라
반짝이는 발상으로 가득하지만, 공산주의자에게 위험할 정도로 집착
하는 인물"이라고 평했다.[25]

소련 또한 영국 노동당을 똑같이 끔찍이 증오했다. 당대의 소
련 문서를 보면, 핵심 노동조합 지도자와 지식인이 모스크바와 오랫
동안 접촉한 좌파 정당이 영국 선거에서 승리했다는 소식을 기회로
받아들인 인식이 거의 없다. 스탈린과 그의 부관들은 노동당이 사회
민주주의 복지국가를 건설하려고 전력을 다하는 상황이 영국-그중
누구도 런던에서 조만간 공산주의 혁명이 일어나리라고 기대할 만
큼 망상에 빠져 있지는 않았다-만이 아니라, 서유럽 다른 지역도 공
산주의의 야심에 최악의 도전이 될 수 있음을 감지했다. 소련의 국제
문제 전문가는 자본주의 국가가 전쟁이 끝난 뒤 경제위기에 부딪힐

테고, 그 결과로 제1차 세계대전 당시처럼 국가 간 경쟁이 고조되리라 생각했다. 유럽의 공산당은 뒤따라 일어나는 노동자의 빈곤화에서 이득을 얻을 수 있었다. 어떤 자본주의 체계도 노동계급이 원하는 바를 이뤄줄 수 없기 때문이다. 따라서 소련이 볼 때, 자본주의를 개혁하려는 사회민주당의 시도는 기껏해야 부적절하고 최악에는 악효과만 낳을 뿐이었다. 의식적으로 소련의 경험을 모방하는 나라만이 전쟁이 끝나면 경제적 성과를 얻을 것이었다. 소련은 이미 완전고용과 경제성장을 이룰 수 있음을 보여 준 바 있었다.

한편 전쟁이 끝난 뒤 유럽의 상황에 관한 미국의 시각은 소련과 거의 대척점에 서 있었다. 미국은 유럽에서 경제 붕괴와 지속적 빈곤이 세계 전체에 미칠지도 모를 영향을 우려했다. 소련인은 제1차 세계대전의 종식이 러시아혁명을 낳은 것처럼 전쟁 이후 혁명이 일어날 것으로 기대했지만, 대다수 미국인은 이런 혁명의 가능성을 두려워했다. 그들이 볼 때, 제1차 세계대전과 대공황은 미국의 적인 공산주의와 파시즘을 낳았다. 1945년 가을 치러진 여론조사에 따르면, 미국인 대다수는 자국이 미국인의 사고에 혐오스러운 이데올로기를 낳은 절망과 빈곤을 줄이는 행동에 나서기를 원했다.

미국의 여론조사는 이처럼 세계에 관여하는 것과 정반대의 추세도 보여 주었다. 전후 초기에 절대다수의 미국인은 자국이 유럽과 아시아에서 상황 악화를 막기 위해 직접 노력하고 전장에서 피를 흘림으로써 충분히 희생했다고 느꼈다. 유럽인이나 아시아인과 마찬가지로, 전후의 미국인은 자국 정부가 국내의 생활환경을 향상하는 데 집중하기를 원했다. 무엇보다도 그들은 군복을 입은 젊은이가 최대

103

한 빨리 돌아오기를 원했다. 제1차 세계대전 후 등장한 고립주의적 사고를 우려하면서, 미국이 일본의 공격을 받고 나서야 제2차 세계대전에 참전했다는 사실을 염두에 둔 트루먼 행정부는 전쟁이 끝난 뒤 미국이 국제 문제에 관여해야 하는 명백한 필요성과 자국의 유권자를 하루빨리 귀국시켜야 하는 필요성 사이에서 균형을 잡으려고 했다. 대통령 자신도 막대한 경제 자원을 활용해서 해외의 빈곤을 경감하고 각국 경제가 다시 돌아가게 만들면 이런 균형을 이룰 수 있다고 믿었다.

제2차 세계대전은 세계 경제의 전면적인 전환으로 이어졌다. 앞서 살펴본 것처럼, 미국이 세계 경제의 중심으로 부상한 것은 일찍이 20세기 초부터였고, 전간기에 그 속도가 빨라졌다. 장기적 변화가 급속히 전환되게 한 계기는 바로 제2차 세계대전이었다. 미국의 경제 규모는 전쟁 중에 2배 가까이 커졌다. 이와 대조적으로, 세계의 다른 지역은 거의 전부 황폐해졌다. 일본은 나라 전역에서 건물 4분의 1이 파괴되었다–도쿄는 절반 넘게 무너졌다. 일본의 산업 생산량은 1937년에 비해 60퍼센트 넘게 감소했다. 아시아에서 제2차 세계대전으로 가장 폐허가 된 나라 필리핀은 경제 총생산이 1941년의 20퍼센트를 약간 넘는 수준이었다.

전쟁 중에 루스벨트 행정부는 미국을 위해 더 잘 작동할 전후 세계를 이룩하려면, 미국의 독특한 지위를 활용해야 한다는 사실을 깨달았다. 루스벨트의 핵심 구상은 독일과 일본에 맞선 전시 연합을 영속화하는 한편, 모든 나라가 속할 수 있는 세계 기구를 창설하는 것이었다. 루스벨트가 연합국과 자기가 하나로 묶고자 한 더 많은 나라를 통칭하는 용어로 사용한 국제연합(유엔)은 1945년에 하나의 기구로 창설되었다. 런던에 설치한 본부는 얼마 뒤 뉴욕으로 옮겼다. 유엔은 루스벨트 자신의 사고에서 상충하는 두 흐름을 타협한 결과물이었다. 하나는 이상주의적 사고로, 평화를 유지하는 한편, 세계 곳곳에서 진보적 개혁을 도울 수 있는 진정으로 세계적인 토론의 장을 만들자는 것이었다. 다른 하나는 현실주의적 사고로, 강대국이 연합해서 협력하고, 필요하면 다른 나라에 행동을 강제할 수 있는 토론의 장을 만들자는 것이었다. 첫 번째 목표는 유엔총회를 통해 실현되었다. 처음에 51개 회원국으로 출발했는데, 그중 라틴아메리카 국가가 20개국이었다. 두 번째 목표는 유엔 안전보장이사회를 통해 구성되었다. 안보리는 5개 이사국-미국, 영국, 소련, 프랑스, 중국-으로 이루어졌는데, 어떤 제안에 대해 각국은 거부권을 행사할 수 있었다. 오직 안보리만이 제재나 군사행동을 포함해 유엔 전체 회원국에 구속력이 있는 결의안을 발표할 수 있었다. 스탈린이나 영국은 이 새로운 기구를 크게 신뢰하지 않았지만, 미국이라는 강력한 상대의 심기를 거스르지 않으려고 순순히 따랐다. 1945년 당시는 냉전이 확고히 자리를 잡으면서 유엔이 전 지구적인 역할을 하리라고 아무도 예측할 수 없었다.

새로 만들어진 세계 기구의 주요 임무 가운데 하나는 전 지구적 경제 문제를 다루는 것이었다. 경제가 가장 강한 미국은 자유무역과 해외시장 진출을 원했다. 또한 세계 경제체계의 안정성을 높이는 것도 원했다. 1944년 7월 뉴햄프셔주 브레턴우즈에서 주요 산업 연합국은 국가의 국제수지 불균형을 메울 수 있는 차관을 제공하는 국제통화기금(International Monetary Fund, IMF)과 훗날 세계은행(World Bank)의 일부가 되는 국제부흥개발은행(International Bank for Reconstruction and Development, IBRD) 설립으로 이어지는 일련의 협정을 체결했다. 훗날 브레턴우즈체제라고 불리는 제도의 가장 기본 요소는 모든 주요 외환을 고정평가(fixed parity)로 미국 달러에 연동하는 것이었다. 브레턴우즈협정으로 미국은 국제무역에 참여하고 각국 경제에 영향을 미칠 막대한 기회를 얻었다. 하지만 유럽과 아시아에서 정치적 분단선이 그어진 것처럼, 이 협정도 전쟁으로 이미 생겨난 결과물임을 잊어서는 안 된다. 장기적으로 보면 미국은 브레턴우즈에서 기회나 안정성 어느 것도 얻지 못했다. 하지만 이 협정은 어쨌든 미국이 세계 경제 대국으로 등장하는 것을 정당화하는 체계를 마련해 주었다.

미국의 독특한 지위를 고려하면, 제2차 세계대전 직후 국제 충돌을 피하려고 미국이 더 많은 일을 할 수 있었을까? 각기 다른 많은 나라가 미국의 부상으로 생긴 결과에 분개하면서도, 정치적 이유든 경제적 이유든 어쩔 수 없이 미국과 함께 사는 법을 배웠다. 1945년 영국 외무부에서 사람들 입에 오르내린 노래의 한 구절은 다음과 같다.

워싱턴에서 핼리팩스 경이
언젠가 케인스 경에게 속삭였지.
"그들은 전부 돈가방을 갖고 있지만,
우리는 전부 두뇌를 갖고 있지."[26]

하지만 1945년에 이르러 런던은 워싱턴이 세계 권력의 중심부로서 런던을 훌쩍 앞질렀다는 사실을 받아들여야 했다. 영국은 미국의 경제원조가 필요했고, 이를 얻으려면 유럽과 아시아에서 소비에트 권력이 떠오르는 상황에서 미국의 보호도 받아야 했다. 이미 1945년에 트루먼 행정부는 -모스크바와 관계가 틀어지는 가운데- 서유럽과 영국 지도자에게 이 문제에 대해 자기의 견해를 굳이 강요할 필요가 없었다. 그들도 워싱턴의 어떤 집단만큼이나 스탈린의 정책에 깊은 우려를 느꼈다. 영국 외무장관 베빈은 1945년에 소련 외무장관 몰로토프를 포함해서 귀를 기울이는 모든 사람에게 이렇게 말했다. "상황을 어렵게 만드는 건 바로 소련 정부입니다."[27]

미국과 소련은 전시에 연합국이었지만, 전후에 어떤 형태로든 충돌은 거의 피할 수 없었다. 양국 지도자는 1917년 러시아혁명 이후, 어떤 때는 그전에도 서로를 적으로 여겼다. 연합국과 친선 관계를 맺기보다 동유럽 장악을 우선시한 스탈린의 정책은 전쟁이 막바지로 치달으면서 '대연합'이 약해지는 데 큰 영향을 미쳤다. 폴란드처럼 전시에 벌인 잔학행위와 스탈린의 과대망상도 이런 약화를 부추겼다. 소비에트 이데올로기 또한 방해물이었다. 이 이데올로기 때문에 소련이 장래에 자본주의 세계와 충돌하는 것을 피할 수 없는 일로 여기면서 전후 시대에 격렬한 혁명적 소요가 일어날 것으로 예측했기 때문이다. 한편 미국은 국제 문제에서 미국의 우세를 인정하려 하지 않는 소련에 인내심을 보이지 않았다. 트루먼 대통령은 루스벨트 같은 정치적 기민함과 개인적 매력이 없었고, 소련에 대해 오래전부터 강경 노선을 주장한 트루먼의 핵심 보좌진은 소련을 통합하기보

107

다 오히려 봉쇄하는 쪽으로 결정하게 했다. 앞으로 살펴볼 것처럼, 전후의 충돌을 냉전으로 뒤바꾼 것은 바로 이 봉쇄였다. 트루먼은 모스크바를 국제적 합의와 조약에 묶어 두려고 한 루스벨트의 정책을 이해하지 못했다. 최강대국으로서 미국은 소통과 무역, 문화와 과학의 교류를 위한 창구를 열기 위해 더 큰 노력을 기울였어야 했다. 아마 스탈린은 어쨌든 고립을 선택했을 것이다. 하지만 더 힘센 쪽이 모스크바를 여러 형태의 협력으로 유인하려고 노력했더라면, 나중에 양쪽에서 모두 생겨난 피해망상을 포함해 충돌의 강도가 한결 약해졌을 것이다.

그렇지만 이런 판단은 오직 사후에만 이루어질 수 있음을 깨달아야 한다. 미국이 절대적으로 우세했음에도, 특히 유럽에서 많은 사람이 소련의 힘을 두려워한 것은 놀랄 일이 아니다. 1945년 당시 붉은군대는 유럽 대륙에 거대한 병력을 두고 있었다. 숫자와 입증된 역량으로 볼 때 어떤 나라보다도 군사력이 우세했다. 동유럽에서 소련이 보인 행동은 불길한 예감을 확산했다. 어떤 이는 스탈린이 자국민은 정말로 끔찍이 다뤘지만, 대외정책 목표는 다소 제한적이고 전통적이었다고 말한다. 적어도 몇 가지 문제는 그럴 수도 있다. 하지만 1945년에 이르러 스탈린은 유럽의 심장부와 중국과 이란에서도 동유럽에서 보인 행동과 비슷한 행보를 취했다. 이 지역에서 소련이 벌인 행동 때문에 미국의 정책이 급변했고, 멀찍이서 지켜보는 다른 나라도 공포를 느꼈다. 이런 행동이 그 자체로 냉전을 재촉하지는 않았을 것이다. 하지만 전후 소련을 겨냥한 봉쇄 가능성을 한층 높인 것은 확실하다.

유럽의 불균형

03 · EUROPE'S ASYMMETRIES

소련이 동유럽을 억누르느라 분주하고

미국은 향후 해외에서 어떤 역할을 해야

하는지를 놓고 논쟁하는 동안,

서유럽의 경제 상황은 계속 악화했다.

워싱턴이나 런던이 기대한 것과 전혀 딴판으로,

독일과 이탈리아는 말할 것도 없고 프랑스 대부분

지역과 저지대 국가도 군사적·정치적 상황이

안정되는 것과 달리 공급 상황은 개선되지

않았다.

1914년이나 심지어 1939년에도 유럽을 알던 이들에게 5년간 이어진 총력전이 낳은 폐허는 아찔하게 느껴졌을 것이다. 자만심에 젖어 유럽 대륙을 정복하려 한 히틀러의 시도는 유럽의 기나긴 전쟁과 평화의 역사에 전례가 없는 규모의 파괴를 일으켰다. 그리스 섬부터 최북단 스칸디나비아에 이르기까지 도시는 소이탄 폭격을 당하고, 들판과 과수원이 불에 탔으며, 사람들이 살해되어 공동묘지에 묻혔다. 4000만 명이 목숨을 잃었다. 피란민과 독일 강제수용소에서 살아남은 사람들의 수를 합치면 최소 4000만 명 정도가 된다. 나치가 유대인 600만 명을 살해한 제노사이드는 그 자체로 하나의 끔찍한 범주가 된 이 전쟁 최대의 범죄였다. 홀로코스트는 또한 상당수의 유대인이 쫓겨난 지역에서 광범위한 혼란과 혼돈으로 이어졌다. 기아가 널리 퍼져 나갔다. 전쟁이 끝났을 때, 소련·헝가리·폴란드와 독일의 여러 지역에서 인구의 절반이 넘는 사람이 굶주림으로 서서히 죽었다.

1945년 당시 유럽 대부분이 굶주리고 지치고 공포에 몸서리쳤을지라도 동부의 상황이 최악이었다. 노르웨이 북극권과 발칸반도 남부 사이에 길게 뻗은 광대한 땅에서 독일과 소련이 전쟁을 벌인 결과, 도시는 완전히 폐허가 되고 사람이 죽거나 죽어 갔다. 소련은 1700개가 넘는 도시가 거의 완전히 파괴되었다. 부다페스트나 민스크, 키이우 같은 도시는 80퍼센트 넘게 사람이 살지 못하는 곳이 되었다. 미국의 어느 젊은 구호활동가는 고향에 보낸 편지에서 바르샤바에서 두 눈으로 본 파괴의 참상을 말로 표현하려 애썼다. "여기서는 어디를 걸어 다니든 지붕이나 벽체가 없이 골조만 서 있는 건물이 천지고, 그런 건물에 사람이 살고 있습니다. 그냥 벽돌 조각이 깔린 거대한 평지에 뒤틀린 침대와 욕조, 소파, 그림 액자, 여행 가방 등 오만가지 물건이 벽돌 사이로 튀어나온 게토는 예외죠. 어떻게 이렇게 될 수 있었는지 도무지 모르겠어요. … 너무 잔인해서 도저히 믿을 수가 없네요."[1] 1914년 이전 대다수 유럽인이 살던 세계는 사라지고 없었다. 그 자리를 죽음과 파괴, 그리고 낡은 관념에 대한 신뢰의 상실이 차지했다.

　자본주의와 공산주의, 미국과 소련의 냉전은 유럽의 재앙과 딱 맞아떨어졌다. 전쟁의 군사적 결과로 미국과 소련이 유럽 대륙의 지휘권을 넘겨받았을 뿐만 아니라, 기적에 굶주린, 아니 그냥 굶주린 유럽인은 워싱턴이나 모스크바에서 답을 구하려고 했다. 유럽 현대사에서 독특한 순간인 현재, 대륙 대부분은 통제할 수 없는 사건을 기다리며 납작 엎드려 있었다. 유럽인이 원한 건 지속적인 평화였다. 그들은 신속한 재건을 원했다. 공정하고 효율적이며 경제적으로 성공하는 미래를 원했다. 다시 말해, 유럽인은 1930년대와 1940년대의 재앙에서 최대한 멀리 벗어나고자 했고, 공산주의나 미국 자본주의는 각각 출구를 제시하고 있었다.

그 출구는 시급히 필요했다. 1945년 유럽은 꼼짝도 할 수 없었다. 물리적 사회기반시설은 다시 지을 수 있었지만, 앞으로 나아가지 못할 것이라는 인식, 전쟁이 끝난 뒤 상황이 설상가상으로 나빠질 것이라는 인식이 팽배했다. 대륙은 17세기 이후 유럽이 경험하지 못한 인도주의적 위기에 직면해 있었다. 전쟁 전의 독일 국경 안에서만 1700만 명 정도가 피란민 신세였다. 강제수용소 생존자, 노예 노동자, 동부에서 온 독일인 난민, 또는 집이 파괴된 탓에 도망친 사람 등이었다. 모두 굶주린 그들은 가지 못하는 곳으로 가려고 애를 썼다. 모든 형태의 질서가 무너진 상태였고, 남녀노소 가릴 것 없이 자기 힘에 의지해야 했다. 고향으로 돌아가려 한 어느 폴란드 소녀는 그 참상의 규모에 깜짝 놀랐다. "1945년의 독일은 거대한 개미굴이었다. 모두 어디론가 가고 있었다. 독일 동부 지역은 이런 모습이었다. 소련인을 피해 도망치는 독일인이 있었다. 온갖 전쟁포로도 있었다. 우리[폴란드인]도 일부 있었다 −많지는 않아도 있었다. … 사방으로 움직이는 사람이 바글바글했다."[2]

최소한 300년간 굶주림을 겪어 보지 못한 부유한 나라도 암울한 상황처럼 보였다. 네덜란드에서 주요 도시의 주민은 하루에 1인당 음식으로 800칼로리를 채 채우지 못했다. 전쟁 전 평균은 3000칼로리에 육박했었다. 1944~1945년 굶주린 겨울 동안 네덜란드에서 최소한 2만 2000명이 사망했는데, 네덜란드는 그 후 오랫동안 영향을 받았다.[3] 굶주린 사람을 생산에 투입할 수 없었을뿐더러, −다른 나라와 마찬가지로 네덜란드에서도- 구호는 외부에서만 들어왔다. 새로 설립된 유엔구제부흥사업국(UN Relief and Rehabilitation Administration, UNRRA)이 대대적으로 노력했지만, 1947년에도 유럽의 많은 지역은 먹을 게 충분하지 않았다.

유럽에 닥친 재앙 때문에 대륙의 새로운 지배자-미국이나 소련, 또는 유럽인이 이제 막 이름을 붙인 초강대국-의 위세가 더욱 두드러졌다. 양국의 군사력은 의심의 여지가 없었지만, 1945년 당시 유럽에서 상당한 군사력을 보유하긴 했으나 늙고 지쳐 보인 영국과 달리 두 나라는 미래를 위한 새로운 발전 모형도 제공할 수 있었다. 변화를 향한 희망 대부분은 외부에서 오는 그런 영감에 달려 있었다. 미국은 물자 공급의 면에서 훨씬 많이 이바지할 수 있었지만, 소련의 위신과 스탈린의 개인적 지위는 나치 독일을 물리치는 데 중심 역할을 한 붉은군대를 바탕으로 했다. 많은 유럽인은 독일의 전쟁 기구를 물리치고 베를린을 정복한 나라라면 대단한 선진국임이 분명하다고 믿었다.

제2차 세계대전을 통해 국가사회주의와 파시즘은 완전히 붕괴했다. 에스파냐의 프란시스코 프랑코 총통과 포르투갈의 안토니우 드 올리베이라 살라자르Antonio de Oliveira Salazar 같은 우파 파시즘 형식의 권위주의 정부가 살아남은 것은 오로지 양국이 전쟁 중에 중립을 지켰기 때문이다. 집산주의와 반자본주의를 위해 기댈 수 있는 이념은 공산주의가 유일했다. 소련이 독일을 물리치는 데 핵심 역할을 했을 뿐만 아니라, 다른 나라 공산당도 대체로 점령과 나치의 지배에 맞서 저항의 최전선에서 싸웠다. 전쟁에서 4년은 굉장히 긴 시간이다. 많은 사람이 스탈린이 히틀러와 조약을 체결한 것을 용서하거나 잊어버렸고, "제국주의 강도들의 전쟁"에 반대한다는 과거 공산당의 강령은 1941년 이후 붉은군대와 각국 공산당 열성 지지자가 벌인 영웅적 전투에 휩쓸려 사라졌다.

서유럽에서 공산주의 대의에 충성하도록 부추긴 것은 변화를 바라는 희망이었다. 유럽인 가운데 두 차례 대전과 심대한 경제위기를 낳은 체계로 돌아가기를 바라는 이는 거의 아무도 없었다. 희망은 더 나은 세계를 만들기 위한 것이었고, 공산당은 반파시즘, 사회정의, 소련이 전쟁에서 노력해 생겨난 후광을 결합하면서 희망의 깃발을 높이 치켜들었다. 공산당은 프랑스(90만 명)와 이탈리아(180만 명)에서 규모가 압도적으로 큰 정당 조직이었다. 전후 서유럽에서 치러진 선거에서 공산당은 모든 나라에서 두각을 나타냈다. 노르웨이에서 전체 투표의 12퍼센트를 얻었고, 벨기에 13퍼센트, 이탈리아 19퍼센트, 핀란드 23.5퍼센트, 그리고 프랑스에서 약 29퍼센트를 득표했다. 공산당 지도자들은 정부에 대표자를 보내야 한다고 주장했고, 전쟁이 끝난 뒤 결성된 대부분의 거국 내각에 공산당도 포함되었다. 그들은 향후 정치에 결정적 영향을 미치기를 바라면서, 노동계급의 요구에서 생겨나는 사회혁명을 위한 길을 닦았다. 하지만 공산당 지도자들은 전후 서유럽에서 곧바로 혁명적 소요가 일어나리라고 보지 않았다. 모스크바에서 받는 조언을 충실히 반영한 그들은 미군과 영국군이 여전히 통제권을 쥐고 있고 무분별한 반란을 진압할 수 있는 상황에서, 기존 정부에 노골적으로 도전하려 하지 않았다.

서유럽의 가장 강력한 공산당 지도자들-프랑스의 모리스 토레

115

즈Maurice Thorez, 이탈리아의 팔미로 톨리아티Palmiro Togliatti도 궁핍과 비참 때문에 대륙 곳곳에서 확산하는 사회적 소요의 물결을 억제할 수 없었다. 이탈리아에서 노동자는 공장을 장악하고 농민은 토지를 점거했다. 이탈리아와 프랑스에서 기성 엘리트에 대항하는 정치적 폭력이 벌어졌다. 나치스나 파시스트에게 부역한 이, 부역하지 않았어도 그저 공장을 소유하거나 귀족 작위가 있는 이가 표적이 되었다. 어떤 이는 집에서 질질 끌려 나와 맞아 죽었다. 나라가 잘못된 게 모두 엘리트의 책임으로 여겨졌다.

공산당 정부 각료는 사회 안정과 조업 재개를 위한 활동을 벌이느라 늘 바빴다. 1945년 10월 한 연설에서 토레즈는 프랑스의 부흥은 "우리 자신의 노력, 즉 노동계급의 단결로 강화되는 모든 공화주의자의 단결에 달려 있다"라고 역설했다.[4] 재건이 우선이고, 재건을 통해 좌파가 정치적 주도권을 잡으리라고 이 공산당 지도자는 주장했다. 하지만 일부 공산주의자는 상황을 달리 봤다. 프랑스 남부의 어느 공산당 열성 지지자는 동료와 함께 지역 귀족을 체포해 구타하면서 정부와 "나머지는 될 대로 돼. 내게는 단 한 명의 보스, 스탈린이 있다"라고 소리쳤다.[5]

토레즈나 톨리아티와 마찬가지로 스탈린도 처음에 서유럽에서 혁명적 행동이 일어나면 공산당이 파괴되고, 그렇지 않아도 비틀거리는 소련과 미국, 영국의 연합에 조종弔鐘이 울릴 수 있다고 생각했다. 스탈린은 자본주의 국가와 충돌이 벌어지고 결국 유럽에서 공산주의 혁명이 일어날 것으로 예상했다. 하지만 전쟁이 끝난 뒤 소련 자체가 폐허 상태였다. 스탈린은 소련이 약한 시기에 연합국과 대결하는 위험을 무릅쓸 수 없었다. 그렇다면 미국과 영국의 제국주의자가 전리품을 놓고 자기들끼리 싸우는 동안 미래에 협력하기를 희망한다는 표현을 하는 게 차라리 낫다는 게 그의 판단이었다. 그는 소련의 최대 위협은 제국주의 국가가 소련을 상대로 공동전선을 형성하는 것이라고 느꼈다. 전후 서유럽에 대한 소련의 초기 정책은 이렇게 적이 단합하는 상황을 피하려고 고안된 것이었다.

그리스에서 계속 진행된 내전은 소련과 유럽 공산당에 너무 성급히 행동하면 어떤 일이 벌어지는지를 경고하는 사례로 작용했다. 1941년 추축국이 그리스를 점령했을 때, 그리스 좌파는 민족해방전선(National Liberation Front, NLF)을 결성했다. 전선은 점차 그리스공산당의 통제를 받았고, 전선의 군사 부문인 그리스인민해방군(Ellinikós Laïkós Apeleftherotikós Stratós, ELAS)은 독일만이 아니라 그리스의 다른 정당과도 싸웠다. 1944년 말 독일이 철수하자 영국이 연립정부를 구성하고 그리스인민해방군을 그리스군에 점진적으로 통합할 것을 주선했다. 하지만 공산당 부대가 전면 해산을 거부하자 연합이 무너졌다. 1944년 12월 아테네에서 열린 좌파 집회에 경찰이 발포해서 민간인 28명이 사망하자, 그리스인민해방군은 반격에 나섰다. 영국은 아테네의 공산당 근거지를 겨냥해 공중 폭격으로 대응했다. 수도에서 군사력에 밀리는 상황에 타협을 모색하라는 소련의 조언을 받은 그리스공산당 지도자들은 1945년 봄에 그리스인민해방군을 해산하는 데 동의했다. 몇몇 지역은 전투가 계속됐는데, 주로 우파가 전쟁 중에 땅을 점거한 농민을 쫓아내거나 그들과 싸운 그리스인민해방군 병사를 처벌하려고 하면서 촉발된 싸움이었다. 그리스민족해방전선

활동가 6000명이 북부 국경을 넘어 공산당이 장악한 유고슬라비아로 도망쳤다.

그리스의 재앙을 계기로 스탈린은 중국부터 이탈리아에 이르기까지 다른 나라 공산당에 성급히 행동하지 말 것을 요구했다. 소련은 제2차 세계대전으로 각국에서 혁명이 일어날 것이라고 믿었지만, 레닌이 제1차 세계대전에 관해 가르쳐 준 것처럼, 혁명이 일어난다고 해도 주로 붉은군대가 도와서 보호해 줄 수 있는 유럽 지역, 즉 동유럽에서 일어날 것이라고 예상했다. 스탈린의 견해는 다른 나라의 공산당은 스스로 권력을 잡고 유지할 수 있는 경험이나 이론적 이해를 갖추지 못했다는 것이다. 오직 소련의 지도와 붉은군대의 보호를 받을 때만 적을 영원히 물리칠 수 있는 가망이 있었다. 소련 지도자는 1918년 이후 핀란드부터 헝가리와 바이에른까지 유럽 각지에서 우후죽순처럼 생겨난 "소비에트공화국"의 기억이 생생했다. 그가 즐겨 설명한 것처럼, 이 공화국은 제국주의 국가의 지원을 받은, 무장과 조직력이 더 우세한 우익에 순식간에 진압되었다. 스탈린이 볼 때, 1940년대의 상황이 다른 것은 소련이 정치적·군사적 강대국으로 존재한다는 것이다.

1945년 유럽에서 소련의 전략적 지위는 1918년이나 나폴레옹 전쟁이 끝난 어느 시점이든 당시 러시아와 비교하면 정말로 주목할 만했다. 1944년 봄 이후 겨우 1년 만에 붉은군대는 러시아 평원 깊숙한 곳부터, 대략 뤼베크 및 덴마크의 보른홀름섬에서 독일과 오스트리아 중부를 거쳐 아드리아해를 잇는 전선에 이르기까지 모든 저항을 무너뜨린 상태였다. 소련은 이제 중유럽에 진출해 있었다. 히틀러의 제3제국이 워낙 순식간에 붕괴한 나머지 붉은군대의 전선 배후 지역에서 소련의 통제에 맞서는 저항이 거의 없었다. 불가리아나 유고슬라비아, 체코슬로바키아 같은 몇몇 나라에서 소련은 대체로 해방자로 환영받았다. 헝가리, 폴란드, 발트3국 등과 같은 나라는 소련을 정복자로 여겼다. 모든 게 현지 사람이 러시아 및 소련을 상대한 역사적 경험에 따라 달랐다. 물론 당국과 국민이 독일과 어느 정도 협력했는지에 따라서도 달랐다. 하지만 히틀러의 제국이 사라지자, 소련은 동유럽에서 완전히 군사적 우위를 잡았다. 소련을 혐오하고 불신할 이유가 있는 사람도 1945년 소련에 도전하는 것을 망설일 수밖에 없었다.

하지만 스탈린은 이제 자기 수중에 들어온 유럽의 광대한 지역을 어떻게 할지 아직 결심하지 못했다. 스탈린은 소비에트의 관점에서 이 나라 가운데 어느 하나라도 혁명을 일으킬 만큼 상황이 무르익지 않았다고 정치적으로 판단했지만, 붉은군대와 소련 민간인 고문이 존재한 덕분에 좌파가 강해지고 공산당이 중대한 영향력을 확보할 수 있으리라고 기대했다. 크렘린 지도자들은 소련의 본보기로 이들 나라를 사회주의로 이끌 수 있다고 보았다. 그동안 동유럽은 소련을 겨냥해 미국과 영국이 벌일지 모르는 제국주의적 공격에 대비하는 완충지대로 중요했다. 스탈린은 동유럽에서 소련의 영향력을 계속 유지하면서도 그 때문에 미국 및 영국과 맺은 관계가 어긋나서는 안 된다고 굳게 믿었다. 소련을 재건하는 게 급선무였다. 그리고 스탈린은 재건이 자리 잡기 전까지 제2차 세계대전 연합국의 침공을 피할 수 있기를 기대했다.

전후 동유럽과 관련한 소련의 계획은 아쉬운 점이 많았다. 크렘린은 전쟁 상황에 워낙 몰두한 탓에 여러 전후 계획안을 곰곰이 따져볼 시간이 거의 없었다. 미국이나 영국도 마찬가지였지만,-그러나 세부 사항은 거의 같은 수준이 아니었다- 소련은 붉은군대가 진군하는 동안 동유럽에서 대규모 기아와 대대적인 탈주가 일어나지 않게 하려고 몇 가지 비상계획을 마련한 상태였다. 서방보다 준비를 더 철저히 했더라도 전쟁의 경로 때문에 최선의 계획도 어그러졌다. 1945년 중반 붉은군대는 모스크바의 어떤 지도자가 예상한 것보다도 훨씬 넓은 유럽 지역을 장악했다. 붉은군대 사령관은 최소한으로나마 질서를 확립하고 자국 군대를 포함해서 물자 보급 상황을 도울 수 있는 현지 당국을 찾았다. 그나마 격렬한 교전을 피할 수 있었거나 슬라브인이 독일의 폭정에서 구한 해방자로 현지 주민에게서 환영받은 몇몇 지역은 이런 전술이 꽤 순조로이 작동했다. 하지만 교전 지역이나 애초부터 소련에 반대한 비슬라브권 나라(헝가리, 루마니아, 그리고 물론 독일)에서 붉은군대가 잔학행위를 저지른 탓에, 새로운 지배자와 협력하고자 한 이조차 선뜻 나서서 협조하기가 어려웠다.

붉은군대 병사가 민간인을 상대로 살인과 강간, 약탈을 저지른 탓에 동유럽에서 소련의 통치 능력에 큰 차질이 빚어졌다. 소련 군인은 독일에서 여성 수십만 명을 강간했는데, 아마 전부 합치면 200만 명에 이를 것이다. 이런 끔찍한 경험에, 비무장 민간인을 무자비하게 살해하고 파괴하며 절도하는 일이 더해졌다. 1945년 중반에 이르면 독일의 소련 점령 지구에서 붉은군대의 야만적 행위를 당하지 않은 가족은 거의 없었다. 소련이 진입한 다른 지역 대부분도 많은 이가 피해를 보았다. 동프로이센 출신의 어느 독일인 소녀는 공격당한 피란민 집단 가운데 한 명이었다.

> 특히 여자에게 소름이 끼치는 시간이 이어졌다. 때때로 장교를 비롯한 군인이 들어와 여자애와 젊은 여자를 데려갔다. 아무리 비명을 지르고 애원해도 소용없었다. 리볼버 권총을 쥔 군인이 여자의 손목을 잡아채서 끌고 갔다. 딸을 지키려던 어느 아버지는 헛간으로 끌려가서 총살당했다. 여자애는 이 야수의 좋은 먹잇감이 됐을 뿐이다. 아침이 되자 여자애가 돌아왔는데, 아이 같은 눈이 공포에 질려 있었다. 하룻밤 만에 몇 살은 더 먹은 표정이었다.[6]

소련 지도자들은 독일군과 그 동맹국이 전쟁 중에 소련에서 조직적으로 잔학행위를 한 사실을 거론하면서 군인들의 행동을 변명하려 했다. 소련의 일부 선전가와 장교는 군인들의 야만적 행동을 부추기기도 했다. 부하가 자기 목표에 역효과를 낳는 듯한 행동을 하면 쉽게 등을 돌리는 스탈린이 볼 때도 소련의 전쟁범죄는 하찮은 문제였다. 스탈린은 유고슬라비아 공산당원 몇 명이 붉은군대의 행동에 불만을 토로하자 이렇게 대꾸했다. "스탈린그라드에서 부다페스트까지 전쟁터만 3000킬로미터를 거쳐 온 병사의 마음을 이해해야 합니다. 그 병사는 자기가 영웅이고, 모든 게 허용되며, 어떤 일이든 해도 된다고, 오늘 자신은 살아 있지만 내일이면 죽을 수도 있으니 용서받을 거로 생각해요. 병사들은 지쳐 있고, 기나긴 어려운 전쟁을 치르느라 나가떨어진 상태요. '점잖은 지식인'의 시각에서 보면

안 됩니다."[7] 미국인과 영국인, 프랑스인도 유럽 전쟁이 끝나는 순간 전쟁범죄를 저질렀다. 하지만 수백만 가족에게 영향을 미치고 미래 세대에게도 증오의 유산을 남긴 소련의 행동에 비하면, 새 발의 피일 뿐이다.

그리하여 동유럽 공산주의자는 어려운 상황에서 전후의 선동을 시작했다. 아마 전쟁 전에 공산당이 자유선거에서 10퍼센트 정도 득표한 체코슬로바키아를 제외하면, 동유럽에서 공산주의는 세가 강한 적이 없었다.[8] 다른 곳은 공산당에 대한 지지가 미미했고, 동유럽의 독재 정권은 우파에 민족주의, 반공주의, 권위주의 성향이었다. 소련 지도자들은 자국 군대의 행동이 미치는 영향을 가볍게 보았을지라도, 동유럽 공산주의의 약세는 분명히 간파했다. 그들은 적어도 아직 선진 사회주의를 건설하기 위한 사회적·경제적 조건이 마련되지 않았다고 보았다. 몇몇 나라는 소련이 지원하고 지도한다고 해도 목표를 이루기가 어려워 보였다. 1945년 동유럽에서 처음 들어온 소련의 보고서에, 특히 충분히 예상할 수 있듯이 폴란드와 헝가리 현지의 정치적 조건이 무척 부정적으로 기록되었다. 스탈린 스스로 자생적 혁명이 일어날 잠재력을 소박한 비유로 일축했다. 1944년 루스벨트의 특사 해리 홉킨스를 만난 자리에서 "공산주의는 소 등에 얹은 안장처럼 폴란드에 들어맞을 것"이라고 말한 것이다.[9]

그렇다면 소련은 과연 동유럽에서 어떤 형태의 정부를 세우고자 했을까? 자국에서 다원주의 경험이 전혀 없고, "부르주아 민주주의"를 야바위로 여긴 소련은 자연스레 전시와 전쟁 전의 적을 배제한 권위주의 체제를 만들고자 했다. 스탈린의 지시에 순종하고 현지 공산당을 포함하는 체제였다. 이 지역은 과거 스탈린을 거의 좋아하지 않았고 공산당의 세력이 약한 점을 고려하면, 이는 통치 기반이 무척 협소함을 의미했다. 1945년 가을에 이르면 이미 소련은 붉은군대가 철수한 뒤 동유럽에서 향후 영향력을 확보할 수단이 별로 없다는 점을 깨달았다.

불가리아는 이것이 실제로 어떤 의미였는지를 보여 주는 좋은 사례이다. 예전의 친독일 정권이 붕괴한 뒤, 급조된 조국전선 연립정부는 점차 불가리아공산당의 수중에 들어갔다. 비록 그 수는 적었지만, 공산당은 붉은군대와 맺은 특별한 관계를 활용해서 내무부와 경찰 지휘권을 손에 넣었다. 공산당의 정치적 우익 반대파 수천 명은 신정부가 설치하거나 현지 공산당 활동가가 조직한 인민법원에서 재판을 받았다. 많은 사람이 정치범 수용소로 이송되거나 처형되었다. 그런데 공산당의 영향력이 커지고 지지도가 높아지기는 했어도, 불가리아의 대다수 국민은 여전히 농민당을 선호했다. 조국전선에 합세한 좌파 토지개혁 집단이었다. 농민이 인구의 80퍼센트가 넘는 나라에서 어쩌면 당연한 결과였다.

그리하여 불가리아공산당은 진퇴양난에 직면했다. 소련은 그들에게 현 발전 단계에서 불가리아에 맞는 정부 형태는 "민주적" 연립정부라고 조언했다. 효율적으로 통치할 수 있으면서 모스크바에 의존하는 좌파 정부를 의미했다. 코민테른 대표 출신으로 불가리아공산당을 장악하기 위해 귀국한 게오르기 디미트로프는 공산당이 영향력을 확대하는 건 괜찮지만 농민당을 비롯한 "진보" 세력과 "단합"하는 것을 꺼서는 안 된다는 말을 들었다. 그러나 그때 농민 지도자들은 점차 공산당, 그리고 불가리아의 급속한 산업화를 비롯한 그들의 계획을 비판적으로 바라보았다. 1945년 5월, 공산당은 농민당 내부에서 소수 친공산당 파벌이 이탈하게 하는 방식으로 분열을 획책했다. 만만찮은 인물인 니콜라 펫코프Nikola Petkov가 이끄는 다수파는 정부에서 사퇴하고, 1945년 10월 선거에서 별도의 후보 단을 내세웠다. 유권자를 협박하고 노골적으로 부정 선거를 자행한 가운데 공산당이 지배하는 조국전선이 승리했다. 그때부터 줄곧 디미트로프가 정부를 지휘했다. 그는 불가리아를 인민공화국, 즉 공산당이 장악한 공화국으로 만들었다. 또한 사회민주당에 공산당과 통합할 것을 강제하고, 비공산당 계열 야당의 주요 지도자들을 체포했다. 한편 펫코프도 체포되어 사형 선고를 받고 1947년에 교수형을 당했다.

"인민공화국"이라는 개념은 1924년 소련이 창안한 것으로, 붉은군대가 장악한 동아시아 영역인 외몽골에 적용하기 위한 것이었다. 외몽골을 완전한 소비에트공화국으로 통합하면 수백 년간 이곳을 통치한 중국과 심각한 문제가 생길 터였다. 인민공화국 개념은 동유럽의 상황에도 들어맞았다. 스탈린은 동유럽 국가를 소련으로 통합하기를 원치 않았다. 그런 조치는 미국과 서유럽에 불필요한 도발이 될 것이기 때문이다. 이는 소련 영토 안에서 불만을 품고 반항적인 수많은 주민에게도 적용할 수 있는 의미이기도 했다. 인민공화국은 일종의 기착지가 되었다. 전면적인 공산주의는 될 수 있지만, 완전한 소련은 아니었다. 1947년 초에도 스탈린은 향후 동유럽의 정부를 구성할 본보기를 결정하지 못했다. 그가 선호한 것은 강력한 공산당이 이끄는 연립정부였다. 마르크스레닌주의 정치 이론에 따르면, 동유럽의 "혁명"은 사회주의 혁명이 아니라 "민족민주" 혁명이었다. 공산당의 전면 통치는 상황이 허락할 때, 즉 공산당이 노동계급에 대해 주도권을 완전히 쥘 때 이루어질 터였다.

　　루마니아는 소련의 정책에 특별히 문제가 되었다. 루마니아도 독일의 동맹국으로서 나치스를 흉내 내 유대인과 집시 수십만 명을 학살한 바 있었다. 루마니아는 전황이 히틀러에게 크게 불리해진 1944년에야 편을 바꿨다. 루마니아공산당은 약한 데다가 파벌이 많았고, 불가리아의 디미트로프 같은 핵심 지도자가 없었다. 설상가상으로, 스탈린이 볼 때 루마니아 당은 "비루마니아인"-기본적으로 유대인과 헝가리인-이 지배했는데, 이들은 "민족" 지도자로 인정되지 못할 것이었다. 전쟁이 끝날 무렵 붉은군대가 군사적 지배를 확립해서 100만 명의 군인이 루마니아에 주둔했다. 하지만 효과적인 현지 지도부를 어디에서 찾아야 했을까? 소련은 불가리아처럼 공산당이 법무부와 경찰을 장악하는 연립정부를 세우기로 했다. 그러자 루마니아의 젊은 국왕 미하이Mihai가 항의했다. 미하이는 친독일 지도부를 해임한 뒤 민족 영웅 대접을 받았지만, 소련 특사 안드레이 비신스키Andrey Vyshinskii는 왕에게 선택권을 주지 않았다. "2시간 5분을 줄 테니, [정부가] 해산했다고 국민에게 알리시오." 소련의 외무차관이 국왕에게 윽박질렀다. "8시까지 국민에게 후임자를 통고해야 합니다."[10] 1945년 11월, 광범위한 위협과 부정 선거를 통해 공산당이 이끄는 연합이 선거에서 승리했다. 그로부터 2년 뒤 정부는 국왕에게 퇴위를 강요했다. 정부는 루마니아인민공화국이 새로 수립되어 운영되고 있다고 발표했다.

불가리아와 루마니아는 소련이 통제하기에 까다로웠지만, 진정한 시험대인 폴란드에 비하면 아무것도 아니었다. 이제 막 소련의 군사 지배에 들어간 유럽 최대의 나라는 소련을 대체로 증오했다. 러시아제국은 18세기 이후 폴란드 영토를 차지하고 군림했다. 소련공산당은 1920년대 초에 폴란드를 상대로 전쟁을 벌여 패배했다. 1939년에 스탈린과 히틀러는 폴란드를 침략해서 나눠 가졌다. 이후 외무장관 몰로토프는 독일이 바르샤바를 정복한 것을 축하한 뒤, 동료에게 "독일군이 계속 전진하는 계기로 폴란드가 붕괴할 것이며, 따라서 소련은 우크라이나와 벨라루스를 지원할 계획임을 선언하려고 한다"라고 설명했다.[11] 이러한 "지원"을 하는 동안 소련은 독일 동료에게 배신당하는 1941년까지 점령한 폴란드 지역에서 공포 정치를 시행했다. 이후 1944년에 독일군이 바르샤바에서 폴란드의 필사적인 저항군을 살육하는 동안 붉은군대는 조용히 지켜보기만 했다. 우호적인 이웃 동맹국을 만들기 위한 바탕으로는 참으로 대단한 기록이다.

그런데도 스탈린은 아무리 약하다고 하더라도 폴란드공산당에 소련 정권이 중심 역할을 맡기면 새로운 폴란드를 건설할 수 있다고 믿었다. 한 요소로 기묘한 혼성 군대가 관련이 있었다. 히틀러가 소련을 침략한 뒤, 붉은군대는 나치스에 맞서 싸울 폴란드 병사를 모집했다. 대부분은 1939년 이후 소련 포로수용소에 갇혀 있던 이들이었다. 당연한 얘기지만, 스탈린은 얼마 지나지 않아 이런 군대를 소련 땅에 두는 건 좋은 발상이 아님을 깨달았다. 그러고는 영국이 이 폴란드 병사 대다수를 폴란드 망명정부의 지휘를 받아 지중해에서 싸우도록 보내는 것을 조용히 지켜보았다. 일부는 소련에 남아서 폴란드군을 결성한 뒤 붉은군대의 지휘를 받으며 전투를 벌였다. 공산주의자, 좌파, 동부 폴란드인, 그리고 북아프리카나 이탈리아의 머나먼 전장보다 그냥 고향 가까운 곳에서 독일군과 싸우기를 원한 이들이 뒤섞여 있었다.

1945년 1월 얄타회담 전에 소련은 폴란드공화국 임시정부를 세웠다. 관계가 (당연히) 좋지 않은 망명정부를 무시한 처사였다. 얄타에서 세 강대국은 폴란드의 두 정부를 통합하고 최대한 이른 시일 안에 자유선거를 실시하는 데 합의했다. 누구도 만족하지 못하는 타협을 이루려는 시도였지만, 현지의 군사 상황에 바탕을 둔 것이었다. 붉은군대가 폴란드를 완전히 지배하고 있었기 때문이다. 루스벨트의 참모장[*] 윌리엄 레이히William Leahy는 사석에서 대통령에게 스탈린의 약속은 "워낙 탄성이 강해서, 소련인은 그 고무줄 약속을 끊어지지 않게 하면서 얄타에서 워싱턴까지 잡아 늘일 수 있다"라고 꼬집었다.[12] 바르샤바의 새로운 "연립"정부는 공산주의의 경이로운 위장 전술이었다. 엄밀히 말하면, 런던에서 돌아온 몇몇 각료를 포함한 비공산주의자가 다수인 정부였지만, 실제로는 소련의 보호를 받는 폴란드공산당이 좌우하는 정부였다.

전쟁 이후 폴란드공산당의 주요 과제는 대중에게 호소력을 높이는 방법이었다. 역사는 공산당에 불리하게 작용했다. 붉은군대 군인의 잔인한 행동도 도움이 되지 않았다. 소련이 고심 끝에 폴란드공산당 수장으로 점찍은 인물 브와디스와프 고무우카Władysław Gomułka

---

* 전쟁 이후 지금의 합참의장으로 명칭이 바뀜.

조차 "소련 기관이 폴란드인에게 실수(추방)를 저지른 탓에 여론이 영향을 받았다"라고 지적했다. "이런 태도를 생각하면, 우리가 소련의 첩자라는 비난을 받아 고립될 위험이 있다."[13] 하지만 공산당은 또한 분명히 유리한 점이 있었다. 문제가 발생하면 그들을 지원할 붉은 군대와 소련의 폴란드군이 있었다. 연립정부는 국제적으로도 인정을 받았다. 공산당이 약하기는 했지만, 다른 모든 정당도 사정은 마찬가지였다. 공산당은 연립정부가 수립되기 전에, 그리고 얄타에서 세 강대국이 옛 독일 영토를 폴란드로 편입하고 폴란드 동부의 땅을 소련에 양도한다는 중대한 결정을 내리기 전에, 소련과 주요 조약을 체결했다는 이점이 있었다. 따라서 폴란드공산당과 그 연합 세력은 그들이 어려운 상황을 어떻게든 극복하려 한다고 주장할 수 있었다. 그들은 전쟁에 짓밟힌 나라를 신속히 현대화할 뿐만 아니라 안정과 독립을 지키려 한다고 주장했다.

　　믿기 어려울지 몰라도 폴란드공산당의 성명에 선뜻 응하는 사람이 있었다. 동유럽의 다른 나라처럼, 국민은 전투와 기아에 진력이 나 있었다. 새 정부가 마음에 들지 않았을 수도 있지만, 그래도 정부는 권위와 안정을 나타냈다. 1945년 말, 스탈린은 폴란드공산당에 그들이 이룬 업적의 공을 제대로 챙기지 못한다고 말했다. "당신들이 독립에 반대한다는 비난에 겁을 먹는 건 우스운 일이오. … 당신들이 바로 독립을 이룩한 사람입니다. 폴란드 인민공화국이 없다면 독립도 없을 겁니다. 당신들은 군대를 만들고, 국가 구조와 재정 체계, 경제, 국가를 세웠습니다. … 국민에게 그 모든 사실을 이야기하는 대신 당신들은 독립을 지지한다는 말만 하고 있어요. 폴란드 인민공화국은 소련을 폴란드의 동맹국으로 만들었습니다. 바로 발밑에 논거가 있는데, 당신들은 그걸 활용하는 법을 모르는군요."[14] 폴란드공산당이 처한 상황이 훨씬 좋아졌다고 생각한 건 스탈린만이 아니었다. 소련과 현지 공산주의자를 싫어하는 많은 폴란드인도 체제에 순응했다. 당시 스물다섯 살로, 훗날 동유럽 지식인의 순응을 가장 신랄하고 정확하게 분석한 글을 쓰는 리투아니아계 폴란드인 작가 체스와프 미워시Czesław Miłosz도 신정부 외무부에서 일하기로 마음먹었다. "폴란드의 반半봉건적 구조가 마침내 박살이 나고, 대학이 젊은 노동자와 농민에게 문을 열며, 토지개혁이 시행되고 나라가 마침내 산업화의 길에 오르는 것을 보고 흡족했다."[15]

한편 폴란드 국가와 사회를 확실히 장악하려는 공산당의 시도는 계속되었다. 1946년 중반 공산당은 토지개혁과 기본 산업의 국유화를 지지하는 국민투표에서 갖은 수단을 동원해 과반수를 얻는 데 성공했다. 그해에 공산당은 소련의 지원을 받으며 점차 좌파 연합 상대의 허를 찌르면서 그들을 주변으로 밀어냈다. 몇몇 용감한 정치인-중도파인 폴란드 인민당 당수 스타니스와프 미코와이치크 Stanisław Mikołajczyk 등-이 공산당을 저지하려고 나섰고, 폴란드 기톨릭교회는 나라가 공산당 무신론자의 통치를 받고 있다고 불만을 토로했다. 하지만 폴란드의 어떤 세력도 공산당의 지배를 막을 수 있는 전략이 없었다. 영국이나 미국도 마찬가지였다. 영국의 신임 외무장관 어니스트 베빈과 미국 국무장관 제임스 F. 번스James F. Byrnes는 소련이 폴란드에서 자유선거를 주선할 의무가 있다고 계속 일깨웠다. 하지만 두 사람 모두 스탈린이 설령 자유선거를 원한다고 해도 그런

129

선거를 조직하는 법을 알지 못할 것이라고 보았다. 그리고 스탈린은 폴란드 사람이 자유로이 투표하는 것을 원하지 않았다. 공산당이 아무리 진전을 이루었다 할지라도 공산당과 그 연합 세력이 승리할 가능성이 전혀 없음을 알았기 때문이다. 스탈린이 마침내 1947년 1월 -모순적이지만 무엇보다도 다른 강대국을 달래려는 뒤늦은 시도로- 선거에 합의했을 때, 소련과 폴란드공산당은 집계되어서는 안 되는 표는 한 표도 집계되지 않도록 단속했다. 대대적으로 이루어진 부정선거, 유권자 협박, 날조된 혐의로 야당 후보자를 처형하는 일 등이 벌어지면서 공산당이 이끄는 민주 세력권이 80퍼센트가 넘게 득표해 승리했다고 주장했다. 야당 지도자들은 결국 감옥에 갇히거나 망명길에 올랐다. 하지만 소련은 아직 안심할 수 없었다. 폴란드에 파견된 소련 관료 가운데 한 명인 문화 책임자는 "오직 소련과 친선 관계를 이룰 때만 평화와 경제 번영을 이룰 수 있다는 생각을 폴란드인에게" 계속 심어 주고 있다고 모스크바에 보고했다. "다른 어떤 경로든 그들에게 문제를 안겨 줄 것이다. … 소련의 경제력과 군사력을 홍보하고, 소련 문화와 기술이 뒤처진 상태라는 비방을 떨쳐 버려야 한다." 하지만 그는 진전된 상황을 거의 보고할 수 없었다.[16]

체코슬로바키아와 헝가리는 1944년 이후 붉은군대가 점령한 나라 가운데 가장 발전한 지역이었다. 1918년 이전 헝가리는 중유럽을 지배한 오스트리아-헝가리제국의 핵심이었다. 제2차 세계대전 중에 권위주의적 우파 정부가 나치 독일과 연합을 이루어, 전쟁이 끝난 뒤 파국적 결과만을 남겼다. 소련은 헝가리 동부를 관통해서 수도 부다페스트까지 진출한 뒤 파괴적인 포위전을 벌였다. 헝가리 정부가 휴전을 맺으려고 하자 현지 파시스트가 반란을 일으켜, 1945년 5월 독일이 항복할 때까지 독일 편에서 싸웠다. 헝가리는 이웃 나라보다 훨씬 불리한 상황이었다. 나라 전체가 전쟁으로 황폐해졌을 뿐만 아니라 엘리트들은 제때 편을 바꾸지 못했다. 그 결과 헝가리는 붉은군대만이 아니라 루마니아에도 점령되었다. 루마니아는 헝가리와 서로 자국 영토라고 주장하는 지역이 많이 겹치는 나라였다.

헝가리를 바라보는 스탈린의 시각은 1919년 단명한 헝가리소비에트공화국의 슬픈 운명으로, 그리고 그가 목격한 정치적 우파의 힘으로 채색되었다. 스탈린은 부다페스트에 다시 당을 세우기 위해 모스크바에서 서둘러 귀국한 헝가리공산당 지도자들에게 신중히 행동하라고 지시했다. "말을 아낄 필요는 없다. [그러나] 누구도 겁을 주어선 안 된다"라고 보스는 훈계했다. "일단 힘을 얻은 뒤에 앞으로 나아가면 됩니다."[17] 독일이 항복한 뒤 국가 운영을 넘겨받은 연립정부의 토지개혁 정책은 인기를 얻었고, 공산당은 그 공로를 대부분 자기들이 챙길 수 있다고 생각했다. 공산당은 그들이 스탈린에게 영향력을 행사할 수 있다고 우쭐댔다. 소련 지도자는 헝가리공산당 지도부가 유대인 천지라면서 쉽게 신뢰하지 않았지만, 1945년 가을, 이 나라에서 선거를 시행하는 것을 허용했다. 공산당이 성공적 결과를 얻을 것으로 보았기 때문이다. 스탈린이 헝가리의 미래에 관해 마음을 굳히는 한편, 연합 세력과 긴장을 완화하기 위해 헝가리에 대해 너그러운 태도를 보였을 수도 있다.

하지만 1945년 헝가리 선거는 공산당에 재앙이 되었다. 지난 몇 달간 당이 존재하지도 않은 나라에서 전체 투표의 16퍼센트를 얻은 것은 어떤 기준에서 보더라도 성공이었다. 하지만 소련의 기대치는 훨씬 높았고, 설상가상으로 우파인 소자작농당이 50퍼센트 넘게 득표하자 스탈린은 소련이 새로운 영향권의 가장자리에 있는 나라를 놓칠까 봐 걱정했다. 스탈린은 헝가리 주재 소련 대표이자 오랜 동지 클리멘트 보로실로프Kliment Voroshilov 원수에게, "공산당이 내무부를 확보하고, 부총리 두 자리를 추가로 만들어 공산당과 사회민주당에 하나씩 줄 것을 권고하며, 소자작농당과 사회민주당에서 헝가리 신정부에 들어오는 인사가 소련 정부도 개인적으로 수용할 만한 인물이 되도록 보장하는 데 주로 관심을 기울일 것"을 지시했다.[18]

소련은 이런 최후통첩을 발표함으로써 신정부에서 공산당의 상당한 영향력을 확보했다. 소자작농당은 과반수를 득표했음에도 여전히 공산당 정책의 볼모였다. 소련이 그런 식으로 조종하기도 했고, 소자작농당 자체도 공산당과 대결하면 헝가리의 영토 야심에 대한 모스크바의 선의를 잃을 수도 있다고 믿었기 때문이다. 헝가리의 경제 상황은 불안했고, 부다페스트가 미국에 차관을 신청하는 것을 모스크바가 가로막는 상황에서 외부 원조는 소련만 줄 수 있었다. 1947년 중반에 이르러 완고한 스탈린주의자인 라코시 마차시Rákosi Mátyás가 이끄는 헝가리공산당은 체포와 추방, 다시 선거를 치를 수도 있다는 협박 등을 함으로써 연합 상대를 충분히 약화했다고 판단했다. 1947년 8월 공산당과 좌파 연합 세력은 대대적으로 투표를 조작해 60퍼센트를 득표했다. 예전 연합 세력과 벌이는 대결이 서서히 고조되는 가운데 스탈린은 비록 아직 헝가리공산당이 상황을 관리할 수 있는지 확신하지 못할지라도 신정권을 축복해 주었다.

1944~1947년에 소련이 동유럽 정책을 밀어붙이자, 미국 및 영국과 충돌이 커졌다. 하지만 미국과 영국의 정책-모스크바가 동유럽에서 보인 행동에 대한 대응이기도 했는데- 또한 공산당 정권을 통해서만 소련이 동유럽을 수중에 넣을 수 있다고 스탈린이 확신하게 했다. 소련이 이미 군사적으로 지배하는 상황에서 다른 나라가 어떤 정책을 밀어붙였든, 어느 시점에 동유럽의 소비에트화가 이루어졌을 가능성이 높다. 소련의 유럽 국경을 따라 약하기 짝이 없는 국가가 많이 있었는데, 대부분 1918년 붕괴한 오스트리아-헝가리제국의 잔존물이었다. 1945년 독일이 무너진 뒤, 소련의 지배는 현실적으로 보였다. 하지만 소련과 미국 사이에 냉전이 닥치자, 모스크바의 처지에서 공산당이 동유럽 전역에서 정권을 잡는 것이 더욱 중대하고 시급한 문제가 된 것이 분명하다. 1947년에 이르러도 스탈린은 여전히 이웃 나라가 사회주의를 받아들일 준비가 되지 않았다고 믿었을 것이다. 하지만 그는 오직 공산당의 통치만이 소련이 원하는 안전을 보장해 줄 수 있다고 결론지었다.

포츠담회담 이후 영국과 미국은 소련이 전쟁 말기에 점령한 나라에서 벌인 행동에 항의했다. 트루먼 행정부는 붉은군대가 장악한 지역에서 소련의 정책을 바꿀 힘이 없음을 깨달았지만, 연합국 외무장관이 만나는 정기 회담은 갈수록 대립했다. 미국 대통령은 전후 동원 해제가 진척되기를 원하면서 유럽에서 미군 병력을 철수했다. 미국과 영국은 점점 긴밀히 협력하면서 독일과 이탈리아에서 받아 낼 배상금, 루마니아·불가리아·헝가리와 체결할 평화 협정의 내용, 전쟁 말기에 유고슬로비아공산당이 점령한 이탈리아 도시 트리에스테

등을 놓고 소련과 입씨름을 벌였다. 성질 급한 영국 외무장관 어니스트 베빈은 1946년 여름 파리 회담에서 소련 외무장관 몰로토프에게 불같이 화를 냈다. "이 회담 같은 절차로는 어떤 문제도 결정할 수 없는"것 같다고 베빈은 말했다. 몰로토프는 "베빈은 그런 결과를 낳느라 힘을 보탠 자신의 역할을 과소평가해서는 안 된다"라고 냉정히 반박했다.[19] 워싱턴에서 트루먼 대통령은 "소련인을 아이처럼 달래는 데 진력이 났다"라고 말했다.[20]

많은 유럽인과 대다수 미국인 정책 결정권자는 1947년 봄에 이르러 소련이 동유럽에서 보이는 가차 없는 팽창주의 양상에 집착했다. 모스크바나 동유럽 나라 자체가 문제를 어떻게 보는지는 전혀 중요하지 않았다. 이 모든 나라에서 펼쳐지는 상황은 좀 더 우발적이고, 좀 더 다양하며, 무엇보다도 좀 더 혼란스러웠다. 그럼에도 이미 1930년대를 겪은 서방의 많은 이는 나치의 팽창주의와 유사하다는 데 주목했다. 더군다나 그 규모가 보통이 아니었다. 소련이 유럽의 절반에 대한 지배권을 강요하는 듯 보였다. 스탈린은 이미 붉은군대의 수중에 들어간 나라에서만 행동했지만, 대다수 유럽인이나 미국인의 마음속에는 "동유럽"에 대한 어떤 뚜렷한 한계도 존재하지 않았다. 핀란드나 노르웨이는 체코슬로바키아와 근본적으로 달랐을까? 그리스나 튀르키예는 불가리아나 유고슬라비아와 달랐을까? 오늘날 멀리 떨어진 시점에서 보면, 실제로 달라 보일 테고, 따라서 소련이 추구한 목표도 제한적으로 보일 것이다. 하지만 한결 다른 유럽을 보면서 자라난 이들로서는 그런 경계를 알아보기 어려웠다. 그들에게 동구와 서구의 경계선은 아직 존재하지 않았다.

임기를 시작하면서 트루먼 대통령은 소련이 본질적으로 팽창주의 국가이지만, 미국이나 영국과 관계를 완전히 단절하는 위험을 무릅쓰려 하지 않을 것이라고 믿었다. 하지만 이후 2년 동안 트루먼은 원래 판단을 의심했다. 그는 소련이 동유럽에서 보인 행동에 분개했다. 스탈린이 그 지역에서 민주주의 국가를 세우겠다고 루스벨트에게 한 약속을 저버렸다고 보았기 때문이다. 또한 트루먼은 소련이 유럽만이 아니라 아시아에서도 점차 대립적 행동을 취한다고 보았다. 트루먼이 존경하는 여러 지도자는 이런 의심을 부추겼다. 1946년 3월 미주리주 풀턴의 웨스트민스터대학에서 트루먼이 직접 소개한 뒤 연설한 전 영국 총리 윈스턴 처칠은 당면한 위험을 이야기했다. 그 주제, 특히 "대륙 전체에 철의 장막이 드리워지고 있다"라는 사고는 1년 전에 트루먼에게 보낸 편지에서 이미 밝힌 바 있었다. 늙은 사자는 포효했다.

발트해의 슈테틴부터 아드리아해의 트리에스테까지 대륙 전체에 철의 장막이 드리워집니다. 중유럽과 동유럽에서 오래된 국가의 수도가 전부 그 경계선 뒤에 있습니다. 바르샤바, 베를린, 프라하, 빈, 부다페스트, 베오그라드, 부쿠레슈티, 소피아 등 이 모든 유명한 도시와 그 주변에 사는 주민이 제가 말하는 이른바 소련의 세력권에 놓여 있고, 소련의 영향력만이 아니라 많은 경우에 점차 극도로 높아지는 모스크바의 통제에 이런저런 형태로 종속되고 있습니다. … 유럽 전체에 드리워진 철의 장막 앞에는 다른 불안 요인도 있습니다. … 이탈리아의 미래가 해결되지 않은 상태입니다. … 소련 국경에서 멀리 떨어진 세계 곳곳의 수많은 나라에서 공산당 제오열第五列*이 형성되어 완전히 단합을 이루고, 공산주의 중심부에서 받는 지침에 절대 순종하면서 활동합니다. 지난번에 저는 이 모든 게 다가오는 걸 보면서 동포 여러분과 전 세계에 소리 높여 외쳤지만, 아무도 관심을 기울이지 않았지요. … 이제 우리는 이런 일이 다시는 일어나지 않게 해야 합니다.[21]

전쟁 중에 모스크바에서 근무한, 젊고 재능 있는 미국 외교관 조지 F. 케넌George F. Kennan이 처칠의 경고를 메아리처럼 되풀이했다. 알려진 바와 같이, 1946년 2월 22일 모스크바에서 국무부에 보낸 케넌의 '긴 전문(Long Telegram)'은 행정부에 큰 영향을 미치면서 널리 배포된 문서가 되었다. 여기서 케넌은 모스크바의 정책이 마르크스레닌주의 이데올로기 때문에 본질적으로 침략적이고 팽창주의적이라고 설명했다. 소련인은 평화를 선호하지만, 유럽의 다른 선진국에 대한 러시아의 전통적 불안감을 활용하는 당의 인질로 잡혀 있었다. 과거는 러시아인에게 오직 적을 무너뜨림으로써만 안보를 이룩할 수 있다고 가르쳐 주었다. 그리고 현재 소련이 추구하는 목적은 분열과 전복으로 해외 열강을 약화해 모스크바의 지배를 완성하는 것이었다.

우리 앞에 버티고 선 정치 세력은 미국과 항구적인 타협을 이룰 수

* 에스파냐내전 당시에 생겨난 말로, 어떤 집단이나 국가에 침투해서 적과 내통해 적에게 유리한 활동을 하는 집단을 가리키는 표현.

없다는 신념, 그리고 소련의 권력을 확보하기 위해서 우리 사회 내부의 조화를 깨뜨리고, 우리의 전통적 삶의 방식을 파괴하며, 우리 국가의 국제적 권위를 깨뜨리는 게 바람직하고 필요하다는 신념에 광적으로 집착한다. 이 정치 세력은 세계에서 가장 위대한 민족으로 손꼽히는 우리의 에너지와 세계에서 가장 풍요로운 영토의 자원을 처분할 수 있는 완전한 힘을 지녔으며, 러시아 민족주의라는 심원하고 강력한 경향에 물들어 있다. 게다가 이 세력은 다른 나라에 영향력을 행사할 수 있는 정교하고 광범위한 기구, 즉 유연성과 가변성이 놀라울 정도로 뛰어난 기구가 있다. 이 기구를 운용하는 이들은 역사에서 유례가 없는 전위적 방식을 경험했고 그 기술을 보유했다.[22]

하지만 케넌은 워싱턴의 상관이 그런 것처럼 전쟁을 피할 수 있다고 믿었다. 스탈린은 필요없는 위험을 무릅쓰려 하지 않았다. 그리고 소련은 미국보다 훨씬 약했고 중대한 내부 문제도 있었다. 하지만 소련의 위협을 봉쇄하려면 트루먼 행정부가 대외정책을 좀 더 공세적으로 펼쳐야 했다.

우리는 다른 나라를 위해 과거에 내놓은 그림보다, 장래에 어떤 세계를 보고 싶은지 한층 더 긍정적이고 건설적인 그림을 정식화해서 제시해야 한다. 사람들에게 우리 자신의 정치적 절차와 비슷한 방식을 발전하게 하라고 촉구하는 것만으로 충분하지 않다. 적어도 유럽에서 많은 외국인이 과거의 경험에 지치고 겁에 질렸으며, 추상적 자유보다 안전에 더 관심이 많다. 그들은 책임보다 인도를 바란다. 우리

137

는 소련인보다 더 유능하게 길잡이가 되어야 한다. 만약 그렇게 하지 않는다면 소련인이 길잡이가 될 게 분명하다.[23]

조지 케넌의 메시지는 혁신적인 정책 처방이라기보다 많은 정책 결정권자가 이미 방향을 잡은 내용을 요약한 것에 가까웠다. 또한 이는 여러 군데가 모순적이었다. 소련은 본질적으로 공격적이지만 또한 타협할 수 있었다. 하지만 점점 복잡해지는 세계를 설명하는 방법을 열심히 찾던 관료는 이 글에 공명했다. 파리 외무장관 회담에서 어떠한 타협이 이루어지긴 했지만, 그리스 내전이 새롭게 타오르고 소련이 튀르키예에 새로운 요구를 하는 등 1946년 말에 다른 골칫거리 때문에 상황이 암울해졌다. 트루먼은 점차 소련이 흑해 해협을 장악하고 그리스에서 공산당의 승리를 도우려 한다고 우려했다. 이렇게 돌파구를 이루면 소련이 지중해 동부를 수중에 넣을 터였다. 이렇게 되면 그 지역을 전통적으로 지배한 강대국 영국이 심각한 타격을 입을 것이었다. 그렇지 않아도 좋지 않은 영국의 국내 경제 상황이 더욱 악화한 때였다. 영국 노동당 정부는 미국이 말뿐이 아니라 행동으로도 런던의 이익에 도움이 되게끔 만들려는 계산된 시도로, 트루먼에게 원조를 공식 호소했다.

미국 대통령은 이제 쉽지 않은 선택에 직면했다. 많은 이의 예상과 달리 경제는 전후의 불황을 피했지만, 1946년 11월 치러진 중간 선거에서 트루먼의 민주당이 패배해서 1932년 이후 처음으로 공화당이 상하 양원을 장악했다. 선거운동에서 공화당 후보는 트루먼이 외국을 돕는 데만 열중하고 스탈린과 공산당에 너그럽다고 혹평했다. 동시에 여론이 다른 방향으로 움직이자, 트루먼은 상황이 과감한 통솔력을 요구한다고 느꼈다. 대통령은 대외 문제에 아는 게 거의 없고 이해하는 바도 훨씬 적었지만, 정치적 본능뿐만 아니라 타고난 기질 덕분에 앞으로 나아갈 수 있었다. 트루먼은 전부터 소련과 대결할 수 있는 수단을 찾고 있었다. 마침 그리스와 튀르키예에서 그런 수단을 찾았다. 1947년 3월 트루먼은 상하 양원 합동회의에서 연설하면서, 양국에 즉시 미국의 경제·군사를 원조하기 위해 최대 4억 달러(현재 가치로 43억 달러)를 요청했다. 트루먼은 "현재 공산당이 이끄는 수천 명의 무장 집단이 정부의 권위에 도전하면서 테러를 벌여, 그리스 국가의 존재 자체를 위협하고 있습니다"라고 말했다.

> 전체주의 체제를 강요하려는 침략적 움직임에 맞서, 자유로운 국민이 자유로운 제도와 국가적 통합을 유지하는 것을 나서서 도와주지 않는다면 … 우리는 우리가 추구하는 목적을 실현하지 못할 겁니다. 이는 직간접적 침략으로 전체주의 체제가 자유로운 국민에게 강요되면 국제 평화의 토대와 더 나아가 미국의 안보가 훼손된다는 것을 솔직히 인정하는 것에 지나지 않습니다. … 저는 무장한 소수집단이나 외부 압력으로 시도되는 예속에 저항하는 자유로운 국민을 지원하는 것이야말로 미국의 정책이 되어야 한다고 믿습니다.[24]

트루먼이 미국에서 가장 존경받는 인물이라고 부른 신임 국무장관 조지 C. 마셜George C. Marshall 장군은 의회 지도자들과 비공개 회동을 하면서 이 상황을 한층 더 냉혹히 설명했다. "우리는 고대 역사 이후 유례가 없는 상황에 다다랐습니다." 이날의 회동을 요약한 문서에 따르면, 마셜과 그의 차관인 점잖으면서도 자신만만한 딘 애치슨Dean Acheson은 그들에게 이렇게 말했다. "두 강대국이 세계를 지배하는 상황입니다. 아테네와 스파르타, 로마와 카르타고 이후 힘이 이렇게 양극화된 적은 없었습니다. 따라서 이는 영국을 구하기 위해 위험을 무릅쓰는 문제가 아닙니다. 이것은 미국의 안보 문제이며, 세계의 3분의 2를 … 공산주의자가 지배하느냐 하는 문제입니다."[25] 행정부는 공화당의 국제주의자 상원의원 아서 반덴버그Arthur Vanden-berg가 트루먼에게 한 조언을 따르고 있었다. 백악관이 원하는 바를 얻으려면 "미국 국민을 두려움에 떨게 만드는" 수밖에 없다는 조언이었다. 그리고 트루먼의 의회 연설-훗날 '트루먼독트린'이라고 불린다-은 의회를 충분히 겁나게 했고, 대통령은 원하는 바를 얻을 수 있었다.

　　소련이 동유럽을 억누르느라 분주하고 미국은 향후 해외에서 어떤 역할을 해야 하는지를 놓고 논쟁하는 동안, 서유럽의 경제 상황은 계속 악화했다. 워싱턴이나 런던이 기대한 것과 전혀 딴판으로, 독일과 이탈리아는 말할 것도 없고 프랑스 대부분 지역과 저지대 국가도 군사적·정치적 상황이 안정되는 것과 달리 공급 상황은 개선되지 않았다. 오히려 1946~1947년은 유럽인이 일찍이 겪어 본 적 없는 최악의 겨울이었다. 식료품 재고가 줄어들고, 통화가 불안정했으며, 산업 생산량도 감소했다. 경제 담당 국무차관 윌리엄 클레이턴William Clayton은 상관 마셜 장관에게 전달한 문서에서 1947년 5월의 엄혹한 현실을 펼쳐 보였다.

지금 와서 보니, 우리가 전쟁으로 파괴된 유럽 경제를 극도로 과소평가한 게 분명합니다. 우리는 물리적 파괴는 파악했지만, 경제적 혼란이 생산에 미치는 영향을 충분히 고려하지 못했습니다. … 유럽은 계속 악화하는 중입니다. … 도시에 사는 수많은 사람이 서서히 굶어 죽고 있습니다. … 미국이 신속하고 대대적으로 원조하지 않으면, 경제적·사회적·정치적 해체가 유럽을 압도할 겁니다. 이런 상황이 미래의 평화와 세계 안보에 어떤 소름 끼치는 함의를 갖는지는 논외로 하더라도, 우리 국내 경제에 즉각 미치는 영향은 재앙일 겁니다. 우리의 잉여생산물을 내다 팔 시장이 사라지고, 실업과 불황이 닥칠 겁니다.[26]

이 상황을 타개하기 위해, 그리고 서유럽과 미국의 경제를 구하기 위해 트루먼은 도박을 결심했다. 의회에 전례 없는 수준으로 유럽 재건 기금을 요청하기로 한 것이다. 1947년 6월 국무장관 조지 마셜이 제출해서 이후 마셜플랜이라고 불리는 이 계획은 받기로 서명한 유럽 나라에 4년에 걸쳐 120억 달러(2016년 달러 가치로 1320억 달러)가 넘는 기금을 제공한다는 내용이었다. 조건에 아무런 제한도 없는 듯 보였다. 수혜국은 서로 협력하고, 대외 보고를 위해 경제를 공개하며, 원조 자금을 어떻게 할당할지 결정하는 것을 도와줄 미국 사절단을 받아들여야 했다. 워싱턴은 유럽인이 지원받은 돈으로 미국의 물품을 삼으로써 미국의 통제(와 혜택)가 대체로 확보될 것임을 알았다. 서유럽 주요 국가는 이 기회를 선뜻 붙잡았다. 같은 달에 프랑스와 영국은 다른 나라를 파리로 불러 모아 미국의 제안에 유럽이 어떻게 대응할지를 논의했다. 소련과 동유럽 나라도 초청되었다. 엄연히 존재하는 긴장 상황을 고려해, 트루먼은 소련이 이 제안을 거절할 것으로 예상했다. 하지만 위험을 무릅쓰고 싶었다. 그렇게 하지 않으면 마셜플랜이 모스크바를 겨냥해 냉전을 벌이기 위한 너무도 명백한 도구가 될 것이었기 때문이다.

스탈린은 머뭇거렸다. 한편으로 소련과 동유럽 나라는 서유럽보다 더욱 절실히 재건 자금이 필요했다. 다른 한편으로 스탈린은 이건 덫임을 감지했다. 그는 먼저 외무장관 몰로토프와 대규모 대표단을 파리로 보내면서 며칠 만에 회담장을 박차고 나오라고 지시했다. 파리에 간 몰로토프는 이 계획을 수용하면 결국 유럽에서 미국의 패권이 확립되고 대륙이 나뉠 것이라고 선언했다. 체코슬로바키아가 여전히 미국의 제안을 곰곰이 따져 보려 하자 스탈린은 친소련파 총리 클레멘트 고트발트Klement Gottwald를 호되게 비난해서 그를 동요하게 했다. "스탈린은 파리 회담에 참석하라는 초청을 받아들였다는 이유로 나를 거세게 질책했다. 그는 우리가 어떻게 그렇게 할 수 있었는지 이해하지 못한다. 그러면서 우리가 소련에 등을 돌리려는 듯이 행동했다고 말한다."[27] 모스크바는 동유럽 각국 정부에 미국의 원조를 반소련 행위로 본다는 견해를 분명히 밝혔다.

스탈린이 마셜플랜과 관련해 주로 걱정한 것은 독일의 미래가 어떻게 되는가 하는 점이었다. 전쟁이 끝난 뒤, 독일과 그 수도 베를린은 4개 점령 지구로 나뉘어 소련이 동부 지역을 장악했다. 스탈린은 중립적이거나 최선의 경우에는 사회주의적인 독일이 유럽에서 소련이 행사하는 영향력의 핵심이라고 믿었다. 그가 종종 외국 대화 상대에게 말한 내용과 달리, 독일이 보복에 나설 수 있다는 점은 그의 주된 관심사가 아니었다. 스탈린은 앞으로도 오랫동안 독일이 유럽에서 중요한 군사 세력으로서의 힘을 잃었음을 알았다. 하지만 그는 서구 열강-무엇보다 미국-이 그들이 장악한 독일 영토를 장래에 소련과 대결하기 위한 무기고로 뒤바꿀 수 있다는 점을 우려했다. 다른 나라가 통치하는 독일 지역은 상대적으로 부유한 곳이었다. 그리고 만약 서구 열강이 이 지역을 마셜플랜으로 통합한다면 영구히 그곳을 지배할 터였다. 스탈린은 설령 자국민과 동유럽의 모든 국민에게서 시급히 필요한 원조를 박탈하는 한이 있더라도 이런 결과를 피하려고 했다.

마셜플랜을 둘러싼 논쟁을 보면서 스탈린은 체코슬로바키아를 완전히 굴복하게 해야 한다는 사실을 상기했다. 설령 그가 나서서 그렇게 하지 않았다 할지라도 체코슬로바키아공산당이 버티고 서서 이런 사실을 생각나게 했을 것이다. 동중유럽에서 가장 강력한 체코슬로바키아공산당은 1946년 자유선거에서 38퍼센트를 득표해 수도 프라하를 포함한 체코 땅에서 최대 정당으로 올라섰다. 체코슬로바키아에서 공산주의가 이례적으로 지지를 받은 주된 요인은 1938~1945년 독일에 점령되었을 때 영국과 프랑스가 이 나라를 제대로 지원하지 않았기 때문이다. 공산주의자를 훌쩍 넘어 퍼진 정서는 서구 열강을 신뢰할 수 없고, 소련이 필요하며 때로 존경하는 상대라는 것이다. 1945년 이후 당 지도자들은 체코슬로바키아 혁명-당과 그 제휴 세력이 권력을 완전히 장악하는 것-을 밀어붙였지만, 1947년 가을에도 스탈린은 이와 같은 방식을 승인하지 않고 연립정부를 선호했다.

143

소련에서 좀 더 강경한 정책이 나오자 체코슬로바키아공산당은 이제 때가 됐다는 결론을 내렸고, 1948년 2월 내전 위협과 소련의 개입을 들이대면서 노령의 대통령 에드바르트 베네시Edvard Beneš에게 공산 당이 완전히 통제하는 정부를 세울 것을 강요했다. 이미 공산당의 수 중에 들어간 경찰과 정보기관이 "인민의 적"을 일제 검거했다.

체코슬로바키아 쿠데타는 반공주의 우파를 훌쩍 뛰어넘어서 서 유럽의 많은 이에게 충격을 주었다. 서유럽 각국은 체코슬로바키아 가 소련의 세력권에 들어가는 것을 당연한 일로 여긴 적이 없었다. 또한 -특히 영국과 프랑스에서- 1938년에 끔찍이 배신당한 체코슬 로바키아 국민을 지지해야 한다는 인식이 존재했다. 무엇보다 중요 한 것은 비공산주의 계열의 서유럽 좌파-사회주의자와 사회민주주 의자-에서 소련의 팽창주의와 공산당의 호전성이 이제 이전 시대의 엘리트만이 아니라 그들에게도 직접 위협이 된다는 정서가 팽배했다 는 사실이다. 예를 들어 노르웨이에서 집권 노동당은 전통적으로 유 럽에서 좌파 성향이 가장 강한 사회민주주의 정당이었는데, 총리 에 이나르 예르하르센Einar Gerhardsen이 소련과 자국 공산당에 맞서 목 소리를 높였다. "체코슬로바키아 사태는 대다수 노르웨이 국민 사이 에 슬픔과 분노만이 아니라, 공포와 경각심도 일깨웠다. 내가 아는 한, 노르웨이가 직면한 문제는 주로 국내 문제다. 노르웨이 국민의 자 유와 민주주의를 위협할 수 있다는 사실이야말로 어느 때든 노르웨 이 공산당이 제기하는 위험이다. 노르웨이의 독립, 민주주의, 법치를 위한 싸움에서 가장 중요한 과제는 공산당과 공산주의자의 영향력을 최대한 줄이는 것이다."[28]

노르웨이공산당은 수가 얼마 되지 않고 이미 정치적으로 고립된 상태여서 조직력이 탄탄하고 가차 없는 사회민주주의 운동에 맞설 힘이 없었다. 체코슬로바키아 쿠데타 이후 스칸디나비아 전역과 저지대 국가, 오스트리아 등에서 똑같은 양상이 되풀이된다.

많은 서유럽 공산당이 약해진 것은 어느 정도 스탈린이 새로 내린 지침 때문이었다. 스탈린은 전후 주요 충돌이 남아 있는 자본주의 열강 사이가 아니라, 미국이 이끄는 자본주의 세계와 소련 사이에서 벌어질 것이라는 점을 분명히 깨달았다. 이제 이 새로운 상황에서 오래된 무기를 개조해야 할 터였다. 1947년 9월, 전쟁 중에 친선의 표시로 해체된-전쟁이 진행되는 와중에 연합국이 혁명을 조장한다는 것은 말이 되지 않았기 때문이다- 공산주의인터내셔널, 즉 코민테른이 코민포름[공산당정보국(Communist Information Bureau)]으로 부활했다. 폴란드-체코슬로바키아 국경인 슈클라르스카 포렝바에서 열린 창립 대회에서 스탈린의 이데올로기 담당 부관 안드레이 즈다노프 Andrei Zhdanov는 보스가 당시 생각한 바를 더없이 분명히 밝혔다.

> 미국의 집권 진영이 자본주의 독점기업의 지원을 받아 공산주의를 상대로 벌이는 십자군은 논리적 결과로서 미국 노동 대중의 기본 권리와 이익에 대한 공격으로, … 해외에서 모험을 벌여 국수주의와 군사주의로 정치적으로 후진하고 계몽되지 않은 미국 대중의 정신을 오염하고, 다양한 반소련, 반공산주의 선전 수단-영화, 라디오, 교회, 언론-을 전부 동원해서 미국 보통 사람을 우롱하는 것으로 이어집니다. … 미국이 꾸미는 전략계획은 평시에 소련과 새로 만들어진 민주

주의 나라를 겨냥해 아메리카 대륙에서 엄청나게 먼 곳에 수많은 기지와 유리한 근거지를 만드는 것을 구상합니다. 미국은 알래스카와 일본, 이탈리아, 남한, 중국, 이집트, 이란, 튀르키예, 그리스, 오스트리아, 서독 등지에 공군 및 해군 기지를 지었거나 짓고 있습니다. … 경제적 팽창은 미국의 전략계획을 실현하는 데 중요한 보완책입니다. 미 제국주의는 … 유럽 각국이 전후에 겪는 어려움, 특히 전쟁의 고통이 가장 큰 연합국의 원료, 연료, 식량 부족 사태를 활용해서 모든 원조에 터무니없는 조건을 강요하려고 애쓰고 있습니다.[29]

스탈린은 서유럽 공산당이 미국과 서유럽 엘리트의 유혹에 넘어가고 있다고 의심했다. 1947년 8월 스탈린은 시골 별장에서 핵심 측근과 연회를 즐기며 술김에, 프랑스공산당 지도자들이 "미국의 신용 지원을 받지 못하면 프랑스가 붕괴할 것이라는 공포의 먹잇감이 되었다"라고 개탄했다. 다음 달 슈클라르스카 포렝바에서 열린 회담*에서도 비난하는 말을 계속했다. 소련은 서유럽의 동지를 매섭게 공격하는 임무를 유고슬라비아에 맡겼다. "전쟁이 끝난 뒤, 일부 공산주의자는 이제 계급투쟁을 달래는 평화로운 의회 국면이 앞에 놓여 있다고 생각했습니다—다른 당과 마찬가지로 프랑스 당, 이탈리아 당에서 기회주의와 의회주의로 나아가는 일탈이 있었습니다."[30]

1948년 초에 이르러 유럽에서 국가 간 냉전 체계가 확립되었다. 여전히 많은 것이 불투명했지만, 주요 특징은 드러났다. 제2차 세

* 이 회담을 통해 코민포름이 창설된다.

계대전 말에 소련이 점령한 나라는 공산당이 정치를 장악할 것이었다. 미국은 유럽 문제에 여전히 관여할 터였다. 영국의 역할은 영원히 줄어들었다. 서유럽의 대다수 좌파는 공산당과 소련에 맞서 자국 정부 편을 들 태세였다. 소련이나 미국은 유럽에서 전쟁을 벌이려고 하지 않았지만, 군사적 긴장이 높아질 공산이 컸다. 미국 정부는 점차 유럽과 세계 정치를 소련과 공산주의의 봉쇄라는 측면에서 사고했다. 소련 지도자들-무엇보다도 스탈린 본인-은 미국 및 영국과 제한적으로 협력할 가능성 대신 안보와 이데올로기적 엄정함을 선택했다. 그리고 유럽 정치는 극적인 방식으로 바뀌고 있었지만, 경제와 사회의 구조를 재건하는 것은 누가 예상한 것보다 더 오래 걸렸다.

재 건

04 · RECONSTRUCTIONS

생활을 재건하느라-살 곳을 마련하고,

아이를 먹이고, 일자리를 찾느라- 분주한

가운데 사람들은 점차 자기가 냉전이

규정한 틀 안에서 이런 일을 하고 있음을

깨달았다. 그들은 자신 또한 냉전 충돌의

일부라고 느끼지 못했겠지만,

냉전의 영향은 피할 수 없었다.

1940년대와 1950년대 초에 유럽과 나머지 세계는 세기 초반과 분간하기 어려울 정도로 재건되었다. 이 재건의 일부는 물리적인 것으로, 전쟁으로 파괴되어 반드시 해야 하는 작업이었다. 하지만 정치적이고 지적인 재건도 진행되던바, 이로써 공산주의와 자본주의, 소련과 미국의 냉전이 세계 문제의 중심에 섰다. 세계 대부분의 사람에게 강대국 간 충돌은 점차 자기와 관계가 있는 문제가 되었고, 흔히 개인 차원에서도 그러했다. 기원이 국지적이고 특수한 사건들이 거듭해서 전 지구적 투쟁의 징후로 변질했다. 이렇게 된 주된 이유는 소련과 미국 둘 다 -케넌이 '긴 전문'에서 지적했듯이- 보편주의를 자처하는 인간 존재의 모형을 상징했기 때문이다. 나치스는 절멸로써 통치하고자 시도한 바 있었다. 식민제국은 착취와 인종 억압을 바탕으로 통치했다. 하지만 새롭게 떠오르는 두 초강대국이 그 어떤 잔인한 짓-도시 전체를 핵무기로 절멸하거나 수백만 명을 강제노동수용소로 보내는 것-을 벌일 수 있더라도, 사람들, 특히 20세기 초반 수십 년간 지옥을 통과한, 세계 여러 지역에 사는 사람들은 두 나라가 약속하는 더 나은 삶에 오히려 희망을 걸었다. 전쟁이 끝나고 재건은 처음 몇 년간 물리적 측면과 아울러 심리적 측면에서도 진행되었고, 이는 사람들이 냉전 경쟁을 특권이 있는 것으로 생각하게 했다.

처음에 의제는 다소 미묘히 바뀌다가 이내 전시의 협력 시도가 기억에서 서서히 사라지는 가운데 변화가 점점 더 빨라졌다. 제1차 세계대전 이후 평화와 번영을 구축하는 데 도움이 되지 못한 미국의 실책을 만회하기 위해, 루스벨트 대통령이 만들어 낸 세계 기구 유엔이 좋은 예다. 유엔은 처음에 유럽과 아시아에서 구조와 구호 활동에 집중했다. 주로 미국의 자금을 활용해 유엔구제부흥사업국이 큰 성과를 냈다. 식량과 보건을 다루는 유엔식량농업기구(FAO)와 세계보건기구(WHO)가 두 초강대국의 지원을 받아 기근과 전염병을 연구하고 개선하는 활동을 시작했다. 냉전의 공공연한 간섭도 그다지 없었다. 최대 기금 제공자로서 미국이 누가 자금을 받을 수 있는지를 계속 통제했지만, 새로운 세계 경제기구인 국제통화기금과 세계은행도 비교적 순조로이 출범했다. 스탈린은 처음에 유엔을 전시 동맹인 미국에 대한 양보로 생각하면서 그 절차에 별로 관심을 두지 않았다. 유엔 안보리만은 예외여서 여기서 소련은 마음에 들지 않는 결의안을 막기 위해 거부권을 행사했다.

유엔을 어떤 식으로 냉전에 활용할 수 있는지를 처음 발견한 것은 미국이었다. 1948년 미국의 뉴딜 세력, 서유럽의 자유주의자, 독립한 식민지 엘리트가 연합해서 유엔 〈세계인권선언〉을 채택했을 때 소련은 이를 막을 수 없었다. 소련은 결국 다른 7개국과 함께 투표에 기권했다. 찬성은 48표였다. 칠레 대표가 분명한 언어로 이 충돌을 요약했다. "폴란드 대표가 표명하고 소련 대표단이 공유한 견해는 삶과 인간과 관련해 관념이 다른 데서 나왔다. 선언문 초안은 개인의 이익이 국가의 이익보다 우선하며, 국가가 개인의 존엄과 기본권을 박탈할 수 없다는 가정에 기초를 두었다. 반대되는 관념은 개인의 권리보다 사회의 이익이 우선해야 한다는 것이었다."[1] 선언문은 냉전 초기 몇십 년간 현실에서 큰 의미는 없었을지 모르지만, 이 문서가 채택되었다는 사실은 미국이 소련의 권리 개념을 상대로 승리를 거두었다는 뜻이다.

유엔에서 언어가 무기로 바뀔 수 있었던 한편, 세계 최고의 대학과 실험실에서 과학은 무기로 바뀔 수 있었다. 1945년 몇몇 관찰자는 핵무기 개발이 미래에 벌어질지도 모를 무력 충돌을 방지할 것으로 생각했다. 이제는 전쟁의 여파가 너무도 거대할 것이기 때문이다. 하지만 트루먼 행정부는 소름이 끼치는 신무기를 공동으로 통제하자는 유엔의 호소에 귀를 기울이지 않았다. 그 대신 미군은 점차 전쟁에서 원자폭탄을 사용하기 위한 통합 계획을 마련했다. 1947년 11월에 수립된 "브로일러 계획(Plan Broiler)"—미국 합동참모본부가 처음으로 작성한 전면적인 대소련 전쟁 계획—은 소련 24개 도시에 원자폭탄 34개를 투하하려는 구상이었다. 일부 장교와 의원이 소련과 전쟁을 벌일 가능성이 있는 최전선에서 곧바로 원자폭탄을 사용할 수 있게 준비할 것을 요구했음에도, 백악관과 고위 군사령관은 핵무기의 위력이 재래식무기와 엄청난 격차를 보인다는 사실을 잘 알았다. 트루먼은 히로시마와 나가사키 생존자를 대상으로 실험한 의료 보고서를 읽은 바 있다. 원자폭탄은 또 하나의 무기만이 아니고, 행정부는 생산과 통제 문제 둘 다 확신하지 못했다. 그렇지만 핵무기를 독점한 미국은 자신감을 얻었고, 전 지구적 전략을 전개할 의지를 불태웠다. 1949년 말에 200개가 넘는 원자폭탄이 생산되었고, B-29 폭격기 20대가 원자폭탄을 탑재하기 위해 개조되었다.

비록 스탈린이나 미국 지도부가 핵무기만으로 전쟁에서 승리할 수 있다고 믿지는 않았을지라도, 미국의 핵 독점은 소련에 당면한 위협이었다. 소련은 대외적으로 미국이 핵기술을 공유하지 않는 것을 자국 "평화 운동"의 일부로 활용하면서, 트루먼 행정부가 핵 파멸에 광분한 전쟁광이라고 몰아붙였다. 스탈린은 이미 내부적으로 자체 핵무기를 개발하기 위한 속성 계획을 시작한 상태였다. 이 계획은 소련의 진보한 물리학과 미국 핵무기 계획 내부의 첩자에게 수집한 정보를 결합해서 신속히 진전을 이루었다. 1949년 8월 진행된 첫 번째 시험은 소련의 과학이 이룩할 수 있는 수준을 분명히 보여 준 사례다. 소련은 처음 몇 년간 원자폭탄 5~6개를 개발하는 데 그쳤지만, 곧바로 시작된 무기 경쟁에서 모스크바는 워싱턴을 바짝 따라잡는 듯 보였다. 1952년 11월 미국은 수소폭탄 또는 수폭이라 불리는 첫 번째 열핵무기를 시험했다. 1945년에 히로시마를 파괴한 폭탄보다 위력이 450배 센 핵무기였다. 소련도 단 9개월 뒤에 비슷한 무기를 시험했다.

미국이 핵무기를 개발하자 대다수 미국인은 자국이 세계에서 독보적인 힘을 가지고 책임을 맡았다고 느꼈다. 소련도 핵무기를 보유하자 미국의 취약성이 드러났다. 미국이 1920년대와 1930년대의 고립주의적 태도에서 변화하는 게 뚜렷이 감지되었다. 정부의 선전 활동은 이러한 변화의 일부일 뿐이다. 진주만에서 공격당하고, 제2차 세계대전 중에 유럽과 태평양에서 싸운 경험뿐만 아니라, 국내에서 행동주의적 국가가 뉴딜 시기에 남긴 유산도 미국인의 개입주의적 성향을 강화했다. 백악관의 책임자는 민주당 자유주의자였지만, 많은 공화당원이 그들의 냉전 정책에 가세했다. 공화당이 장악한 하원에서 74표의 반대표만 나와, 유럽의 미래에 대대적으로 투자하는 마셜플랜은 통과되었다. 그리스와 튀르키예 원조에 반대한 하원의원은 107명이었다. 1930년대 불개입주의의 기수(후에 나토와 한국전쟁에 반대하는) 로버트 태프트Robert Taft 같은 공화당원조차 트루먼의 경제·군사 원조 계획에 찬성표를 던졌다. 미국의 관점에서 냉전은 초당파적인 기획이었다.

그 대신 소련과 대결하기로 한 트루먼의 결정에 주요한 도전은 좌파에서 나왔다. 대단한 도전은 아니었다. 루스벨트의 전 농무장관 헨리 월리스Henry Wallace—좌파 지도자를 자처한 민주당 고위층—는 독자 정당을 결성해서 1948년 대통령 선거에 출마하기로 했다. 출마를 선언하는 자리에서 월리스는 포부를 밝혔다. "1948년 평화에 던지는 표가 많을수록, 미국이 세계를 두 무장 진영으로 나누고 미군 병사가 방한복 차림으로 러시아 설원에 묻히는 날을 재촉하는, 초당파적인 반동적 전쟁 정책을 지지하지 않는다는 것을 세계에 분명히 알릴 수 있습니다."[2] 트루먼이 소련과 맺은 전시 연합을 깨뜨리면서 뉴딜의 유산에서 점점 멀어진다고 느끼는 일부 민주당원이 월리스의 선거운동을 지지하기는 했지만, 월리스 본인이 후보로서 불운한 데다가 미국공산당이 소란스레 그를 지지하면서 순조롭지 않은 도전

155

이 되었다. 모두 놀랄 정도로, 트루먼은 공화당의 토머스 듀이Thomas Dewey에게 가까스로 승리했다. 월리스의 진보당은 전체 투표의 2.5 퍼센트를 득표해 스트롬 서먼드Strom Thurmond의 남부 분리주의자보다도 적었다.

트루먼 2기의 대외정책은 소련과 긴장 고조, 미국이 지원하는 중국 정부의 붕괴, 한국전쟁 발발 등이 특징이었다. 소련이나 미국의 관점에서 보면, 당시는 냉전이 군사화된 시기였다. 트루먼 행정부는 모든 이가 그림자전쟁으로 유지되기를 기대한 소련과 벌이는 전투에서, 종합적이고 세계적인 전략을 세우느라 고심했다. 이것이 전 세계적으로 소련과 공산주의 **둘 다**에 맞선 싸움이라는 데 대통령은 추호의 의심도 없었다. 그리고 그는 충돌이 전 지구적으로 군사화되는 것을 조심하라고 경고하는 조지 케넌 같은 보좌진에게 별 관심이 없었다. 케넌은 1949년 국무부 정책기획국장에서 물러났고, 매파 성향의 후임자 폴 니츠Paul Nitze는 미국 냉전 전략을 세우려는 문서를 작성했다.[3] 나중에 〈국가안전보장회의 보고서 68호(NSC-68)〉라고 불리는 이 문서에서 폴 니츠는 과격한 권고안을 내놓았는데, 제출된 지 3개월 만에 한국전쟁이 발발하지 않았더라면 행정부의 정책에 반영되지 않았을 것이다.

〈국가안전보장회의 보고서 68호〉는 미국이 방위 지출을 대폭 늘려야 한다는 것과 미국이 전 세계에 개입해야 한다는 점에 초점이 맞춰졌다. 또한 소련이라는 적과 그 동맹 세력을 겨누는 비밀 작전뿐만 아니라 경제적·심리적 전쟁도 부추겼다. 미국의 정보 수집 역량과 국내 안보 및 민간 방위 예산을 대폭 늘리는 것도 목표였다. 또한 무모하게도 이 비용을 충당하기 위해서 세금을 인상하고 국내 계획을 줄여야 한다고 제안되기도 했다. 목표는 무척 오랫동안 지속될지도 모를 충돌에서 미국을 전쟁의 발판 위에 올려놓는 것이었다.

〈국가안전보장회의 보고서 68호〉에서 가장 인상적인 측면은 실질적 제안보다 그것에 담긴 적에 대한 견해였다. "독일과 일본의 패배, 그리고 영국과 프랑스 제국의 쇠퇴는 미국 및 소련의 발전과 상호작용을 했으며, 힘이 점차 이 두 중심으로 끌렸다"라고 니츠와 그의 동료는 설명했다.

> 소련은 이전의 패권 도전자와 달리, 우리와 정반대되는 새로운 광적 신앙으로 움직이며, 세계 전역에 절대적 권위를 강요하려고 한다. 따라서 충돌은 고질병이 되었고, 소련에서 보면 편의에 따라 폭력적이거나 비폭력적 방법으로 이루어진다. … [소련의] 의도에 따르면, … 비소비에트 세계 각국의 정부 기구와 사회구조를 완전히 전복하거나 강제로 파괴하고, 크렘린에 복종하고 통제를 받는 기구와 구조로 대체해야 한다. 그런 목적을 위해 소련은 현재 광활한 유라시아 땅덩어리를 지배하려고 움직이고 있다. 비소비에트 세계에서 힘의 중심이자 소련의 팽창에 대항하는 보루인 미국은 크렘린이 근본 의도를 이루기 위해서 어떤 수단으로든 그 완전성과 활력을 전복하거나 파괴해야 하는 주적이다. … 우리의 자유 사회는 소련 체계로써 존재 자체를 도전받고 있다. 소련의 가치 체계는 다른 어떤 것보다도 우리의 것과 화해할 수 없고, 우리의 가치 체계를 파괴한다는 목표를 완강히 추구하며, 우리 사회의 가장 위험하고 분열적인 흐름을 그들 목적에

157

맞게 활용할 수 있고, 어디에나 존재하는 인간 본성의 비합리적 요소를 교묘하고 강력히 환기하며, 점점 거대해지는 군사력 중심부의 지원을 받는다.[4]

〈국가안전보장회의 보고서 68호〉에 따르면, 미국의 장기적 목표는 "소비에트 체계의 본질에 근본 변화"를 일으키는 것이었다. "그러기 위해서 먼저 소련의 의도를 꺾는 게 무엇보다도 중요한 과제다. 소련 사회 내부 요인의 결과로 이런 변화가 최대한 이루어진다면 비용이 덜 들 뿐만 아니라 더욱 효과적일 게 분명하다." 하지만 미국은 먼저 내적·외적 방위에 집중해야 했다.

소비에트의 이론과 실천으로 볼 때, 크렘린이 냉전 방식으로 자유세계를 지배하려고 한다는 것은 의문의 여지가 없다. 그들이 선호하는 방법은 침투와 위협으로 전복하는 것이다. 우리 사회의 모든 기관은 소련이 무력화해서 우리의 원래 목적을 해치게 만들고자 하는 도구다. 여론에 영향을 미치는 노동조합, 시민단체, 학교, 교회, 모든 언론 등과 같이, 분명 우리의 물질적·도덕적 힘을 가장 가까이서 접촉하는 것이 주요 표적이다. 이들이 명백한 소련의 목적에 이바지하게 하는 것보다 우리의 목적에 이바지하는 것을 가로막고, 이로써 우리의 경제와 문화, 국가에 혼란의 원천을 만드는 게 목표다.[5]

〈국가안전보장회의 보고서 68호〉는 그 자체로 백악관을 중심으로 한 미국의 새로운 대외정책 조정 과정이 낳은 산물이었다. 국가안전보장회의(NSC)는 트루먼 대통령이 1947년 행정부의 다양한 대외 정책, 군사, 정보기관을 연결하기 위해 설치했다. 처음에 국가안전보장회의는 주로 대통령에게 더 나은 일관된 조언을 제공하기 위한 한 단계로 여겨졌다. 하지만 관료적 필요성에 굴복하면서 점차 협의, 숙의, 그리고 최소한 어느 정도는 정책 결정이라는 핵심 기능을 맡았다. 냉전이 격화함에 따라 국가안전보장회의는 미국 정부에서 냉전을 어떻게 수행할지와 관련해 의견을 조정하는 주요 기관이 되었다. 마찬가지로 정보에 관해서도 트루먼은 집중화와 역량 향상을 목표로 삼았다. 국가안전보장회의를 설치한 바로 그 법령으로 설립된 중앙정보국(CIA)은 미국 정부에 존재하는 다양한 정보 수집 담당국과 기관을 하나로 합치는 것을 목표로 삼았다. 이 목표는 실패로 끝났다. 신호정보국[나중에 국가안전보장국(National Security Agency, NSA)으로 바뀜]만이 아니라 다양한 군 정보부가 여전히 중앙정보국의 영역 바깥에 남았기 때문이다. 하지만 새로운 기관은 여전히 첩보활동과 비밀 작전을 수행함으로써 미국 냉전 역량의 핵심 도구가 되었다.

　　미국의 역량이 증대하고 확대되자, 영국의 역량은 감소하고 위축되었다. 1940년대 말과 1950년대 초 영국 정부가 추구한 의제는 제2차 세계대전의 승리로 확보한 것보다 훨씬 협소했다. 영국은 여전히 전 지구적으로 이해관계가 얽힌 강대국이었다. 하지만 훨씬 더 오랫동안 그 지위를 지탱할 경제적 역량을 갖추지 못했다. 전쟁이 끝나면서 영국은 파산했다. 국부의 4분의 1이 사라졌는데, 이는 제2차 세계대전으로 지출한 전비가 제1차 세계대전의 대략 2배에 이르렀음을 의미한다. 처칠이 나치스에 맞선 총력 동원을 입에 올렸을 때, 정부는 이미 실제로 행동에 옮기고 있었다. 영국은 (미국에서) 돈을 빌리고, 해외 자산을 매각했으며, 전쟁을 계속 치르기 위해 국내의 민간 생산을 희생했다. 전쟁에서 승리를 거뒀지만, 영국이 전쟁 전에 누린 지위를 유지하기에 그 대가는 너무 컸다. 채무를 상환하고 국내에서 재건하기 위해, -노동당 정부가 약속한 복지국가를 만들기 위한 준비는 말할 것도 없고- 영국은 재화 대부분에 배급제를 시행했고 해외 군사 활동을 대폭 감축해야 했다. 그런데도 충분하지 않았다. 국민은 기본 물품을 구하기 위해 몇 시간 동안 줄을 섰다. 공습으로 집을 잃은 런던 시민은 새집을 구하기 위해 평균 7년을 기다려야 했다.[6]

클레멘트 애틀리 정부는 정치적으로 진퇴양난의 처지였다. 한동안 정부는 영국이 유럽 대륙에서 세력 균형추 구실을 하면서 공산주의 봉쇄에 조력하는 한편, 제국에서 더 많은 자유를 허용하고 국내에서 복지국가를 건설할 수 있는 듯이 행세했다. 하지만 현실적으로 양자택일을 해야 했고, -충분히 이해할 수 있게- 후자를 선택했다. 1950년에 이르러 영국은 수에즈 동부에서 철수하는 데 매진했다. 인도와 파키스탄은 1947년에 독립했고, 동남아시아가 곧 그 뒤를 따를 태세였으며, 중동과 지중해에서 영국의 지위는 대폭 축소되었다. 그렇지만 1950년대 영국이 국제적으로 취약한 상황을 총정리하는 데는 신중해야 한다. 영국은 여전히 육군과 해군의 규모가 세계에서 손꼽힐 정도였고, 다른 누구도 의지나 능력을 보이지 않을 때 히틀러에게 맞서 싸웠다는 위신을 자랑했으며, 세계 최고 강대국 미국을 등에 업고 위세를 지키려 했다-그리고 성공한 듯 보였다. 영국인은 거대한 동맹국이 자신들을 푸대접한다고 느끼면서 국제적 위신이 서서히 미끄러지는 것에 분개했을지 모른다. 하지만 노동당이나 보수당 어느 쪽에 표를 던졌든 그들은 또한 뭔가를 되찾고 있음을 알았다. 전 국민 무상 의료, 보편적 연금, 가족수당 등은 지구에서 가장 계급 문제가 심각한 사회에서 여전히 중요한 문제였다.

전쟁 이후 영국의 생활이 온통 뒤죽박죽이었다면, 적국은 존재 자체가 거의 지워진 상태였다. 독일은 1945년에 난파선과 같았는데, 국민이 히틀러가 남긴 물리적·심리적 폐허에서 빠져나오는 데만도 오랜 시간이 걸렸다. 1945년 독일의 산업 생산은 전쟁 전 수준의 20퍼센트에도 미치지 못했지만, 심리적 상처는 물질적 파괴보다 더 심각했다. 1933년 독일인은 재앙과도 같은 정치적 기획에 협력했다. 전쟁이 끝나는 순간까지 그들은 거짓말을 부여잡았고, 따라서 나치스가 붕괴하자 완전히 사기를 잃었다. 죽음과 대대적인 파괴가 대가라면 무엇을 위해 노동해야 하는가? 전후 독일에서 어떤 형태로든 경제 활동을 재개하는 것은 쉽지 않았고, 초기 몇 년간 독일인은 승전국의 적선에 의지했다. 최소한의 생필품 이외의 물품을 손에 넣는 유일한 길은 암시장뿐이었다.

연합국은 독일을 어떻게 처리해야 할지를 놓고 고심했다. 프랑스와 일부 미국인은 하나의 국가 독일을 완전히 나눌 것을 추천했다. 미국이 내놓은 한 계획은 독일의 산업 잠재력을 파괴하고 농업 경제로 재구성할 것을 제안했다. 점령 지역 분할에 합의하는 것이 처음에는 쉬운 일이었다. 소련은 동부의 40퍼센트를 차지했다(스탈린이 독일 영토를 폴란드에 이양하면서 28퍼센트로 줄어들었다). 나머지는 영국(북서부)과 미국(남부), 그리고 남서부의 작은 지역은 프랑스가 나눠 가졌다. 곧바로 당면한 필요성이 독일의 장기적 미래에 관한 논의를 압도했다. 점령한 강대국 가운데 어느 나라도 독일에서 빼 가는 것보다 더 많은 자원을 독일 경제에 쏟아붓는 것을 원하지 않았다-재정난에 빠진 영국이 말한 것처럼 "독일인에게 배상금을 지급"하려는 생각이 없었다. 서구 연합국에 설상가상으로, 포츠담 합의 때문에 소련은 서부 지역에서 자기 몫의 배상금 일부를 받을 수 있었다. 따라서 미국은 사실 얼마 전의 적국을 유지하는 비용을 지급하는 한편, 소련-자국 점령 지구에 훨씬 적은 재원을 투입한-은 루르 지역에 남아 있는 독일 산업을 해체해서 동쪽으로 운송하느라 분주했다.

1946년 5월 미국 군정장관 루셔스 D. 클레이Lucius D. Clay 장군은 미국 점령 지구에서 배상 물품을 넘겨주는 것을 일방적으로 중단했다. 3개월 뒤 영국도 똑같이 조처했다. 소련은 격분했지만 할 수 있는 일이 없었다. 또한 1946년 말 미국과 영국이 경제적 목적으로 양국 점령 지구를 통합하는 것도 막지 못했다. 이른바 미영 점령 지구(Bizonia)는 원래 임시 조치였다. 하지만 이는 사실 서부 독일에 별도의 국가를 수립하는 토대가 되었다. 1947년 3월 모스크바 외무장관 회담에서 서구 연합국의 두 주요국은 1945년에 케넌이 밝힌 견해에 점점 접근하고 있음이 분명해졌다. 당시 케넌은 "우리는 우리가 점령한 독일 지역을 … 번영과 안전, 우위를 확보한 독립으로 이끌어 동구가 위협할 수 없게끔 만드는 수밖에 달리 선택의 여지가 없다"라고 주장했다.[7] 1947년 중반에 이르러 미영 점령 지구 당국이 사실 독일 산업의 탈나치화를 단념한 뒤, 서부 독일에서 일부 경제 활동이 재개됐지만, 여전히 경제 회복의 징후는 보이지 않았다.

다른 많은 문제처럼, 스탈린은 소련의 전후 대독일 정책이 어떠해야 하는지 쉽게 결정하지 못했다. 스승 레닌의 가르침 덕분에, 스탈린은 유럽에서 사회주의를 건설하는 데 독일이 매우 소중한 존재임을 알고 있었다. 레닌은 독일이 공산주의가 되어야만 소련이 장기 존속할 수 있다고 믿었다. 하지만 독일은 사회주의가 되기는커녕 1930년대에 나치스에 장악되었고, 스탈린의 협상 시도가 실패로 돌아간 뒤 벌어진 전쟁에서 소련 자체가 거의 무릎을 꿇었다. 따라서 패배한 뒤에도 독일은 커다란 위험일 뿐만 아니라 거대한 기회이기도 했다. 중립국 독일이 점차 소련과 연결될 수 있으면, 유럽의 냉전에서 승리할 것이었다. 하지만 미국이 독일 점령 지구 일부-가장 부유하고 발전한 지역-를 미국이 주도하는 대소련 공격을 위한 무기고로 바꾸는 데 성공한다면, 공산주의는 궤멸할 터였다. 그리하여 스탈린은 독일 문제에서 다시는 헛발을 딛지 않도록 신중해야 했다.

흔히 그렇듯 우유부단함은 수동적 태도로 이어졌다. 결정적인 한 해 동안 스탈린은 독일에서 벌어지는 사건을 수수방관했다. 그는 동부에서 군인들이 테러 체제를 들여오는 것을 방치했는데, 장래에 사회주의를 세우기 위한 시도도 아니었다. 그는 점령 지구에 질서를 확립하는 대신 소련이 활용할 수 있는 자원을 약탈하는 데 몰두하는 듯 보였다. 소련 점령 지구가 초기의 혼란 이후 한동안 서부 지역보다 순조로이 작동하는 듯 보였다면, 이는 스탈린 때문이 아니라 붉은 군대 행정관 및 그들과 함께 복귀한 독일공산당 덕분이었다. 그들은 나치 독일에 존재한 중앙집권적 계획 체계를 인수하고, 이 체계에 의

163

지해 가능한 곳에서 기본 기반 시설을 구축하고 생산할 준비를 했다. 얼마 뒤 나치스 밑에서 일한 하급 관리-소련이 재판에 넘기지 않기로 한 이들-는 놀랄 만큼 쉽게 당국에 협력할 수 있었다. 어쨌든 공산주의의 계획 개념은 전임 지배자의 개념과 크게 다르지 않았다.

하지만 동부 독일의 새로운 당국은 공개적으로 반파시즘의 깃발을 높이 치켜들었다. 그들은 "착한 독일인"이었다. 다수의 나쁜 독일인은 모두 서부 점령 지구에서 협력하고 있다고, 독일공산당은 그렇게 선전했다. 독일의 많은 좌파, 특히 지식인과 예술가는 이런 거짓 정보에 속았다. 슈테판 하임이나 베르톨트 브레히트 같은 독일 문학계 거장을 포함해 일부는 동부로 옮겨 갔다. 하임과 브레히트는 전시 망명지 미국에서 독일로 이주했다. 1946년 봄, 소련과 독일공산당은 동부에서 사회민주당을 독일사회주의통일당(Sozialistische Einheitspartei Deutschlands, SED)으로 강제 편입했다. 빌헬름 피크Wilhelm Pieck와 발터 울브리히트Walter Ulbricht가 이끄는 공산주의자가 완전히 장악한 당이었다. 이번에도 일부 비공산당 좌파가 열정적으로 가세했다. 1930년대에 히틀러에게 대항하며 협력하지 못한 독일 좌파의 실패를 만회할 수 있을 것으로 기대했기 때문이다. 하지만 대다수 사회민주당원은 배짱이 있었고, 서부 점령 지구로 이전하는 한이 있더라도 당의 독립성을 지키려고 싸웠다. 그럼에도 독일사회주의통일당이 충분한 성과를 거두자, 스탈린은 장래에 통일 독일에서 소련이 정치적으로 영향을 미칠 수 있으리라고 확신했다.

스탈린이 통일 독일을 원한 이유는 1947년에 이르러 미국이 그것을 원하지 않은 이유와 똑같았다. 워싱턴이 판단할 때, 독일 국가가 제대로 기능하기 위해서는 서유럽에 통합되어야 했고, 독일 전역에서 소련의 영향력이 커지면 그런 결과를 이룰 수 없었다. 이는 안보와 관련한 문제만이 아니었다. 경제 진보의 문제이기도 했다. 마셜플랜은 시장을 통합함으로써 서유럽의 성장을 자극하려는 구상이었고, 독일 서부의 점령 지구는 이 기획이 성공하는 데 결정적으로 중요했다. 그렇다면 동부 지구(그리고 그에 따른 소련의 압력)를 고려 대상에서 제외하는 게 더 나았다. 1947년 두 차례 열린 연합국 외무장관 회담에서 독일과 강화조약 원칙(그리고 그에 따른 독일 통일)을 합의하는 데 실패한 뒤, 미국은 1948년 2월 런던에서 소련을 배제한 채 회담을 소집했다. 회담을 시작하기 전에 미국과 영국이 독일 화폐 개혁과 미영 점령 지구의 선거에 합의한 게 분명했다. 프랑스는 마지못해 이 계획에 합류했다. 베빈은 의회에 다음과 같이 설명했다.

> 독일을 유럽 중심부의 슬럼으로 방치해서는 안 됩니다. 정반대로, 우리의 방침은 독일이 국가를 복구하고 유지하며, 유럽을 복구하는 데 자기 몫을 해야 한다는 것입니다. 이것이 독일이 전쟁으로 빚은 대대적인 파괴를 배상하게 하는 최선의 길입니다. 그러므로 독일은 런던의 권고에 따라 유럽부흥계획[마셜플랜]에 편입했습니다. … 독일은 이 계획에 따라 자국 몫의 원조를 받을 테지만, 그 대가로 생산을 통해 공동 자금에 자기 몫을 납부할 수 있어야 합니다. 우리가 빠른 속도로 경제 부흥을 진행하지 않으면 독일은 이를 실천할 수 없습니다. 독일이 자기 몫을 하기 위해서 우리는 독일에 일할 연장을 주어야 합니다.[8]

따라서 독일의 분단은 어떻게 보면 마셜플랜이 낳은 결과였다. 미국은 유럽 각국 경제를 되살리는 것이 자국 안보에도 결정적으로 중요하다고 보았다. 소련과 각국 공산당 정부는 당연히 미국이 주도하고 미국 관리가 실행하는 유럽 복구 계획에 참여할 마음이 없었다. 서구 연합국의 통제를 받는 독일 서부 지역을 마셜플랜에 포함해야 한다는 것은 따라서 그 지역을 동부에서 분리하는 것을 의미했다. 새로운 도이치마르크화는 이 분할의 상징이었는데, 이는 극적인 조치였다. 서구 연합국은 먼저 독일 중앙은행 신설에 동의했다. 뒤이어 1948년 6월 옛 화폐를 도이치마르크로 완전히 교환하는 액수에 상한선을 두는 식으로, 공공과 민간의 부채를 청산해 버렸다. 그리고 새 통화를 미국 달러에 낮은 환율로 고정하는 한편, 서부 지구에서 물가 통제를 폐지했다. 그 효과는 대단했다. 하룻밤 새에 암시장이 사실상 사라졌다. 상점마다 상품이 다시 등장했고, 생산이 증가했다. 임금이 늘어나지 않은 노동자들은 불만이 쌓였고, 예금자들은 -어떤 이는 생애 두 번째로- 저축액의 가치가 폭락해 분개했다. 누구보다 분노한 것은 소련이었다. 이제 소련은 서부에서 휴지 조각이 된 옛 화폐가 자국 점령 지구에 쏟아져 들어오는 것을 막기 위해, 동부에 별도의 화폐를 만들 수밖에 없었다.

마셜플랜 자체가 서유럽을 미국 주도의 자본주의 경제로 통합하는 과정이었기에, 서부 독일의 화폐 개혁은 마셜플랜의 핵심 요소였다. 이는 20세기 초반에 기술과 생산과 경영 기법, 그리고 무역과 투자 도구의 점진 이전으로 시작된 과정의 완성이었다. 이는 또한 공황과 세계대전으로 생겨난 위기에 대한 대응이기도 했다. 미국의 뉴딜과 마찬가지로, 마셜플랜 또한 사용할 수 있는 모든 수단을 동원해 생산을 재개하려는 시도였다. 미국 대다수 고문은 예전 뉴딜 담당 관료였는데, 그들은 유럽이 다시 사람들을 일터로 보내고 상품을 시장에 내놓는 데 도움이 된다고 판단하면 정부 통제와 계획, 심지어 국유화도 기꺼이 받아들였다. 하지만 유럽은 전쟁 중에 자본주의 시장이 없었고, 전쟁 전에는 대체로 재앙이었다는 깨달음이 이 계획의 핵심에 자리 잡고 있었다. 시장과 금융, 사유재산에 대한 믿음을 부활하려면 미국은 유럽에 경제원조를 해야 했다.

마셜플랜의 원조는 120억 달러(대략 오늘날의 가치로 1500억 달러), 어림잡아 미국의 연간 국내총생산의 1.5퍼센트 규모였지만, 이 원조가 유럽의 전후 회복에 정확히 얼마나 도움이 됐는지는 말하기 쉽지 않다. 몇몇 나라와 지역은 다른 곳보다 앞서기도 했겠지만, 어쨌든 어느 정도 성장은 시작됐을 것이다. 하지만 그 심리적 효과는 모든 곳에서 어마어마했다. 서유럽 사람이 다시 공공기관과 민간기관을 신뢰하면서 소비가 가능해지고 고용과 생산성이 높아졌다. 경제 측면에서 보면, 이로써 미국과 무역으로 생긴 적자를 벌충할 수 있었다. 그렇지 못했더라면 대미 적자가 유럽 각국 경제에 악영향을 미쳤을 것이다. 또한 마셜플랜 덕분에 독일에 배상을 요구하는 목소리가 줄어들었다. 그리고 유럽 각국 사이에서 국제수지 문제가 줄어들어 유럽 내부 교역이 다시 진행되는 데 도움이 되었다. 1947~1951년에 마셜플랜 국가에서 생산이 평균 55퍼센트 증가했다.[9]

수혜국은 처음에 미국의 원조 제안에 조심스레 접근했다. 몇몇 나라는 독일을 포함하는 것이 마음에 들지 않았다. 다른 나라는 미국이 유럽 각국 경제를 통째로 집어삼키려는 속셈이라고 보았다. 주로 우파와 좌파의 극단 세력에서 저항이 나타났다. 공산당은 항의했다 - 마르세유와 나폴리의 항만 노동자가 미국 선박의 하역 작업을 방해한 것처럼 어떤 때는 폭력 사태가 일어나기도 했다. 미국의 어느 마셜플랜 관리는 이렇게 말했다. "우리가 그 유럽 노동자에게 지금 우리가 유럽을 구하는 중이라고 말하자, 그는 우리가 자기네 유럽을 구한다는 걸 믿지 못한 채 무기력한 표정으로 듣기만 했다."[10] 하지만 유럽의 전통 엘리트도 만족하지 못하기는 마찬가지였다. 그들은 미국이 기성 사회질서를 뒤집어엎고 사회에서 그들이 차지하는 지위를 쓸어버리려 한다고 느꼈다. 그들은 미국인의 식사 예절, 선정적 음악, 흑인 병사가 유럽 문화를 위협한다고 보았다.

의견 일치를 이룬 것은 주로 미국 관리와 유럽에서 새롭게 떠오르는 기독민주당이나 사회민주당 지도자였다. 미국은 워싱턴이 정한 틀 안에서 마셜플랜 기금을 어디에 쓸지 세부적인 내용은 유럽인 스스로 결정해야 한다고 주장했다. 영국은 기금 일부를 식량 수입에 활용하면서 전쟁으로 생겨난 식료품 부족 상황을 완화했다. 독일과 프랑스는 산업을 재가동하기 위해 대형 기계를 수입하는 데 많은 돈을 썼다. 모든 나라 정부가 새로운 자금을 활용해서 전쟁으로 파괴된 국토와 산업을 재건하려 했다. 마셜플랜은 새로운 전쟁을 준비하려는 계획일 뿐이라는 공산주의 구호에 대항하기 위해, 돌무더기 위에 우뚝 선 신축 아파트 건물 앞에서 활짝 웃는 가족이 담긴 사진을 흔히 사용했다. 미국의 원조가 제공한 예산 보장 덕분에 서유럽 각국 정부는 현대적 복지국가 건설을 개시할 수 있었다. 이 원조가 없었더라면 분명 새로운 사회적 지출이나 정부의 기반 시설 투자에 필요한 여분의 자원이 없었을 것이다. 이런 사회적 지출과 기반 시설 덕분에 서유럽은 하나로 묶일 수 있었다.

미국과 서유럽 각국 정부에 마셜플랜이 중요한 점은 모두 현지 공산당에 맞서 싸운다는 것이었다. 그중 어떤 싸움은 선전을 통해 직접 이루어졌다. 정치 균형에 미치는 그 밖의 결과는 부차적이거나 심지어 우연히 일어났다. 소련식 공산주의가 프랑스나 이탈리아에서 패배한 주된 이유는 노동계급의 삶이 개선되었다는 단순한 사실 때문이다. 이런 개선은 처음에 임금인상보다 정부의 사회보장 정책을 통해 이루어졌다. 각국 공산당의 정치적 오판, 그리고 소련을 지지하기 위해서 각국의 정치 상황을 무시하라는 모스크바의 압력도 요인이었다. 이탈리아처럼 그나마 공산당이 피해를 자초하지 않은 곳에서도 미국은 공산주의의 영향력을 깨부수기 위해 비밀 작전을 실험했다. 1948년 4월 이탈리아 선거에서, 미국의 자금을 지원받고 가톨릭교회와 바티칸의 압도적 지지를 얻은 기독민주당이 소련의 자금을 받으며 공산당이 주도하는 인민민주전선(Popular Democratic Front)과 대결했다. 두 진영 모두 이탈리아 밖의 이탈리아인이 지휘했다. 기독민주당 당수 알치데 데가스페리Alcide De Gasperi는 오스트리아 태생으로 마흔 살 직전까지 이탈리아 국적이 아니었고, 공산당 당수 팔미로 톨리아티는 소련에서 20년 가까이 망명 생활 중이었다. 미국 중앙정보국은 이탈리아계 미국인이 고국의 친척에게 편지를 보내 공산주의의 위협에 선동하게 하는 한편, 공산당 후보를 겨냥한 흠집 내기 공작을 벌였다. 결국 기독민주당이 50퍼센트 가까이 득표해 승리를

169

거뒀다. 2개월 전 체코슬로바키아에서 공산당 쿠데타가 일어나 많은 유권자가 좌파에서 떨어져 나왔기 때문에, 어쨌든 기독민주당이 승리를 거뒀을 것이다. 하지만 1948년 선거는 중앙정보국이 적을 겨냥해 처음으로 대대적인 비밀 작전을 벌인 사건으로 상징되었는데, 중앙정보국은 결과에 흡족해했다.

  프랑스에서 공산당은 인도차이나 식민지를 재정복하는 데 지지를 거부한 뒤, 1947년 5월 정부에서 쫓겨났다. 모리스 토레즈가 이끄는 프랑스공산당은 오래전부터 나라를 이끄는 책임 정당이 되는 길과 더욱 급진적으로 변화하는 길 사이에 갇혀 있었다. 프랑스에서 공산당의 입지는 무척 탄탄했다. 이전 시대의 엘리트가 전쟁 중에 실패했다는 인식 때문에 젊은이는 공산당으로 몰렸다. 공산당 지지는 지식인과 학생 사이에서 특히 강했을 뿐만 아니라, 노동조합 안에서도 노동계급이라는 확고한 기반이 있었다. 게다가 공산당은 많은 프랑스 국민이 소련을 긍정적으로 바라본다는 사실에 도움을 받았다-소련은 어쨌든 나치 독일을 물리친 나라였으니까(프랑스 자체는 어처구니없이 실패했는데 말이다). 레몽 아롱Raymond Aron 같은 반공 지식인조차 "20세기 중반에 이루어지는 모든 행동은 소련의 기획에 대한 태도를 정하게 하고, 그것을 전제한다"라고 인정했다.[11] 하지만 프랑스공산당은 가장 큰 정당이자 대중 지지를 받는 유일한 정당임에도 갈팡질팡 바뀌는 소련의 방침을 지지하면서 고립을 자초했다. 공산당은 스탈린에게서 아무 원조도 받지 못했다. 전 코민테른 대표 게오르기 디미트로프는 스탈린의 시골 별장에서 술잔을 기울인 뒤 일기에 이렇게 썼다. 수령은 "프랑스공산당의 방침이 완전히 틀렸다고 여긴다.

그 지도자들은 프랑스가 미국의 신용 대출을 받지 못하면 붕괴할 것이라는 공포의 먹잇감이 되고 있다. 공산당은 정부에서 쫓겨나기를 기다리는 대신, 프랑스 독립을 배신한 것에 반대한다고 설명하면서 정부를 박차고 나왔어야 한다."[12]

프랑스인에게 조언하면서 스탈린은 가장 솔직하지 못한 모습을 드러냈다. 1945년 그는 프랑스공산당에 의회제도 안에서 활동하라고 조언한 바 있었다. 강대국 간 관계가 너덜너덜해진 상황에서 이제 스탈린은 지금까지 소련의 지침에 따른 프랑스공산당에 달려들었다. 하지만 프랑스 정치 일반에 관한 그의 판단은 옳았다(스탈린이 어떤 비난을 해도 가장 충실한 추종자로 남은 공산당은 제외하고). 프랑스의 새로운 지도자들-1946년 분노에 휩싸여 사임한 샤를 드골 장군과 그를 따른 제4공화국 인사-은 미국의 원조에 전적으로 의존했다. 프랑스인은 거의 모두 아직도 자국이 강대국이라고 믿었기 때문에 이런 지위를 받아들이기가 어려웠다. 독일은 1940년에 프랑스에 굴욕을 안겨주었다. 대다수 프랑스 국민이 볼 때, 미국은 단지 프랑스보다 훨씬 강력한 위치에 서 있다는 이유만으로 프랑스에 굴욕감을 주고 있었다. "미국은 … 자신의 무게에 도취해 있다"라고 철학자 장 폴 사르트르는 말했다. "미국이 부유할수록 그 무게도 커진다. 두툼한 살집과 자부심에 짓눌린 미국은 눈을 감은 채 전쟁을 향해 내달리고 있다."[13]

공산당 바깥의 많은 국민도 이런 반미주의를 공유했지만, 정부는 점차 미국과 긴밀히 연결했다. 마셜플랜 원조는 프랑스에 절대 필요했다. 프랑스는 원조 대부분을 이미 한참 뒤늦은 프랑스 산업에 투자함으로써 1950년대에 산업 부흥을 이루기 위한 토대를 닦았다. 또

171

한 워싱턴과 연계하는 것은 안보 측면에서 필수였다. 제4공화국 지도자들은 전쟁이 벌어지면 붉은군대가 파리를 향해 곧바로 진격할 것임을 알았다. 미국의 영향력은 프랑스의 정신에 위험이 될지 모르지만, 소련의 힘은 프랑스의 심장을 겨누는 위험이었다. 그리고 프랑스는 지도자들이 생각하는 뚜렷한 안보 위협에 맞서 지원이 필요했다. 1948년 3월 프랑스 정부는 다른 나라의 공격을 받으면 상호 원조를 제공하기로 영국, 네덜란드, 벨기에, 룩셈부르크와 브뤼셀조약을 맺었다. 하지만 비공산당 계열의 많은 지도자가 볼 때, 소련군이 라인강에서 단 100마일(약 161킬로미터) 바깥에 주둔한 상황에서 이것만으로 충분하지 않음이 분명했다. 체코슬로바키아에서 쿠데타가 일어나고 독일을 둘러싸고 여러 차례 위기가 벌어진 뒤, 처음에는 공산당과 협력하고자 한 -전후 자기가 이끈 정부에 공산당이 참여하게 하자고 주장한, 프랑스 레지스탕스의 전시 지도자 조르주 비도Georges Bidault 같은- 프랑스 지도자들도 미국에 프랑스 안보 책임을 맡기려고 했다. 비도는 유럽 기독민주당 사이에서 미국과 서유럽의 방위조약을 논의하는 핵심 인물이 되었다.

독일 서부 경제 정책에 대한 소련의 반응을 본 프랑스 지도자들은 독일이 아니라 소련이 장래에 자국의 안보를 해치는 가장 큰 위협이 될 것임을 확신했다. 스탈린은 도이치마르크가 시행되고, 미국이 자국의 목적을 위해 독일의 분할을 유지하려는 것을 보고 격분했다. 그는 반격을 가하기를 원했지만, 서구 국가들과 전면전을 벌이는 위험을 무릅쓰고 싶지는 않았다. 1948년 모스크바에서 정해진 독일 전략은 이 나라를 여러 지역으로 나누는 것이었다. 스탈린은 베를린 전체를 수중에 넣어서 동부에 대한 장악력을 확고히 굳히고자 했다. 또한 소련이 승인한, 미국에 맞서는 독일의 민족주의 선전을 통해 히틀러와 국가사회주의독일노동당을 추종한 "진짜 독일인"에게 손을 뻗었다. 독일 민족주의로 미국이 서부 독일을 장악하는 것을 막을 수 있다면, 객관적으로 소련에 이익이 될 것이었다. 옛 나치를 소련의 대의로 끌어들이기 위해 동부에서 공산당의 통제를 받으며 세워진 독일국민민주당은 강령에서 이렇게 선언했다. "미국은 포츠담 조약을 위반하고 우리 독일인을 … 역사에서 가장 참담한 민족적 곤경에 … 빠뜨렸다. … 하지만 미국의 전쟁은 벌어질 수도 없고 벌어지지도 않을 것이다! 독일은 살아남아야 한다! 이 때문에 우리 국민민주당은 요구한다. 미국인은 미국으로 돌아가라. 독일은 독일인의 것이다. … 우리 조국 독일 전체를 위해 평화와 독립과 번영을."[14]

독일의 통일과 중립에 관한 국민투표를 치르자는 선전을 하면서 소련과 독일공산당은 서구 열강을 베를린에서 몰아내기 위해 다소 투박한 계획을 세웠다. 스탈린은 소련이 후원하는 가운데서만 통일이 이루어질 수 있음을 독일인에게 보여 주기 위해, 공산당이 베를린을 장악하는 게 핵심이라는 점을 강조한 바 있었다. 1948년 봄 붉은군대 사령관들이 독일 수도를 드나드는 서구 연합국의 운송을 방해했다. 새로운 화폐를 시행한 뒤인 6월, 소련은 베를린에서 이 화폐를 사용하는 것을 금지하고 서부 지구에 제재를 가하겠다고 위협했다. 소련이 장악한 영토 안에 고립된 섬 같은 처지가 된 베를린의 상황에서 이런 위협은 쉽게 무시할 수 없었다. 베를린에 도이치마르크가 모습을 드러내자 소련은 서부 독일과 수도를 잇는 모든 지상 교통을 차단했다. 게다가 이후 며칠 동안 서베를린으로 가는 모든 식료품 배달이나 전기도 끊었다. 스탈린은 냉전의 첫 번째 대결을 벌이기로 결심한 상태였다.

　1년 가까이 지속된 베를린 봉쇄는 처음부터 끝까지 소련의 정치적 실책이었다. 서베를린을 궁핍으로 내모는 데 실패했다. 미국과 영국이 만든 공중 가교가 물자를 충분히 공급한 덕에 서부 지역은 일상을 유지했다. 며칠 동안 항공기가 템펠호프공항에 3분 간격으로 착륙했다. 모스크바는 항공기를 격추하라는 명령을 내리는 위험을 무릅쓰지 않았다. 하지만 스탈린에게는 설상가상이었다. 교착 상태가 장기간 지속되자 전에는 반신반의하던 독일인조차 소련이 상황을 개선하기 위한 수단이 될 수 없다고 확신했다. 스탈린은 베를린 시민을 굶겨 죽이려 했지만, 미국은 그들을 구조하려 한다는 인식이 퍼져나갔다. 베를린 거리에 50만여 명이 몰려나와 소련의 정책에 항의했다. 독일사회주의통일당이 동베를린에 자리한 시청에서 다른 당 시의원을 몰아내자 그들은 서부에서 다시 모여 사회민주당원을 시장으로 선출했다. 만만찮은 인물인 노동조합 활동가 에른스트 로이터Ernst Reuter였다. 공산당과 사회민주당 노동자가 거리에서 서로 싸웠는데, 사회민주당 쪽 노동자는 지지 않고 맞받아쳤다. 히틀러 정권에 맞서 총을 들었다가 1946년 노르웨이 장교로 베를린에 돌아온 젊은 빌리 브란트도 독일사회민주당원으로서 저항을 조직하는 데 힘을 보탰다. 하지만 그도 최종 결과가 어떻게 될지는 반신반의했다. "서구 민주주의 국가가 베를린 시민 몇백만 명을 위해 세계전쟁을 무릅쓰려 할까?"[15]

베를린 시민만이 아니라 다른 유럽인에게도 미국이 끈질기게 버틸 것이라는 확신을 줘야 한다고 느낀 트루먼 행정부는 1948년 가을에 서유럽 나라와 공식적인 동맹 조약을 논의했다. 대통령은 이 과정이 얼마나 어려울지 충분히 알았다. 미국인은 선천적으로 평시에 외국과 동맹을 맺으려 하지 않았다-건국의 아버지들은 특히 유럽의 강국과 "동맹으로 엮이는 것"을 조심하라고 경고한 바 있었다. 많은 유권자가 미국이 유럽 문제를 떠안고 미국 국민이 낸 세금으로 그 비용을 치르는 것에 분개했다. 그리고 미국인 다수는 여전히 미군이 외국에 상시 주둔하는 것에 반대했다. 서유럽의 여론 또한 분열되었다. 어떤 이는 자국이 소련과 미국 어느 한편에 가담하지 말고 양쪽을 잇는 다리 역할을 해야 한다고 믿었다. 특히 좌파는 사회주의자임을 공언하는 동유럽 사람에 대항해서 미국-그들이 자유분방한 자본주의의 본거지로 여기는 나라- 편에 서는 걸 고려하기가 쉽지 않았다.

그러나 1949년에 이르러 공포가 다른 모든 고려 사항을 압도했다. 트루먼은 의회에서 상호 방위의무를 포함한 통합 동맹체인 북대서양조약기구(NATO)에 찬성하는 연합을 묶어 내는 데 성공했다. 워싱턴은 유럽에서 누가 참여할 수 있는지를 논의하는 데 긴 시간을 쏟아 부었지만, 가장 두드러진 현상은 유럽 각국 정부가 순식간에 나토에 참여하려고 줄을 선 것이었다. 이탈리아와 프랑스에서 기독민주당과 자유주의 정부는 자국을 나토 품에 안겨 주었다. 영국과 저지대 국가는 노동당과 보수당 모두 나토에 찬성했다. 중립이라는 오랜 전통을 지킨 스칸디나비아에서도 덴마크와 노르웨이의 사회민주당은 의회에서 회원국으로 가입할 것을 밀어붙였다. 미국 주재 노르웨이

대사는 "노르웨이는 1940년에 톡톡히 교훈을 얻었다"라고 설명했다. "[그 교훈은] 오늘날에는 중립이 현실 세계와 어떤 관계도 없다는 것이다."[16] 가장 기묘한 사례인 포르투갈은 민주주의 국가도, 제2차 세계대전의 연합국도 아니었다. 하지만 영국과 미국 모두 대소련 전쟁이 벌어지면 포르투갈의 대서양 섬들이 필수 기지가 된다고 보았다. 1949년 4월 워싱턴에서 나토 조약이 체결되었다.

나토가 유럽에서 처음 미친 효과는 군사적인 것도, 정치적인 것도 아니었다. 무엇보다도 심리적인 효과가 컸다. 비공산주의 서유럽 국민은 미국이 조만간 유럽 대륙에서 철수하는 일이 없을 것이라고 믿었다. 이는 유럽이 여전히 분열된 채로 남는다는 의미였다. 그뿐만 아니라 소련의 공격에 대항하는 안보를 의미했다. 나토 창설은 유럽의 핵심을 문명적으로 정의하는 문제가 아니었다(그리스가 1952년까지 합류하지 않을지라도-누군가 "플라톤에서 나토까지"라고 말했듯이). 그보다 한 세대가 넘는 동안 지옥을 경험한 한 대륙의 안정에 관한 문제였다. 초대 사무총장 헤이스팅스 이스메이Hastings Ismay 남작이 나토를 세운 목적을 재치 있게 말한 것처럼 "미국을 계속 유럽에 두고, 소련을 쫓아내고, 독일을 내리누르는 것"이었다면, 이는 1950년 무렵에 서유럽인 대다수가 합의한 목적이었다. 물론 예외가 있다면 모든 곳에서 항의의 목소리를 높인 공산당이었다. 톨리아티는 이탈리아 의회에서 정부를 비난했다. "우리는 대서양 조약에 '아니오'라고 말합니다. 이것은 전쟁을 준비하는 조약이기 때문입니다. 우리는 당신네 정책에, 소련을 적대하고 공격하려는 정책에 '아니오'라고 말합니다. 우리는 당신들이 이탈리아 국민과 이탈리아의 독립과 자유를 해치려고 공모하는 제국주의 음모에 '아니오'라고 말합니다. 우리는 당신네가 추진하는 이 정책의 실체를 폭로하고 이를 실패작으로 만들기 위해 전력을 기울여 어떤 행동이든 할 겁니다."[17]

속전속결로 나토를 설립한 것은 미국과 유럽의 새로운 동맹국이 대륙에서 군사적으로 약하다는 사실을 반영한 결과였다. 트루먼 대통령이 합동참모본부에서 받은 조언은 명쾌했다. 설령 원자폭탄을 사용하더라도 미군은 붉은군대에 맞서 서유럽 대륙을 방어할 수 없다는 것이었다. 기껏해야 미국은 이탈리아와 프랑스 서부 연안에서 교두보 몇 개를 지키면서 소련에 폭격을 가하기 위한 공군기지로 영국을 방어하는 것을 돕는 한편, 북아메리카에서 증원군이 도착하기를 기다릴 수 있을 뿐이었다. 소련은 2개월 안에 유럽 전체를 완전히 장악할 수 있는 위치에 있다고 합동참모본부는 보고했다. 베를린 봉쇄를 거치면서 미군의 시각은 극적으로 바뀌어 있었다. 예를 들어 클레이 장군은 워싱턴의 상관들에게 전쟁이 "정말로 급작스레 발생할 수 있다"는 느낌이 든다고 말했다.[18] 역사학자는 1950년대까지 소련이 공격 전쟁을 계획했다는 증거를 발견하지 못했고, 클레이를 비롯한 미국의 몇몇 장성이 경각심을 높인 것 또한 의회가 높은 수준의 군사비를 승인하게 만들려는 속셈에서 나왔지만, 1948년 중반부터 미국 군사 계획가 사이에서 현실 전쟁에 대한 공포가 존재한 것에는 의문의 여지가 없다. 그들은 다시 전쟁이 일어나면 전 지구적 전쟁이 될 것이라고 생각했다. 소련은 유럽만이 아니라 중동과 동아시아에서도 공격에 나설 것이었다. 미국의 전쟁 계획 자체가 점점 지구를 통틀었다. 위협에 대한 거의 보편적인 인식뿐만 아니라, 특히 공

177

중전의 측면에서 미국의 역량을 확장한다는 의미였다. 그 모든 것의 기저에 미국이 전 지구적 이해에 관심이 커졌다는 의미가 깔려 있다. 이제 유럽과 북아메리카에서 일어나는 사건이 체계적인 의미로 세계 다른 지역의 사건과 연결되었다.

전쟁 준비를 하면서 국내 전복 세력에 대한 공포도 생겨났다. 미국 역사에서 그전에도 이런 연결이 여러 차례 이루어진 바 있었다. 제1차 세계대전 이후의 빨갱이 공포나 제2차 세계대전 중에 일본계 미국인을 구금한 것 등은 최근의 사례일 뿐이다. 1940년대와 1950년대에 공산당을 비롯한 좌파를 겨냥해 대중적으로 벌어진 마녀사냥은 똑같이 파괴적인 결과를 낳았다. 대부분 전혀 근거 없이 이뤄진 불충 고발 때문에 박식하고 재능 있는 많은 전문가가 공직에서 쫓겨났다. 상원에서 한 연설로 반공 피해망상의 상징이 된, 선동적이고 과장된 위스콘신주 상원의원 조지프 매카시Joseph McCarthy는 스탈린의 그 어떤 비밀공작보다도 미국의 이익에 큰 손해를 입혔다. 1950년 2월 매카시는 공산당원 205명-나중에 57명으로 정정했다-이 국무부에서 일하고 있다는 증거가 있다고 주장했고, 대통령을 "기독교 세계를 무신론 세계에 팔아먹은" 반역자라고 비난했다.[19] 매카시를 비롯한 여러 고발로 이루어진 청문회와 수사는 사람들의 삶과 경력을 결딴냈다. 저명한 중앙아시아 학자 오언 래티모어Owen Lattimore같이 혐의를 벗은 사람도 고발의 흔적이 일부 남아서 다시 일자리를 찾기가 쉽지 않았다. 래티모어가 1950년에 출간한 책 제목으로 말한 것처럼 '중상모략이 낳은 호된 시련(Ordeal by Slander)'이었다. 비난의 표적이 된 많은 평범한 사람-노동자, 배우, 교사, 변호사-에게 그야말로 카프카적인 세계였다. 공개 청문회에서 피해자나 그들의 활동에 관해 전혀 알지 못하는 사람이 그들의 말을 왜곡해서 공격 무기로 겨누었다. 일부 민주당원도 빨갱이 잡기 광란에 휘말리고, 대통령 자신도 매카시에 공개적으로 맞서는 대신 이 문제를 놓고 양다리를 걸치긴 했지만, 이 모든 사태의 이면에는 행정부를 음해하려는 정치적 목적이 있었다. 얼마 뒤 매카시즘이라 불린 이 현상으로 미국의 세계적 지위가 축소되었고, 특히 서유럽에서 소련의 선전이 톡톡히 이득을 보았다.

매카시즘의 영향을 받은 대중의 광기 때문에 진짜 간첩망을 수사하는 데 차질이 빚어졌다. 1930년대 이후 유럽 주요국과 마찬가지로 미국에서도 소련의 정보원이 상당히 암약했다. 이 첩자들-일부는 이데올로기 때문에, 일부는 협박을 받거나 매수되었다-은 제2차 세계대전 중에 모스크바에 중요한 정보를 제공했는데, 냉전이 확고해짐에 따라 이들의 활동도 한 단계 올라섰다. 스탈린은 소련 정보기관-냉전 대부분 시기에 국가보안위원회(KGB)라고 알려진 기관과 붉은군대 정보총국(GRU)-에 미국의 대소련 전쟁 계획에 관한 정보를 입수하라고 했다. 미국에서 반공 광란이 고조된 탓에 공산당원이나 전 공산당원은 손쉽게 영입할 수 있는 표적이었다. 독일 출신의 영국 첩자인 물리학자 클라우스 푹스Klaus Fuchs는 자신이 일한 미국 핵무기 개발 계획에 관한 정보를 제공했다. 푹스는 1946년 영국으로 돌아간 뒤에도 1950년에 체포될 때까지 간첩 활동을 계속했다. 푹스만큼 중요한 인물은 많지 않았지만, 미국에는 이런 간첩 수백 명이 활동했다. 1940년대 말 미국은 방첩 활동으로 점차 소련의 암호를 해독하면서-베노나작전(Operation Venona)이라고 알려진 극비 사업- 많은 간첩이 검거되었다. 하지만 베노나는 극비 활동이었기 때문에(나중에 밝혀진 것처럼 트루먼 대통령도 알지 못했다), 그 성과는 공산주의의 전복이라는 대중 공포를 누그러뜨리는 데 별로 도움이 되지 않았다.

냉전 때문에 미국에 생겨난 불안감은 소련과 동유럽이 겪은 발작적 공포에 비하면 아무것도 아니었다. 1953년 스탈린이 사망할 때까지 공개 고발과 숙청, 공개 재판이 시대의 유행이었다. 물론 이런 현상은 소련 역사에서 전혀 새롭지 않다. 여러 면에서 이는 볼셰비키 혁명 이후 몇 차례 벌어지고 1930년대 스탈린의 대공포 시대에서 정점에 이르는 사태의 반복이었다. 제2차 세계대전을 겪으면서 스탈린의 의심은 더욱 깊어졌고, 냉전이 시작되자 의심이 최고조로 치달았다. 첫 번째 문제는 독일 포로수용소에서 돌아온 수십만 명의 병사였다. 이 군인을 믿을 수 있을까? 그중 3분의 1이 넘는 수가 독일 포로수용소에서 소련 정치범 수용소로 직행했다. 그리고 독일 점령 당시 살아남은 이가 있었다. 대부분 조사를 받았고, 공산당 관리를 비롯한 많은 수가 수용소로 보내졌다. 전선에서 승리하고 돌아온 붉은군대 병사도 용의자 취급을 받았다. 해외에서 소련이 그리는 미래상과 어울리지 않는 생활방식을 목격했을 것이라는 이유였다. 독일의 생활 수준이나 체코의 문화에 관해 섣불리 입을 여는 것만으로도 귀국하자마자 수용소로 직행하기에 충분했다.[20]

1940년대 소련에서 벌어진 최악의 범죄는 한 민족이나 인구 집단 전체를 소련 서부에서 동부로 대량 추방한 것이었다. 전쟁 중에 50만 명이 넘는 독일계 소련인이 동부로 추방되었고, 그 밖에도 무슬림 100만 명이 캅카스와 크림반도에서 추방되었다(체첸인, 인구시인, 칼미크인, 타타르인, 튀르키예인 등). 그들을 모두 안보의 위협으로 여겼다. 그중 5분의 1이 추방되고 3년 만에 사망했다. 뒤이어 1944년에 붉은 군대가 서쪽으로 진군하자 발트3국, 우크라이나, 벨라루스에서 대규모 추방이 이루어졌다. 이제 소련에 편입된 폴란드 동부에서 공산당은 1941년 히틀러가 중단한, 옛 엘리트 집단을 소련에서 추방하는 작업을 완성했다. 1950년대 초 교정노동수용소총국(Gulag)이 관리하는 소련 인구는 250만 명으로 정점을 찍었다.

몇몇 집단은 특히 우크라이나와 발트3국에서 저항을 계속했다. 러시아제국의 일부였고 1917년 혁명 이후 공산당 세력이 장악한 우크라이나는 1941년 독일의 수중에 들어갔는데, 우크라이나 민족주의자는 이 기회를 활용해 소련에서 독립한다고 선언했다. 우크라이나의 자치권은 독일에 점령되었을 때도 여전히 허구로 남았지만, 많은 우크라이나 민족주의자는 나치가 철수한 뒤에도 붉은군대에 맞선 싸움을 계속했다. 우크라이나 민족주의자기구(Organization of Ukrainian Nationalists, OUN)는 1950년까지 소련에 존재했는데, 그해에 지도자로만 슈케비치Roman Shukhevych가 살해되었다. 우크라이나 민족주의자기구는 나치스와 협력한 전력, 그리고 폴란드인과 유대인을 상대로 벌인 잔학행위 때문에 공포의 대상이었지만, 우크라이나인은 여전히 이 조직을 독립과 주권의 옹호자로 여겼다. 소련은 잔인하게 대응했다. 1944~1952년에 우크라이나 서부에서 무려 60만 명이 체포되었다. 그중 3분의 1이 처형되고 나머지는 수감되거나 유배되었다. 소련의 포악한 대응은 우크라이나 민족주의자기구의 군사력을 감소하는 한편 저항이 지속되게 했다.

붉은군대가 다시 돌아오자 발트3국-에스토니아, 라트비아, 리투아니아-에서도 지속적인 저항이 벌어졌다. 1918년 러시아에서 독립한 세 나라는 스탈린이 히틀러와 조약을 맺은 뒤 1940년 소련에 점령되었다. 점령은 잔인하게 이루어졌고, 1941년 독일이 침략하자 많은 발트 사람이 안도하며 환영했다. 이제 그들은 러시아인과 유대인을 비롯한 소수 민족에게 분노의 화살을 돌렸다. 독일의 패배는 붉은군대가 돌아오고 다시 유혈사태가 시작된다는 의미였다. 발트3국에서 모두 전 장교를 중심으로 하는 레지스탕스 세력이 뭉쳤다. 장교 대부분은 나치스에 협력한 이들이었다. 이 레지스탕스를 뭉뚱그려 "숲의 형제단(Forest Brothers)"이라고 불렀다. 전투가 10년 가까이 이어지면서 리투아니아를 중심으로 5만 명이 사망했다. 1940~1953년 발트3국 전체 성인 인구의 10퍼센트 정도가 추방되거나 소련 강제 노동수용소로 보내졌다.

1930년대에 그랬듯이, 1940년대 말에도 외부의 압력 때문에 공산주의는 내부로 눈을 돌렸다. 이런 내부 숙청은 유고슬라비아와 빚은 갈등에서 시작했는데, 스탈린의 우유부단과 피해망상으로 생겨난 전혀 무익한 충돌이었다. 유고슬라비아공산당은 제2차 세계대전 이후 스스로의 힘으로 권력을 잡은 동유럽 유일의 공산당이었다. 당의 열성 지지자는 독일에 맞서 버텼을 뿐만 아니라 크로아티아 민병대를 물리쳤고, 전쟁이 끝난 뒤 드라자 미하일로비치Draža Mihailović가 이끄는, 주로 세르비아 출신으로 이루어진 보수주의 왕당파 운동 체트니치Četnici를 무너뜨렸다. 유고슬라비아공산당은 자신을 티토Tito라 부르는 요시프 브로즈Josip Broz가 이끌었다. 대담하고 정력적인 티토는 크로아티아와 슬로베니아 혼혈로 소련에서 몇 년을 보낸 노련한 조직가였다. 1946년 티토는 소련을 이데올로기적으로 지지하는 사회주의 국가인 유고슬라비아 연방공화국을 선포했다.

티토는 스탈린에 찬사를 아끼지 않았고, 수령이 동유럽에서 거느린 사도 가운데 가장 열렬하고 유력한 이로 알려지기를 원했다. 전후에 유고슬라비아공산당은 언제나 스탈린이 비판해야 한다고 여긴 것을 앞장서서 비판했다. 미국의 유럽 정책이든 서구 공산당의 결함이든 거침없이 비판했다. 하지만 티토의 방식은 스탈린의 의심을 샀고, 유고슬라비아공산당이 국내에서 권력을 유지하기 위해 소련에 의지하지 않았다는 바로 그 사실도 마찬가지였다. 1945년 스탈린은 티토가 트리에스테 지역을 점령해서 영국 및 미국과 위기를 초래한 것을 비판했다. 또한 스탈린은 유고슬라비아 사람이 그리스공산당의 반란을 지지하면서 너무 급진적으로 나간다고 느꼈다. 아마 가장 기본적으로 티토 스스로 거리낌 없고 그의 열정적인 성격이 스탈린의 화를 돋우었을 것이다. 유고슬라비아 지도자가 추종자 사이에서 열띤 충성을 받은 것도 한 요인이었다. 공산주의에는 한 명의 수장만 있을 수 있다고 생각한 스탈린은 티토의 콧대를 꺾으려고 나섰다.

응징에 나선 표면적인 원인은 발칸 연방 계획이었다. 이런 계획은 아주 오래전부터 존재했지만, 이 지역의 많은 나라가 1945년 이후 공산화되자 이 구상이 새로운 생명력을 얻었다. 티토와 불가리아공산당 지도자 디미트로프는 소련과 이 계획을 논의한 바 있었다. 1946년 9월 스탈린은 디미트로프에게 "불가리아와 유고슬라비아가 공동 국가로 합쳐서 발칸 지역에서 통일된 역할을 수행할 것"이라고 말했다.[21] 이 계획이 무르익는 동안 유고슬라비아와 불가리아는 계속 소련에 내용을 알리면서 조언을 구했다. 그런데 어느 순간 스탈린이 느닷없이 두 나라를 공격했다. 1948년 2월 모스크바에서 서둘러 소집된 회담에서 소련 지도자는 양국이 조직적인 오류를 범했고 "좌익 열병"에 빠져서 연합 계획을 짜는 데 "용인할 수 없는 부적절한 경로"를 취했다고 비난했다.[22] 불가리아는 곧바로 무릎을 꿇었다. 유고슬라비아는 머뭇거렸다. 유고슬라비아가 공식 답변을 내놓기 전에 소련은 일방적으로 이 나라에 있던 모든 고문단을 철수했다. 1주일 뒤 스탈린과 몰로토프는 편지를 보내 티토가 반마르크스주의자가 되어 계급투쟁을 무시하며, 소련을 비방한다고 주장했다. 발칸 연방 계획은 이제 티토가 이웃 나라를 집어삼키려고 계획했음을 입증하는 증거가 되었다. 티토는 맞서 싸웠다. 1930년대 스탈린 숙청 시기에 모스크바에서 산 그는 적극 대항하지 않으면, 자기의 정치 경력만이 아니라 목숨도 뺏길 수 있다고 보았다. 1948년 6월 코민포름은 유고슬라비아가 수정주의와 테러 체제를 부추겼다고 비난하면서 축출했다. 결의안에 따르면, 그들은 "노동대중의 국제 연대라는 대의를 배신"했다. 또한 코민포름은 유고슬라비아공산당의 "건강한 세력"에게 티토를 끌어내리라고 호소했다. 국제 공산당의 첫 번째 분열이 만천하에 공개되었다.

스탈린은 티토 체제가 당장은 아니더라도 소련이 유고슬라비아와 관계를 단절하면 몇 달 안에 자신의 명령 아래 엎드릴 것으로 기대했다. 그런 일이 벌어지지 않자 소련은 동유럽 다른 곳에서 지금이나 향후에 불복종이 의심되는 공산주의자를 상대로 일련의 숙청을 개시했다. 별 기준 없이 임의로 희생자가 선택됐지만, 언제나 독자적인 추진력을 보여 주고 자국의 당에서 인기를 끈 공산주의자가 대상이 되었다. 때로는 외부자로 묘사하기 쉬운 이, 즉 유대인이나 소수민족, 해외 생활을 한 이가 표적이 되었다. 먼저 헝가리를 예로 들면 에스파냐에서 싸운 전력이 있는 유대인 공산당원 러이크 라슬로Rajk László가 이 공식에 딱 들어맞았다. 내무장관 시절 수천 명을 죽음으로 내몬 러이크는 티토주의의 첩자이자 제국주의의 앞잡이라고 고발되었다. 그는 1949년 10월에 총살되었다. 2개월 뒤 불가리아에서 디미트로프의 부관 트라이초 코스토프Traicho Kostov가 처형되었다. 폴란드와 루마니아에서도 고무우카와 아나 파우케르Ana Pauker, 2명이 주요 표적이 되었지만 살아남았다. 두 사람과 관련한 "증거"를 모으는 데 시간이 걸렸는데, 공개 재판을 시작하기 전에 스탈린이 사망했기 때문이다. 체코슬로바키아공산당 서기장 루돌프 슬란스키Rudolf Slánský는 그만큼 운이 좋지 않았다. 재판 전에 충분히 예행연습을 거친 자백에서 슬란스키는 참담한 심정으로 검찰 측 주장에 전부 동의했다. "공산당과 인민민주주의 체제의 적으로서 저는 반국가음모본부(Anti-State Conspiratorial Center)를 형성해서 몇 년간 수장을 맡았습니다. 저는 우리가 만든 이 본부에 다양한 자본주의, 부르주아 민족주의 부류가 여럿 집결하게 했습니다. 내 협력자는 제국주의 첩보기관의 요원이 됐습니다. 프랑스, 영국, 특히 미국 기관 등이 … 인민민주주의 질서를 제거하고 자본주의를 복구하려고 했습니다." 슬란스키는 1952년 12월에 처형되었다.

전혀 믿을 수 없고 터무니없는 이런 자백은 서유럽에서 공산주의에 대한 신뢰를 떨어뜨렸다. 하지만 동유럽, 그리고 소련 자체에서 이런 자백 때문에 어떤 변화가 생겼는지 판단하기 쉽지 않다. 자기 가족이나 친구가 숙청과 공개 재판에서 직접 피해를 보지 않으면, 대다수 사람은 조국의 재건에 집중하는 쪽을 택했다. 자기 자신은 아니더라도 자녀와 손자에게 더 나은 삶의 기회를 주고자 했기 때문이다. 공산주의 질서는 굳건해 보였고, 독재에 맞선 일상적 저항의 작은 징후가 보이기는 했어도 순응이 지배했다. 사람들이 잠자코 따른 한 가지 이유는 공산당 당국이 특히 재건 시기에 사회적·경제적 약속을 일부 지킬 수 있었기 때문이다. 시장이나 시민사회가 공산당의 자원 배치에 간섭하지 못하는 상황에서 당은 능숙히 자원을 조직화했다. 이를테면 동유럽에서 주택은 더 쉽게 다시 지을 수 있었다. 물론 건물 대부분은 품질이 열악했지만 말이다. 보건의료나 노인 돌봄 같은 사회복지도 신속히 발전했다. 전후 초기 몇 년간 동유럽 각국 경제는 전반적으로 서구보다 빠르게 성장했다. 하지만 한결 낮은 위치에서 출발했으며, 저발전 국가(불가리아 등)는 성장이 가장 빨랐고, 좀 더 발전한 국가(체코슬로바키아 등)는 성장이 더뎠다. 어쨌든 각국 경제가 성장했다는 사실은 보통 사람들이 기꺼이 일했음을 증명하듯이, 특히 소련에 약탈을 당하고 서구 시장과 기술 수입이 사라진 상황에서도 공산당이 생산을 조직할 역량이 있었다는 증거이기도 하다.

소련 자체는 대중의 생활을 개선하는 데 오랜 시간이 걸렸다. 다른 어떤 나라도 전시에 소련만큼 생산 역량에 큰 타격을 입지 않았다. 전후 첫해는 지독한 상황이었다. 1946년에 일부 지역에서 기근이 벌어졌다(물론 소련 언론에는 보도되지 않았다). 소련 당국은 적어도 조만간 새로운 전쟁이 벌어질 것으로 예상하지 않았지만, 전시의 경제 지휘 체계를 선호해서 그대로 유지했다. 그 결과는 1930년대보다 한층 더 엄격히 통제된 경제체계였다. 생산 할당량은 작은 수치도 정해졌다. 앞선 과제는 중공업이었다. 철강공장과 기계류 생산이 언제나 우선순위를 차지했다. 하지만 소련의 생산량은 특유의 방식으로 순식간에 전쟁 전 수준으로 돌아갔다. 이렇게 된 중요한 이유를 간단히 말하자면 평화였다. 러시아는 1914년 이후 내적으로든 외적으로든 이런저런 방식으로 끊임없이 전쟁 상태였다. 말 그대로의 전쟁과 내전뿐만 아니라 집단화와 숙청도 거쳤다. 스탈린은 정치 활동을 절대 포기하지 않았지만, 제2차 세계대전 직후 바로 또 전쟁을 일으키는 것이 무리일 뿐임을 알았다. 적어도 평화의 모양새를 취한 결과, 소련의 생산은 실현하지 못한 잠재력을 다시 현실화하면서 1940년대 말부터 최소한 겉으로는 줄곧 성큼성큼 나아갈 수 있었다.[23]

많은 사람에게 제2차 세계대전 이후의 재건은 또한, 세계를 바라보는 새로운 시각에 익숙해짐을 의미했다. 냉전은 물론 20세기 초반에 그 기원이 있었고, 하나의 이데올로기적 분열로서 그 그림자가 유럽과 지구 전체의 많은 역사에 오래전부터 드리워져 있었다. 하지만 공산주의와 자본주의의 충돌이 세계 차원의 지배적 충돌로 거의 모든 지역에 강요된 것은 전쟁 이후 초기의 격렬한 시기의 일이었다. 생활을 재건하느라-살 곳을 마련하고, 아이를 먹이고, 일자리를 찾느라- 분주한 가운데 사람들은 점차 자기가 냉전이 규정한 틀 안에서 이런 일을 하고 있음을 깨달았다. 그들은 자신 또한 냉전 충돌의 일부라고 느끼지 못했겠지만, 냉전의 영향은 피할 수 없었다. 냉전은 전시에든 평시에든 사람들이 전에는 본 적이 없는 여러 제한과 기회를 만들어 냈다. 그리고 점차 냉전은 과거에는 뚜렷하지 않았던 방식과 목적에 따라 세계의 각기 다른 지역을 연결했다.

새로운 아시아

05 · NEW ASIA

새로운 아시아에 접근하는 문제에서

미국도 소련만큼 주저했지만,

유럽의 과거 식민주의와 연계된 탓에

운신의 폭이 한결 좁았다.

반식민주의 유산을 종종 과시하는

나라로서는 모순적이게도, 전후 역대 미국

행정부는 대체로 냉전의 관심사보다

반식민주의를 우선시하지 않았다.

제2차 세계대전이 끝났을 때, 아시아에서 일본은 중추가 부러진 채 누워 있었고, 아시아 대륙 대부분은 심대한 혁명에 직면했다. 중국, 한반도, 베트남에서 전쟁 중에 공산당의 지위가 크게 올라섰고, 이제 권력을 다툴 태세였다. 인도네시아와 인도에서 급진 민족주의 단체는 식민 지배자 네덜란드와 영국에서 완전히 독립할 것을 요구했다. 대륙 전체에 최악의 폭풍이 휘몰아쳤다. 팽창주의적 열강으로서 일본은 사라졌고, 유럽 제국도 빠르게 무너졌다. 적어도 100년 만에 처음으로 아시아인이 그들의 운명을 결정할 수 있었는데, 이번에는 민족주의와 민주주의 깃발이 앞에 걸렸다-유럽에서 처음 수입한 개념이지만 지역적 색채가 뚜렷이 입혀졌다. 아시아의 새로운 혁명은 뒤보다 앞을 내다보면서 완전한 자치와 근대화, 국가 건설로 나아가려 했다.

전쟁 직후에 아시아를 강타한 혁명의 폭풍에는 세 가지 주요 흐름이 있었다. 식민 강대국과 현지 동맹 세력은 그들의 지위를 유지하거나 적어도 경제성과 일부를 유지하기 위해 싸우면서 교섭 상대로 삼을 수 있는 엘리트에게 권력을 넘겨주었다. 하지만 최전선이 무너져 내렸다. 중국은 전쟁 중에 여러 나라의 모든 특권을 다시 넘겨받았고(홍콩과 마카오 제외), 일본이 동쪽에서 침공을 시작한 시기에 영국은 전쟁이 끝난 뒤 인도에 자치권을 주겠다고 약속했다. 새로운 두 초강대국 미국과 소련은 식민주의에 반대했고(적어도 자국의 식민주의가 아닌 한), 유럽에 신속하고 전면적인 철수를 촉구했다. 무엇보다 어떤 유럽 국가도 이제 더는 식민지 체계를 유지할 힘이 없었다. 유럽 각국 국민은 쓸모도 없고 도덕적으로 옹호도 할 수 없는 해외의 진지에 계속 돈을 퍼붓는 게 아니라, 국내에서 재건에 집중하기를 원했다. 10년 만에 이제 식민주의는 대다수 유럽인이 느낀 자부심의 원천이 아니라 수많은 문제 가운데 하나로 전락해 버렸다.

아시아 전역에서 민족주의 운동이 권력을 잡을 태세를 취했다. 대다수 지도자는 흔히 과거의 영광으로 대표되는 민족 관념을 근대화 및 국가 계획 개념과 결합했다. 그전에 소련과 접촉하는 것이 제한되긴 했지만, 많은 이가 일정한 형태의 사회주의를 지향했다. 두 대국인 중국과 인도에서 주요 민족주의 집단(중국 국민당과 인도국민회의)은 여러 파벌을 거느린 거대 조직으로 둘 다 통솔력 있는 지도자가 이끌었다. 두 조직의 정치 지향은 강한 행정부가 이끄는 국가 중심 계획 체제를 바탕으로 삼았지만, 둘 다 자국에서 공산당과 대결했다. 인도네시아-문화와 역사가 다양한 1만 7000개 섬으로 이루어진 군도-가 꿈꾼 새로운 국가는 모든 토착민의 민족적 조국이라는 완전히 새로운 민족 개념에 바탕을 두었다. 네덜란드가 19세기에 결합한 식민지가 그 핵심이었다. 인도네시아 개념을 창조한 이들은 동남아시아에서 토착민과 무슬림이 같은 의미이고, 동남아시아의 모든 무슬림은 하나의 통일된 중앙집권적 국가에 속한다는 관념을 동력으로 삼았다. 냉전이 국제 문제를 지배한 바로 그 시기에 아시아 민족주의자는 그들의 새로운 민족(국가)이 돌파구를 여는 것을 보았다.

제2차 세계대전을 거치면서 일본에서 이란에 이르기까지 아시아의 모든 핵심 국가에서 공산당이 민족주의 운동의 주요 대안으로 등장했다. 동양에서 일본에 맞서 싸우라는 코민테른의 지지를 받은 현지 대다수 공산주의자는 제2차 세계대전 중에 애국 세력이라는 신임장을 얻을 수 있었다. 하지만 그렇다 하더라도 토착주의 성향이 강한 민족주의 지도자들과 쉽게 협력하기가 어려웠다. 그 이유는 모순적이게도 공산당이 전쟁에 노력을 기울인 것이 민족적 목표를 위해서가 아니라, 소련이 지령을 내렸기 대문이라고 민족주의자 몇몇이 믿었기 때문이다. 일본을 반유럽 반란의 전조로 본 몇몇 지역은 공산주의자를 아시아 민족주의의 미덥지 못한 동맹자로 여겼다. 그렇다 하더라도 공산당은 이미 모든 곳에서 세를 넓히고 있었다. 중국에서 공산당은 100만 당원과 대군을 거느렸다고 자랑했다. 인도네시아는 공산당이 최대 정치 조직이었다(하지만 그 지도자들은 정치적으로 무능했다). 인도에서 공산당은 노동조합을 지배하고, 가장 인구가 많은 지역인 벵골에서 상당한 영향력을 행사했다. 일본에서도 공산당은 새로운 헌법이 제정되고 처음 치러진 선거에서 10퍼센트가 넘는 지지를 받았다. 각국 공산당은 아직 소수이기는 했지만, 자국의 미래 운명을 이끄는 데서 주요 역할을 할 것이라고 믿을 만한 이유가 있었다.

1945년 당시 아시아의 전략 상황은 쉽게 요약할 수 있다. 동부에서 미군은 일본을 점령하고, 중국에 5만 명의 병력이 상륙하게 했으며, 한반도에서 북위 38도 이남 지역을 차지했다. 또한 미국은 전쟁 전략으로서, 오키나와에서 보르네오에 이르는 더 넓은 지역의 섬과 태평양 각지에 병사가 상륙하게 했다. 영국은 오스트레일리아의 도움을 받아 동남아시아 주요 도시를 일본에서 빼앗은 상태였다. 소련은 마침내 1945년 8월 9일 대일 전쟁에 참전한 뒤, 3주 동안 전격전을 수행해서 중국 동북부(만주)와 일본 북부 섬, 한반도 북부 등을 손에 넣었다. 서부에서 영국과 소련은 1941년 중반에 이미 이란을 침공해서 점령했는데, 소련이 테헤란 북부 지역을 차지했다. 영국은 중동의 나머지 지역의 책임을 맡았다. 일본과 독일의 붕괴로 가장 이득을 본 것은 제국주의 강대국이었지만, 1945년에 영국이 힘에 부칠 정도로 과도히 팽창한 것도 분명한 사실이었다. 영국은 아시아의 독립국가나 다른 나라 식민지였던 지역은 말할 것도 없고 자국이 거느린 아시아 식민지조차 효과적으로 통제하지 못했다. 유럽에서 그런 것처럼, 영국은 아시아에서 자국의 이익을 추구하기 위해 다른 강대국-무엇보다도 미국-의 협력이 필요했다.

1945년 직후, 미국의 정책 결정권자는 유럽만큼이나 아시아 여러 지역에도 신경을 집중했다. 어쨌든 미국은 아시아의 강대국에 공격을 받아 제2차 세계대전에 뛰어들어 싸웠다. 태평양전쟁은 전부 합쳐 미국인 35만 명의 사상자를 낳았고, 미국은 이 희생을 쉽게 잊지 못했다. 전사자 2만 명은 1945년 중반 일본 남부에 있는 오키나와섬을 놓고 벌인 전투에서 발생했다. 미국은 항복한 일본의 미래를 당연히 중요히 여겼지만, 중국의 미래도 마찬가지였다. 많은 미국인은 전시 연합국으로서 중국과 밀접한 연계를 느낀 바 있었다. 미국은 아시아 대륙의 서쪽에서 이란이 향후에 핵심 국가가 될 것으로 보았다. 이 나라는 소련과 긴 국경을 접했으며, 석유가 풍부한 페르시아만 지역에서 가장 강한 나라였다. 미국 지도자들은 영국이나 소련 등 해외 제국주의의 마수에서 이란을 구출하고, 이 과정에서 유럽 연합국을 위해 원유를 안정적으로 공급할 수 있다고 보았다. 미국의 개입에 역사적·전략적 이유 말고도, 전쟁이 끝난 뒤 아시아의 정치적·경제적 근대화에 이바지할 수 있다는 미국 지도자들의 믿음도 흔히 있었다. 이는 유럽의 어떤 강대국도 실행할 능력이나 의지가 없는 일이었다. 만약 아시아가 혁명을 눈앞에 두고 있다면, 워싱턴은 세계에서 가장 인구가 많은 대륙을 독립과 부와 근대의 방향으로 이끄는 것을 그 최전선에서 돕고자 했다.

　냉전에서 미국은 서유럽의 주요 연합국이었다. 특히 가장 거대한 식민제국 영국과 프랑스의 핵심 연합국이었다. 하지만 1945년 당시 미국은 식민주의 원리가 인기가 없었다. 대다수 사람이 식민주의를 민주 정부의 원리나 자유의 대의와 충돌해 전쟁을 일으킨 주범으로 보았기 때문이다. 전임자와 마찬가지로 트루먼 행정부도 태평양전쟁 말기에 아시아에서 현지 엘리트에게 권력을 신속히 이양하기를 원했고, 그런 목표를 이루기 위해 유럽 연합국에 기꺼이 도전하고자 했다. 하지만 미국의 정책을 이끈 것은 고귀한 원칙만이 아니었다. 미국은 전간기에 식민주의의 우선권 때문에 가로막힌 시장 접근 기회를 확보하고자 했다. 그리고 식민지의 독립이 너무 지연되는 경우에 급진파와 공산주의자에게 그 기회가 돌아갈지 모른다면서 조바심을 냈다. 미국 국무부가 자주 주장한 것처럼, 자기중심적인 유럽인은 그들의 행동이 냉전 전반에 어떤 함의를 갖는지 제대로 보지 못했다. 냉전의 보편주의적 정신 덕분에 미국인은 불과 몇 년 전에 워싱턴에 거의 아무런 의미도 없던 나라와 지역에 강경한 견해를 가졌다.

아시아의 혁명은 소련에 기회인 동시에 위험을 의미했다. 레닌은 마르크스가 유럽 각국의 혁명을 자본주의 전복의 중심에 둔 것은 옳았지만, 아시아의 민족 운동을 지원하는 것은 제국주의 체계 전체에 압력을 가하는 방법이라고 가르친 바 있었다. 이런 지원으로 유럽의 혁명을 재촉할 수 있었는데, 이는 소련의 안보와 인류의 미래에 결정적인 열쇠였다. 스탈린은 이런 관점을 받아들이면서도 소련의 안보에 강조점을 두었다. 전간기에 국제적으로 혁명이 성공하지 못하고 제2차 세계대전에서 혹독한 경험을 한 뒤, 스탈린은 주변부를 놓고 미국, 영국과 불필요한 대결을 벌이는 위험을 무릅쓰려 하지 않았다. 1945년 그는 여전히 소련이 이런 충돌을 일으키지 않고 유럽에서 제한된 목표로 정한 수준에 도달할 수 있다고 기대했다. 그렇게만 된다면, 소련의 전반적인 대외정책에 별로 중요하지 않은 문제를 놓고 연합국과 긴장을 악화할 이유가 전혀 없었다.

하지만 전후의 소련 지도부는 일본의 붕괴로 불붙은 아시아의 혁명적 잠재력을 소련 대외 문제의 한 요소로 가볍게 보아 넘겨서는 안 된다고 판단했다. 지도부 대부분이 생각하기에, 모스크바의 역할은 연립정부를 구성하는 방향으로 이런 잠재력을 돌리는 것이었다. 이 연립정부는 반일과 자본주의와 사회주의의 장기적 충돌에서 아주 최소한의 중립을 지향했다. 아시아에서 이제 막 기지개를 펴는 공산주의 운동은 적합한 조직을 건설하고, 간부를 교육하며, 소련에서 배우는 데 시간이 필요했다. 여러 공산주의 지도자는 모스크바가 이 과정을 지원하기 위해 소련 자체도 충분하지 않은 자원의 일부를 할당해야 한다고 주장했다. 그러면서 소련은 실수를 피하기 위해 아시아 민족주의 및 좌파 정당의 계급 구성과 이데올로기를 충분하고 꼼꼼히 검토해야 했다. 스탈린은 보기 드물게 회의론을 드러내면서, 다른 시급한 문제도 많은데 아시아에서 믿음직스럽지 못한 집단과 불확실한 정치적 전망에 자금과 물자를 쓰는 데 신중해야 한다고 주장하는 이들을 자주 편들었다. 소련(과 러시아) 역사를 해석한 것을 바탕으로 수령은 단기적으로 모스크바에 정말로 중요한 아시아 나라는 하나뿐이라는 견해를 보였다. 그 나라는 바로 일본이었다. 그리고 역설적이게도 전쟁이 끝났을 때 소련이 직접 영향력을 행사할 가능성이 가장 적어 보이는 곳도 바로 일본이었다.

1945년 8월, 일본은 폐허만 남았다. 목조 건물로 이루어진 도시는 미국의 소이탄에 잿더미로 변한 상태였다. 도쿄에서 무너지지 않고 남은 지역은 3분의 1이 채 되지 않았는데, 그마저도 폭격으로 심하게 손상된 상태였다. 1945년 3월 9일 단 한 차례의 B-29 공습으로 불 폭풍이 일어나 최소한 10만 명이 사망했는데, 민간인이 압도적으로 많았다. 남부 도시인 히로시마와 나가사키는 핵무기 공격을 받았다. 12만 명이 그 자리에서 사망했고, 더 많은 수가 방사능에 고통을 받으며 서서히 죽었다. 모든 지역에서 기반 시설은 혼돈 상태가 되었고, 수백만 명이 집을 잃거나 피란민으로 살았다. 그리고 제국이 붕괴하자 해외에서 300만 명 가까운 일본인 난민이 몰려왔다. 난민 대부분이 만난 적도 없고 자신들을 환영하는 이도 거의 없는 고국이었다. 1945년 일본에 필요하지 않은 게 한 가지 있다면, 그것은 먹여 살려야 하는 굶주린 입이었다. 식량 배급은 이미 기아 수준 아래였는데, 붕괴 이전에 정부가 국민에게 제공한 터무니없는 식단에도 미치지 못했다.

당연히 일본인은 그들에게 닥친 재난에 외국인만큼이나 자국 지도자들을 비난했다. 지도자들은 일반 국민에게 번영과 땅과 영광을 약속했지만, 국민이 받은 것은 죽음과 비참한 신세뿐이었다. 전쟁 시기에 일본인은 규율과 단합, 엄청난 의지를 보이면서 위에서 말하는 공동선을 위해 희생했다. 하지만 1945년 가을에 이르러 그전까지 그들이 바친 충성의 대가가 분명히 드러났다. 300년 동안 대규모 전쟁을 겪어 보지 않은 나라가 이제 폐허만 남았다. 도쿄 중심부의 황궁 앞에서 거대한 시위가 벌어진 것도 놀랄 일은 아니다. "천황 폐하는 오늘 저녁으로 뭘 드실 겁니까?" 1946년 5월 일본 좌파 지도자들—대부분 이전 정권의 정치범 수용소에서 갓 출소한 이들이었다—이 조직한 이른바 "쌀을 달라" 대중 집회는 "혁명적 변화"와 "민주 정부"를 요구했다.[1]

트루먼 행정부는 처음부터 다른 어떤 연합국과도 일본에 대한 전후 통제를 공유하지 않겠다는 뜻을 분명히 했다. 대통령은 미국이 대일 전쟁을 전담했으며, 일본을 개혁할 역량이 있는 유일한 나라라고 믿었다(물론 중국은 동의할 생각이 없었겠지만). 당연히 오스트레일리아와 뉴질랜드를 비롯한 다른 연합국이 형식적으로 참여한 가운데

위원회가 설치되었다. 하지만 권력은 오로지 미국의 수중에 있었다. 노익장인 더글러스 맥아더 장군은 전쟁 말기에 아시아에서 다시 지위를 회복했다. 그는 전쟁에서 일본만이 아니라 미국 육군부와도 맞섰다. 그런 맥아더가 연합국 최고 사령관으로 임명되었고, 맥아더는 점령한 일본에 대한 모든 권한을 부여받았다. 맥아더는 일본을 대대적으로 바꾸려고 했다. 그는 일본이 전시에 벌인 침략이 문화에 깊이 뿌리 내린 폭력과 권위주의, 그리고 그가 흔히 말했듯이 "개미떼 같은 행동" 성향에서 기인했다고 보았다. 일본인과 미국인(그리고 이 문제에 관한 한 다른 어떤 민족도)은 천지차이라는 것이었다. 일본의 정치와 경제를 완전히 개조하여 일본인의 성향에서 생겨나는 갖가지 행동 양태를 막는 장벽을 세우고, 장군이 확실히 예상하는 공산주의와 벌일 전 지구적 충돌에서 일본이 미국의 믿음직한 연합국이 될 수 있게 하려는 속셈이었다.

오늘날의 시각에서 보면 미국이 일본에 부과한 급진적 개혁은 이해하기가 쉽지 않다. 1945년 8월 트루먼 대통령은 일본이 항복한 이후 처음으로 지침을 발표했는데, 일본을 완전히 무장해제하고, 영토를 본토로 제한하며, 점령 당국이 신헌법을 제정한다는 것이었다. 이 헌법은 "종교, 집회, 표현, 언론의 자유"를 포함했다. "일본의 군사력을 떠받치는 기존의 경제토대를 파괴해야 한다. … [미국은] 산업과 금융의 대규모 결합체를 해체하는 기획에 찬성할 [것이다]. … [그리고] 노동, 산업, 농업에서 민주주의를 바탕으로 조직된 단체의 발전을 [장려할]" 것이다.[2] 맥아더는 원래 무척 보수적인 미군 장성이었지만, 그의 지시는 루스벨트 세대의 뉴딜과 대단히 비슷해 보이는 요소로 일본에서 혁명을 수행할 터였다.

　　대다수 미국인이 놀랄 정도로, 일본인은 그들에게 제안된 새로운 자유를 열렬히 받아들였다. 일본인은 이런 자유가 허용되자마자 노동조합과 자조단체, 정치 조직을 세웠다. 각급 학교와 대학은 전시의 민족주의, 일왕 숭배와는 판이하게 다른 민주주의와 공공 참여를 강조하는 교과과정을 가르쳤다. 많은 이는 일본의 오래된 엘리트 집단이 재앙적인 팽창 정책을 펴면서 받은 지지를 이제 상실했다고 판단했다. 대다수 국민은 엘리트들이 민족주의자를 자처했지만 나라를 결딴냈을 뿐이라고 보았다. 트루먼이 일본에 보낸 고문단은 침략 전쟁을 벌인 책임은 분명하나 히로히토 일왕을 폐위해서는 안 된다고 역설하면서, 일왕을 끌어내리면 일본은 통치할 수 없는 상태에 빠질 것이라고 주장했다. 하지만 그런 견해는 전후 일본 사회에서 벌어지는 급속한 변화보다 일본인은 절대 권위를 추앙한다는 동양적 인식─물론 전쟁 경험에서 강화된 인식이다─에 바탕을 둔 것이었다.

　　1947년에 이르면 냉전의 영향을 받은 워싱턴은 일본에 접근하는 최선의 방법을 바꾸었다. 일본의 정치적 좌파는 지지율이 높아져 1947년 4월 총선에서 22~30퍼센트 넘게 득표했고, 공산당은 4퍼센트에 미치지 못했지만, 정치적 급진주의가 점차 유행하고 있다는 사실은 의문의 여지가 없었다. 대다수 일본인은 전쟁의 주요 승전국인 미국과 소련이 공동으로 민주주의를 옹호한다고 믿었다. 도쿄의 몇몇 언론인은 그렇지 않으면 왜 미국이 좌파에게 기회를 열어 주는 개혁을 시행하는 것이냐고 지적했다. 이미 1946년에 맥아더 장군은 점점 목소리를 높이는 사회주의자에게 엄중한 경고를 보낸 바 있었다.

"일본 사회의 소수집단이 상황과 조건에 따라 요구되는 자제와 자존을 실천하지 못한다면, 나는 그런 개탄할 만한 상황을 통제하고 치유하기 위해 필요한 조처를 할 수밖에 없다."[3] 1948년 방일한 조지 케넌은 일본에서 정치 안정과 경제 발전이 제대로 이루어지지 않는 상황이 미국의 글로벌 정책에 걸림돌이 되었다는 사실에 충격을 받았다. 그는 추가적인 개혁을 신속히 끝내고 전쟁범죄자 숙청을 "완화"할 것을 요구했다. 또한 그는 소련이 "크게 약화하거나 정신을 차리지" 않으면, 또는 평화 조약이 체결될 무렵에 "일본 사회가 여전히 정치적 의미에서 지나치게 취약해 보인다면, 일본을 제한적으로 재군사화"할 것을 요구했다.[4]

미국의 이른바 "역코스(reverse course)" 덕분에 일본 보수파는 어느 정도 자신감을 되찾았다. 그들은 다수가 점차 경제 쇠퇴를 저지하는 데 몰두하는 일본 사회를 기반으로 삼을 수 있었다. 우파 지도자들은 공장을 재가동하고 도시에 쌀 공급을 조직하는 기술이 더 뛰어나 보였다. 전시에 군국주의자와 사이가 틀어진 우파 몇몇은 특히 인기가 좋았다. 일본의 조기 항복을 밀어붙이려 한 혐의로 체포된 전 외교관 요시다 시게루吉田茂는 1946년에 총리가 됐는데, 좌파가 거세게 도전했음에도 1954년까지 줄곧 자리를 지켰다. 1948년 말부터 좌익 교사, 공무원, 노동조합원 수천 명이 역"빨갱이 숙청"으로 일자리에서 쫓겨났다. 전쟁범죄로 기소된 사람들이 자유로이 걸어 나오는 순간에 국민이 감시 대상이 되었다. 이에 일본 좌파는 격분하면서 급진적으로 변했다. 1949년 선거에서 공산당이 10퍼센트 넘게 득표했다.

일본을 점령함으로써 미국은 예전의 적국을 장기적인 지원군으로 바꾸는 독특한 기회를 얻었다. 개혁 정책 시기나 그에 뒤이은 반급진파 정책 시기나 목표는 다르지 않았다. 일본을 미국이 그리는 대로 개조하는 것이었다. 물론 이것은 미국이 태평양전쟁에서 군사적 승리를 거뒀을 뿐 아니라, 이어진 점령에서 다른 승전국─무엇보다도 소련─에 실질적인 역할을 전혀 부여하지 않았기 때문에 실행할 수 있었다. 스탈린은 점령군에서 소련이 노골적으로 배제되자 분노했지만 놀라지는 않았다. 어쨌든 자기도 동유럽에서 똑같이 행동했기 때문이다. 그리고 트루먼이 자기에게 호의를 보일 것으로 기대하지 않았다. 스탈린의 방침은 일본공산당에, 미국의 점령에 반대하고, 일본에서 사회주의 혁명을 이루고 소련과 동맹을 맺어야만 일본의 독립이 부활할 수 있다는 주장을 하라고 지시하는 것이었다. 그뿐만 아니라 스탈린은 일본 보수파에 손을 내밀었다. 전쟁 말기에 소련이 점령한 북부의 쿠릴열도를 돌려받기를 원한다면, 그리고 공산주의 중국과 무역을 원한다면, 모스크바를 통해야만 그런 합의를 이룰 수 있다는 것이었다.

중국공산당이 승리하고 1950년 여름 한국전쟁이 발발하자 동아시아의 전략 상황이 바뀌었다. 이전에는 일본이 오랜 기간 경제적 (그리고 어쩌면 군사적) 잠재력 때문에 미국의 최우선 자산이었다. 특히 북한이 공격한 뒤 일본은 미국이 이 지역에서 보유한 전부였고, 이나라는 미군이 한반도에서 반격을 수행하고 물자를 보급하는 데 핵심 역할을 했다. 전쟁 때문에 워싱턴은 일본과 가능한 한 빠르게 강화조약을 맺어야 했다. 그래야 미국은 일본에 영구적인 발판을 마련하고, 일본은 자국 방위를 어느 정도 책임질 수 있었기 때문이다. 트루먼은 일본 정부가 먼저 미국과 양자 간 안보 조약에 합의할 것을 주장했다. 일본은 미국을 유일한 동맹국으로 받아들이고, 미국은 일본 정부의 권한에서 완전히 벗어난 기지를 일본에 둘 권리를 확보하는 조약이었다. 조약에 따르면, 미군은 "외부에서 무력 공격이 벌어지면 일본의 안보"에 이바지해야 했다. "일본 정부가 내부의 대규모 폭동과 소요를 진압해 달라고 긴급히 요청하면 지원하는 것"도 포함되었다.[5] 또한 요시다는 일본이 중국공산당 정부와 어떤 협정도 맺지 않을 것이라고 선언해야 했다. 그런 다음에야 강화조약을 체결할 수 있었다. 소련은 예상대로 조약에 서명하기를 거부했고, 중국은 회담에 초청되지도 못했다.

시간이 흐르면서 일본은 미국이 치르는 냉전에서 가장 중요한 동맹국으로 발전한다. 일본은 아시아 본토 인근 해역에 자리한 가라앉지 않는 항공모함 역할을 했을 뿐만 아니라, 1940년대 말에 이미 이 지역에서 미국이 군사적 우위를 차지하기 위한 해상 전략을 맡은 미국의 군사 계획의 중심이기도 했다. 나중에 미일 동맹에서 가장 중요한 부분은 도쿄가 미국의 냉전 전략에 제공하는 경제적 상호작용과 지원이 되는 것이었다. 그러나 동맹 첫해에 이는 아직 요원했다. 아시아가 줄곧 미국 대외정책의 중요한 부분이 되면서, 미국의 주요 관심사는 일본 정치 체계의 안정과 국내외 공산주의에 맞서 자신을 지키려는 도쿄의 의지였다.

대다수 중국인에게 20세기는 뒤죽박죽 혼란스러운 경험이었다. 세기 초까지 제국이었던 중국은 공화국이 되었고, 경쟁하는 정권들의 무정부 상태를 거쳐 다시 공화국이 되었다. 중국 국가의 최신 모습은 1930년대부터 줄곧 장제스와 국민당이 이끄는 근대화 독재였다. 하지만 1937년 일본이 공격하자 장제스의 장악력이 도전을 받았고, 중국 국내에서 경쟁자가 다시 등장했다. 국민당이 일본의 맹습에 맞서 당의 생명(과 중국)을 지키기 위해 싸우는 동안 이 경쟁자들은 발판을 확보했다. 그중 첫 번째인 중국공산당은 장제스가 1930년대 중반에 거의 존재 자체를 지워 버릴 수 있었던 집단이었다. 모스크바와 직접 접촉하는 일이 그다지 많지 않은 공산당은 전쟁 중에 중대한 국민 정당으로 변모할 수 있었다. 일본을 상대해야 할 때는 일본과 싸우고, 기회가 생기면 국민당과 싸운 공산당은 1945년 중국의 지도권을 놓고 장제스의 국민당과 한판 싸움을 벌일 태세가 되어 있었다.

이미 대일 전쟁 덕분에 공산당은 번성할 기회를 얻었다. 하지만 공산당이 권력을 잡을 기회를 확실히 움켜쥐게 한 것은 바로 지도자 마오쩌둥이었다. 마오쩌둥은 명석하고 무모하기도 한 사령관으로, 사회정의에 철두철미하게 헌신하고 이른바 "낡은 중국"—후진성, 미신, 가부장제—을 깊이 혐오했다. 그는 근대적이면서 사회적으로 정의로운 "새로운 중국"을 창조하고자 했다. 그가 주목한 이상은 스탈린의 소련인데, 한 번도 방문한 적은 없지만 반제국주의적·혁명적·진보적 국가로 우상시한 나라였다. 1945년 초 마오쩌둥의 군대는 기대한 대로 소련이 개입하는 방법으로서 조만간 중국 북부에서 붉은군대와 연계해 장제스와 지배권을 놓고 다툴 준비를 했다.

하지만 중국에서 벌어진 전쟁은 마오쩌둥이나 그의 적이나 예상하지 못한 방식으로 끝이 났다. 스탈린이 일본 공격을 질질 끌며 주저하자 마오쩌둥은 거의 절망에 빠질 정도였다. 중국공산당은 미국을 지배적인 해외 강대국으로 두는 전후의 중국을 고려하는 수밖에 없었다. 이러한 과정은 절대 중국의 성에 차지 않았다. 그런데 1945년 8월 갑자기 모든 일이 한꺼번에 벌어졌다. 원자폭탄이 일본의 두 도시에 떨어졌다. 소련이 마침내 일본 공격에 나서 중국 북부, 즉 만주와 한반도 북부를 점령했다. 일본은 항복했다. 중국을 절멸 일보 직전까지 밀어붙인 강대국이 갑자기 사라져 버렸다. 마오쩌둥은 공산군에, 만주로 이동해 납작해진 일본인에게서 최대한 많은 영토를 빼앗으라고 지시했다. 공산당이 대대적인 성공을 거둘 태세였다.

그런데 모든 게 공산당에 불리하게 바뀌었다. 미국이 중국의 광대한 지역을 여전히 틀어쥔 일본에 장제스 군대에만 항복하라고 주문한 것이다. 장제스는 국제적으로 인정되는 중국 정부 수반이라는 지위를 활용해 스탈린과 거래를 했는데, 국민당은 소련이 향후 만주에서 경제·군사 활동을 하는 것을 인정해 주는 대가로 만주 지배권을 받았다. 설상가상으로 동부 해안 지대-중국에서 가장 인구가 많은 지역으로 전쟁 중에 일본에 점령된한 곳이다-에 사는 중국인이 미군 수송기를 타고 들어온 장제스 군대를 해방의 영웅으로 환영했다. 마오쩌둥은 어느 모로 보나 패배할 듯 보였다.

중국공산당은 분명 이런 상황을 감수하려 하지 않았다. 공산당 병사는 소련의 지시를 무시한 채 만주로 진군했다. 1945년 가을 긴장이 고조되는 가운데 트루먼 대통령은 미국 최고의 전쟁 영웅 조지 C.

마셜 장군을 중국에 보내 중재하게 했다. 스탈린은 처음에 주로 두 가지 이유를 대며 중국공산당에 중재에 협조하라고 요청했다. 소련 지도자는 중국에서 공산주의 혁명이 성공할 가능성이 전혀 없다고 보았고, 또한 앞선 거래로 중국에서 끌어낸 양해를 활용하기 위해 장제스가 계속 협조해야 했다. 스탈린의 생각은 소련의 이익을 위해 중국 혁명을 희생하려 했다기보다, 아무 이득도 얻지 못하느니 차라리 소련(따라서 공산주의)의 이익을 좀 챙기자는 것이었다. 하지만 중국공산당은 협조하려 하지 않았다. 공산당이 장제스에게 굴복하려 하지 않으면서 충돌이 격화했다. 미국은 점차 장제스를 지원하는 데 힘을 쏟았고, 이런 상황에서 대담해진 장제스는 소련과 합의한 내용을 실행하는 데 꾸물거렸다. 미국의 압박이 커지고 다른 지역에서 냉전의 긴장 상태가 폭발하자, 스탈린은 돌연 1946년 3월 만주에서 군대를 철수하기로 했다. 이렇게 하면 중국공산당이 만주에서 군사적 우위를 확보할 것으로 기대한 듯하다. 이로써 스탈린은 장제스를 다시 협상장에 끌어들일 것으로 생각했을지 모른다. 하지만 오히려 내전이 폭발해서 이후 4년 동안 중국 전체를 집어삼켰다.

장제스는 중국공산당을 만주에서 떼어 놓는 데 필사적으로 매달렸다. 그의 임무는 자기의 지도로 나라 전체를 통일하고 정치·군사 강국으로 부활하는 것이었다. 이를 위해서 공산당을 박살 내야 한다는 게 그의 생각이었다. 1946년 말과 1947년에 장제스가 미국의 지원을 받아 공산당을 상대로 벌인 전면 공세는 거의 성공할 뻔했다. 하지만 어느새 그와 국민당은 한계에 도달했다. 소련이 지원을 늘리면서 공산군—이제 중국인민해방군(People's Liberation Army, PLA)으로 재편되었다-은 만주의 국민당 보급선을 공격했다. 장제스가 미국 장비로 무장한 최고의 군대를 지역에 계속 쏟아 부었지만, 만주의 군사 상황은 서서히 바뀌었다. 1947년 말에 이르면 중국인민해방군 원수 린뱌오林彪의 군대가 전면 공세를 개시했다. 1948년 초 국민당의 주력군이 동북부에서 함정에 빠진 채 중국인민해방군에 차례로 무너졌다. 전황이 장제스에게 불리하게 돌아갔다.

장제스는 전장에서 곤란한 상황에 빠졌을 뿐만 아니라, 도시를 비롯해 국민당 정부가 장악한 다른 지역에서도 입지가 약해졌다. 그는 성질 급한 사람이었다. 너무 많은 것을 조속히 얻고자 했다. 무엇보다도 그는 중국의 경제와 사회의 부흥을 이끌고 자금을 댈 강력한 중앙 정부를 세우고자 했다. 하지만 그의 성급한 행동은 오히려 정권의 몰락을 재촉했다. 1948년 중반에 이르면 농민이 장제스를 버렸다. 점점 가망 없어 보이는 대의명분을 위해 자기 아들이 군대에 강제로 끌려가는 것을 보며 분노했기 때문이다. 지주가 국민당을 포기한 것은 장제스가 자기 부하를 각 성에 보내 통치를 맡기려는 듯 보였기 때문이다. 부르주아지가 정부에 등을 돌린 것은 인플레이션과 부패 때문에 그들을 가난으로 내몰았기 때문이다. 도시 노동계급-원래 국민당이 그들에게 일정한 지지를 받고 공산당은 전혀 지지를 받지 못했다-은 정권에서 마지막으로 도망친 집단이지만, 1949년에 공산당 군대가 중국 전역에 퍼졌을 때, 국민당을 위해 목숨을 바치겠다고 나선 노동자는 거의 없었다.

트루먼 행정부-처음에는 장제스 정부에 관심이 많지 않았지만, 공산당보다 장제스 정부를 훨씬 선호했다- 또한 전시의 동맹을 버렸다. 1948년에 이미 대통령 보좌진은 미국이 직접 군사개입을 하지 않는 한 국민당이 도저히 이길 수 없음을 분명히 했다. 그런데 다른 지역, 특히 유럽에서 압박을 받는 가운데, 미국 대통령이 아시아 본토에서 전쟁을 벌여 승리할 수 있다고 믿는다 할지라도, 중국 내전에 미군을 보내는 것을 승인할 리는 만무했다. 이제 워싱턴으로 돌아와 국무장관을 맡은 조지 마셜은 장제스 군대에 보급을 재개하는 것만으로는 효과를 볼 수 없다고 중국과 미국 양쪽에 경고한 바 있다. 마셜은 장제스가 "독특한 병참 문제"에 직면했다고 미국 주재 중국대사 구웨이쥔顧維鈞(Wellington Koo)에게 냉담히 말했다. "장제스는 보급 물자의 40퍼센트 정도를 적에게 빼앗기고 있습니다. 그 비율이 50퍼센트가 되면 휘하 부대에 보급을 계속하는 게 현명한지 결단해야 할 겁니다."[6]

　　미국은 장제스와 관계를 완전히 끊지는 않더라도 거리를 두었지만, 소련은 중국공산당과 더욱 가까워졌다. 1948년 초에 이르면 소련의 군사 원조가 만주에 들어왔고, 붉은군대 교관이 만주와 소련 두 곳에서 중국인민해방군 장교를 훈련했다. 중국인민해방군은 붉은군대의 원조를 받지 않고도 내전에서 승리할 듯 보였다. 하지만 소련의 원조는 중국공산당에 정치적으로 중요했다. 모스크바에 있는 공산주의의 "위대한 대가", 즉 이오시프 스탈린 본인이 이제 중국공산당의 방침을 수용하고 새로운 중국 공산주의 국가의 탄생을 도와줄 것임이 분명해졌다.

　　장제스는 19세기 말 이후 일본이 직접 통치한 중국 앞바다의 섬 타이완으로 도망친 데 비해, 1949년 10월 마오쩌둥은 베이징에서 새 정부를 세웠다. 소련은 신중히 행동하라고 호소했지만, 마오쩌둥은 동유럽의 소련 위성 국가들과 같은 인민공화국이라고 선포했다. 또한 새로운 중화인민공화국을 선포한 직후 모스크바로 순례에 나서겠다고 고집했다. 표면 이유는 스탈린의 70번째 생일 축하를 돕겠다는 것이었다. 실제로 마오쩌둥이 원한 것은 중국 혁명의 기반을 약화하려는 미국의 시도에 맞서 소련과 동맹을 맺는 것이었다. 위대한 대가는 마지못해 마오쩌둥의 방문을 허용했다. 스탈린은 중국공산당의 "계급적 토대"를 신뢰하지 않았다. 스탈린의 결론에 따르면, 중국 공산주의자들은 노동자라기보다 농민이었다. 또한 중국 혁명은 사회주의 혁명이라기보다 "민족" 혁명이었고, 적어도 처음에는 민족 부르주아지와 연합해서 통치해야 했다. 스탈린은 중국공산당이 소련의 붉은군대에 의존하지 않고 그들의 힘으로 집권할 수 없을 것이라며 중국공산당을 마음속 깊이 불신했다. 나이가 들수록 스탈린은 자기가 직접 통제할 수 없는 것은 무엇이든, 누구든 점점 더 의심했다. 마오쩌둥은 동맹자를 얻었지만, 자기가 그토록 바라던 대로 위대한 대가의 으뜸가는 사도가 되기는커녕 진기한 대상으로 대접받는 게 만족스럽지 않았다.

중국공산당이 세우고자 한 새로운 국가는 소련의 구상에 따라 형성되었다. 당은 주로 스탈린과 소련 고문들의 마음에 들기 위해 중국 정부가 연합체인 척 행세했다. 하지만 새로운 헌법은 공산당의 지도적 역할을 강조하면서 "위대한 소비에트사회주의공화국연방과 누구도 깨뜨릴 수 없는 친선"을 찬미했다. 실제로 의문의 여지가 없었다. 공산당은 중국을 통치하면서 나아가는 방향에 동의하지 않는 모든 세력을 숙청했다. "우리는 공산당이 지도하는 프롤레타리아트와 농민의 독재, 즉 인민의 독재를 지지합니다. 노동자와 농민이 중국 인구의 90퍼센트를 차지하기 때문입니다." 마오쩌둥이 소련에 말했다. "이런 체제는 인민에게는 민주주의를, 지주와 관료 자본, 제국주의자에게는 독재를 제공합니다. 우리는 우리 체제를 전위에 선 공산당이 대표하는 프롤레타리아트의 지도로 노동자와 농민의 단결에 바탕을 둔 신민주주의라고 부릅니다."[7]

새로운 체제가 중국에서 혁명적 폭력을 일으킨 데는 세 가지 주요 목적이 있었다. 마오쩌둥은 농촌과 도시에서 각각 전통 엘리트와 부르주아지의 권력을 깨뜨리고자 했다. 그리고 외국인을 쫓아내고 그들의 신문과 서적, 영화를 금지함으로써, 중국에서 비공산주의적인 해외의 영향력을 차단하고자 했다. 또한 중국 젊은이를 동원한 대중 운동으로 소련을 본뜬 새로운 사회주의 공화국을 건설하고자 했다. 1950년 여름 한국전쟁이 발발하면서 이런 숙청이 예상보다 더욱 유혈적으로 바뀌었을 수도 있다. 하지만 이 모든 요소는 처음부터 존재했다. 특히 성省별로 얼마나 많은 반혁명 분자를 색출해서 제거해야 하는지를 할당한 데다, 1930년대 소련에서 스탈린이 벌인 활동을 그대로 가져왔다. 소련 고문단이 경솔히 행동하지 말라고 경고했음에도, 공산당이 권력을 잡은 처음 2년 동안 200만 명 가까운 사람이 살해되었다.[8]

새로운 체제가 야만적이고 때로 의미 없는 범죄를 저질렀음에도, 수많은 중국인은 그 깃발 아래로 몰려들었다. 많은 이는 100년간 약했던 중국인이 마침내 떨치고 일어섰다는 마오쩌둥의 설명을 믿었다. 민족주의는 시대의 풍조였고, 수많은 중국인은 자부심을 가질 수 있는 나라를 절실히 원했다. 그들은 공산주의가 미래의 물결이라면 중국은 그것을 받아들이고 심지어 그 최전선에 서야 한다고 생각했다. 한반도에서 미국에 맞서 전쟁을 벌이는 것은 중국의 민족주의에 기름을 붓는 꼴이었다. 그뿐만 아니라 마오쩌둥의 기획과 중국의 모든 과거가 공산주의가 승리하는 이 순간을 어떻게 가리키는지를 풀어 놓은 이야기는 더 심대한 호소력이 있었다. 그 기획은 중국 역사 대부분의 시기에 지도자들이 즐겨 퍼뜨린 집단행동과 집단 정의의 방향과 잘 들어맞았다. 20세기 전반에 나라가 온갖 전쟁과 대결을 겪는 걸 보고도 수수방관했다고 느낀 어떤 이에게 공산주의 혁명은 일종의 청소였다. 혁명은 이해할 수 없거나 심지어 비인도적인 방법으로 진행되었을지 모르지만, 그들이 개인보다 더 큰 무언가, 의미 있고 종국에는 중국을 바로잡을 무언가에 몰두할 기회를 주었다.

중국 혁명의 힘은 중국 국경과 멀리 떨어진 곳에서도 감지되었다. 동남아시아에서 반식민주의 혁명 정당이 용기와 힘을 얻었다. 한반도에서 김일성이 이끄는 공산주의자는 그들도 이제 무력으로 나라를 통일할 수 있다고 느꼈다. 엘리트가 중국 공산주의를 치명적인 위협으로 여긴 일본에서도, 아시아인이 미국의 반대를 무릅쓰고 그들의 힘으로 권력을 잡는 것을 보고 민족주의자는 은밀히 웃음을 지었다. 중국인 디아스포라에서 공산주의에 거의 친밀감을 느끼지 못한 많은 이도 중국에서 강한 정부가 등장한 것을 축하했다.[9] 인도와 유럽은 중국 혁명을 세계 정치에서 일어난 주요 변화로 바라보았다. 신생 독립국 인도의 민족주의자 총리 자와할랄 네루Jawaharlal Nehru는 의회에 이렇게 말했다. "이것은 수천만, 수억 명의 인류가 참여한 근본 혁명이었고, … 인기를 누리며 굳건히 자리 잡은 완벽히 안정된 정부를 낳았습니다."[10] 프랑스의 신문 사설도 정치 진영을 넘어 신속한 이행과 이를 통해 공산주의가 세계 전역에서 어떻게 하나의 이데올로기로 힘을 얻었는지 논평했다. 프랑스의 반공주의 지식인 레몽 아롱은 《르피가로》에서 불길한 징조를 담아 언급했다. "서구에서 기원해 현재 유라시아 제국의 공식 종교로 올라선 이데올로기를 천명하는 혁명 정당이 옛 중화제국을 정복한 것은 역사적인 사건으로, 언뜻 보면 역설적인 것 같고 여전히 그 결과를 예측하기 어렵다. … 러시아에 이은 중국의 사례를 보면, 마르크스가 자본주의 이후 사회를 위해 창조한 마르크스주의가 오히려 전前자본주의 사회에서 성공할 확률이 더 높음을 알 수 있다."[11]

미국에서 나타난 전반적인 반응은 심대한 충격에 가까웠다. 20세기 초반 이후 이런 문제에 몰두한 몇 되지 않는 미국인은 자국이 중국에 인자한 길잡이라고 생각했다. 중국이 세계 무대에 진입할 수 있게 미국이 돕고 지원한다고 생각한 것이다. 이런 견해는 제2차 세계대전 중에 미국과 중국이 연합해 일본과 싸우면서 정점으로 치달았다. 적어도 관심 있는 미국인이 생각하기에 중국을 해방하고 친절한 세계 강대국 미국과 손을 잡을 수 있게 해 주려는 시도였다. 프랭클린 루스벨트는 중국이 미래에 "세계 경찰"이 될 것이며, 유엔 체계를 구성하는 토대가 되어야 한다고 자주 말했다. 허나 이제는 미국의 꿈과 투자가 산산조각이 난 듯 보였다. 그러나 많은 미국 관리는 자국 대외정책을 비난하는 대신 중국을 탓했다. 중국인은 고마워할 줄 모르고 기만적이며, 여러 세대에 걸친 미국의 원조를 퇴짜 놓았다고 여겨졌다.

트루먼 행정부는 중국공산당의 권력 장악이 냉전에서 갖는 함의를 곧바로 알아보았다. 중국은 미국에 대항하는 동맹에서 소련과 손을 잡았다. 민족주의의 압력 때문에 결국 이 동맹이 깨질 것이라고 보는 이도 있었지만, 다수는 경악과 당황, 배신을 느꼈다. 물론 한국전쟁이 일어나자 중국공산당을 향한 혐오가 더욱 심해졌다. 트루먼은 1951년에 "내가 대통령이고, 저지할 수 있는 한, 우리가 저 흉악한 조직을 중국 정부로 인정하는 일은 없을 것"이라고 말했다.[12] 한반도에서 전쟁이 발발하기 전임에도 〈국가안전보장회의 보고서 68호〉에 이와 관련해 이미 경고가 있었다. "남아시아와 동남아시아 나머지 지역의 정치-경제 상황을 고려하면, 중국에서 공산주의가 성공한 것은 이 문제투성이 지역에서 또 다른 세력이 등장할 발판이 된다."[13]

트루먼 행정부의 이러한 경각심은 대통령 비판자에게 충분하지 않았다. 1940년대 말에 이르면 대다수 공화당원은 고립주의적 인식을 벗어던지고 열렬한 냉전 전사가 되어, 트루먼이 해외와 국내의 공산주의를 부드럽게 대한다고 비난했다. 미국이 "중국을 잃은 것"은 그들에게 탄약이 되었다. 트루먼이 유럽에서 냉전 교리를 실행하기 위해 의회에 예산 편성을 요구하는 가운데, 공화당 초선 하원의원 리처드 닉슨Richard Nixon은 전 지구적인 공산주의의 위협이 벌어지는데 민주당 행정부는 무시로 일관했다고 주장했다. "중국에서 공산주의가 확산된 것과 지중해 동부에서 빨갱이가 세력을 떨치는 현상에 무슨 차이가 있습니까? … 중국에서 공산주의에 대항하도록 어정쩡

한 좌파와 공산주의 동조자를 파견한 것과 똑같은 실책을 저지르고, 우리가 공표한 계획을 태업할 셈입니까? 그리고 그리스와 튀르키예에서 공산주의에 맞서 싸우고자 한다면, 국내도 정부 부처와 노동조합의 유력한 자리에서 공산주의자와 동조자를 제거함으로써 집안 청소를 해야 하는 거 아닙니까?"[14] 1950년에 상원에 진입한 조지프 매카시와 동맹을 맺은 닉슨은 민주당에 중국을 공산주의자 손에 내준 책임을 물었다.[15]

　　동북아시아가 전쟁과 점령, 혁명을 통해 변모하는 가운데 동남아시아 또한 그 나름대로 형태 변화를 겪었다. 북쪽 지역과 달리, 19~20세기에 동남아시아는 거의 전역이 외부 강대국의 식민지가 되었다. 인도차이나반도 전체가 프랑스의 지배를 받는 한편, 남부의 군도 대부분이 네덜란드의 손아귀에 들어갔다. 영국은 말라야와 버마(지금의 미얀마)를 통치했다. 후발 제국주의 국가인 미국은 필리핀을 수중에 넣었다. 오직 타이만이 불안정하게 독립을 유지했다. 하지만 1945년 이후 몇 년간 이 확립된 질서가 뒤집혔다. 노련한 공산주의자 호찌민이 1945년 8월 베트남 독립을 선포했다. 같은 달에 급진 민족주의자 수카르노는 네덜란드가 식민 지배한 영토 전부를 아우르는 인도네시아에서 새로운 주권 국가를 선언했다. 버마에서 아웅산은 1947년 1월 영국의 철수를 교섭했다. 수카르노와 아웅산 모두 일본과 협력한 바 있었다. 전 공산당원이자 열렬한 민족주의 단체의 지도자인 아웅산은 일본에서 버마민족군을 창설했는데, 1945년 3월에야 편을 바꿔서 버마공산당과 함께 반파시스트인민자유연맹이라는 거창한 이름의 조직을 만들었다. 수카르노는 일본이 점령한 자카르타에서 새로운 인도네시아 국가를 위한 5개 원칙-국민의 단합, 국제주의, 민주주의, 사회주의, 신앙-을 마련하고 일본이 항복할 때까지 노력했다. 뒤이어 수카르노는 일본이 붕괴한 뒤 식민지로 돌아온다는 네덜란드의 구상과 무관히 새로운 나라를 건설하는 데 착수했다.

하지만 인도네시아의 사례에서 드러나듯이, 독립과 국가 건설을 이루는 손쉬운 길은 없었다. 일본이 항복한 뒤, 영국군이 인도네시아 주요 도시를 점령했다. 런던 당국은 네덜란드가 예전 식민지를 되찾게 해 주기로 했다. 인도네시아의 저항이 커지면서 1945년 11월 수라바야전투에서 충돌이 정점으로 치달았다. 사령관 오버틴 맬러비 Aubertin Mallaby 준장을 포함한 영국군 600명이 네덜란드의 돌아갈 권리를 위해 목숨을 잃었다. 인도네시아 사람이 9000명 넘게 살해되었다. 수라바야는 영국과 미국 양쪽이 동남아시아 민족주의의 힘을 상기하게 했고, 양국은 네덜란드에 인도네시아와 느슨한 연계를 이루는 쪽으로 타협하라고 촉구했다. 1947년 네덜란드가 신생 공화국을 무력으로 전복하려 하자, 영국은 지원을 거부했고 미국은 진퇴양난에 빠졌다. 미국은 네덜란드에 동남아시아에서 철수할 것을 강요하면, 네덜란드 정부 자체가 약해져서 사회적·경제적 불안이 조성될 것을 걱정했다. 그러나 미국은 네덜란드가 예전 식민지에서 "치안 활동"을 계속하면 할수록 수카르노 같은 민족주의자가 강력한 인도네시아공산당의 방침에 더욱 굴복해야 한다는 사실을 훨씬 우려했다. 결국 인도네시아공산당이 공화국 지도자들에 맞서 불행히 끝난 무장 봉기를 일으킴으로써 미국의 정책적 난관을 해결해 주었다. 네딜란드가 인도네시아의 혼란을 활용해 개입을 강화하고 인도네시아 지도자 몇 명을 체포하려 하자, 트루먼 행정부는 단호한 태도를 보였다. 워싱턴은 네덜란드에 경제원조를 끊겠다고 을러대는 한편, 인도네시아 공화국 지도부를 복원할 것을 요구하는 유엔 안보리 결의안을 지지했다. 네덜란드는 결국 그해 말에 인도네시아의 독립을 인정하는 데 동의했다.

인도네시아가 주권을 찾은 서사시는 냉전과 빠르게 탈식민화한 세계의 중요한 연결고리 두 개를 보여 준다. 첫째 중국 및 인접 나라 바깥의 대부분 지역에서 공산당은 인기가 많고 조직력이 강한 민족주의자의 맞수가 되지 못했다는 것이다. 그리고 중국 자체가 예외일 수 있었던 건 단지 일본이 공산당의 적수, 즉 장제스가 이끄는 국민당에 이미 큰 타격을 주었기 때문이었다. 둘째 미국은 대체로 서유럽 동맹국이 예전 식민지를 되찾는 것을 지원하는 일보다 공산주의의 세력 확대를 막는 데 몰두했다는 것이다. 전자가 후자에 방해가 된다는 것을 확신했을 때, 미국 행정부는 동맹국에 불리한 행동도 서슴지 않았다. 문제는 냉전이 진전됨에 따라 이데올로기적 측면에서 미국의 정치 지도자들이 급진 민족주의와 공산주의를 구분하는 게 점점 어려워졌다는 사실이다. 둘 다 반미 세력으로 보였고, 급진 민족주의자가 추구하는 정책은 (정반대의 증거가 많았음에도) 공산주의를 위한 길을 닦는다고 여겨졌다.

아마도 한반도를 제외하고 본다면, 베트남은 아시아의 옛 식민지 가운데 지배적인 독립 지도자들이 공산주의를 선택한 유일한 나라였다. 역설적이게도 한 가지 이유는 베트남 엘리트가 프랑스 문화와 교육에 통합되었기 때문이다. 그리하여 1914년 이후 세대는 프랑스 젊은이 사이에 우세한 급진주의를 이어받았다. 소비에트 공산주의의 국제주의는 베트남 독립 운동에 속한 많은 이에게 호소력이 있었다. 공산주의는 프랑스 자체에서 벌어진 투쟁과 동등하게, 자치를 위한 그들의 투쟁이 왜, 그리고 어떻게 전 지구적으로 중요한지를 보여줄 기회였다. 베트남을 냉전과 연결한 핵심 지도자 호찌민 또한 베트남 민족주의와 공산주의적 국제주의의 이런 연계를 상징했다. 호찌민은 1890년에 태어나 후에에 있는 프랑스 국립 고등학교에 다녔다. 베트남 바깥의 세계에 매혹된 그는 프랑스, 영국, 미국에 가서 천한 일―런던 칼튼호텔에서 종업원으로 일하기도 했다―을 하면서 남는 시간에 공부를 했다. 제1차 세계대전이 끝난 뒤 베르사유 회담장에서 베트남의 독립을 위한 활동을 벌였으나 성공하지 못한 뒤, 프랑스공산당 창립 당원이 되었고, 이어서 1923~1941년에 모스크바를 시작으로 중국과 동남아시아에서 코민테른 활동을 했다. 그 후 베트남으로 돌아온 그는 프랑스가 제2차 세계대전에서 패배하자 식민 지배에서 조국을 해방할 기회가 생겼음을 직감했다. 호찌민과 그가 이끈 독립 운동 단체 베트민(Viet Minh)은 비시프랑스와 일본에 맞서 싸웠다. 전후에 베트남을 독립하게 해 준다는 도쿄의 약속을 믿지 않은 그들은 일본 제국군에 압박을 가하라는 모스크바의 지침을 따랐다.

1945년 8월 일본이 갑작스레 항복하자 호찌민은 수카르노처럼 곧바로 베트남 독립을 위해 싸웠다. 전시 강대국의 협력을 기반으로 삼는 한편, 미국이 그들의 적을 지지하는 것을 막기 위해 그는 독립 선언에 국제적 관점을 집어넣었다. "모든 인간은 평등하게 창조되었다. 인간은 누구나 조물주에게 양도할 수 없는 권리를 받았다. 생명과 자유와 행복 추구의 권리가 그것이다." 이 불멸의 선언은 1776년 미국 독립선언에서 이뤄진 것이었다. 더 넓은 의미에서 이 선언은 다음과 같은 뜻을 지닌다. 지구의 모든 사람은 태어날 때부터 평등하며, 모든 이가 행복하고 자유로이 살 권리를 갖는다. 중국의 마오쩌둥과 마찬가지로, 호찌민도 베트민이 공산주의 지도부 아래 권력을 잡은 뒤 일으킬 공산주의 혁명을 막을 수 있는 건 미국의 개입뿐이라고 보았다. 아마 그는 자기가 공부한 프랑스 역사에서 비슷한 상황을 생각했을 것이다. 개신교 국왕 앙리 4세에게 파리가 미사를 드릴 만한 가치가 충분한 곳이었다면,* 베트남 혁명은 공산주의자 호찌민이 미국 독립선언을 인용할 만한 가치가 충분했다.

　전쟁이 끝난 뒤 프랑스가 베트남을 다시 손에 넣기로 하지 않았다면, 호찌민의 말이 옳았을 것이다. 미국이 베트남(그리고 나머지 인도차이나) 문제에 관여한 한 가지 핵심 이유는 한국전쟁이 발발하기 전까지 프랑스군이 호찌민의 베트민과 계속 싸웠기 때문이다. 프랑스 역대 정부가 트루먼에게 베트남에서 벌어지는 전투가 공산주의와 "자유세계"의 충돌임을 설득하려고 애를 썼지만, 처음에 워싱턴은 프랑스가 인도차이나를 다시 식민지로 삼는 것을 비관적으로 여겼다. 하지만 한반도에서 전쟁이 벌어지고, 중국공산당이 베트민을 지지한다는 것이 점차 분명해지자 트루먼이나 후임자 아이젠하워나

---

* 　앙리 4세가 대관식에서 했다는 말로, '프랑스 왕이 되기 위해서 가톨릭으로 개종할 만했다'는 뜻이다.

베트남을 호찌민에게 내주는 것이 옹호할 만한 제안이 아님을 깨달았다. 문제는 베트남 북부에서 벌어지는 전투가 점점 프랑스에 불리해지고, 1954년 5월 디엔비엔푸에서 프랑스군이 베트민 전사와 중국 중포병대의 합동 공격에 대패를 당한 것이었다.[16]

신임 아이젠하워 행정부 처지로 보면 디엔비엔푸는 냉전에서 중대한 문제였다. 미국은 장기 전투가 이어지는 동안 직간접적으로 프랑스를 지원했다. 프랑스에 무기와 항공기를 제공했고, 막바지에는 미 공군 B-26 폭격기 비행대가 전투 지역 곳곳의 베트남 표적을 공격한 바 있었다. 그럼에도 프랑스는 패배했고, 그 여파로 파리 정부가 무너졌으며, 좌파 성향의 신임 총리 피에르 망데스-프랑스Pierre Mendès-France는 될 수 있는 대로 이른 시일에 인도차이나에서 철수하기를 원했다. 아이젠하워는 미군 병사를 현지에 보내기를 거부했다. "어떤 나라든 내전에 개입하는 국가는 편들어 개입하는 쪽이 전쟁의 목적이나 대의를 굳건히 신봉하면서 사기를 높이지 않는다면 승리하기를 기대하기 어렵다." 사적인 편지에서 대통령은 프랑스를 비판하면서 그들이 "책임을 회피하는 모호한 말로 독립을 약속했으며, 다른 무엇만큼이나 이 한 가지 이유로 도저히 변명할 수 없는 패배를 당하고 있다"라고 비난했다.[17] 그렇다고 해서 베트남에서 공산당이 집권하게 내버려두어서는 안 된다고 경고했다. "세계에 필요한 물자를 생산하는 지역은 특별한 가치가 있습니다." 1954년 인도차이나에 관한 국제 회담이 소집됐을 때, 아이젠하워가 기자에게 말했다. "그리고 많은 인류가 자유세계에 적대적인 독재를 거칠지도 모릅니다. 결국 이른바 '쓰러지는 도미노' 원칙을 따르는 폭넓은 고려를 할 것입니다. 도미노를 줄줄이 세워 놓고 첫 번째 도미노를 건드리면 마지막 도미노도 순식간에 쓰러질 게 확실하지요. 그렇다면 해체가 시작되면 가장 심대한 영향을 미칠 수 있습니다."[18]

트루먼과 아이젠하워가 함께 걱정한 또 다른 도미노 후보는 인도였다. 워싱턴은 대체로 영국 총리 애틀리의 결정, 즉 제2차 세계대전이 끝난 뒤 인도를 조기에 독립하게 한다는 결정에 환호를 보냈다. 영국 국내에서 경제 상황이 악화하고 영국 통치에 항의가 확대되는 가운데 강요된 결정이었다. 트루먼이 생각할 때, 공산당이 성장하는 데 유리한 상황이 펼쳐지기를 기다리는 것보다 인도 민족주의자에게 권력을 넘겨주는 게 나았다. 하지만 미국은 또한 1947년 독립 초기부터 몇몇 인도 지도자, 특히 지배적 정당인 인도국민회의의 정치적 성향을 의심했다. 트루먼은 네루를 처음 만난 뒤 주변에 불만을 토로했다. "그자는 그냥 백인이 싫은가봐."[19]

네루에게 미국 문제는 미국인이 생각하는 인도 문제보다 훨씬 심각했다. 그가 대표하는 인도국민회의는 1885년 창설된 반식민주의운동체로 인도의 독립과 반제국주의, 아시아 연대를 목표로 삼았다. 사회·경제 발전과 관련한 인도국민회의의 사고는 사회주의적 색채가 뚜렷했다. 인도국민회의는 중앙집권적 계획과 국가 주도 경제를 신봉했으며, 인도 농촌의 끔찍한 빈곤을 종식하는 것이 주요 정치 목표였다. 네루는 케임브리지에서 교육받으면서 생긴 우월감과 사회 정의 및 민족적 목표에 대한 깊은 인식을 결합했다. 또한 그는 아시아 지도자들이 식민주의를 철폐하고 전 지구적 문제에 책임을 떠맡기 위해 단합해야 한다고 굳게 믿었다. 하나의 이데올로기로서 공산주의에 끌린 적은 없었지만, 네루와 그의 많은 동료는 오래전부터 소련의 발전 모형에 매료됐으며, 다른 어떤 형태의 자본주의보다 이 모형이 인도에 더 적합하다고 여겼다. 총리 임기를 시작한 순간부터 네루는 미국이 선교사적 열정에 몰두하는 조급하고 미숙한 초강대국이며, 탈식민지 아시아에 골칫거리가 될 것이라고 보았다.

선량한 인도가 세계 무대에서 곧바로 지위를 차지할 것이라는 네루의 견해는 영국에서 독립하는 과정에 벌어진 폭력 사태로 심각히 훼손되었다. 인도의 소수 무슬림 지역이 떨어져 나가 독자 국가인 파키스탄을 형성할 것임이 분명해지자, 이 나라의 서부와 동부 국경에서 수많은 난민이 양쪽 방향으로 이동했다. 종족 간 폭력 사태가 벌어진 결과로 1700만 명이 고향에서 쫓겨나고 최소한 50만 명이 사망했다. 특히 펀자브에서 무방비 상태의 난민-힌두교도, 무슬림, 시크교도-이 자기 종교 공동체 외부에서 몰려온 폭도에게 공격당했다. 강간이 일상이었다. 그 결과 인도와 파키스탄의 관계는 악화 일로를 걸었고, 남아시아에서 영국의 탈식민화로 생겨난 다른 나라-버마, 네팔, 부탄, 실론(지금의 스리랑카)-는 모두 거대한 이웃 인도의 행동을 의심의 눈초리로 주시했다. 네루의 인도국민회의 정부는 애초부터 대외정책이 쉽지 않은 지역에서 탄생했다.

아이젠하워는 인도가 냉전에 충실히 협조할지를 걱정하면서도 이 나라에 대대적인 해외 원조를 제공하는 것은 신중히 했다. 국무부는 인도에 대한 자금 원조를 늘릴 것을 호소했다. 국무부 남아시아 담당국은 1952년 "허투루 낭비할 시간이 없다"라고 말했다. "최근 인도에서 잇따라 치러진 선거에서 공산당이 진전을 이룬 것을 보면, 우리 계획이 맞서 싸워야 하는 조건을 공산당 요원이 성공적으로 활용하고 있음이 분명히 드러납니다. … 만약 남아시아가 전복된다면 광활한 아시아 대륙 전체와 10억 명이 넘는 사람이 공산당의 지배를 받고, 우리의 국가안보가 전례 없는 위협에 직면하는 건 시간문제일 뿐입니다."[20] 인도(그리고 이웃 나라)에 대한 미국의 원조는 실제로 점차 늘어났다. 하지만 두 대국-둘 다 영국의 정치·문화를 물려받은 민주주의 국가였다-의 정치 관계는 좀처럼 개선될 기미가 보이지 않았다.

더 서쪽 아시아에서 상황은 미국에 한층 더 부정적인 방향으로 전개될 가능성이 짙었다. 제2차 세계대전 이후 워싱턴은 중동에서 유럽과 동아시아의 동맹국에 공급할 원유를 확보하는 데 몰두했다. 프랑스와 영국이 이 지역에서 탈식민화를 이루자, 원유 공급을 교란할 수 있는 정치적 불안이 조성될 위험이 높아졌다. 냉전 때문에 원유 공급이 한층 더 중요해진 상황이었다. 그렇지만 트루먼 행정부는 온건한 민족주의자에게 권력을 넘겨줄 수 있을 것으로 기대했다. 대부분 현지 왕실 출신인 그들에게 의지해서 공산주의와 싸우는 한편, 외국 석유 회사와 계속 협력해서 원유를 넘겨받을 수 있었다. 사우디아라비아는 이렇게 협조하겠다고 약속했고, 이라크도 약속했다. 둘다 보수 군주가 이끄는 나라였다. 하지만 시리아와 이집트 양국이 친서방 방향으로 이동하는 듯 보였음에도, 팔레스타인에서 충돌이 벌어지자 중동에서 미국이 추구하는 목표가 위험에 빠졌다. 파키스탄의 무슬림이 전해에 그런 것처럼, 팔레스타인의 유대인도 1948년 독자 국가를 선포했다. 유엔총회에서 미국과 소련도 찬성표를 던진 표결로 영토 분할을 권고한 이듬해의 일이었다. 트루먼은 대외정책 보좌관 대부분의 생각과 달리 냉전을 위해서나 국내 정치적 이유에서나 이스라엘을 서둘러 인정해야 한다고 주장했다. 전에 대통령은 팔레스타인을 연방 국가나 두 민족(binational) 국가로 만드는 것을 선호했다. 개인 일기에서 그는 유대인을 신랄히 비판했다. "내가 볼 때 유대인은 정말, 정말 이기적이다. 그들은 유대인이 특별대우를 받는 한 얼마나 많은 사람이 … 살해되거나 학대당하는지 아랑곳하지 않는다. 그렇지만 그들이 물리적이거나 경제적·정치적 권력을 잡으면, 약자를 잔인하게 학대하기로는 히틀러나 스탈린도 상대가 되지 않는다."[21] 하지만 반유대주의적 태도에도 트루먼은 이스라엘을 인정하지 않으면, 소련이 이 나라에 영향력을 행사할 기회가 생기고 가을에 치러지는 대통령 선거에서 표를 손해 볼 수 있음을 우려했다.

1948년 5월 이스라엘 국가가 선포되자마자 아랍 각국 군대가 이 나라를 공격했다. 팔레스타인 내전은 국제전이 되었고, 결국 이스라엘이 승리했다. 이스라엘은 유엔 분할안에 따라 팔레스타인 아랍인에게 돌아갔어야 하는 영토 대부분을 수중에 넣었지만, 요르단과 이집트는 팔레스타인의 요르단강 서안과 가자 지구를 차지했다. 이로써 팔레스타인 내전은 국제 문제에서 영원히 고통을 불러일으키는 원인이 되었고, 이는 냉전에 커다란 영향을 미친다. 또한 이를 계기로 중동이 냉전에 직접 연루되었다. 이스라엘과 아랍 둘 다 상대와 분쟁하면서 동맹자를 찾았기 때문이다. 물론 중동의 냉전은 팔레스타인 문제만 관련한 충돌은 아니었다. 하지만 이 분쟁이 영구화하자 이 지역에 대한 외국의 모든 개입은 피할 수 없는 측면이 되었다.

1945년에 두 초강대국이 이슬람 세계에서 가장 관심을 기울인 나라는 이란이었다. 1941년 독일이 소련을 공격한 뒤, 소련과 영국은 독일과 이란 민족주의자가 협력할 여지를 차단하기 위해 이란을 점령했다. 주요 목적은 영국-이란석유회사[Anglo-Iranian Oil Company, AIOC. 브리티시퍼트롤리엄(British Petroleum, BP)의 전신]를 독점함으로써 이란의 석유 생산을 계속 통제하는 것이었다. 점령을 계기로 이란인 다수가 더욱 소외되면서 소련은 북부 점령 지대에서 테헤란의 중앙정부에 맞서는 아제르바이잔인과 쿠르드인의 분리주의 운동을 지원할 기회를 얻었다. 영국-이란석유회사의 원유 독점을 지속하기로 합의한 뒤 영국은 1946년 초봄에 군대를 철수했다. 하지만 중국에서 그랬던 것처럼, 스탈린은 이란과 더 유리하게 거래하기 위해 버티기로 했다. 한편 아제르바이잔인과 쿠르드인은 소련이 지지하는 가운데 이란 북부에서 각각 자치공화국을 선포했다.

1946년 봄 미국과 영국이 소련을 이란에서 철수하게 하려고 밀어붙인 시도가 냉전 초기의 위기 가운데 하나가 되었다. 유엔이 정한 기한까지 붉은군대가 철수하지 않자 트루먼은 소련 주재 대사에게 지침을 내렸다. "내가 줄곧 스탈린을 약속을 지키는 사람으로 여겼다고 말을 전하시오. 3월 2일 이후에도 이란에 군대를 남겨 두면 그런 가정이 뒤집어지는 셈이니까." 대사는 이 경고를 전달하면서 한마디 덧붙였다. "우리가 기본적으로 평화롭고 세계 안보에 깊은 관심을 두기 때문에 우리의 책임을 직시하는 데서 분열되거나 약한 모습을 보일 거라고 생각한다면, 미국이라는 나라의 성격을 오해하는 겁니다. 미국인이 어떤 강력한 나라나 국가 집단이 점점 침략의 물결을 일으킨다고 확신하면, 우리는 과거에 그랬던 것처럼 정확히 대응할 겁니다."²² 스탈린은 격분했다. 민족주의자인 아마드 카밤Ahmad Qavam 이란 총리가 경제 협정을 맺자는 소련의 요구에 저항하자, 소련 지도자는 외교관에게 "카밤에게서 양보를 끌어내는 한편, 그를 지지하고 친영국파를 고립하는 식으로 이란의 민주화를 밀어붙이기 위한 토대를 어느 정도 마련하라"라고 지시했다.²³ 스탈린의 모순적인 지시는 소련의 외교에 별로 도움이 되지 않았다. 1946년 미국의 압력을 견디지 못하고 붉은군대가 실제로 철수하자 카밤은 이전에 소련과 한 약속을 지체 없이 파기했다. 1946년 12월 이란 군대가 북부를 장악했고, 소련으로 미처 탈출하지 못한 아제르바이잔인과 쿠르드인 지도자들은 공개 처형되었다. 중동 최대 공산주의 조직인 이란공산당 투데Tudeh는 이때 받은 타격에서 좀처럼 회복하지 못했다.

아시아의 다른 나라와 마찬가지로, 이란에서도 소련의 정책은 모순투성이였다. 스탈린은 각국 공산당을 지원하고자 했지만, 그 어떤 곳도 공산당이 독자적으로 혁명을 일으킬 준비가 되어 있다고 생각하지 않았다. 중국처럼 자기의 판단이 틀렸음이 밝혀졌을 때, 스탈린은 이런 대대적인 정치 변혁이 계속 발전되게 하는 계획을 구상하기보다 그 "실질적"-불협화음을 낳을 수 있다는 의미로- 내용을 격정하는 데 몰두했다. 또한 그는 소련의 힘을 활용해 아시아 각국에서 물질적 이득을 얻고자 했다. 아시아 각국의 혁명을 사회주의 혁명보다 부르주아 민족주의 혁명이라고 의심한 탓도 있지만, 그는 이런 양해를 강요하다시피 했고, 결국 현지 공산주의자가 수세 상황으로 몰

225

렸다. 이런 상황에서 공산당은 외국의 모든 석유 양도 요구에 반대하지만, 소련에는 양보하고자 한다고 이란 사람에게 설명하기는 쉽지 않았다. 또는 마오쩌둥이 중국인에게 소련 동지가 중국 북부의 여러 성에서 그들의 특권을 유지하기를 원한다고 설명하기도 어려운 일이 었다.

이스라엘을 인정한 것과 같은 몇몇 상황에서, 소련은 독자적으로 장기 정책을 개발하기보다 미국이나 영국의 이익을 방해하는 세력으로 행동하는 데 몰두하는 듯 보였다. 스탈린은 마음속 깊이 자리한 반유대주의가 더욱 심해지는데도, 팔레스타인에 세속적인 통일국가를 창설한다는 이전의 소련 정책을 고수하기보다 중동에서 영국의 입지를 방해하는 게 더 중요하다고 판단했다. 소련 유엔대사 안드레이 비신스키는 -아마 모스크바에서 무슨 일이 벌어지는지 의아했을 텐데- 스탈린이 내린 지침을 통해, "50퍼센트를 넘지 않는 한, 유대 국가에서 아랍인 소수자가 많아져도 놀라지 말라"라는 말을 들었다. "이 상황은 독립적인 유대 국가의 존재를 위협하지 않을 것이다. 유대 국가에서 유대인의 요소는 필연적으로 증가할 것이기 때문이다."[24] 냉전에 관한 스탈린의 견해는 이스라엘 국가 창설에서 핵심 역할을 했다. 얼마 지나지 않아 소련은 이를 후회한다.

그래도 아시아에서 더 중요한 것은 스탈린의 대외정책 구상보다 소련의 발전 모형이었다. 중국에서 이스라엘에 이르기까지 각국의 집권당은 경제적·사회적 진보와 관련해 소련이 이룩한 업적에 큰 영향을 받았다. 국가 계획, 국유 산업, 집단 농업 등은 아시아 전역의 정부 계획에서 핵심 역할을 했다. 앞서 살펴본 것처럼, 적어도 전후 재건 초기 단계에 이런 정책은 서유럽 각국 정부도 낯설지 않았다. 하지만 식민지에서 벗어난 새로운 아시아는 소련의 경험에서 직접 영감을 받는 일이 더욱 잦았다. 네루는 소련에 자유가 부재한 것을 개탄하면서도 이 나라가 "인간 사회에 대도약을 가져다주었다"라고 치켜세우면서, "낡은 과거의 잔재에서 놀랍고도 엄청난 노력을 통해 교육과 문화, 의료와 신체 건강, 민족 문제 해결 등에서" 소련이 이룩한 업적을 열거했다.[25] 네루는 인도의 시인이자 노벨상 수상자인 라빈드라나트 타고르Rabīndranāth Tagore가 임종을 앞두고 남긴 유언을 인용했다. "질병과 문맹에 맞서 싸우면서 러시아가 보여 준 전대미문의 에너지"를 경탄하는 말이었다. "러시아는 무지와 빈곤을 꾸준히 없애는 데 성공하면서 광대한 대륙의 표면에서 굴욕을 씻어내고 있다. 러시아 문명은 계급 간, 종파 간에 부당한 구별이 전혀 없다. 러시아가 신속히 이룬 놀라운 진보를 보면 흡족하면서도 질투가 난다."[26]

　새로운 아시아에 접근하는 문제에서 미국도 소련만큼 주저했지만, 유럽의 과거 식민주의와 연계된 탓에 운신의 폭이 한결 좁았다. 반식민주의 유산을 종종 과시하는 나라로서는 모순적이게도, 전후 역대 미국 행정부는 대체로 냉전의 관심사보다 반식민주의를 우선시하지 않았다. 그리고 네덜란드를 인도네시아에서 손 떼게 한 것처럼, 유럽 열강을 탈식민화로 밀어붙일 때도 주된 동기는 그렇게 하지 않으면 냉전에 불리한 영향을 미친다는 우려였다. 이렇게 상상력이 부족한 데는 여러 이유가 있었다. 유럽인을 최상위에 두는 인종적 위계 인식이 미국의 정책 결정에 영향을 미쳤다. 종교관도 마찬가지였다. 유럽만이 아니라 아시아의 개종자도 기독교를 믿는 이를 다른 이에게서

227
___

보호해야 했다. 그리고 경제적 이해도, 점차 체제 차원의 우려로 두드러지면서 작용했다. 워싱턴은 미국과 동맹국이 원료와 미래 시장에 순조로이 접근할 수 있기를 원했다. 유럽과 마찬가지로 아시아에서도 냉전 초 미국의 정책은 자국의 경제적 우위나 특정 미국 기업의 이익을 특별히 보전하는 것보다 자본주의의 확장 자체를 지향했다.

그전은 아닐지라도 중국 내전이 끝날 무렵이면 미국 정부와 국내의 정부 비판자 모두 아시아의 다른 모든 관심사를 냉전의 시급한 요구에 포함했다. 미국의 대다수 지도자가 볼 때, 아시아의 미래는 밝지 않았다. 한국전쟁 전이자 대통령 선거운동에 나서기 한참 전에 아이젠하워 장군은 기록했다. "아시아는 일본, 필리핀제도, 네덜란드령 동인도, 심지어 오스트레일리아도 위협을 받으면서 가망이 없다. 인도 자체도 안전하지 않다!"²⁷ 베트남에서 베트민이 승리를 거두면서 미칠 영향에 대한 공포는 이런 묵시록적인 냉전의 우려에서 나왔다. 한반도에 개입한다는 결정도 마찬가지였다. 한국은 또한 미국이 모든 곳에서 우려하는 소련의 침공 양상에 반격할 기회가 되기도 했다. 한국전쟁은 초강대국 간 대결을 아시아 민족주의와 결합했다. 그것은 아시아 내전이었지만, 또한 냉전 최대의 군사작전이기도 했다.

한반도의 비극

한반도에서 막대한 파괴가 벌어졌다.

군사 행동이 벌어지는 동안 적어도 두 번

나라 전체가 전쟁으로 불길에 휩싸였다.

모든 도시가 폐허가 되었다.

인구의 절반가량이 피란민이 되었다.

생산시설이 대부분 파괴되었고,

전쟁 내내 굶주림이 널리 퍼졌다.

한반도에서 벌어진 전쟁과 그 여파는 아마 냉전에서 단일 사건으로 가장 커다란 재앙일 것이다. 한국전쟁은 한 나라를 폐허로 만들고 한 국민을 사슬로 묶었다. 그 직접 결과는 오늘날에도 우리 옆에 있으며 미래에도 오래 지속될 것이다. 그리고 무엇보다 나쁜 것은 충분히 피할 수 있는 전쟁이었다는 사실이다. 한국인 사이의 격렬한 이념 대립과 초강대국의 개입을 가능케 한 냉전의 틀이 낳은 전쟁이었다. 한국전쟁은 가장 소름이 끼치는 냉전의 충돌을 상징했다. 극단적이고 야만적이며, 언뜻 끝없이 이어질 이 전쟁으로 한반도는 황무지가 되었고, 세계 곳곳의 사람은 자기 나라가 다음 차례에 재앙을 맞을지 궁금해했다. 따라서 이 전쟁은 냉전을 전 지구적 규모로 강화하고 군사화했다.

한국전쟁의 기원은 19세기 말 동아시아에서 중국의 힘이 붕괴한 것, 그리고 냉전의 이념 대립이 부상한 것과 연결되어 있었다. 조선과 오랫동안 연결된 청나라가 몰락하자, 일본이 지역 전체에서 제국주의적 팽창에 나서는 길이 열렸다. 1894~1895년 청일전쟁에서 중국이 패배한 뒤 일본이 처음 차지한 나라는 조선이었다. 1910년에 이르러 조선은 일본제국의 필수적인 일부로 완전히 병합되었다. 일본 행정부는 조선의 정체성을 깔아뭉개기 위해 최선을 다했다. 서울의 왕궁은 철거되었고, 일본어가 모든 고등교육의 주요 언어가 되었다. 도쿄 당국은 심지어 조선인이 일본 옷을 입고 사회관습과 가족생활을 일본과 동화하도록 강요했다. 동시에 일본인이 동경하는 만큼 두려워하는 유럽 제국처럼 식민자와 피식민자를 광범위하게 차별했다. 대다수 식민지 조선인은 자기가 원한다고 하더라도 결코 일본제국의 완전한 성원이 될 수 없다는 걸 알았다.

조선 점령은 처음부터 민족주의적 저항을 낳았다. 많은 젊은 조선인에게 일본 지배가 정말로 모욕적이었던 것은 그들이 조국의 미래와 관련한 견해를 정식으로 세운 바로 그때 점령이 이루어졌기 때문이다. 일부 젊은이는 망명길에 나섰는데, 낯선 해외에서 조국의 미래에 관해 생각한 이상적 견해가 흔히 그러했듯이, 그들은 치열하고 비타협적인 민족주의를 마음속에 품었다. 조선인 민족주의자는 일본을 물리치고 나라를 해방할 뿐만 아니라, 근대적이고 중앙집권적이며 강하고 고결한 미래의 통합된 한국을 건설하는 데 몰두했다. 그들은 한국이 스스로 해방을 이룰 수 있을 뿐만 아니라 다른 억눌린 민족을 위한 본보기로 우뚝 설 것이라고 믿었다.

제1차 세계대전 당시와 그 직후에 조선인 민족주의자는 민족자결 원칙을 아시아인에게도 확대해야 한다고 주장했다. 하지만 일본이 전쟁에서 승리한 쪽이었기 때문에 그들의 호소가 받아들여질 가능성은 거의 없었다. 1919년 강화회담에 참석하러 파리로 간 조선의 망명 민족주의자는 씁쓸히 낙담했다. 그들은 외국의 인정을 받지 못했을 뿐만 아니라 미국과 영국이 일본의 한반도 정책을 지지하는 듯 보였기 때문이다. 신생 소비에트 국가를 고립되게 하려는 시도에 일본이 합세한 상황에서, 워싱턴이나 런던이나 한반도 문제를 놓고 도쿄와 사이가 틀어질 위험을 무릅쓰려 하지 않았다. 실망한 조선인은 저항을 일으켰지만, 일본의 진압으로 막대한 인명 손실을 겪었다.

　　파리에서 조선의 독립 운동이 실패하자 큰 충격을 받은 조선인 민족주의자 가운데 이승만도 있었다. 1875년에 태어난 이승만은 민족주의 활동을 벌이다 6년을 감옥에서 보냈다. 그 후 미국으로 이주한 그는 조선인 최초로 미국 박사학위를 받았다(1910년 프린스턴에서). 이승만은 미국에서 오랜 망명 생활을 하는 동안 끊임없이 민족주의 서적을 펴낸 편집자이자 발행인이었다. 그 모든 서적의 핵심에는 조선의 정당한 대의를 위해 미국의 지지를 얻어야 한다는 인식이 있었다. 1919년 우드로 윌슨에게 호소하면서 이승만은 목소리를 높였다. "여러분은 이미 압박된 자의 명분을 옹호해 주었으며, 세계의 여러 약소민족에게 도움의 손길을 뻗쳤습니다. 여러분의 나라는 인류의 희망입니다. 그래서 우리는 여러분에게 와 있습니다." 20년 뒤에도 이승만은 여전히 미국이 지지할 것이라는 희망을 포기하지 않았다. 진주만 기습 직전에, 그는 일본이 미국을 공격할 것이며 미국이 승리를 거두기 위한 최선의 길은 (무엇보다도) 한반도를 포함한 아시아 본토에서 민족주의자와 동맹을 맺는 것이라고 예측하는 책을 출간했다.

　　이승만은 유교적 과거를 끌어안는 근대 국가 한국을 상상했다.

이제 대한민국 임시정부 대통령을 자임한* 그는 한국이 미국의 기술과 경영 기법으로 활력을 얻기를 원했지만, 전통적 미덕을 벗어나서는 안 되었다. 그는 일본인을 증오한 만큼 해방 이후 사회주의 국가를 세우고자 한 조선인 급진주의자를 경멸했다. 이승만이 볼 때, 그들은 소련의 꼭두각시에 지나지 않았다. 일부 조선인이 친일파가 된 것처럼, 그들은 결국 소련의 품에 안겼다. 그들은 변절자였고, 한국의 진정한 민족주의로 돌아와야 할 존재였다. 이승만이 볼 때, 진정한 민족주의란 미국의 지원을 받고 자신의 지도를 받으며 새로운 나라를 세우는 존재였다.

이승만으로서는 점점 절망적이게도, 제2차 세계대전 당시 미국에서 벌인 운동은 20년 전 전쟁 시기에 한 것보다 많은 진전을 이루지 못했다. 미국은 총력전 및 중국과 동맹을 맺는 데 집중하느라 이승만과 그의 동료에게 거의 시간을 내주지 않았다. 그들은 전쟁에 승리하는 데 중요한 어떤 것도 전달할 수 없어 보였기 때문이다. 국무부는 이승만을 성가신 인물로 여겼다. 하지만 그는 미국 정보기관과 계속 접촉했는데, 정보기관은 전쟁이 끝나는 즉시 이승만의 반공주의를 유용하게 활용할 수 있다고 보았기 때문이다. 1945년에 이르러 이승만의 관심은 이미 일본에서 소련으로 옮겨 간 상태였다. 다음은 당시 그가 미국 친구에게 한 말이다. "미국과 소련 사이의 궁극적인 갈등을 피할 수 있는 단 하나의 가능성은 바로 지금 현재 가능한 곳

---

* 원래 상하이 임시정부 국무총리였으나, 이승만은 무단으로 대외적으로 대통령(president)이라는 칭호를 썼다.

어디든 공산주의가 아닌 민주주의적인 사회를 만들어 가는 것뿐입니다."[2]

전후 한반도에서 누가 자기의 충성 경쟁자가 될 것인지에 대한 이승만의 판단은 옳았다. 1919년 이후 한반도의 공산주의는 이승만으로 대표되는 민족주의의 대안으로서 역경을 딛고 발전했다. 아시아의 다른 나라처럼, 러시아혁명은 많은 조선인에게 영감을 주면서 근대와 평등, 민족 권리의 존중을 약속했다. 첫 번째 공산주의자 집단이 1918년 시베리아의 조선인 사이에서 형성되었고, 1920년대 초에 이르면 이 운동이 지하 저항의 일부로서 한반도 자체에도 퍼진 상태였다. 1925년 서울에서 조선공산당이 결성됐지만, 금세 일본 경찰의 집중 표적이 되었고, 당 활동가 수백 명이 체포되었다. 탄압 때문에 분파 간 내분이 극심해졌는데, 1920년대 말과 1930년대에 소련에서 스탈린이 벌인 잔혹한 숙청과 뒤얽혔다. 한반도에선 공산주의의 미래는 쉽지 않아 보였다.

한 조선인 코민테른 요원이 1920년대 말 현지 상황을 보고하러 비밀리에 조선에 파견됐는데, 그는 다수의 젊은이가 언제든 공산당에 가입할 태세임을 발견했고, "젊은이들은 소련과 코민테른을 일본 제국주의에서 구해 줄 구원자로 봅니다"라고 보고했다. 하지만 유감스럽게도 그들은 "마르크스주의를 피상적으로만 알 뿐"이며, 주로 "부르주아적 독립 운동 출신의 학생과 지식인"이 다수였다. 그들의 활동은 "이론적 혼란과 대부분 아무 원칙 없는 장기간의 분파 싸움"에 시달렸다.[3] 1928년 코민테른은 조선공산당을 해산했다. 조선인 간부를 모스크바에서 교육한 다음에 적절한 공산주의 운동을 펼치기 위해 다시 보내는 게 더 낫다고 판단했기 때문이다. 하지만 1930년대 말 벌어진 숙청으로 모스크바의 고위 조선인 공산주의자가 전부 체포되어 총살당했다. 일본의 첩자라는 혐의였다. 1937년 소련 태평양 지역에 살던 소련의 조선인 20만 명 가까이가 중앙아시아로 강제 추방되었다. 소련 아시아 지역에 제오열이 암약한다는 스탈린의 공포가 조선 혁명에 헌신하는 것보다 더 중요했다.

일본과 스탈린의 탄압이라는 이중 타격에서 살아남은 조선인 공산주의자 가운데 몇몇은 인접한 만주에서 비밀리에 중국공산당에 가입했다. 그중 한 명인 김일성은 여덟 살이던 1920년 만주에 정착한 장로교 집안의 젊은이였다. 김일성은 열일곱 살에 처음 마르크스주의 단체에 들어가 이후 몇 차례 옥살이를 했다. 열아홉 살에 중국공산당원이 된 직후 소규모 유격대와 함께 일본에 맞서 싸웠다. 5년 뒤 그는 이미 중국에 사는 조선인 사이에서 일종의 신화적 영웅이었다. 무엇보다도 그가 지휘하는 유격대가 이제 일본군의 진압 작전을 견디고 살아남을 수 있었기 때문이다. 하지만 일본이 서서히 포위망을 좁혀 왔고, 1940년 김일성과 살아남은 동지는 국경을 몰래 빠져나와 소련으로 갔다. 이듬해 독일이 소련을 공격하자 김일성은 붉은군대에 자원입대했다. 1945년 소련 장교로 한반도에 돌아온 그의 가슴에 적기훈장이 자랑스레 붙어 있었다. 보통 전투에서 영웅적인 활약을 한 군인에게 주는 훈장이었다.

김일성이 돌아온 한반도는 유동적인 나라였다. 2년 전 카이로 회담에서 연합국은 전쟁이 끝난 뒤 조선이 독립하는 데 합의했다. 소련이 막바지에 일본을 공격했을 때, 워싱턴과 모스크바는 북위 38도선을 기준으로 한반도에서 점령 지대를 나누는 데 합의한 상태였다. 소련이 북부, 미국이 남부를 점령하기로 했다. 분할선은 단지 일본의 항복을 쉽게 하기 위한 전시의 합의로 여겨졌다. 1945년에 이 분할이 영구화되리라고 생각한 사람은 아무도 없었고, 한국인은 특히 누구도 그렇게 믿지 않았다.

양쪽 지대 해방자들은 행정과 물자 공급을 조직하는 것을 도와준다고 알려진 사람들에게 의지했다. 미국인은 종종 이승만이 신뢰하기 어렵고 성가시다고 생각했지만, 미국의 점령 지대에서 그는 피하기 어려운 선택이었다. 그는 민족주의자로서의 정당성과 현지에서 작동할 수 있는 조직을 풍부히 갖춘 인물이었다. 이승만은 실제로 미국의 원조를 받아 남쪽에서 정치적으로 중심인물이 됐지만, 그렇더라도 미국인 후원자와 정치적으로 격렬히 충돌했다. 이승만은 대한독립촉성국민회라고 불리는 운동에 바탕을 둔 자기 정부가 국제적으로 인정받기를 원했다. 워싱턴은 적어도 1947년 중반까지 여전히, 모스크바와 합의해서 통일과 총선거를 위한 길을 닦을 수 있다고 기대했다.

소련 점령 지대에는 이승만과 같이 한국이나 세계에서 지명도가 높은 인물이 없었다. 대신 소련은 33세의 김일성에 의지했다. 무엇보다도 그가 소련의 이익에 충실히 영합할 것으로 믿었기 때문이다. 그들이 김일성을 선택한 또 다른 이유는 그가 지도력을 입증했고, 다른 저명한 공산주의자와 달리 1920년대에 분파주의의 일원이었거나 1930년대에 소련의 숙청에 가담한 정치적 결점이 없다는 사실이었다. 김일성은 권력을 잡은 처음 몇 달간 충성심과 수완을 두루 보

237

여 주었다―다만 자기와 동료 공산주의자는 한반도 일부만이 아니라 전체 지도부가 되려 한다는 점을 분명히 했다.

1947년 말까지 소련과 미국은 두 열강이 한반도 통제권을 놓고 충돌하는 사태를 피하려고, 국제 신탁통치를 받으며 한반도가 자치를 하는 여러 방안을 계속 만지작거렸다. 스탈린은 1948년 말까지 이런 방식을 완전히 포기하지 않은 것 같다. 한반도 분할이 굳어진 것은 이승만과 김일성이 자기의 통치로 한반도를 통일하는 데 도움이 되지 않는 어떤 계획에도 완강히 동의하지 않았고, 또한 1940년대 말 다른 곳에서 냉전이 격화되었기 때문이다. 1948년 4월 남쪽에서 독자 선거를 치르게 해 달라는 이승만을 비롯한 반공주의자의 압박에 미국이 굴복했을 때, 주사위가 던져졌다. 이승만은 이미 공산주의자와 노동조합원을 비롯한 좌파를 박해하고 있었다. 선거에서 이승만이 승리한다는 것은 이미 거의 정해진 결과였다.

미국이 한반도를 바라보는 생각을 바꾼 것은 단순히 세계 냉전을 수동적으로 반영한 결과가 아니었다. 이런 변화는 중국, 일본 양국과 관련한 한반도의 위상이 전략적 관심을 받는 데 영향을 받았다. 중국에서 내전의 흐름은 미국의 동맹자 장제스에게 불리하게 바뀌었고, 공산당은 정복으로 국권을 장악한다는 목표를 세웠다. 미국은 일본에서 좌파를 물리치고 워싱턴과 지속적인 동맹을 형성할 수 있는 체제를 만들어야 했다. 둘 다 한반도가 결정적으로 중요했다. 한반도에 입지를 마련하면 중국이 공산당에 넘어가더라도 아시아 본토에 발판을 유지할 수 있었고, 미국이 일본을 방어하는 데도 도움이 될 터였다. 또한 시간이 흐르면서 일본 정부도 전략적 지위를 확보함으로써 자신감을 가질 것이었다. 그러므로 1940년대 말에 미국의 군사·민간 계획가에게 모두 한반도 남부에 미국과 연결된 지도부를 두는 것이 점점 더 중요해졌다.

스탈린은 1949년까지 한반도에 그만큼 집중하지 않았는데, 주된 이유는 놀랍게도 중국공산당이 내전의 형세를 유리한 쪽으로 바꾸면서 중국에서 소련의 역할을 재정립하느라 고심했기 때문이다. 중국을 공산주의 진영에 잠재적으로 확보하는 것은 다른 누구처럼 소련의 수령에게도 어느 정도 시간이 지난 뒤에야 익숙해질 전망이었다. 중국공산당 지도자들이 스탈린과 소련에 헌신하겠다고 공공연히 말했음에도 스탈린은 그들을 불신했다. 그럼에도 그는 중국에 공산주의 체제가 생기면 어떤 거대한 전략 기회가 될지 빈틈없이 살폈다. 중국공산당이 권력을 잡는 최종 단계에서 원조를 제공한다는 그의 방침에 한반도도 포함돼 있었다. 소련이 통제하는 한반도 북부를 만주에서 싸우는 중국공산당 군대를 위한 후방으로 둔 것은 중국공산당의 성공에 결정적으로 작용했다. 또한 소련은 조선인 지원병이 중국공산당을 위해 전투에 나서도록 조직하는 것도 도왔다.

이승만은 1948년 5월 선거 이후 서울에서 대한민국을 선포했다. 김일성도 질세라 9월에 북쪽의 수도 평양에서 새로운 국가를 선포했다. "인민공화국"을 만드는 것으로 충분하지 않았다. 김일성은 당시에 쓰이던 구호에 맞춰 조선민주주의인민공화국으로 국호를 정했다. 새로운 두 정부는 각각 초강대국 후원자에게 축복을 받았다. 역설적이게도, 스탈린과 트루먼은 당시에 두 국가를 따로 만들면 전쟁 가능성이 줄어들 것이라고 믿은 것으로 보인다. 어쨌든 새 체제가 세

239

워진 직후 소련과 미국 양국 군대는 한반도에서 철수했다.

두 체제는 정부를 공고히 구성하는 가운데 서로 대결할 준비를 했다. 북한에서 공산주의자는 소련의 지도를 받으며 일본인이 집중해서 건설한 산업 역량의 상당 부분을 복구했다. 그들은 또한 토지개혁을 시행했는데, 대다수가 일본인과 긴밀히 협력한 지주의 땅을 빼앗아 실제로 농사를 짓는 농민의 수중에 넘겼다. 토지개혁 덕분에 정권은 농민의 지지를 확보하는 한편, 북한 전역에서 식량 공급이 향상되었다. 그렇지만 토지개혁은 다른 공산주의 정치 운동과 더불어, 수십만 피란민이 남쪽으로 도망치게 만든 요인이었다.

남한에서 이승만은 정적을 지속해 탄압했다. 이제 공산주의에 전혀 동조하지 않는 많은 자유주의 정치 지도자들도 그의 정적에 포함되었다. 이승만은 남쪽 제주도에서 공산주의자가 주도한 반란을 진압하면서 막대한 인명 피해를 낳았다. 한국 군대는 유격대 용의자뿐만 아니라, 그 가족과 어떤 경우에는 마을 사람 전체를 처형했다. 대부분 제주도에서 독자적 정체성을 끌어낼 수 있는 현지인 유격대원은 반란이 끝나기까지 1년여를 계속 싸웠다. 남한의 다른 곳에서 〈반민족행위처벌법〉에 따라 파업이 진압되고 독립적 조직들이 불법화되었다.[*]

---

*   이 부분의 서술은 의아한데, 〈반민족행위처벌법(National Traitor Act)〉은 일제시대에 일본에 부역한 자를 반민족 행위로 규정하고 처벌하기 위해 1948년 9월 제정된 법이다. 이에 따라 반민족행위특별조사위원회(반민특위)가 구성되어 의욕적으로 활동을 벌였으나, 이승만 정부가 미온적인 태도로 일관하고 〈반민족행위처벌

1948년 말을 시작으로 38선 곳곳에서 긴장이 고조되었다. 양쪽 모두 분할선을 넘어 공격할 계획을 세워 놓았고, 거의 끊임없이 소규모 충돌을 벌여 서울과 평양에서 비상상황이 조성되었다. 이승만과 김일성이 행동에 나서지 못한 것은 양쪽의 초강대국 후원자가 무력으로 나라를 통일하려는 계획을 지지하지 않았기 때문이다. 미국은 현 상태에 충분히 만족한다고 생각했다. 소련은 중국에 집중했다. 김일성은 1950년 6월 전에 구체적인 남한 공격 방안을 적어도 두 가지, 어쩌면 세 가지를 스탈린에게 전했다. 1949년 9월 모스크바의 위대한 대가大家는 그중 하나를 거부하면서 김일성에게 이렇게 말했다. "현재 남쪽에 대한 군사 공격이 완벽히 준비되었다는 것을 인정하기 어렵기 때문에 군사적 관점에서 허용할 수 없습니다."

> 우리는 물론 인민이 나라의 통일을 기다린다는 데 당신과 뜻을 같이 합니다. … 하지만 지금까지 남한의 광범위한 대중을 적극적인 투쟁으로 이끌고, 남한 전역에서 빨치산 운동이 발전하게 하고, 그곳에 해방구를 형성하고 총봉기를 위한 세력을 조직하는 데 성과가 극히 미약합니다. … 더욱이 북한이 나서서 군사 행동을 개시했다가 장기

법)이 개정되면서 결국 반민특위가 해체되었다. 파업을 진압하고 독립 단체를 불법화하기 위해 만들어진 법은 1948년 12월 1일에 제정된 〈국가보안법(National Security Act)〉이다. 국가의 안전과 국민의 생존 및 자유를 확보한다는 명분으로 내세운 〈국가보안법〉은 일제시대의 〈치안유지법〉과 〈보안법〉을 모태로 했다. 1949년 한 해 이 법으로 잡아 가둔 사람이 12만 명에 이르렀다.

전이 되면 미국이 한반도 문제에 온갖 방식으로 개입할 구실이 된다는 사실을 고려해야 합니다.[4]

물론 김일성은 여기에 만족하지 않았지만, 소련 없이 행동에 나설 수는 없었다. 그런데 중국에서 공산당이 승리를 거둔 뒤, 스탈린은 서서히 마음을 바꾸었다. 소련의 여러 문서에 따르면, 이렇게 된 데는 적어도 다섯 가지 이유가 있었다. 중국공산당의 성공으로 전략 판도가 바뀌었다. 또한 이를 계기로 미국이 아시아 본토에 개입하기를 꺼린다는 사실이 드러났다. 게다가 유럽에서 미국에 대항해 성공을 거두지 못하면서 스탈린은 점점 짜증이 났다. 베를린 봉쇄의 대실패는 이런 상황을 온전히 보여 주었다. 평양의 주요 대표자로, 소련의 한반도 점령을 이끈 뒤 조선민주주의인민공화국 주재 초대 대사가 된 테렌티 시티코프Terenty Shtykov에게서 받은 여러 보고서에 근거할 때, 북한과 남한의 힘의 균형은 이제 공산당에 유리했다. 그리고 미국이 유럽에서 보인 행동 양상을 관찰한 스탈린의 경험에 따르면, 이런 상황이 계속 이어지지는 않을 것이었다. 마침내 한반도는 중국에 새로 세워진 공산당 체제의 "국제주의"를 가늠하는 완벽한 시금석이 되었다. 중국공산당이 김일성에게 공격 허가를 내주는 데 동의한다면, 이론만이 아니라 실제로도 혁명가임을 입증할 터였다.

스탈린이 중국에 기개를 입증할 기회를 주려고 한 것은 마오쩌둥이 한반도에서 전쟁을 벌이는 데 열정을 보이지 않음을 알았기 때문이다. 중국 지도자는 소련에 몇 번이나 그런 식으로 이야기한 바 있었다. 마오쩌둥이 아시아에서 우선순위에 둔 외국 문제가 있다면,

그것은 인도차이나에서 베트민이 프랑스를 상대로 결정적 승리를 거두도록 돕는 일이었다. 마오쩌둥이 볼 때, 한국은 아직 시간 여유가 있었다. 중국은 나라와 군대를 재건하기 위한 시간이 필요했고, 한국은 만주의 부유한 지역, 그리고 마찬가지로 부유한 수도 베이징과 너무 가까운 나라였다. 그리하여 스탈린은 1950년 4월 모스크바를 방문한 김일성에게 시급히 무력으로 한반도를 통일해야 한다는 데 동의했고, 또한 수령은 김일성에게 즉시 베이징으로 가서 전쟁을 수행하는 데 마오쩌둥의 축복을 받아 내라고 지시했다. 2년 전 유고슬라비아에서 티토에게 불가능한 선택을 제시한 사실을 상기하게 하는, 전형적인 스탈린식 시험이었다. 만약 마오쩌둥이 동의하면 그는 별다른 발언권도 없이 자국 국경에서 공격에 나서는 것에 서명하는 셈이었다. 그리고 동의하지 않으면 중국의 선전과 달리 그가 국제 혁명의 지도자 자격이 없음을 스스로 증명하는 셈이었다.

하지만 마오쩌둥은 반대한다고 말할 수 없었다. 그는 다른 나라의 혁명가를 돕는 게 중국공산당의 의무라고 믿는 공산주의 혁명가였다. 그는 또한 스탈린이 이론의 여지없이 국제 공산주의 운동의 수장이라고 보았으며, 수령의 권위에 공공연히 도전할 수 없었다. 무엇보다도 중국은 이제 막 무력으로 나라를 통일한 상태였다. 한반도의 젊은 공산주의자 형제도 같은 시도를 할 수 있는 권리가 있음을 어떻게 부정할 수 있었겠는가?[5] 1950년 5월 김일성이 베이징에 도착했을 때, 마오쩌둥은 스탈린이 신속히 전쟁을 승인했는지 먼저 확인하기 위해 모스크바에 다시 확인을 했다. 모스크바는 그렇다고 확인해주었다. "한반도의 동지와 대화하면서 필리포프[스탈린의 암호명 중 하나]와 그의 친구는 변화된 국제 상황에 비추어 볼 때, 통일을 위해 움직이겠다는 한국인의 제안에 동의했습니다."[6] 마오쩌둥은 김일성에게 중국도 지지한다고 말했다. 하지만 그는 외국 제국주의가 개입하면 김일성이 생각하는 것보다 통일 과제가 더 어려워질 수 있다고 손님에게 경고했다.

스탈린이 승인을 내린 즉시 남한을 공격하기 위한 준비가 시작되었다. 북한에는 여전히 붉은군대 군사고문단 수백 명이 있었는데, 5월과 6월에 더 많은 인원이 도착했다. 주로 소련인이 공격 계획을 짰는데, 제2차 세계대전 말에 독일과 일본을 상대로 벌인 고도의 기동전이 기본 전술이었다. 소련에서 대량의 기동포와 전차가 왔고, 무기를 준비하고 유지·보수하는 기술 인력도 파견되었다. 스탈린은 북한에 이번 전쟁은 북한의 전쟁이지만 소련이 최대한 지원할 것임을 분명히 밝힌 바 있었다. 김일성은 몇 주 만에 승리할 것이라고 장담했다. 북한 군대가 38선을 넘으면 남한에서 수십만 명이 이승만 정권에 맞서 봉기한다는 것이었다. 공격 시점은 6월 말로 정해졌다.

원래 신중하고 현실적인 스탈린이 어떻게 해서 워싱턴이 자기의 세력권으로 여기는 것을 아는 지역에서 공격을 승인할 수 있었을까? 주된 이유는 노령의 소련 지도자가 점차 망상에 빠져들고 있었기 때문이다. 1940년대 말 동유럽에서 벌어진 공산당원 숙청, 소련에서 발각된 스탈린을 노린 여러 "음모", 유고슬라비아와 중국을 대하는 태도가 모두 같은 방향을 가리킨다. 수령은 전에도 내내 약간 제정신이 아니었을지도 모르지만-부하를 겨냥한 책략을 끊임없이 꾸미고 인명을 완전히 경시한 것을 보면 확실하다-, 적어도 전에는 광기에도 일정한 방식이 있었다. 누구보다 열심히 일하고, 필요한 정보를 얻어 내며, 다른 사람이 어떻게 생각하는지를 파악하는 스탈린의 능력은 적어도 어느 정도는 그의 복잡한 마음을 보상해 주었다. 하지만 1940년대 말에 이르러 그는 그전까지 그가 내린 결정의 배후에 놓인, 결함 있으면서도 신중한 추론에서 벗어났다. 그는 점점 기분 내키는 대로 행동하면서 적어도 전략 문제에 관한 한 자기가 전지전능하다고 생각했다. 미국의 남한 방어 계획에 워싱턴이 보인 혼란스러운 신호나 소련의 첫 번째 핵 실험, 베를린에서 방해받은 것에 대한 소련의 분노 같은 다른 이유도 이 결정에 어느 정도 작용했을 것이다. 하지만 한국전쟁은 스탈린의 변심에서 나온 결과였다. 만약 그가 김일성에게 승인해 주지 않았다면 전쟁은 벌어지지 않았을 것이다.

6월 25일 새벽, 북한은 38선을 넘어 광범위한 전선에서 공격에 나섰다. 서울을 함락한 뒤 중부 지방에서 남한군을 포위하는 게 계획이었다. 첫 주 동안 남한은 혼란과 혼돈에 휩싸였다. 서울은 공격 3일째에 함락되었고, 이승만은 남쪽으로 도망쳤다. 남한은 군대의 4분의 3을 잃었는데, 대부분 탈영한 것이었다. 남한군 2만 명 정도가 동남쪽 연안으로 도주하는 데 성공하긴 했지만, 저항이 워낙 약했기 때문에 포위 계획이 필요 없어졌다. 전투가 벌어짐에 따라 양쪽 모두 잔학행위를 저질렀다. 이승만 정권은 교도소에 갇혀 있던 좌익을 학살했다. 북한은 진군하면서 남한 공무원을 처형했다. 미군 고문관은 처음부터 남한 편에서 싸웠고, 전쟁 2주째에 일본에서 소규모 미군 증원군이 도착했다. 하지만 6월 말 김일성은 모스크바에 한 달 안에 전쟁이 끝날 것으로 예상한다고 보고했다.

북한이 군사 우위를 점했지만, 전쟁에 대한 국제적 대응이 나오자 김일성의 예상은 이미 실현 불가능한 일이 되었다. 세계 곳곳에서 이 공격을 단순히 한반도 내부의 문제가 아닌 냉전의 한 요소로 보았다. 냉전이 이미 세계 문제를 조직화하는 요인이 된 상황에서 이런 반응은 놀랄 일이 아니었다. 워싱턴에서 트루먼 대통령은 곧바로 이 전쟁을, 아시아에서 미국의 영향력을 한층 더 축소하고 지구 차원에서 미국과 동맹 세력의 의지를 시험하기 위해 공산주의가 벌인 전면적인 침략 사건으로 판단했다. 대통령은 침략에 맞서 싸울 것을 미군에 지시했다. 또한 북한의 공격을 비난하는 유엔 안보리 결의안을 제출하고, "평화를 파괴한 행위"로 규정했으며, 즉각 철수할 것을 주문했다. 결의안은 반대 없이 통과되었다. 미국이 중화인민공화국을 상임이사국으로 받아들이지 않은 것을 이유로 소련이 이사회를 거부했기 때문이다. 다음 주에 안보리는 후속 결의안을 통과시켜 모든 유엔 회원국에 "대한민국이 무장 공격을 물리칠 수 있도록 필요한 지원을 제공할 것"을 호소했다. 결의안에 따라 통합 유엔군사령부가 한국에 설치되었고, 미국이 이끌기로 했다. 유엔 결의안은 트루먼 행정부의 대승리였다. 두 결의안 덕분에 한반도에서 유엔의 공세가 정당성을 얻었을 뿐만 아니라, 다른 나라도 작전을 지원할 것을 요구받았다.

그동안 소련은 방관적 태도를 보였다. 소련은 북한의 "반격"을 미국/남한이 북한을 침략하려 한 계획에 대응한 것이라고 주장했다. 소련 외교관이 스탈린에게 요청했음에도 그는 두 번째 결의안을 봉쇄하기 위해 소련 유엔대사를 안보리에 다시 보내지 않았다. 그렇게만 했으면 쉽게 거부권을 행사할 수 있었는데도 말이다. 스탈린은 외

교적으로 이목을 끌지 말라는 지침을 내려보낸 한편, 전쟁이 군사적
으로 결말을 맺기를 기다렸다. 그렇다 하더라도 소련 지도자가 워싱
턴의 신속한 대응에 당황한 것은 분명하다. 소련은 미국이 무력으로
개입할 수 있기 전에 공격을 끝내기를 계속 기대했다. 하지만 소련,
그리고 중국은 이제 그런 결과는 불가능하다는 것을 깨달았다.

　　남한군을 완파했지만, 북한은 남한군을 끝장내는 데는 성공하
지 못했다. 남은 병력이 동남부에 도착하자 일본에서 달려온 훨씬 강
력한 미군이 합세했다. 남한군과 미군은 힘을 합쳐 부산시 주변에 방
어선을 세우고 북한의 공세에 맞서 버틸 수 있었다. 부산을 차지하는
데 실패하자 베이징에서 경보가 울렸다. 마오쩌둥은 이제 미국이 어
떤 식으로든 반격에 나설 것으로 예상했다. 소련은 여전히 낙관했다.
8월 말에도 붉은군대 총참모부는 스탈린에게 전쟁이 곧 끝날 것으로
예상한다고 보고했다. 틀린 예상이었다. 9월 초에 이르러 미군과 남
한군은 방어선을 돌파하고 북쪽으로 이동했다.

　　뒤이어 대번에 북한의 진격을 무효로 만드는 대담한 행동이 벌
어졌는데, 9월 15일 서울에 가까운 인천에서 미국이 이끄는 군대가
수륙양용 상륙작전에 성공했다. 일본 점령군 사령관으로 트루먼이
한반도의 공세 책임을 맡긴 미국 장군 더글러스 맥아더는 정치적·전
략적 이유에서 훨씬 북쪽에 상륙할 것을 고집했다. 그는 서울을 해방
하는 것뿐만 아니라 한반도 남부에서 북한군을 차단하려고 했다. 맥
아더는 자기가 생각한 것보다 훨씬 큰 성공을 거두었다. 인천상륙작
전으로 김일성 군대는 기습을 당했다. 북한군은 더 남쪽에 있는 전략
보급로를 지키는 것보다 서울 방어에 주력했다. 1주일에 걸친 격전

끝에 서울이 함락되었다. 그때쯤 남한에 있는 김일성 군대는 북쪽에 있는 보급선과 거의 단절되었다. 서쪽과 남쪽 양방향뿐만 아니라 미국의 치열한 공습 압박도 받은 남한의 공산군은 꺾였다. 10월 1일에 공산군은 38선을 향해 도주했는데, 몇몇 부대만이 질서 정연히 후퇴할 수 있었다. 10만 명 가까운 수가 항복했다.

　　전쟁을 수행하는 데 폭넓은 통제권을 받은 맥아더는 이제 북한이 무조건 완전히 항복할 것을 요구했다. 워싱턴의 인가를 받은 미군과 연합군은 10월 7일 북한 국경을 넘었다. 모스크바에서 스탈린은 격분하면서 북한이 무능하고, 소련 군사고문단이 범죄와도 같이 태만하다고 비난했다. 하지만 그는 여전히 김일성을 도와 개입할 의지가 없었다. 대신에 10월 1일 마오쩌둥에게 서한을 보냈는데, 여기서 스탈린은 나쁜 소식을 들을 때면 곧잘 그러하듯 휴가 중이라 현재 상황을 전부 알지 못한다고 주장했다. 하지만 그는 "우리 북한 동무들이 절망적 상황에 빠지고 있다"는 것을 알고 있었다. "현 상황에서 북한을 돕기 위해 병력을 보낼 수 있다고 판단한다면, 즉시 38선으로 최소한 5~6개 사단을 이동하게 해야 한다고 본다"라는 게 보스의 의견이었다.[7]

　　물론 마오쩌둥도 김일성이 심각한 곤경에 빠졌음을 알았다. 마오쩌둥은 또한 중국인이 전쟁에 지쳤고 미군에 맞서 한반도에 개입하는 것은 점잖게 말해서 위험한 일임을 알았다. 하지만 중국 지도자는 사기가 충천한 상태였다. 마오쩌둥은 이제 막 거대한 내전에서 승리한 상황이었고, 기를 쓰고 싸워야 했지만 모스크바의 대가에게서 그토록 바라던 인정을 받았다. 결정적으로, 마오쩌둥은 혁명 중국이 어쨌든 어느 시점에 미국을 상대로 전쟁을 치러야 할 가능성이 농후하다고 믿었다. 제국주의자는 중국 혁명을 증오하고 두려워한다고 마오쩌둥은 생각했다. 그는 미국이 제국주의 진영의 대표로서, 중국처럼 중요한 나라가 전쟁도 없이 자기 진영을 떠나게 내버려둘 것이라고는 믿을 수 없었다.

중국 지도부는 북한이 공격에 나서기 한참 전부터 한반도 개입 가능성을 준비했다. 전쟁이 일어날 것임을 알자마자 마오쩌둥은 군대를 남부에서 만주로 이동하게 했고, 최고사령관도 몇 명 그곳에 배치했다. 하지만 신생 국가로서 다른 군사적 우선 과제가 산적해 있었다. 한국에서 전쟁이 벌어지자 그 과제 가운데 일부가 어려워졌다. 장제스의 잔당 정부가 피신한 타이완을 즉시 차지하는 것도 그중 하나였다. 미국이 한국전쟁 발발 직후에 장제스를 보호하기 위해 타이완 해협으로 해군 함대를 이동하게 했다는 소식을 들었을 때 마오쩌둥은 놀라지 않았다. 어쨌든 마오쩌둥은 이 전쟁을 공산주의와 적대 세력 사이의 전 지구적 대결의 일부로 여겼고, 트루먼도 마찬가지였다. 하지만 마오쩌둥은 중국이 자기에게 소중한 다른 과제, 즉 타이완을 차지하거나, 베트남의 공산당을 지원하거나, 티베트나 신장을 중화인민공화국에 완전히 통합하는 과제 대신, 김일성을 도와 한반도에 주력을 기울여야 한다는 점이 걱정되었다.

중국공산당 지도부는 1950년 10월 2~5일에 중국의 개입을 결정하기 위한 비상회의를 열었다. 마오쩌둥은 처음부터 중국군을 북한으로 이동하게 하고자 했다. 스탈린도 요청한 바 있었다. 중국공산당은 내전 시기에 조선인에게 신세를 졌다. 마오쩌둥이 김일성에게

249

필요하면 지원해 주겠다고 약속한 바 있었다. 그리고 무엇보다도 마오쩌둥은 중국이 전쟁을 두려워해서는 안 된다고 믿었다. 미국인이 중국 국경에 나타날 때까지 기다리느니 지금 싸우는 게 더 나았다. 마오쩌둥의 인생 전체가 전쟁과 떼려야 뗄 수 없는 삶이었다. 그가 전쟁이 끝나기를 기다릴 가능성은 거의 없었다.

하지만 북한의 저항이 미국의 반격에 부딪히자 중국공산당 정치국의 다른 성원은 생각이 바뀌었다. 10월 2일 첫 번째 회의에서 마오쩌둥이 스탈린의 요청을 환영하면서 준비한 전문을 보내는 문제를 놓고 주저하는 분위기가 역력했다. 논의가 계속 이어진 끝에 마오쩌둥은 방침을 바꿔야 했다. 모스크바의 수령에게 "지금 우리는 이런 행동에 나서면 대단히 심각한 결과가 생길 것으로 판단한다"라면서 즉시 개입해 달라는 요청을 거절했다.[8] 마오쩌둥은 중국 혁명의 지도자였을지 몰라도 정치국에서는 여전히 동등한 국원 가운데 하나일 뿐이었다. 이런 상황은 금세 바뀐다. 증거를 볼 때 알 수 있듯이, 마오쩌둥은 이미 이튿날 아침 정치국에서 다수파에 굴복한 것을 후회하고, 논의를 계속하기 위해 중앙위원회 성원의 확대회의를 소집했다. 또한 그는 이미 중국 원정군 사령관으로 선택한 펑더화이彭德懷 원수*를 불러들여 개입에 찬성하는 주장을 펴게 했다. 스탈린에게서 개입을 해 달라는 다급한 요청을 다시 받은 10월 5일, 마오쩌둥은 정치국이 이전의 결정을 번복하고 조선에서 싸울 최대 9개 사단을 보내기로 합의하게 만들 수 있었다.

* 펑더화이가 원수 칭호를 받은 것은 나중인 1955년이다.

스탈린은 베이징의 결정 과정을 전부 알았다. 10월 5일 마오쩌둥에게 보낸 서한에서 마오쩌둥의 태도를 그대로 되풀이하면서 이렇게 말했다. "전쟁을 피할 수 없다면, 일본 군국주의가 회복해서 미국의 동맹자가 될 때까지 몇 년을 기다리지 말고 지금 벌이시오."[9] 또한 스탈린은 중국이 개입하면 전면 지원하겠다고 약속했다. 소련의 원조를 근거로 동료를 설득한 마오쩌둥은 저우언라이 국무원 총리를 흑해에 있는 스탈린의 시골 별장으로 보내 수령과 직접 세부 사항을 협의하게 했다. 스탈린은 여전히 소련이 너무 가시적으로 참여하면 전쟁에 직접 휘말릴 것을 걱정했다. 마오쩌둥에게 한 약속과 달리, 스탈린은 중국이 전쟁에 개입하고 한참 뒤에도 대규모 공중 지원을 실행하지 않는다. 중국은 주저했다. 스탈린은 10월 12일 김일성에게 중국이 군대를 보내려 하지 않으므로 북한 지도자들과 남은 군대는 한반도에서 철수해서 북쪽으로 후퇴해야 한다고 말했다. "중국이 다시 병력 파견을 거부했고, 이 때문에 당신들은 최대한 이른 시간 안에 한반도에서 철수해 북쪽으로 후퇴해야 할 겁니다." 이튿날 마오쩌둥은 다시 정치국 동료의 결정을 뒤엎으면서 최종적으로 개입 결정을 내렸다.

스탈린과 마오쩌둥이 어물쩍거리는 동안 유엔군은 진격을 계속했다. 남한군은 이미 10월 1일 북한에 진입했고, 유엔군도 10월 9일 그 뒤를 따랐다. 평양은 10월 19일 유엔에 함락되었다. 중국은 10월 3일 미국에 미군이 북한으로 넘어온다면 그들도 개입할 것이라는 신호를 보낸 바 있지만, 워싱턴은 아랑곳하지 않았다. 트루먼과 맥아더의 목표는 북한에 항복을 강요하는 것이었다. 인민지원군으로 구성된 중국 군대는 북한 수도가 함락된 바로 그날 한반도에 진입했다. 약 20만 명 규모였다. 미국 정보기관은 중국군이 들어온 것을 알았지만, 숫자는 얼마나 되는지 전혀 알지 못했다. 중국은 처음에 국경을 따라 싸우면서 남한군을 무너뜨렸다. 그리고 11월 1일, 운산 근처에서 미국 1기병사단을 공격했다. 미군은 전혀 대비가 되지 않았던 것으로 보인다. 미군 1000여 명이 전사했다. 예상외의 전과에 깜짝 놀란 마오쩌둥은 중국군에 더 진격하기 전에 증원군을 기다리라고 지시했다. 그리하여 맥아더 장군은 전쟁에서 최대 오판을 하면서 아직 숫자가 미미하다고 여긴 중국군을 상대로 공세를 펼칠 것을 명령했다.

결과는 유엔군에 재앙 그 자체였다. 중국군의 반격은 양쪽에 모두 큰 손실을 입히면서 공세를 물리쳤을 뿐만 아니라, 유엔군도 점차 후퇴하게 했다. 12월 유엔군은 북한에서 완전히 밀려났다. 1951년 1월 4일, 서울이 두 번째로 공산군에 함락되었다. 맥아더 장군은 점점 공개적으로 미국이 중국과 전쟁을 벌여야 한다고 주장했다. 워싱턴의 합동참모회의는 전쟁을 끝내기 위해 핵무기를 사용하는 방안을 논의했다. 트루먼은 망설였다. 그는 한국전쟁 때문에 유럽에서 미군의 핵심 자원이 빠지는 것을 걱정했다. 대통령이 볼 때 유럽이 냉전에서 훨씬 더 중요한 지역이었다. 또한 맥아더가 최고사령관으로서 그의 권위에 도전하는 것을 걱정했다. 맥아더가 행정부를 비판하면서 하원의 어느 공화당 지도자에게 보낸 편지가 하원에서 낭독되자 트루먼은 더는 참지 못했다. 4월 11일 대통령은 가타부타 말이 많은 장군을 해임했다. 트루먼은 훗날 통상적인 방식으로 해명했다. "제가 장군을 해임한 건 그가 대통령의 권한을 존중하지 않았기 때문입니다. 그가 멍청한 개자식이기는 해도 그 때문에 해임한 게 아니에요. 장군이 멍청한 개자식인 건 위법이 아니니까요. 만약 그렇다면 절반의 장군 가운데 4분의 3은 감옥에 있을 겁니다."[10]

3월 중순, 유엔군은 두 번째로 서울을 탈환했고, 이제 38선 바로 코앞에 허술하나마 전선을 형성해서 유지할 수 있었다. 중국군이 4월에 유엔군을 몰아내려고 했지만 미군이 공중에서 우위를 차지한 탓에 실패로 돌아갔다. 중국군의 손실은 계속 늘어갔다. 1951년 봄 공세에서 중국군 사상자는 때로 유엔군의 10배에 이르렀다. 5~6월 불과 2주 만에 중국군은 4만 5000~6만 명의 병력을 잃었다. 게다가 중국군 부대는 보급품이 바닥났다. 6월에 이르러 마오쩌둥은 현 상태를 기준으로 휴전할 준비를 했다. 하지만 스탈린이 이의를 제기했다. 소련 지도자는 염치없이 주장했다. "장기전을 버티면 중국군이 야전에서 현대전을 연구하면서 … 미국 트루먼 정권을 뒤흔들고 영국과 미국 군대의 군사적 위신에 타격을 가할 기회가 생깁니다."[11] 마오쩌둥은 보스보다 더 간절히 타협을 바라는 모습을 보이고 싶지 않았다. 이제 폐허가 된 수도에서 직무에 복귀한 이승만은 국민이 완전히 해방되기 전에는 유엔이 타협해선 안 된다고 고집했다. 한반도에 평화가 이루어지기는 쉽지 않았다.

1950년 가을 중국군이 미군을 공격했을 때, 세계 곳곳의 사람들은 이제 제3차 세계대전으로 치닫는다고 생각했다. 코네티컷주에 사는 15세 소녀는 전쟁이 발발하자 트루먼 대통령에게 편지를 보내 비행기가 머리 위로 지나가는 소리가 들릴 때마다 잠을 잘 수가 없다고 토로했다. "언제든 우리 모두 죽임을 당할까 봐 무서워요."[12] 북아

253

메리카와 유럽, 아시아에서도 수많은 사람이 같은 느낌을 받았음이 분명하다. 미국 행정부는 한국전쟁을 계속 억제할 수 있다고 기대했다. 트루먼은 한국을 활용해서 미국에서 세계 봉쇄 정책과 군비 지출 증대에 대중적 지지를 얻는 것과 전면전의 공포를 피하는 것 사이에서 균형을 잡아야 함을 깨달았다. 언제나 과장법을 구사하는 트루먼은 처음에는 서투르게 균형을 잡았다. 12월 미국인에게 한 연설에서 대통령은 "우리의 가정, 우리의 국가, 우리가 신봉하는 모든 것이 크나큰 위험에 빠져 있다"라고 주장했다. "이 위험은 소련 통치자가 만들어 냈습니다. … 6월에 공산주의 제국주의 군대가 한반도에서 공공연히 전쟁을 개시했습니다. … 그리고 11월에 공산주의자는 자유 국가에 맞서 중국군을 전장에 투입했습니다. 이 행동으로 그들은 원하는 바를 얻기 위해 세계를 전면전의 벼랑 끝으로 몰아가려 함을 보여 주었습니다. 한반도에서 벌어지는 사태의 진정한 의미는 바로 이것입니다. 우리가 그토록 엄중한 위험에 빠진 것도 이 때문입니다."[13]

훨씬 더 많은 미국인이 조만간 세계 전쟁이 벌어질 것이라고 믿는 가운데, 1940년대에 시작한 과도한 반공 열풍이 국내에서 가속화했다. 매카시 상원의원과 캘리포니아주 출신 초선 상원의원 리처드 닉슨 같은 지지자는 행정부가 국내의 공산주의에 물렁한 태도를 보인다고 공격했다. 정부는 충성심사위원회를 설치해 수많은 공무원을 심사하는 식으로 대응했다. 공무원은 어떤 시민단체에 속했는지, 독서 습관은 어떠한지, 아는 공산주의자가 있는지 등의 질문을 받았다. 언론인, 예술가, 평범한 노동자 수천 명이 감시 대상에 올라 취직이 가로막혔다. 반공 열풍에 가담하는 것을 거부했다는 게 이유였다. 교사를 비롯한 공무원은 -어떤 주는 우편 노동자와 무덤 파는 작업자도- 〈헌법〉에 손을 올리고 충성 선서를 해야 했다.

유럽도 한국전쟁을 계기로 냉전이 격화했다. 서유럽 지도자들은 한반도가 소련의 시범 사례일 뿐이라고 걱정했다. 프랑스의 샤를 드골은 "이 국지적 행동이 … 결국 유럽으로 밀고 들어오는 '거대한 충격'을 준비하기 위한 시험"이 아닌지 의심했다. "물론 유럽은 유라시아권을 소련의 지배로 완전히 통일하기 위한 핵심 지역이었고, 그 결과는 자유를 잃는 것"이었다.[14] 프랑스공산당은 소련의 노선을 따랐다. 북한이 공격한 다음 날 공산당 신문 《뤼마니테L'Humanité》 머리기사에, "한반도의 워싱턴 꼭두각시가 도발한 전쟁이 분명하다"라는 절규가 나왔다. "인민군은 남한군의 침략에 맞선 반격에서 승리를 거두고 있다!"

전쟁은 다른 여파도 미쳤다. 핵전쟁의 공포가 퍼져 나갔다. 미국처럼 일부 서유럽 나라에서 급진주의자가 감시 대상에 올라 취직을 하지 못했다. 다만 서유럽의 박해 수준은 공산당 정권이 동구에서 가한 박해에 상대가 되지 않았다. 서유럽은 남한의 대의 자체에 결코 크게 공명하지 못했고, 한국전쟁이 무고한 사람에 대한 미국의 공격이라는 소련과 공산당의 선전은 어느 정도 효과를 발휘했다. 대다수 사람은 이 전쟁이 자기네 지역으로 확산되기 전에 끝나기만을 바랐다.

한반도에서 가깝고 식민 지배 역사가 있는 일본에서 전쟁에 대한 반응은 공포와 기회 양 갈래였다. 대다수 일본인은 소련이 핵으로 공격하거나 중국이 침공하는 등 전쟁이 일본 열도로 확산할 것을 두려워했다. 반전 시위도 상당히 많았다. 어쨌든 일본은 이미 핵으로 공격을 당한 적이 있는 세계에서 유일한 나라였다. 하지만 정치 지도자와 기업가 사이에 전쟁이 기회라는 인식도 존재했다. 그들은 전쟁 때문에 미국이 일본의 지원에 더 의존하고, 일본 산업이 한반도의 미군에 물자를 공급하는 데 다른 어떤 나라보다 유리한 위치에 있음을 알았다. 일본은 실제로 전쟁 중에 경기가 상당히 상승했다. 더욱 중요한 점은 전쟁으로 미국의 점령이 끝나고 일본이 미국의 소중한 동맹국이 되었다는 것이다. 이승만을 비롯한 남한 지도자들은 이런 생각에 진저리를 쳤지만, 사실 남한 체제는 일본의 지원이 없이는 구제될 수 없었다.

제3세계에서 어떤 나라나 운동도 미국의 대의를 지원하려고 적극 나서지 않았다. 인도는 처음부터 전쟁을 끝내고 38선으로 철수할 것을 주장했다. 다른 나라는 훨씬 더 비판적이었다. 중동에서 나온 논평과 사설, 그리고 아프리카 각국 해방운동이 내놓은 성명은 미국의 정책에 충분히 타당한 질문을 던졌다. 왜 미국은 프랑스를 알제리에서 밀어내거나 남아프리카에서 아파르트헤이트를 종식하려는 노력은 별로 하지 않으면서, 북한에 대해서는 즉시 개입했는가? 최초의 주요 아파르트헤이트 법률인 〈주민등록법(Population Registration Act)〉이 한국전쟁이 발발한 바로 그 주에 통과되었다. 그렇지만 남아프리카 군대는 한반도에서 유엔군에 가세했다. 당시에는 잘 알려지지 않았지만, 1950년 11월 한국전쟁에서 장교로 복무한 마오쩌둥의 아들 마오안잉毛岸英을 죽인 것은 남아프리카 전투비행대의 소행이었다.

트루먼 행정부는 누가 참여하는지보다 국제 연합 구성이 성공하는 것이 더 중요한 문제였다. 전례 없는 유엔의 명령 덕분에 16개국이 한반도에 군대를 보냈다. 최대 규모의 파견대를 보낸 나라는 영국과 필리핀, 타이였다. 프랑스, 그리스, 저지대 국가도 병력을 보냈고, 영연방에 속한 일부 나라(캐나다, 오스트레일리아, 뉴질랜드)도 파병했다. 하지만 한반도에 온 유엔군 90퍼센트 가까이는 미군이었다. 더욱 중요한 것은 유엔군 전체가 미국의 지휘를 받으며 싸웠다는 점이다.

한국전쟁이 미국의 국제 동맹에 도움이 됐을지 몰라도, 중소 협력을 촉진하는 데 훨씬 더 큰 역할을 했을 것이다. 중국이 전쟁에 개입한 뒤, 소련은 지원 속도를 늘리면서 중국군과 북한군에 필요한 물자 대부분을 공급했다. 또한 소련은 군사고문단을 추가로 보냈고, 무엇보다 항공기와 대공포 지원도 늘렸다. 1951년 4월부터 스탈린은 북한 영공을 벗어나지 않는 조건으로 소련 조종사가 전투 임무를 수행하는 것을 허용했다. 약 800명의 소련 조종사가 주로 미그15 전투기로 한반도 상공을 비행했다. 소련이 동원할 수 있는 최첨단 항공기였다. 이따금 3개국 사이에 전술 문제를 놓고 의견이 갈리긴 했지만, 전쟁 중에 중국과 소련의 협력과 상호 신뢰가 상당히 높아졌다.

한국전쟁은 중국에도 심대한 영향을 미쳤다. 1950년 당시 중국인은 20년 가까운 전쟁을 겪은 뒤인지라 평화를 갈망했다. 젊은이를 다시 전쟁터로 보내야 한다는 것에 불만이 상당히 많았다. 게다가 이번에는 외국의 전쟁터였다. 일부 병사도 난색을 표했다. 병사들은 국내에서 이제 막 승리를 거뒀는데, 왜 남중국에서 한반도로 가 외국의 전쟁에서 싸워야 하는지 의문을 품었다. 사상자가 많아지자 한층 더 곤란한 질문이 제기되었다. 장진호전투에서 싸운 한 중국 대위는 그 날의 기억을 떠올렸다. "불과 12일 전에 언덕을 올라갔을 때 … 200명의 젊은 병사가 활기와 영웅적 꿈에 가득 차 내달리면서 껑충껑충 뛰었다."

> 오늘은 6명만 남았다. 지치고 부상을 입은 병사는 느릿느릿 언덕을 내려왔다. 흙과 피로 뒤범벅된 얼굴과 팔뚝이 숯처럼 검었다. 군복은 허름한 누더기가 됐고, 팔꿈치가 해졌다. 어둠 속을 걷는 귀신처럼 보였다. … 중위와 소위, 부사관과 사병은 모두 중국에서 멀리 조선으로 나를 따라왔다. [대부분] 결코 고향에 돌아가서 가족을 보지 못할 것이다. 이제 고작 열아홉이나 스물인데, 이 낯선 땅에서 마지막 피를 흘렸구나.[15]

한반도에서 막대한 파괴가 벌어졌다. 군사 행동이 벌어지는 동안 적어도 두 번 나라 전체가 전쟁으로 불길에 휩싸였다. 모든 도시가 폐허가 되었다. 인구의 절반가량이 피란민이 되었다. 생산시설이 대부분 파괴되었고, 전쟁 내내 굶주림이 널리 퍼졌다. 도시에서 버티려고 한 사람은 전쟁이 다시 닥치면서 암울한 운명을 맞았다. 뉴스 보도에 따르면, 서울을 수복하기 위한 두 번째 전투에서 "포격전이 벌어져 소름이 끼치게 많은 민간인 사상자가 발생했다. … 밤이고 낮이고 여자와 아이, 노인이 손수레나 황소, 들것에 실려 연대 본부로 들어왔다. 눈코 뜰 새 없이 바쁜 군의관이 잠시나마 시간을 내어 그들을 돌봐 줄 수 있으리라는 애처로운 희망이 담긴 행동이었다."[16]

1951년 여름 휴전 회담이 시작되었지만, 전쟁 자체는 2년 동안 끔찍이 이어졌고, 어느 쪽도 유의미한 군사적 성과를 거두지 못했다.

유엔군이나 중국과 북한 사령관은 거의 아무런 성과도 내지 못할 대규모 공세에 나서는 모험을 할 의지가 없었다. 하지만 휴전 회담 또한 아무 성과가 없었다. 한 가지 난제는 전쟁 포로를 어떻게 처리할 것인가 하는 점이었다. 중국과 북한은 귀환을 원하지 않는 이가 있다 하더라도 포로 전원 송환을 고집했다. 미국은 돌아가기를 원하는 사람만 송환할 것을 주장했다. 한편 남한 포로수용소는 그곳대로 진정한 전장으로 변해서, 공산주의자 집단이 미국과 남한이 배치한 반공 간수와 싸웠다. 그중 한 수용소에서는

> 1952년 초 여단장* 리다안李大安이 72동 수용소에 있는 모든 포로에게 반공 구호를 문신으로 새기려고 했다. … 그는 포로 간수에게 문신을 하지 않으려는 포로는 구타하라고 지시했다. … 하지만 린쉐푸林學逋라는 포로는 계속 저항했다. … 리다안은 결국 린쉐푸를 단상 위로 끌고 왔다. … "문신 할래 안 할래?" 피를 철철 흘리며 제대로 서 있지도 못하는 린은 당시 열아홉 살의 대학 신입생이었는데, 큰 소리로 대꾸했다. "안 한다!" 리다안이 대검으로 린쉐푸의 팔 한쪽을 잘랐다. 리다안이 다시 질문을 하자 린쉐푸는 비명을 지르면서도 고개를 저었다. 모욕을 당해 화가 난 리다안은 다시 대검으로 린쉐푸를 찔렀다. 린쉐푸가 마침내 쓰러진 뒤 리다안은 린쉐푸의 가슴을 갈라 심장을 꺼냈다. 피를 뚝뚝 흘리면서도 여전히 뛰는 심장을 치켜든 리

---

* 거제 포로수용소는 총 19개 구역으로 나뉘었는데, 포로는 각 구역을 '여단', 여단 대표를 '여단장'이라고 불렀다.

다안이 운동장에 있는 모든 포로에게 소리쳤다. "누구든 감히 문신을 거부하면 이자처럼 될 게다!"[17]

이승만이나 김일성이나 휴전을 원하지 않았다. 두 사람은 여전히 나라 전체를 "해방"해야 한다고 고집했다. 그리고 결정적으로 스탈린은 전쟁을 끝내는 데 관심이 없었다. 미국이 아시아에서 수렁에 깊숙이 빠져들수록 유럽에서 그의 입지는 더욱 좋아질 터였다.

이미 1951년 초에 미국에서 전쟁의 인기가 점점 시들해졌고, 미국인 3분의 2는 미국이 한반도에서 완전히 발을 빼야 한다고 생각했다.[18] 뉴스 매체는 점점 전쟁의 목적이 무엇인지 곤란한 질문을 던졌다. 한 기자는 1953년 1월 한반도를 "가서 죽기에 비참한 나라"라고 일컬으면서, 자기가 취재한 곳에서 "우리 병사 세 명이 생의 마지막 밤을 보냈다"라고 독자에게 알려 주었다. 그중 한 명은 "지난 8월에 남서부의 작은 대학을 졸업한" 이였다. "10월에 한국에 감. 1월에 전사함. … 그들은 우리가 대머리 되놈(Chink Baldie)과 뚱보(Pork Chop)라고 이름 붙인 두 언덕 사이의 임진강 굽이 근처에서 전사했다."[19] 1951년 2월 중순에는 채 4일도 되지 않는 동안 1300명의 미군 전투 사상자가 나왔다.

전쟁 상황은 해리 트루먼이 1952년 대통령 재선에 도전하지 않는 데 역할을 했다. 공화당 후보 경선에 출마한 드와이트 아이젠하워 장군은 필요하면 강경 조처를 해서라도 조기에 종전할 것을 약속했다. 하지만 어떤 식으로 종전할지 뾰족한 방도는 없었다. 선거에서 승리한 아이젠하워는 한편으로 위협하면서(핵무기 사용을 검토하겠다는 등), 다른 한편으로 감언이설을 늘어놓았다(남한에 휴전 수용을 압박했다). 대통령 취임식 직후에 아이젠하워는 아무 조건 없이 부상 포로를 교환하는 데 합의했다. 또한 인도가 제안한 종합 휴전안에 관심을 표했다.

그 와중에 3월 5일 모든 상황을 뒤바꾸는 소식이 전해졌다. 스탈린이 사망한 것이다. 3월 1일 독재자는 흔히 그랬듯, 모스크바 외곽에 있는 한 시골 별장에서 친구와 늦은 저녁을 먹었다. 다음 날 스탈린의 아파트에서 아무 소리도 나지 않았다. 청하지 않으면 절대 들어오지 말라는 엄한 지시에 따라 경비원은 오후 10시 무렵까지 감히 문을 열어 보지 못했다. 경비원은 결국 바닥에 누워 있는 스탈린을 발견했다. 심한 뇌졸중이 와서 그 자리에서 마비가 되었다. 후임자가 서로를 예의주시하면서 상황을 정리하며 한 가지 합의한 문제는 한국전쟁을 끝내자는 것이었다. 그들은 전쟁을 계속하는 게 위험하고 불필요하다고 보았고, 종전이 긴장을 완화하자는 의도를 미국에 보여 줄 기회라고 기대했다.

스탈린의 소련을 물려받은 공산주의 지도자들은 전선 이동이 중단된 뒤에도 한국전쟁이 점점 위험해졌다는 올바른 판단을 내렸다. 한국전쟁이 냉전에 미친 가장 중요한 영향 한 가지는 충돌을 전 지구적 규모로 군사화했다는 점이다. 미국의 국방 예산은 2배 넘게 늘었는데, 증가분의 일부만이 한국전쟁에 투입되었다. 1950년 여름까지 주로 정치적 기구였던 나토는 이제 통합 군대로 변모했다. 영국과 프랑스에 미국의 군사 원조를 강화했고, 서독을 재무장하려는 미국의 결단도 확고해졌다. 핵무기 개발 계획도 박차가 가해졌다. 아마 가장 중요한 것은 아이젠하워 행정부가 부추긴 대로 미국이 해외 동료 국가를 지키기 위해 전면적으로 몰두해야 한다는 인식이었을 것이다. 냉전은 제로섬게임이었다. 추론을 계속할수록 적의 공격을 부추기는 셈이었다.

한반도의 휴전은 전쟁이 발발하고 꼬박 3년 만에 조인되었다. 공산주의 강대국은 그전까지 협상을 지연하게 한 여러 제안을 대부분 받아들였다. 관련한 모든 나라에 쓸모없고 끔찍한 전쟁이었다. 하지만 남북한 자체에 미친 영향은 더욱 나빴다. 나라 전체가 폐허가 되었다. 350만 명이 전쟁으로 사망하거나 부상당했다. 1000만 명이 식량 원조에 의지했다. 남한에서만 생존한 친척이 없는 고아가 최소 10만 명 생겼다.[20] 고향 도시와 마을로 돌아올 수 있었던 한국인은 사방에서 죽음과 절망을 목격했다. 연합국이 "그들의" 한국을 각각의 동맹 체계에 편입하는 대가로 상황을 개선하려고 했다. 하지만 한국인에게 전쟁은 민족 재앙이었고, 전쟁이 남긴 상흔은 여전히 치유되지 않았으며, 그 비참함도 아직 사라지지 않았다.

동 구 권

07 · EASTERN SPHERES

동유럽 지도자들에게 자기가 추구하는

새로운 경로가 진심 어린 지지를

받지 못했음에도, 아니 어쩌면

그 때문에 흐루쇼프를 비롯한 소련

지도자들은 동구권의 통합 과정을

확대하기로 했다.

1940~1960년대에 북극해에서 유럽 중앙부를 거쳐 아드리아해에 이르기까지, 그리고 그곳에서 캅카스산맥과 중앙아시아를 관통해 한반도와 태평양의 블라디보스토크에 이르기까지, 어떤 대안적 세계가 지구를 뒤덮었다. "동방의 정복자"라는 뜻의 블라디보스토크는 이제 유라시아의 거대한 지역에서 공산주의의 승리를 상징했다. 하지만 공산주의 세계는 거기서 멈추지 않았다. 블라디보스토크에서 남쪽으로 이동해서 지구에서 가장 인구가 많은 중국을 거쳐 남중국해에 있는 베트남 연안에서 끝났다. 이 세계에서 주목할 만한 점은 그것이 연결된 방식이었다. 이 세계는 북대서양 국가의 나토 같은 단순한 안보 동맹이 아니었다. 그것은 세계가 어떻게 작동하며, 어떻게 바뀌어야 하는지에 관한 공통의 이해에 바탕을 둔 통합주의적 정치·경제 기획이었다. 이 세계는 또한 마르크스와 레닌의 가르침, 그리고 스탈린 치하의 소련에서 발전한 실천에 토대를 두었다. 이 세계는 통일성을 치열히 지키면서 냉전에서 소련을 지지하는 데 전념했다. 이 세계는 자본주의의 전면적인 대안이자, 미국이 제2차 세계대전

265

의 위대한 승자라고 믿는 이에 대한 비난이었다. 아니 적어도 그렇게 보였다.

모든 곳에서 공산주의 통치의 강제는 군사력에 토대를 두었다. 동유럽과 북한에서 소련의 붉은군대는 공산주의 체제를 세우는 것을 도왔다. 중국, 유고슬라비아, 알바니아 현지 공산군은 스스로 권력을 잡았다. 모든 경우에서 지도자들은 공산당의 군사적 권력 장악을 사회주의 혁명과 동일시했다. 그들은 부르주아가 지배하는 자본주의가 점차 사회주의 토대를 발전하게 한다는 마르크스의 사고를 버렸다. 스탈린과 마찬가지로, 그들 또한 공산당 체제가 자국에서 사회주의를 창조할 수 있다고 믿었다. 특히 소련이 이런 발전을 할 수 있는 길을 닦아 놓았기 때문이다. 하지만 공산당 통치를 받으며 사회주의를 실현하는 것은 스탈린주의가 마르크스주의적 요소에 들어맞게끔 여러 단계를 거쳐야 했다. 따라서 각국 공산당 체제는 처음에는 그들이 "민족" 혁명을 대표한다고 주장했다. 이 혁명이 나중에 계속해서 사회주의를 발전하게 할 것이었다. 사회주의가 민족을 위한 최선이었기 때문이다. 공공선을 위해 행동한다고 주장하는 사기업과 놀랍도록 비슷하게, 부정직한 공산주의자는 그들이 민족 전체를 위해 행동한다고 주장했다. 하지만 그들이 밀어붙인 계획은 일부 사회계급에 힘을 부여하고 다른 계급은 주변으로 밀어내려는 의도가 노골적이었다.

각국에서 집권한 공산주의자에게 가장 큰 난점은 국제주의를 지지한다는 그들의 주장이었다. 그들은 미래가 프롤레타리아와 농민의 것-민족국가가 아니라 계급의 것-이라고 말했다. 문제는 1940년대와 1950년대의 많은 보통 사람이 가장 바란 것이 강한 민족국가라는 점이다. 전쟁을 거치면서 자국의 보호를 받지 못하는 집단에 무슨 일이 벌어지는지 낱낱이 드러났다. 동유럽의 대규모 유혈 사태, 유대인과 집시 대량 학살, 국경 이동 때문에 폴란드인이나 헝가리인, 루마니아인은 자국이 민족국가라고 주장할 수 없었다. 공산당은 심지어 "민족"혁명을 수행한다고 고백할 때도 국제주의를 지지해야 했다. 특히 모스크바가 각 공산당 정권의 충성을 가늠하는 시험대로 국제주의를 활용했기 때문이다. 따라서 애당초 공산주의자는 민족과 민족성(nationhood) 또는 심지어 국가 독립 등의 개념과 불안한 관계를 맺었다.

각국 공산당은 어디서나 소수 정당이었다. 예를 들어 헝가리공산당은 전쟁이 끝났을 때 당원이 불과 3000명 정도였다.[1] 따라서 그들은 계속 집권하기 위해 감시와 무력을 사용하는 데 의지해야 했다. 그들이 사용한 기법은 러시아혁명 이후 볼셰비키가 발전시킨 방법이거나, 어떤 경우에는 전간기에 나치스나 권위주의 정권의 관행을 본뜬 것이었다. 직장 해고, 재산 몰수, 비밀 연행, 강제노동수용소, 현실 또는 상상 속의 반대자에 맞선 테러 등이 모든 곳에서 활용되었지만, 사망자 숫자는 크게 차이가 났다. 앞서 살펴본 것처럼, 중국에서 공산당이 통치한 처음 2년간 200만여 명이 살해되었다. 헝가리에서 그 수는 약 500명, 체코슬로바키아는 200명 미만이었다. 이런 차이는 아마 정권의 성격이나 지도자들이 처한 상황 둘 다로 설명할 수 있다. 중국은 장기간 내전이 한반도의 국제전으로 바뀌었지만, 체코슬로바키아에서 권력 장악 시기의 폭력 사태는 비교적 경미했다. 중국공산당은 나라를 신속히 변혁해야 한다고 믿었고, 달걀을 깨뜨리지 않고는 오믈렛을 만들 수 없다는 말을 즐겨 했다.[2] 프라하에서 드러난 것처럼, 공산주의의 실현은 더 천천히 만들어지는 혼합물이었다.

모든 공산주의 국가는 시간이 흐르면서 당연히 많이 변화했다. 공산당이 집권했다 하더라도 여전히 국가를 건설하고 국민에게서 일정한 형태의 협력을 구해야 했다. 스탈린이 살아 있는 동안에는 이런 필수 과제를 계속하는 게 어려웠다. 늙어 가는 독재자가 이끄는 활동과 숙청, 정책 변경 등이 점점 변덕스러워졌기 때문이다. 1953년 스탈린이 사망하자, 동유럽 각국 정권은 안정과 경제성장으로 돌아섰다. 공산당이 이렇게 의도적으로 긴장을 완화하자 1953년 동독이나 1956년 폴란드와 헝가리 등에서 항의시위가 가능했다. 긴장이 완화되자 국민이 정권에 협력하는 게 쉬워졌다. 어쨌든 대다수 사람에게 공산주의 체제는 그저 새로운 당국이었고, 사회주의는 점차 새로운 정상正常 상태가 되었다. 시간이 흐르면서 치자와 피치자 사이에 어느 정도 상호성이 높아졌다. 하위 수준의 권력자는 국민에게 맞는 공식 정책을 만들 수 있었다. 노동자는 동료와 연대해 공산당의 직접 간섭에서 벗어나 자유로운 공간을 창조했다. 하지만 점점 더 많은 사람이 정권의 각종 기구나 행사, 축제에 참여하기도 했다. 1960년대 초에 이르면 동유럽만이 아니라, 소련에서도 치자와 피치자 사이에 일정한 형태의 불안한 휴전이 자리를 잡았다(하지만 중국은 예외로 스탈린주의식 활동이 잦아들기는커녕 격화했다).

신생 공산주의 국가 사이에 지리적·경제적으로 다양한 차이를 보이지만, 공산주의자는 어디서나 비슷한 방향으로 발걸음을 내디뎠다. 처음에는 흔히 소련의 실천에서 직접 끌어온 공통의 모형에 바탕을 둘 수 있는 게 많았다. 대부분의 공산주의 나라는 농업의 비중이 컸기 때문에, 지도자들은 토지에서 나오는 국가 수입을 극대화하고자 했다. 그리하여 그들은 국가가 농업 생산에서 나오는 이윤을 챙기고 농민을 정치적으로 통제할 수 있도록 집단화 포고령을 내렸다. 또한 그들은 집단 영농이 개인 농가보다 효과가 더 높고 산업적이며 따라서 현대적임을 소련 모형이 보여 주었다고 믿었다. 하지만 집단화는 종종 농민의 분노를 샀다. 농민은 자기 땅에서 직접 일하는 게 더 낫다고 믿었기 때문이다. 민족과 맺는 관계에서 그러하듯, 공산주의자는 농업과 관련해 발전하는 데 난관에 봉착했다. 동유럽에서 중국에 이르기까지 많은 농민이 이미 농산물을 팔아 현금을 받으면서 자본주의 시장과 연계를 맺을 기회를 발견한 바로 그 순간에, 그들은 집단 영농이 미래라고 주장했다.

1930년대에 스탈린과 그의 심복이 소비에트 집단화로 밀어붙인 방법은 스탈린 체제의 최악의 범죄로 손꼽힌다. 다른 어떤 공산주의 국가도 그에 맞먹을 정도로 무자비하게 행동하지 않았다. 아마소련도 이와 같은 조치에 따른 희생에 경각심을 가졌기 때문일 것이다. 동유럽 전역에서 집단화는 서서히 진행됐는데, 폴란드에서 이 과정은 완전히 실패했다. 공산당 정부는 농민의 대대적인 저항에 부딪히자 집단화를 포기했다-폴란드의 집단농장은 전체 경작지의 10퍼센트를 넘게 차지한 적이 없다. 다른 나라는 특전과 압력을 섞어 가면서 집단화를 유지했다. 특히 저발전 나라의 일부 농민은 기술 이용

기회 같은 유인책이 중요했다. 또한 새로운 정책은 농촌 사회의 몇몇 집단 가치에 호소했다. 하지만 모든 곳에서 농민은 자기 땅을 소유할 권리를 포기해야 할 때마다 일정한 형태의 저항을 벌였다. 1955년 기록적인 시간 안에 집단화의 주요 단계가 완료되었지만, 그에 앞서 대지주를 겨냥한 대대적인 테러가 벌어진 중국에서도 많은 농민이 이의를 제기했다. 선택권이 주어지면 농민은 자기가 농사짓는 땅을 소유하는 쪽을 선호했을 것이다.

공산주의적 경제 변혁의 중심 기조는 산업화였다. 이번에도 그 방식은 소련에서 빌려 왔다. 빠르게 산업화하는 나라만이 사회주의와 현대화를 이룰 수 있었다. 이 정책은 분명한 호소력이 있었다. 지금까지 뒤처졌다는 심대한 인식이 존재하는 유럽 주변부 나라와 중국, 북한, 베트남 같은 유럽 바깥의 나라에서 급속한 산업화는 정말로 앞으로 나아가는 길로 보였다. 모든 사람이 나치 독일을 무너뜨린 소련 산업 생산의 엄청난 힘에 매료되었다. 언제나 중공업이 강조되었다. 철강, 기계, 조선, 그리고 이러한 산업에 이바지하는 광업과 시추 분야였다. 대기업이 우선권을 가졌고, 거의 모든 투자가 주요 기획에 투입되었다. 소비재는 부족했고, 그나마 입수할 수 있는 소비재도 공산주의 정부가 출범한 때부터 품절이거나 대기해야 했다.

모든 경제 활동은 이상적으로 국가가 운영해야 했고, 경제 측정 기준은 경쟁이나 교환이 아니라 생산량이었다. 따라서 모든 공산주의 경제에서 계획과 중앙집중화가 커다란 역할을 했다. 앞서 살펴본 것처럼, 전후 시대에는 비공산주의 국가 사이에서도 계획의 요소가 드문 현상이 아니었다. 하지만 차이는 계획의 총체성에 있었다. 공산의 세계는 가구 소비에서 철강 생산에 이르기까지 계획이 모든 것을 아울렀다. 1960년대 초에 이르면, 소련과 불가리아의 국민소득 100퍼센트가 국영기업 및 집단기업에서 생산되었고, 다른 대다수 공산주의 나라도 비슷한 수치였다.[3] 사적 소유는 몰수를 통해 폐지되었다.

완전한 계획경제는 정부가 생산 우선순위를 결정하는 것에 토대를 두었다. 그 순위를 바탕으로 정부 부처가 생산 할당량을 정하면 각 공장이 할당량을 채우기 위해 노력했다. 원료, 에너지, 노동자 배분은 할당량을 제시간에 이루는 데 얼마나 필요한지를 계산해서 중앙이 결정했다. 각 공장이 운송, 수리, 새로운 기계를 요청하면, 이런 임무를 맡은 국가 기관이 정치적 우선순위에 따라 결정을 내렸다. 투자와 생산량이 완벽히 균형을 이루고, 따라서 자원이 최대한 활용된다고 가정되었다. 분배가 생산량을 나누는 구조로 시장을 대체했다. 어떤 공장도 문을 닫는 일이 없고, 노동자는 누구도 정리해고되지 않았다. 따라서 언제나 완전고용 상태였다. 나라는 사회주의적 경제기구였고, 그 목적은 생산을 극대화하는 것이었다.

물론 현실은 이런 경제적 이상과 상당히 멀었다. 비사회주의 나라에서 자본주의의 실행이 자유시장 이념과 달랐던 것처럼 말이다. 완전한 경제계획을 시행한 첫 십 년간 주로 산업 분야 생산 증가의 측면에서 성과가 많기는 했지만(사회주의적 농업은 언제나 뒤처졌다), 나중에는 성장 속도가 느려졌다. 이런 성장 속도 저하의 일부는 의심할 여지 없이 성장 초기 단계가 지난 수십 년간 실현되지 않은 잠재력으로 추진된다는 사실로 설명된다. 저발전 경제에서 중앙집중화의 자원 이점이 초기 성공에서 역할을 했으며, 공장과 나라를 재건해서 성공하는 것을 보려 한 노동자의 열의도 도움이 되었다. 하지만 계획경제에 비효율성이 굳어지기도 했는데, 이는 경제가 성숙함에 따라 더욱 확연해졌다. 효율적인 자원 할당과 혁신, 제품 차별화가 부족했다. 또한 노동자를 위한 유인도 부족하고, 천연자원과 산업 자원을 절약하거나 보전하려는 노력도 부족했다.

산업화와 더불어 도시화가 이루어졌고, 전례 없는 규모로 농민이 노동자로 변신했다. 예로 불가리아는 1945년에 농업이 주를 이루었다. 도시 거주 인구는 전체의 4분의 1이 되지 않았다. 그런데 1965년에 이르면 그 수치가 2배로 늘었고, 절반이 넘는 인구가 산업 분야에서 일했다. 이 과정은 공산주의 국가 전체에서 보통 속도는 더 느렸지만 고스란히 되풀이되었다. 급속한 사회 변화 과정이 모두 그러하듯, 이 과정에도 척력과 인력이 공존했다. 많은 이에게 도시에 살면서 새로운 기술을 배울 기회는 매력적으로 다가왔다. 하지만 어떤 이는 집단화의 영향 또는 산업노동자 대열에 합류하라는 공산당의 압력 때문에 살던 마을에서 쫓겨났다. 노동자가 되고자 하는 열망은 공산당이 통치하는 모든 국가에서 일종의 명예 훈장이었다.

각국의 공산주의 정권은 새로운 생산 중심지를 건설했다. 공장과 노동자를 위한 이상적 장소로 생각한 곳이었다. 이 신도시-폴란드의 노바후타Nowa Huta, 불가리아의 디미트로브그라드Dimitrovgrad, 헝가리의 스탈린바로시Sztálinváros*-에서 사회주의적 계획 시도가 극단으로 치달았다. 도시마다 대공장이 건설되었고, 인근에 노동자를

* 1961년 두너우이바로시Dunaújváros로 바뀜.

위한 현대식 고층 아파트도 세워졌다. 시 당국과 사람들이 일하는 공장이 협력해서 학교와 유치원을 운영했고, 병원, 운동장, 공연장도 비슷한 방식으로 운영되었다. 교육을 더 받고 싶은 노동자를 위해 야간 수업도 진행되었다. 모든 시설이 무상이거나 명목적인 비용만 받았다. 폴란드 영화감독 안제이 바이다Andrzej Wajda의 걸작 영화 〈대리석 인간(Man of Marble)〉에 나오는 가난한 주인공 마테우시 비르쿠트 같은 사람이 떼를 지어 새로운 사회주의 도시에 몰려든 것도 놀랄 일은 아니다. 그들의 희망은 결국 대부분 꺾이지만, 동유럽이나 중국에서 새롭게 등장한 노동계급에게 이런 진취적 기획은 그들이 매력을 느낀 미래를 상징했다.

　　대다수 노동자에게 사회주의로의 이행은 한층 줄어든 보상을 내밀었다. 모든 이-특히 1930년대를 경험한 이들-가 고용 안정과 착실한 소득에 고마워했지만, 생활 조건은 여전히 열악했고, 소비재와 때로는 식료품도 부족한 상황은 풍요를 약속한 사회주의의 이상과 충돌했다. 설상가상으로 노동계급은 자율성을 누리지 못했다. 동유럽 전역에서 노동자는 전쟁 직후 몇 년간 그들의 영향력과 힘을 맛보았다. 몇몇 지역에서는 공장평의회가 공장 운영을 떠맡거나 공장주와 처우를 교섭했다. 하지만 1940년대에 이르면 공산당 노동조합이 들어와 노동자 조직을 넘겨받았고, 당국이 임명한 관리가 새로운 상관이 되었다. 그들은 위에서 내려온 지침에 따라 생산 할당량을 정했고, 노동자는 자기의 일상에 거의 영향을 미치지 못했다. 모든 곳에서 노동자가 항의하면서 공산당을 변장한 나치스라고 비난하기도 했다. 스탈린 이후 시대에 당국은 점차 수준 낮은 생산성을 받아들이고,

273

식료품과 집세 보조금을 늘리는 식으로 노동자의 항의를 매수하려고 했다.

공산주의 세계 전역에서 가장 두드러진 변화는 여성의 지위에서 이루어졌다. 과거에 동유럽과 동아시아 곳곳에서 여성의 지위를 관장한 가부장제 전통은 여성에게 자원이나 노동, 가족 문제에 관해 거의 발언권을 주지 않았다. 자본주의의 맛을 본 지역에서 여성은 새로운 기회를 누리면서 사회적·경제적으로 더 큰 착취를 당했다. 각국 공산당은 이런 유감스러운 상태를 바꾸려고 나섰고, 처음에는 많은 여성이 새로운 정책의 혜택을 누릴 수 있었다. 여러 곳에서 교육 접근권, 노동, 보육이 극적으로 향상되었다. 여성이 자기 삶을 스스로 통제할 수 있었다. 이혼의 권리와 피임 덕분에 젠더 관계에서 커다란 변화가 이루어졌다. 하지만 여성은 여전히 정치 지도부 지위에서 배제되었고, 각 정권이 인구를 늘리려고 하면서 많은 여성이 점차 노동과 가족 의무 사이에 갇혔다. 여성을 짓누른 이중의 짐은 자본주의 나라와 마찬가지로 이른바 사회주의 사회에서도 골칫거리임이 밝혀졌고, 진보 이념과 전통 규범의 지속적인 충돌도 최소한 똑같이 격렬했다.

공산주의 체제가 처음에 여성에게 다른 선택을 부여한 뒤 가정 영역으로 돌아가는 것을 소중히 여긴 한 가지 이유는 사회가 점차 군사화되었기 때문이다. 냉전이 이 과정에서 중요한 역할을 했다. 자본주의 나라처럼, 공산주의자도 군대를 채울 새로운 군인이 필요했는데, 출생률 감소는 그런 목적에 맞지 않았다. 하지만 공산당의 군대에 대한 애정은 방위에만 국한하지 않았다. 많은 공산주의자가 군사 조직을 현대성의 지고한 형태로 치켜세웠다. 그들 또는 적어도 직접 군대 복무를 하지 않은 이들이 볼 때, 군사 조직은 효율성 및 자원 이용의 극대화와 동의어였다. 그것은 조립공정과 계획의 원리를 거대한 규모로 실행하는 것이었다. 새롭게 만들어진 광활한 연병장이 공산주의 국가를 규정했다. 특히 스탈린의 소련과 마오쩌둥의 중국에서 여러 공산주의자가 볼 때, 사회는 군사적 방식으로 작동하는 기구로 조직되어야 했다. 명령을 실행하고, 진지를 점령하며, 적을 섬멸해야 했다. 이런 사회에는 자기 자신의 의제를 가진 사람이나, 의심하거나 반대하는 이가 필요하지 않았다.

탄탄한 사회 조직과 국가에 관한 사고는 종종 집단적 노력의 상징인 최고 지도자의 우상화로 이어졌다. 각기 상황에 따라 형태는 서로 달랐지만, 이런 숭배가 공산주의 체계에 확고히 내장되었다. 최악은 지도자들이 우상화를 활용해서 개인 독재를 수립했다는 사실이다. 스탈린이나 마오쩌둥, 또는 '수령(스탈린)' 통치기에 동유럽 전역에서 등장한 온갖 "소小 스탈린"이 그런 사례였다. 김일성 치하의 북한은 또 다른 조잡한 사례였다. "인민과 노동, 지도자가 가르쳐 준 영웅적 행동에 진실하라고 스탈린의 가르침을 받으며 길러진 우리!"라는 소련의 국가國歌를 소리 높여 불렀다. 그러나 지도자 숭배가 그만큼 강렬하지 않을 때도 위계와 권위주의는 여전했다. 지도자를 기리기 위해 온갖 의식과 축제가 열렸고, 심지어 사당도 만들어졌다. 원칙적으로 무신론 사회였지만, 고위 사제와 그들로 대표되는 정치 이론에 대한 공산주의의 믿음에는 성스러운 것을 향한 어떤 열망이 존재했다고 보아도 무리는 아니다.

믿지 못하거나 집단에서 배제된 이에게 공산주의는 암울하고 억압적이었다. 감시가 시대의 풍조였다. 공산주의 체제마다 국민 통제를 도와주는 첩자가 있었다. 먼저 적어도 말 한마디 잘못하면 곤욕을 치를 수 있었다. 매카시 시대의 미국처럼 흔히 그렇듯이, 어떤 사람은 사적인 복수를 위해 남을 신고하는 방법을 이용했다. 하지만 각국 공산당은 순수한 통제를 훌쩍 넘어섰다. 사회 집단이나 종족 집단 전체가 적을 위해 활동한다는 혐의를 받고 사회에서 배제되었다. 물론 계급의 적이었다. 옛 귀족이나 자산, 상점, 공장을 소유한 이들뿐만이 아니라, 교사와 작가, 외국이나 소수 민족 출신의 사람도 예외가 아니었다. 스탈린은 만년에 유대인만 골라내서 박해했다. 핵심은 모든 사람을 공산주의의 이상에 강제로 순응하게 하는 것이지만, 시간이 흐름에 따라 점차 단순히 수동적인 순응만으로 충분했다. 소련에서 대규모 처형은 끝났을지 몰라도 1940년대 말에 냉전이 굳어지는 가운데 적을 겨냥한 활동이 정점으로 치달았다. 굴라크 체계에서 강제노동수용소에 갇힌 인구가 최고를 기록해 1950년대 초에 약 250만에 이르렀다.

저항이 어렵기는 했지만 분명 저항하는 사람이 존재했다. 위대한 독재자 스탈린이나 마오쩌둥, 심지어 김일성의 통치를 받는 동안 대다수 사람의 마음속에서 몇 번이고 순응주의가 저항을 이겼다. 저항에 따른 대가가 너무도 컸기 때문이다. 1953년 스탈린이 사망하자, 훨씬 많은 사람이 당국에 반대했다. 특히 소련이 새롭게 확보한 동유럽 제국에서 저항이 컸다. 대부분 노동자의 일상에서 벌어진 저항이었다. 태업, 공장 물건 빼돌리기, 공산당 행진이나 축제 거부, 금서 읽기, 집 식탁에서 정부 욕하기 등이었다. 어떤 이는 한 발 더 나아가 지하 모임을 조직하거나 전단을 배포했다. 당국으로서는 골치 아프게도, 그런 위반 행위를 저지르는 이는 대부분 혐오 대상인 부르주아지가 아니었다. 공산당이 대표한다고 자처하는 집단 자체인 노동계급의 아들딸이었다. 때로는 정부가 단속에 나서서 그런 사소한 자유를 누린 범인이 결국 감옥이나 노동수용소로 끌려갔다. 전반적으로 동유럽 각국 정부는 국민을 위협하거나, 소련의 개입이나 독일의 영토 탈환 정책(revanchism)에 대한 공포를 활용하는 식으로 자리를 지킬 수 있었다.

하지만 1953년 동독에서 일어난 저항은 공공연한 반란이 되어 들끓었다. 6월에 베를린 노동자가 노동조건 개선과 임금인상을 요구하면서 시작된 저항이었다. 공산당 정부가 어물쩍 넘어가려 하자 4만 명의 시위대가 동베를린에 모여 당사로 행진했다. 총파업이 선포되었다. 6월 17일 공산당은 공황에 빠져 무장 경찰을 불러들였고, 소련군이 지원에 나섰다. 격렬한 싸움이 벌어져 최소한 100명이 사망했고, 수천 명이 연행되었다. 서독으로 떠난 숙련노동자의 수는 이미 많았는데, 이때 급격히 증가했다. 스탈린 이후 새로 등장한 모스크바의 지도자들은 독일 문제가 사라지지 않았음을 깨달았다.

동독의 노동자 시위 이면에는 수년간 공산당 통치에 쌓인 불만이 있었다. 첫째 1945~1946년에 붉은군대의 테러가 있었고, 전쟁 배상금으로 산업용 기계를 소련으로 가져갔다. 뒤이어 1948년 베를린 봉쇄로 소련 점령 지대에서 고립이 심해졌다. 1949년 10월 소련과 독일 공산당이 붉은군대 점령 지대에서 새로운 독일 국가를 세우는

277

데 합의한 것은 화폐 개혁으로 나라가 실제로 나뉘었다는 사실에 근거한 결정이었다. 동부의 대다수 독일인은 외국의 점령에서 벗어난 통일 독일을 바랐지만, 그들이 겪은 재난 덕분에 또한 현실주의자가 되었다. 그들은 사회주의적인 노동자 국가를 표방한 신생 독일민주공화국(Deutsche Demokratische Republik, DDR)의 상황을 최대한 활용했다. 일부 노동자 사이에 자율성이 높아지고 생계가 개선되리라는 기대가 존재했다. 베르톨트 브레히트나 슈테판 하임 같은 독일의 저명 작가는 동독에 정착하러 돌아왔다. 전쟁 중에 미군에 속해 싸운 하임은 아이젠하워 대통령에게 보낸 편지에서 미국 시민권을 포기하고 한국전쟁을 비난했으며, 무용을 발휘해서 받은 동성훈장을 반납했다. 브레히트와 하임에게 독일민주공화국은 좋은 독일이었다.

하지만 독일공산당은 다른 나라 정부의 공산주의자가 노동자 참여를 강조한 것과 달리 생산을 강조하고자 했다. 그들은 정권의 대변자를 제외하고 지식인이 참여하는 데 열중하지 않았다. 동독 지도자 오토 그로테볼Otto Grotewohl은 독일민주공화국 수립 연설에서 청중에게 신체제의 주요 업무는 재건이라고 말했다. "마냥 기다리기만 해서는 독일의 파괴된 도시와 소도시와 마을, 무너진 집과 공장이 다시 우뚝 서지 않을 겁니다. 따라서 모든 진정한 독일인이 힘을 합쳐 최대한 빨리 전쟁의 여파를 극복하고 자유롭고 민주적이며 평화를 사랑하는 독일을 재건해야 합니다."[4]

1953년 베를린을 비롯한 동독 도시에서 벌어진 소요는 체제가 인내심을 갖지 못해 벌어진 사태였다. 공산당은 다시 산업 생산 할당량을 늘림으로써, 당이 노동자의 고된 노동으로 사회주의를 건설할 것임을 상기하게 했다. 따라서 시위 초반에 노동자가 내건 요구는 경제 문제에 집중되었다. "늘어난 노동 할당량(norma)을 폐지하라!" "임금을 당장 인상하라!" "식료품 가격을 인하하라!" 하지만 금세 구호가 정치 문제로 바뀌었다. "자유선거 실시하라!" "정치범을 전원 석방하라!" "표현의 자유를 보장하라!" 항쟁이 진압된 뒤, 동독공산당은 외국 선동가가 소요를 일으켰다고 비난하면서, 이 반란은 "파시스트의 쿠데타 시도"라고 주장했다. "그 첩자와 그들이 끌어들인 자, … 독일과 미국 독점자본의 침략 세력이 수도 베를린을 비롯한 공화국의 몇몇 지역에서 일부 인민에게 파업과 시위를 벌이도록 영향력을 행사하는 데 성공했다"라고 공산당 중앙위원회는 말했다.[5] 그들은 인민이 다시 고된 노동에 헌신하기를 원했다. 베르톨트 브레히트는 당시 감히 발표하지 못한 시에서, 인민이 정부의 기대를 등졌으며 신뢰를 다시 얻기 위해 열심히 일해야 한다고 공산당 지도자들이 어떻게 주장하는지를 신랄히 썼다. 나이가 든 풍자 시인은 그 체제에 관해 이렇게 말했다. 그렇다면 "정부가 인민을 해산하고 / 다른 인민을 선택하는" 게 더 쉽지 않겠는가?[6]

노동자의 억눌린 요구를 충족하느냐, 사회주의 국가를 방어하느냐 하는 문제가 스탈린 이후 소련의 새로운 지도부가 맞닥뜨린 도전이었다. 집권 세력-게오르기 말렌코프Georgii Malenkov 각료회의 의장, 라브렌티 베리야Lavrentiy Beria 비밀경찰국장, 니키타 흐루쇼프 당 서기장, 뱌체슬라프 몰로토프 외무장관, 니콜라이 불가닌Nikolai Bulganin 국방장관-은 서로를 두려워하고 불신하는 만큼이나 공산당의 통치가 붕괴하는 것을 두려워했다. 스탈린은 잔인한 성품과 그가 강

279

요한 존경을 통해, 공산당 지배의 보증인이자 모든 정치적인 문제의 심판관 노릇을 했다. 그가 사라지자 크렘린의 후임자들은 소비에트 국가와 그 동맹자가 심각히 위협받지 않으려면 긴장을 낮추고 타협점을 찾아야 한다는 데 동의했다. 새로운 정책의 첫 번째 신호는 스탈린이 체포한 유대인 의사를 갑자기 석방한 것이었다. 스탈린을 비롯한 소련 지도자들을 살해하려 했다는 비난을 받은 의사들이었다. 전 비밀경찰국장 베리야는 이 사건을 비롯한 여러 사례를 "사회주의적 적법성"을 위반한 것이라고 발표함으로써, 자기의 과거 기록을 덮으려 한 듯하다. 베리야가 정책 결정에 활발히 관여하자 불안해진 다른 지도자들은 그를 겨냥한 음모를 꾸몄고, 결국 베리야는 1953년 7월 체포되어 그해 말에 처형되었다. 몇몇 증인에 따르면, 베리야가 처형장까지 걸어가려 하지 않자 모스크바 방공지구 사령관 파벨 바티츠키Pavel Batitsky 장군이 근거리에서 머리에 총을 쏴, 소련에서 가장 무서운 인간을 총살했다고 한다.[7]

  스탈린 시대 억압의 상징이었던 베리야를 살해한 것은 남은 지도자들이 새로운 정책을 찾는 데 별로 도움이 되지 않았다. 스탈린 시대의 죄수를 일부 석방한 것도 논쟁을 자초했다. 의사들이 석방됐다는 소식을 들은 한 여성 철도 노동자는 푸념하면서 반유대주의와 위대한 지도자에 대한 충성심을 내비치는 글을 썼다. "우리는 우리의 위대한 벗이자 아버지, 사랑하는 이오시프 비사리오노비치[스탈린]를 잃었고, 아직 얼굴에 흐르는 눈물이 마르지 않았으며, 인민의 마음속에서 미래에 대한 두려움이 아직 가시지 않은 바로 그때, 기막힌 소식이 퍼졌고, 끔찍한 생각이 인민의 머리를 관통했다-인민의 적이

풀려났다는 소식이었다. 그자들은 다시 한번 음험한 짓을 저지르고, 인류의 평화 사업을 망가뜨리며, 미국과 영국의 우두머리에게 칭찬과 보상을 받을 권리를 얻었다."[8]

그렇다 하더라도 보스로 서서히 떠오르는 니키타 흐루쇼프를 포함한 새로운 지도부는 굴라크에 수감돼 있던 많은 죄수를 점차 석방하는 일을 밀어붙였다. 노동수용소는 소련이 종언을 고하는 순간까지 계속 존재하지만, 흐루쇼프는 국가 경제의 핵심 부분에서 수용소를 배제했다. 스탈린 치하에서 경제는 죄수 노동에 완전히 의존한 바 있었다. 수십만 명의 죄수-정치범, 좀도둑, 외국군인, "그릇된" 민족에 속한 자, 애당초 자기가 왜 체포됐는지 알지 못하는 많은 이-가 수용소에서 풀려났고, 살 집을 구하거나 사회에서 새로운 자리를 찾으려고 분투했다. 그들은 러시아 노벨상 수상자 알렉산드르 솔제니친Aleksandr Solzhenitsyn이 《이반 데니소비치의 하루》를 통해 영구히 전해질 사람들이었고, 당시 상황은 일리야 예렌부르크Il'ya Erenburg가 "해빙"이라고 부른 과정이었다. 하지만 흐루쇼프는 나중에 새로운 지도자들이 "겁이 났다-정말로 겁을 먹었다"라고 인정했다. "우리는 이 해빙으로 홍수가 날까 두려웠다. 홍수가 나면 우리가 통제하지 못하고 익사할 것이었기 때문이다."[9]

니키타 흐루쇼프는 1894년 러시아-우크라이나 국경 근처에서 태어났으며, 열네 살에 마을을 떠나 산업 도시 도네츠크로 이주했다. 공식 교육을 채 4년도 받지 않은 그는 운 좋게도 금속가공 노동자의 견습생 자리를 얻었다. 1917년 지역 소비에트(평의회)가 세워지자 가입했고, 내전 때 붉은군대에서 싸웠다. 내전 당시 첫 번째 부인이 사망했다. 내전 이후 우크라이나에서 정치 지도원을 맡으면서, 야간대학에서 기술 문제에 관한 공부를 했다. 1930년대에 스탈린이 벌인 숙청을 실행하는 데 적극 참여했고, 제2차 세계대전 중에는 대독일 전선에서 정치적 역할을 맡았으며, 결국 우크라이나 당 지도자이자 정부 수반이 되었다. 여기서 그는 독일에 협력하거나 독립을 추구한 이들을 겨냥해 공산당의 보복을 시행했다. 스탈린의 만년에 흐루쇼프는 모스크바 당 보스로서 독재자에 한층 가까운 모습을 보였다. 학력이 낮고 몸가짐이 촌스러운 탓에 권력 경쟁자에게 과소 평가되고 때로 조롱을 받았지만, 흐루쇼프는 1953년에 그들 모두의 허를 찌르면서 이제는 서기장으로 불리는 공산당 최고 지도자가 되었고, 5년 뒤에는 정부 수반에 올랐다.

집권 초기 몇 년간 흐루쇼프는 정책을 수립하기 위해 동료와 긴밀히 협력해야 했다. 지도자들이 직면한 커다란 도전 가운데 동유럽과 중국이 있었다. 흐루쇼프는 중국과 맺은 동맹을 강화할 생각이었다. 그는 보좌진에게 자주 스탈린이 중국 혁명을 곧바로 끌어안지 않은 것은 제정신이 아닌 행동이었다고 평했다. "우리는 중국인과 형제처럼 살 겁니다."[10] 흐루쇼프가 곧잘 한 말인데, 그의 첫 번째 주요 해외 방문은 베이징이었다. 베이징을 찾은 흐루쇼프는 소련의 대중국 경제 지원을 대대적으로 늘렸다. 그에 비해 동유럽은 쉽지 않아 보였다. 새로운 소련 지도부는 동독만이 아니라 다른 곳에서도, 스탈린의 일부 정책이 초래한 저항이 스탈린 사후에 표면까지 끓어오른 현실을 이해했다. 그들은 또한 신중히 대처하지 않으면 다른 곳에서도 동독의 반란이 되풀이될 수 있음을 걱정했다. 그리하여 1953년 말에 이르러 그들은 이른바 "새로운 경로"를 개발했다. 공산당의 권력 독점을 약화하지 않은 채 개혁을 이루려는 정책이었다.

개혁 계획의 핵심은 체포되거나 사회에서 배제되는 사람의 수를 줄이고, 대다수 정치범을 사면하며, 중공업과 방위산업 생산량을 줄이고, 식료품과 소비재 생산을 늘리는 것이었다. 흐루쇼프가 자주 "소 스탈린"이라고 조롱한 동유럽 당 지도자들이 이 조치를 전부 환영하지는 않았다. 소련은 그중 한 명만 곧바로 쫓아낼 수 있었다. 형가리의 늙은 스탈린주의자 라코시 마차시가 그 주인공이다. 라코시는 이미 베리야 공백기(Beriia interregnum)* 당시, 이전에 "민족주의적 이탈자"라고 비판받은 너지 임레Nagy Imre와 권력을 공유해야 했다. 그리고 헝가리에서도 변화는 오래가지 않았다. 1955년 라코시는 책략에 성공해서 다시 권력을 잡았다.[11] 하지만 흐루쇼프는 여전히 정치적 변화를 열심히 밀어붙였다. 동유럽 지도자들과 만나 개혁하지 않으면 재앙에 직면할 것이라고 경고했다. 하지만 대다수 동유럽 공산주의자는 저항했다. 개혁에 나서면 정권이 약하다는 뜻으로 국민이 해석할 것이 걱정됐기 때문이다. 그들은 격분한 흐루쇼프에게 종종 정확한 해명을 내놓았다. 자기들은 전에 모스크바에서 나온 지시를 이행했을 뿐이라는 것이다.

동유럽 지도자들에게 자기가 추구하는 새로운 경로가 진심 어린 지지를 받지 못했음에도, 아니 어쩌면 그 때문에 흐루쇼프를 비롯한 소련 지도자들은 동구권의 통합 과정을 확대하기로 했다. 크렘

---

* 스탈린이 사망한 1953년 3월부터 베리야가 체포되는 6월 말까지의 기간.

린의 새로운 지도부는 이미 서유럽과 나토 통합이 떠오르는 것을 면밀히 지켜보았고, 그들의 동맹도 비슷한 이점을 누리기를 원했다. 그 결과 1955년 바르샤바조약기구(Warsaw Pact)를 나토의 대항 수단으로 만들었고, 동유럽경제상호원조회의(Council for Mutual Economic Assistance, ComEcon)로 경제 협력을 끌어올렸다. 동유럽의 여러 지도자는 처음에 이런 조치를 모스크바가 자기들을 지시하고 통제하는 새로운 방법일 뿐이라고 보았다. 하지만 얼마 지나지 않아 흐루쇼프가 진정한 상호 통합을 염두에 두고 있음을 깨달았다. 소련의 신임 지도자 흐루쇼프는 역사가 가장 오래고 크기도 큰 공산주의 국가로서 소련의 최고 우위를 고집했지만, 그래도 군사적·경제적 협력을 효과적으로 하려면 어느 정도 주고받는 게 있어야 한다는 걸 이해했다.[12] 1950년대 말에 이르면, 이제 동구권 정상회담에 참석한 정상이 소련에게 일방적으로 지시를 받는 일은 없었다. 진정한 논의가 나타났고, 견해차만이 아니라 공동의 목적을 추구한다는 인식도 있었다.[13]

흐루쇼프의 집권 초기 몇 년간 가장 놀라운 일은 1954년에 그가 유고슬라비아와 관계를 정상화하기로 한 것이다. 스탈린 말년에 손꼽히는 혐오의 대상은 유고슬라비아 지도자 티토였는데, 소련 선전에서 그는 "파시스트 도당의 악취 풍기는 우두머리"이자 "영미 제국주의의 매춘부"라고 일컬어졌다.[14] 스탈린이 숙청한 동유럽의 모든 지도자는 걸핏하면 여러 별칭 가운데서도 티토주의자라고 불렸다. '보스'는 최소한 두 차례 유고슬라비아 침공을 진지하게 검토했다. 하지만 다른 우선 과제가 끼어들었고, 티토는 절망한 상태에서 내키지 않았지만 미국과 서유럽의 지원을 받으려고 노력한 덕분에 정권을 유지할 수 있었다. 따라서 유고슬라비아 지도자는 모스크바의 접근에 응답하기를 주저했는데, 결국 흐루쇼프가 1955년 5월 베오그라드까지 찾아가 과거 소련의 행동을 직접 사과했다. "당시 유고슬라비아 지도자들을 겨냥한 진지한 비난과 공격의 토대가 된 자료를 부지런히 검토했습니다." 흐루쇼프가 티토에게 한 말이다. "여러 사실로 판단할 때, 이 자료들은 인민의 적이 날조한 겁니다. 기만적 방법으로 우리 당의 대오에 침투한 제국주의의 가증스러운 첩자이지요."[15] 흐루쇼프는 베리야를 비난했다. 티토는 그의 방문을 환영하면서도 순순히 받아들이려 하지 않았다. 그러면서 스탈린 자체를 비난해야 한다고 말했다.[16]

흐루쇼프 자신이 서서히 같은 태도를 보였는데, 비단 유고슬라비아 문제만이 아니었다. 1955년 2월 그는 당 권력을 놓고 가장 치열히 경쟁한 말렌코프를 각료회의 의장에서 강등했다. 베오그라드에서 돌아온 뒤인 7월, 흐루쇼프는 몰로토프가 스탈린 노선을 너무 엄중히 고수한다고 공격했다. 중앙위원회에서 그는 입을 열었다. "솔직히 말해서, 저는 모든 문제에 대해 몰로토프의 말을 믿었고, 우리 대부분이 그렇듯, 그가 위대하고 노련한 외교관이라고 생각했습니다. 때로는 먼저 보고 난 뒤에 이성적으로 생각을 하지요. 제기랄, 아마 제가 뭔가 놓쳤나 봅니다!"[17] 몰로토프 외무장관은 이듬해에 교체되었다. 이 모든 내분이 있었지만, 패배한 지도자 가운데 어느 누구도 처형되거나 체포되거나 심지어 중앙위원회에서 쫓겨나지 않았다. 흐루쇼프는 시야를 넓게 잡고 있었다. 스탈린주의의 과거와 단절하고 레닌의 당을 부활함으로써 공산주의로 가는 길을 단축하려는 생각이었다.

285

흐루쇼프에게 기회가 찾아온 것은 1956년 2월 20차 공산당대회였다. 스탈린이 사망한 뒤 처음 열린 당대회였는데, 애당초 스탈린은 당대회를 크게 신경 쓸 필요도 없었다—1939~1952년에 한 번도 열리지 않았기 때문이다. 흐루쇼프는 대회장에 모인 소련과 외국의 공산당원을 깜짝 놀라게 할 연설을 준비해 놓았다. 연설은 대회 막바지에 스탈린 시대 수용소에서 풀려난 고위 당원과 대의원만 모인 비공개회의에서 이루어졌다. 따라서 "비밀 연설"이라는 이름이 붙었지만, 흐루쇼프가 결국 연설 내용이 공개될 것이라고 기대했음은 의문의 여지가 없다. 그는 자정 직후에 연설하기 위해 자리에서 일어섰다. "개인숭배의 그 해로운 결과에 관해 이미 많은 이야기가 있었습니다." 그가 입을 열었다. "스탈린의 여러 부정적 자질 … 자체가 지난 2년간 심각한 권력 남용으로 바뀌어 … 우리 당에 이루 말할 수 없는 해악을 끼쳤습니다. … 스탈린은 사람을 설득하고 설명하고 끈질기게 협력하는 대신 자기의 생각을 강요하고 자기 견해에 절대적으로 복종할 것을 요구하는 식으로 행동했습니다. 이에 반대하는 사람은 누구든 … 지도 집단에서 배제되고 결국 도덕적·신체적으로 파멸하는 운명을 맞았습니다."

깜짝 놀라고 두려움에 사로잡힌 청중이 숨도 내쉬지 않는 가운데 흐루쇼프는 고발을 이어 나갔다. 서기장의 말에 따르면, 스탈린은 당의 하인으로 시작했음에도 어느새 폭군이 되어, "잔인하기 그지없는 억압"을 자행하면서 "혁명적 적법성의 모든 규범을 위반했다." 흐루쇼프는 스탈린의 불관용과 잔인함, 냉담함을 거론하면서 1934년 17차 공산당대회에 참석한 대의원의 과반수가 나중에 반혁명 분자로 체포되었다고 지적했다. 그러면서 부당히 체포되거나 처형된 몇몇 사람의 이름을 열거했다. 그리고 이 모든 게 헛된 일이었다고 주장했다. 스탈린 때문에 소련은 제2차 세계대전에 대한 대비가 한심할 정도로 부족했다. 1945년의 승리는 인민과 당과 붉은군대의 승리이지 스탈린의 승리가 아니었다.

흐루쇼프가 가장 거세게 고발한 것은 전후에 스탈린이 한 행동이었다. 새로운 지도자는 이어서 이렇게 말했다. "스탈린은 점점 변덕스럽고 조급하고 거칠어졌습니다. 특히 의심이 커졌습니다. 피해망상이 걷잡을 수 없이 커졌습니다. 그의 눈에 많은 노동자가 적으로 보였습니다. … 그 누구도 그 무엇도 고려하지 않은 채 오직 혼자서 모든 일을 결정했습니다." 유고슬라비아와 단절한 것은 스탈린이 저지른 오류였고, 전후의 숙청도 마찬가지였다. "스탈린의 과대망상이 어떤 결과를 낳았는지 보십시오. 그는 현실 감각을 완전히 상실했습니다. 소련 국내의 개인적인 관계만이 아니라, 다른 모든 당과 국가와 맺은 관계에서도 의심과 오만을 드러냈습니다."[18]

청중 가운데 일부는 까무러쳤지만, 대다수는 거센 환호를 보냈다. 폴란드 당 지도자 볼레스와프 비에루트Bolesław Bierut는 연설문을 읽다가 심장마비를 일으켜 사망했다. 세계 각지의 공산주의자는 연설 소식을 듣는 순간 심대한 충격을 받았다. 평생 동안 터무니없는 비방으로 여기는 공격에 맞서 스탈린과 소련을 수호한 이들이었다. 이제 핵심 지도자가 그들과 전 세계에서 스탈린을 비난하던 이들의 말이 옳았다고 이야기한다. 탈당의 자유를 누리는 서유럽의 일부 당원은 공산당을 떠났다. 다른 이는 이제 드디어 레닌주의로 복귀한다

287

며 기뻐했다. 마오쩌둥은 소련대사에게 스탈린이 언제나 "불신과 의심"을 품고 중국을 대했다고 말했다. 스탈린은 "줄곧 공산당보다 국민당의 힘을 더 믿었다"면서 자기는 "중국의 티토" 대접을 받았다고 덧붙였다.[19] 하지만 다른 공산주의자와 마찬가지로 마오쩌둥도 비록 처음에는 스탈린 비판에 안도감을 느끼긴 했어도, 이내 몇 가지 어려운 질문을 던져야 했다. 스탈린이 "모든 규범을 위반"할 때 흐루쇼프 본인을 포함한 소련의 다른 지도자들은 어디에 있었는가? 그리고 스탈린 비판을 더욱 밀어붙이면 -공산당의 지위는 말할 것도 없고- 공산당의 통치도 훼손될 수 있는 것 아닌가?

　1956년 여름 공산주의 지도자들에게 최악의 공포가 확인되었다. 흔히 그렇듯, 이번에도 폴란드가 시작이었다. 6월 28일 약 10만 명의 노동자가 포즈난 도심에 모여 노동 할당량 감축, 식료품 가격 인하, 공산당과 독립된 조직을 만들 자유 등을 요구했다. 1949년까지 소련 붉은군대의 장군이던 국방장관 콘스탄틴 로코솝스키Konstantin Rokossovsky가 지휘하는 폴란드군이 인정사정없는 폭력을 행사했다. 100명 가까운 파업 노동자가 살해되고, 거의 1000명이 체포되었다. 하지만 이런 진압으로도 다른 지방에서 벌어지는 소요를 막지 못했다. 모스크바가 볼 때 가장 우려스러운 점은 다수의 폴란드공산당원이 개혁과 당 지도부 교체 요구에 가세했다는 것이다. 10월 8일 중앙위원회 회의에서 상황이 정점으로 치달았는데, 최근 교도소에서 석방된 공산당 개혁가 브와디스와프 고무우카가 폴란드공산당 당수로 선출되었다. 전국 각지에서 보통 사람이 자유선거와 종교의 자유, 소련군 철수 등을 요구하는 상황에 직면한 고무우카는 억압을 끝내고,

교회와 대화하는 것 등을 포함해 더 개방된 사회를 만들겠다고 약속했다. 또한 소련 고문단을 폴란드에서 철수하고 노동자를 위한 식품 보조금을 늘리고자 했다.

호루쇼프는 깜짝 놀랐다. 10월 19일 그는 소련 당 지도부의 고위 대표단을 이끌고 바르샤바로 가서 고무우카 및 폴란드 새 지도부와 직접 상황을 논의했다. 소련인들은 폴란드가 소련에 비판적인 뉴스 기사를 내보내는 것을 허용한다고 공격했다. 고무우카는 20차 당 대회 이후 소련에서도 똑같은 일이 벌어지고 있다고 받아쳤다. "무엇이 그들을 두렵게 하는가?" 이와 관련해 고무우카가 직접 축약한 흐루쇼프의 답변이다. "우리[폴란드공산당]가 권력을 잃을 위협만큼 모욕적 언동이 아닙니다. 로코솝스키[원문 그대로]는 물러나라는 젊은이의 구호는 군대에 타격을 가한 것입니다. 우리[소련]는 어떻게 [소련과 폴란드의] 친선 관계를 장교, 소련 장교를 불러들이라는 요구와 화해하게 해야 할까요. 느닷없이 장교를 쫓아낼 수는 없습니다. 소련 장교가 [폴란드의] 주권을 위협하나요? 당신네[폴란드]가 바르샤바조약 기구가 필요 없다고 생각하면–우리한테 말하세요. 반소련 선전을 해도 저항은 없을 겁니다."[20] 하지만 고무우카는 굴복하려 하지 않았고, 양쪽 모두 공개적으로 단절하면 양측의 지위가 위험에 빠질 것임을 깨달았다. 긴장된 상황이 계속되고 폴란드 젊은이가 거리에서 반소련 구호를 외치며 고무우카에 환호를 보내는 가운데, 폴란드 주둔 붉은군대 부대는 완전한 전투 준비태세를 갖췄다.

하지만 1956년 10월 말, 소련 지도자들은 폴란드 사태보다 헝가리의 상황이 훨씬 더 엄중하다는 것을 깨달았다. 헝가리에서 1953

년 베리야의 지시에 따라 권력이 제한된 스탈린주의적 지도자 라코시 마차시는 개혁파를 물리치고 예전의 권력을 되찾았다. 흐루쇼프의 2월 연설 이후, 모스크바의 지지를 받는 공산당 다수파는 라코시를 무너뜨리고 게뢰 에르뇌Gerő Ernő를 서기장으로 뽑았다. 새로운 당 지도자도 스탈린주의자였지만, 그래도 소련이 선호하는 인물이었다. 전국 각지에서 독립적인 학생 동아리가 우후죽순처럼 생겨나 헝가리의 미래를 논의했다. 하지만 흐루쇼프가 고무우카와 타협해, 폴란드에서 소련 고문단을 철수하고 공개 토론을 허용하기로 했다는 소식이 전해질 때까지, 거리에서 거의 아무 일도 일어나지 않았다. 10월 23일 헝가리 작가동맹은 몇몇 학생 동아리와 함께 1848년 폴란드와 헝가리의 혁명 영웅 기념상에 꽃을 바쳤다. 그들은 애국적인 시를 낭송했다.

> 궐기하라, 마자르 사람들이여, 조국이 호소한다!
> 이제 때가 됐다, 지금 아니면 안 된다!
> 노예로 살 것인가 자유를 얻을 것인가?
> 이것이 문제로다, 답을 선택하라!
> 헝가리 사람들의 신 옆에서
> 우리 맹세하나니,
> 우리 맹세하나니, 노예로 살지 않으리라
> 이제 다시는![21]

군중의 규모가 점점 커지는 가운데 몇몇 이가 헝가리 국기에서 공산주의의 상징을 잘라냈고, 2만 명에 육박하는 인파가 새로운 국기를 앞세우고 의사당을 향해 행진했다. 밤이 되자 인파가 10배로 늘어나 소련의 점령에 반대하고 정치 자유를 요구하는 구호를 연호했다. 게뢰가 라디오에 나와 집회를 비난하자 시위대는 부다페스트 도심에 있는 스탈린의 대형 동상을 무너뜨리는 것으로 응수했다. 또 다른 시위대는 라디오 본부를 공격했다. 국가안보국* 경관들이 군중에 발포했다. 헝가리 혁명이 시작된 것이다.

부다페스트를 비롯한 여러 도시에서 상황이 걷잡을 수 없이 악화하는 가운데 소련 지도부는 크렘린에서 동유럽 공산당 지도자들과 만났다. 게뢰가 붉은군대의 개입을 호소한 뒤, 소련군은 이미 10월 24일 이른 아침에 국경을 넘은 상태였다. 모스크바에 모인 지도자들은 상황을 논의하면서 무력 충돌을 피하는 방안을 찾으려 했다. 흐루쇼프가 호소했다. "폴란드의 경우에 조바심과 조급함을 피해야 합니다. 폴란드 동지들이 당 노선을 바로잡고 폴란드와 소련, 그 밖의 인민민주주의 국가의 단합을 강화하기 위해 최선을 다해야 합니다." 하지만 헝가리는 상황이 굉장히 심각했다. 흐루쇼프는 여전히 유혈사태 없이 상황을 제어할 수 있기를 기대했다. 그러면서 전 세계의 공산주의자들이 "이 문제를 더 심층적으로 생각"해야 한다고 말했다. "지금 우리가 한 당만이 권력을 잡던 [코민테른] 시절처럼 사는 게 아님을 깨달아야 합니다. 오늘날 명령에 따라 움직이려고 한다면, 혼돈을 피할 수 없을 겁니다. … 생활수준의 향상을 보장하지 못한다면

---

* 1945~1956년 헝가리에 존재한 비밀경찰.

이데올로기적 활동 자체는 아무 소용도 없습니다. … 우리 나라도 사람들이 BBC와 자유유럽방송(Radio Free Europe)을 듣습니다. 하지만 배불리 먹여 놓으면 그런 방송을 들어도 괜찮아요."[22]

소련의 지지를 받은 헝가리공산당은 너지 임레를 신임 총리로 뽑았다. 예상외의 인물이었지만 유능한 공산당 지도자였고, 과거에 몇 차례나 당에서 숙청된 사람이었다. 하지만 부다페스트와 다른 나라들의 상황은 악화하기만 했다. 이미 총파업이 선포된 상태였다. 노동자평의회와 혁명위원회가 지방 당국에서 권력을 넘겨받았고, 무기고와 경찰서를 장악했다. 주요 공공기관을 보호하라는 명령만을 받은 붉은군대는 방관자에 가까웠다. 너지는 시위대와 타협해야 한다고 믿으면서, 시위대도 자기와 힘을 합쳐 평화적인 개혁을 추구하기를 기대했다. 이를 염두에 두고 너지는 소련에서 몇 가지 양보를 끌어냈다. 붉은군대를 철수하고, 혁명가 전원을 사면해 그들의 조직을 합법화하며, 증오 대상인 국가안보국을 해산한다는 것이었다.

하지만 양보가 효과를 발휘하기에는 이미 늦은 상태였다. 부다페스트를 비롯한 여러 도시의 사람들이 스스로 당국과 무장 집단을 조직했다. 특히 젊은이는 새롭게 발견한 자유를 찬양했다. 일부 헝가리군 부대가 반란 세력으로 넘어갔다. 소련군이 의사당 앞에서 시위대를 향해 발포해서 최소한 100명을 죽인 뒤, 분위기가 점점 험악해졌다. 붉은군대 군인들과 헝가리 반란자들이 부다페스트 곳곳에서 일대 격전을 벌였고, 방어벽을 지키려고 싸우는 민간인들은 항복을 거부했다. 너지는 시간을 벌고 있었다. 소련에 즉시 군대를 철수하라고 간청하면서 자신과 헝가리공산당이 스스로 질서를 회복할 수 있

다고 장담했다. 흐루쇼프는 폭력사태를 줄이고 전면 침공을 피하고
자 했다. 1956년 여름 교조적인 몰로토프의 자리를 승계한 소련 신임
외무장관 드미트리 셰필로프Dmitri Shepilov는 10월 30일에 "헝가리
정부와 합의하면 언제든 군대를 철수할 수 있다"라고 선언했다. "우
리는 민족적 공산주의와 오랫동안 싸움을 계속해야 할 겁니다."²³

　　헝가리와 소련 정부가 교섭하는 동안, 헝가리 전역에서 인민
이 스스로 손에 권력을 틀어쥐었다. 혁명위원회들이 도시 기반시설
과 행정을 관리하기 시작했고 싸움을 조직했다. 예전의 정당들이 다
시 창건되었다. 몇몇 공산당 본부는 공격과 방화를 당했고, 국가안보
국의 남은 사무실들은 습격을 받았다. 수많은 비밀경찰이 현장에서
처형되었다. 부다페스트 국가안보국 본부 주변에서 특히 격렬한 싸
움이 벌어졌다. 적십자 인력이 부상자를 이송하려 했지만, 그들도 건
물 안에서 가해진 총격을 받았다. 어느 기자가 말한 것처럼 그 후에
는 "젊은이들의 독무대였다.""젊은이들은 참으로 대단했다. 열다섯,
열여섯, 열일곱 살짜리 아이들이었다. 그 애들이 아무 보호 장비도 없
이 건물로 달려 들어갔다. 한 아이가 허리를 숙인 채 뛰어들었다. 아
이는 한 남자를 들쳐업고서 안전한 곳까지 끌고 갔다. 이제 많은 아
이가 가세했다. 둘씩 짝을 이룬 소년들은 바닥에 납작 엎드려 있다가
몇은 들것을 질질 끌면서 부상자에게 다가가서 끌고 왔다. 어떤 것도
아이들을 막을 수 없었다."²⁴

　　증오의 대상인 국가안보국 본부 건물이 마침내 점령되자 혁명
가들은 자비를 보이지 않았다. "젊은 경찰 6명이 밖으로 나왔는데, 한
명은 훤칠한 용모였다. 견장이 뜯긴 상태였다. 경찰모도 쓰지 않은 맨

머리였다. 그들은 재빨리 항변했다. '우리는 당신들이 생각하는 것만큼 그렇게 악당이 아닙니다. 한 번 기회를 주세요.' … 갑자기 한 명이 허리를 꺾었다. 옥수수를 벤 듯이 넘어지고 있었다. 아주 품위 있게. 다들 평온하게 천천히 주저앉았다. 그들이 바닥에 쓰러진 뒤에도 반란자들은 여전히 총탄을 쑤셔 박고 있었다."[25]

공산당원들이 공격을 받는다는 보도가 나오자 소련 지도자들은 마음을 바꾸었다. 너지가 상황을 진정할 수 없고, 헝가리공산당 정권과 소비에트권의 완전성 둘 다 순식간에 약화하고 있음이 분명해졌다. 군대를 철수하기로 한 다음 날, 소련은 태도를 바꿔서 반란을 진압하기 위한 대규모 군사개입을 명령했다. 흐루쇼프가 생각을 바꾼 것은 동유럽의 다른 공산당들과 중국이 침략을 찬성하는 조언을 하고, 같은 시기에 벌어진 수에즈 위기에 나토 강대국들의 눈이 팔려 있기 때문이기도 했다. 미국과 서유럽의 구체적인 대응은 전반적으로 제한되었다. 자유유럽방송 같은 몇몇 외국 라디오방송국이 헝가리 혁명가들을 격려하긴 했지만, 아이젠하워 생각에 소비에트권에 개입한다는 전망은 애초에 가능성이 없는 일이었다.

소련이 침공하자 너지는 인생에서 가장 힘겨운 결정을 내릴 수밖에 없었다. 소련 비밀경찰 정보원을 지낸 시절을 비롯해 경력이 굴곡졌음에도, 결국 그는 혁명가들 편에 섰다. 너지 정부는 바르샤바조약기구에서 일방적으로 탈퇴하면서 헝가리가 중립국임을 선포했다.[26] 너지는 또한 유엔에 개입해 줄 것을 호소했다. 물론 아무 성과도 얻지 못했다. 너지의 마지막 방송은 11월 4일 이른 아침에 울려퍼졌다. "오늘 새벽 소련군이 합법적이고 민주적인 헝가리 정부를 전복한다는 분명한 의도를 품고 우리 수도를 공격했습니다. 우리 군대가 현재 싸우고 있습니다. 정부는 제자리를 지키고 있습니다. 우리 나라 국민과 전 세계에 이 사실을 알리는 바입니다."**27** 곧바로 라디오 방송국은 도와 달라는 최종 호소를 발표했다. 그리고 방송이 끊어졌다. 저녁에 방송이 다시 나왔을 때 방송국은 카다르 야노시Kádár János가 이끄는 새로운 헝가리 정부의 수중에 들어가 있었다. 소련이 세운 정부였다.

헝가리 혁명을 진압한 후과는 유럽인에게 짙은 암운을 드리웠다. 혁명을 통해 유럽 대륙이 두 세력권으로 나뉜 현실이 여전하다는 것이 드러났다. 미국과 그 동맹국은 이따금 "공산주의를 물리치겠다"라고 요란한 말을 늘어놓았지만, 동유럽을 "해방"하기 위한 계획이 전혀 없었다. 그리고 소련 내부와 외부에서 자유화를 이루려는 흐루쇼프의 시도는 바로 그 자신의 손에 큰 타격을 입혔다. 헝가리인 20만 명이 서구로 도주하고, 2만 명이 체포됐으며, 너지 임레 총리와 그의 측근 몇 명을 비롯한 230명이 처형되었다. 서유럽에서 헝가리 사태의 직접 결과로 각국 공산당이 힘을 잃었다. 몇몇 공산당은 이후 다시는 힘을 얻지 못했다. 그리고 동구에서 대다수 체제 반대파는 모스크바에 맞선 공공연한 반란으로는 승리할 수 없다는 결론을 내렸다. 국제 상황이 변하지 않는 한, 개혁으로 가는 길은 점진적일 수밖에 없었다.

하지만 동유럽 공산주의 정권들은 또한 헝가리에서 교훈을 끌어냈다. 억압과 국민 생활 조건의 실질적 향상 사이에서 균형을 맞춰야 한다는 것이었다. 식량 보조금, 주거, 의료 등을 단계적으로 확대

295

해야 했다. 낮은 생산성을 상쇄하기 위해 외국에서 차관하는 한이 있더라도 노동 할당량을 늘리는 것을 피해야 했다. 폴란드에서 고무우카는 독일의 영토 탈환 위협에 맞서는 민족주의적 수사를 대대적으로 활용했다-물론 서독에 초점을 맞추었고 바로 옆에 있는 "친선 국가"인 동독은 예외였다. 고무우카는 폴란드 사회를 개방했기 때문에 대다수 사람이 전보다 자유롭다고 느꼈다. 헝가리의 새 지도자 카다르는 처음에 대다수 국민에게서 소련 부역자라는 욕을 먹었지만, 소련의 동의를 받아 헝가리를 가장 "자유로운" 동유럽 국가로 만들었다. 사유 농지가 확대되고, 국가 간섭이 줄었으며, 다른 어느 나라보다 여행이 자유로웠다. 하지만 고무우카나 카다르는 공산당 독재나 소련과 맺은 긴밀한 동맹을 없애려고 하지는 않았다. 그들은 흔히 조롱받듯이 양배추 공산주의자나 굴라시 공산주의자였을지 모른다.[*] 그래도 그들은 여전히 공산주의자였다.

　　니키타 흐루쇼프는 폴란드와 헝가리 사태에서 정치적으로 간신히 살아남았다. 1957년 그는 중앙위원회에서 벌어진 쿠데타 시도를 눈을 부릅뜨고 이겨냈다. 옛 스탈린 집단 대다수가 공모한 시도였다. 이 시도는 흐루쇼프가 아니라 그들의 정치적 종말이 되었다. 몰로토프는 몽골 주재 대사로 쫓겨났다. 말렌코프와 스탈린의 오랜 동료 라자리 카가노비치Lazar Kaganovich는 각각 카자흐스탄과 우랄산맥의 공장 관리자로 좌천되었다. 1961년 그들은 모두 공산당에서 출당되었

---

[*]　각각 폴란드와 헝가리의 대표 음식을 붙여서 개혁 공산주의자를 일컫는 표현이다.

다. 흐루쇼프는 붉은광장의 영묘靈廟에서 레닌 바로 옆에 누워 있던 스탈린의 시신을 서둘러 크렘린 담장을 따라 조성된 공동묘지에 이장했는데, 이는 그의 경력에서 가장 상징적인 행동이다. 소련 지도자는 새롭게 개혁된 공산주의를 창조할 수 있다는 믿음을 움켜쥔 채 과거 레닌주의의 이상을 들먹였다. 하지만 폴란드와 헝가리 사태가 흐루쇼프에게 남긴 교훈은 공산주의라는 건축물 자체를 위험에 빠뜨릴 수 있는 정치 개혁을 시도해서는 안 된다는 것이었다.

대신에 흐루쇼프는 농업·과학·기술을 위한 소련의 계획을 확대하는 쪽으로 돌아섰다. 규모가 거대했음에도, 소련은 언제나 식량 공급 문제에 시달렸다. 집단농장의 생산성이 부족한 탓이 컸다. 또한 주로 이데올로기적인 이유로 트로핌 리센코Trofim Lysenko의 가르침을 고수하는 생물학자들이 농업 생산성 증대를 가로막았다. 리센코는 획득형질의 유전을 신봉하는 소련 유전학자였다. 흐루쇼프는 집단농장의 규모를 키우고 개선하면 문제가 해결되리라고 확신했다. 그는 카자흐스탄 북부와 시베리아 서부의 "처녀지"를 개발해서 밀 생산을 늘릴 것을 제안했다. 1954년을 시작으로 소련 서부에서 200만에 가까운 사람이 동부의 신규 거대 농장들로 이주했다. 일부는 정부가 반강제로 보냈다. 다른 이들은 임금과 생활조건이 더 좋다는 약속에 이끌렸다. 또 다른 이들은 공산주의와 조국을 위해 새로운 땅을 개발한다는 이데올로기적 열정에 사로잡혔다. 그곳에서 직면한 과제에 그들은 어찌할 줄을 몰랐다. 캘리포니아나 스웨덴의 1.5배에 이르는 광활한 지역에서 맨 처음부터 성공적인 농장을 건설해야 했다. 우크라이나 출신 젊은 공산당 기술 관료로, 나중에 소련공산당 서기장이 되는 레오니트 브레즈네프Leonid Brezhnev는 자신과 동료들이 직면한 도전을 이렇게 설명했다. "새로운 국영농장의 중심지가 될 장소 선정하기, 아직 사람이 거주할 준비가 전혀 되지 않은 지방에 수십만 명의 지원자를 받아들이고 수용하기, 국영농장 정착촌 수십 곳, 나중에는 수백 곳을 신속히 건설하기, 수천 명의 전문가 선발하기, 다양한 사람의 집단에서 촘촘히 짜인 조화로운 공동체 건설하기, 처녀지를 실제로 쟁기질하고 첫 봄에 씨뿌리기. 이 모든 일을 점진적으로가 아니라, 한꺼번에, 동시에 해야 했다."[28]

처녀지 활동은 처음에는 성과가 좋았지만, 결국 실패로 돌아갔다. 작물로 고른 밀 품종이 새 지역의 건조하고 추운 날씨에 적합하지 않았다. 관개 시설이 물을 충분히 공급하지 못했고, 기반 시설 개발도 더뎠다. 양분 고갈로 토양이 메말랐다. 일부 지역은 풍식작용으로 거대한 건조 지대가 생겨났다. 환경에 암울한 영향이 생겨서 호수가 말라붙고, 토양이 침식되며, 단일 경작으로 잡초와 병충해가 창궐했다. 1970년대에 이르면 새로운 집단농장 가운데 일부는 유령 마을이 되었고, 소련 도시들에서 다시 빵 배급 줄이 생겨났다. 처녀지 활동, 그리고 중앙아시아와 시베리아, 캅카스, 동유럽에서 소련이 벌인 비슷한 활동들이 남긴 것은 민족과 문화의 혼합뿐이다. 스탈린이 추방으로 소련 전역에 만들어 낸, 참으로 다문화적인 장소가 더욱 많아졌다. 1970년 카자흐스탄에는 카자흐인보다 러시아인이 더 많았다. 투르크메니스탄과 에스토니아는 인구의 3분의 2 정도만이 투르크멘이거나 에스토니아 사람이었다. 나머지는 소련 각지에서 온 인구 집단이었는데, 이주민의 주축은 러시아인이었다.

하지만 처녀지에서 이익을 얻으려고 한 것은 농업만이 아니었다. 흐루쇼프의 원대한 구상 가운데 하나는 시베리아에 아카뎀고로도크Akademgorodok라는 과학기술 신도시를 건설하는 것이었다. "우리는 모스크바의 오래된 기관에서 신만이 답을 아는 오랜 시간을 하염없이 기다리는 대신, 처녀지에 오면 맨 처음부터 모든 걸 시작할 수 있다고 큰 기대를 했다." 1961년 아카뎀고로도크에 도착한 한 젊은 물리학자의 말이다. "우리는 서방을 따라잡고 싶었다."[29] 그리고 소련 핵 과학이 이미 입증했듯이, 적어도 일부 분야는 실제로 따라잡았다. 1950년대 말에 이르러 소련의 전자기학, 유체역학, 양자전자공학 등은 다른 어떤 나라에도 뒤지지 않았고, 우주탐사 같은 일부 분야는 소련이 훌쩍 앞서갔다. 1957년 소련은 최초의 위성 스푸트니크를 발사했는데, 위성은 96분마다 한 번 지구 궤도를 돌아 총 1500회를 회전했다. 이런 위업을 이루자 소련 지도자들은 의기양양했고, 미국과 서유럽은 겁에 질렸다. 공산주의자들이 위성을 무기화해서 냉전에서 승리할 수 있다고 믿었기 때문이다. 그들은 소련 인구 대부분이 빵 배급 줄을 섰을 때나 버려진 집단농장에서, 위성이 하늘에 기다란 자국을 내는 것을 지켜볼 수 있을 뿐임을 쉽게 잊었다.

서 구 의 형 성

미국의 역대 행정부는 서유럽 통합이

미국에 이익이 된다고 믿었다.

미국 정부는 경제 회복을 지원하고,

유럽이 나토를 필두로 한 여러 다자간 기구에

참여하는 것을 강화했다. 미국은 통일된

유럽이 미국의 경쟁자가 될 것을

지나치게 걱정한 적이 없다.

동유럽을 공산주의가 개조했다면, 서유럽은 자본주의가 개조했다. 1950년대와 1960년대에 서유럽 각국은 사회적·경제적으로 폭넓게 변화해, 거의 알아볼 수 없을 정도로 변모했다. 변화의 속도는 많은 이가 아찔하게 느낄 정도였다. 프랑스의 알베르 카뮈나 독일의 하인리히 뵐 같은 유럽의 작가와 소설가는 기존의 삶과 어떻게 작별했는지를 묘사한다. 어느 노르웨이 시인은 거대한 강물이 모든 것을 뿌리 뽑아 하류로, 더 넓은 세계로 흘려보내는 광경을 보았다. 서유럽의 많은 사람에게 그 강물은 더 나은 삶으로 들어가는 입구였다. 전보다 더 부유하고 건강하며, 더 좋은 일자리와 교육, 사회복지를 누리는 삶이었다. 옛것을 잃었다고 개탄하는 이들조차 자주 새것에 탐닉하는 모습을 보였다. 프랑스의 파업 노동자들이 코카콜라를 마시고, 영국의 귀족들은 미국식 중앙난방을 즐겼다. 미국과 서유럽의 긴밀한 만남이 변화를 유발했는데, 그중 일부는 피상적으로 보였지만, 그럼에도 유럽 대륙을 영원히 바꿔 놓았다.

　　　새것이 성공한 이유 가운데 하나는 옛것이 일으킨 재앙이었다.

303

유럽은 반세기 동안 재난을 겪자, **어떠한** 안정이라도 충분했다. 냉전으로 외부 강대국들이 강요한 안정이라 할지라도. 유럽인 가운데 잘못된 사태의 책임을 인정한 이는 거의 없었지만, 그래도 대다수는 전과 같은 방식으로 행동할 수 없다는 사실을 깨달았다. 거의 모든 사람이 정부가 경제의 최고 수준에 영향을 미치는 복지국가를 원하면서, 한편으로 대다수는 사기업이 미래의 경제에서 역할을 해야 한다고 믿었다. 좌파조차 이 문제를 놓고 분열했다. 물론 공산당은 생산수단을 완전히 정부 소유로 이전하기를 원했지만, 사회당과 사회민주당, 노동당은 때때로 핵심 사업과 산업을 국유화하기를 원하면서도, 국가가 구멍가게를 넘겨받는 것은 거의 바라지 않았다. 서유럽의 모든 나라는 경제에서 시장이 맡을 역할을 제시했다. 하지만 그들은 1920년대와 1930년대처럼 경제 전반을 망치지 않는 방식으로, 자본주의적 성공을 원했다.

　서유럽에서 자본주의가 구제되고 통합된 시장으로 확대되는 과정은 따라서 상당 정도 혼합된 방식에 의지했다. 루스벨트의 뉴딜 시기 미국보다 훨씬 더한 정도로, 유럽 각국 정부는 시장의 팽창을 정부가 직접 정한 뚜렷한 규칙과 규제 안에 두기를 원했다. 그리고 뉴딜은 언제나 비상조치로 소개되었지만, 국가가 통제하는 유럽의 자본주의는 국가와 자본과 노동 사이의 지속적인 타협으로 가정되었다. 실제로 그 힘의 일부는 바로 이런 타협에 관한 인식에서 나왔다. 이 인식이 지난 두 세대 동안 유럽에 없던 능력이었다. 기독민주당과 사회민주당 양당의 정치는 국민 협동과 응집에 대한 호소를 힘의 핵심적 일부로 삼았다.

이 모든 과정에서 물론 미국의 역할이 중심이었지만, 언제나 그 비판자나 가장 가까운 지지자들이 생각한 대로는 아니었다. 앞서 살펴본 것처럼, 20세기 초반 이후 유럽 자체에서 사회적 관습, 생산물, 소비에서 중대한 변화가 진행 중이었다. 재난이 항상 바로 눈앞에 닥친 것처럼 보인(실제로도 흔히 그랬다) 1914~1953년에, 사라예보에서 서울까지 그런 변화는 억제되었다. 동유럽에서 소련이 한 역할과 비교할 때, 서유럽에서는 무엇이 미국의 영향이고 무엇이 어쨌든 일어날 일이었는지를 분간하기가 훨씬 어렵다. 마셜플랜으로 유럽 엘리트가 다시 자립하게 하고, 유럽과 미국이 모두 분명하고 뚜렷한 소련의 위협이라고 여긴 상황에서 유럽을 보호한 미국의 결정적인 역할을 제쳐 둔다면, 무엇이 유럽 내부에서 이룬 성과고 무엇이 외부에서 얻은 성과인지를 구별하기란 쉽지 않다.

따라서 전후 서유럽의 미국화에서 중요한 점은 그것이 종합적이기보다 비교적 갑작스레 이루어졌다는 것이다. 미국과 유럽 경제의 통합 과정은 전간기에 이미 진행되었다. 하지만 1930년대의 여러 도전 때문에 이 과정이 저지되었다. 미국의 대유럽 민간 투자는 매우 제한되었다(1960년대에도 여전히 제한되었다). 미국의 사업 방식과 제품이 전간기 유럽에서 확산하기는 했지만, 서로에 대한 지식은 대단히 부족했다. 특히 유럽 쪽이 그랬는데, 유럽인은 미국의 역사나 정치를 거의 알지 못했다. 유럽의 주요 국가인 프랑스, 독일, 영국이 특히 심했다. 스칸디나비아, 그리스, 이탈리아 사람은 상대적으로 미국에 친척이 많았기 때문에 이 나라에 관해 더 많이 알았다. 전반적으로 미국과 유럽은 중요한 관계였지만, 가까운 관계는 아니었다.

따라서 "서구"라는 개념은 1950년대 이전에는 의미가 없었다. 그리스, 로마, 기독교, 그리고 교묘하게 인종을 거론하며 공통점을 이야기하는 대중적 차원의 언급은 있었지만 말이다. 하지만 전후 군사적·경제적·정치적·문화적 상호작용이 가속화하기 전에는 응집 수단이 전혀 없었다. 그리하여 미국은 정치적 이상만큼이나 음악, 영화, 패션으로 서유럽 소비자 혁명의 중심에 자리 잡았다. 상상으로 그린 미국 덕분에 많은 서유럽 사람이 계급이나 젠더, 종교의 제한을 벗어날 수 있었다. 따라서 미국은 여러 면에서 소련이 유럽 대륙의 동부에 미친 영향만큼 심대하고 더 지속적인 방식으로 유럽 혁명의 한 부분이었다.

서유럽 경제구조 변화가 1950년대에 가속화한 데는 세 가지 주요 이유가 있다. 하나는 단순히 과거에 발전하지 않은 상태에서 생겨난 따라잡기였다. 1914년 유럽은 세계 경제 중심지였다. 유럽인은 경제와 기술의 최전선으로 복귀하는 데 필요한 열망과 대부분의 지식이 있었다. 하지만 나쁜 정치가 그 길을 가로막았다. 17세기 이후 유럽 대륙이 겪어 본 적이 없는 규모의 재앙으로 이어진 정치였다. 그리하여 주거와 재화, 용역, 고품질 식료품의 안정적 공급 등에 대한 요구가 대단히 억눌려 있었다. 신용을 회복하고 화폐가 제대로 기능하기만 하면 곧바로 생산이 진행될 것이었다. 그리고 미국의 존재는 마셜플랜과 국제 금융기관, 그리고 양자 간 협정을 통해 두 전제조건을 빠르게 확보해 주었다.

또한 미국은 경제구조가 변화하는 데 필요한 안보를 유지하는 데도 필수였다. 이런 요구는 현실적이라기보다 심리적인 것에 가까웠지만-소련은 서유럽 공격을 계획하지 않았다-, 앞으로 나아가기 위해 그런 요구를 충족하는 게 여전히 필요했다. 과거에는 사람들이 무엇인가를 지으라는 말을 들었는데, 다만 그것이 다시 무너지는 것을 지켜보는 일이 너무 많았다. 유럽인은 미래에 대한 확신이 필요했고, 미국의 안전 보장은 그런 확신을 주었다. 적어도 유럽 발전의 토대를 놓아야 하는 결정적인 시기에는.

마지막으로, 과거에 너무도 자주 유럽인을 갈라놓은 경계선을 넘어 협력할 수 있는 능력이 있었다. 이런 능력 일부는 순전히 필요에서 나왔다. 사람들이 굶어 죽기 일보 직전인 상황에서 파업과 직장 폐쇄를 호소하기는 훨씬 어려웠다. 더군다나 각국 정부가 갖가지 사회 타협이라는 형식으로 노동과 자본을 통합하려고 열심히 노력하는 때는. 자본주의 자체를 불신하는 적지 않은 소수 서유럽인을 위한 지도부가 거의 없었기 때문에 특히 그러했다. 각국 공산당조차 지지자들에게 국가 재건에 참여하라고 호소한 바 있었고, 그 유일한 방법은 정부가 고안한 정치·경제 체계를 통하는 길뿐이었다. 점차 초국적인 유럽 통합의 관념과 실천이 굳어지면서 서유럽을 재건에서 재등장으로 이끄는 결정적 요소를 제공했다.

유럽의 앞선 세대의 경험에 비추어 볼 때 이 모든 것을 성공담으로 내세우기 쉬웠지만, 물론 마냥 그렇지만은 않았다. 냉전에 순응한다고 함은 반체제 세력을 때로 억압한다는 뜻이었다. 독일과 이탈리아만이 아니라, 비시정부의 죄악을 영웅적 저항이라는 통일된 서사로 덧씌운 프랑스도 종종 과거를 숨기는 데 급급했다. 여전히 파시

307

스트 정부 치하에 있던 에스파냐와 포르투갈에서 과거는 과거도 아니었다. 서유럽 다른 나라처럼 두 나라에서도 소수자는 가혹한 동화정책에 직면했다. 때로는 국가안보의 이름으로 시행된 정책이었다. 많은 여성과 젊은이는 재건과 경제성장에 대한 요구 때문에, 전쟁이나 공황 시기에 비해 공적 목소리를 내기가 훨씬 더 어려워졌다고 느꼈다. 그리고 무엇보다도 구조변화는 대륙의 반쪽에서만 이루어지고 있었는데, 이 때문에 변화를 이루는 것이 더 쉬웠겠지만, 또한 그 변화에 관한 전반적이고 장기적인 의미를 둘러싼 의문이 생겨났다.

냉전기 서유럽은 두 개의 국제적 기둥 위에 세워졌다. 하나는 나토를 통해 미국과 맺은 군사 협력이었다. 다른 하나는 서유럽 나라 사이에 맺은 협정을 통한 경제적·정치적 통합이었다. 대서양 연계와 유럽 연계는 어느 정도 나란히 진행되었다. 미국은 1944년 이후 서유럽에서 군사 지배권을 누렸고, 나토가 한국전쟁을 계기로 통합된 군사 동맹에 가까워지자 미국의 지배권은 제도화되었다. 하지만 미국과 유럽 모두, 모든 회원국의 발언권이 동등한 민주적 동맹이라는 인상을 풍기는 숙의 기구를 세우는 데 신중했다. 그러나 미국의 군사역량으로 보장되는 안보 외에, 유럽에서 나토의 가장 중요한 의미는 회원국이 (흔히 미국의 신용을 통해) 국제적으로 무기를 사고 자국 군대를 훈련하는 통로였다는 점이다. 나토는 서유럽 각국이 서서히, 그러나 점차 공동의 목적을 추구한다는 인식을 얻는 학교가 되었다.

모든 군사 협력이 순조로이 진행되지는 않았다. 한 가지 커다란 문제는 서독을 어떻게 처리할 것인가 하는 점이었다. 한국전쟁이 발발한 뒤, 미국은 점차 서구 동맹의 일원으로 서독이 재무장하기를 원한다고 고집했다. 당연히 유럽은 이의를 제기했다. 이 문제를 극복하기 위해, 1950년에 유럽이 고안한 계획 유럽방위공동체(European Defense Community)는 독일군을 유럽 공동 사령부에 통합한다는 구상이었는데, 현실에서 작동하기에는 너무 복잡한 구조였다. 처음에 이 구상을 제안한 프랑스가 승인을 거부하자 1954년 유럽방위공동체는 붕괴했다. 이듬해 서독은 나토에 정회원국으로 가입했다.

또 다른 첨예한 쟁점은 서유럽에서 핵무기 지휘권을 어떻게 처리할 것인가 하는 점이었다. 1950년대 말에 유럽은 나토에서 군사전략에 대해, 특히 핵전쟁 계획에 대해 더 많은 발언권을 얻고자 했다. 1954년 이후 한국의 경험에 근거해서 나토는 소련이 서유럽에 비핵무기 공격을 하더라도 핵무기로 대응할 수 있다는 점을 군사교리의 일부로 결정했다. 전반적인 억제의 성격도 있었고, 재래식 전력에서 소련의 우위를 인정한 결과이기도 했다. 영국은 1952년에 핵무기 보유국이 되었고, 프랑스는 1960년에 첫 번째 핵무기를 실험했다. 서유럽과 미국의 몇몇 정치 지도자는 유럽에서 핵무기 협력을 확대하고자 했는데, 서독 또한 자체 핵무기를 개발하려는 유혹을 느낄 것이라고 우려한 이유에서였다. 그렇지만 해상을 기반으로 하는 '다각적 핵전력(Multilateral Force, MLF)'을 구상해 미국과 서유럽이 공동으로 운용하고 지휘하자는 미국의 제안은 1964년 무위로 돌아갔다. 영국과 특히 프랑스는 핵 자율권을 유지하고 싶어 했다. 어떤 이는 독일이 핵문제에 **조금이라도** 관여하는 것을 우려했다. 미국의 가수 겸 코미디언인 톰 레러Tom Lehrer가 〈MLF 자장가(MLF Lullaby)〉에서 노래한 것처럼,

한때 독일인은 전부 호전적이고 비열했지
허나 다시는 그럴 수 없어.
우리가 1918년에 교훈을 주었으니까,
그 후로는 우리를 귀찮게 한 적이 없지.[1]

독일을 어떻게 처리할 것인가 하는 문제는 유럽 경제 회복 계획에서 중심을 차지했다. 1950년에 마셜플랜의 도움을 톡톡히 받은 서유럽 각국 경제는 안정을 회복한 듯 보였지만, 모든 나라가 탄탄하고 안정된 성장이라는 목표에 도달하려면 아직 한참 갈 길이 멀었다. 유럽과 미국의 일부 지도자는 이런 성장을 창출할 수 있는 유일한 길은 유럽의 경제 통합을 강화하는 것이라고 믿었다. 오랜 전쟁과 공황이 미친 영향은 애당초 유럽을 부유하게 만든 초국적 시장을 무너뜨린 것이다. 하지만 1940년대 말 서유럽 각국 경제의 지위를 고려할 때, 최소한 조만간 이런 시장들이 저절로 재구성될 가능성은 적었다. 따라서 국가 경제처럼, 각국 정부는 국제 경제 협력(과 경쟁)이 번성할 수 있는 틀을 조직했다.

유럽 경제 통합으로 나아가는 길은 서로 다른 많은 경로가 합쳐지면서 만들어졌다. 출발점은 마셜플랜 자체가 만들어 낸 기관, 그중에서도 특히 유럽경제협력기구(Organization for European Economic Co-operation, OEEC)였다. 1948년 여러 나라가 미국의 원조를 관리하기 위해 세운 유럽경제협력기구는 민간 무역 할당량을 폐지하고 통화교환성도 보장했다. 또한 관세를 인하했고 관세동맹을 구상했다. 유럽 또는 어쩌면 대서양 차원의 자유무역지대로도 이어질 수 있는 구상이었다. 후자는 1950년대 초 대다수 서유럽 정치인에게는 너무도 먼 단계였다. 무역균형과 통화 송금 제한을 걱정했기 때문이다. 하지만 한국전쟁이라는 안보 비상사태와 1952년부터 그리스와 튀르키예도 회원국으로 받아들인 나토의 성장이 결합하자, 유럽경제협력기구는 유럽 통합을 한층 거대한 차원으로 확대하는 출발점이 되었다.

훨씬 더 중요한 것은 유럽석탄철강공동체(European Coal and Steel Community, ECSC)였는데, 이 기구는 프랑스, 서독, 이탈리아, 저지대 국가 등이 1951년에 결성했다. 이 계획은 프랑스 전 총리 로베르 쉬망Robert Schuman이 구상했는데, 그는 1948~1953년에 외무장관으로 일하기도 했다. 쉬망과 동료들은 모든 회원국이 광업과 철강 생산에서 공동으로 시장을 통제하는 권한을 가진 초국가적 기구를 고안했다. 여기서 회원국이란 주로 프랑스와 독일을 의미했다. 유럽석탄철강공동체는 산업 잠재력을 활용하기 위해 프랑스가 독일 일부 지역을 장기간 점령하는 것에 대한 대안으로 고안되었다. 그 대신 쉬망은 냉전의 측면에서 전략적 생산을 늘리고 규제함으로써, 그리고 경제 발전의 측면에서 프랑스와 독일이 협력함으로써 서유럽 모든 나라가 이득을 누릴 수 있다고 믿었다. 또한 유럽석탄철강공동체 초대 의장을 맡은 프랑스의 장 모네Jean Monnet는 광부와 노동자를 위한 보조금을 마련함으로써 이 기구가 사회적 목적에 이바지하고, 산하 기관들이 다른 분야에서도 유럽 통합을 확대해 나갈 것임을 확실히 했다.

서유럽 통합의 초기 과정은 3분의 1이 이상론, 3분의 2가 현실적 필요로 이루어졌다. 이는 처음부터 냉전 기획으로서, 동구의 위협에 직면한 상황에서 서유럽의 전략적 생산과 응집력을 향상하고

311

자 했다. 또한 모네가 몇 년간 체류한 미국에서 많은 통합 모형을 가져왔다. 경제 통합의 핵심 문제는 유럽의 경제 회복이었는데, 그 창립자들은 높은 수준의 통합이 없이는 회복할 수 없다고 믿었다. 이는 이상적 기획이기도 했는데, 최소한 1870년 이후 유럽 정치를 지배한 프랑스-독일의 적대 관계에서 벗어나기 위한 시도였다. 냉전 압박은 유럽 정책 결정권자들의 마음을 하나로 모았고, 협력을 피할 수 없게 했다. 프랑스-독일 접경 지역 출신인 쉬망이나 1920년대부터 유럽 연방주의자였던 모네에게 협력의 형태를 결정하게 한 것은 그들의 범유럽적 시각이었다. "현재 직면한 위협에 맞먹는 창의적 시도를 하지 않고서는 세계 평화를 보장할 수 없습니다." 1950년 쉬망의 선언 도입부다. "석탄과 철강 생산의 통합은 경제 발전을 위한 공동의 토대를 즉시 확립해야 합니다. … 이렇게 생산의 유대가 확립되면 프랑스와 독일이 전쟁을 벌이는 것은 생각도 할 수 없을 뿐만 아니라 물질적으로도 불가능해집니다. … 이 제안은 평화를 보전하는 데 필수적인 유럽 연방의 첫 번째 구체적인 토대의 실현으로 이어질 것입니다."[2]

서유럽 대다수 지도자는 완전한 유럽 연방 구상에 의구심이 생겼지만, 그래도 특히 기독민주당을 비롯한 대부분의 지도자는 유럽 석탄철강공동체가 토대를 마련했다는 데 뜻을 모았다. 1950년 선거에서 다시 영국 총리를 맡은 윈스턴 처칠조차 "유럽합중국(United States of Europe)"을 호소한 바 있었다. 영연방이 그 일부가 될지는 의문을 품긴 했지만 말이다. 1956년 벨기에 외무장관 폴-앙리 스파크 Paul-Henri Spaak가 이끄는 위원회는 1년 뒤 로마조약이 될 제안을 했고, 유럽경제공동체(European Economic Community, EEC)를 창설했다. 유럽경제공동체는 유럽석탄철강공동체의 후신이었다. 회원국도 같았고, 경제 통합에 대한 초국가적인 접근법도 똑같았다. 하지만 소관은 훨씬 넓었고, 이어지는 한 세대 동안 서유럽을 하나의 통일된 경제지대로 개조한다.

서유럽에서 냉전의 가장 첨예한 쟁점은 독일 문제를 어떻게 다룰 것인가 하는 것이었다. 1949년 독일연방공화국(Bundesrepublik Deutschland, BRD)이 수립된 때부터 줄곧, 서독 지도자들이 통일에 대해 소련과 합의하기 위해 서방의 응집력을 포기할지 모른다는 의심이 있었다. 이렇게 생각하는 것도 무리는 아니었다. 모든 독일인에 대한 불신은, 냉전이라는 상황에서 그런 합의야말로 다른 유럽 나라들이 가장 소중히 여기는 목표를 독일이 이룰 수 있는 유일한 수단이라는 인식과 함께 존재했다. 하지만 독일이 소련에 순응할 것이라는 가정은 서독 연방 총리(Bundeskanzler) 콘라트 아데나워의 생각으로 무너졌다. 독일 서부 라인란트 출신의 보수적 기독민주당원인 아데나워는 통일을 원했지만, 서구 강대국들과 독일이 통합되기를 한층 더 원했다. 아데나워는 심지어 공산주의 치하에서 이루어진다 하더라도, 통일이라는 세이렌의 노래가 일부 국민에게 얼마나 매혹적일 수 있는지 잘 알았다. 따라서 그는 언제나 프랑스나 미국과 협력하기를 우선시했다. 독일 총리로 처음 내놓은 성명에서 이미 이렇게 말한 바 있었다. "우리는 유산으로 보나 기질로 보나 우리가 서유럽 세계에 속한다는 것에 어떤 의심도 없습니다."[3] 그리고 아데나워는 서독 정치에서 상수가 되어 87세가 되는 1963년까지 총리를 도맡았다.

하지만 독일인에게나 다른 유럽인에게나 아데나워가 내세운 '서방과 결속(Westbindung)'에 신빙성을 준 것은 서독 경제가 1950년 무렵을 시작으로 이례적으로 회복되었다는 사실이다. 독일이 '경제 기적(Wirtschaftswunder)'을 이룬 데는 여러 원인이 있었다. 마셜플랜의 원조, 도이치마르크와 미국 달러의 연동이 그 하나였다. 서독 경제를 서유럽의 틀에 점진적으로 통합한 것도 한 원인이었다. 아마 가장 중요한 것은 전시 부채와 전후 배상의 전면적인 영향에서 독일연방공화국을 보호하기로 한 미국의 결정이었을 것이다. 독일연방공화국은 배상금을 일부 지급해야 했고, 독일 일부 산업을 해체하고, 특허와 기술을 보상 차원에서 인계하는 일이 1950년대 초까지 계속되었다. 하지만 과도한 부채가 누적되는 부담이 가해지는 일은 결코 없었다. 그 결과 서독은 경제가 성장하면서 서방의 몇몇 새로운 상대보다도 훨씬 자유로이 지속적인 팽창을 계획할 수 있었다.

'경제 기적'이 낳은 사회구조 변화는 전후 유럽에서 가장 커다란 화제였다. 1945년 독일 전역이 공습으로 폐허가 된 재난 지대였다. 10년 뒤 대다수 사람은 가족이 소비하고 저축할 수 있을 만큼 두둑한 급여를 받는 일자리가 있었다. 산업과 기반 시설이 전쟁 전 수준에 근접했다. 놀라운 속도로 주택이 지어졌다. 서독 은행들은 신용을 풍부히 이용할 수 있었고, 국가 통화와 이자율은 안정적이었다. 서독 경제는 1950~1960년대에 해마다 5퍼센트 넘게 성장했다. 유럽 주요국 가운데 경제성장률이 가장 높았는데, 영국보다 2배 넘게 높았다.

서독이 냉전기에 경제 팽창을 이룬 토대는 구조적 요인들로 설명되는 한편, 그 팽창을 확실히 증폭하고 영속화한 것은 '경제 기적'이 낳은 심리 효과였다. 독일인이 그들의 노동이 가족을 위한 부와 행복과 안정으로 전환될 수 있다고 마지막으로 믿은 시기 이후 한 세대 넘게 지난 뒤였다. 1950년대에 마침내 이런 일이 가능해짐을 감지한 독일인은 맹렬히 생산에 몸을 던졌다. 서독 사람들은 대다수 유럽인보다 긴 시간을 일했고, 생산성이 급속히 늘어났다. 그 결과 1950~1960년에 구매력이 2배 가까이 높아졌으며, 급속한 팽창은 1960년대까지 지속되었다.

하지만 독일은 1950년대와 1960년대에 서유럽에서 성장률이 높은 유일한 나라가 아니었다. 프랑스 또한 제4공화국이 정치적으로 불안정했지만 상당한 성장을 이루었고, 베네룩스와 스칸디나비아 국가도 마찬가지였다. 이탈리아의 경제 팽창은 대단히 강력했지만, 지리적으로나 사회적으로 보상의 측면에서 불균등하게 확산했다. 서유럽 경제구조 변화가 낳은 전반적인 효과는 1940년대에 쟁점으로 보인 자본주의를 구조한 것만이 아니라, 대중의 삶의 일부로서 극적으로 팽창한 것이기도 했다. 산업화와 도시화가 계속되는 가운데 더 많은 사람이 노동자와 소비자로서 경제 교환에 이끌려 들어왔다. 1950년에는 프랑스 국민의 3분의 1이 밭에서 일했다. 20년 뒤에는 그 비율이 10퍼센트에도 미치지 않았다. 하지만 19세기 말의 산업화 물결과 다르게, 정치에서 급진적 변화는 거의 나타나지 않았다. 프랑스공산당은 전후 처음 20년 동안 유권자의 3분의 1을 잃었다.

공산주의가 서유럽에서 하나의 정치 대안으로서 손해를 본 데는 몇 가지 이유가 있다. 냉전이 격화함에 따라 공산당원들은 일터와 사회 양쪽에서 모두 박해를 받았다. 스탈린 일파가 저지른 범죄가 널리 알려졌을 때, 특히 1956년 헝가리 봉기 이후 각국 공산당은 당원 수가 줄었다. 국내의 불공평이 해외의 소란을 가려 버린 이탈리아를 제외하면, 공산주의는 민주주의 국가에서 더는 그렇게 매력적인 대안이 아니었다. 하지만 유럽 공산주의가 위기에 직면한 주된 이유는 정치적인 것보다 사회적인 것이었다. 서유럽의 많은 나라가 시민을 위한 사회복지를 극적으로 확대하자 대다수 노동계급에게 혁명의 필요성이 한층 더 흐릿해졌다.

　앞서 살펴본 것처럼, 유럽 복지국가의 기원은 19세기 말과 20세기 초에 벌어진 이념 대립으로 거슬러 올라간다. 하지만 복지국가가 크게 확대된 것은 주로 1950년대와 1960년대의 일이다. 미국이 서유럽을 실제 지배하는 상황에서, 이는 유럽과 소련의 공산당을 비롯한 어떤 이에게는 놀라운 발전이었다. 앞서 그들은 마셜플랜을, 미국 기업들의 이익을 위해 자유시장 해법을 강요하면서 유럽 각국 경제를 미국화하려는 시도로 해석했다. 그런데 유럽이 그 대신 미국의 축복에 크게 힘입어 손에 넣은 것은 국가 중심 해법이었다. 각국 정부가 규제를 통해 국민경제의 형태를 결정하는 해법이었다. 서유럽이 전후 수십 년간 이룬 급속한 경제성장의 배경에는 국가 통제라는 환경이 있었다.

　이런 성장이 가능한 주된 이유를 꼽자면, 냉전의 긴급한 요구와 바로 직전의 과거가 준 교훈이다. 서유럽 각국 내에서 또는 동방과 서방 사이에서 벌어진 냉전은 중앙집권화된 국가를 강제했다. 이런 국가가 기존 정치 질서를 방어하기 위해 신속한 결정을 내릴 수 있었기 때문이다. 하지만 냉전은 또한 사회 진보를 보장함으로써, 서유럽의 강력한 노동계급을 매수하고 산업 소요와 독립된 정치적 행동주의를 막을 것을 요구했다. 기독민주당과 사회민주당은 유럽 대륙이 한 세기 동안 불행을 겪은 한 가지 이유로, 노동계급을 정치적 통일체에 통합하지 못한 과거의 무능 때문이라는 데 뜻을 모았다. 이제 확고히 권력을 쥔 그들은 이런 결점을 치유하는 유일한 길이 노동자도 국가와 이해관계로 얽힐 수 있게 사회사업을 만드는 것이라고 믿었다. 적어도 처음에는 각국 기독민주당이 사회민주당보다 국가 엘리트 집단에 더 가까웠지만, 둘 다 결국 정부가 강제하는 산업 부문차원의 임금 및 노동조건 교섭만이 아니라 대규모 사회보장 사업도 시행했다. 주당 노동시간 제한, 유급휴가, 연금제도 확립 등은 모두 국가가 강제하는 기획에서 생겨났고, 포괄적인 의료·장애 보험은 약간 뒤늦게 등장했다.

　　미국이 정부 중심의 발전 계획을 세우는 것을 지원한 사실을 미루어 보면 트루먼 행정부가 1940년대 유럽 전역의 상황을 얼마나 열악하다고 보았는지 알 수 있다. 혼돈, 소련의 전복 시도가 개입할 여지, 정부가 강제하는 질서 사이에서 선택해야 한다면, 어려울 게 없었다. 미국의 이데올로기적 선입견에도, 트루먼이 유럽에서 또는 후대의 미국 행정부가 세계 다른 곳에서 직면한 선택지는 이것뿐이었다. 전후 유럽(전후 일본도 마찬가지다)에 투입된 많은 미국 대표는 뉴딜 시기 미국에서 이미 국가 주도 기획 실험에 참여한 경험이 있었다. 물론 서유럽의 기획은 미국에서 장기 시행된 그 어떤 기획보다 국가 계획에 훨씬 가까웠다. 그렇다 하더라도 미국은 국가가 경제 활동을 규

317

제하는 여러 조치에 완전히 생소하지는 않았다. 그리고 서유럽에서 당분간 이런 통제는 의미가 있었다. 사적 이윤을 제한하는 것은 필수적인 재투자를 확보하는 데 도움이 되었다. 복지 제공은 정치의 급진적 변화를 예방했다. 나토 동맹의 경제적 다원주의는 미국의 지배권이 두드러지지 않으며, 따라서 더 효과적임을 의미했다.

서유럽 경제성장에 동반된 소비자 혁명에서, 미국의 지배권은 가시적이었고 점점 더 뚜렷해졌다. 유럽인이 바라는 제품이 언제나 미국에서 만들어지지는 않았다. 유럽에서 생산되는 일도 많았고 점차 일본에서 생산되기도 했다. 하지만 이 제품들과 판촉은 대개 미국에 그 기원이 있었다. 많은 유럽인에게 미국은 풍요롭고 부유한, 대단히 매력적인 사회로 보였고, 언제나 제한이 많고 구식인 유럽보다 한 걸음 앞서가는 듯했다. 미국을 바라보는 이런 긍정적인 시각 때문에 더 많은 유럽인이 미국에 관해 알게 되는 듯 보였다. 그런 면에서 대서양을 가로지르는 여행의 확대는 수많은 미국문화정보국과 장학금만큼 중요했다.

훨씬 더 중요한 것은 미국이 음악·영화·패션으로 유럽에 미친 영향이다. 문화적 영향력을 확보하려 시도한 소련과 달리, 이런 영역에서 미국 정부가 중앙에서 계획한 것은 거의 없었다. 미국 국무부와 중앙정보국은 "건전한" 미국의 영화와 문학이 해외에 확산되게 하려고 노력했지만, 큰 성공을 거두지는 못했다. 대신 기업 판촉과 소비자의 반응이 가장 큰 영향을 미쳤다. 유럽은 모든 게 부족했지만, 미국 영화 촬영소들과 음반 제작사들은 저렴하고 풍부히 생산물을 쏟아낼 수 있었기 때문에 미국산 수입품이 더 유리했다. 예를 들어 1947년에 프랑스 영화는 40편만 제작되었지만, 미국 영화는 340편이 수입되었다. 엘비스 프레슬리의 음악, 말런 브랜도나 제임스 딘의 영화는 애당초 미국 생활방식을 선전하기 위해 만들어지지 않았지만, 유럽 젊은이는 반항적 분위기 때문에라도 그것들을 좋아했다. 관습에 대한 저항의 형태는 티셔츠와 청바지를 입어 미국 영화와 동일시하는 것으로 녹아들었다. 1950년대 중반 미국과 유럽의 10대는 나토보다 브랜도로 단합했다.

　　미국의 관료 집단이 더 큰 영향을 행사한 분야는 유럽의 각종 단체와 기관에 지원하는 것이었다. 포드재단이나 록펠러재단 같은 미국의 자선단체들은 정부의 장려를 받아 서유럽의 많은 대학교와 연구소를 재건하는 데 기부금을 주었다. 중앙정보국은 작가와 예술가 사이에 널리 퍼진 공산당의 영향력에 대항하기 위해 세워진 문화자유회의(Congress for Cultural Freedom) 같은 단체에 자금을 제공했다. 그리고 정부가 지원하는 미국 노동조합, 무엇보다 미국노동총연맹산업별조합회의(AFL-CIO)는 유럽의 일부 사회민주당원에게 미국 사회가 그들이 생각한 것만큼 우익적이고 반노동적이지 않다는 믿음을 주었다. 그렇다 하더라도 비공식적인 문화적 연계는 냉전 시기 서유럽에서 미국의 문화적 영향력을 강화하기 위해 정부가 기울인 어떤 노력보다 더 중요했다.

　　전후 유럽 세계는 사방에서 변화가 닥쳐오는 듯 보였다. 대륙이 이데올로기로 나뉘고 미국의 영향력이 커졌을 뿐만 아니라, 서유럽 자체가 점차 해외 식민지를 상실하면서 변모했다. 1945년 영국, 프랑스, 포르투갈, 에스파냐, 벨기에, 네덜란드는 모두 해외에 상당한 영토를 보유했다. 유럽의 식민지에 서유럽 자체 인구보다 약 3배 많은 사람이 살았다. 1965년에 이르면 포르투갈을 제외하고 거의 식민지가 남아 있지 않았다. 유럽에서 경제적 그리고 인식 차원에서도 이런 이행을 촉진하는 데 재조정을 상당히 해야 했다. 한 가지 쟁점은 옛 식민지에서 귀국하는 유럽인이나 식민 본국에 계속 남기로 선택한 식민지 출신 사람을 수용하는 문제였다. 또 다른 쟁점은 크게 축소된 자국의 세계적 지위에 익숙해지는 문제였다. 특히 영국과 프랑스는 이것이 쉽지 않은 이행이었다. 하지만 강대국의 허세를 유지하려면 감당하기 쉽지 않은 노력을 기울여야 했다. "가장 쉬운 길을 택하면서 프랑스가 서서히 쇠약해지게 해선 절대 안 됩니다."[4] 드골 장군이 1963년에 국민에게 말했다. 하지만 세계 권력의 측면에서 서서히 쇠약해진다는 것은 냉전 시기 옛 제국들의 역할을 무척 정확히 묘사한 표현이다.

유럽 대륙 자체 상황 외에, 20세기 중반 세계 경제에서 나타난 변화들도 유럽에 부차적 역할을 부여했다. 1950년 미국은 세계 자본주의 패권국이었다. 미국은 전체 세계 경제 생산량의 약 3분의 1을 생산했다. 미국 달러는 대규모 국제 거래에서 통용되는 유일한 화폐였다. 국제 은행들로 들어가는 자본은 주로 미국에서 나왔다. 미국 산업은 유럽보다 기술적으로 훨씬 앞서고 생산성이 높았다. 그리고 서유럽이 전후에 회복하기는 했어도, 평균적으로 미국인이 유럽인보다더 오래 풍족한 삶을 살았다.

미국의 이런 독특한 지위는 주로 관리무역과 투자에 기반을 둔 세계에서 생겨났다. 각국 정부가 할당량과 관세를 정하고, 자본 흐름과 통화 수준을 조절했으며, 국민소득을 어떻게 써야 하는지 결정했다. 미국의 역대 행정부는 무역과 투자 자유화를 추진했지만, 이런 미국의 압박이 다른 자본주의 나라와 워싱턴이 냉전 동맹을 맺는 것을 복잡하게 만들까 우려했기 때문에, 너무 세게 밀어붙이는 데는 신중했다. 따라서 미국은 냉전의 목적에 맞게 관리해야 하는 세계 자본주의 경제의 중심에 있었다. 이런 경제체제를 재건하는 것이 미국인이 해외에서 이윤을 확보하는 데 존재한 눈앞의 기회를 몇 가지 밀어내는 작용을 한다고 할지라도, 결국 미국에 이익이 되었다. 미국이 패권을 쥔 순간은 세계 곳곳에 퍼진 냉전의 우연성이 제한을 가했다. 서유럽과 연계하는 것이 중심이었지만 언제나 이 관계가 결정적이지는 않았다.

미국의 역대 행정부는 서유럽 통합이 미국에 이익이 된다고 믿었다. 미국 정부는 경제 회복을 지원하고, 유럽이 나토를 필두로 한 여러 다자간 기구에 참여하는 것을 강화했다. 미국은 통일된 유럽이 미국의 경쟁자가 될 것을 지나치게 걱정한 적이 없다. 1950년대에는 그런 일이 조만간 벌어질 것처럼 보이지 않았다. 그리고 유럽의 경제성장과 함께 공동 안보를 강화하는 것이 적어도 단기적으로는 어쨌든 미국의 협소한 이기심보다 중요했다. 서유럽이 미국 모형을 따라 커다란 통합 시장을 건설해 부유해진다면, 그것은 관련한 모든 나라에 좋은 일이었다. 곧 미국 국무장관이 되는 존 포스터 덜레스John Forster Dulles가 1948년에 선언했듯이, "건강한 유럽은 작은 구역으로 나눌" 수 없었다. 유럽은 "대량 소비를 위한 현대적인 저렴한 생산 기법을 정당화할 만큼 충분히 큰" 시장으로 조직되어야 했다.[5]

유럽인이 회복을 갈망했다면, 미국인은 안정을 열망했다. 지난 20여 년간 미국 유권자는 대공황, 뉴딜, 유럽과 아시아의 전쟁, 냉전 등 잇따라 비상 상황에 직면했다. 1952년 미국인은 드와이트 D. 아이젠하워 장군이 이끄는 안정과 정상 상태에 표를 던졌다. 1870년대 율리시스 S. 그랜트Ulysses S. Grant 이후 처음으로 미국 정부를 이끄는 직업군인이자, 국가 위기가 시작되고 처음으로 당선된 공화당 대통령이었다. 아이젠하워는 국제주의자이자 냉전 전사로서 미국이 세계 곳곳에서 소련 및 공산주의와 대결해야 한다고 믿었다. 선거운동 당시 그는 한반도에서 승리해야 하며, 유럽과 아시아에서 공산주의를 "격퇴(rolling back)"해야 한다고 주장한 바 있었다. 하지만 아이젠하워의 주요 수사는 그의 지도로 미국이 안전하며, 국민 통합, 재정 규율, 강력한 국방, 분명한 국제적 우선순위 등을 통해 질서를 바로잡는다면 적들을 물리칠 것이라는 확신을 미국인에게 주기 위한 것이었다.

국가 비상 상황인 냉전과 멀찍이 거리를 두고자 한 아이젠하워는 결국 냉전을 하나의 정책이자 교의로 제도화했다. 한국전쟁에서 신임 대통령은 단순히 운이 좋았다. 스탈린이 사망하면서 휴전 교섭의 마지막 걸림돌이 사라졌다. 하지만 아이젠하워는 미국의 힘을 투사하면 장래에 이른바 소련의 모험주의를 방지할 수 있다고 믿었다. 트루먼의 전반적인 봉쇄 전략을 확인하면서 아이젠하워는 미국의 핵 역량과 준비 태세를 증강함으로써 이 전략을 강화하고자 했다. 그는 또한 중앙정보국의 비밀 작전을 한 단계 끌어올리고, 이를 활용해 냉전의 이해관계에 해가 된다고 여겨지는 각국 정부를 전복했다. 1953년 이란과 이듬해 과테말라가 대표 사례다. 아이젠하워는 냉전을 오랫동안 지속될 전면적 경쟁으로 보았고, 미국의 목적의식과 준비태세가 여기서 결정적인 요소로 작용하리라고 보았다.

하지만 신임 대통령은 미국이 국내 문제와 관련해 너무 많은 타협을 하지 않고서도 충분히 냉전을 치를 수 있다고 굳게 믿었다. 재정적 보수주의자인 아이젠하워는 대규모 상비군과 대량의 재래식무기보다 저렴한 대안으로서 핵 억지력 개발을 선호했다. 1954년 1월 덜레스가 설명한 것처럼, "우리는 우리 자신이나 다른 나라를 위해 감당할 수 있는 비용으로 최대 억지력을 갖고자 한다." "국지적 방어는 언제나 중요하다. 하지만 공산주의 세계의 강력한 지상 전력을 단독으로 봉쇄할 수 있는 국지적 방어란 존재하지 않는다. 대규모 보복 전력이라는 억지력을 기름으로써 국지적 방어를 강화해야 한다. … 침략을 억제하는 길은 자유 공동체가 스스로 정한 장소에서 자신이 고른 수단으로 강력히 대응할 의지와 능력을 갖추는 것이다."[6]

대규모 핵 보복 정책으로의 전환은 이때껏 상상도 하지 못한 규모의 전략전을 준비한다는 의미였다. 아이젠하워는 이른바 뉴룩New Look정책을 추진하면서 미국의 핵 역량을 극적으로 증강했다. 그가 재임하는 동안 미국은 대륙간탄도미사일(ICBM)과 잠수함발사탄도미사일(SLBM)을 개발했다. 펜타곤은 또한 소련 영토 위를 은밀히 비행하는 것을 포함한 대규모 정보 수집 계획에 착수했다. 표적과 적 역량에 관한 정보를 수집하는 활동이었다. 게다가 행정부는 유럽과 아시아에 있는 미군 기지에 전술 핵미사일과 중거리 핵미사일 배치를 확대했다. 미국의 전략적 태세가 유연성이 없다고 비판을 받자, 대통령은 미국이 지금까지 자국이나 동맹국에 대한 소련의 공격을 효과적으로 억제했다고 대응했다. 아이젠하워는 소련을 상대로 핵전쟁을 벌일 수 있는 미국의 역량이 소련을 크게 앞질렀다는 사실을 추호도 의심하지 않았다. 대통령은 뉴룩정책 덕분에 큰돈을 들이지 않고, 그리고 자기의 희망대로 미국 사회를 지나치게 군사화하지 않고서 억지력을 갖추었다.

아이젠하워는 재임 기간 내내 예산이 군수 조달에 맞춰지고 정책이 외국의 위협에 좌우되는 병영국가(garrison state)로 나라를 변모한 정치적 결과를 우려했다. 선거운동에서 매카시 상원의원의 지원을 받은 아이젠하워는 1954년 매카시가 미군 내부에 공산주의에 굴종하는 세력이 있다고 공격을 확대하자, 그에게서 등을 돌렸다. 대통령은 "격노하며 진저리를 쳤다―육군은 그의 군대였고 그는 매카시의 전술을 전혀 좋아하지 않았다."[7] 그해 말에 매카시는 상원에서 비난을 받고 미국 정치 세력에서 힘을 잃었다.

매카시 문책으로 미국에서 발작적인 방식의 냉전 정치에서 으뜸가는 상징이 사라졌다. 물론 그렇다고 반공의 대의가 크게 손상되는 일은 없었다. 매카시는 이미 미국 정치 영역 전체에 걸쳐서 당혹스러운 존재가 된 상태였다. 그가 물러난 뒤에도 민주주의, 종교, 자유시장을 위한다는 전 지구적 규모의 사명감은 그대로 남았다. 1950년대 대다수 미국인에게 공산주의와 대결하는 것은 자기 나라의 기본 특징의 일부였고, 국내외에서 승리해야 하는 싸움이었다. 자유주의자를 자처하든, 보수주의자(뚜렷한 소수였다)를 자처하든, 모든 사람을 아우르는 폭넓은 합의는 지구적 상황을 개선하기 위한 미국의 사명의 하나로 냉전 수행에 찬성했다. 당시 사람들의 생각에 미국인이 자연스러운 방향과 천부적인 선견지명에 따라 현대화하고 개선하려는 세계를, 공산주의자가 장악하려 하고 있었다. 따라서 냉전은 인류의 영혼을 지키기 위한 유례없는 싸움이었다.

많은 미국인이 보기에, 해외에서 냉전을 벌여야 할 필요성은 국내에서 느끼는 성취감과 결합되었다. 급여, 주택, 소비재 접근성 등과 같은 경제 상황이 개선되었다. 중간계급이 빠르게 팽창했고, 점점 더 많은 사람이 도시를 벗어나 교외의 신축 주택으로 이주했다. 양당 정치 지도자는 공산주의와 벌이는 싸움을 미국인이 물질적·사회적·정치적으로 이룩한 모든 것의 방어로 묘사했다. 종교도 냉전의 언어에서 중요한 역할을 했다. 공산주의는 무신론 급진주의로 묘사되었고, 동유럽에서 박해된 성직자와 종교 활동가를 미국으로 데려와서 철의 장막 뒤편에서 무슨 일이 벌어지는지 증언을 듣는 일이 잦았다. 대다수 미국인은 자신의 가족과 지역사회가 미국에서 벌어지는 공산주의 전복 활동에 직접 영향을 받는다고 믿었다. 그들 대부분이 실제로 그런 일이 언제 벌어졌는지 구체적인 사례를 생각해 내지 못했는데도 말이다. 1950년대 중반에 미국공산당 활동 당원이 5000명 정도로 줄어든 것을 생각하면, 그중 한 명이라도 실제로 만날 기회는 무척 드물었다.

아이젠하워 시대의 미국을 특징짓는 안정과 예측 가능성, 신중함이 모든 미국인에게 어울리지는 않았다. 어떤 이는 당연히 자기가 경제적·사회적 진보에서 배제된다고 느꼈다. 아프리카계 미국인은 노예제가 폐지된 뒤로도 줄곧 차별받았고, 뉴딜이든 1950년대의 번영이든 그들의 운명을 크게 개선해 주지 못했다. 민권 운동이 확대됨에 따라, 미국이 전 세계에서 자유를 위해 벌이는 군사작전과 국내에서 아프리카계 미국인을 비롯한 유색인을 억압하는 분명한 현실을 점점 더 많은 사람이 비판적으로 비교했다. 주요 민권 단체인 전미유색인종지위향상협회(National Association for the Advancement of Colored People, NAACP) 대표 로이 윌킨스Roy Wilkins는 대통령을 "훌륭한 장군이고, 선량하고 점잖은 사람이지만, 만약 그가 민권을 위해 싸운 것처럼 제2차 세계대전에서 싸웠더라면 지금 우리는 모두 독일어를 쓰고 있을 것"이라고 평했는데, 이는 너그러우면서도 정확한 평가였다.[8] 아프리카 신생 국가들에서 온 외교관들은 워싱턴과 전국 각지에서 인종적 괴롭힘과 차별을 당했는데, 자국에 돌아가서 보고할 때 그만큼 너그럽지 않았다.

아이젠하워가 이끈 '냉전기 미국(Cold War America)'에서 거의 혜택을 입지 못한 또 다른 집단은 가정과 가사노동의 울타리 바깥에서 자기만의 삶을 구축하고자 한 여성이다. 전쟁 중에 많은 여성이 산업과 서비스업에서 돈을 많이 버는 일자리를 발견한 바 있다. 하지만 냉전 시대에 가족의 가치와 육아가 강조되면서 많은 여성이 일터에서 밀려나 다시 부인과 어머니라는 1차적 역할로 돌아갔다. 일부 여성은 1950년대에 미국 사회의 순응성을 숨 막힌다고 느꼈다. 1950년대 말에 접어들면서 여성 고용률, 여성의 단체 및 정치 참여가 함께 증대했다. 하지만 가장 큰 돌파구는 1960년에 경구 피임약이 널리 대중화되면서 이루어졌다. 여성 자신들이 효과적인 피임법을 이용하기로 한 것은 '냉전기 미국'의 가정생활에 일대 변혁을 가져왔고, 사회에 훨씬 더 적극적으로 참여하는 길이 점점 확대되었다. 하지만 사회적 보수주의자들은 피임약이 인구수와 젊은이의 성행동에 미치는 영향을 비난했다. 가톨릭과 복음주의자를 막론하고 기독교 설교자들은 공산주의, "자유연애", 동성애와 함께 피임도 악마의 소행이라고 주장했다.

물질적 안녕과 사회적 순응을 강조하는 1950년대의 분위기는 비단 불우한 집단만이 아니라 사회 전체적으로 들썩이는 태도를 크게 부추겼다. 많은 젊은이는 부모 세대가 그들을 위해 펼쳐 놓은 경로 위에 보이는 것보다 더 많은 일과 경험을 할 수 있는지 궁금해했다. 불안감은 정치적이면서 문화적이었다. 1950년대가 흘러가면서 음악, 영화, 문학, 패션의 취향이 더욱 대담해졌다. 어떤 사람은 냉전을 더욱 효과적으로 수행하는 데 이바지하는 것을 포함해, 나라를 위해 더 많은 일을 할 수 있는지 궁금해했다. 많은 자유주의자는 미국이 세계인의 가슴과 머리를 사로잡으려는 국제 경쟁에서 소련에 뒤처진다고 우려했다. 냉전은 어쨌든 보수주의보다 자유주의에 가까운 정치 기획은 아니라도 적어도 두 성격이 팽팽히 공존했다. 1958년 매사추세츠주 출신 젊은 민주당 상원의원 존 F. 케네디는 아이젠하워 대통령이 소련을 물리치는 것보다 균형 예산에 더 몰두한다고 주장했다. 그 결과 소련의 군사력은 미국을 추월하면서 "우리가 경험한 어떤 전시의 위험보다 치명적인 위협"을 조성했다.[9] 대통령은 케네디 상원의원이 미숙한 정치적 기회주의자라고 일축했다.

아이젠하워는 미국을 냉전 초기의 정치적 광란 상태에서 벗어나게 만든 공로를 치하받아 마땅하다. 하지만 대통령이 냉전에 발작적인 환자는 아니었겠지만, 또한 소련과 대결하지 않는 세계를 상상

327

할 수 있는 인물도 아니었다. 아이젠하워는 스탈린의 사망 이후 냉전 종식을 생각할 만큼 상상력과 정치적 의지가 없었다. 소련의 새로운 지도자들이 서방과 한국전쟁을 끝내고, 유럽 주둔 군대를 축소하고, 평화 공존에 관해 이야기하는 식으로 관계를 정상화하려 했을 때, 미국 대통령은 머뭇거렸다. 존 포스터 덜레스와 그의 동생인 중앙정보국장 앨런 덜레스Allen Dulles는 흐루쇼프의 매력 공세를, 소련이 세계 곳곳에서 전복 활동을 증대하는 동안 서방을 방심하게 만들려는 시도 이상의 의미는 없다고 보았다. 국내에서, 특히 공화당에서 반공주의가 위력을 떨치는 상황에서 아이젠하워는 소련과 쓸데없이 만나는 위험을 무릅쓰려 하지 않았다. 오랜 냉전 전사 윈스턴 처칠조차 아이젠하워에게 소련에 손을 내밀라고 부추겼다. 처칠은 1953년 4월 아이젠하워에게 물었다. "당신과 우리의 완강한 결심을 거듭 주장하는 한편, 이에 균형을 맞춰 우리가 새 시대에 접어들고 있다는 희망을 표현하는 것도 좋지 않을까요? 저는 이 불행하고 당혹스러운 세계에서 새로운 희망이 창조되고 있는 걸 느낍니다. 공산주의의 폭정과 침략에 저항하는 동시에 그와 별도로 우리가 진정한 마음의 변화가 존재함을 발견했고, 그 문을 닫아 버렸다고 말하지 않는다면 얼마나 기쁠지 선언하는, 수그러들지 않는 결단을 선포할 수 있어야 합니다."[10] 하지만 아이젠하워는 소련 지도자들을 움직이는 동기가 크게 변했다고 믿지 않았고, 1955년 중반까지 정상회담을 열라는 압력에 계속 저항했다.

1955년 전시 연합국 지도자가 모인 제네바회의는 1945년 이후 처음으로 열린 자리였다. 앞서 아이젠하워가 정상회담에 동의한 것은 소련이 인도차이나 분쟁을 해결하고, 제2차 세계대전 이후 점령지 대로 나뉜 오스트리아가 통일하는 데 지지하기로 했기 때문이다. 대화는 정중히 진행됐지만, 주요 돌파구는 열리지 않았다. 미국은 스탈린 사후 소련 지도자 사이의 권력 투쟁이 여전히 진행 중이라고 어느 정도 정확히 결론 내렸다. 소련 니콜라이 불가닌 각료회의 의장과 회동한 아이젠하워 대통령은 "위성국 문제를 제기했다." "대통령은 중유럽에 뿌리와 기원을 둔 미국인이 말 그대로 수백만 명이라고 설명했다. 위성국 지위는 그에게 정말로 중요한 관심사였다. 우리가 침묵을 지킬 수 있는 문제가 아니었다. 불가닌은 그 문제를 이 회담에서 다뤄 봤자 아무 소용도 없다고 말했다. 시간이 지나고 분위기가 개선되어야 한다는 것이었다." [11]

아이젠하워의 두 번째 임기 초에 벌어진 헝가리 혁명은 동방/서방 관계에 심각한 퇴보를 빚었다. 아이젠하워가 대소련 정책을 어떻게 바꿀 수 있는지 생각한 것은 임기 말에 이르러서이다. 1959년 신년 국정연설에서 대통령은 평화 기구들을 강화하겠다고 장황히 이야기했고, 임기 마지막 해인 이듬해 5월에 파리에서 흐루쇼프와 정상회담을 갖기로 합의했다. 회담의 목적은 유럽의 긴장 완화와 무엇보다도 독일 문제를 논의하는 것이었다. 아이젠하워는 또한 파리에서 정상회담을 열기로 함으로써, 프랑스 대통령으로 복귀한 변덕스러운 드골을, 유럽 안보 문제를 놓고 나토가 단합해서 소련에 접근하는 과정에 끌어들이고자 했다. 대통령은 최측근 보좌관 몇 명과 함께 새로운 유형의 핵무기 실험을 금지하자는 소련의 제안에 긍정적인 대응을 준비하던 참이었다. 아마 파리에서 이 교섭의 돌파구가 열리기를 기대했을 것이다.

그렇더라도 아이젠하워는 소련의 의도를 시험할 기회를 얻지 못했다. 1960년 5월 1일 소련 공군이 미국의 U-2 정찰기를 격추했다. 파키스탄 페샤와르에서 노르웨이 보되로 가는 길에 소련 상공을 가로지르던 정찰기였다. 흐루쇼프는 격분했지만, 또한 대중의 인기를 끄는 법을 알았다. 미국이 기상 관측 임무를 수행하는 비행이었다고 어색히 거짓말하는 동안, 소련은 구조한 조종사를 모스크바에서 구경거리로 삼았다. 게리 파워스Gary Powers는 중앙정보국을 위해 첩보 비행 중이었다고 실토했다. 흐루쇼프는 선전용 노다지가 굴러들어 왔다고 흡족해했다. 하지만 2주 뒤에 시작되는 파리 정상회담을 취소하는 문제는 결정하지 못했다. 결국 흐루쇼프는 파리로 날아갔지만, 당 강경파의 압박을 받아 마지막 순간에 아이젠하워와 회동하기를 거부했다. 이미 제국주의에 유약한 모습을 보인다고 중국의 비난을 받은 소련 지도자는 이런 상황에서 정상회담에 참석하는 위험을 무릅쓸 수 없었다.

아이젠하워의 대통령 임기가 막바지에 이르렀을 때, 소련과 미국의 지도자들 마음속에 중국과 아시아가 큰 비중을 차지했다. 미국 대통령은 자기가 서방을 강화하고, 소련 및 그 동맹국과 대결하기 위해 공동의 목표의식을 불어넣었다고 느꼈다. 하지만 아시아에서 미국의 입지에 관해서는 그만큼 확신하지 못했다. 대통령은 중국의 팽창하는 힘을 우려했고, 베이징 당국이 동남아시아에 공산주의를 퍼뜨리려 한다고 믿었다. "공산주의자들이 라오스에서 탄탄한 입지를 세운다면, 서방은 동남아시아 전역에서 끝장나는 셈"이라고 아이젠하워는 퇴임 직전에 주요 보좌진에게 말했다.[12] 그는 중소 분열이 근본적이고 지속적이라는 여러 보고를 거의 신뢰하지 않았다. 아시아의 냉전은 "승산이 높지 않은 포커와 비슷해요. 쉬운 해결책은 없습니다."[13] 1961년 1월 백악관에서 후임자 존 F. 케네디를 만났을 때 대통령이 한 말이다. 아이젠하워는 개탄을 금치 못했다. "중국군에서 나타나는 공산주의의 영향력은 저발전 국가의 국민 사이에서 서방 연합국에 비해 훨씬 더 높은 사기를 얻을 수 있는 능력을 보여 주죠."[14] 서방을 확보한 미국은 냉전의 새로운 장章을 시작하려는 듯 보였다.

331

중 국 의   재 앙

09 · CHINA'S SCOURGE

중국은 말 그대로 차원이 다른 규모였다.

중국공산당과 소련의 적대는 국제

정치를 뒤바꾸고 냉전의 이원론을

깨뜨릴 잠재력이 있었다.

중국이 문화대혁명 와중에 주로 스스로

분열하는 데 몰두하는 한,

이런 일은 벌어질 수 없었다.

20세기 중국에는 기묘한 대칭이 존재하는데, 그 대부분은 이데올로기적 냉전과 연결된다. 세기 초에 중국에서 일어난 신해혁명은 공산주의 및 충돌로 변했다. 세기말에 공산주의는 자본 및 시장과 맞닥뜨렸다. 그 사이에는 파괴와 재건, 열정과 냉소, 거의 끝없이 흐르는 피의 강으로 점철된 끔찍한 시대가 존재했다. 이와 같은 중국의 두 혁명을 특징짓는 것은 무엇보다 그 유혈성이다. 최근 한 추산에 따르면, 1920~1980년대에 벌어진 전쟁이나 정치적 대량학살의 결과로 중국인 7700만 명이 자연사가 아닌 죽음을 맞았으며, 그 절대다수가 다른 중국인에게 살해되었다.[1]

1949년 마오쩌둥과 중국공산당은 공산주의 국가 중화인민공화국을 세우면서 평화와 발전을 주요 목표로 삼겠다고 약속했다. 하지만 그들은 거의 곧바로 한반도에서 새로 벌어진 전쟁에 동포를 몰아넣었고, 이 전쟁에서 최소한 80만 명의 사상자를 낳았다. 1953년 여름 한국전쟁이 끝났을 때 중국은 피폐할 대로 피폐했는데, 20년 가까이 전쟁을 계속한 뒤 나라를 재건해야 하는 거대한 과업에 직면했다.

335

중국 지도부는 소련을 본보기로 삼기로 한 바 있었다. 그들은 지구적 차원에서 미래가 사회주의의 것이며, 소련과 긴밀한 동맹을 맺어서 세계 진보의 최전선에 설 수 있으리라고 굳게 확신했다. 물론 마오쩌둥과 동지들은 모스크바의 군사 원조 덕분에 탐욕스러운 미 제국주의자들에 맞서 혁명을 지킬 수 있으리라고 확신했다. 비록 전쟁 중에 소련의 지원 수준에 항상 만족하지는 않았지만, 한국전쟁은 그들에게 이를 입증한 셈이었다. 마오쩌둥은 어쨌든 중국인이 북한과 소련을 포함한 사회주의권을 위해 싸우면서 죽고 있다고 지적했다.

당의 선전에 따르면, 공산주의는 중국 현대화를 위한 무기였다. 공산주의는 나라를 부유하고 강하게 만들어 줄 것이었다. 하지만 마오쩌둥이 내세운 의제는 현대적이고 부유한 나라의 창조를 훌쩍 넘어섰다. 그는 중국 사회와 인민의 사고방식을 바꾸고자 했다. 마오쩌둥이 생각할 때, 나라가 약한 것은 영국이나 일본, 미국의 제국주의자들보다 "낡은 중국" 탓이었다. 그는 전통적인 유교 사고방식을, 전족으로 종종거려 남들에게 비웃음을 받는 여자들에 즐겨 비유했다. 반면 그의 "새로운 중국"은 젊고 진보적이고 전투적이어야 했다. 방해가 되는 이들은 절멸해야 하는 "해충"이었다. 지주와 승려, 자본가가 그들의 이익을 지키기 위해 일부러 중국의 앞길을 막고 있었다. 공산주의자들이 창조하는 새로운 사회를 가로막은 그 모든 세력이 그러했듯, 그들도 사라져야 했다. 마오쩌둥에게 이는 천년에 걸친 싸움이었다. 지금이야말로 중국이 과거의 잘못을 만회하고 세계에서 정당한 지위를 되찾을 마지막 기회였다.

처음에, 그러니까 1950년대에 마오쩌둥 주석과 지도부는 중국의 진보는 소련이 주도하는 공산주의 국가 공동체에서만 이루어질 수 있다고 믿었다. 하지만 1950년대 후반에 이르자 의구심이 생겨났다. 마오쩌둥이 보기에 소련식 발전은 너무 지지부진했다. 그는 죽기 전에 중국이 탁월한 성과를 거두기를 원했다. 1956년 이후 한동안 주석은 소비에트권을 개혁해서 평등하고 다양하게 만들려 한 흐루쇼프의 시도가 중국의 요구를 충족해 줄 수 있으리라고 믿었다. 하지만 소련이 중국의 신속한 발전 계획을 비판하자, 그런 생각이 착각이었음을 깨달았다. 국제 문제뿐만 아니라 국내 발전을 둘러싸고도 갈등이 벌어지는 가운데 중소동맹은 혼란에 빠졌다. 1960년대 초에 이르면 "형제 국가"라는 개념이 사라지고 적대감이 깊숙이 자리를 잡아 1960년대 말이면 거의 전쟁으로 이어질 정도였다.

　중국은 1960년대 대부분 국제적으로 고립된 채 사회 변혁이라는 마오쩌둥의 갈망을 충족하기 위해 훨씬 더 깊숙이 정치 활동에 빠져들었다. 경제 발전은 어려웠다. 1966년 마오쩌둥이 선포한 무산계급 문화대혁명은 정치를 만물의 판관으로 만들었다. "전문가가 되느니 빨갱이가 되는 게 더 낫다"는 대혁명의 구호 가운데 하나였다. 그 결과로 생겨난 혼돈의 사회는 폭력과 혼란으로 가득했다. 집권 20년째가 다가올 즈음 중국공산당이 지배하는 나라는 내전 일보 직전처럼 보였다. 중국의 냉전 가담은 대다수 중국인이 기대한 것과 정반대의 결과를 가져오는 것 같았다.

　중국공산당은 탄생한 이후 대부분 전투 조직으로 활동했다. 1946~1950년 국공 내전 당시 영토를 차지하면서 민간 행정을 어느 정도 경험했지만, 최소한 60개 민족 집단에 인구가 6억이 넘고, 지리적으로 건조하고 추운 북부에서 아열대의 남부로 이어지는 복잡한 사회를 넘겨받을 준비가 턱없이 부족했다. 공산당은 1946년 소련 국경 근처 북부에 있는 하얼빈을 차지할 때까지 도시 행정을 맡은 적이 없었고, 상하이나 우한, 광저우 같은 도시를 깊이 불신했다-한 세대 동안 농촌에 토대를 둔 공산당은 이런 도시에 영향력이 거의 없었다. 일부 당원은 도시의 물리적·도덕적 타락을 혐오한 나머지, 1949년 상하이를 정복했을 때 도시를 없애고 주민을 농촌으로 보내 고된 육체노동을 통해 개혁하려고 했다. 마오쩌둥은 결국 이런 지나친 처사에 반대했다. 대신 도시들을 중국 공산주의의 변혁적 힘을 보여 주는 본보기로 활용하고자 했다.

　　한국전쟁이 끝났을 때 마오쩌둥은 예순 살이었다. 이제 중국에 영향을 미칠 시간이 10여 년 남았다고 예상한 그는 신속히 진보를 이루고 싶었다. 1953년 마오쩌둥은 류사오치劉少奇와 저우언라이 같은 핵심 동료가 지지하는, 소련식의 중앙집권화되고 구조화된 계획 원리를 전면 받아들였고, 소련에서 교육받은 젊은 전문가들이 경제의 일상적 측면을 운영하도록 기꺼이 맡겼다. 군사작전을 짜는 데는 완벽주의자였지만, 평시에 마오쩌둥은 매사를 꼼꼼히 챙기는 사람이 전혀 아니었다. 하지만 젊은 동지들에게 시간이 얼마 없다는 사실을 각인하고 싶었다. 중국은 서방을 따라잡으면서 다른 공산주의 국가의 유용한 동반자가 되어야 했다. 마오쩌둥은 대체로 큰소리로 떠드는 건 삼갔지만, 중국이 공산주의 정당과 국가 사이에서 지도자가 되고 소련의 가장 가까운 동료여야 한다고 느꼈다. 스탈린이 사망한 뒤 마오쩌둥은 공산주의 지도자 가운데 가장 고참이었다. 하지만 그는 중국과 그가 이런 지위를 확보해야 한다고 생각했다. 급속한 사회주의 변혁은 중국이 이 대의에 헌신한다는 것을 보여 주는 최고의 증거가 될 터였다.

중국공산당은 먼저 도시에서 시작해야 했다. 마오쩌둥은 비록 농민을 근간으로 한 군대일지라도, 중국 노동계급이 성숙하면 자신의 당이 프롤레타리아 정당이 될 것임을 추호도 의심한 적이 없었다. 이제 갑자기 공산당은 노동자 사이에서 조직이 거의 없는 도시를 책임지게 되었다. 동유럽과 마찬가지로, 이 노동자 가운데 일부는 전쟁과 내전이 끝나면서 스스로 공장에서 권력을 잡은 상태였다. 공산당은 산업 생산을 회복하는 한편, 공산당이 주도하는 노동조합으로 노동자를 조직하는 이중의 과제에 직면했다. 소련 고문단의 영향을 많이 받아 그들이 선택한 전략은 산업 생산이 재개되는 즉시 노동자에게 물질적 보상을 주겠다고 약속하면서, 당근과 채찍을 결합하는 방식이었다. 모든 산업은 국가 계획을 준수해야 했고, 당은 경영자와 관리자를 임명했다. 소유주가 도망쳤거나 일본이나 장제스와 결탁한 혐의를 받으면, 국가가 공장을 몰수했다. 하지만 인민공화국 초기에는 소유보다 계획이 더 중요했다. 1950년대 말이 되어서야 모든 산업이 국유화되었다.

도시에서 벌인 운동에서 공산당은 도시 중간계급에 속한 많은 젊은이의 열정에 큰 도움을 받았다. 그중 일부는 이미 내전 중에 당에 가입했지만, 대부분은 당원이 아니었고, 이제 애국심과 공산주의 대의에 헌신을 보여 줌으로써 지난날의 무관심을 만회하려고 애를 썼다. 그들은 공중보건이나 위생, 교육을 다루는 활동과 성매매, 마약, 도박 같은 사회적 악덕에 맞서 당이 벌이는 운동에 앞장섰다. 전쟁 중에 당의 기반 지역에서 훈련받은 이들과 함께 이 식자층 젊은이들이 공산당 정부 부처와 기관의 인력이 되었다. 고위 간부들은 숙청이나 체포, 처형을 상징했지만, 젊은 지지자들은 개혁과 재건을 향한 민족주의적 열정과 더불어 공산주의의 낭만을 과시했다.

소련이 원조하지 않았다면, 1950년대 중국은 급속히 구조를 바꿀 수 없었을 것이다. 소련의 중국 원조 계획은 모스크바가 국경 바깥에서 수행한 역대 최대 규모였을 뿐만 아니라, 상대적 기준에서 미국의 유럽 마셜플랜을 포함한 어떤 지역, 어떤 나라가 수행한 비슷한 계획 가운데서도 최대 규모였다. 1946~1960년에 원조 총액이 현재 물가로 250억 달러에 육박했는데, 소련의 연간 국내총생산의 1퍼센트에 약간 미치지 못했다. 하지만 실제 들어간 비용은 이보다 훨씬 높았다. 이 총액에는 기술 이전이나 중국에 파견한 소련 전문가 급여, 소련에 유학한 중국 학생들에게 지급한 생활비 등이 포함되지 않는다. 소련 동맹국이 부담한 약 18퍼센트와 중국이 결국 상환한 15퍼센트를 뺀다 하더라도 그 규모와 범위에서 양국에 대대적인 영향을 미친 원조 계획이다.

소련이 중국공산당을 원조하기로 한 최초의 합의는 중국 내전 당시 이루어지긴 했지만, 실제로 이 계획을 전례 없는 규모로 끌어올린 것은 니키타 흐루쇼프였다. 스탈린이 중국과 더 긴밀한 관계를 맺으려 하지 않은 것은 흐루쇼프가 볼 때 늙은 보스가 점점 광기가 심해지고 있다는 징후였다. 흐루쇼프 자신은 무한한 기회에 주목했다.

인구가 가장 많은 세계 최대의 국가와 동맹을 맺으면, 공산주의의 전 지구적 승리가 가속화할 터였다. 자원과 인적 재능의 측면에서도 협력의 잠재력은 무한했다. 그리고 중국은 그 지도자들과 국민의 자유의지에 따라 공산주의, 즉 소련의 모습으로 변혁할 수 있었다. 흐루쇼프가 퇴짜 놓기에는 너무도 좋은 기회였다.

따라서 소련의 새 지도자가 1954년 첫 해외 방문으로 베이징을 선택한 것은 놀랄 일이 아니다. 촌스럽기로 유명한 마오쩌둥이 공산당이 승리한 뒤 내키지 않는 마음으로 옮긴 중국 수도는 유명한 귀빈을 맞이하기 위해 한껏 단장한 모습이었다. 흐루쇼프가 중국을 첫 번째 행선지로 선택한 것은 마오쩌둥에게 의미심장한 일이었다. 또한 4년 전 스탈린 통치 시절처럼 자기가 소련을 방문하는 게 아니라 소련 지도자가 중국에 오는 것도 중요했다. 훨씬 더 의미심장한 것은 흐루쇼프가 고른 선물이었다. 소련이 중국에 대한 민간 원조와 군사 원조를 둘 다 급격히 늘리기로 약속한 것이다. 중국 제1차 5개년계획으로 진행되는 모든 사업의 3분의 1은 소련이나 동유럽의 원조를 받아 개발하거나 대금을 치를 예정이었다. 또한 흐루쇼프는 양국의 동등한 관계를 확대하는 것도 받아들였다. 중국 국경 지역에서 소련이 누리던 특권을 폐지하고, 스탈린이 고집해서 세운 "합작회사"도 소유권을 중국으로 이전하기로 했다. 흐루쇼프는 심지어 소련의 핵기술을 중국과 공유하겠다는 약속도 했다.

흐루쇼프는 중국에 소련 고문단을 추가로 보내는 데도 동의했다. 1950년대 내내 이 고문단은 중국의 중앙행정과 지역 및 성 정부, 주요 기업 곳곳에서 핵심 역할을 했다. 소련의 젊은 전문가 사이에 중국 체류가 인기가 높아졌다. 그곳에 가면 조건이 좋았다. 그들은 전쟁이나 망명으로 생긴 빈자리를 메워야 하는 중국의 현실적 요구를 채워 주었다. 소련 전문가들은 새로운 중국에서 삶의 모든 측면에 관해 조언했다-젊은이나 여성과 함께 일하는 문제, 소수민족, 법률과 범죄자 수감부터 교육과 기술, 군사훈련에 이르기까지 모든 게 조언의 대상이었다. 전반적으로 양국의 협력은 순조로이 작동했다. 중국인은 소련인을 그들이 되고자 하는 미래의 본보기로 보았다. 교육수준이 높고, 헌신적이며, 유능한 인간형이었다. 물론 문화 충돌이 벌어졌고, 때로 중국인은 소련인이 으스대려 한다고 느끼면서 분노했다. 하지만 전체적으로 중소동맹은 서방의 지배권에 맞서는 만만찮은 냉전의 도전이었다.[2]

소련이 핵심 영향을 미친 분야는 군사 문제였다. 1만 명이 넘는 인민해방군 장교가 소련에서 훈련을 받았고, 붉은군대는 중국에서 무수히 많은 이를 훈련했다. 그 결과 점차 붉은군대를 닮아 가는 현대식 중국군이 탄생하여, 국내에서 같은 목적을 수행하고 어느 정도 비슷한 방식으로 전쟁에서 싸웠다. 이 새로운 인민해방군은 세 가지 주요 목적에 이바지했다. 첫째 인민해방군은 소련의 최신 군사교리로 훈련받고 소련과 동유럽이 기꺼이 제공하는 최고의 무기로 무장한 효과적인 전투부대가 되어야 했다. 둘째 사회주의 신세계에서 봉사할 중국의 젊은 남성들을 교육하기 위한 실험실이 되어야 했다. 셋째 붉은군대가 과거에 소련에서 한 것과 똑같이, 중국의 민간 개발 사업을 개발하는 데 이바지해야 했다.

소련이 영향을 미친 또 다른 주요 분야는 교육 개혁이다. 중국은 소련에서 발전한 교육, 즉 과학과 기술을 강조하는 동시에 문해력, 산술 능력, 정치와 관련한 기초 과목을 폭넓게 갖춘 교육을 모방하려고 했다. 중요한 것은 교육을 5개년계획과 맞추는 것이었다. 정부는 해마다 얼마나 많은 공학자와 화학자, 그 밖의 전문가 집단이 필요한지 목표를 정했다. 이 분야의 지망자들은 정치와 계급, 성적을 기준으로 선발했다. 머리가 좋은 빨갱이여야 했다. 교육부는 매년 공장과 광산에 일하러 보낼 수 있는 인원수를 예측할 수 있어야 한다고 강조했다-1930년대 소련처럼 학생들은 종종 대학 2학년 때부터 장래의 구체적인 업무 배당을 받았다(당국은 학생들에게 앞으로 어떻게 될 것인지 직접 통보할 필요를 거의 느끼지 못했다).

소련은 중국공산당이 도시를 통치하면서 겪는 여러 문제를 알았다. 도시계획에 관해 조언해 주기도 했다. 사회주의 도시는 공산주의 엘리트 집단에게 현대적·계획적·생산적이고 안전해야 했다. 넓은 대로와 거대한 도시 광장은 노동자가 집에서 공장까지 출퇴근하는 것을 편히 해 주었지만, 인민해방군이 반혁명 반란을 진압하려고 도심부에 진입해야 할 때도 쓸모가 있었다. '1935년 모스크바 재건 종합계획(1935 General Plan for the Reconstruction of Moscow)'은 베이징-새로운 국가 수도이자 따라서 공산주의적 계획의 진열장-에 구체적 본보기였다. 어떤 경우에는 소련 고문단이 소스라치게 놀랄 정도였는데, 중국 계획가들이 옛 베이징 지도 위에 모스크바 계획 투시도를 그냥 겹쳐 놓기도 했다. 이전 명나라의 수도는 사회주의 하이모더니즘high modernism*에 길을 내주어야 했다. 도심 자체를 다시 건축하면서 중심부에 거대하게 확장된 중앙 광장을 만들었다(오늘날 톈안먼광장

343

이라고 불린다). 군사 행진을 위한 새로운 대로-다소 역설적이게도 영원한 평화의 대로(창안제長安街)라고 불린다-가 구도시를 양분했다. 베이징 전체에서 매년 100만 채의 옛 주택을 철거하고 200만 채를 신축해야 했다. 도시 주민 대다수는 산업노동자이고, 인구밀도는 모스크바와 똑같게 목표해야 했다(1949년에 산업노동자는 전체 노동력의 불과 4퍼센트였다).*

국가 중심만이 아니라 주변 지역도 소련의 조언에 따라 재건될 것이었다. 소수자 또는 "민족"에 대한 정책은 중국공산당에 특히 중요한 분야였다. 중국공산당은 그들을 집계하고 분류하고, 무엇보다 통제하고자 했다. 특히 관심을 기울인 문제는 이 집단들의 절반 이상이 하나 이상의 나라에서 살았다는 점이었다. 중국의 이익을 파괴할 잠재력이 아주 많아 보였다. 특히 과거에 티베트인, 몽골인, 위구르인, 카자흐인, 기타 집단과 중국공산당의 관계가 언제나 원만하지만은 않았기 때문이다. 중국공산당은 소수집단 문제를 소련에 유리하게 다룬 소련의 경험을 활용하고 싶어 했다. 하지만 양쪽 모두 이 문제는 신중히 다뤄야 했다. 이 소수집단 일부는 중국과 소련의 접경지대에서 살았기 때문이다.

중국공산당이 소수민족 집단을 "재분류"하겠다고 고집한 데다가, 20세기 초 잇따른 전쟁으로 지역과 지방이 전례 없는 자율을 누

---

* 1950~1960년대에 유행한 건축 및 도시계획 사조. 과학과 기술을 통한 진보를 확신했으며, 자연을 인간의 요구에 맞게 개조하고, 역사적 맥락을 무시하고 복잡한 환경을 구획화해서 정리하고자 했다.

린 탓에 1950년대에 예상치 못한 결과를 낳았다. 민족 집계를 할 때 지방 기관은 이따금 마르크스레닌주의 이론의 복잡한 내용을 결합해 주변 집단에 새로운 기회를 주었다. 중국을 56개 민족으로 닥치는 대로 분류했고, 이는 대체로 베이징에서 탁상공론한 소산이었다. 그렇지만 결과적으로 독자적인 기관을 가져 본 적이 없는 일부 집단은 느닷없이 전국인민대표대회(중국의 의회)에 대표를 보낼 수 있는 한 민족으로 격상했다. 공산당은 정치 억압에 중국 국경 안에 있는 누구든 표적으로 삼을 수 있었지만, 독립된 민족으로 인정을 받으면 중화인민공화국 정치 활동의 가장 악랄한 측면들에서, 어느 정도 보호를 받을 수 있었다. 적어도 1966년 문화대혁명이 시작되기 전에는 그랬다.

중국공산당은 농민군을 앞장세워 집권했음에도, 농민 문제를 다루는 것을 서두르지 않았다. 예를 들어 중국공산당은 6년을 끈 끝에 전면적 농업 집단화에 뛰어들었다. 이렇게 신중한 접근을 한 데는 몇 가지 이유가 있었다. 소련은 줄곧 천천히 진행하면서, 소련과 동유럽에서 집단화를 하면서 저지른 오류를 되풀이하지 말라고 조언했다. 중국의 많은 농민 지도자도 회의적인 태도를 취했다. 그들은 농민이 자기 땅을 얻기 위해 혁명에 가담한 사정을 너무도 잘 알았다. 이제 와서 농민에게서 땅을 빼앗는 것은 정치적으로 위험할 수 있었다. 하지만 집단화를 공산주의 국가의 필수 조건으로 여긴 젊은 중국공산당원의 지지를 등에 업은 마오쩌둥의 조바심이 결국 승리를 거뒀다. 1956년까지 중부 지역 토지 대부분이 집단화되어 그곳에서 중국 전체 농업 생산물의 90퍼센트 가까이를 재배했다. 모든 지표로 볼 때 중국의 집단화는 정치적으로나 경제적으로 대성공이었다.

345

마오쩌둥은 겉으로 보이는 집단화의 성공을 숙고하고는 잘못된 교훈을 끌어냈다. 그동안 중국공산당이 대규모 경제 개혁을 실행하는 것을 너무 주저했다는 간단한 결론을 내린 것이다. 주석이 생각할 때, 중국은 지나칠 정도로 꾸물대면서 계획 입안자들과 소련에서 훈련받은 경제학자들의 조언에 너무 주의를 기울였다. 어쩌면 중국공산당과 군대가 전쟁에서 그랬듯이, 더 대담하고 신속히 움직여야 하지 않았을까?[3] 당장은, 적어도 공적 자리에서는 말을 삼갔다. 하지만 1956년 20차 소련공산당대회에서 흐루쇼프가 연설하면서, 과거 소련의 교조주의를 비판하고 모든 공산주의 국가는 사회주의로 나아가는 고유한 길을 찾아야 한다고 역설하자, 주석은 점점 더 공공연히 중국의 독특한 위치를 공고히 하고 사회적·경제적 변혁을 가속화해야 한다고 강조했다.

1956년 가을 폴란드와 헝가리에서 벌어진 위기는 마오쩌둥을 움직였다. 마오쩌둥과 많은 보좌관은 동유럽의 노동자들이 반란을 일으킨 이유가 공산당이 지방의 상황에 관심을 기울이지 않았기 때문이라고 생각했다. 또한 동유럽 공산당들은 노동자의 지지를 끌어낼 수 있는 선진적 형태의 사회주의를 제공하는 데 너무 더디고 미적지근했다. 다시 말해, 헝가리에 대한 답은 사회주의를 완화하는 게 아니라 강화하는 것이었다. 특히 중국공산당 지도부는 중국 자체가 동유럽에서 벌어진 사태와 같은 소요에 취약할 수 있다고 우려했기 때문이다. 중국 노동자들은 특히 자기들에게 주어진 운명에 만족하지 않았고, 헝가리 혁명 직후에 하루가 멀다 하고 파업 보고가 들어왔다. 이런 시위 가운데 "일부는 당원들과 중국 공산주의 청년단원들이 이

끌고 있다"라고 당 중앙은 언급했다. "노동조합 ⋯ 의장들이 일부 파업에 참여했다. 어떤 파업은 ⋯ 반혁명 분자들이 선동했다. 많은 경우에 대중이 살기등등하게 항의하는 가운데 심지어 일부 행정 지도자들도 소리를 지른다. '[우리는] 끝까지 싸워야 합니다.'"[4]

마오쩌둥이 처음 보인 반응은 당의 관행에 비판의 포문을 열면서 "온갖 꽃이 만발하게 하라(百花齊放)"는 것이었다. 1957년 봄 격렬한 몇 주 동안, 지위고하를 막론하고 모든 계급의 중국인이 자기 의견을 말하는 것이 허용되었다-어떤 때는 장려되기도 했다. 그 후 자신들을 겨냥한 집중포화를 우려한 당 지도자들은 이 방침을 철회하고 감히 앞에 나선 이들을 응징하는 "반우파"운동을 개시했다. "백화" 비판은 세 가지 주요 부류로 나타났다. 어떤 이는 당이 너무 관료적이고 교조적이라고 느꼈다. 다른 이는 중국에 기본적인 정치 자유가 부족하다고 공격했다. 그리고 세 번째는 당이 충분히 민족주의적이지 않다고 주장했다. 중국공산당이 소련의 이익을 중국의 이익보다 우선시한다는 것이었다. 이제 대담한 비판자들이 노동수용소로 끌려가거나 더 나쁜 상황으로 내몰리는 가운데, 마오쩌둥 주석은 선진 사회주의로 나아가는 신속한 조치를 준비했다. 이렇게 사회주의를 발전하게 해야만 전시에 공산당이 누린 대중의 열정을 회복할 수 있다고 기대했기 때문이다.

마오쩌둥이 이름 붙인 대약진운동은 결국 역사에서 가장 치명적인 공산주의 운동이 되지만, 처음에는 산업 생산을 증대하기 위한 충격 요법이었다. 마오쩌둥의 우려는 중국이 선진국을 충분히 **빠르게** 따라잡지 못한다는 것이었다. 제1차 5개년계획은 꾸준히 진전을

347

이루었지만, 이 정도로 충분하지 않다는 게 마오쩌둥의 판단이었다. 중국은 중국의 힘과 자주성에 의지하면 더 잘할 수 있었다. 마오쩌둥처럼 어리석지 않아야 했던 다른 지도자들-류사오치 국가주석 저우언라이 총리, 당 기구 총서기 덩샤오핑-도 점점 무모해지는 발전 계획에 휩쓸렸다. 마오쩌둥이 중국을 공산주의로 도약하게 할 수 있다고 약속한 계획이었다.

대약진운동은 인간 의지의 힘에 몰두한 마오쩌둥의 견해를 기반으로 삼은 시도였다. 마르크스주의적 의미에서 결코 제대로 된 유물론자가 아니었던 마오쩌둥은 언제나 모든 진보는 사회주의 변혁을 수행하는 사람들의 의지와 능력에 달려 있다고 믿었다. 만약 그런 계획이 충분히 성공하지 못한다면, 그것은 인간의 완전한 잠재력을 아직 결집하지 못한 탓이었다. 마오쩌둥은 중국이 농업 부문의 급속한 발전을 인력 사용을 통한 산업 생산량의 대대적 증대와 결합할 수 있다고 선포했다. "중국은 전에 예측한 것보다 이른 기간 안에 산업 및 농업 생산에서 선진 자본주의 나라를 따라잡을 수 있어야 한다." 1958년 봄에 마오쩌둥이 설명했다. "중국은 10년 안에 영국을 따라잡고, 다음 10년 안에 미국을 따라잡을 수 있다."[5]

대약진운동의 핵심 단위는 1958년 여름 중국 각지에 세워진 인민공사人民公社였다. 지난 몇 해 동안 시행된 계획 방법이 폐기되었고, 새로운 인민공사들에 비현실적이기 짝이 없는 생산 목표가 부여되었다. 국가의 철강 생산을 1년 안에 2배 늘리는 것으로 정해졌고, 농촌의 인민공사들도 철강 생산량 목표에 이바지해야 했다. 때로는 자포자기하는 심정으로 농기구를 녹여서 목표치를 채우기도 했다.

수많은 농민이 파종기와 추수기에 들에서 끌려 나와 허술히 계획된 건축이나 관개 사업에 동원되었다. 소련의 처녀지 활동에 고무된 중국공산당은 이따금 농민에게 자기 논밭을 떠나 생존수단이 전혀 없는 새로운 지역으로 이주하라고 강요했다. 인민공사 내부에서 규율과 집단주의는 극단에 치달았다. 부모가 오로지 생산에만 전념할 수 있게 어린이들을 별도의 기숙사에 수용하기도 했다.

1958년 겨울, 많은 사람이 마오쩌둥의 새로운 계획으로 뼈 빠지게 일하면서도 굶주렸다. 1959년 봄 농민이 굶어 죽었다. 악몽이 누그러지는 1961년까지 최소한 4000만 명이 사망했는데, 대부분 과로와 식량 부족이 결합된 결과였다. 목격자들의 증언이 이 모든 사실을 묘사했다. 원래 부유한 허난성의 도시 신양信陽에서 얼어붙은 주검이 길가와 들판에 널려 있었다. 그중 일부는 사지가 잘린 상태였다. 살아남은 지역민은 개들의 소행으로 돌렸다. 하지만 개를 비롯한 온갖 짐승은 이미 사람들이 먹어 치운 뒤였다. 사람들이 살아남기 위해 동족의 살을 뜯어먹은 것이다.[6]

마오쩌둥은 물러서려 하지 않았다. 정직한 당원들이 재난 사태를 보고하자 마오쩌둥은 그들을 숙청했다. 그중 하나인 한국전쟁의 영웅 펑더화이 원수는 1959년 여름에 목소리를 높였다. 소련 고문단 일부는 처음에 대약진운동이 성공하리라 믿었지만, 금세 그 결과에 대해 목소리를 낮춰 경고했다. 마오쩌둥은 그들의 조언을 무시하며 말했다. "소련은 41년 동안 사회주의를 건설했으며, 12년 안에 사회주의로 이행할 수 없었습니다. 지금 우리한테 뒤처지니까 공황 상태에 빠진 거요."[7] 1959년 제21차 소련공산당대회에서 흐루쇼프는 이렇게 경고했다. "사회주의적 발전을 경험하지 않은 채 사회가 자본주의에서 공산주의로 건너뛸 수는 없습니다. … 평등주의는 공산주의로 이행하는 것을 의미하지 않습니다. 오히려 공산주의의 명성에 해만 끼칠 뿐입니다."[8]

마오쩌둥의 중국이 급속한 발전과 정치적 강직을 추구하며 왼쪽으로 움직이는 가운데, 대외정책 문제들도 중소 관계에 해를 끼쳤다. 동맹이 최고조에 이른 동안 소련과 중국은 국제무대에서 긴밀히 협력한 바 있었다. 1954년 양국은 베트남공산당에 제네바회의에서 합의한 내용을 받아들이라고 종용했다. 1955년 중국은 아시아·아프리카회의(반둥회의)에서 공산주의 진영의 대변인 노릇을 했다. 1956년에 양국은 헝가리 침공에 합의했을 뿐만 아니라, 북한 김일성이 당내에서 숙청을 진행하자 공동으로 응징하기도 했다. 하지만 마오쩌둥이 점점 반미의 어조를 높이고 전쟁을 피할 수 없다고 역설하자, 소련은 짜증을 냈다. 소련은 서방을 향한 그들의 매력을 공세하는 데 중국이 보조를 맞추지 않는다고 걱정했다.

모스크바가 우려한 핵심 이유는 중국이 소비에트권에 군사적·경제적으로 통합되기를 계속 거부했기 때문이다. 1958년까지 이런 통합을 촉구한 것은 바로 중국이었고, 소련은 이를 저지하는 상황이었다. 중국의 거대한 인구가 소련과 동유럽 경제에 부담으로 작용할 것을 두려워한 탓도 있었다. 하지만 1958년 여름 소련 국방부가 소련이 중국에서 운용하는 조기경보 체계와 해상 통신용 송신기 등 비교적 일상적인 군사 조정을 몇 가지 제안했을 때, 마오쩌둥은 격분했다. "잠도 못자고 저녁도 먹지 못했소이다." 깜짝 놀란 소련대사 파벨 유딘Pavel Yudin에게 마오쩌둥이 말했다.

> 당신네는 중국인을 믿지 않는군요! 그저 러시아인만 믿지요! [당신들에게] 러시아인은 일등 [민족]이지만, 중국인은 멍청하고 부주의한 열등 민족이겠지요. … 그래요, 당신네가 공동 소유와 운용을 원한다면, 전부 다 가져가는 게 어때요-우리 육군, 해군, 공군, 산업, 농업, 문화, 교육을 전부 공동으로 소유하고 운영합시다. 이렇게 할 수 있습니까? 아니면 해안선 길이가 1만 킬로미터가 넘는 중국을 당신네가 전부 가지고 우리는 유격대나 하나 유지하게 하시죠. 당신네는 원자폭탄 몇 발 갖고 우리를 통제하는 지위에 있다고 생각하는 거지요.[9]

소련은 당연히 마오쩌둥의 불평에 몸서리를 쳤다. 동료들의 조언을 무릅쓰고 흐루쇼프는 베이징으로 달려가서 격분한 혁명 동료를 달랬다. 마오쩌둥은 소련 지도자에게 미 제국주의의 무력함을 일장 연설했지만, 구체적으로 논의할 생각은 없었다. 흐루쇼프는 위기를 봉쇄했다고 확신하며 모스크바로 돌아왔지만, 그가 베이징을 떠나고 불과 2주 뒤에 중화인민공화국이 국민당이 지배하는 앞바다 섬들[진먼다오(金門島)]에 포격을 가한 것을 알았다. 미국에 도발하려는 시도였다. 마오쩌둥이 타이완을 "해방하려는" 의지를 넌지시 비춘 적이 있기는 했지만, 흐루쇼프가 방문했을 때 중국은 군사행동을 논의하지 않았다. 도발에 나선 목적은 소련과 미국에 중국이 독자 행동할 역량이 있음을 경고하기 위한 것으로 보인다. 흐루쇼프는 다시 공개적으로 중국의 편을 들었지만, 마음속으로는 격분했다. 마오쩌둥은

351

몇 달 뒤 돌연 진먼다오를 둘러싼 대결을 중단했다. 그러면서 중화인민공화국은 앞으로 국민당이 점유한 영토에 이틀에 한 번씩만 포격하겠다고 젠체하며 선언했다. 장제스의 병사들이 가끔 밖에 나와 햇빛과 신선한 공기를 쐴 수 있게 해 주겠다는 것이었다. 모스크바에서 몇몇 인사는 중국 주석의 정신 안정에 의문을 던졌다.

적어도 외부에서 볼 때 중소동맹이 아직 작동하는 것처럼 보이긴 했지만, 다른 위기들이 잇따랐다. 중국에서 마오쩌둥은 대약진운동의 좋지 못한 결과를 처리해야 해서 대외문제에 많은 시간을 내기 어려웠다. 하지만 1959년 여름부터 줄곧 주석은 마음속으로 골치 아픈 국내 문제를 소련 문제와 연결했다. 대약진 정책에 문제를 제기하는 중국인은 소련식 발전 경로를 지나치게 고집하는 탓이라는 게 마오쩌둥의 판단이었다. 만약 그들이 소련 방식으로 돌아가는 데 성공하면 자기가 이룬 혁명을 파괴할 수도 있었다. 따라서 마오쩌둥은 최측근들에게 소련을 비판하면서 대약진운동에 의구심을 표하는 이들을 겨냥하며 언급했다. "소련을 건설할 때, 산업 발전 속도가 매우 빨랐습니다. 나중에 … 속도가 줄어들었지요. 소련 계획가들은 발전 속도를 계속 늦췄습니다. 이는 그들의 우편향적 사고를 보여 줍니다."[10]

만약 소련인이 "우편향주의자"라면, 동맹이 문제에 봉착한 게 분명했다. 동료 마르크스주의자에 가할 수 있는 가장 심각한 비난이었다. 마오쩌둥은 같은 식의 비난을 계속 퍼부었다. 1959년 흐루쇼프가 많은 준비 끝에 소련 지도자로서 역사 최초로 미국을 방문했을 때, 중국 언론은 대체로 무시하는 한편 반미 선전 공세를 가속화했다. 설상가상으로 베이징은 그 무렵에 인도와 잇따라 국경 분쟁에 휘말리면서 아시아와 워싱턴 양쪽이 공격할 빌미를 만들었다. 아마 델리 당국도 베이징만큼이나 국경 충돌을 일으킨 비난을 받아야 했겠지만, 흐루쇼프는 시기와 표적에 모두 열을 냈다. 소련은 네루와 인도 비동맹 세력의 환심을 사려고 오랜 시간과 많은 루블을 들인 터였다. 그런데 이제 모스크바의 중국 동맹자들이 이 모든 노력을 내팽개치려 했다.

무척 미련한 처사였으나, 흐루쇼프는 다시 직접 베이징으로 가서 상황을 바로잡겠다고 고집했다. 1959년 10월 방문은 심각한 역효과를 냈다. 지난번에 방문했을 때, 마오쩌둥은 흐루쇼프에게 모욕을 안기려고 했었다. 신중히 고른 치욕 가운데 하나로 주석은 소련 지도자가 수영할 줄 모른다는 걸 잘 알면서도 그를 수영장으로 유도했다. 이번에는 말로 모욕을 가했다. 중국 지도부 전체와 회동한 자리에서 모든 지도자가(물론 마오쩌둥 본인은 빼고) 번갈아 가며 흐루쇼프를 모욕했다. 외무장관 천이陳毅는 그를 임기나 채우는 기회주의자라 부르면서 인도를 지지하기 때문에 그 또한 부르주아라고 쏘아붙였다. 흐루쇼프도 지지 않고 맞받아쳤다. "까마득히 높은 원수 계급장을 달고 나한테 침을 뱉으면 안 됩니다." 중국 내전에서 공을 세운 10명의 원수 가운데 한 명인 천이에게 씩씩대며 말했다. "당신 침이 남아나지 않겠군요! 우리는 굴하지 않습니다! 참으로 멋진 상황이군요. 한편으로 당신네는 [여전히] 소련이 이끄는 [공산주의 진영이라는] 공식을 사용하지요. 다른 한편으로 내게 한마디 할 기회도 주지 않으면서요!"[11] 회담은 험악한 분위기 속에 끝났다.

1959년 말에 마오쩌둥은 중소동맹을 끝내야 한다는 결론에 다다랐다. 소련의 "수정주의는 … 오래 (10년 넘게) 지속될" 수 없다고 기록했다. "우리는 친구들[소련]의 오류에 맞섰다. … [그러나 이제] 우리 친구들은 제국주의자들, 반혁명분자들, 티토 수정주의자들과 함께 반중국 합창단을 조직했다." 하지만 고립된 가운데서도 "중국은 8년 안에 산업 체계의 초기 위축 상태를 끝낼 것이다. … 중국의 국기는 밝은 홍색이다."[12] 1960년 봄에 열린 국제 공산주의 회합에서 중국인은 소련을 공공연히 공격했다. 그해 여름 흐루쇼프의 인내심은 완전히 바닥이 났다. 돌연 중국에 있던 소련 고문단을 대부분 철수했다. 마오쩌둥은 불만을 공개적으로 표출했지만, 사석에서는 상대의 경솔한 행동을 오히려 환영했다. 이로써 중국에서 소련의 영향력이 사라지는 한편, 국민에게 중국공산당 건설의 토대가 된 원리인 중소 협력이 왜 붕괴했는지를 설명할 수 있었기 때문이다.

1960년대 초 소련이나 중국, 다른 어떤 나라도 중소동맹이 얼마나 철저히 끝나고 있는지를 쉽게 파악할 수 없었다. 대다수 사람-마오쩌둥 본인과 젊은 추종자 일부를 제외하고-은 이를 일시적인 다툼이라고 생각했다. 양쪽 다 기본적으로 마르크스주의자였고, 따라서 다시 손을 잡을 것으로 여겨졌다. 일부 협력은 한동안 계속되었다. 1961년 대약진운동이 낳은 재앙의 전모가 분명히 드러나자, 소련은 식량을 원조했다. 군사 및 정보 협력은 적어도 1963년까지 이어졌다. 하지만 흐루쇼프는 이제 정이 떨어졌고 중국인에게 손을 내밀기가 어렵다고 판단했다. 마오쩌둥은 그 나름대로 중국의 새로운 고립 상태를 즐겼다. 대약진운동 직후 잠시 주저한 뒤, 그는 이제 다시 당의 이데올로기적 의제를 정하고 당을 왼쪽으로 더 밀어붙이겠다고 선언했다. 전에도 자주 그랬듯이, 마오쩌둥은 시로써 어디로 가고자 하는지를 잘 보여 주었다.

> 오직 영웅이 있어 호랑이와 표범을 쫓고
> 호걸은 곰을 무서워하지 않는다.
> 매화는 하늘 가득한 눈발을 반기나니,
> 얼어 죽은 파리 신기할 것도 없네.[13]

민족주의는 마오쩌둥의 계획에 도움이 되었다. 마오쩌둥식 민족주의는 다른 모든 나라가 실패한 일에서 중국은 성공한다는 것이었다. 중국인이 무엇보다 듣고 싶어 한 말이다. 한 세대 가까이 마오쩌둥과 함께 일한 이들조차 소련과 단절한 것이 중국을 재앙으로 이끌 것임을 이해하지 못했다. 하물며 이로써 그들의 운명이 봉인되리라는 것도 알지 못했다. 주석 영웅 숭배가 대중적으로 격렬히 벌어졌다. 마오쩌둥은 1950년대식의 안전한 경제계획으로 복귀를 원한다고 의심을 사는 류사오치나 덩샤오핑 같은 지도자를, 소련 비판의 선봉에 세울 만큼 현명했다. 이 지도자들은 온건과 점진주의, 전통적인 마르크스주의 경제학을 공개 비판함으로써 몇 명은 말 그대로 스스로 무덤을 팠고, 중국은 1960년대에 또다시 내부 대살육전에 빠져들었다.

그 사이 중국의 대외정책은 허우적거렸다. 마오쩌둥은 중국이 제3세계를 이끈다고 떠들었지만, 현실의 제3세계는 중국을 점점 불신했다. 특히 중국이 끊임없이 다른 나라에 이래라 저래라 간섭하려

들었기 때문이다. 베이징은 소수파 공산당을 지지하면서 대체로 소련의 지원을 받는 "공식" 공산당 및 민족주의 정권과 무력 충돌하기도 했는데, 이런 태도 또한 도움이 되지 않았다. 그렇다 하더라도 중국의 제3세계 전략은 처음에 분명 어느 정도 이득이 되었다. 베트남과 북한, 쿠바의 공산주의 정권은 주권과 국가 발전에 대한 중국의 강조가 모스크바에서 받은 강연보다 잘 맞는다고 느꼈고, 따라서 한동안 베이징의 관점에 더 가까웠다. 대약진운동 이후 중국이 감당하기 어려운데도 마오쩌둥은 소련과 경쟁하기 위해 원조를 제공해야 한다고 고집을 부려, 정중한 총리 저우언라이는 아프리카를 방문하여 원조했다. 하지만 1965년에 중국과 거의 모든 제3세계의 연계가 나빠진 상태였다. 중국과 협력하려면 소련과 관계를 완전히 단절해야 한다는 마오쩌둥의 고집을 다른 지도자는 받아들이기 어려웠다. 그리고 중국의 견해를 채택하지 않는 이들은 누구나 곧바로 "오만하기 짝이 없고 기만적"이라는 베이징의 평을 들었다. 1965년 알제리의 급진적 지도자 아흐마드 빈 벨라Ahmed Ben Bella가 그랬다.[14]

하지만 중국과 제3세계의 관계에서 진짜 재앙은 1962년 인도와 벌인 국경 전쟁이다. 오래전부터 이어진 충돌이었다. 중국과 인도는 1940년대 말에 양국이 재구성되고 한동안 협력했지만, 10년 뒤 적대감에 사로잡혔다. 원인은 여러 가지였다. 중국은 네루 정부가 티베트 민족주의자에게 동조한다고 어느 정도 정당한 의심을 품었다. 인도는 중국이 히말라야산맥을 장악하면 뉴델리가 전략적으로 위험할 정도로 불리해진다고 우려했다. 하지만 가장 기본 문제는 중국공산당이 네루의 인도 국가를 단지 식민적 구성물로, 즉 실질적인 한 나라에 미달하는 존재로 보았다는 것이다. 네루는 중국식 혁명을 인도 발전을 향한 자기의 소망뿐만 아니라 아시아 전체의 안보에도 위협이라고 여겼다. 1959년 저우언라이는 흐루쇼프에게 이렇게 말했다. "인도인은 40년 동안 대규모 반중국 선전을 수행했습니다."[15]

1962년 10월 인도군 산악 순찰대가 히말라야산맥의 분쟁 지역에 진입하면서 전쟁이 발발했다. 중국 군인이 그들을 밀어내려 하면서 양쪽이 사격을 개시했다. 처음에는 인도군이 공세를 폈지만, 인민해방군이 대규모 증원군을 보내 인도군을 밀어냈다. 전투가 끝났을 때 인도는 완패했고, 중국은 분쟁 지역을 차지했다. 전쟁은 아시아 전체에 충격을 주었는데, 특히 인도가 주요 회원국으로 최근 결성된 비동맹운동(Non-Aligned Movement) 회원국이 깜짝 놀랐다. 하지만 전쟁의 주된 결과로 중국은 한층 고립되었다. 호전적 언사 때문에 공격적인 집단으로 여겨진 탓이 컸다.

점점 외부와 차단되고 한 사람의 변덕에 휘둘린 중국은 문화대혁명으로 깊숙이 빠져들었다. 처음에 마오쩌둥은 대약진운동 이후 상황을 안정화하려 한 이들 및 소련과 전면적으로 단절해야 할 필요를 이해하지 못하는 이들에게 달려들었다. "국내와 국외 수정주의 사이에 연계가 있다"는 게 그의 판단이었다.[16] 1962년 마오쩌둥은 중국 국가주석 류사오치가 수정주의의 길에 들어섰다고 맹공을 퍼부었다. 중국이 동시에 너무 많은 적을 두어서는 안 된다고 과감히 발언한 노련한 외교관 왕자샹王稼祥을 "편향된 우파"라고 일컬었다.[17] 하지만 마오쩌둥이 이제 사라졌다고 판단한 혁명 정신을 어떻게 다시 일깨워야 할지 알지 못했다. 1963~1964년 마오쩌둥 주석*은 때를 기다렸다. 개인 독재를 강화하는 데 집중하는 한편, 과학과 기술에서 중국이 이룬 진보의 보상을 거둬들였다. 대부분 소련이 원조한 결과로 이루어진 진보였다. 주요 돌파구는 1964년 시행한 중국의 첫 번째 핵실험이었다. 중국에 핵무기가 없을 때 핵무기를 "종이호랑이"라고 조롱한 인물이 이제 다른 나라가 중국을 두려워할수록 안전함을 느낀다고 동료들에게 실토했다.

1965년 마오쩌둥은 처음에 묵은 원한을 갚는 데 관심을 돌렸다. 앞서 1959년에 한 역사학자이자 극작가는 대약진운동 당시 의로운 관리가 박해받고, 아첨꾼이 출세 가도를 달렸다는 풍자극-현실을 꽤 정확히 묘사했다-을 쓴 바 있었다.** 6년 뒤 마오쩌둥은 완고한 상관인 베이징 시장 펑전彭眞과 함께 그를 처벌하고자 했다. 노년의 강경파 혁명가 펑전은 저항했다. 이에 격분한 마오쩌둥은 중국의 지식인 사회를 "바로잡"고 수도에서 "편향주의자"를 소탕하기로 했다. 1965년 11월 마오쩌둥은 베이징을 떠나 나라 곳곳을 돌았는데, 한곳에서 오래 머무르는 법이 없었다. 9개월 동안 수도로 돌아오지 않을 셈이었다. 주요 체재지 항저우에 머무르는 동안 마오쩌둥은 현지 인민에게 강연했다. "현실과 점진적으로 접촉하고, 농촌에서 한동안 살면서 조금 배워야 합니다. … 두꺼운 책은 전혀 읽을 필요가 없어요. 얇

---

* 1959~1968년에 류사오치가 마오쩌둥의 뒤를 이어 국가주석을 맡았으나, 마오쩌둥은 여전히 당 주석이었고, 계속해서 주석이라고 불렸다.

** 우한吳晗이 쓴 역사 경극 〈해서가 관직에서 물러나다(海瑞罷官)〉를 가리킨다.

은 책을 읽으면서 전반적인 지식을 조금 얻는 걸로 충분합니다."[18]

마오쩌둥이 베이징을 벗어나자 그의 부하들은 마오쩌둥이 무슨 꿍꿍이인지 알아내려고 백방으로 노력했다. 펑전은 해임되었고, 공산당 여러 당 기구와 인민해방군 총참모부의 수장들도 해임되었다. 마오쩌둥의 부인 쟝칭江青과 마오쩌둥의 수많은 젊은 동료가 정책을 결정하는 데 점점 더 영향을 미쳤다. 영리하지만 내전 시절부터 정신적으로 불안정했던 전략가 린뱌오는 대약진운동 시기에 국방장관에 임명되었다. 1966년에는 마오쩌둥 바로 다음의 2인자(부주석)가 되었다. 똘똘 뭉친 새 지도부는 오래된 당 기관들을 공격했다. "당과 정부, 군대와 다양한 문화 영역에 몰래 기어든 부르주아지 대표자들은 반혁명적 수정주의자 무리다. 조건이 무르익기만 하면 그들은 정치권력을 장악하고 프롤레타리아독재를 부르주아 독재로 뒤집을 것이다. 우리는 그중 일부를 이미 간파했지만 나머지는 찾아내지 못했다. 일부는 여전히 우리의 신뢰를 받으면서 우리의 후계자로, 예를 들어 흐루쇼프 같은 인물로 훈련받으면서 여전히 우리 옆에 똬리를 틀고 있다."[19]

전후 스탈린의 숙청과 비슷한 이야기였다. 하지만 마오쩌둥은 한발 더 나아가고자 했다. 1966년 7월 마오쩌둥이 양쯔강에서 수영하는 사진이 찍혔다. 아마 72세의 나이임에도 아직 건강하고 탄탄하다는 걸 보여 주려는 의도였을 것이다. 그 후 베이징으로 돌아왔다. 학생들이 새로운 지시를 읽고 반혁명분자로 의심되는 교사를 공격할 수 있게 각급 학교가 문을 닫았다. 마오쩌둥은 의기양양하게 귀환했다.

마오쩌둥은 학생들과 만나는 자리에서 "사령부를 포격"하고 홍위병을 결성해서 혁명을 수호하라고 지시했다. 자본주의의 길을 따르는 이들이 권력을 틀어쥐려고 계획하고 있다는 것이었다. 하지만 주석이 내린 가장 인상적인 교시는 이 적들을 어디에서 찾아야 하는지였다. 그들은 당 내부에 있다고 마오쩌둥은 주장했다. 1966년 가을에 이르러 마오쩌둥이 꼭 집어낸 당 고위 지도자들이 자택에 몰려온 젊은 홍위병들에게 습격당했다. 류사오치 국가주석은 거리를 끌려다니면서 공개 모욕을 당했다. 덩샤오핑은 그나마 운이 좋았다. 독방에 구금됐다가 남부로 보내져서 트랙터 공장에서 육체노동자로 일했다. 이 과정 내내 경찰과 군은 수수방관했고, 혼돈이 거리를 지배했다.

류사오치 주석의 부인 왕광메이王光美는 혼돈이 정점으로 치달았을 때 홍위병에게 납치되어 고문을 당했다. 홍위병은 "인도네시아에서 입었던 그 옷을 입으라"라고 소리쳤다.

왕: 그때는 여름이었어요. …

심문자: 이런 쓰레기 같으니! 여름이든 겨울이든 봄이든 그런 부르주아 옷이 뭐가 좋은지 우리가 알 게 뭐람. … 10분을 주겠어. … 류사오치가 추락해 버린 건 어떻게 생각하나?

왕: 잘된 일이에요. 이렇게 해서 중국은 수정주의를 막을 수 있어요. … 잠깐만요. … (홍위병이 왕광메이를 잡아 일으키고 치파오를 던진다.)

[홍위병이] 한목소리로 [마오쩌둥의 문구를] 읽는다: 혁명은 만찬이나 수필 쓰기, 그림 그리기나 자수 놓기가 아니다. …

왕: 당신들의 말은 마오쩌둥 주석의 교시에 어긋난 거예요. … (홍위

병이 왕광메이의 말을 가로막고 실크스타킹과 하이힐, 특제 목걸이를 착용하라고 강요한다. 누군가 사진을 찍는다. …)

심문자: 당신은 인도네시아에서 그 치파오를 입고 수카르노와 놀아나서 중국 인민에게 치욕을 안겼어. … 당신 같은 반동 부르주아 분자를 다룰 때는 강압이 필요하지. …

[홍위병이] 한목소리로 [마오쩌둥의 문구를] 읽는다: 반동은 모두 똑같다. 후려치지 않으면 쓰러지지 않는다.[20]

마오쩌둥이 무산계급 문화대혁명이라는 이름으로 밀어붙인 숙청 계획은 낡은 당 지도부를 제거하고, 청년에게 직접 혁명을 일으키자고 호소함으로써 변화 과정을 심화했다. 그는 중국과 중국인을 근본적으로 개조하고자 했다. 그가 추구한 이상은 가족, 종교, 낡은 문화에서 자유로운 새로운 남녀 인간형이었다. 오직 이런 강건한 사람만이 중국의 변혁을 완수할 수 있다고 마오쩌둥은 주장했다. 그는 30년 동안 이끈 당을 격렬히 비난했다. 자기와 나라의 앞길을 막고 있다는 것이었다. 이제 시간이 바닥나고 있었다. 마오쩌둥은 젊은 시절에 시작한 과업을 완수해야 한다고 느꼈다.

문화대혁명은 중국 사회의 위에서 보느냐, 아래에서 보느냐에 따라 다른 모습이었다. 위에서 보면 동유럽이나 소련에서 벌어진 것과 같은 숙청이었다. 지도자들이 권력에서 제거되고, 의식을 통해 모욕을 받았으며, 살해되거나 추방당했다. 하지만 아래에서 보면 긴장이 풀리는 사육제, 즉 수십 년에 걸친 격렬한 변화 끝에 개인적 원한과 열망을 풀어내는 살풀이 판이 되었다. 어떤 이는 권력과 권위주의

361

에 맞서 반란을 일으켰는데, 무엇보다도 절대 권위를 갖는 마오쩌둥의 통치를 지지함으로써 반란을 일으킨다는 사실을 대부분 망각했다. 다른 이는 그저 이웃이나 동료 학생, 직장 동료에게 혐오를 드러내고 행동으로 옮길 수 있었다. 파벌과 파벌주의가 넘쳐났다. 예를 들면 1967년 여름 우한에서 두 홍위병 집단은 권력을 놓고 서로 싸웠다. 처음에는 구호로써 싸우다가 이내 주먹과 칼을 휘둘렀고, 결국 군 병영과 무기고에서 약탈한 기관총과 122밀리 곡사포도 동원했다.

문화대혁명에서 마오쩌둥이 의도한 것 가운데 하나는 젊은 층과 노인층을 대결하게 한 것이다. 전통적으로 노인을 공경하는 나라에서 마오쩌둥이 생각하는 "신중국"을 완성하려면, 노인들의 사회 장악력을 깨뜨려야 했다. 때로 12살이나 13살 정도로 어린 홍위병이 부모나 조부모를 신고하도록 조장했다. 때로는 그렇게 규탄을 받은 나이가 든 가족 구성원은 체포되거나 몰매를 맞거나 노동수용소로 보내졌다. 내가 아는 베이징의 한 가족은 막내아들이 아버지와 할아버지를 신고해 홍위병에게 잡혔다. 당시 14살이던 소년은 공개 모욕과 고문 현장에 참가했다. 할아버지는 결국 사망했다. 중국 곳곳에서 이런 양상이 100만 번 되풀이되었다. "맞서 투쟁한" 이들은 대부분 살아남았지만, 당연히 정상적인 가정생활은 살아남지 못했다.

소수민족은 문화대혁명에서 가장 큰 타격을 입은 집단에 속했다. 중국이 지배하는 내몽골에서 중국 홍위병은 "내몽골 인민당" 당원들을 쥐 잡듯 사냥해 최소 2만 명이 살해되었다. 아예 존재한 적도 없는 듯한 이 유령 정당은 홍위병 지도자 암살을 전문으로 벌이는 분리주의 반혁명 조직으로 지목되었다. 티베트에서 공산당의 잔학행위는 훨씬 더 심했다. 티베트 불교 승려가 몰매를 맞거나 살해되었다. 예로부터 전해 내려오는 예술 작품이 불길에 던져졌다. 헬리콥터를 타고 날아온 홍위병은 절과 승원을 다이너마이트로 폭파하거나 유도탄을 쏘아댔다. 티베트인 집단이 반격에 나서면서 지역 곳곳이 수년간 내전 상태였다. 남부의 광시좡족자치구에서 좡족(과 일부 중국인도)이 연출된 식인 행사에서 반혁명분자로 여긴 적들을 먹어 치웠다.[21]

충분히 예상되듯이, 문화대혁명 시기에 중국이 혼돈에 빠져들면서 대외정책도 어지러워졌다. 마오쩌둥은 외교관과 대외문제 전문가들이 그의 혁명을 배신한 최악의 죄인들이라고 믿었다. 모든 대사가 정치적 재교육을 받기 위해 베이징으로 소환되었고, 대부분은 다시 근무지로 돌아가지 못했다. 그 대신 젊은 외교관과 다른 공무원이 외무부를 장악했는데, 그중에는 홍위병 부대를 만들어 정치 학습 모임을 진행하면서 고위 지도자들에 맞서 "투쟁"을 벌인 전직 경비원도 있었다. 중국 외무장관 천이는 대규모 군중 앞에서 격렬한 비난을 받았다. 베이징 주재 영국대사관은 습격을 받아 불에 탔고, 소련과 동유럽 대사관을 포위한 홍위병 수천 명은 밤이고 낮이고 확성기로 반수정주의 구호를 외쳤다. 중국의 가장 가까운 동맹국인 북베트남과 북한도 잔뜩 혼돈에 빠졌다. 양국은 자국에서 문화대혁명을 지지하는 행진을 조직한 중국 고문관들을 즉시 체포해서 중국으로 돌려보냈다. 특히 평양에서 중국인 유학생들이 마오쩌둥의 저작을 김일성이 충분히 학습하지 않는다고 비판한 터무니없는 사건을 벌이자, 북한이 폭발했다. "우리 인민은 중국인의 교만한 행동에 분노한다. 중국인은 … 발작적인 환자처럼 행동한다. … 그들은 조선민주주의인

363

민공화국의 이익을 손상하는 범죄 행동을 저지른 책임을 피할 수 없다."[22]

　중국과 소련의 정치 관계가 악화함에 따라 긴 국경에서 긴장이 고조되었다. 이미 1962년에 중국의 카자흐인이 대약진운동의 여파를 피하려고 소련 카자흐스탄으로 탈출을 시도하면서 국경경비대끼리 충돌이 벌어진 바 있었다. 2년 뒤 마오쩌둥은 국경 문제를 놓고 소련을 비난했다. 중국을 방문한 일본 공산당원에게 이렇게 말했다. "100여 년 전에 [러시아인이] 하바롭스크와 블라디보스토크, 캄차카반도를 포함한 바이칼호 동쪽 지역 전체를 점령했어요. 이 문제는 받아들이기 어렵습니다. 앞으로 해결을 봐야 해요."[23] 마오쩌둥은 소련과 전쟁이 벌어지리라 예측하지는 못했지만, 이런 분쟁을 활용해 국내에서 입지를 강화했다.

　문화대혁명이 시작됐을 때, 중국 홍위병은 국경지대에 확성기를 설치해서 소련인이 "수정주의" 지도자들을 따른다고 질타했다. 하지만 1969년에 이런 긴장 상황이 갑자기 악화했다. 중국과 소련 군인이 서로 자기네 영토라고 주장하는 우수리강 한가운데에 있는 섬을 놓고 몇 번 충돌한 뒤, 3월 2일 중국군이 소련 국경순찰대를 기습 공격해 약 60명을 살해했다. 모스크바의 지시를 받은 붉은군대가 2주 뒤 반격에 나섰지만, 아직 얼어붙은 강 유역에서 중국군을 몰아내지 못했다. 대규모 포격전이 잇따랐다. 모스크바에서 실제로 전쟁이 벌어질 수 있다는 공포가 엄습했다. 소련의 몇몇 군사 전문가는 예방책으로 중국에 있는 핵 시설을 철수할 것을 권고했지만, 정치국이 저지했다. 소련 각료회의 의장이 중국 지도자들에게 전화하려고 했지만, 중국의 젊은 교환수가 저우언라이나 마오쩌둥을 연결해 주는 것을 거부했다. 소련 쪽에서 전화를 걸려고 하면 언제든 방침에 따라 반수정주의 구호를 외치라는 지시를 들었기 때문이다.

하지만 마오쩌둥의 엄포에는 모스크바가 느낀 것보다 훨씬 더 심각한 공포가 감춰져 있었다. 중국 지도자는 군대에 사격을 중단하라고 지시했다. 그러면서도 소련이 핵으로 전면 공격을 하지는 않을지 우려했다. 중국이 문화대혁명으로 얼마나 강해졌는지를 보여 주기 위해 국경에서 붉은군대를 도발할 수는 있었다. 하지만 중국의 생존을 위험에 빠뜨리는 것은 전혀 다른 문제였다. 소련이 국경에 증원 부대를 보내면서 계속 도발하면 모스크바도 핵무기 사용을 포함해 보복하겠다고 중국에 경고하자, 1969년 가을 전면전의 공포가 베이징을 휩쓸었다. 저우언라이와 소련 각료회의 의장이 긴장을 완화하기 위해 몇 차례 회담했지만, 10월 초 마오쩌둥은 당과 정부, 군의 전 지도자에게 베이징을 떠나라고 지시했다. 중국 전역에서 공산당 간부들이 도시를 떠나 농촌으로 가서 전쟁을 준비했다. 린뱌오는 여느 때보다 훨씬 어수선한 분위기 속에서 갑자기 중국군에 최고 등급의 경보를 발동하라고 지시했다. 위기는 지나갔다. 하지만 마오쩌둥은 어쩔 수 없이 중국이 실제 전쟁을 벌일 준비가 얼마나 부족하고 자신의 새 지도부가 얼마나 오류를 범했는지 깨달아야 했다.

주석은 이미 최악의 문화대혁명 극단주의자 일부를 억제하고 있었다. 도시와 대학에서 질서를 회복하기 위해 군대가 투입되었고, 가장 시끄러운 홍위병 일부를 강제수용소나 육체노동 현장으로 보냈다. 지난 3년간 그들이 학대한 많은 이를 뒤따라간 것이다. 소련과 일

365

촉즉발의 공포를 겪은 마오쩌둥은 중국이 긴장을 낮추는 방향으로 나아갈 수밖에 없었다. 하지만 주석은 자신의 말마따나 대약진운동과 문화대혁명에 대한 "평결을 뒤집을" 어떤 정책도 두려워했다. 마오쩌둥은 두 시도 모두 여전히 타당하다고 주장했다. 그러면서 부인 쟝칭이나 상하이 좌파 장춘챠오張春橋와 야오원위안姚文元 같은 문화대혁명 지도자, 그리고 저우언라이 총리 등 1960년대의 재앙을 거치면서도 마오쩌둥에게 아첨한 공산당의 전통적 인물이 뒤섞인 보좌진에 의지했다. 숙청된 지도자들은 마오쩌둥의 시야에 들어오지 말라는 지시를 받았지만, 마오쩌둥은 기묘하게도 지방에 은거하는 그들을 찾아가 개인적으로 조언을 구하곤 했다.

여전히 나라가 가난하고 고립된 상태이고, 그리고 소련과 벌인 전쟁 소동으로 냉전에 발목을 잡힌 가운데, 중국 지도자는 잠시나마 혁명의 열정을 낮추고 생산과 전반적인 경제 발전을 더 강조하는 데 동의했다. 1970년대 초, 국제 환경이 크게 바뀌면서 중국 경영자들과 관리들은 마오쩌둥의 운동 이후 다시 사태를 수습하려고 노력했다. 하지만 한 위기에서 빠져나오면 다른 위기가 닥치곤 했다. 최악의 위기는 1971년 9월에 벌어졌는데, 마오쩌둥이 후계자로 점찍은 부주석이자 국방장관 린뱌오가 공황에 빠져 소련으로 도주하려 한 것이다. 주석의 "전우"는 점점 망상에 빠져 마오쩌둥이 자기를 체포하려 한다고 확신하면서, 부인과 아들을 데리고 군용비행기에 타서 국경으로 갈 것을 지시했다. 저우언라이 총리가 비행기를 격추해야 하냐고 묻자 마오쩌둥은 어깨를 으쓱했다. "비는 내려야 하고, 여자애들은 결혼해야 하는 것이니, 사람이 바꿀 수 없는 일이지. 가게 내버려

두게."²⁴ 린뱌오가 탄 비행기는 외몽골에서 추락했고, 탑승자는 모두
사망했다.

　　린뱌오의 배신으로 인민 전반에서 문화대혁명이 조금이나마 긍
정적 결과를 낳을 수 있다는 희망이 사라져 버렸다. 그 후 특히 젊은
층에서 심대한 냉소가 나타났다. 그들은 생애 내내 마오쩌둥의 운동
에 참여했다. 남들보다 더욱 격렬하고 삶을 뒤바꾸는 운동이었다. 그
들은 주석을 신으로 떠받드는 것을 배웠다. 그들의 역할은 주석을 도
와 더 나은 새로운 중국을 창조하는 것이었다. 이제 모든 게 폐허로
보였다. 반란을 일으킬 각오가 된 이들은 거의 없었지만, 사람들은 확
실히 할 수 있는 한 예전의 기준으로 돌아갔다. 부패와 족벌주의가
크게 증대했다. 베이징은 혁명을 강화하라는 지시를 계속했지만, 이
제는 많은 이가 귀를 기울이려 하지 않았다. 헤라클레스 같은 새로운
중국인이라는 마오쩌둥의 미래상은 괴물이었음이 드러난 상태였다.

　　공산주의 혁명과 냉전은 언제나 지도자나 인민이 예상한 방향
을 따르지 않지만, 중국을 완전히 바꿔 놓았다. 가장 중요한 변화는
"옛 중국", 즉 농민과 상인, 관리의 가부장적 공동체였던 중국의 죽음
이다. 이미 19세기 이후 쇠퇴 일로를 걸었지만 공산주의가 최종적으
로 명을 끊었다. 대신에 일부는 중국적이고 일부는 외래 요소를 가진
혼성 사회가 등장했다. 통치자들의 정치 이론인 마르크스주의는 물
론 외래 수입품이었고, 공산당도 마찬가지였다. 가족·교육·기술·과
학에 대한 새로운 사고는 해외에서 들어왔다. 중국 혁명에서 무엇보
다 뚜렷한 중국적 현상은 인간 변혁과 의지력, 그리고 "올바른" 이념

367

과 사회악에 대한 해법을 찾으려 몰두했다는 것이다. 1970년대에 많은 중국인이 점차 뚜렷이 깨달았듯이, 혁명을 잘못된 방향으로 이끈 것은 현실 성과보다 기풍에 몰두한 마오쩌둥의 태도였다. 냉전 막바지에 중국이 다른 형태의 외국의 영향력에 저항하지 않은 것은 이렇게 자해한 상처와 직접 연결되었다.

위에서 보면, 마오쩌둥의 운동은 스탈린 시대 대숙청의 모든 특징을 고스란히 지녔고, 소련과 동유럽에서 벌어진 사태와 흡사했다. 공산당 지도자를 골라내서 비판하고, 공개 모욕했으며, 형식적인 법적 절차를 거쳐 처형하거나 유형을 보냈다. 기소 내용은 완전히 날조되었고, 절차는 권력을 집중하는 데 집중되었다. 국가주석 류사오치-상상할 수 있는 가장 충성스러운 당원-는 1969년 전쟁 소동 당시 공개적으로 몰매를 맞고 고문을 당한 끝에 카이펑으로 이송되었다. 제대로 치료도 받지 못한 그는 그곳에서 사망했다. 마오쩌둥은 모든 것을 자신이 통제하려고 했다.

하지만 문화대혁명에는 다른 면도 있었다. 거리에서 혼돈이 고조되는 가운데 당은 통제력을 잃었다. 마오쩌둥은 물론 홍위병은 자신이 숙청하고자 하는 이들을 공격하는 것을 좋아했다. 하지만 1966년에 이르러 수백만 젊은이가 혁명의 대의를 내걸고 나라를 휘젓고 다녔다. 여러 날을 멍청한 구호를 연호하거나 농민에게 불편을 끼치며 보냈지만, 전국을 돌아다니다 보니 저절로 나라 상태를 지각했다. 대부분 특히 젊은 여성에게 이는 아버지의 통제를 벗어난 최초의 경험이었다. 그중 일부는 이 기회를 활용해 스스로 생각했다. 성과 젠더 역할에서 경제학과 정치학에 이르기까지 공개적으로 제기하기 어려운 금기를 사고한 것이다. 냉전 이후 중국이 겪은 변화의 일부는 이 홍위병 세대와 그 경험에서 나왔다.

중국 바깥에서 반항적 학생을 비롯한 사람들은 마오쩌둥의 문화대혁명의 광기를, 자국의 권위에 도전하는 데 활용할 수 있다고 믿으면서 이어받았다. 따라서 중국의 스탈린주의적 숙청은 이따금 별이유도 없이 1960년대 다른 나라 젊은이의 반란과 융합된다. 더욱 기묘한 변형의 하나는 몇몇 지식인이 마오쩌둥주의 집단을 결성한 서유럽에서 나타났다. 그들은 마오쩌둥 주석을 숭배하는 동시에 반권위주의자가 될 수 있다고 믿었다. 예를 들어 부유한 노르웨이에서 학생들은 자칭 노동자공산당(마르크스레닌주의파)이라는 단체를 결성했다. 그들은 "중국공산당과 인민의 중국은 국내적으로나 국제적으로 어느 때보다도 강하다"라고 믿었다. "[노르웨이에서] 중국에 대한 관심, 중국과 맺은 친선관계가 그렇게 광범위하게 퍼진 적은 없었다."[25] 하지만 일부 지식인이 중국의 비극을 치켜세웠다 할지라도 대다수 유럽인은 전혀 신경 쓰지 않았다. 어떤 마오쩌둥주의 정당도 선거에서 1퍼센트 넘게 득표하지 못했다.

중국의 마오쩌둥주의 시대가 국제적으로 미친 가장 중요한 영향은 공산주의가 완벽한 한 덩어리라는 관념을 영원히 없애 버렸다는 것이다. 물론 1948년 스탈린이 동구권에서 유고슬라비아를 축출했을 때 많은 이가 이미 이런 사실을 분명히 깨달았다. 하지만 중국은 말 그대로 차원이 다른 규모였다. 중국공산당과 소련의 적대는 국제 정치를 뒤바꾸고 냉전의 이원론을 깨뜨릴 잠재력이 있었다. 중국이 문화대혁명 와중에 주로 스스로 분열하는 데 몰두하는 한, 이런

369

일은 벌어질 수 없었다. 하지만 중국이 그 늪에서 빠져나오자마자 지구적 차원의 새로운 별자리가 형성될 잠재력 또한 가시화되었다.

부서지는 제국들

10 · BREAKING EMPIRES

신생국 대다수는 냉전으로 탄생한

국제질서를 좋아하지 않았다. 그들은

그 질서에 제약을 받는다고 느꼈고,

그것이 유럽 지배의 또 다른 형태일

뿐이라고 믿었다. 그와 동시에 냉전은

국내외에서 충돌을 벌여 그 나라들을

무자비하게 집어삼켰다.

냉전은 유럽과 유럽의 파생물인 러시아와 미국에서 이데올로기 경쟁으로 탄생했다. 20세기 후반 이 경쟁은 유럽 해외 제국들의 붕괴를 둘러싼 과정들과 상호작용했다. 과거에 유럽은 국제관계에서 최소 200년 동안 지배적 지위를 차지했다. 하지만 제2차 세계대전 이후 아시아의 재탄생에서 드러났듯이, 이런 최고 지위는 이제 더는 당연시되지 않았다. 그리고 1950년대와 1960년대에 탈식민화가 가속화됨에 따라, 1970년에 이르면 독립국가의 수는 1945년 이후 4배 가까이 늘어난다. 그들은 모두 세계를 어떻게 운영할지에 관해 발언권을 갖고자 했다. 또한 자국의 이익을 위해 싸우지 않고는 양극 냉전 체계에 순응하려 하지 않았다.

냉전과 탈식민화의 이런 조우에서 제3세계 운동이 등장했다. 그 운동 지도자들이 제3세계 운동이라는 이름을 붙인 것은 1789년 프랑스혁명에서 반란을 일으킨 다수의 약자인 제3계급(Third Estate)에 존경을 표하기 위함이었다. 하지만 그 운동의 목표는 대단히 당대의 것이었다. 인도네시아의 수카르노나 인도의 네루 같은 신생 독립국 지도자들은 이제 자국이 국제 문제에서 중심 무대에 설 때가 되었다고 믿었다. 세계에서 소수인 유럽인이 너무 오랫동안 지배했고, 그조차도 잘해 내지 못했다. 그들은 식민주의와 양차 대전을 일으켰을 뿐만 아니라, 식민주의에서 유럽인에게만 이익이 되는 정치·경제 체계를 창조했다. 절대다수 세계 인구의 재능과 견해, 문화와 종교는 무시되었다. 이제 권리를 빼앗긴 사람들이 그들의 해방된 나라만이 아니라 세계 전체의 책임을 맡을 때가 되었다.

제3세계 지도자들에게 냉전은 식민 체계의 자연스러운 결과물이었다. 유럽인이 다른 나라 문제를 통제하고 지배하려는 시도이자, 어떻게 행동하고 무엇을 해야 하는지를 지시하려는 시도였다. 신생 독립국의 많은 이는 과거 식민 지배자들이 강요한 체계라는 이유로 자본주의를 불신했지만, 대부분은 소련식 공산주의를 하나의 대안으로 받아들일 준비가 되어 있지 않았다. 탈식민지 국가에 그것은 지나치게 엄격하고 너무 절대주의적이거나, 그야말로 너무 유럽적인 것처럼 보였다. 인도나 인도네시아의 경우처럼 많은 나라가 그랬지만, 소련의 경험에서 배우려고 할 때도 제3세계의 의제는 세력권에서의 독립을 함축했다. 1955년 아시아·아프리카회의에서 발전한 이 의제는 경제적·정치적으로 완전한 주권, 옛 식민지 국가와 해방운동 사이의 연대, 분쟁의 평화로운 해결과 핵무장 해제를 강조했다.

이는 초강대국들이 보기에 혼란스러운 광경이었다. 미국은 점차 미국의 경험을 세계 발전에 관한 인식의 핵심에 두었다. 냉전이 확고해짐에 따라, 자유와 경제성장에 관한 미국의 전망에 순응하지 않는 나라들은 소련을 지향하는 쪽으로 나아간다고 여겨졌다. 한편 소련은 "제3의" 위치가 그 무엇이든, 단순히 사회주의와 결국 소련식 공산주의로 나아가는 과정의 한 단계라고 믿었다. 비유럽인이 보기에 설령 두 초강대국이 이데올로기적으로 경쟁한다고 하더라도 상당히 유사하다고 여긴 것도 놀랄 일은 아니다. 실제로 알제리의 아흐마드 빈 벨라나, 가나의 콰메 은크루마Kwame Nkrumah 같은 지도자는 두 초강대국이 내거는 요구를 후기 식민주의에 비유했다. 미국과 소련은 정치적·외교적으로 통제하고자 하면서, 양국이 제공할 수 있는 틀 안에서의 발전을 추구했다. 비록 미국의 통제 시도가 소련이 발휘할 수 있는 수준보다 훨씬 더 강력하고 따라서 더 만연하긴 했지만, 양국은 같은 시장에서 활약하는 도둑들이었다.

1950년대와 1960년대에 그렇게 폭넓은 규모로 탈식민화가 이루어진 데는 두 가지 주요 이유가 있다. 첫 번째는 식민 열강이 사회적·경제적으로 힘을 소진한 것이다. 1910년 유럽인이라면, 특히 프랑스인이나 영국인이라면 여전히 세계적 건물의 꼭대기에 안전히 있다고 생각할 수 있었다. 어쩌면 그는 자국에서 가난했을 수도 있고, 여성 참정권론자나 혁명가들에게 위협을 받는다고 느낄 수도 있었다. 하지만 그가 기억할 수 있는 한 세계의 의제를 정하는 것은 바로 자국이었다. 세계 경제체계는 그가 생산하고 소비하도록 창조되었다. 그의 문화와 종교는 세계의 부러움을 산다고 여겨졌다. 그리고 유럽 기독교도가 아니거나 유럽의 과학이나 기술, 군사기술이나 세련되고 무자비한 행정력을 보유하지 못한 다른 이들은 분명히 열등한 존재로 여겨졌다.

이런 상황을 한 세대 뒤인 1945년과 비교해 보라. 유럽 각국은 전쟁으로 힘이 빠졌고, 그 주민 스스로 세계의 중심이라는 사실을 의심한 상태였다. 그들은 자기 대륙이 거듭해서 갈가리 찢어지는 것을 막지 못하는데, 도대체 어떤 권리로 다른 민족을 통치한 걸까? 인종적으로 우월하다는 원리-적어도 공개적으로 언명된 원리-는 이제 오명을 얻었다. 히틀러가 그렇게 못 박아 놓았다. 그리고 영국이나 프랑스의 젊은이라면 이제 멀리 떨어진 곳보다 심하게 두드려 맞은 자기 나라를 챙기는 게 으뜸가는 의무가 아닌가? 자원이 부족했고, 거의 모든 유럽인은 그 자원을 국내에 투입하기를 원했다.

탈식민화를 낳은 두 번째 이유는 식민지에서 외국 지배에 맞서 반란이 벌어졌기 때문이다. 어떤 반식민주의운동도 자체의 힘으로 유럽인을 내쫓을 수 없었겠지만, 이 운동들은 식민 지배의 비용을 증대하고 본국에서 식민 사업의 인기를 떨어뜨렸다. 인도국민회의나 남아프리카의 아프리카민족회의 같은 조직은 민족 독립과 토착민에게 이익이 되는 경제의 기본 구조를 목표로 삼았다. 그들은 그들의 민족이 자국에서 이등 시민 취급을 받는 게 아니라, 세계사를 움직이는 새로운 원동력으로 인정받기를 원했다.

양차 대전과 전 지구적 불황이라는 재앙을 겪으면서 반식민주의운동이 정치적으로 집중되고, 반식민주의운동에 대한 지지가 확대되었다. 1920년대까지 거의 모든 반식민주의운동은 소수의 현상으로, 지도자들은 동포에게 식민 지배에 도전하는 위험을 무릅쓰라고 확신을 주는 데 애를 먹었다. 하지만 그 후 각국 독립 운동의 규모와 중요성이 확대되었다. 특히 식민 열강이 무력으로 짓밟으려 했기 때문이다. 인도의 자와할랄 네루는 영국 당국이 투옥했고, 그의 정치적 스승 간디도 같은 신세를 겪었다. 호찌민과 빈 벨라 둘 다 감옥과 망명지에서 시간을 보냈다. 그들은 민중의 영웅이 되었고, 대체로 유명가문 출신에 유럽과 미국의 최고 대학에서 교육받은 많은 젊은 남녀가 그들의 반식민 수사를 이어받았다.

1945년 이후 전면에 등장하긴 했지만, 이미 세기 초부터 이런 위축과 저항의 과정이 진행되고 있었다. 냉전은 둘 다에 영향을 미치면서도 결정하지는 못했다. 점차 미국을 특권적 지위로 올려놓은 전 지구적인 경제 재구조화는 공식 제국들이 붕괴하는 데 중요한 요인이었다. 민족해방운동을 소련이 지원하고, 소련을 본보기로 삼은 몇몇 해방운동이 급진적으로 변화한 것도 중요한 역할을 했다. 하지만 가장 중요한 것은 유럽 내부에서 진행된 냉전, 영국과 프랑스가 미국과 발맞추기 위해 자국 방위를 강화해야 한 사정, 그리고 특히 프랑스 식민지의 장기적 무질서가 본국의 급진적 변화로 이어질 것이라는 우려였다. 1960년대 초에 냉전의 초점이 제3세계로 옮겨 갈 때, 이미 식민 지배자와 피식민자 사이의 충돌이 오랫동안 진행된 상태였다.

냉전의 경제적 측면이 어떻게 탈식민화에 영향을 미쳤는지에 관한 역사는 기묘하면서도 다소 앞뒤가 맞지 않는다. 19세기 말과 20세기 초 영국과 프랑스의 고귀한 제국주의 이데올로기는 모든 제국 주민의 삶이 개선되리라는 전망을 바탕으로 세워졌고, 지난 시기의 노골적 착취에서 벗어난다는 것을 함축했다. 하지만 전쟁과 불황으로 식민 본국은 식민지에 경제적 의존을 줄이기는커녕 오히려 늘렸

377

다. 그리하여 유럽인에게 유리한 쪽으로 식민 방식을 일부 재구성하려 했지만, 쉽지 않은 현실에 부딪혔다. 제국의 특혜 제도는 미국인이 생각하는 식민주의의 나쁜 점-자유무역과 미국의 해외시장 진출 제한-의 핵심 사례로 중요했을 뿐만 아니라, 제국 개혁가들의 말을 곧이곧대로 받아들인 토착 엘리트들을 소외하기도 했다. 무엇보다도 이 조치들은 변화하는 전 지구적 현실과 들어맞지 않았다. 미국을 비롯한 다른 나라들이 영국과 프랑스보다 점차 식민지의 경제 발전에 중요했다. 한편 영국과 프랑스에는 서유럽의 경제 협력과 무역이 더 중요했다. 지속될 수 없는 부조화였다.

　냉전 시기 탈식민화에 미국이 결정적인 역할을 했다. 대다수 미국인은 식민주의가 나쁜 것이라고 믿었다. 미국은 영국에 맞서 반란을 일으켜 스스로 독립을 쟁취한 바 있었다. 식민 지배는 미국인이 소중히 여기는 자유와 자유무역이 줄어듦을 의미했다. 대다수 백인 미국인은 한편으로 유럽 출신이 도와주지 않는다면, 비백인이 스스로 통치할 수 있는지 의심했다. 이런 우려는 냉전 초반에 고조되었다. 또 다른 초강대국과 경쟁하는 가운데, 워싱턴은 탈식민지 지도자가 쉽게 유혹되어서 소비에트권에 편입될 것이 두려웠다. 따라서 미국은 냉전의 우려를 대외정책에 반영함으로써 반식민적 본능을 누그러뜨려야 했다.

　유럽의 식민제국이 1940년대에 전부 붕괴하지 않고 20년간(포르투갈은 30년간) 더 지속된 주된 이유는 미국이 지원했기 때문이다. 1945년 이후 유럽 어떤 나라도 자국의 열악한 경제 상황과 유럽 방위의 필요 때문에 재정적으로 식민지를 계속 보유할 수 없었다. 더는 이룰 수 없는 식민주의라는 환상은 미국이 이 나라들의 국내 비용을 떠맡아 주려고 나설 때만 지속될 수 있었다. 물론 식민주의 국가는 모두 이런 사실을 알았고, 따라서 탈식민주의를 피하고자 하는 태도를 공산주의에 맞서는 공동 투쟁의 하나로 내세우기 위해 최선을 다했다. 나토의 각종 위원회를 비롯한 여러 국제기구에서, 서유럽 동맹자와 협력하는 데 익숙해진 미국의 정책 결정권자들은 이 동반자들의 동기를 의심하는 일이 거의 없었다. 워싱턴 자체가 반공주의에 몰두한 탓에 반식민주의에 별로 눈길을 주지 않았다. 다만 인도네시아나 인도처럼 탈식민주의 실패가 공산주의 집단을 너무도 노골적으로 자극한 때는 예외였다. 영국은 케냐 민족주의자 조모 케냐타Jomo Kenyatta를 공산주의자들이 좌우한다고 거짓 주장을 펼쳤고, 프랑스는 기니 지도자 세쿠 투레Sékou Touré에 관해 똑같은 주장을 폈다. 이런 상황에서 미국 정보기관은 사실이 아니라고 알려 주었지만, 미국은 양국에 항의하지 않았다.

또한 트루먼 행정부와 아이젠하워 행정부 시절, 미국은 유럽 열강이 식민지를 상실하면 결국 유럽의 위신이 추락할 것이라고 걱정했다. 상황이 이렇게 전개되면 유럽의 안정이 위협받고 서유럽이 유럽 대륙 또는 전 지구적 차원에서 공산주의와 맞서 싸우는 데 제대로 이바지하지 못할 수 있었다. 서유럽 정부들이 미국의 차관에 전적으로 의존한다는 사실은 상황을 개선해 주지 못하고 오히려 악화할 뿐이었다. 영국과 프랑스는 자국 경제가 약한 탓에 미국에 아쉬운 소리를 하고 굴종하는 것에 분개했으며, 미국이 해외 영토에 대한 미국 나름의 구상이 있다고 의심했다. 국내에서 아무리 가난해졌어도 제

379

10 부서지는 제국들

국은 여전히 강대국으로 만들어 주었다. 영국의 어느 식민지 행정관의 말을 빌리자면, 제국이 없는 영국은 "일종의 가난한 사람의 스웨덴"일 뿐이었다.[1]

하지만 1945년 이후 유럽 제국들의 미래를 둘러싸고 불길한 조짐이 보였다. 미국이 대대적으로 지원했지만, 국내의 경제 약세와 식민지에서 고조되는 저항이 결합해 결과가 정해졌다. 탈식민화는 사회주의 좌파가 아니라, 윈스턴 처칠과 앤서니 이든Anthony Eden, 해럴드 맥밀런Harold Macmillan이 이끄는 영국 보수당과 프랑스 샤를 드골의 민족주의 우파 정부가 마무리했다. 그들은 식민지를 상실하는 것을 유감스레 생각했지만, 선택의 여지가 없음을 깨달았다. 영국의 마지막 나이지리아 총독 제임스 로버트슨James Robertson 경은 1959년에 다음과 같이 평했다. "문제는 우리에게 충분한 시간이 없었다는 점이다. 양차 대전의 결과, 우리가 민주적인 정부 형태를 구축하기 위해 시간을 더 달라고 요구할 만큼 강하지 못한 탓이기도 하고, 몇 세대에 걸쳐 점진적으로 식민지 주민에게 스스로 꾸려 가는 법을 가르치겠다는 우리의 식민주의 구상에 미국이 반대했기 때문이기도 하다. 또한 우리의 적인 공산당이 제기하는 위험 때문에도 우리가 기대한 것보다 빠르게 움직여야 했다."[2]

미국은 탈식민화 과정에서, 점점 지구 전체를 아우르는 군사전략과 핵심 자원 및 원료에 대한 접근성을 높여야 한다는 점이 커다란 관심사였다. 미국 지도자들은 점차 자국이 공산주의에 맞서는 전 세계적 군사작전에 관여하고, 순조로이 작동하는 세계 자본주의 구조를 건설할 책임이 있다고 보았다. 이 싸움에서 미국의 군사기지망이 필요했고, 서유럽과 일본의 경제를 재건하려면 자원도 확보해야 했다. 1960년에 미국은 군사 우위를 강화하는 세계 곳곳의 기지에 접근할 수 있었는데, 기지 다수는 식민 열강들이 예의로 제공했다. 미국은 전쟁이 벌어지면 활용할 수 있는 전 세계의 영국과 프랑스 기지에 더해, 어센션섬에서 아조레스 및 버뮤다 제도에 이르는 식민지를 자체 기지로 임차했다. 프랑스령 모로코에도 미군 기지가 있었다. 그리고 인도양의 디에고가르시아섬은 대규모 미군 기지를 건설할 수 있도록 탈식민화 이후에도 영국령으로 남았다. 원래 디에고가르시아섬에 살던 1200명의 사람은 퇴거해야 했다.

냉전 시기 내내 미국 지도자들은 미국 동맹국이 경제적 안녕을 위해 의지하는 각종 원료를, 소련이 직간접적으로 통제할까 우려했다. 이런 공포는 경제 국유화, 생산 계획, 수출 제한 등의 계획을 포괄하는 급진적 제3세계 민족주의가 공산주의나 소련의 영향과 융합하게 한 주된 이유였다. 자원의 측면에서 볼 때 냉전은 절대적 통제의 문제였다. 전략적 또는 경제적 측면에서 절대적으로 중요한 자원에 영향력을 확보하도록 적을 돕는 것은 그것이 무엇이든 미국에 대한 도전이었다. 물론 이것은 군사산업에 절대 필요한 금속에 대한 접근과 관련해 특히 그러했다. 1940년대에 가장 중요한 금속은 핵무기 생산에 사용되는 우라늄이었다. 미국은 남아프리카와 벨기에가 통치하는 콩고에서 나는 우라늄 광석을 배타적으로 확보하려고 했으나, 얼마 지나지 않아 이 광석이 곳곳에 흩어져 있는 탓에 독점하기가 무척 어렵다는 사실이 밝혀졌다.

냉전 시기에 가장 중요한 전략자원은 석유였다. 20세기 전반기에 석유는 미미한 에너지원에서 현대 국가를 움직이게 하는 물질로 떠올랐다. 각국 군대는 수송을 석유에 의존했고, 민간 경제 생산도 석유에 의지했다. 소련은 1954년에 석유를 자급자족했기 때문에 자국을 위해 외국산 석유 수입을 놓고 서방과 경쟁하지 않았다. 하지만 스탈린 이후 모스크바 지도자들은 미국 동맹국이 경제 발전을 위해 석유 수입에 얼마나 의존하는지를 깨달았다. 서유럽에서 에너지를 소비하는 데 따른 석유 의존도는 1945년 10퍼센트 미만에서 1960년 3분의 1 이상으로 높아졌다. 일본에서 그 수치는 훨씬 더 인상적이었는데, 6퍼센트에서 40퍼센트로 급등했다. 1950년에 이미 서유럽이 수입하는 석유 85퍼센트는 중동에서 나왔다. 1970년까지 주로 자국용 석유를 자체 생산에 의지한 미국이 볼 때, 중동 석유에 대한 접근을 통제하는 것이 여전히 전략적으로 무척 중요했다.

중동의 주요 산유국은 이란, 이라크, 사우디아라비아와 그 외 페르시아만 연안 국가들이었다. 20세기 초반에 이들 모든 나라에서 영국은 주요 외세였다. 영국의 힘이 쇠퇴하자 영국 중심의 석유 회사들은 입지를 지키려고 분투했다. 예를 들어 이란에서 민족주의자는 국내 최대 석유 생산자로서 아바단에서 세계 최대 규모의 정유 시설을 운영하는 영국-이란석유회사의 이란 지분을 늘려야 한다고 압박했다. 이익분배조건과 노동조건 모두 이란인에 노골적으로 불공정했지만, 영국-이란석유회사와 영국 정부는 이를 바꾸는 것을 거부했다. 그 결과 이란 선거에서 석유산업을 국유화하려는 모하마드 모사데크 Mohammad Mosaddeq가 이끄는 민족주의 정부가 당선되었다.

처음에 미국은 영국에 타협하라고 조언했다. 아라비아-미국석유회사(Arabian-American Oil Company, ARAMCO)가 주요 생산자인 사우디아라비아에서, 미국 정부는 사우디아라비아 왕정과 미국인 소유주들이 50 대 50으로 이윤을 나누는 방식을 성공적으로 밀어붙인 바 있었다. 하지만 이란이나 영국은 미국의 제안을 받아들이지 않았다. 오히려 충돌이 격화했다. 1951년 5월 1일, 이란 의회(Majlis)는 현 소유주들에게 보상하면서 석유산업을 국유화하기로 의결했다. 영국은 이란 석유에 금수조치를 시행하면서 미국에 지원을 호소했다. 런던 당국은 이란이 석유를 국유화하면 서방에 전략적 위험이 생겨난다고 주장했다. 테헤란 정치에서 강력한 이란공산당 투데가 만반의 준비를 한 채 대기하고 있다는 게 그들의 주장이었다. 국유화 운동에서 정치적으로 이득을 얻는 게 공산당이었기 때문이다.

트루먼 행정부는 잠시 주저했지만, 결국 영국의 몇몇 주장에 넘어갔다. 그렇더라도 이란 총리 모사데크는 공산주의자가 아니었다. 그는 소련이 이란 북부를 점령한 것을 완강히 비판했고, 1944년 이 문제와 관련해 투데를 공격하면서 이렇게 말했다. "만약 당신네가 사회주의자라면, 왜 소련을 위해 당신 나라의 이익을 희생하려고 하는가?"[3] 하지만 워싱턴은 장기적으로 미칠 영향과 지역의 안정을 걱정했다. 금수조치가 이란 경제에 가혹한 영향을 미치자, 모사데크에 반대하는 목소리가 높아졌다. 모사데크는 의회를 중단하고 점점 투데를 비롯한 이란 좌파에 의지해 자기의 정책에 지지를 끌어내는 식으로 대응했다.

아이젠하워 행정부는 영국과 손을 잡고 모사데크 정부를 제거하는 비밀 작전을 벌이기로 했다. 중앙정보국은 돈을 주고 산 첩자만이 아니라, 이란 내의 연줄도 활용해 가짜 정보를 퍼뜨리고 집회를 열었다. 어떨 때 중앙정보국은 이란인에게 돈을 지급해, 투데 구성원인 척 이슬람 설교자나 국왕(Shah)의 조언자들을 공격하게 했다. 거리에서 소요를 일으켜서 모사데크에 반대하는 보수파, 즉 국왕, 이슬람 성직자, 군부를 뭉치게 하려는 공작이었다. 1953년 8월 치밀한 연출로 쿠데타가 벌어졌으나, 젊은 국왕 레자 팔라비Reza Pahlavi가 겁을 집어먹고 해외로 도주하면서 거의 실패할 뻔했다. 하지만 군부가 개입해서 모사데크를 체포하고 투데를 짓밟았다. 팔라비는 미국 중앙정보국장 앨런 덜레스와 함께 비행기를 타고 테헤란으로 돌아왔다. 이후 26년간 국왕은 미국과 긴밀히 동맹을 맺고 독재자로서 이란을 통치했다.

미국은 영국의 동기를 회의적으로 보긴 했지만, 이란 쿠데타를 계기로 양국은 긴밀히 협조했다. 양국은 또한 영국이 말라야에서 선포한 "비상사태"를 함께 관장하고 있었다. 이 지역에서 1940년대 말 영국군은 공산당이 이끈 노동자 반란에 맞서 전투를 벌이며 물러쳤다. 미국은 영국이 말라야에서 벌이는 전쟁을 지원하는 한편, 필리핀에서 좌파 반란에 맞서는 군사작전을 확대했다. 미국은 식민주의에 이의를 제기했지만, 사실 1898년 이후 필리핀을 자국의 식민지로 보유하고 있었다. 일본 점령 시기에 필리핀 좌파는 상당한 규모로 저항 투쟁을 벌인 바 있었고, 전쟁이 끝났을 때는 농민과 노동자에 대한 공정한 대우를 확대하는 운동을 벌였다. 1946년 미국에서 독립한 필리핀 지도자들은 좌파의 요구를 거부했다. 나중에 미군과 필리핀군은 인민해방군 후크발라합Hukbalahap이 일으킨 반란에 맞섰다. 1954년에 말라야민족해방군(Malayan National Liberation Army)과 후크단 모두 패배했다.

제3세계 운동이 탄생한 것은 바로 신생 독립국을 세우는 과정에 서방이 개입하면서다. 반식민 활동가는 점차 이 용어를 사용했는데, 마르티니크의 활동가 프란츠 파농Franz Fanon이 1961년《대지의 저주받은 사람들》이라는 저서로 대중화했다. 하지만 그 내용은 훨씬 전부터 드러나 있었다. 이제 비유럽인이 자국만이 아니라 세계의 미래도 주된 책임을 진다는 인식이었다. 새롭게 탈식민화한 국가 사이의 연대가 세계 다수 민중을 바탕으로 세력권을 탄생하게 한다는 관념이기도 했다. 또한 냉전을 통해 미국과 유럽의 동맹국이 얼마나 오만하고 무책임하며 세계의 발전 상황과 동떨어져 있는지가 드러났다는 사고였다. 소비에트권도 비판의 대상이 되었다. 하지만 제3세계의 분노의 화살을 정면에서 맞은 것은 바로 아이젠하워 행정부였다.

1955년 인도네시아 반둥에서 열린 아시아·아프리카회의는 제3세계 이념이 집결하는 중심이 되었다. 반둥회의 계보는 오래되었다. 20세기 초부터 반식민 활동가가 국경을 가로질러 모여서 초국적인 저항 체계를 만들려고 했다. 1950년대에 여러 핵심 지도자 배경은 초국적이었다. 마르티니크의 파농은 알제리에서 프랑스 식민주의에 맞서 싸웠고, 트리니다드토바고의 조지 패드모어George Padmore는 독립국가 가나가 탄생하는 데 중요한 역할을 했다. 하지만 반둥의 초점은 신생 국가였다. 개막 연설에서 수카르노는 탈식민지 국가가 협력하고 식민주의를 물리치며 핵전쟁을 예방해야 하는 책임이 있다고 강조했다. "'식민주의는 이미 죽었다'라는 말을 자주 듣습니다." 인도네

385

시아 대통령은 29개국과 그보다 훨씬 더 많은 민족주의 정당과 해방 운동의 청중에게 말했다.

> 그런 말에 속거나 마음을 놓지 맙시다. 여러분께 말하지만, 식민주의는 아직 죽지 않았습니다. 아시아와 아프리카의 광대한 지역이 자유롭지 못하는 한 어떻게 식민주의가 죽었다고 말할 수 있습니까. … 또한 식민주의는 현대적 의상을 입고 있어서 경제적 통제, 지적 통제라는 형태를 띕니다. … 전쟁은 우리의 독립에 위협이 될 뿐만 아니라, 문명과 심지어 인간 생명의 종말을 의미할 수도 있습니다. 오늘날 세계에는 누구도 그 악의 잠재력을 알지 못하는 힘이 활보하고 있습니다. … 평화를 지키는 것보다 더 시급한 과제는 없습니다. 평화가 없으면 우리의 독립도 별 의미가 없습니다. 우리 각국의 재건과 발전도 큰 의미를 갖지 못할 겁니다. 우리의 혁명도 그 수명을 다하지 못할 겁니다.[4]

반둥에서 모인 이들의 출신 배경은 무척 달랐다. 중국 대표는 정중한 총리 저우언라이였지만, 다른 이들은 소련과 긴밀한 동맹 관계를 맺었기에 중국 대표단과 다소 거리를 두었다. 이란과 이라크, 튀르키예와 일본은 회의에서 반미적 견해라고 여겨지는 내용을 공격했다. 하지만 지도자들의 역동성과 각 지역에서 맡은 역할이라는 측면에서 보면 주요 나라는 인도네시아, 인도, 이집트였다. 그들의 견해가 최종 성명에 결정적인 영향을 미쳤는데, 성명에서 인권과 주권, 불간섭과 열강의 지배에 대한 저항을 강조했다. 그리고 그들—수카르노,

네루, 나세르-은 반둥이 냉전의 대안으로서 탈식민지 국가의 협력을 확립하는 첫 단계이기를 기대했다.

반둥의 정신은 1956년 여름 중동에서 첫 번째 시험을 맞닥뜨렸다. 새로운 급진적 군사정부의 수반인 이집트 지도자 가말 압델 나세르Gamal Abdel Nasser는 미국과 차관을 놓고 협상했으나, 성과를 얻지 못하자 좌절했다. 또한 오랫동안 영국의 지배를 받은 이집트가 여전히 외국의 영향을 상당히 받을 수밖에 없다는 사실에 분개했다. 나세르는 이집트를 양분하는 수에즈운하의 지배권을 영국과 프랑스가 반환하기를 기대했다. 특히 이집트가 운하에서 상당한 수입을 얻을 수 있었기 때문이다. 미국은 협상을 촉구했다. 런던과 파리 당국이 거부하자, 나세르는 1956년 7월 26일 기습 군사작전을 펼쳐 운하지대의 지배권을 장악했다. 이 기습작전은 나세르가 알렉산드리아에서 장황히 연설할 때 암호 **레셉스Lesseps**를 교묘히 집어넣어 시작되었다. 암호는 1860년대에 운하를 설계한 프랑스 공학자의 이름이었다.

나세르는 수에즈 연설에서 제국주의가 비단 이집트만이 아니라 전체 아랍인을 상대로 자행한 불의를 요약 정리했다. 아랍인은 자기네 나라에서 이등 시민이었다. 팔레스타인 사람처럼 나뉘거나 추방되었다. 하지만 이제는 아니었다. 반둥과 반식민지 연대에 관한 언급으로 가득한 연설에서 나세르는 새로운 아랍의 단합을 선언했다. 이집트와 시리아가 처음 삽을 뜨지만 모든 아랍 국가가 참여할 수 있는 단합이었다. "이집트가 자유롭고 독립적인 정책을 선언한 이후 전 세계가 이집트에 주목합니다." 나세르가 패기만만하게 말했다. "모든 이가 이집트와 아랍인을 고려합니다. 과거에 우리는 [외국] 대사들의 사무실에서 시간을 허비했지만, … 제국주의와 외국의 개입에 맞서는 단일한 민족전선을 형성하자, 우리를 업신여긴 이들이 이제 우리를 무서워합니다."[5]

영국과 프랑스는 격분했다. 영국 총리 앤서니 이든에게 나세르는 또 다른 히틀러이거나 적어도 무솔리니였다. 런던과 파리 당국은 이스라엘과 손을 잡고, 이스라엘이 먼저 이집트를 침공한다는 무모한 음모를 꾸몄다. 뒤이어 영국과 프랑스가 교전국을 떼어 놓겠다고 주장하면서 개입할 예정이었다. 마지막으로 간단히 덧붙이면, 양국은 수에즈운하를 되찾을 것이었다. 이스라엘은 1956년 10월 29일 행동에 들어갔다-또 다른 전역戰域에서 헝가리 위기가 정점에 치달았다. 운하지대에서 전투가 벌어지면서 위기가 고조되었다. 아이젠하워 대통령은 격분했다. 동맹국이 꾸민 계획을 전혀 몰랐던 그는 이제 "강대국이 그렇게 난장판을 일으켜서 일을 망치는 모습은 본 적이 없다"라고 느꼈다.[6] 특히 모사데크가 제거된 뒤, 워싱턴은 중동 지역에서 민족주의의 반대자로 비춰지는 것을 피하고자 했다. 아랍 국가에서 더욱 그랬는데, 중앙정보국은 영국과 프랑스가 식민주의를 드러내면 "건전한" 민족주의 세력에 맞서 현지 공산당을 도와주는 셈이 될 것이라고 우려했다.[7]

미국은 즉시 휴전하고 외국 군대를 전부 철수하라고 했다. 대통령은 영국이 요구에 따르지 않으면, 수에즈운하가 폐쇄된 상황에서 한층 더 중요해진 석유를 판매하거나 수송하는 것을 거부할 것이며, 기운이 빠진 영국 경제를 떠받칠 추가 차관을 취소하겠다고 밝혔다. 이든이 답변을 망설이자 미국 재무부는 영국 파운드를 매각해서 이미 거의 자유낙하를 하는 통화를 한층 더 약화할 수도 있다고 넌지시 밝혔다. 이든, 그리고 영국과 비슷한 조처를 하겠다는 위협을 받은 프랑스 총리 기 몰레Guy Mollet는 이에 굴복하고 철수했다. 다비드 벤 구리온David Ben-Gurion 총리가 충격을 받을 정도로 미국 대통령에게 질책을 받자, 이스라엘도 몇 달 뒤 영국과 프랑스에 이어 군대를 철수했다. 그들은 아이젠하워가 공개적으로 불만을 토로한 뒤에야 미국의 요구에 따랐다. 대국민 텔레비전 연설에서 대통령은 질문했다. "유엔이 승인하지 않았는데도, 외국 땅을 공격해 점령하는 나라가 철수 조건을 내걸게 해야 합니까? 만약 공격자가 목적하는 바를 이루기 위해 무장 공격하는 데 우리가 동의한다면, 국제질서의 시계를 거꾸로 돌리는 것이 아닐까 두렵습니다."[8]

아이젠하워가 분노한 데는 여러 이유가 있었다. 동맹국이 사전에 통고하지 않은 데 배신감이 무척 컸다. 어쨌든 미국은 "자유세계"의 지도자를 자임했다. 아이젠하워는 침략자들이 미국 대통령 선거 시기에 맞춰 작전을 벌였다고 의심했는데, 그가 보기에 재선을 노리는 자신이 강하게 대응하지 못할 것이라고 예상한 행동이었다. 소련이 헝가리를 침공하자마자 벌어진 것도 신경을 자극했다. 세계 각지의 사람이 자연스레 두 행동을 비교할 터였기 때문이다. 아이젠하워의 보좌진은 이집트 공격을 계기로 장래에 소련이 중동에서 발판을 확보하는 게 더 쉬워질까 우려했다. 하지만 가장 중요한 우려는 유럽 열강이 단기적이고 협소한 일국의 이익을 얻으려고, 냉전의 원대한 이익을 기꺼이 희생했다는 점이다. 아이젠하워가 볼 때, 이는 치명적인 죄악이었다. 그가 생각하기에 미국이 냉전을 수행하는 목적 자체에 어긋나는 일이었기 때문이다.

수에즈 위기가 낳은 결과 또한 다양했다. 추가로 확인이 필요하다면, 영국과 프랑스는 대외문제에서 이제 미국의 뜻을 거스르며 독자적인 행동을 할 수 없음이 너무도 분명해졌다. 이미 10년 넘게 분명한 현실이긴 했어도 이 사건은 양국의 국가 위신을 명백히 떨어뜨렸다. 또한 수에즈 위기로 탈식민지 세계의 여론이 중요하며, 헝가리 경우처럼 노골적으로 힘을 과시하다가는 대가를 치러야 한다는 사실이 드러났다. 네루는 인도 의회에서 다음과 같이 연설했다. "대국이 군사력을 사용해 어떠한 성과를 얻는 것처럼 보일지라도 실은 상황을 다룰 능력이 없음을 보여 줄 뿐입니다. 결국 약함이 드러나는 거지요."[9] 특유의 위풍당당한 어조로 네루는 말했다. "오늘날 세계가 겪는 최대의 위험이 바로 이런 냉전 사업입니다. 냉전은 철의 장막이나 높다란 장벽, 그 어떤 감옥보다 더 큰 정신적 장벽을 만들어 내기 때문입니다. 냉전은 상대방을 이해하려 하지 않는 정신의 장벽을 만들어 세계를 악마와 천사로 나눕니다."[10]

수에즈 이후 탈식민화가 가속화했다. 영국과 프랑스의 약세가 더욱 드러나기도 했고, 양국의 미래가 아프리카나 아시아가 아니라 유럽과 대서양 동맹에 있음이 점차 분명해졌기 때문이다. 프랑스는 1954년에 이미 인도차이나에서 쫓겨났고, 알제리에서 벌이는 식민 전쟁이 악화하면서 달갑지 않은 미국의 비판을 받았다. 프랑스는 다른 곳에서도 마지못해 철수했다. 제4공화국 역대 정부는 먼저 처리해야 할 일이 앞을 다투는 상황에 휘말렸다. 반공 태세를 유지하고(동시에 급진적으로 보이려 하고), 미국의 지배에 분개하며(동시에 미국이 포기할까 우려하고), 유럽 통합을 받아들였다(동시에 프랑스의 독자적 힘과 위신이 조금이라도 줄어들까 우려했다). 역대 프랑스 정부는 미국의 지원을 받고 자 했으며, 따라서 세네갈부터 마다가스카르와 타히티의 독립 운동 에 공산주의의 위협이 존재한다고 보고했다. 또한 미국이 옛 식민지 를 차지할까 우려했다. 프랑스 지식인은 미 제국주의를 비난했지만, 일부는 프랑스가 식민주의를 포기하는 것이 어렵다는 사실을 깨달았 다. 프랑스의 식민주의는 기묘히 뒤틀린 의미에서 다른 식민주의에 비해 더 도덕적이고 참여적이며 헌신적이고 "진정성"이 있었다. 프 랑스 신문에서 흔히 "프랑스는 아프리카를 알지만, 미국은 알지 못한 다"라는 인식이 강조되었다. 하지만 그 뒤에 숨은 의미-"지식"이 지 속적으로 착취할 자격을 준다-는 런던만큼이나 파리에서도 그렇게 크게 언급되지 않았다.

몇몇 프랑스인과 다른 유럽인, 그리고 소수의 아프리카인은 식 민제국이 여전히 내부에서 변화할 수 있다고 믿었다. 그들은 옛 식민 지인이 민주주의의 가치와 본국 문화를 끌어안을 수 있는 영연방 같 은 통합적 형태의 프랑스연합(Union française)을 신봉했는데, 몇몇의 파리 지식인은 유라프리크Eurafrique라는 용어를 만들어냈다. 인종과 상관없이 모든 이는 권리가 동등한 시민이 될 것이었다. 식민자와 피 식민자의 친밀성은 유럽 다른 나라 사이의 그것보다 더욱 컸다. 진보 주의자는 유럽 통합을 지지하면서 왜 해외에서 분열을 부추기는가? 예를 들어 프랑스공산당은 이런 주장이 이미 너무 늦었음을 이해하 지 못한 채, 이 문제에 대해 상당한 정치적 왜곡을 겪었다. 프랑스공 산당은 식민지의 "해방"을 원하면서도 프랑스와 분리되는 것은 바라지 않았다. 프랑스공산당 지도자 모리스 토레즈는 "분리의 권리에 분리의 의무가 따르지 않는다"라고 선언했다.[11]

1950년대와 1960년대에 식민지 세계의 주요 지도자에게 문제는 미래 통합의 약속이 아니라, 탈식민화와 반식민지 연대였다. 인종 문제가 핵심을 차지했다. 식민주의의 본질은 인종주의 기획이었고, 미국이 완전한 탈식민화를 지지하지 않자 제3세계 여러 지도자는 미국에서 아프리카계 미국인에게 자행되는 인종 억압을 떠올렸다. 유럽 좌파도 책임이 있었다. 10년 전 프랑스공산당 하원의원으로 선출된 마르티니크의 흑인 작가 에메 세제르Aimé Césaire는 1956년에 사퇴하면서 유라프리크 이념을 혹평했다. "모든 흑인 국가를 휩쓰는 저 거대한 통합의 숨결을 보십시오! 이곳저곳에서 찢어진 천을 어떻게 다시 꿰매는지 보세요! 경험, 혹독히 얻은 경험으로 우리는 단 하나의 무기, 유일하게 효율적이고 손상되지 않은 무기만 우리 손에 쥐어졌음을 배웠습니다. 우리는 통합의 무기, 의지가 있는 모든 이가 뭉치게 하는 반식민 결집의 무기만 있으며, 또한 우리가 본국 정당들의 균열에 따라 흩어지는 시간은 우리의 약세와 패배의 시간임을 배웠습니다."[12]

해방을 향한 알제리의 투쟁만큼 통합의 무기가 제대로 시험된 곳은 없었다. 영국의 모든 식민지(어떤 이는 아일랜드, 스코틀랜드, 웨일스는 예외라고 말하겠지만)가 멀리 바다 건너에 있었던 것과 달리, 알제리는 지중해를 통하면 프랑스와 연결되었다. 알제리는 1830년대에 프랑스의 침략을 받았는데, 1950년대 말에 이르면 전체 인구 800만 명 가운데 유럽에서 온 정착민이 약 120만 명이었다. 반식민 항쟁이 잦

앉고, 알제리민족해방전선은 1954년 프랑스에 맞서 무장 투쟁 활동을 시작했다. 프랑스 정부는 대규모 반 게릴라 작전으로 응수했는데, 양쪽에서 모두 잔학행위가 벌어졌다. 군사작전이 정점으로 치달았을 때 프랑스는 알제리에 50만 명의 병력을 두었다. 대부분 미국이 파리 정부를 지원한 덕분에 급여를 받을 수 있었다. 그렇더라도 이 작전은 알제리민족해방전선을 근절하는 데 성공하지 못해, 1957년까지 알제리민족해방전선은 나라의 상당 부분을 장악했다.

　1958년 5월, 프랑스 장교들이 알제리에서 일으킨 군사 쿠데타는 알제리만이 아니라 프랑스도 분열하게 할 위협을 가했다. 장교들과 그들을 지지하는 정착민은 알제리민족해방전선과 협상할 수 없다고 고집했다. 그들은 샤를 드골 장군이 헌법을 무시하고 프랑스 대통령으로 복귀할 것을 요구했다. 반란자들은 군사력을 과시하기 위해 코르시카섬을 장악하고 파리로 진군하겠다고 위협했다. 1946년 이후 권력에서 밀려난 드골이 (프랑스) 국가의 구원자로 복귀해, 반공주의를 충실히 지키면서 알제리를 프랑스의 일부로 유지하는 데 전념할 것을 선언했다. 독재에 가까운 권한을 받았음에도, 드골은 알제리 전쟁의 물결을 바꾸는 데 거의 도움이 되지 못했다.

　드골은 알제리를 프랑스 영토로 유지하려고 4년을 노력했다. 이 노력은 결국 실패로 돌아갔는데, 미국이 냉전 우선순위에 따라 프랑스의 마지막 식민 전쟁에 쏟을 시간이 별로 없었기 때문이다. 정반대로 미국은 드골이 어렵다고 생각했고, 그가 벌이는 전쟁이 이미 패배한 셈이라고 의심했다. 알제리민족해방전선은 외교 공세를 노련히 펼치면서 식민주의에 반대한다는 미국의 자격에 의문을 던졌다. 제국에 맞서 투쟁하면서 탄생한 나라가 왜 프랑스의 알제리 점령을 비난하지 않는가? 드골은 주저하는 워싱턴을 반격하면서, 미국과 소련이 세계를 나누고 프랑스를 약화할 게 분명하기 때문에 프랑스도 자체 핵무기를 보유해야 한다고 선언했다. 아이젠하워 행정부는 드골이 서방과 단절할 형편이 되지 않는다고 생각했지만, 프랑스와 맺은 동맹이 다른 나라에 미칠 영향을 우려했다. 1959년 국가안전보장회의는 연구에서 "알제리 충돌이 계속되는 한 프랑스는 중동뿐만이 아니라, 미국과 아프리카-아시아권의 관계에서도 골칫거리가 될 것"이라고 결론지었다.[3]

영국제국을 포기할 생각이 추호도 없다고 선언한 영국 보수당 정부는 결국 1958~1962년에 8개국이 독립하게 했다. 대부분의 과정은 평화로웠지만, 새로운 탈식민지 정부는 흔히 권력을 유지하는 게 어렵다는 사실을 깨달았다. 가나는 1957년 독립을 획득한 아프리카 최초의 식민지였다. 통솔력 있는 민족주의 지도자 콰메 은크루마는 초대 총리가 됐지만, 작은 나라의 수반에 머무르기보다 아프리카 해방에서 두드러진 자리를 확보하는 데 더 열심이었다. 드골은 공언한 바와 달리, 프랑스 식민지를 영국 보수당과 똑같이 대우했다. 서아프리카에서 프랑스령 기니는 1958년에 독립했고, 예전 본국과 관계가 이어지는 것을 일절 거부했다. 1958~1962년에 프랑스령 14곳이 독립했다. 드골은 알제리에도 결국 굴복했다. 전쟁에서 이길 힘도 없는데다 강력한 국제적 압력을 받은 파리 당국은 군대를 철수하고 예전 식민지가 독립하는 데 동의했다. 알제리민족해방전선은 1962년 여름에 알제에서 권력을 잡았다. 제3세계의 힘을 상징하는 데 전념하는 급진적인 반식민주의 정부였다.

한편 소련도 1950년대 말에 세계를 바라보는 견해가 바뀌었다. 소비에트 국가는 세계혁명을 이룩하고 제국주의 및 여러 형태의 봉건적·자본주의적 억압을 타도한다는 원칙 위에 세워졌다. 소비에트가 통치한 처음 수십 년간, 특히 "서방의 혁명"을 현실화하지 못한 까닭에 "동방의 혁명"이 일어날 가능성이 점점 중요해졌다. 코민테른은 유럽 외부 출신의 공산주의자를 위해 소련에 학교와 훈련기관을 세웠고, 아시아, 아프리카, 라틴아메리카에서 정당과 공산주의 단체를 조직하는 것을 도왔다. 1921년 아시아 혁명가를 위해 일종의 혁명가 교양 학교인 동방노력자공산대학이 모스크바에 설립됐는데, 바쿠, 이르쿠츠크, 타슈켄트에 분교를 두었다. 인도네시아공산당 지도자 탄 말라카Tan Malaka, 중국의 덩샤오핑, 베트남의 호찌민(나중에 동남아시아와 중국 남부 곳곳에서 코민테른 요원으로 활약한다) 등 놀랍도록 다양한 지도자가 이 학교에서 교육을 받았다. 전간기에 아시아 대부분 나라와 아프리카 일부 나라에서 반제국주의 학생들이 소련 대학들에 몰려왔다. 특히 중국과 베트남, 인도, 중동, 튀르키예에서 많은 이가 무리지어 유학했다. 이 모든 학생이 공산당원은 아니었지만, 식민주의와 유럽의 지배에 반대한다고 공언한 소련에 전부 이끌렸다.

레닌은 특히 식민화한 세계에서 비공산당 좌파 및 반제국주의자와 "통일전선"을 창설하겠다고 공언했는데, 이 방침으로 소련 대외정책과 급진적 반식민운동을 위해 막대한 배당금을 지급했다. 1920년대 말에 스탈린이 소련공산당을 확고히 장악하자 코민테른은 갈팡질팡하긴 했지만, 공동의 대의를 위해 소련과 협력하는 매력

에 계속해서 손상을 주지 않았다. 반식민주의자에게 소련은 사회적·
경제적 본보기로서 영감을 주었고 현실적 지원의 원천이었다. 많은
소련인, 특히 젊은 세대에게 반제국주의 투쟁을 돕는 것은 국내에서
점점 어려워지는 삶에 빛을 더해 주었다. 그리고 이데올로기적 형제
들이 이끄는 혁명이 아니더라도, 반식민 혁명을 지원하는 것은 공산
당 지도부에게 전략적으로 의미가 있었다. 그것은 유럽의 약한 공산
주의 운동으로 성취할 수 없는, 유럽의 제국 중심부-런던, 파리, 브뤼
셀-를 타격하려는 시도였다.

　　공산주의와 반제국주의 대의가 긴밀하다는 인식은 1920~1940
년대에 여러 차례 열린 회의에서 드러났다. 출발점은 1927년 브뤼셀
에서 처음 열린 '제국주의와 식민주의에 반대하는 국제회의'였다. 회
의를 계획한 주역은 독일의 코민테른 요원, 그중에서도 특히 통일전
선 조직을 창설하는 데 귀재이고 경력이 다채로운 빌리 뮌첸베르크
Willi Münzenberg였다. 뮌첸베르크는 국민당이 주도한 중국의 반제국
주의 운동으로 회의를 소집했다. 회의에는 알베르트 아인슈타인과
앙리 바르뷔스Henri Barbusse 같은 유럽의 반제국주의자부터 자와할
랄 네루, 중국 초대 대총통 쑨원의 부인 쑹칭링宋慶齡, 그 밖에 아시아
와 아프리카, 카리브해의 활동가까지 전 세계에서 참가자가 모여들
었다. 아프리카계 미국인과 푸에르토리코인 단체 등 미국의 여러 민
권 단체가 참가했다. 코민테른 조직자는 금세 회의 통제권을 상실했
다. 회의는 그들이 기대한 반식민주의와 사회주의의 연계를 찬미하
는 대신, 유럽의 통제권을 비난하는 것으로 바뀌었다. 세네갈공산당
원 라민 상고르Lamine Senghor는 자기의 으뜸가는 임무가 인종 평등

을 끌어안는 민주주의로 제국을 대체하는 것이라고 역설했다. "노예제는 폐지되지 않았습니다. 오히려 현대화하고 있지요. … 우리는 프랑스가 우리를 죽이거나 일하게 하려고 할 때만 우리가 프랑스인임을 알고 확인합니다. 하지만 우리에게 권리를 주어야 할 때는 프랑스인이 아니라 검둥이가 되지요."[14]

소련이 세계적 반제국주의를 통제하면서 맞닥뜨린 곤란은 차르가 물려준 다민족 제국을 다루는 문제에서도 드러났다. 처음에 공산당은 소비에트공화국이나 자치 지역으로 이루어진 자기 지역에서 비러시아인(그리고 특히 비유럽인)이 지도적 지위를 맡도록 장려했다. 19세기 러시아제국에 정복된 타지크족이나 우즈베크족 같은 집단은 이제 소비에트 연방 국가에서 독자적인 공화국을 운영한다는 포부를 가지라는 말을 들었다. 칼미크족이나 우드무르트인처럼 어떤 형태로도 독립한 적이 없는 소수집단도 고유의 영토를 가졌다. 러시아 민족지학자는 각 민족에게 권리를 주고, 각 민족이 고유언어를 사용하도록 장려하며, 각 민족을 교육하기 위해 민족을 식별하느라 열심히 일했다. 모두 공산당 고문들의 보호를 받으며 이뤄진 일이었다. 레닌은 소련의 주적이 대러시아 국수주의라고 말했다. 그는 자기가 죽은 뒤에 "소비에트와 소비에트화한 노동자 극소수 집단이 우유에 빠진 파리처럼, 국수주의적인 대러시아 쓰레기 물결에 휩쓸려 익사할 것"을 우려했다.[15] 스탈린은 각 공화국의 독립적 권력을 우려했지만, 대부분 1930년대 초까지 토착화(korenizatsiia) 정책이 지속되었다.

하지만 1930년대에 스탈린이 독재를 유지하기 위해 대규모 테러에 의지하자, 소련 내 아시아 민족의 열망에 조종이 울렸다. 일찍이 민족이나 종교, 문화의 자율권 원칙을 주장한 이들은 노동수용소로 사라졌고, 그들의 러시아 고문들, 그리고 소련에 피신한 수많은 외국의 반식민주의자도 같은 운명을 겪었다. 바시키르족 지도자 미르사이트 술탄-갈리예프Mirsaid Sultan-Galiev 같은 소련의 몇몇 저명한 무슬림 반제국주의자는 감옥에서 처형되었다. 스탈린은 자기 지도력으로 통일된 소비에트 국가, 결국 유럽에서 패권에 도전할 수 있는 국가를 원했다. 조지아 공산주의자 스탈린에게 유럽은 세계의 미래가 결정되는 곳이었다. 식민 세계는 기껏해야 부차적인 문제였고, 최악의 상황에는 방해만 되는 골칫거리였다. 소련 안에서 러시아의 옛 식민지 주민은 소비에트 국가에 통합되어야 했다. 소련 밖에서 반식민주의자는 소련의 안보 이익을 증진할 수 있을 때 주로 관심을 끌었다. 전후에 인도, 인도네시아, 중국에서 유럽의 지배를 타도하려고 대대적인 전환이 이루어졌지만, 이조차도 스탈린에게 중요하지 않은 듯했다. 1945년 이후 스탈린은 반제국주의가 어떻게 미국과 그 동맹국을 약화할 수 있는지 이야기하긴 했지만, 그의 시선은 유럽에 확고히 고정되었다.

그렇다면 스탈린의 후계자들이 수령이 제3세계와 관련한 좋은 기회를 놓쳤다고 느낀 것도 놀랄 일은 아니다. 결국 암묵적이긴 해도 직접적으로 전 독재자를 비판하는 가운데, 흐루쇼프와 동료들은 스탈린 사후 처음 몇 년간 아시아와 중동의 여러 나라를 방문하러 나섰다. 1955년 흐루쇼프는 인도, 버마, 아프가니스탄을 방문했다. 신생 독립국가를 방문한 흐루쇼프의 전언은 언제나 똑같았다. 식민주의에서 떨어져 나온 이들은 누구나 소련의 지원을 기대할 수 있다는 것이었다. 소련이 신생 국가에 주로 소련만의 진리를 설교하던 시절은 지나갔다. 이제는 양쪽에 모두 힘이 되고, 결국 전 세계가 사회주의로 이행하기 위한 조건을 향상할 실질적 협력이 강조되었다. "민족 독립을 이룬 민족은 평화와 사회 진보를 위한 투쟁에서 새롭고 강력한 세력이 되고 있습니다." 1961년 1월 모스크바 고급 당학교에서 흐루쇼프가 말했다. "민족해방운동은 점점 더 제국주의에 타격을 가하고, 평화를 공고히 하며, 사회진보의 경로를 따라 인류의 발전을 가속화하는 데 이바지합니다. 아시아와 아프리카, 라틴아메리카는 이제 제국주의에 맞선 혁명 투쟁에서 가장 중요한 중심입니다."[16]

1960년에 소련은 제3세계에 상당히 깊숙이 손을 뻗친 상태였다. 냉전 분할에 반대하는 나라와 반둥 의제에 충실하겠다고 약속한 나라조차 실제 지원을 받기 위해 기꺼이 소련에 의지했다. 수에즈 위기 이후 이집트는 이미 소련의 지원을 받아 장기 발전 사업을 시작했다. 인도네시아와 쿠바, 그리고 가나, 기니, 말리 등 몇몇 서아프리카 나라는 소련과 긴밀히 협력했다. 중국과 관계가 악화하는 와중에도 소련은 제3세계에서 친구를 찾는 데 전혀 어려움을 겪지 않는 듯했다. 인도는 큰 전리품 가운데 하나였고, 비동맹 정책에도 네루 정부는 이미 소련의 경험에 의지해서 고유한 형태의 사회주의를 건설하고 있었다. 하지만 그들은 영향력이 양방향으로 미치기를 기대했다. 모스크바 주재 인도대사 K. P. S. 메논Menon은 인도와 "소련의 친선 관계가 기술 원조의 … 형태만이 아니라 공산주의의 윤곽을 완화하고, 두 세력 사이에 선의-그리고 양식良識-가 흐를 수 있는 통로를 뚫는 방식으로 배당금을 지급하고 있다"라고 보고했다.[17]

제3세계에서 소련의 힘이 미치는 범위와 그 한계를 동시에 보여 준 위기는 콩고에서 벌어졌다. 가난하고 착취당하던 벨기에 식민지는 1960년에 갑자기 독립했다. 광대한 나라의 지역을 연결하는 도로도 전혀 없고 유럽인이 소유한 광산 말고는 경제 발전도 거의 이뤄지지 않은 때였다. 콩고는 대학 졸업생이 총 16명이었고, 의사와 고등학교 교사, 군 장교, 전국 정당이 하나도 없었다. 모든 것을 벨기에인이 운영하는 나라였다. 식민 행정관이 떠나자 파트리스 루뭄바Patrice Lumumba 총리가 이끄는 새로운 지도부는 콩고의 붕괴를 피하기 위해 최선을 다했다. 루뭄바는 우체국 사무원 출신 급진 민족주의자로, 콩고의 독립을 위해 활동하고, 여러 지방에서 최소한 몇 명의 대표자를 둔 유일한 정당을 이끈 인물이었다. 벨기에인은 그를 혐오했고, 광산 이익을 지키기 위해 분리주의 단체와 협력했다. 미국도 루뭄바를 반대했는데, 좌익인 그가 모스크바와 콩고의 풍부한 광물을 연결할 수 있다고 보았기 때문이다. 독립하고 몇 주 만에 콩고는 갈가리 쪼개졌다. 루뭄바는 유엔군 급파를 호소해서 얻어 냈지만, 나라를 뭉치는 데는 도움을 받지 못했다. 절망한 그는 소련에 공개적으로 지원을 호소했다.

콩고 위기가 시작된 때부터 아이젠하워 행정부는 루뭄바를 아프리카에서 미국의 이익에 대한 위협으로 여겼다. 국무장관 덜레스에 따르면, "루뭄바가 공산주의자에게 매수되었다고 생각하고 움직이는 게 안전"했다.[18] 미국은 루뭄바가 집권하는 것을 막으려 했고, 그가 집권하자 군사 쿠데타를 일으켜 그를 축출하려 했다. 한편 루뭄바는 서방의 정책을 비난했다. "우리는 서방이 어떤 목적을 추구하는

지 않니다. 어제 그들은 우리를 부족과 씨족, 마을 차원에서 갈라놓았습니다. 아프리카가 스스로 해방된 오늘 그들은 우리를 국가 차원에서 나누려 합니다. 그들은 적대 세력과 위성국가를 만들고자 하며, 그런 냉전 단계에서 시작해서 그들의 지배를 영속화하기 위해 분열을 심화합니다."[19] 하지만 소련에 지원-킨샤사에 느릿느릿 도착했다-을 호소한 것은 루뭄바의 파멸을 자초했다. 중앙정보국은 1960년 9월 암살을 계획했지만, 미처 작전을 실행하기도 전에 군부가 총리를 몰아냈다. 콩고 군부는 루뭄바를 카탕가주의 분리주의 적에게 넘겼고, 그는 고문을 당한 끝에 3개월 뒤에 살해되었다.

흐루쇼프와 그의 보좌진에게 콩고 위기는 깜짝 놀랄 만한 사태였다. 정통성을 갖춘 아프리카 정부가 소련에 지원을 호소했고, 1960년 7월 흐루쇼프는 도와주겠다고 약속했다. "콩고공화국을 상대로 제국주의적 침략을 교묘히 실행하는 국가가 … 범죄 행위를 계속한다면, 소련은 침략을 저지하는 결정적 조치를 주저하지 않을 겁니다. 콩고 정부의 정당한 대의가 승리하는 데 소련 정부가 반드시 도울 것임을 콩고 정부는 확신해도 됩니다."[20] 6개월 뒤 루뭄바는 사망했고, 콩고는 미국의 지원을 받는 군사 독재의 지배를 받았으며, 소련이 할 수 있는 유일한 대응은 모스크바에 새로 만드는 외국인 학생용 대학에 파트리스루뭄바대학교라고 순교한 콩고 지도자의 이름을 붙이는 것뿐이었다. 소련은 아직 중앙아프리카에 힘을 투사할 만한 병참이나 군사 역량이 없었다. 이 사태에 관여한 중앙위원회 참모진과 붉은 군대 장교, 국가보안위원회 관리 모두 절대 잊지 못할 교훈이었다.

콩고의 비극은 다른 제3세계 국가에 자국도 약하다는 사실을 깨닫게 하는 징후였다. 가나와 이집트는 루뭄바가 계속 권력을 유지하도록 돕고자 했지만, 행동하기에는 너무 약하고 느렸다. 은크루마와 나세르는 자국의 경제 발전을 강화하는 것이 유일한 탈출구라고 결론을 내렸다. 빈 벨라의 알제리 같은 제3세계의 다른 핵심 정권도 같은 생각이었다. 국가가 개입하고 계획함으로써 경제 발전을 개시할 수 있어야만, 나라가 강해져서 국민의 열망을 충족하는 동시에 다른 나라와 연대할 수 있었다. 소련의 경제 실험에는 이런 성장을 이룰 수 있는 열쇠가 몇 개 있었지만, 신생 국가 국민의 능력으로 이를 활성화하고 극대화해야 했다. 식민 지배를 없애고 자민족을 위해 행동하는 국가를 만들면 신속한 경제성장을 이룰 수 있다는 게 제3세계 공통의 믿음이었다. 하지만 많은 지도자는 자국이 신속히 발전하는 데 필요한 전문 역량, 특히 새로운 산업을 건설할 역량이 없고, 수출할 수 있는 몇 되지 않는 자원은 다국적 기업과 국제 무역 체제가 정한 조건에 여전히 매여 있음을 깨달았다. 거의 처음부터 여러 나라는 관료 부패가 점점 심해져 발전을 시도하는 데 방해를 받았다. 특히 1960년대 중반에 이르자 많은 아프리카인은 식민 지배 시기보다 일상생활이 더 열악해졌음을 깨달았다. 그들은 탈식민지 정권이 제공할 수 있는 수준보다 높은 안정과 질서, 점진적 진보를 기대했다.

　알제리가 좋은 예다. 알제리민족해방전선의 핵심 지도자로 부상한 아흐마드 빈 벨라는 프랑스 군대에서 복무하던 시기와 그 이후 프랑스에 정치범으로 수용됐을 때 급진적으로 변했다. 마침내 나라가 독립하자, 빈 벨라의 정부는 대다수 산업을 국유화하고, 가장 중요한 경제 활동인 알제리 석유산업을 점진적으로 국유화하는 것을 목표로 삼았다. 1962년 이후 대부분 프랑스로 달아난 유럽 소유주가 버리고 간 토지는 농민과 노동자 자주 관리 집단에 넘어갔다. 전문 역량과 장비, 투자가 부족해 농업 생산이 급감했다. 신산업을 구축한다는 계획은 대부분 이루어지지 않았는데, 한 가지 이유를 찾자면, 물가가 오르고 급속한 도시화로 임대료가 급등하면서 산업을 건설해야 하는 이가 가족을 건사하는 데도 할 일이 많았기 때문이다. 빈 벨라 시절에 알제리의 성장률은 낮지 않았다. 평균 5퍼센트에 약간 모자라는 수준이었다. 이는 주로 원유 수출로 이룬 성과였다. 다른 모든 산업은 쇠퇴했고, 국가는 원유 수입을 방만하고 비효율적으로 지출했다. 의구심이 확산되자 빈 벨라는 점점 독재자가 되어 걸핏하면 장황한 대중 연설을 늘어놓으면서, 신문사 국유화부터 무슬림 보이스카우트의 의무 가입 시행에 이르는 광범위한 정책을 즉각 시행하는 것에 지지를 호소했다. 군중은 "빈 벨라 만세"를 외쳤지만, 1965년 군부가 그를 끌어내렸을 때 대다수 알제리인은 안도의 한숨을 내쉰 듯하다.

국내에서 성공을 거두지 못했지만, 빈 벨라의 알제리는 아프리카와 중동에서 온 제3세계 혁명가의 중심이 되었다. 아프리카 식민지를 계속 고수하는 포르투갈에 맞서 싸우는 주요 단체 두 개가 알제리에 본부를 두었다—앙골라해방인민운동(Movimento Popular de Libertação de Angola, MPLA), 기니·카보베르데독립아프리카당(Partido Africano da Independência da Guiné e Cabo Verde, PAIGC)이다. 아프리카민족회의 지도자 넬슨 만델라는 알제에서 군사훈련을 받으면서 시간을 보냈고, 콩고, 로디지아(지금의 짐바브웨), 팔레스타인 출신 혁명가도 알제에 체류했다. 맬컴 엑스를 비롯한 아프리카계 미국인 투사가 알제리를 방문했고, 흑표범당(Black Panther) 운동의 지도자 몇 명도 나중에 그곳으로 피신했다. 빈 벨라의 핵심 보좌관 다수가 서유럽인이나 유고슬라비아인이었다(하지만 소련인은 거의 없었다). 알제리 지도자들은 이집트, 인도네시아, 인도와 함께 국제적으로 폭넓게 연대하고 협력하는 것만이 아프리카의 탈식민화를 완수하고 냉전의 손아귀에서 벗어날 수 있다고 역설했다.

알제리가 독립하기 전해인 1961년, 광범위한 국가들이 연합해 훗날 비동맹운동으로 발전하는 협의체를 형성했다. 이들 나라는 모두 냉전이 자국의 국제적 이해관계를 위협하고 국내의 발전 계획에 방해가 된다고 느꼈다. 6년 전 반둥회의에 참가한 나라 대부분 창립 회의에 참석했다. 하지만 비동맹운동은 반둥의 후속 기구만이 아니었다. 민족 사이의 연대, 특히 인종 연대가 부재한 것이 눈에 띄었다. 그 대신에 회의는 모든 형태의 식민주의와 외국의 개입을 철폐하기 위해 각국의 주권과 국제 평화의 필요성을 강조하는 반둥 의제의 일부에 선결 조건으로 초점을 맞췄다. 유고슬라비아 수도 베오그라드에서 첫 회의가 열린 이 새로운 기획은 아시아와 아프리카의 독립국만이 아니라 훨씬 폭넓은 조직을 표방했다. 주된 목적은 새로운 형태로 국제 협력을 함으로써 냉전 체계에 도전하는 것이었다. 중국은 초청되지 못했지만, 쿠바는 처음부터 정회원국이었고, 키프로스, 심지어 에티오피아나 사우디아라비아 같은 보수적 왕정도 정회원국이었다. 수카르노는 다음과 같이 연설했다.

비동맹은 어느 한 나라나 권역 또는 어떤 특정한 유형의 사회 체계를 겨냥한 게 아닙니다. 비동맹 정책은 우리 각국이 평화를 보전하고 국제적 긴장을 완화하는 데 긍정적으로 이바지할 수 있는 최선의 길이라는 것을 우리 모두 확신하고 있습니다. 우리 솔직해집시다. 이 자리에 모인 우리 나라들이 스스로 비동맹의 길에 들어선 나라라는 것은 단순히 우연의 일치가 아닙니다. ⋯ 지금은 신흥국의 시대이자 반민족주의의 격동, 국가 건설과 제국 해체의 시대입니다.[21]

1960년대 초에 이르면, 탈식민화를 거치면서 1945년에 대다수 사람이 상상조차 하지 못한 정도로 세계가 바뀌었다. 전 세계에 독립국이 훨씬 많아졌을 뿐만 아니라 신생국 전부가 비유럽인이 이끄는 나라였다. 반대로 유럽은 힘을 크게 잃었는데, 특히 탈식민지 국가가 세계 문제와 관련해 발언권을 요구했기 때문이다. 신생국 대다수는 냉전으로 탄생한 국제질서를 좋아하지 않았다. 그들은 그 질서에 제약을 받는다고 느꼈고, 그것이 유럽 지배의 또 다른 형태일 뿐이라고 믿었다. 그와 동시에 냉전은 국내외에서 충돌을 벌여 그 나라들을 무자비하게 집어삼켰다. 이미 1960년대 말에 이르면 제3세계를 구성하는 나라의 통치자는 소련 모형이든 미국 모형이든 상관없이 안정과 새로운 형태의 경제성장을 추구하고 있었다. 이 2세대 지도자는 대부분 혁명보다 질서 정연한 변화를 선호하는 군인이었다. 제3세계는 한순간이었다. 반둥에서 15년 뒤, 점점 더 많은 신생국은 어느 한쪽의 초강대국과 탄탄히 연계하지 않고서는 버티기가 어렵다고 느꼈다.

케네디 시절의
돌발 사건들

케네디는 비록 경쟁자에 비해 많은

이점을 누렸지만, 재임 마지막 해에 고조된

아프리카계 미국인 민권 운동 같은 국내의

정치 위기에 대응하고, 확전 일로를 달리는

베트남전쟁에 몰두하며, 소련과 미국의

관계에서 지속적인 안정을 보장할 형식을

찾느라 바빴다.

　　　　　미국의 냉전 대통령으로서 아이젠하워 장군의 재임 기록은 확실히 복합적이다. 국제경험을 폭넓게 한 아이젠하워는 전임자와 달리, 항구적인 위기감을 느끼거나 심적 고통에 빈번히 시달리지 않았다. 그는 미국을 한국전쟁에서 탈출하게 했고 마찬가지로 중요한 아시아에서 새로운 전쟁에 직접 휘말리는 사태를 피했다. 또한 아이젠하워는 냉전의 거대한 군사화를 감독했는데, 이 과정에서 미국의 핵무기는 1950년 핵탄두 370개에서 1960년 4만 개 넘게 급증했다. 아이젠하워는 이란과 과테말라에 은밀히 개입함으로써 중동과 라틴아메리카에서 급진 민족주의자를 소외했다. 그리고 주로 국내의 이데올로기적 이유에서 스탈린 사후 소련과 빚은 갈등을 실질적으로 완화할 수 있는 기회를 활용하는 데 실패했다.

　　　　　아이젠하워가 좀 더 미래지향적인 사고를 한 데는 사후적인 평가의 역할이 컸던 듯하다. 제3세계 지도자들에게 손을 내밀고 소련과 정기적으로 정상회담을 하려 한 시도는 대통령 임기 말에야 나왔다. 상징적으로, 흐루쇼프와 마지막 회담이 취소된 것은 소련이 자국 영공에서 미국 정찰기를 격추한 사건 때문이었다. 미국 역사에서 최대 규모의 군사 역량 증강을 주재한 아이젠하워는 고별사에서 미국인들에게 경고하고 나섰다.

> 우리는 부득이 어마어마한 규모의 항구적 군비 산업을 창출해야 했습니다. 여기에 더해 350만 명의 남녀가 국방 기구에 직접 종사하고 있습니다. 우리는 해마다 미국 전체 대기업의 순수입보다 많은 돈을 군사 안보에 지출합니다. 거대한 군사 기구와 대규모 무기 산업의 이러한 결합은 미국 역사에서 새로운 현상입니다. … 우리는 원하든 원하지 않든 군산복합체가 부당한 영향력을 확보하는 것을 막아야 합니다. 부적절한 권력이 재앙으로 등장할 가능성이 존재하며 앞으로도 사라지지 않을 것입니다.[1]

따라서 아이젠하워가 후임자에게 남긴 유산은 골칫거리였다. 젊은 대통령 당선자 존 F. 케네디는 1961년 1월 취임하기 전부터 이미 지난 행정부가 남긴, 그리고 급변하는 세계가 만들어 내는 돌발 사태에 고심했다. 미국이 지원하는 정부를 반란자가 위협하는 라오스 위기를 파악하고 대처하기 위해 분투했다. 또한 의회에 손을 뻗어 민주당 지도자들이 미국의 해외 관여를 확대하고 국방 지출을 증대하며, 개발도상국 원조를 확대하는 것을 지지하도록 노력했다. 그리고 회의적 시선으로 보는 군과 정보기관에 젊은 가톨릭교도 민주당원 대통령은 완전한 책임자일 뿐만 아니라, 노련한 전임자보다 냉전에서 승리할 능력이 더 출중하다는 것을 보여 주고자 했다. 정신없이 바쁜 임기 첫해에 성공과 실패 가능성이 대략 엇비슷했다.

존 F. 케네디는 처음으로 20세기에 태어난 미국 대통령이었다. 또한 역대 대통령 가운데 최연소로, 43세에 거의 30년 연상의 전임자에게서 정부를 넘겨받았다. 최초의 가톨릭교도 대통령으로 당선된 케네디는 미국의 정치 엘리트 집단이 점차 새로운 인구층으로 확대되고 있음을 보여 주는 징후였다. 아일랜드 이민자 출신의 부유한 보스턴 집안에서 태어난 케네디는 유서 깊은 부유층이 존경받는 도시에서 신흥 부자라는 신랄한 공격에 익숙해져야 했다. 하지만 그는 낙천적인 성격과 호전적인 정치적 품행으로 이를 극복했다. JFK-몇몇 미국 대통령처럼 그도 흔히 이니셜로 불렸다-는 정치나 인생에서 승리하도록 자라났고, 지적 능력과 매력 덕분에 자주 승리할 수 있었다.

케네디가 당선되자 미국 전역은 엄청나게 열광했지만, 아이젠하워의 부통령 리처드 닉슨과 격전을 벌인 끝에 근소한 차이로 거둔 승리였다. 그럼에도 케네디의 젊음과 활력, 전반적인 매력(특히 부인 재클린의 매력도)은 정치적으로 그를 지지한 이들을 훌쩍 넘어서 많은 사람이 열광하게 했다. 그의 수사법도 재기가 넘쳤다. 케네디는 변화의 필요성과 승승장구하는 미국을 이야기했는데, 미국 정치에서 언제나 승리하는 조합이었다(게다가 전임자의 신중한 어조와 거리가 멀었다). 취임사에서 신임 대통령은 소련에 주의를 주었다.

> 저는 미국이 언제나 헌신해서 지킨 인권이 서서히 파멸되는 것을 지켜보거나 방치하지 않을 것입니다. … 기나긴 세계 역사에서 단지 몇 세대만이 세계가 최대의 위험에 처했을 때 자유를 수호하는 역할을

맡았습니다. 저는 이 책임을 회피하지 않습니다-오히려 환영합니다. 저는 우리 가운데 누구도 다른 어떤 국민이나 다른 세대와 자리를 바꾸고 싶어 하리라고 믿지 않습니다. 이 노력을 위해 우리가 쏟는 정력과 신념과 헌신은 조국과 조국에 봉사하는 모든 이의 앞길을 밝혀 줄 것입니다-그리고 그 불빛은 진실로 세계를 밝힐 수 있습니다.[2]

선거운동 당시 그랬듯이, 당선 이후 케네디는 미국이 소련과 벌이는 싸움에서 밀릴 수 있다고 이야기했다. 전임자를 간접 공격하면서 안정성만으로는 충분하지 않다고 주장했다. 케네디는 미국이 냉전에서 **이기기**를 원했지만, 이런 승리가 정확히 무엇을 의미하는지는 언제나 분명히 밝히지 않았다. 선거운동을 하는 동안, 그는 핵무기의 측면에서 증대된 소련의 역량과 미국의 역량 사이에 "미사일 격차"가 존재한다고 무척 부정확하게 주장했다. 사실 상황은 반대였고, 케네디도 아마 그 사실을 알았을 것이다. 하지만 그는 허구적인 "격차"를 들먹이면서 세계 권력을 향한 경쟁에서 소련을 활용하려는 의지를 보여 주었다. 케네디에게 1960년대는 거대한 위험과 막대한 기회의 시대였다. 세계는 플라스틱처럼 이렇게 저렇게 형태를 바꿀 수 있었고, 이를 새로운 모양으로 만드는 것은 미국에 달려 있었다.

시간이 흐르며 여러 사태가 발생하자 케네디의 호전적 태도도 누그러졌다. 비극적으로 끝난 대통령 임기 중에 결정적인 순간은 쿠바미사일위기였다. 당시 소련과 미국은 냉전 시기의 어떤 순간보다도 핵전쟁 일보 직전까지 치달았다. 1962년 10월 위기 이후 케네디는 자신에게 남은 시간 동안 타협과 지속적인 평화를 추구하는 데 더 진심을 기울였다. 하지만 그는 언제나 이데올로기에 강하게 집착했다. 냉전 시기 미국의 어떤 대통령보다도 지적이었던 케네디는 이념을 논하고 변화를 이해하려는 시도를 즐겼다. 그는 윌슨의 신조, 즉 미국이 안전을 누리고 역사적 사명을 완수하는 길은 다른 나라를 미국과 비슷하게 만드는 것뿐이라는 신조를 믿었다. 그리고 1960년대는 다른 어떤 시기보다 젊은 대통령에게 그렇게 할 수 있는 기회를 내미는 것처럼 보였다.

케네디가 대처해야 한 첫 번째 돌발 사건은 미국과 제3세계 나라의 관계였다. 상원의원 시절 케네디는 신생 독립국 문제와 식민주의를 반대하는 데 미국이 더 많이 관여해야 한다고 공공연히 목소리를 높였다. 알제리가 대표적이었다. 하지만 그의 주장은 이데올로기적·도덕적 관여로 그치지 않았다. 또한 그는 미국이 신생 국가와 긴밀히 손을 잡지 않아서 좋은 기회를 놓치고, 미국이 손 놓고 있는 사이 소련이 기회를 활용할까 우려했다. 케네디는 MIT의 경제사학자 월트 로스토Walt Rostow가 쓴 《경제성장 단계(The Stages of Economic Growth)》를 읽었는데, 여기서 로스토는 "전통" 사회가 근대로 이행한 바로 그 순간에 특히 공산주의의 침투에 취약하다고 주장했다. 또한 케네디는 흐루쇼프의 1961년 1월 연설문도 읽었는데, 여기서 소련 지도자는 제3세계의 비공산주의 국가와 운동도 지원하겠다고 약속하면서 광범위하게 언급했다. 대외정책에 경험이 일천함을 반영이라도 하듯 케네디는 이 연설을 거의 미국에 대한 선전포고로 보았다. 그는 보좌진에게 흐루쇼프의 전언을 "읽고, 표시하고, 배우고, 마음속으로 소화하라"라고 지시했다. "그 전언을 이해해야 합니다." 대통령

은 거듭 말했다. "소련을 이해하는 실마리가 될 테니까요."³

　　케네디는 냉전에서 승리하기 위해서 탈식민지 국가가 소련의 품에 안기는 것을 막아야 한다고 믿었다. 아이젠하워는 이런 면에서 너무 수동적이었다는 게 신임 대통령의 판단이었다. 케네디 행정부는 경제원조를 확대하고, 미군과 현지 군대가 반란을 진압하는 전투를 공동으로 훈련하는 정책을 고안했다. 미국의 개발 원조 지출은 많이 증가했지만, 그래도 국내총생산의 최대 0.6퍼센트였다.⁴ 대통령 취임 후 몇 달 만에 케네디는 세계 발전 원조를 확대하는 시도 하나로 미국 평화봉사단이 출범하게 했다. 미국 젊은이를 아프리카나 아시아, 라틴아메리카에서 일할 자원봉사자로 선발해, 현지인에게 기술을 훈련한다는 계획이었다. 케네디가 제안한 대로 만들어진 평화봉사단은 어떠한 행동을 촉구하고 상황을 바로잡아서 냉전에서 승리하려는 시도였다. "평화봉사단에 참가하는 미국 젊은이는 모두 자유의 토대이자 평화의 조건이 되는 버젓한 생활방식을 인류에게 가져다주는 위대한 공동의 과제를 공유한다는 걸 알게 될 겁니다."⁵ 1966년에 이르면 1만 5000명의 미국인이 칠레와 나이지리아, 이란, 타이 같은 다양한 나라에서 봉사했다.

　　안보 측면에서 케네디가 처음에 초점을 맞춘 곳은 동남아시아였다. 1954년 베트남이 분단된 이후 미국이 지지하는 정권에 맞선 반란이 끓어오르는 지역이었다. 케네디에게 라오스 위기는 냉전이 제3세계에서 어떤 종류의 도전으로 이어질지를 보여 주는 으뜸가는 사례였다. 그는 라오스공산당과 그 동맹 세력인 북베트남, 중국, 소련 등이 신임 대통령인 자신에 맞서 직접 도발을 감행한다고 보았다. 케네디로서는 오히려 이제나저제나 하고 기다리던 도전이었다. 대통령은 보좌진에게 "라오스에서 어떤 행동을 하든 대찬성"이라고 말했지만, 미국 지상군을 파견하는 데는 무척 신중했다. 미국이 개입하겠다고 위협하면서 공산당 세력에 정치적 타협을 강요하기를 바랐다.[6] 이 전략의 하나로 백악관은 중앙정보국이 라오스를 겨냥해 만든 비밀공작 계획을 승인했다. 중국 국경 지역에 집중하는 공작이었다. 또한 케네디는 미군 7함대를 남중국해에 급파하고 오키나와에 있는 전투부대에 경계 태세를 명령했다. 나중에는 미군을 타이에 보내기도 했다. 케네디는 자신이 평화를 이룩하려고 전쟁으로 위협한다고 생각했다. 대통령 재임 중에 더 심각한 충돌에서도 구사한 벼랑 끝 정책이었다.

케네디가 라오스에 내민 당근과 채찍은 적어도 한동안은 잘 먹혔다. 흐루쇼프는 어느 정도 당연히 주변부의 주변부라고 여기는 라오스를 놓고 싸울 생각이 전혀 없었다. 중국은 대약진운동의 재앙 이후 힘이 없었고, 베이징에서 일시적으로 권력을 잡은 이들-류사오치와 저우언라이-은 라오스 위기를 활용해 소련과 국제 문제에서 계속 협력하려는 의지를 보이고자 했다. 북베트남은 라오스 급진파를 도와주려는 마음은 간절했지만, 단독으로 행동에 나설 상황은 아니었다. 그 결과로 열린 제네바회의 막바지에 관련된 모든 강대국-그리고 라오스-은 라오스를 중립화하고 연립정부를 세우는 데 동의했다. 허나 워싱턴이나 하노이에서 이것이 이야기의 끝이 되리라고 생각한 이는 거의-라오스에서는 아무도- 없었고, 케네디는 이 위기로 남베트남에 더욱 전념했다. 하지만 지금 당장은 초강대국 경쟁에서 구르던 공 하나가 이탈한 셈이었다.

415

케네디가 유럽에 대해 내놓은 전망은 제3세계에 비해 훨씬 제한되었다. 그는 유럽에서 세력 균형을 바꾸려는 의도가 전혀 없었고, 흐루쇼프도 적어도 당분간은 유럽의 현재 상태에 상당히 만족하리라고 짐작했다. 눈에 띄는 주요 쟁점은 나누어진 독일 수도 베를린에 대한 통제권이었는데, 케네디는 이 문제가 소련 지도자에게 얼마나 당혹스러운 일이 됐는지 분명히 파악하지 못했다. 흐루쇼프는 베를린-아직 동독과 서독을 왕래할 수 있는 독일의 유일한 지역-을, 독일의 동부 지역, 즉 25만 명의 붉은군대 병사가 주둔한 공산주의 국가인 독일민주공화국의 심장에 난 상처로 보았다. 문제는 동독인, 특히 교육수준이 높거나 전문가 훈련을 받은 이들이 계속 작당해서 서쪽으로 떠나고 있다는 사실이었다. 1960년 19만여 명이 더 큰 자유와 소득을 찾아 도시의 서부로 갔다.

동독 지도자와 소련 지도부 성원 모두 흐루쇼프에게 베를린 상황과 관련해 어떻게 할 셈이냐고 줄곧 물었다. 동독공산당은 이 상황을 계속 지지할 수 없는 노릇이었다. 많은 인재가 동독을 떠날 뿐만 아니라 그들이 통제와 지시를 위반해서 떠나는 방식 자체가 발터 울브리히트와 동베를린 정부의 권위를 조롱하는 셈이었다. 하지만 지하철이 도시 전체를 계속 훑고 달리는 한 어떻게 할 수 있는 일이 별로 없었다. 1960년 11월 울브리히트는 흐루쇼프에게 이렇게 설명했다. "베를린 상황은 복잡해져 우리한테 유리하지 않습니다. 서베를린은 경제적으로 힘을 얻고 있습니다. 동베를린 노동자 5만 명 정도가 … 서베를린으로 일하러 간다는 사실에서 알 수 있지요. 거기서 받는 급여가 더 많으니까요. 왜 우리는 급여를 인상하지 않을까요? … 무엇보다도 그럴 여력이 없습니다. 다음으로 우리가 급여를 인상한다고 하더라도 우리 상품은 노동자의 구매력을 충족할 수 없어서 그들은 그 돈으로 서베를린에서 물건을 살 겁니다."[7] 흐루쇼프는 1961년 여름 빈에서 열린 정상회담에서 처음으로 케네디를 만났다. 케네디가 요청한 회담이었다. 케네디는 보좌진에게 소련 지도자에게 "우리도 그자만큼 거칠게 나갈 수 있음"을 보여 주려고 한다고 말했다.[8] 하지만 양국의 회담은 순조로이 진행되지 않았다. 흐루쇼프는 고심한 흔적인 듯 패기만만한 모습이었다. 아직도 루뭄바가 살해되고 소련이 콩고에서 입지를 상실한 데 화가 나 있었다. 하지만 소련은 이제막 인류를 최초로 우주에 보낸 상황이었고, 미국은 쿠바 문제에서, 그리고 유럽 동맹국과 맺은 관계에서 차질을 빚고 있었다. 흐루쇼프는 어리석게도 훨씬 젊은 미국 대통령을 윽박질러서 양보를 얻어 내려했다. 베를린 문제가 그의 머릿속에서 우선순위였다.

처음에 흐루쇼프는 케네디에게 이데올로기의 한 교훈을 들이밀었다. 상대는 소련이 세계혁명을 꾀한다고 비난했고, 흐루쇼프가 반박했다. "대통령은 그릇된 결론을 내렸습니다. 당신은 사람들이 폭정에 맞서 봉기하면 그것이 모스크바가 활동한 결과라고 믿는데, 그렇지 않습니다. 미국이 이 점을 이해하지 못한 탓에 위험이 생겨납니다. 소련은 혁명을 조장하지 않는데, 미국은 어떤 소요가 일어날 때마다 항상 외부 세력을 찾는 거지요."[9] 베를린 문제와 관련해 흐루쇼프는 협상할 의지가 있다고 속내를 내비쳤지만, 그해 말에 "소련은 일방적으로 평화 조약에 서명할 것이고, 전쟁 상황이 끝나기 때문에 베를린에 접근할 모든 권리가 만료될 것"이었다. 케네디도 똑같이 퉁명스

417

레 대꾸했다. "미국은 최후통첩을 받아들일 수 없습니다. 우리가 서베를린에서 철수하면 결국 미국이 고립될 겁니다." 흐루쇼프가 말했다. "소련은 평화 조약에 서명할 테고, 독일민주공화국은 주권을 유지할 겁니다. 동독 주권을 침해하는 어떤 행위든 소련은 평화를 사랑하는 나라에 대한 공공연한 침략으로 보고 그에 따라 대응할 겁니다. … 소련은 어떤 변화도 바라지 않습니다. 단지 2차 세계대전의 결과로 생긴 상황을 공식화하기를 원합니다. 사실 서독은 서방 국가에 속하며 소련도 이를 인정합니다. 동독은 사회주의 나라의 동맹국이며, 이를 기정사실로 인정해야 합니다." 케네디는 "추운 겨울이 될 것 같다는 말로 대화를 마무리했다."[10]

"이런 사람은 처음 보는군." 흐루쇼프와 회담 이후 녹초가 된 케네디가 내뱉은 말이다.[11] 대통령은 소련 지도자가 고압적이고 공격적이면서도 전쟁을 피하는 데 열심이고 위신 문제에 민감하다고 보았다. 미국으로 돌아오자마자 케네디는 육군 6개 사단과 해병대 2개 사단을 신설하려고 추가 국방비 35억 달러를 의회에 요청했다. 또한 모병을 3배 늘리고 예비군을 소집하려는 계획을 세웠다. 흐루쇼프는 씩씩댔다. "우리가 지난해에 케네디 당선을 도왔습니다." 한 무리의 과학자를 모아 놓고 핵실험을 재개할 의도를 밝히면서 흐루쇼프가 자랑하듯 말했다. 1958년 이후 양국은 핵실험을 중단했다. "그 후 빈에서 그자를 만났는데, 전환점이 될 수도 있는 회담이었지요. 그런데 그자가 뭐라고 말하나요? '나한테 너무 많은 걸 요구하지 마세요. 나를 곤경에 빠뜨리지 마세요. 너무 많이 양보하면 대통령에서 쫓겨날 겁니다.' 참 대단한 사내지요! 회담에 와서는 실행할 수 없답니다. 그런 자식을 어디다 써먹겠어요? 왜 그런 놈하고 대화하며 시간을 낭비하겠습니까?"[12]

케네디를 과소평가한 흐루쇼프는 1948년 스탈린의 봉쇄 때만큼이나 자멸적인 방식으로 베를린에 대한 행동에 나섰다. 1961년 늦여름에 이르러 두 지도자는 독일 문제에 관한 대화를 위기 상태로 몰아넣을 수 있었다. 어느 쪽도 군사 충돌이나, 심지어 교착 상태도 원하지 않았다. 하지만 흐루쇼프는 사람들이 동독을 떠나는 문제를 해결해야 했고, 케네디는 서독 정부와 나토 동맹에 진심을 보여 주어야 했다. 흐루쇼프는 전에 울브리히트가 동베를린과 서베를린을 물리적으로 분리하는 장벽을 세우자고 제안한 것을 끄집어내며, 먼저 움직였다. 이 사업을 승인하기에 앞서 소련 지도자는 비밀리에 독일 수도를 방문해 차로 서베를린에 들어가 둘러보았다. "차에서 내릴 수는 없었다"라고 훗날 회고했다. "하지만 곳곳을 돌아보면서 도시의 광경을 눈에 담았다."[13] 1961년 8월 13일 베를린을 양쪽으로 가르는 선을 따라 철조망이 세워졌다. 지하철 터널이 순식간에 봉쇄되었다. 동독 경찰은 과감히 선을 넘으려 한 이들에게 총격을 가했다. 베를린시는 다시 냉전의 희생양이 되었다. 이번에는 영구 분단으로 보였다.

하지만 베를린 장벽을 세우는 것은 동구권의 힘이 아니라 약함을 보여 주는 신호였다. 베를린 사람은 최선을 다해 저항했다. "원래 이쪽 길로 다녔는데, 장벽이 생기면서 한가운데가 동강이 나 버렸습니다." 한 시민이 기억을 떠올리며 말했다. "도로는 서쪽에 있었지만, 집은 동쪽에 있었죠. 군인이 정문에 벽돌을 쌓았지만 사람들이 창문으로 뛰어 내렸습니다. 서쪽에 살던 우리는 시멘트가 굳기 전에 장

419

벽 윗부분을 무너뜨리려고 했지요. 일종의 폭도였어요. 모두 한꺼번에 몰려와서 박살을 내곤 했습니다."[14] 서베를린 시장인 사회민주당의 빌리 브란트는 장벽을 "충격적인 불의"라고 일컬었다. 또한 브란트는 베를린 시민에게 라디오 연설을 하면서 동베를린에도 그 결과를 경고했다.

> 그들은 베를린 심장부에 경계선이 아니라 담장을 만들었습니다. 강제수용소처럼 말이지요. 동구권 국가의 지지를 받는 울브리히트 정권은 베를린의 상황을 악화하고 법적 합의와 인도적 의무를 다시 어겼습니다. 베를린 상원(Senate of Berlin)은 독일을 분단하고, 동베를린을 억압하며, 서베를린을 위협하는 이들의 불법적이고 비인도적인 행동을 전 세계에 고발합니다. … 그들은 성공하지 못할 겁니다. 우리는 장래에 세계 각지에서 훨씬 더 많은 사람을 베를린으로 데려와, 지상천국을 인민에게 약속한 어느 체제의 차갑고 벌거벗은, 잔인한 현실을 보여 줄 겁니다.[15]

하지만 흐루쇼프는 미국과 직접 대결하지 않은 채 베를린 문제를 풀 방법을 찾았다고 생각했다. 그러면서 동유럽 동료에게 이렇게 말했다. "독일하고 평화 조약 체결을 강요해서는 안 되지만 앞으로 계속 나아가야 합니다. … 계속 압박을 가해야 해요. … 서방 나라들의 권리에 관해서 살라미 전술을 수행해야 합니다. … 조심조심 한 발짝씩 내디디면서 그들을 갈라놓고 최대한의 가능성을 얻어 내야 합니다."[16] 케네디는 미군을 베를린에서 철수하기를 거부하면서 미군 장교의 동베를린 출입을 고집했다. 몇 달간 미국과 소련, 동독이 베를린 각지에서 끊임없이 기회를 노렸다. 장벽이 세워진 직후 동독에서 빠져나가려던 사람 13명이 살해되었다. 그중 한 명인 25세의 베르너 프롭스트Werner Probst는 슈프레강을 헤엄쳐 건너려고 했다. 그가 서쪽으로 건너가서 사다리를 붙잡는 순간 동독 국경경비대원이 총을 쐈다. 빌리 브란트는 장벽을 따라 확성기를 설치하라고 지시했다. 그 확성기에서 다음과 같은 말이 반복해서 나왔다. "독일에서 독일로 가려는 사람을 사살하는 것은 누구든 살인을 범한 것입니다. 어느 날 책임이 추궁될 때 지시에 따라 행동했다고 주장할 수 있을 거라고 생각해서는 안 됩니다. 명령에 따라 행동했다 하더라도 살인은 살인입니다."[17] 동독은 서베를린 구역에 최루가스를 발사하는 식으로 대응했다.

케네디와 흐루쇼프 사이에 몇 달간 계속 긴장감이 흘렀다. 10월 27일 베를린 중심부 프리드리히슈트라세에 있는 체크포인트 찰리에서 소련과 미국의 전차가 24시간 대치하는 상황이 벌어졌다. 백악관은 점차 소련이 베를린을 확고히 장악하면서도 미국인을 도시에서 밀어내려고 하지 않을 것임을 분명히 파악했다. 케네디는 곧바로 베를린 장벽이 선전용으로 막대한 가치가 있음을 간파했지만, 브란트와 서독 정부, 나토 동맹국에 동구권이 공격하면 미국이 서베를린을 방어하겠다고 안심하게 하는 것 말고는 이 상황에 달리 할 수 있는 일이 많지 않다고 보았다. 대통령은 사석에서 혼잣말처럼 내뱉었다. "아주 좋은 해법은 아니지만 장벽이 전쟁보다 백 배 낫지."[18] 브란트는 미국 대통령이 비겁한 모습을 보인다고 역겨워하면서, 반쪽 도시 서베를린의 미래를 우려했다. 다른 서유럽 지도자, 특히 프랑스의 드골도 케네디가 유약하다고 보았다. 드골은 독일인이 "배신감을 느낄 것"이라고 말했다. 그는 "이런 합의의 일원이 되려 하지 않았다. 독일인은 장래에 적어도 서방에 친구 하나는 남았다고 느낄 것이었다."[19]

　이런 비판이 있었지만, 전쟁을 위협하는 것 말고 케네디가 달리 무엇을 더 할 수 있었는지는 알기 어렵다. 대통령은 흐루쇼프의 협박에 놀아나고 싶지 않았다. 하지만 냉전에서 중요한 것이 무엇인지를 바라보는 케네디의 시각은 전임자들보다 훨씬 더 세계적이었다. 또한 케네디는 빈 정상회담을 유럽의 전반적인 안정을 뒤흔들려는 것이 아니라, 동독이 직면한 문제를 해결하기 위해 흐루쇼프가 베를린에 압박을 가한 것이라고 해석했다. 케네디는 위신이 중요했고, 서독을 나토에 묶어 두는 동시에, 나이가 든 독일 총리 콘라트 아데나워가 독일이 냉전에서 중립을 지키는 대가로 통일하려고 소련과 직접 교섭하는 것을 미연에 방지하는 것이 적어도 드골만큼이나 중대한 과제였다. 그러나 동베를린을 장벽으로 나누는 것은 비록 인권의 측면에서 보면 제아무리 충격적이더라도, 유럽의 균형을 뒤흔들지 않는다고 케네디는 결론지었다.

　케네디가 대통령이 되었을 때의 생각에서 짐작할 수 있듯이, 케네디의 냉철한 태도는 제3세계보다 유럽에 훨씬 크게 적용되었다. 그가 직면한 단연코 최대의 도전은 쿠바혁명이었다. 쿠바혁명은 아이젠하워가 열심히 대처하고자 했지만, 장군의 머릿속에서 전면에 대두되지 않은 지역 차원의 문제였다. 쿠바는 제3세계 주요 강국이자 소련 동맹국으로서 점차 냉전의 중요한 참여자가 될 것이었다. 하지만 케네디가 취임한 시점에 워싱턴의 문제는 플로리다 해안에서 90 마일(약 145킬로미터) 떨어진, 카리브해에서 가장 인구가 많은 나라에서 급진적이고 전투적인 정권을 탄생하게 한 쿠바혁명 자체를 어떻게 다룰 것인가 하는 점이었다.

쿠바혁명은 점점 독재적으로 통치한 포퓰리즘 대통령 풀헨시오 바티스타Fulgencio Batista의 오랜 악정惡政이 낳은 결과였다. 라틴아메리카의 다른 나라에 비하면 그렇게 심한 정도도 아니었지만, 혁명은 농촌에 광범위하게 퍼진 빈곤과 사회 불의를 반영했다. 처음부터 미국의 통제에 민족주의적인 반대가 혁명에서 중요한 역할을 했다. 쿠바는 미국에 몇 차례 점령된 역사가 있었고, 미국 기업은 쿠바의 핵심적인 제당 산업을 비롯해 일부 사업을 지배했다. 정권 후반부에 바티스타는 국내에서 취약한 입지를 메우기 위해 미국인과 가까워졌다. 1950년대에 이르면 쿠바는 정치 변화의 토대가 무르익은 나라처럼 보였다.

이런 권력의 틈을 메우려고 등장한 이들이 피델 카스트로가 이끄는 집단이었다. 쿠바를 비롯한 라틴아메리카 여러 나라 출신의 망명 혁명가 집단이었다. 카스트로는 1926년생으로, 쿠바에서 부농이 된 에스파냐 이민자의 아들이었다. 피델 카스트로는 아주 젊을 때부터 정부에 반기를 들고, 사회정의와 라틴아메리카 연대를 위한 활동을 벌이며, 미국의 쿠바 지배에 반대하는 급진적 학생 지도자가 되었다. 공산주의자라기보다 반란자에 가까운 이 도도한 젊은이는 한 친구에게 "내가 스탈린이 될 수 있을 때만" 공산주의자가 될 생각이라고 말했다.[20] 카스트로는 반정부 활동을 하다가 결국 1955년에 멕시

423

코로 망명을 갔는데, 이듬해에 소규모 혁명가 무리와 함께 몰래 쿠바로 돌아가려고 했다. 1956년 12월 베라크루스에서 어느 미국인에게서 산 그란마Granma라는 이름의 물이 새는 요트를 타고 쿠바에 도착한 혁명가 19명은 내륙으로 들어갔다. 생존자는 쿠바 남동부에 있는 시에라마에스트라산맥에 정착했는데, 그곳에서 카스트로와 동생 라울, 아르헨티나 공산주의자 에르네스토 "체" 게바라는 유능한 게릴라 지도자임을 입증하면서 바티스타 정권에 대항하는 군사작전을 성공적으로 벌이고, 지역 농민과 사탕수수 플랜테이션 노동자, 혁명 대열에 가담하러 달려온 도시 젊은이 사이에서 지지자를 규합했다. 1958년 바티스타 정권이 경제적 무능과 내부 분열, 아이젠하워 행정부와 벌인 충돌 때문에 실제로 삐걱거리자, 카스트로 세력은 쿠바 동부 전역에서 작전을 개시했다. 정부가 무너지자, 바티스타는 막대한 재산 일부나마 서둘러 긁어모아 나라를 떠났다. 1959년 1월 2일 혁명가들이 수도 아바나에 의기양양하게 진입했다.

갑작스러운 승리에 다른 이만큼 카스트로 본인도 깜짝 놀랐다. 어처구니없을 정도로 정부를 이끌 준비를 하지 않은 혁명가들은 자유주의자와 반바티스타 전문직에게 의지해 정권을 운영했다. 마르크스주의에 경도하고 공산주의자 동생 라울에게 영향을 받은 카스트로는 쿠바공산당 당원과 협력했다. 경제학보다 게릴라 전술을 더 잘 알았던 체 게바라가 중앙은행 총재가 되었다. 하지만 신정부가 개시한 사회 변혁 사업의 책임자가 누구인지, 조건을 누가 정하는지는 의심의 여지가 없었다. 피델 카스트로는 도박과 성매매를 비롯해 미국인이 가져왔다고 여겨지는 병폐를 쿠바에서 쓸어버리고자 했다. 급진적으로 토지개혁을 하고, 집세 및 지대를 낮추며, 최저임금을 시행하겠다고 선포했다. 또한 신정부가 교육과 보건의료를 확대하는 대대적인 계획을 추진하게 했다. 전 정권의 고위급 인사는 숙청됐고, 약식 "혁명" 재판을 거친 뒤 수백 명이 총살형 집행부대에 처형되었다. 피델의 정권은 권위주의적이고 때로 잔인했다. 수많은 전 동맹자가 그와 관계를 끊고 망명길에 나섰다. 카스트로 형제와 그 지지자는 적에 맞서 혁명이 자기방어를 해야 한다고 주장했다.

아이젠하워 행정부는 쿠바 신정권의 급진적이고 권위주의적인 측면, 그리고 정부 안에서 공산주의자가 행사하는 영향력을 우려했다. 또한 처음에는 시간이 흐르면서 이런 추세를 저지할 수 있을 것으로 기대했다. 혁명 직후 미국에서 시청률이 가장 높은 텔레비전 토크쇼에 특별 출연한 카스트로는 가톨릭 집안에서 자란 이야기와 야구에 관한 관심을 영어로 유창히 이야기했다. 1959년 4월 미국을 방문했는데, 어디를 가나 언론과 대규모 청중에게 팝스타처럼 환영받았다.《월스트리트저널》과 이야기하면서 카스트로는 미국이 쿠바 산업에 투자할 것을 촉구하며 미국 기업에 세금 우대 조치를 해 주겠다고 약속했다. 한 기사에 따르면, "그는 주장이 강하다. … 이 나라의 좋은 친구다. 그는 실제로 자신이 미국이 과거에 대쿠바 정책에서 저지른 '실수'만 지적해 왔다고 주장한다."[21] 하지만 망명한 카스트로의 적수들이 플로리다공항에서 쿠바로 군부대를 보내고, 자신의 경제 정책을 미국이 공개적으로 비판하는 일이 잦자, 쿠바 지도자는 인내심을 잃었다. 1959년 10월 카스트로는 아바나에서 열린 대중 집회에서 열변을 토했다.

미국에는 세계 곳곳에서 온 이민자가 있습니다. … 그런데 우리 쿠바가 망명자의 비행기에 공격당하는 유일한 나라입니다. 왜 쿠바일까요? 미국이 신중히 다뤄야 하는 나라가 있다면, 그게 바로 쿠바입니다. 쿠바는 2년간의 전쟁을 겪으면서 도시와 들판이 미국제 폭탄과 비행기, 네이팜탄으로 폭격을 당했습니다. 수많은 시민이 미국에서 온 무기로 살해되었지요. 우리가 용병 군대를 물리치고 폭정에서 우리 국민을 해방한 뒤에 기대할 수 있었던 건 최소한 우리 국민이 미국 영토에 있는 기지에서 계속 폭격당하지 않는 거였습니다.[22]

1960년까지 쿠바와 미국의 관계는 끝 모르게 자유낙하를 했다. 아이젠하워는 카스트로를 제거하려 했고, 중앙정보국 요원에게 쿠바에서 그의 권력을 축소하라고 지시했다. 쿠바는 미국의 사탕수수 회사가 보유한 토지를 국유화했고, 미국은 국가의 사활이 걸린 쿠바산 설탕의 수입 쿼터를 축소하는 식으로 대응했다. 카스트로는 소련에 의지했다. 점점 정통 마르크스·레닌주의를 선호하면서 어쨌든 그런 방향으로 나아갔겠지만, 워싱턴과 긴장된 관계가 그 과정에서 작용했다. 1960년 2월 소련 부총리 아나스타스 미코얀Anastas Mikoyan이 쿠바를 방문해 차관을 약속하고 협정을 체결했다. 소련이 쿠바에 저렴한 원유를 공급하는 대가로 쿠바가 설탕을 수출한다는 내용이었다. 미코얀은 의기양양하며 모스크바에 보고서를 보냈다. "이건 진짜 혁명이군." 쿠바에 동행한 국가보안위원회 인사에게 그가 말했다. "우리랑 똑같아. 젊은 시절로 돌아간 것 같은 느낌이야!"[23] 쿠바의 미국 소유 정유 공장이 소련산 원유를 처리하는 것을 거부하자 카스트로는 그 시설도 국유화했다. 아이젠하워는 1960년 10월 쿠바와 무역 금지로 조치했다. 그러자 카스트로는 쿠바에 남아 있는 미국 자산을 전부 국유화했다. 퇴임을 코앞에 둔 1961년 1월, 아이젠하워는 쿠바와 외교를 단절했다.

대통령에 취임한 케네디는 미코얀이 쿠바를 방문한 직후인 1960년 3월 아이젠하워가 쿠바를 상대로 비밀 작전을 적극적으로 개시했음을 발견했다. 중앙정보국은 쿠바 망명자를 군사 훈련했고, 쿠바의 무기 운송과 산업에서 요원을 활용해 태업하게 했다. 또한 불만을 품은 쿠바인 또는 혁명으로 쿠바에서 사업이 무산된 미국 갱단의 도움을 받아서 피델 카스트로를 암살할 음모를 꾸몄다. 아이젠하워는 아직 카스트로를 전복하려는 시도를 전면적으로 하지는 않았지만, 1953년 과테말라 대통령 하코보 아르벤스구스만Jacobo Arbenz-Guzmán을 전복한 것과 비슷한 작전을 벌이려는 유혹을 받은 건 분명했다. 케네디는 전임 행정부가 기정사실처럼 작성한 쿠바 침공 계획을 보고받았는데, 신임 대통령의 의지와 무관히 다른 방향으로 나아가기는 쉽지 않았다.

사실 케네디가 전임자의 계획과 다른 방식으로 쿠바에 행동하려 했음을 보여 주는 증거는 거의 존재하지 않는다. 선거운동 중에 케네디는 닉슨(과 암묵적으로 아이젠하워)이 바티스타 정권을 지지하고, 공산당에 맞서 "결실을 맺지" 못해 쿠바를 저버렸다고 공격했다. "우리는 자유의 편에 서지 못했습니다. 우리는 가장 효과적으로 영향력을 행사할 수 있을 때 그렇게 하지 않았습니다-그리고 오늘날 쿠바는 자유를 잃었습니다."[24] 군과 중앙정보국은 침공 계획을 권고하면

427

서 케네디 대통령이 미국이 관여하는 증거를 감추고자 한다면 계획을 수정할 의지가 있음을 나타냈다. 케네디는 대체로 정보기관의 다재다능하고 지적인 수완을 높이 평가했으며, 아이젠하워의 중앙정보국장 앨런 덜레스를 신임 행정부에 유임했다. "어떤 자료나 구상이 신속히 필요할 때면 중앙정보국에 가야 한다. 국무부는 예 또는 아니라고 간단히 답하는 데도 4~5일이 걸린다"라고 케네디는 불평했다.[25]

1961년 4월 17일 실행된 계획은 처음부터 실패작이었다. 카스트로를 제거하겠다는 열망과 미국의 직접 참여를 부정하고 싶은 마음이 엇갈리는 가운데, 케네디는 미국이 훈련한 쿠바의 반혁명 투사 1400명을 과테말라에서 쿠바로 보내는 것을 도왔다. 하지만 쿠바 망명자가 조종하는 미국 비행기에서 공습하는 것을 제외하면, 대통령은 미국의 공중 지원을 승인하지 않았다. 작전을 책임지는 쿠바의 정치 조직도 없었다. 중앙정보국은 상륙이 실패하면 케네디가 미국의 직접 관여를 승인할 것으로 기대했다. 하지만 케네디는 꿈쩍도 하지 않았다. 그 대신 아바나에서 150마일(약 241킬로미터) 떨어진 코치노스만(피그스만)에 상륙한 침공군은 쿠바 군대에 생포되어 텔레비전에 나온 뒤 정치범 수용소로 보내졌다. 죄수와 만난 카스트로는 냉담히 말했다. "침략자를 전원 처형할 것을 인민이 원한다. … 너희를 처형하는 건 쉬운 일이지만, 그렇게 하면 우리의 승리가 반감될 뿐이다. 가장 죄가 적은 사람이 가장 죄가 많은 이의 대가를 치를 것이다."[26]

혁명가에게 코치노스만 침공 실패는 새로운 기회를 열어 주었다. 그해 여름 미국 대표단을 만난 체 게바라는 "침공-그들에게 거대한 정치 승리였다-에 대해 우리[미국]에게 무척 고맙다는 말을 하고 싶어 했다. 그 덕분에 나라가 굳게 뭉치고 피해를 당한 소국에서 대등한 국가로 변모할 수 있었다"라는 것이었다.[27] 피델 카스트로는 위협이 끝나지 않았음을 알았다. 또한 이제 자신의 선호와 국제관계에서 누구 편인지를 훨씬 더 공공연히 말할 수 있음을 알았다. "이 실패 이후에 직접 침략에 나설 위험이 다시 힘을 얻을 수 있습니다"라고 카스트로는 라디오 연설에서 쿠바인을 향해 말했다. "우리는 제국주의가 사라질 것이라고 말했습니다. 우리는 제국주의가 자살하는 걸 바라지 않습니다. 자연사로 죽는 걸 원합니다. … 하지만 그들의 체제는 평화가 아니라 전쟁을 위한 생산을 요구합니다. 소련하고 얼마나 다릅니까."[28]

카스트로가 코치노스만 사태를 등에 업고 산업과 안보 두 측면에서 소련과 가까워졌지만, 케네디도 나름대로 교훈을 얻었다. "무너지기 시작하고 5분 만에 우리 모두 서로 쳐다보면서 물었지. '어떻게 그렇게 어리석을 수 있었을까?'" 대통령이 친구에게 말했다. "그 광범위한 실패를 보면서 우리는 왜 처음부터 누군가 분명히 깨닫지 못한 건지 자문했다네. 아마 어떤 일을 성공하게 해야 한다는 욕심이 클수록 현실에서 차단되는 것 같아."[29] 대통령의 동생으로 법무장관에 임명된 로버트 케네디는 카스트로를 전복하기 위해 다시 행동에 나서자고 촉구했다. "이 문제에 당장 진지하게 관심을 가져야 합니다. 미국이 지레 겁을 먹고 물러난 뒤, 쿠바 상황이 상대적으로 평화롭고 고요한 시절로 돌아가도록 기다리면 안 됩니다." 로버트 케네디가 형에게 권유했다. "1년이나 2년 뒤면 상황이 크게 악화할 테니까

지금이 결판을 낼 때입니다. 러시아가 쿠바에 미사일 기지를 세우는 걸 바라지 않는다면, 그걸 저지하기 위해 어떤 일을 할지 지금 결정하는 게 좋지요."³⁰

　　베트남전쟁으로 서서히 끌려들어 간 것 외에 코치노스만 침공도 케네디 대통령의 최대 실수였다. 이 사건으로 카스트로 체제는 그가 할 수 있는 수준 이상으로 공고해졌고, 케네디는 소련과 가장 위험한 대결을 향해 치달았다. 케네디의 한 가지 문제는 우선순위에 관한 것이었다. 그는 전임 행정부가 남긴 과제가 산적해 있으며, 대통령 취임 초반에 많은 문제를 처리해야 한다고 느꼈다.

　　젊은 대통령이 집중해서 몰두한 핵심 쟁점 하나는 두 초강대국의 핵무기 보유고가 크게 증대했다는 점이다. 미국 핵탄두 수가 10년간 10배 넘게 늘었을 뿐만 아니라, 1962년 소련도 대륙간탄도미사일을 보유했다. 케네디가 대통령 선거에서 주장한 것보다 크게 미치지 못하는 수치이긴 했지만 말이다. 흐루쇼프는 미국 본토에 도달할 수 있는 미사일을 약 100기 보유했다. 그중 30기 정도는 소련 잠수함에 탑재된 것이다. 미국의 대륙간탄도미사일이 압도적으로 많은 데다, 그린란드에서 독일과 튀르키예를 거쳐 한국에 이르기까지 소련 주변에 배치된 단거리 핵미사일과 144척으로 추산되는 핵잠수함도 더하면, 원래 케네디는 그렇게 걱정할 필요가 없었을 것이다. 하지만 그가 우려한 것은 어떤 식으로든 소련과 전쟁이 벌어지면 반드시 전면적인 핵 충돌로 확대될 것임을 가정하는 미국의 전략계획이었다.

　　케네디는 소련을 억제하기 위해 대규모 핵 보복 위협에 의존한 아이젠하워 방식에서 벗어나려고 했다. 그는 더 유연한 대응을 원했다. 국무장관 로버트 맥너마라Robert McNamara가 이 전략을 짰는데, 전쟁이 벌어졌을 때 유럽과 관련한 부분은 적어도 셋으로 구성했다. 첫째는 재래식(비핵) 수단으로 바르샤바조약기구 군대를 물리치려는 시도였다. 유럽에서 소련의 재래식무기가 우위였기 때문에 맥너마라가 가정한 것처럼, 여기서 실패하면 미국은 소규모 전술핵무기를 사용할 것이었다. 미국이 소련의 도시와 군사기지를 전면 핵으로 공격하는 것은 최후의 수단일 뿐이었다. 케네디 행정부는 단일통합작전계획(Single Integrated Operational Plan, SIOP)을 개발했다. 전쟁이 벌어지면, 상호확증파괴(mutual assured destruction, MAD)가 할 수 있는 유일한 결말이 아님을 가정하는 계획이었다.

흐루쇼프는 핵전력에서 미국이 우위라는 것을 잘 알았다. 그리하여 허세와 신경전을 결합해 대응했다. 소련은 실제 보유한 것보다 핵 역량이 더 거대하다고 일관되게 주장했고, 훨씬 거대한 핵무기를 개발하는 식으로 정밀성과 탄도 기술에서 부족한 면을 메우려고 했다. 1961년 10월 소련이 실험한 수소폭탄 AN602-이른바 차르봄바Tsar Bomba, 즉 황제폭탄-는 역사에서 최대 규모의 핵무기로, 히로시마와 나가사키를 파괴한 핵무기를 합한 것의 약 1500배, 또는 제2차 세계대전에서 사용된 모든 재래식무기를 합한 것의 10배에 해당하는 위력이었다. 흐루쇼프는 차르봄바를 실제 군사 목적으로 활용할 수 없다는 사실은 신경 쓰지 않았다. "저는 배짱이 강한 사람이 승자라고 생각해요. 우리 시대의 세력 싸움에서 그게 가장 중요한 고려 사항이지요. 뱃심이 약한 사람은 궁지에 몰릴 겁니다."[31]

1962년 4월 흐루쇼프에게 좋은 생각이 떠올랐다. 독일에서 벌어진 사태에 좌절하고, 자신을 신중하기만 하다고 조롱하는 중국에 화가 나며, 케네디가 결단력이 없어도 점점 반공주의가 강해진다고 확신한 흐루쇼프는 쿠바혁명을 구하기 위해 결정적 행동에 나서고자 했다. 믿지 못하겠다는 듯한 표정의 미코얀에게 소련이 쿠바에 "순식간에" 핵미사일을 배치하면 어떻겠냐고 물었다.[32] 미국은 이미 소련 국경에 가까운 튀르키예에 핵무기를 배치해 둔 상태였다. 그의 나라라고 해서 쿠바섬에 자국 무기를 보내 카스트로의 생존을 보장하지 못할 게 뭔가? 아바나를 지킬 수 있는 다른 방법은 없다고 흐루쇼프는 주장했다-쿠바는 미국과 너무 가까워서 소련이 재래식 수단으로 침공을 저지할 수 없다는 것이었다.

　　모스크바 지도부의 승인을 얻은 뒤 카스트로에게 의견을 구했는데, 흐루쇼프의 계획을 거의 완전히 합의된 일로 만드는 형식이었다. 카스트로는 처음에 미국을 한층 더 도발하는 것이 과연 지혜로운 일인지 의심했고, 라틴아메리카 다른 나라의 반응도 우려했다. 또한 소련이 쿠바를 그렇게 강조하는 것에 흡족해하며 모스크바의 새로운 동지들과 "연대해서" 행동할 각오를 다졌다. 계획은 착착 진행되었다. 1962년 7월 소련의 첫 번째 군 인사가 철통같이 비밀을 지키며 도착했다. 9월 초에는 미사일이 도착했다. 가장 많았을 때는 4000명이 넘는 소련인이 방어용과 공격용 미사일 기지를 건설했다. 1962년 10월 쿠바에서 가동된 최대 크기의 핵미사일은 최대 사거리가 1200마일(약 1931킬로미터)로, 휴스턴에서 볼티모어까지 미국 남부와 동부의 여러 도시에 도달할 수 있었다.

　　미군과 중앙정보국 모두 1962년 여름 훨씬 전부터 소련이 쿠바에 미사일을 배치하는 것을 검토했다고 의심했다. 하지만 소련 외교관은 이 문제를 따져 물으면 거짓말로 대응하라는 지침을 받았다. 10월 중순 미국 정찰기 U-2가 쿠바섬 상공을 비행한 뒤 미사일 기지를 건설하고 있다는 분명한 증거를 가지고 돌아왔다. 긴급한 소식을 전해 들은 대통령은 미국이 어떻게 대응할지를 생각할 시간이 필요했다. 위기가 시작된 때부터 케네디는 소련 미사일을 전부 쿠바에서 몰아내야 한다고 확신했다. 문제는 어떻게 이런 목표를 이루면서 미국과 소련의 전면적 핵전쟁을 피할 수 있는가였다. 10월 18일 사전 준비된 백악관 회담에서 케네디가 소련 외무장관 안드레이 그로미코Andrei Gromyko를 만났을 때, 그로미코는 다시 소련의 배치에 관해 거짓말을 늘어놓았다. 소련은 "오로지 쿠바의 방위 역량을 지원하려는 목적만을 추구한다"라는 것이었다.[33]

그로미코의 뻔뻔한 거짓말에 케네디는 사태를 공개해야 한다고 확신했다. 10월 22일 라디오와 텔레비전으로 중계된 대국민 연설에서 케네디는 쿠바에서 발생하는 당면한 위험을 이야기했다. "지난주에 확실한 증거로 저 감옥 같은 섬에서 공격용 미사일 기지가 잇달아 건설되고 있다는 사실을 확인했습니다. 이 기지를 세우는 목적은 서반구를 겨냥하는 핵 공격 역량을 제공하는 것 말고 다른 어떤 목적도 없습니다. … 1930년대에 우리는 분명한 교훈을 얻었습니다. 공격 행위를 견제하거나 대응하지 않고 내버려두면 결국 전쟁으로 이어진다는 것입니다." 그가 "변함없이 추구하는 목표"는 "이 미사일이 우리 나라나 다른 어떤 나라에 사용되는 것을 막고, 서반구에서 철수하게 하거나 제거하는 것"이었다. 이제 공공연히 위기가 드러난 가운데

433

케네디는 신뢰성을 놓고 내기를 걸었다. "흐루쇼프 의장에게 세계 평화를 겨냥한 이 비밀스럽고 무모하고 도발적인 위협을 중단하고 완전히 끝내며 양국의 관계를 안정할 것을 호소합니다. 이런 세계 지배 방침을 포기하고 위태롭기 짝이 없는 무기 경쟁을 종식하며 인류의 역사를 바꾸려는 역사적 시도에 동참할 것을 호소합니다. 그는 이제 세계를 파괴의 심연에서 끄집어 낼 기회가 있습니다."[34]

막후에서 강경한 태도가 나타났다. 연설에서 케네디는 쿠바로 들어오는 무기를 이른바 "검역"하겠다고 발표한 바 있었다. 또한 쿠바 섬 감시를 확대한다고 발표하면서, 미국이 쿠바 영공을 침범하는 것을 막으려는 어떤 시도도 교전 행위로 보겠다고 암시했다. 케네디나 그가 미사일 위기에 대처하기 위해 고위 보좌관으로 구성한, 이른바 국가안보회의 집행위원회(Executive Committee, ExComm) 구성원 누구도, 쿠바혁명을 수호하려는 소련의 의지, 아니 이 문제에서 쿠바가 주권을 수호해야 한다는 점을 이해하지 못했다. 대통령과 워싱턴의 모든 인사는 소련의 행동을 미국을 공격할 준비이자, 서반구에 대한 미국의 (정당한) 지배권을 위축하게 할 수 있는 수단으로 여겼다. 위기가 시작되었을 때, 그들은 타협을 받아들이느니 차라리 전쟁의 위험을 무릅쓰려 했다.

1962년 쿠바미사일위기 동안 케네디의 주요 강점은 전반적으로 강경 노선을 추구하면서도 여전히 외교에서 기회를 주었다는 것이다. 전 세계가 숨을 죽인 채 미 해군이 쿠바행 소련 함선을 가로막으면 어떤 일이 생길지 지켜보던 10월 23일, 케네디는 어떤 식으로 위기를 해결하고 핵전쟁을 피할 수 있는지 비밀리에 검토했다. 한편으로 쿠바에서 소련 미사일을 무력화하기 위해 즉시 공습하려는 자기편의 다혈질 인사를 막아야 했다. 이렇게 공격하면 결국 소련과 전지구적인 핵전쟁을 벌이는 것임을 잘 알았다. 다른 한편으로 미사일을 제거하고 미국을 승자로 만들어 주는 해법을 찾아야 했다. 대결을 피해야 한다는 압박에 시달린 흐루쇼프가 소련 함선을 돌렸을 때, 대통령은 타개책을 찾았다고 생각했다.

하지만 흐루쇼프는 물러설 의도가 전혀 없었다. 케네디처럼 그도 숨 쉴 공간이 필요했지만, 대통령에게 전문을 보내 케네디의 요구를 전부 거부하면서 미국이 불법적으로 쿠바를 봉쇄했다고 비난했다. 전 세계에 배치된 소련군과 미군은 전면 전투태세를 갖췄다. 유엔에서 미국대사 아들라이 스티븐슨Adlai Stevenson은 소련대사 발레리안 조린Valerian Zorin과 맞섰다.

> 스티븐슨: 좋습니다. 간단한 질문을 하나 하겠습니다. 조린 대사님, 당신은 소련이 쿠바에 준중거리(medium-range) 및 중거리(intermediate-range) 미사일을 배치하고 기지를 세웠으며, 지금도 그 상황을 유지하고 있음을 부정하십니까? 통역을 기다릴 필요 없습니다. 예입니까, 아닙니까?
>
> 조린: 지금 저는 미국 법정에 서 있는 게 아니므로, 검사가 하는 방식으로 내게 던지는 질문에 답하고 싶지 않군요. 적절한 때가 되면 답을 받을 겁니다.[35]

위기가 시작되고 2주째가 되자, 미국은 플로리다와 멕시코만 연안을 따라 쿠바 침공군을 계속 증강했다. 쿠바 영공 침범도 심해졌다. 미국 도시와 세계 곳곳에서 공황이 확산되었다. 위기에 관한 뉴스가 국민에게 퍼지는 것을 막으려고 한 소련도 마찬가지였다. 위기 뉴스를 시시각각 보도하는 CBS 진행자 월터 크롱카이트Walter Cronkite는 핵전쟁이 발발하면 방송국 제작실에서 어떻게 해야 하는지 의문을 품었다. "난로가 있는 다용도실이 있었는데, 그곳을 일종의 공습 대피소로 활용할 수 있는지 궁금했지요. 난생 처음 핵폭탄이 터지고 연기와 … 열기가 우리에게 도달하는 데 얼마나 걸리는지 배웠습니다."[36]

10월 27일 쿠바 영공을 날던 미국 정찰기 U-2가 소련 미사일에 격추되었다. 관련자는 모두 전쟁이 코앞에 닥쳤다고 생각했다. 카스트로는 흐루쇼프에게 고별 서신과도 같은 편지를 보내, 미국이 쿠바를 침공하면 미국에 선제 핵 공격을 하라고 촉구했다. "제국주의자는 공격성 때문에 극히 위험하며, 만약 그들이 쿠바 침공을 실행하면 … 그때야말로 정당하기 그지없는 자위 행동으로 이런 위험을 영원히 제거하는 순간이 될 겁니다. 이 해법이 아무리 가혹하고 끔찍하더라도 다른 해법은 없을 겁니다."[37]

하지만 케네디는 여전히 시간을 벌고 있었다. 앞서 내린 지시와 정반대로, 그는 미 공군이 정찰기 U-2를 격추한 소련 미사일 기지를 파괴하는 것을 허락하지 않았다. 집행위원회 위원 대부분은 일주일 동안 백악관을 떠나지 않고 남아 있었다. 그날 저녁 케네디는 위원들을 집으로 돌려보냈다. 맥너마라는 나중에 이렇게 회고했다. "워싱턴의 가을밤이 으레 그렇듯, 더없이 아름다운 밤이었습니다. 대통령 집무실에서 나와 걸었는데, 걷다 보니 다시는 토요일 밤을 보지 못할 수도 있겠다는 생각이 들더군요."[38] 한편 같은 날 저녁 로버트 케네디는 미국 주재 소련대사 아나톨리 도브리닌Anatoly Dobrynin과 비밀리에 만났다. 그는 소련이 미사일을 전부 철수하면 미국도 쿠바를 침공하지 않을 것이며, 그 대가로 튀르키예에 배치된 미국 미사일을 없애겠다고 제안했다. 세계가 금방이라도 전쟁으로 치달을 상태임을 아는 흐루쇼프는 미국의 제안을 수용하기로 결심했다. 시간이 얼마 남지 않았음을 의식한 그는 라디오모스크바의 공중파 방송에서 수용 의사를 낭독했다. 심지어 방송을 두 번 반복하기도 했다. 10월 28일 아침 당면한 위기는 끝이 났다.

쿠바미사일위기는 냉전 시기에 미소 간에 벌어진 가장 위험한 핵 대결이었다(유일하지는 않다). 역사학자는 누가 승자이고 누가 패자인지를 놓고 입씨름했다. 물론 진짜 답은 핵전쟁을 피했으니까 모두가 승자라는 것이다. 하지만 모두가 주목하는 가운데, 공공연히 쿠바에서 미사일을 철수할 수밖에 없었던 흐루쇼프가 가장 두드러진 패자였다는 것도 분명하다. 그는 왜 물러섰을까? 그는 핵전쟁이 벌어지면 소련이 가장 큰 피해를 볼 것임을 알았다. 미국에 피해를 줄 수 있는 능력이 반대일 때보다 훨씬 약했기 때문이다. 또한 그는 전쟁이 벌어지면 과연 정권이 생존할 수 있을지 우려했다. 하지만 진짜 이유는 아마 그가 마르크스주의를 신봉했기 때문일 것이다. 흐루쇼프는 공산주의가 세계 곳곳에서 상승 일로를 달리고 있으며, 자신의 역사적 역할은 소련이라는 함선을 조종해서 역사 자체의 법칙을 통해 글로벌 세력의 균형이 공산주의의 방향으로 기울어지는 시기를 헤쳐

437

나가는 것이라고 믿었다. 핵전쟁이 벌어지면 이런 역사적 성취가 파괴될 것이었다. 흐루쇼프는 공산주의의 화장용 장작더미를 칭송하는 게 아니라, 공산주의의 승리를 찬미하기를 원했다.

위기 사태 동안 케네디 대통령은 유능한 지도자이자 외교관임을 입증했다. 그는 여러 차례 커다란 위험을 무릅썼는데, 만약 흐루쇼프가 물러서지 않았다면, 미국을 핵전쟁으로 몰고 갔을 수도 있었다. 하지만 대다수 미국인도 그와 마찬가지로 점점 확대되는 세계 지배권을 지키기 위해 기꺼이 위험을 무릅쓰려는 것 같았다. 존 케네디가 미사일 위기를 잘 다룬 것은 그를 뽑아 준 국민과 대체로 같은 태도를 견지한 데다 공공연하고 은밀한 외교의 핵심적 도구를 추가했기 때문이다. 결국 이런 도구가 −변화무쌍하고, 불완전하며, 모호한−"해법"을 찾아내게 했다.

피델 카스트로는 격분했다고 증언했다. "우리는 화가 났습니다. 우리는 이 소식을 어떻게 알았을까요? 28일 아침 라디오로 들었습니다. 소련과 미국이 합의했으며, 케네디가 흐루쇼프에게 확실한 약속을 제시했다는 방송이 나왔습니다. 정말 치욕스러운 합의였지요. 그들이 이런 짓을 하리라고는 전혀 생각하지 못했으니까요."[39] 쿠바 지도자는 수치스레 사느니 명예로이 죽는 게 더 나았을 것이다. 남은 냉전 시기에 양국이 긴밀한 동맹국이었다 하더라도, 쿠바와 소련의 관계는 절대 전과 같을 수 없었다.[40]

케네디는 1963년 11월에 암살되었다. 46세의 나이였다. 만약 죽지 않고 살아서 1964년에 재선되었다면 냉전을 종식한 대통령이 될 수 있었을까? 1962년 10월 이후 대외정책 의제로 돌아온 케네디가 더 조심스럽고 신중했다 할지라도 그런 결과를 낳았을 것이라는 증거는 거의 없다. 전면 충돌로 이어질 수 있는 위기를 피하면서 냉전에서 승리하는 것이 그가 굳건히 추구한 목표였다. 케네디는 소련이 미국의 이해관계를 가로막는 전 지구적 도전이며, 미국은 이런 도전을 물리쳐야 한다는 믿음을 버리지 않았다. 대통령은 1년 뒤 공개 연설에서 미사일 위기를 되돌아보면서 이렇게 말했다. "저는 소련과 치명적으로 위험한 관계를 줄이는 방향으로 꾸준히 나아가기를 기대하지만, 공산주의가 구사하는 방법이나 그들이 추구하는 목표에 관해서는 아무런 환상도 품지 않습니다."[41]

위기로 드러난 핵심 변화 하나는 양쪽이 첩보활동과 공개 자료를 통해 서로를 정확히 얼마나 알고 있는가 하는 것이었다. 첩보활동은 냉전에서 언제나 핵심 역할을 했지만, 1960년대와 1970년대에 새로운 의미를 얻었다. 1945년 직후 소련은 주요 성공을 여러 차례 거두었다. 클라우스 푹스를 비롯한 핵물리학 첩자는 미국의 핵개발 계획과 관련해 스탈린이 알아야 하는 내용을 제공했다. 1951년 영국 외무부 미주국장 도널드 매클린Donald Maclean이 소련 첩자임이 명백해지자, 외무부의 입지가 위태로워졌다. 매클린은 모스크바로 탈출했고, 그가 속한 케임브리지 5인조(Cambridge Five)의 나머지 성원도 도망쳤다. 영국 정보부의 주요 미국 연락책인 킴 필비Kim Philby도 그중 하나였다. 정보기관에서 이보다 더 큰 재앙은 상상하기 어려운 일이다.

1960년대에 첩보 역량의 균형이 바뀌었다. 한 가지 이유로, 소련이 헝가리 사태 이후 서방의 식자층에게 어느 정도 매력을 잃으면서 이데올로기에 경도된 첩자를 모집하는 게 어려워졌다는 사실을 들 수 있다. 그와 동시에 서유럽과 미국 모두 사회 불평등 문제를 전보다 더 잘 다룰 수 있는 것처럼 보였다. 푹스나 매클린 같은 사람이 1930년대에 소련을 위해 일하려고 나선 데는 착취적인 자본주의에 대한 혐오가 일부 작용했다. 하지만 1960년대에 가장 중요한 첩자는 자국 사회에 진력이 난 소련인이었다. 아나톨리 골리친Anatoliy Golit-syn, 올레크 펜콥스키Oleg Penkovsky, 드미트리 폴랴코프Dmitri Poliakov 등 서방에 결정적인 정보를 제공한 소련 정보장교는 서방이 냉전에서 승리하기를 원했다고 했다. 펜콥스키는 "진리라는 대의, 진정으로 자유로운 세계와 민주주의라는 이상을 위해 싸우는 전사"를 자임했다고 설명했다. "나는 우리 공동의 대의를 위해, 미진하지만 내가 볼 때는 중요한 이바지를 하고 싶었다."[42] 폴랴코프는 결국 정보총국 소장少將이 되었는데, 미국 쪽 담당자에 따르면, "우리가 가진 최고의 자산, … 적어도 내가 아는 한 미국 정보기관 역사에 유례가 없는 최고의 자원이었고, 어떤 정보기관도 보유한 적이 없는 가장 뛰어난 자산"이었다.[43]

　　케네디는 비록 경쟁자에 비해 많은 이점을 누렸지만, 재임 마지막 해에 고조된 아프리카계 미국인 민권 운동 같은 국내의 정치 위기에 대응하고, 확전 일로를 달리는 베트남전쟁에 몰두하며, 소련과 미국의 관계에서 지속적인 안정을 보장할 형식을 찾느라 바빴다. 그와 흐루쇼프는 제한적 핵실험 금지 조약에 합의했다. 작은 진전이었고, 중국이 보기에 오로지 중국만을 겨냥한 진전이었다. 이제 막 자체 개발한 첫 번째 핵무기를 실험하려던 참이었기 때문이다. 그렇다 하더라도 몇 가지 문제에서 미국과 소련이 합의할 수 있다는 징후가 있었다. 아이젠하워와 마찬가지로, 케네디도 중국공산당을 소련의 형제보다 훨씬 더 비합리적이라고 보았다. 1963년 1월 케네디는 국가안전보장회의에서 중국이 "1960년대 말부터 계속 우리의 주적"이 될 것으로 생각한다고 설명했다.[44]

베를린 위기와 쿠바 위기는 냉전의 분수령이었을까? 어떤 이는 그렇다고 말한다. 베를린 위기는 유럽 냉전이 뚜렷이 안정화되었다는 의미에서, 쿠바 위기는 미국과 소련 둘 다 일정한 형태의 데탕트détente가 필요하다고, 또는 적어도 장래에 극단적인 핵 위기를 피해야 한다고 보았다는 의미에서 분수령이 되었다는 것이다. 하지만 1960년대 초에는 반드시 그렇게 여겨지지 않았다. 냉전이 계속되었고, 언제든 새로운 위기가 생길 수 있었다. 다만 유럽이 아니라 제3세계에서 그런 위기가 벌어질 가능성이 높아졌을 뿐이다. 케네디 재임 기간에 냉전은 진정으로 지구 전체를 망라했고, 냉전 주역의 물질적·정신적 자원에 가해지는 부담은 걷잡을 수 없이 커졌다.

베트남과 조우

베트남의 진정한 비극은 당연히

베트남 자체의 비극이다.

한반도처럼 베트남은 냉전으로 갈가리 찢어졌다.

베트남공산당의 잔인성과 발전 계획이

실패했기 때문이기도 했고,

미국의 점령과 폭격 때문이기도 했다.

베트남 혁명은 식민 억압에 맞선 항쟁으로 시작해 전 지구적 냉전과 깊숙이 얽힌 일련의 전쟁으로 끝이 났다. 혁명은 19세기 프랑스의 인도차이나 식민 지배, 또는 훨씬 더 거슬러 올라가 중국의 베트남 지배라는 오랜 역사에서 기원했다. 이 기획의 핵심에, 젊은 시절 마르크스주의에 헌신하고 소련의 경험을 동경한 베트남 민족주의 혁명가가 있었다. 이 젊은 남녀에게 민족주의와 마르크스주의는 하나였다. 그들은 민족주의 운동과 민족, 국가를 마르크스주의의 진화 법칙에 따라 발전하게 하는 것만이 현대 세계에서 베트남이 진정한 성공을 거둘 수 있다고 믿었다. 그들의 계획은 장기적이고 광범위하며 이상적이었지만, 그 실행은 먼저 독립과 민족통일을 이루는 것에 의지했다. 20세기에 300만에 육박하는 베트남인이 싸우다 죽은 것은 바로 이런 후자의 목표를 이루기 위해서였다.[1]

전 세계의 정책 결정권자는 당시 제대로 알지 못했지만, 베트남은 여러 면에서 다른 아시아 지역과 달랐다. 공산주의가 거의 처음부터 민족주의의 지배적 배출구가 된 유일한 나라였다. 중국이나 한반

445

도, 인도네시아같이 공산주의 운동이 아주 크게 성장한 나라에서도 공산주의 운동은 훨씬 더 점진적으로 성장했으며, 이에 맞서는 경쟁자는 더 강했다. 하지만 베트남에서 공산당의 적수는 프랑스에 부역한 오점이 있었고, 호찌민은 베트민 운동을 문화적 또는 정치적으로 진정한 베트남의 운동으로 제시할 수 있었다. 오랜 시간 코민테른 요원이었던 것과 무관히, 호찌민은 1945년 이후 민족독립의 상징이자 모든 베트남인의 존경, 아니 거의 숭배를 받을 만한 원로로 자신을 재창조했다.

따라서 미국의 베트남전쟁은 처음부터 어리석은 시도였다. 자신의 대의를 위해 기꺼이 싸울 만한 베트남 반공주의자가 전혀 없었기 때문이 아니라, 그들이 소수이고 민족주의적 정통성을 차지하기 위한 경쟁에서 패배할 게 뻔했기 때문이다. 또한 베트남공산당은 바로 옆에서 중국공산당의 원조와 소련의 도움을 받을 수 있었다. 하지만 미국의 역대 행정부는 인도차이나에서 공산주의가 승리하는 사태를 피하기 위해 행동해야 한다고 믿었다. 처음에 중국을 대상으로 고안된 도미노이론이 베트남으로 옮겨졌다. 그들이 볼 때, 냉전은 한쪽이 손해를 보면 다른 쪽이 이익을 얻는 제로섬게임이었다. 그리고 소련, 또는 설상가상으로 중국은 베트남 공산주의를 통제하면서 그 성공으로 이익을 얻으려 호시탐탐 노린다고 여겨졌다.

베트남 내부는 상황을 다소 달리 보았다. 호찌민을 비롯해 1920년대 이후 베트남 공산주의 운동에서 활동한 이가 볼 때, 1954년 제네바회의는 재앙과도 같았다. 그들이 싸움의 목표로 한―그리고 전장에서 무용을 발휘해 얻었다고 믿은-, 통일된 사회주의 베트남을 얻는 대신, 그들은 나라의 반쪽만 받았고, 조만간 통일할 수 있을 거라는 확신이 없었다. 게다가 설상가상으로 주요 후원 세력인 모스크바와 베이징은 분할을 받아들이라고 입을 모아 압박했다. 하노이 당국은 이것이 혁명으로 이룬 성과의 일시적인 "공고화"라는 말을 들었지만, 베트남 공산주의자 가운데 베트남 통일이 강대국 정치라는 제단의 희생양이 되었다는 사실을 의심하는 이는 없었다. 그렇지만 지도자들은 남부의 새로운 정권 및 그 후원자 미국에 맞서 독자적으로 싸워서 승리할 수 없다는 사실도 알았다. 호찌민은 통일을 이루려면 시간이 걸릴 것이라고 확신했다. 첫째 공산주의 북베트남은 국가를 건설하고, 군대를 단련하며, 공산주의 동맹국과 연계를 강화해야 했다. 호찌민은 젊은 지도자, 특히 남부 출신에게서 더 적극적인 정책을 펴라고 강한 압박을 받았다. 그는 국가 건설자라기보다 하나의 상징이었다. 1950년대에 북베트남이 발전함에 따라 호찌민의 권력은 약해졌고, 1950년대 북베트남이 발전하면서 통일을 향한 조바심은 커졌다.

북베트남 국가, 일명 베트남민주공화국은 출발부터 공산주의 국가였다. 1951년 호찌민은 베트남노동당(Vietnam Workers' Party, VWP)을 창당하여 이들을 베트민 전선 내부의 공산주의 중핵으로 삼았다. 1954년 제네바협정 이후 줄곧 베트남노동당은 국가를 건설하는 책임을 맡았고, 북위 17도선 이북에 베트남노동당이 세운 국가는 1949년 이후의 중국처럼 소련 모형을 복제한 것이었다. 당은 군대와 경찰을 통제했고, 나라 곳곳(남부의 넓은 지역 포함)에서 정보원과 정치 집행자의 거대한 조직망을 거느렸다. 당은 반대파를 스탈린식 노동수용소에 수감했다. 1만 5000명 정도가 처형되었는데, 그중 대다수는 중국 방식에 따라 급박히 실행된 토지개혁 운동 중에 벌어졌다. 적어도 100만 명이 남부로 탈출했다. 소련과 중국조차 북베트남이 너무 빠른 속도로 지나치게 멀리 나아간다고 비판했다.

하지만 베트남 공산주의자가 처한 문제는 민족주의라는 망토 안에 자신을 숨기면서 극복해야 하는 것이었다. 이 모든 일은 민족을 위한 최선이기 때문에, 즉 부유하고 강하며 통일된 나라를 만들기 위한 것이라고 호찌민은 선언했다. 북부와 남부에서 공산주의 선전은 하노이 정부의 민족주의적 자격을 공고히 굳히는 동시에, 남부 정부는 그런 자격이 전혀 없음을 분명히 했다. 하노이의 지도자들은 베트남 전체에서 선거가 치러지기만 하면 그들이 "승리"할 것이라고 여전히 확신했는데, 아마 그들의 생각이 옳았을 것이다. 아이젠하워 행정부는 그런 이유에서 제네바협정을 체결했음에도 전국 총선거에 반대했다. 1957년에 이르면 전국 선거가 치러질 가능성이 없고, 소련과 미국 모두 베트남과 인도차이나반도 전체의 현재 상태를 쉽게 수용한다는 것이 분명했다. 평화 공세를 진행하던 흐루쇼프는 아시아에서 다시 전쟁이 벌어지는 것을 전혀 바라지 않았다.

하지만 미국이 남베트남을 어떻게 할 것인지가 문제였다. 프랑스는 군사 굴욕을 겪은 뒤 오히려 안도하며 철수했다. 전 황제 바오다이Bao Đai는 프랑스만이 아니라 일본과도 협력한 오점이 있었다. 황제와 미국 고문단은 응오딘지엠Ngô Đinh Diêm을 총리로 앉히는 데 합의했다. 응오딘지엠은 베트민에 반대한 베트남 민족주의자로,

1950년 이후 주로 미국에서 망명 생활을 한 인물이다. 그는 정치적으로 토착주의, 가톨릭, 보수주의를 표방했다. 응오딘지엠은 강대국이 될 자격이 있는 베트남의 힘을 키우려면, 새롭게 활력을 얻은 가톨릭의 형태로 전통적 뿌리로 돌아가야 한다고 믿었다. 그가 만들 베트남은 서양이 정한 방식을 따르는 현대 국가였지만, 정의롭고 안정된 사회를 만들기 위해 베트남인의 독특한 능력을 활용할 것이었다. 얼마 지나지 않아 응오딘지엠은 황제를 밀어내고 남부에 베트남공화국을 세우면서 대통령에 취임했다. 미국은 새로 만들어진 남베트남 국가에 상당한 원조를 했지만, 응오딘지엠이 약속한 개혁은 더디게 진행되었다. 그의 주된 목표는 남부에 남은 공산당원을 포함해서 모든 도전자에 맞서 자신의 정권을 공고히 하는 것이었다.

베트남공산당은 국제적 동반자가 조언을 내놓았음에도 아랑곳하지 않고, 남부의 응오딘지엠 정권에 대항하는 활동을 서서히 확대했다. 1956년 흐루쇼프의 탈스탈린화와 각국의 당이 사회주의로 나아갈 고유한 길을 찾아야 한다는 주장에 힘을 얻은 남베트남공산당원 레주언Lê Duân은 소련의 말을 자신의 의도에 맞게 비틀며 탁월한 선언문을 작성했다. 선언문에서 그는 "오늘날 세계에서 벌어지는 모든 충돌은 평화적 수단으로 해결할 수 있다"라는 소련의 견해가 올바르다고 주장했다. 또한 남부에서 "인민의 혁명 운동이 확실히 봉기할 것"이라고 경고했다. 다시 말해, 베트남공산당은 남부에서 자생적으로 일어나는 대중 운동을 지지하고 그 모양을 형성하며 지도해야 했다.[2] 1957년 남부에서 공산주의를 쓸어버리려는 응오딘지엠의 시도에 베트남공산당은 암살과 폭탄 공격으로 대응했다. 레주언이 당수

449

가 되어 진정한 권력의 중심으로서 호찌민을 점차 밀어냈다. 1959년 1월 베트남노동당은 남부에서 "인민 전쟁"을 벌이기로 승인하고, 라오스에서 "호찌민루트"로 알려진 연결망을 통해 남부로 간부들이 침투하게 했다. 1959년 7월 남부 수도 사이공 바로 외곽에서 남부 공산주의자가 미국 군사고문 2명을 살해했다. 베트남에서 새로 벌어진 전쟁에서 사망한 최초의 미국인이었다.

1960년 하노이 당국이 응오딘지엠 정부에 대항하는 반란을 전반적으로 조직할 수 있었던 이유는 중소 분열 때문이다. 베트남인은 필요한 지원을 얻기 위해 능숙히 두 후원 세력을 서로 경쟁하게 했다. 레주언과 그의 지도부가 이데올로기 면에서 소련보다 중국에 상당히 가까웠고, 마오쩌둥이 점차 급진적이 되면서 그들을 강력히 행동하게 한 것은 의문의 여지가 없다. 하지만 흐루쇼프는 단지 경쟁과 상황 때문에 관여한 게 아니었다. 쿠바와 알제리, 콩고 때문에 소련은 1960년, 겨우 몇 년 전에 비해 "민족해방 전쟁"으로 얻을 수 있는 잠재적 이득에 훨씬 큰 관심을 기울였다. 따라서 하노이가 남부에서 반란을 일으킨 시기는 거의 완벽에 가까웠다. 레주언이나 외국 후원자는 이 시점에 결과를 확신할 수 없는 길고 지루한 투쟁을 예상해야 했지만 말이다.

존 케네디는 아이젠하워 대통령에게서 진퇴양난의 베트남 문제를 물려받았지만, 확실한 전략을 찾을 만큼 이 문제에 집중할 시간이나 기회가 충분하지 못했다. 그 대신 케네디의 베트남 정책은 점차 미국의 관여를 확대하는 방향으로 나아갔다. 다만 케네디는 인도차이나에 미국 정규군을 보내는 데 반대했다. 그는 라오스를 중립화하려는 교섭에 참여했는데, 이는 인도차이나 지역에 어느 정도 안정적인 분위기를 주었다. 하지만 케네디는 제3세계에 대한 전반적 접근법과 보조를 맞춰, 남베트남 국가를 개혁하고 이 나라의 육군과 공군의 전투 역량을 향상하려고 시도하면서 가장 심각히 휘말렸다. 1963년 미국은 남베트남에 1만 6000명의 고문관을 두었는데, 이는 케네디가 취임할 당시 600명과 비교해 크게 늘어난 수였다. 남베트남의 모든 주요 군부대에 미군 장교가 배속되었고, 미국 고문관은 베트남공산당이 통제하는 남부의 베트남민족해방전선이나 하노이를 상대로 하는 전투에 직접 참여하지 않기로 했지만, 남베트남의 전쟁에서 점차 없어서는 안 되는 존재가 되었다. 미국 항공기와 헬리콥터는 북베트남에 기습 공격하는 것을 비롯해, 베트남 병력을 수송했다. 또한 남베트남 반군과 그 지지자를 굶주리게 하려고 농작물을 파괴하는 데 제초제를 사용했고, 베트남민족해방전선의 통제에서 "구출"한 농민이 이주할 수 있는 "전략촌"을 세웠다.

　　미국이 지원을 늘렸지만, 1963년 응오딘지엠 정권은 심각한 위기에 빠진 게 분명했다. 베트남민족해방전선은 특히 남부의 수도 사이공 주변 지역에서 활동을 확대했을 뿐만 아니라, 남베트남 대통령은 비공산당 계열 야당 집단, 불교 단체, 학생 조직과도 충돌했다. 또한 미국 후원자와 관계를 악화했다. 응오딘지엠은 남베트남이 주권 국가이므로, 자신이 민간과 군의 계획을 최종 통제해야 한다고 고집을 부렸다. 수많은 불교 승려가 정권에 항의하면서 사이공 거리에서 분신했는데, 미국 텔레비전 뉴스에 승려의 주검이 나오자 많은 미국인은 미국이 베트남에 관여하는 것이 과연 성공할지 의문을 품었다.

케네디 행정부는 필사적으로 시도해, 남베트남 장군들에게 응오딘지엠에 맞서 쿠데타를 일으킬 것을 조용히 부추겼다. 1963년 11월 1일 남베트남 대통령이 군 장교들에게 납치되어 살해당했다. 3주 뒤 케네디도 댈러스에서 총에 맞았다.

케네디가 베트남에 저지른 가장 큰 실수는 남부와 북부를 줄곧 전혀 다른 두 나라로 보았다는 것이다. 이런 관점에 따르면, 북부가 남부에 군사적으로 관여한 것은 침략이었고, 공산주의 강대국-특히 중국-이 침략의 배후였다. 신임 대통령 린든 B. 존슨이 케네디에게서 이어받은 이런 사고 흐름은 베트남전쟁을 냉전과 직접 연결했다. 또한 한국, 중국 내전, 궁극적으로 제2차 세계대전과도 연결되었다. 여기서 미국이 공산주의의 침략에 맞서지 않는다면, 결단력을 의심받고 이데올로기적 지위를 포함한 입지가 훼손될 것이라는 교훈을 얻었다. 또한 케네디와 존슨 둘 다 공산주의의 침략에 맞서 싸우지 않는 듯 보이는 미국 행정부, 특히 민주당 행정부가 여론 주도자와 유권자에게 응징받는다고 믿었다. 케네디와 존슨 모두 방식은 무척 달라도 약한 모습을 보이는 것을 대단히 두려워했다. 존슨은 고향 텍사스주 친구들의 말을 들먹이면서, 미국인은 "약한 것 빼고는 어떤 모습이든 용서해 준다"라고 즐겨 말하곤 했다.[3]

국내 문제에서 보자면, 린든 존슨은 미국 역사에서 가장 준비가 잘 된 대통령으로 손꼽혔다. 1937년부터 의회에 있었고 상원 지도자로 유명했다. 다수당 원내대표로서 프랭클린 루스벨트 유형의 진보적 대의를 옹호했기 때문이다. 케네디의 부통령 시절에 권력의 가장자리에서 만족하지 못한 채 일했다. 대통령이 암살되자 갑자기 미국 정치 최고의 자리에 올라섰는데, 존슨은 거의 처음부터 실행하고 싶었던 개혁과 관련한 구상이 있었다. 일부는 케네디 행정부에서 발전된 계획이었다. 대부분은 존슨이 추구한 대의였고, 그는 경험과 강인함, 그리고 이를 밀어붙일 수 있는 수단이 있었다. 존슨은 아마 미국 역사에서 입법과 관련해 가장 성공한 대통령일 텐데, 빈곤 감소, 민권, 보건의료만이 아니라 이민과 교육 개혁에 관한 주요 법안을 청하면서 전임자가(또는 후임자도) 피한 곤란한 문제를 다뤘다. 1964년 대통령 선거에서 존슨은 공화당 후보를 압도하면서, 일반 투표 역대 최고의 득표율로 재선되었다.

하지만 존슨 또한 베트남전쟁의 확전에서 해법을 찾지 못한 듯했다. 정치적 본능은 그에게 최대한 빨리 출구를 찾으라고 재촉했지만, 그는 결과가 두려웠다. 우선 과제로 생각하는 것은 국내 개혁이지만, 그는 대외정책에서 훌륭한 이력을 쌓아야만 국내 개혁을 실행할 수 있을 것으로 생각했다. 전쟁을 미국인에게 어떻게 제시할지를 논의하면서 존슨은 상원의 오랜 친구에게 속내를 털어놓았다. "제가 여러분을 여기에 끌어들인 게 아니라 [남베트남과 체결한] 조약과 우리의 국가적 명예가 걸린 탓에 우리가 여기에 온 거라고 말해야 하겠지요. 만약 이 조약이 아무 소용이 없으면 그런 것들도 쓸모가 없을 겁니다. 그래서 우리는 거기에 가는 겁니다. 거기에 가면 사나이처럼 행동해야 하지요. 그게 첫 번째입니다. 둘째 과거에 우리가 이룬 혁명에서 우리는 자유를 원했고, 당연히 자유를 원하는 다른 사람을 공감하면서 바라봅니다. 그 사람들을 내버려두고 자유를 주기만 하면 우리는 바로 나올 겁니다."**4**

1964년 동안 존슨 행정부는 점차 미국이 베트남 공산주의의 전면적인 도전에 직면한다고 확신했다. 응오딘지엠을 몰아낸 쿠데타는 불안정만 증대했을 뿐이다. 베트남공화국의 반란은 계속 확대되었다. 북부가 그 반란에 물자를 공급하고 지휘한다는 증거가 속속 드러났다. 그리고 하노이의 배후에 베이징과 모스크바가 어느 정도 순서대로 있었다. 중소 분열이 확대된다는 증거가 여럿 나왔지만, 존슨은 일종의 공산권 문제로 베트남에 계속 초점을 맞췄다. 존슨 행정부에 따르면, 두 공산주의 강대국의 차이는 소련이 현실적이고 합리적이지만, 중국은 비합리적이고 점차 비이성적으로 치닫는다는 데 있었다. 이런 식의 사고 배후에 놓인 인종적 고정관념을 간파하기란 어렵지 않다. 어쨌든 소련은 적어도 유럽인이 이끌었지만, 중국은 강대국 사이의 통상적인 주고받기를 이해하지 못하는, 또는 그런 거래에 관여하지 않으려는 동양이었다. 존슨의 국무장관 로버트 맥너마라는 바로 이런 비합리성 때문에 전쟁이 계속된다고 믿었다.

1964년 중반 대통령은 베트남전쟁에서 승리하는 유일한 길은 지상군을 파견해 의지를 보여 주는 것뿐임을 확신했다. 하노이와 모스크바가 추가로 침공하더라도 아무것도 얻을 수 없음을 미국이 보여 준다면, 중국이 아무리 거세게 항의한다 해도 협상장에 나올 것이었다. 맥너마라와 국가안보보좌관 맥조지 번디McGeorge Bundy는 북베트남을 폭격하고, 미국 지상군을 배치하여 남베트남 군대와 나란히 미국의 전쟁 참여를 확대할 것을 촉구했다. 대통령 연설 초안에서 번다는 미국이 "남베트남의 자유로운 국민을 상대로 거듭 전쟁을 벌이는 침략자에 대해 공동으로 필요한 보복을 하지 않을 것을 보장할 의무는 없다"라고 주장했다. "남베트남 외부에서 지시한 행위는 모든 국제법에 따라, 그리고 모든 사람은 자신이 지시해서 행해진 일에 책임을 져야 한다는 기본 규칙에 따라, 남베트남 외부에서 응징될 수 있다. 하노이 침략자는 자신의 죄를 알며, 세계도 알고 있다."[5] 대외문제에서 상대적으로 온건파인 국무장관 딘 러스크Dean Rusk조차 대통령에게 재촉했다. "전쟁과 평화의 문제가 태평양에 놓여 있습니다. 소련과 중국공산당 앞에서 우리가 머뭇거린다면, 그들은 이를 지금까지 자신들이 좇아 온 경로에 보상을 받는다고 해석할 테고, 따라서 전쟁이 일어날 가능성이 높아질 겁니다. 만약 우리가 페이핑[베이징]에 우리가 약화한다는 신호를 보내는 행동을 한다면, 우리도 더 큰 위험에 직면할 겁니다."[6]

1964년 8월 존슨은 북베트남 함정이 공해에서 미국 해군 함선에 발포했다는 부정확한 보고를 구실로 삼아, 의회에서 전쟁 확대를 승인받았다. 이른바 통킹만 결의안은 대통령에게 "미국 군대를 향한 모든 무력 공격을 물리치고 추가 공격을 방지하는 데 필요한 모든 조처를 하는" 권한을 부여했다.[7] 1965년 미 공군은 북베트남에 폭격을 개시했고, 미군 병력은 20만 명에 육박하는 규모로 늘어났다. 그해 말에 이르면 거의 2000명의 미국인이 전사했고, 국내 대다수 사람도 이것이 미국이 지난 10년간 세계 곳곳에서 관여한 일종의 대리전이 아니라, 진짜 전쟁임을 분명히 깨달았다.

오늘날 우리는 베트남전쟁 당시 북베트남과 소련, 중국에 대한 정치적·군사적 계산을 둘러싼 미국의 여러 가정이 실수였음을 안다. 북베트남 지도자들은 베트남전쟁을 해방을 향한 민족적 투쟁으로 여겼다. 그들은 군사적 승리를 목표로 삼았는데, 이는 미국이 발을 뺀 뒤에야 얻을 수 있는 결과임을 깨달았다. 소련은 베트남전쟁이 전 지구적인 냉전 투쟁에서 미국에 해가 된다는 것을 깨달았다. 이 전쟁이 제3세계 국가와 운동을 소외하고, 소련이 골리앗 미국에 맞서 싸우는 소국 베트남에 평화와 원조를 상징하는 나라처럼 보이게 만들었기 때문이다. 어떤 잣대를 들이대더라도 베트남에 걸린 판돈으로 따지면 소련은 턱없이 적고 미국은 점점 많아졌다. 하지만 모스크바는 동남아시아 다른 나라에도 전쟁이 확산해 자국이 지역 혁명을 방어하는 더 적극적이고 가시적인 역할을 맡는 것을 언제나 조심했다. 당시 상황에서 볼 때, 흐루쇼프의 후계자들은 미국의 침략을 비난하고 북베트남에 제한적으로 원조하는 데 만족했지만(어느 정도 베트남을 중국과 맺은 동맹에서 뜯어내려고 시도했다), 개인적으로는 모스크바가 하노이의 행동을 누그러뜨리려고 노력한다고 존슨에게 말했다. 소련은 미국에, 워싱턴이 냉전의 다른 쟁점을 모스크바와 기꺼이 협력할 때만 베트남 문제를 해결할 수 있다고 거의 노골적으로 전했다.

1960년대에 베이징의 정책이 엎치락뒤치락하면서 중국의 역할은 베트남에서 가장 많이 바뀌었다. 1960년대 전반부, 특히 1962년 이후 마오쩌둥은 점차 베트남전쟁을 소련을 상대로 휘두르는 무기로 활용했다. 마오쩌둥은 공산주의로 나아가는 길을 단축하려는 하노이의 시도와 남부 해방을 중국공산당이 전폭 지지한다고 선언했다. 이는 모스크바는 머뭇거렸지만, 베이징은 행동한다는 뜻이었다. 중국의 북베트남 원조는 해마다 크게 증가했고, 하노이는 중소 분쟁에서 이데올로기적으로 중국 편을 들었다. 하지만 1964년 미국의 관여가 확대되자, 마오쩌둥은 한국에서 미국과 직접 충돌이 일어난 것 같은 상황을 피하는 데 열심이었다. 베이징은 워싱턴에 미국이 북부를 침공하지 않는 한 자국 군대는 개입하지 않겠다는 신호를 보냈다. 국내외적으로 점점 혁명적 자세를 취했음에도 마오쩌둥은 미국의 힘을 적잖이 존중했다. 게다가 소련과 벌이는 대결이 악화하는 상황-대개 마오쩌둥의 행동 때문이었음을 언급해야겠다-에서, 마오쩌둥은 인도차이나에서 전면전을 벌이고 싶은 생각이 없었다. 그러므로 중국은 북베트남과 남부의 베트남민족해방전선이 중국의 원조를 받아 미국에 맞서 "가차 없이" 싸우면서 협상하지 못하도록 구워삶는 방침을 세웠다. 또한 베이징은 한반도에서 경험한 바로 모험을 삼가는 법을 배웠다. 1967년 중국은 북베트남의 방위를 돕기 위해 17만 명의 병력을 주둔하게 해, 미국이 북부와 남부의 경계를 넘으면 전투를 벌일 준비를 했다. 중국 총리 저우언라이는 북베트남에 이렇게 말했다. "내 기본 생각은 우리가 인내해야 한다는 겁니다. 인내는 승리를 의미하지요. 인내하다 보면 더 큰 곤경과 고통을 겪을 수 있습니다. 하지만 하늘은 무너지지 않고, 땅은 꺼지지 않으며, 인민은 전멸될 수 없습니다. 그러니 인내는 승리로 보상받는데, 이는 역사적 변화를 일으키고, 아시아, 아프리카, 라틴아메리카의 나라에 힘을 주며, 미 제국주의자를 납작이 만들 수 있습니다."[8]

존슨 행정부도 베트남전쟁을 국제적 측면에서 보았다. 1965~1966년에 대통령은 베트남에서 약한 모습을 보이면 제3세계의 다른

나라, 그리고 어쩌면 유럽에서도 차질이 생길 것이라고 확신했다. 존
슨은 전쟁을 무엇보다 동맹의 측면에서 보았다. 미국이 동남아시아
에서 말발이 통하지 않는다면, 동맹국과 다른 지역의 잠재적 적이 어
떻게 생각하겠는가? 또한 그는 -보좌진이 부추긴 탓이 컸는데- 아시
아, 아프리카, 라틴아메리카의 몇몇 중요 지역의 상황이 미국에 유리
하게 바뀔 참이라고 판단했다. 존슨이 생각하기에 중요한 것은 베트
남에서 진지를 지키는 한편, 미국의 원조사업으로 도움과 격려를 받
은 다른 신생 국가가 급진주의를 외면하고 자유와 경제성장으로 돌
아서는 것이었다. 해외 원조가 일반 대중이나 의회에서 별로 인기가
없음을 인식한 대통령은 형식이나 내용에서 린든 존슨 특유의 특별
교서를 발표했다. "자유 아래 진보에 전념하는 나라에 우리를 비롯한
다른 나라의 도움은 실패냐 성공이냐를 근소한 차이로 좌우할 수 있
습니다. 바로 이것이 문제의 핵심입니다. … 세계 공동체에서 빈곤과
무지를 해결하는 과제를 도맡지 않는다면 우리와 자녀들은 불행의
수확물을 쌓아 올릴 것입니다. 빈곤과 무지는 공산주의의 모병 담당
중사입니다. 우리가 머뭇거리는 곳 어디서나 빈곤과 무지가 번성합
니다. 우리가 우리의 의무를 다하지 않는다면, 공산주의는 야심을 확
대할 것입니다. 바로 이것이 우리 시대를 지배하는 엄중한 방정식이
며, 논리나 명예로 여기에서 빠져나갈 구멍은 없습니다."[9]

　　1960년대 중반을 제3세계의 전환점으로 본 행정부의 판단은
옳았다. 다만 베트남과 인도차이나 전체에 그러한 전환이 장기적으
로 어떤 영향을 미칠지에 관해서는 틀렸다. 제3세계 혁명의 오랜 정
신적 지주인 알제리에서, 1965년 6월 군대는 빈 벨라 대통령에 반기

를 들고 쿠데타를 일으켜 그를 축출했다. 저항이 거의 없었다. 알제리 국민 대다수는 빈 벨라가 말은 번지르르해도 계획을 실행하는 데는 허술하다고 느꼈다. 국민은 경제 발전에서 좀 더 현실적이고 실용적인 접근법을 원했다. 그들의 국가를 위해 싸운 이에게 가시적인 성과를 안겨 주기를 너무도 오랫동안 바란 것이다. 국민이 반대한 것은 알제리민족해방전선 강령이 아니라, 새로운 혁명 엘리트의 빈약한 실행력과 점차 심해지는 이기적 태도였다. 군의 수장 우아리 부메디엔Houari Boumedienne의 군대는 질로 폰테코르보Gillo Pontecorvo의 영화 〈알제전투(The Battle of Algiers)〉를 촬영하는 데 보조출연을 한다는 구실로 수도를 장악했는데, 부메디엔은 발언은 줄이고 행동은 늘리겠다고 약속했다. 이후 알제리인은 실제로 그런 모습을 보았다. 대외정책과 여러 경제계획에서 알제리는 소련에 가까워지면서 제3세계 이상주의에서 멀어진다.

가나도 비슷한 사태가 벌어졌다. 10년 가까이 가나에서 도전받지 않는 지도자이자 제3세계의 핵심 대변인이던 콰메 은크루마가 1966년 군사 쿠데타로 쫓겨났다. 은크루마는 경제 정책에서 빠른 성과를 내지 못한 데다 점차 독재자로 변하자 대중 지지를 대부분 상실했다. 1962년 그는 대법원장을 해임했다. 2년 뒤에 은크루마는 모든 정당을 불법화하고 가나를 일당 국가로 만든 뒤 종신 대통령에 취임했다. 은크루마가 중국과 북베트남을 방문하러 가는 길에 쿠데타가 일어났는데, 정권을 잡은 군 장교들은 가나를 임박한 공산주의의 지배에서 구하는 게 목표 가운데 하나라고 주장했다. 실각하기 6개월 전 출간된 《신식민주의, 제국주의의 최후 단계(Neo-Colonialism, the

459

Last Stage of Imperialism)》에서 은크루마는 국내 반대파가 "서방 각국의 수도에서 뿜어내는 해방 반대 선전의 홍수"에 휩쓸린다고 비난했다. "이 선전은 중국, 베트남, 인도네시아, 알제리, 가나 등 자유로 나아가는, 독립적 경로를 개척하는 모든 나라를 겨냥한다. … 반동 세력에 맞선 무장 투쟁이 벌어지는 곳 어디서나 민족주의자는 반란자나 테러리스트, 또는 흔히 '공산주의 테러리스트'라고 불린다."[10]

알제리와 가나에서 벌어진 쿠데타는 존슨 행정부에 뜻밖의 횡재였다. 중앙정보국이 어느 쪽이든 직접 관여했다는 증거는 없지만, 미국 정부는 전부터 군부가 이런 행동에 나서는 것을 장려하면서 공공연히 지지 의사를 밝혔다. 가나의 결과물은 미국과 긴밀히 연계하는 군사 독재였지만, 알제리의 결과는 미국의 관점에서 볼 때 한결 모호했다. 부메디엔은 국제문제에서 결코 호락호락한 상대가 아니었고, 많은 미국인은 그가 소련식 계획에 친화성이 있다는 것을 잘 알았다. 그렇다 하더라도 워싱턴은 제3세계주의자 빈 벨라보다 그를 훨씬 선호했다. 중앙정보국은 쿠데타 평가서에서 "알제리의 여러 지역에서 군부는 이미 빈 벨라 정부나 알제리민족해방전선 정당보다 지도력과 행정에서 더 탄탄한 듯 보인다"라고 언급했다.[11] 존슨 행정부에 소련식의 사고는 이미 유럽 외부에서 중국이나 쿠바의 반제국주의 혁명가와 갖가지 부류의 친구보다 덜 위협적인 도전이 되어 있었다. 냉전이 지속되기는 했지만, 모스크바는 이미 일종의 "통상적인" 적-유럽인이고 신중하며 어느 정도 예측할 수 있는 적-이 되었지만, 제3세계는 혼돈 그 자체인 데다 무절제했다. 미국이 느끼는 공포의 핵심은 장래에 미국이 세계를 지배하는 데 맞서는 저항의 모습이 소런보다 중국이나 쿠바를 닮을 것이라는 의심이었다.

어떤 사태가 일어나서 워싱턴이 이런 식의 사고를 중단해야 했다면, 그것은 바로 1965년 인도네시아와 콩고에서 좌파가 패배한 사건이었다. 적어도 공산주의의 도전이라는 측면에서 두 나라의 미래가 베이징이나 아바나에게 있지 않을 것이라는 신호였다. 또한 방식은 달라도 전 지구적인 정치 반대 세력으로서 제3세계가 종말을 고한다는 신호탄이었다. 인도네시아와 콩고 그리고 나중에는 볼리비아의 반혁명은 제3세계 기획을 겨냥한 미국의 공세가 효과를 볼 수 있음을 워싱턴이 확인하게 해 주었다. 현지에 탄탄한 동맹자가 존재해 그들 나름대로의 이유로 급진주의자에 맞서 싸우기만 하면 되었다. 이는 개념적으로 베트남에 적용할 수 없는 교훈이었다. 베트남에는 그런 동맹 세력이 존재하지 않은 데다 호전적인 중국이 바로 옆에 있었기 때문이다. 하지만 이런 불일치에서 논리적으로 나오는 결론, 즉 미국이 베트남에서 군대를 철수해야 한다는 결론도 마찬가지로 실행할 수 없었다. 냉전의 측면에서 약하고 우유부단하며 패배주의적이라고 보이는 것이 두려웠기 때문이다.

1960년 루뭄바가 살해된 이후 콩고에서 좌파나 분리주의 집단이 약한 중앙 정부에 맞서 간헐적으로 전투를 벌였다. 콩고의 광대한 광물 자원을 착취하는 데 열심인 미국과 벨기에, 그리고 유럽 기업이 정부를 지지했다. 1964년에 이르러 콩고 동부에서 전면적 반란이 벌어졌다. 키상가니(당시 이름은 스탠리빌)를 장악하고 인민공화국을 선포한 급진주의자가 이끈 반란이었다. 유럽과 남아프리카 용병 및 미국 고문단의 지원을 받은 콩고군이 키상가니에 접근하자, 반군은 유

461

럽인을 인질로 잡고 공세를 계속하면 인질을 처형하겠다고 위협했다. 루뭄바를 살해한 책임자인 모이즈 촘베Moïse Tshombe 총리는 서방에 개입해 줄 것을 호소했다. 1964년 11월 존슨 대통령은 미국 항공기로 벨기에군을 콩고 동부로 보내 인질을 구출하기로 했다. "식인종이 많은 사람을 죽이게 내버려두어선 안 됩니다."[12] 대통령이 텍사스에 있는 목장에서 한 말이다. 1000명이 넘는 인질이 구출됐지만, 200명이 살해되었고 콩고인 수천 명도 살해되었다. 중앙정보국이 주도한 해외 작전의 도움을 받은 콩고 정부는 점차 반군 영토를 장악하면서 잔혹한 복수를 가했다.

미국이 콩고에 개입하자 나머지 아프리카 나라가 분노했다. 대체로 조직적이지 못하고 아무 생각이 없는 집단으로 여겨진 콩고 반군을 좋아했기 때문이라기보다, 이전 벨기에 식민 지배자들과 관련이 있었기 때문이다. 인민공화국 생존자가 자칭한 대로, 남은 심바(사자)들은 이집트와 알제리의 도움을 받았는데, 1965년 4월 쿠바도 체 게바라가 이끄는 100여 명의 기동부대를 보내 그들과 함께 싸우도록 도왔다. 체 게바라는 콩고 동부 밀림에서 7개월간 시간만 허비했는데, 반군이 서로 협력하지도 않고 지도자들이 콩고에서 지독한 전투를 하는 것보다 카이로에서 호화 생활을 하는 걸 좋아하는 것을 보고 점점 정나미가 떨어졌다. 1965년 말 반란은 패배했다. 존슨의 국가안보보좌관 대리 로버트 코머Robert Komer가 상관에게 말한 것처럼, 미국은 "콩고 반란을 쉽게 해치웠다. 우리와 벨기에는 사실 촘베에게 신호를 보내면서 그가 필요하다고 여기는 모든 것을 제공했다-돈, 무기, 고문단도 전부."[13]

콩고와 천지 차이였던 인도네시아는 미국의 국제적 골칫거리 목록에서 훨씬 상위에 있었다. 쾌활한 수카르노가 이끄는 인도네시아 민족주의자는 미국이 해방의 조력자로 나선 가운데 1949년 네덜란드에서 독립했다. 워싱턴이 네덜란드에 옛 식민지가 완전히 독립하도록 압력을 가한 이유는 수카르노가 확고한 반공주의자로 보였기 때문이다. 1948년 수카르노 군대는 강력한 인도네시아공산당(Partai Komunis Indonesia, PKI)과 짧은 내전을 벌여 결정적인 승리를 거두었다. 하지만 수카르노가 전 세계의 반식민 투쟁에 더 큰 관심을 보이며 국내 경제 정책을 급진적으로 바꾸자, 인도네시아는 미국이 총애하는 대상에서 떨어져 나갔다. 워싱턴이 볼 때, 수카르노가 개최자로 지도적 역할을 한 반둥회의는 미국 대외정책에 대한 도전이었고, 수카르노는 아이젠하워 행정부가 혐오하는 또 다른 세력이 되었다. 1957년 인도네시아 대통령이 중앙집권을 강화하고 부활한 공산당과 협력의 수준을 높이는 쪽으로 돌아서자, 미국의 인내심은 바닥이 났다. 영국과 네덜란드를 뒤에 거느린 아이젠하워 행정부는 수마트라에서 반수카르노 이슬람 반란자를 돕는 비밀 계획을 실행했다. "인도네시아가 공산당 손에 넘어가는 걸 막아야 합니다." 덜레스가 영국 외무부 인사에게 말했다. "공산당이 자바를 지배하면, 최선의 대책은 수마트라를 시작으로 바깥쪽 섬의 독립을 강화하는 식으로 그들의 체제를 무너뜨리는 겁니다."**14**

　중앙정보국의 반수카르노작전은 실패로 돌아갔지만, 당연히도 인도네시아 지도자는 미국이 자신을 몰아내려 한다는 것을 눈치챘다. 1960년대 그의 정책은 인도네시아 국민 전체를 위해 강한 중앙 국가를 건설하는 데 집중했다. 보르네오섬 전체와 뉴기니, 심지어 말라야반도도 아우르는 게 그의 목표였다. 수카르노는 권력을 지탱하는 연합을 공식화하려 하면서, 정부가 '나사콤Nasakom', 즉 민족주의, 종교, 공산주의에 토대를 둔다고 선언했다. 1963년 말레이시아가 독립하자, 수카르노는 예상대로 신생 국가를 신식민주의 영국의 괴뢰 국가라고 비난하면서 3년에 걸친 저강도 전쟁을 개시했다. 대결이라는 뜻의 말레이어 콘프론타시konfrontasi라 불린 전쟁이다. 인도네시아군이 보르네오섬에서 영국군 및 오스트레일리아군과 대결하고, 공산당이 인도네시아에서 정치 지반을 확보하자, 미국은 필사적으로 방책을 모색했다. 존슨 행정부는 흔들렸다. 대통령은 인도네시아에 대한 원조를 모두 철회하고자 했지만, 펜타곤과 중앙정보국은 군부와 계속 접촉할 것을 권고하면서 장교들이 수카르노에게 맞서 행동에 나서기를 기대했다.

　하지만 워싱턴은 이 제3세계 선동가와 관계를 제한한 유일한 강대국이 아니었다. 수카르노가 늙은 백인이 굼뜨다고 비판하고, 인도네시아공산당은 수정주의라고 중국과 비슷하게 비판을 가하자 소련은 분개했다. 하지만 소련은 단연코 최대 무기 공급자였다. 미국과 마찬가지로 모스크바도 인도네시아 군부의 장교들과 계속 연락을 주고받았지만, 직접적인 정치적 영향력은 거의 없었다. 다른 한편 중국은 수카르노 및 인도네시아공산당 모두와 가까워 보였다. 1960년대 초 중소 분열이 가시화되자, 인도네시아 대통령은 베이징을 제3세계의 반제국주의, 반냉전 연단으로 끌어올릴 수 있다고 생각했다. 연설과 글에서 수카르노는 중국의 중요성을 극찬했다. 하지만 마오쩌둥은 그만큼 양국 관계를 확신하지 못했다. 주석이 1960년대 중반 좌파 쪽으로 성큼 이동하자, 수카르노와 그의 체제는 점점 신뢰를 잃었다. "부르주아" 체제가 진정한 사회주의 정부로 여겨지지 않았기 때문이다.

인도네시아에서 긴장이 고조되면서 수카르노는 불안한 정치 상황에 힘입어 승승장구하는 듯 보였다. 그는 1965년을 "위험하게 사는 해"로 명명하고 정치적·경제적 변화를 위한 노력을 가속화했다. 결국 드러났듯이 이런 무모함이 실패의 원인이었다. 1965년 여름, 기존의 전통 군대와 맞먹는 무장 민병대를 창설하자는 대통령의 제안에 고위 장교들이 불안을 느꼈다. 한편 인도네시아공산당은 수카르노의 중국인 주치의들에게서 나온 정보를 바탕으로 그의 건강을 우려했다. 인도네시아공산당은 수카르노가 사망하면 장성들이 다시 달려들 것이라고 생각했다. 그리하여 1965년 9월 30일 공산당원 하급 장교들의 쿠데타 시도를 승인하는 식으로 선제 행동에 나섰다. 이 과정에서 장성 6명이 살해되었다. 하지만 수하르토가 이끄는 살아남은 장성들이 반격을 가해 자카르타를 장악한 뒤, 수카르노를 "보호"하면서 공산당을 불법화했다.

자카르타 쿠데타에 이어 냉전 역사에서 최악의 민간인 학살이 벌어졌다. 군부의 우파 민족주의자와 일부 무슬림 종교 지도자가 전국 각지로 흩어져 공산당원을 학살했다. 공산당원은 이런 흉포한 공격에 전혀 대비하지 않았다. 아무 이유도 없이 공산당과 협력한다는 혐의를 받은 소수민족도 습격을 받았다. 중국인 공동체가 특히 심한 타격을 받았다. 모두 합쳐 최소 50만 명이 살해됐는데, 주로 참수되

465

거나 목을 찔렸다. 목격자의 말에 따르면, 망나니가 휘두르는 "마체테가 번개처럼 희생자의 목을 갈랐습니다. 외눈박이인 힘없는 자전거 수리공이었지요. 망나니가 그의 머리를 자루에 담았습니다. 그리고 마치 먼저 묶이지 않고 죽은 것처럼 보이려고 두 팔을 풀었어요. 처음에는 머리 없는 주검이 수면 아래로 사라졌는데 결국 물 위로 떠올랐어요. 다음에 살해된 사람은 여자였습니다. 누구인지는 몰라요."[15]

나라의 한 지역은 강물에 주검이 가득해서 물이 흐르지 않을 정도였다. 미국대사관은 군에 공산당원 명단을 제공하는 식으로 학살을 도왔다.[16]

국제사회는 수카르노가 사라지자 모두 안도하는 듯 보였다. 미국이 가장 안도할 만한 이유가 있었다. "우리는 적어도 수카르노가 도망치게 할 수 있었습니다." 로버트 코머가 존슨 대통령에게 말했다. "군부가 수카르노를 상대로 명백한 승리를 거둔 것이 잠재적으로 어떤 의미가 있는지 아무리 강조해도 지나치지 않습니다. 인도네시아는 … 거의 또 다른 팽창주의적 공산 국가로 변모하고 있었지요. 동남아시아 본토에서 서방군의 후방을 전반적으로 심히 위협했을 겁니다. 이제 … 이런 추세가 급선회했습니다."[17] 소련은 자신들의 상처를 문지르면서도 수카르노와 인도네시아공산당이 재앙을 초래했다고 비난했다. 중국도 편협한 마오쩌둥주의적 관점에서 보면 흐트러지지 않았다. "수카르노가 쫓겨난 건 좋은 일이 될 거라고 봅니다." 외무장관 천이의 말이다. "수카르노는 우파와 좌파를 중재할 수 있었지요. 하지만 인도네시아의 미래는 인도네시아공산당의 무장투쟁에 달려 있습니다. 이게 가장 중요합니다."[18] 천이의 환상은 이내 산산이 흩어졌다. 소비에트권 바깥에서 가장 강력한 공산당이 영원히 분쇄되었고, 인도네시아는 30년에 걸친 우파 독재 통치에 들어섰다.

1960년대 중반에 그토록 많은 제3세계 지도자가 전복된 것은 제3세계 운동 전체의 위기를 의미했다. 1965년 가을 알제에서 열리기로 예정된 아시아·아프리카회의가 무산된 사실은 의미심장하다. 한 대표자는 회의가 취소된 재앙은 "아프리카-아시아 세계의 묘비석"이라고 말했다.[19] 이집트, 알제리, 시리아, 이라크, 인도 등 아프리카-아시아의 더 많은 나라가 적어도 원조와 발전 모형에 관한 한 소련 쪽으로 방향을 틀었다. 유형은 무척 달라도 공산주의 국가를 자임한 쿠바와 유고슬라비아도 영향력이 높아졌다. 다른 제3세계 나라는 흔히 석유 같은 자원 수출과 연결된 자국의 경제 이익을 더욱 강조했다. 미국이 보기에 이는 의문의 여지 없이 다행스러운 일이었다. 하지만 이런 승리들을 뒷받침하는 토대가 있어야 했다. 로버트 코머는 존슨 대통령에게 조언했다. "국무장관을 비롯한 사람들에게 인도네시아와 가나의 쿠데타에 만족한다는 뜻을 표명하면서, 이런 성공 사례를 최대한 빨리 능숙히 활용해야 한다는 점을 분명히 밝히십시오."[20]

아시아와 아프리카에서 제3세계 이상이 외면되자, 베트남과 인도차이나에 접근하는 미국의 태도가 단호해졌다. 지금 와서 보면, 존슨 행정부가 1960년대 중반의 상황 변화에서 그릇된 교훈을 끌어낸 사실을 간파하기 어렵지 않다. 그들은 미국이 베트남에서 결의를 보여 다른 곳도 급진주의에서 이탈하게 하는 데 크게 이바지했다고 생

467

각했다. 중앙정보국이 그런 사례를 입증하는 증거는 전혀 찾지 못했지만 말이다. 1960년대 중반부터 미국이 베트남 정책에서 상상력을 발휘하지 못한 것은 인상적이다. 남베트남에서 정치 불안이 계속되는 가운데 국무장관 딘 러스크는 1966년 4월 단호한 결론을 내렸다. "아시아에서 위협받는 나라와 관련해, 우리는 우리의 통제에서 벗어난 뚜렷한 정치적 난관 때문에 베트남에서 실패한 것이, 이런 요인이 없는 실패보다 덜 심각한 것인지 자문해야 한다."

> 늘 그렇듯이, 문제는 결국 베트남이 무너지면 동남아시아에 탄탄한 방어선이 존재할 것이냐 하는 것이다. 여기서 우리는 인도네시아의 반공 체제가 우리에게 엄청난 "행운"이었다는 사실을 인정해야 한다. … 하지만 그다음 해나 2년 뒤에 동남아시아의 나머지 지역을 차지할 가능성은 1년 전에 평가한 바로 그 요인에 달려 있다. 먼저 타이와 라오스, 그리고 곧바로 말레이시아와 싱가포르, 버마(현재 미얀마)에, -미국이 어떤 이유로든 베트남에서 실패하면- 이후 중국공산당이 가할 압력에 저항하려는 의지가 상당히 남아 있을지 여부다. … 이런 상황에서 타이를 잡아 둘 수는 없고, 동남아시아의 나머지 나라도 적절한 시점에 그 뒤를 따를 것이다. 다시 말해, 동남아시아의 전략적 이해관계는 기본적으로 베트남에서 실패한 이유의 정치적 성격에 따라 변하지 않는다. 동아시아 전체 지역의 다른 자유 국가-한국, 타이완, 일본, 필리핀-에 미칠 충격파도 사정은 마찬가지다.[21]

그리하여 미국은 승리할 여지가 희박하지만 베트남에서 계속 싸웠다. 펜타곤의 조언에 따라 존슨 행정부는 더 많은 인력과 자원을 베트남에 쏟아부었고, 공항과 수심 깊은 항만 시설, 기지, 병원을 건설했으며, 남베트남 정부에 민간 원조도 제공했다. 하지만 남베트남 정부는 점점 내분에 휘말렸고 자체 방어할 능력도 상실했다. 미국은 공중 작전을 확대하면서 폭격기 B-29를 활용해 북베트남의 목표물을 공격했다. 미국의 전략-전략이라고 부를 수 있다면-은 남베트남 방어 시설 주변에 미군을 배치해, 베트남민족해방전선과 북베트남 군대에 최대한 타격을 가하는 것이었다. 그러면 남베트남군이 남부의 핵심 지역에서 베트남민족해방전선 투사를 다룰 수 있을 터였다. 이 이론에 따르면, 베트남공산당의 사상자가 증가하면 하노이가 미국의 조건에 따라 협상장에 나올 수밖에 없는 순간이 틀림없이 올 터였다.

하지만 이 전략의 요소 가운데 어느 것도 작동하지 않았다. 윌리엄 웨스트모얼랜드William Westmoreland 장군이 이끄는 미군은 베트남공산군에 대대적인 타격을 가했다. 북베트남군과 베트남민족해방전선 병사 80만 명이 전쟁 중에 사망했지만, 미군 전사자는 총 5만 8000명이었다. 하지만 미국이 전장에서 거둔 승리는 영토 확보로 이어지지 않았다. 미군이 다른 곳으로 이동하면 곧바로 베트남공산군 부대가 다시 들어왔다. 어떤 곳은 지역 전체를 낮에는 남베트남군과 미군이 차지하고 밤에는 베트남민족해방전선이 장악했다. 나라 전역에서 현지 주민이 과연 사이공 정부를 충실히 따르는지가 의심스러웠다. 대다수 농민은 그저 전투를 피하는 데만 관심이 있었지만, 상당수의 젊은 남녀는 베트남공산당을 위해 싸우려고 자원했다. 이런 문

469

제를 통제하기 위해 미국과 남베트남은 농민을 "전략촌"으로 이동하게 했다. 전략촌에 들어가면 -겉으로는- 더 나은 주거와 교육의 혜택을 입을 수 있었다. 하지만 실제는 농민을 베트남민족해방전선과 차단하려는 시설이었다. 이런 전시 사회공학의 결과는 대개 바라던 것과 정반대로 나타났다. 남베트남인이 조상 대대로 물려받은 농가와 마을을 떠나는 것에 분노했기 때문이다.

냉전 시기의 모든 충돌이 그렇듯, 민간인이 가장 고통을 받았다. 북베트남인 5만 명이 미국의 폭격으로 사망했다. 미국은 제2차 세계대전 동안 일본에 투하한 것보다 더 많은 폭탄을 북부에 쏟아 부었다. 북부와 남부에서 베트남공산당이 벌인 정치 활동으로 20만여 명이 사망했다. 수십만 명이 자기 나라에서 피란민이 되었고, 미국이 네이팜탄을 퍼붓고 고엽제 에이전트오렌지Agent Orange를 사용해 수만 명이 부상을 입었다. 베트남전쟁은 냉전이 가장 비극적으로 현실화한 사건이었다. 지금 와서 보면 아무런 타당한 목적도 없이 대규모 사상자만을 낳은 전쟁이었다.

미국의 전략이 통하지 않은 핵심 이유는 중국과 소련이 북베트남을 지원했기 때문이다. 레주언은 동맹국과 능수능란하게 협상했다. 모스크바와 베이징은 미국이 베트남전쟁을 치르는 동안 서로 반목했지만, 하노이는 양쪽에서 계속 지원받았다. 중국과 소련이 1969년에 전쟁 일보 직전까지 간 뒤에도 마찬가지였다. 하노이가 이렇게 지원받은 것은 북베트남 지지를 국제주의의 대의에 충실함을 보여 주는 리트머스 시험지로 만들었기 때문이기도 했고, 두 공산주의 강대국을 서로 경쟁적으로 지원에 나서게 만들었기 때문이기도 했다. 1965

년까지 중국이 북베트남에 제공한 군사와 민간 차원의 지원은 소련에서 도착한 것보다 훨씬 많았다. 베이징과 하노이는 정치적으로도 훨씬 가까워서, 베트남공산당 지도자는 중국이 소련을 "수정주의"와 "우편향"으로 비난하는 것을 지지했다. 하지만 마오쩌둥이 벌인 문화대혁명의 급진주의 때문에 양국의 관계가 바뀌었다. 중국이 북베트남에 정치적으로 이런저런 식으로 행동해야 하며, 그리고 소련과 중국의 원조를 동시에 언급하는 식으로 중국을 "모욕"하는 것을 피해야 한다고 사사건건 상기하게 하자 북베트남은 분개했다. 중국 고문관으로 구성된 홍위병은 하노이와 하이퐁에서 집회를 열어, 베트남인에게 수정주의를 비난하고 마오쩌둥 주석에게서 배우라고 훈계했다. 한편 마오쩌둥주의자는 소련의 군사 보급품이 중국을 통해 도착하는 것을 저지했다. 베이징에서 주석은 여전히 베트남이 어떻게 전쟁을 치러야 하는지를 판단하는 최종 심판관을 자처했다. 1967년 북베트남의 팜반동Pham Văn Đồng 총리와 보응우옌잡Vo Nguyên Giap을 만난 자리에서 마오쩌둥은 일장 연설을 늘어놓았다. "소모전을 치르는 것은 밥을 먹는 것과 같습니다. 너무 크게 베어 물지 않는 게 [가장 좋지요.] 미군과 싸울 때 소대나 중대, 대대 규모로 베어 물 수 있습니다. 괴뢰 정권 군대의 경우에는 연대 크기로 베어 물 수 있어요. 전투는 식사와 비슷하니까 한 입씩 베어 물어야 합니다. 어쨌든 전투는 너무 어려운 일이 아닙니다. 전투를 수행하는 법은 밥 먹는 것하고 아주 비슷해요."²²

예상할 수 있는 일이지만, 하노이의 정치 지도자들은 중국이 베트남인이 전부 죽을 때까지 전쟁을 치를 의지가 있다는 인상을 받았다. 그리하여 그들은 점차 소련에 의지했다. 소련도 기꺼이 화답했다. 미국에 모욕을 안겨 주고 중국이 잘못을 깨닫게 할 기회로 본 것이다. 1967년 소련의 북베트남 원조는 군사와 민간에서 모두 극적으로 증가했다.[23] 그와 동시에 모스크바는 레주언과 그의 동료에게 기회가 생기는 대로 협상하라고 조언했다. 소련의 목표는 미국의 베트남전쟁이 악화하는 한편 잠재적 대화 촉진자로서 모스크바의 역할을 드러내는 것이었다. 한편 북베트남은 후원자와 맺은 관계만이 아니라, 남베트남과 미국에 대해서도 힘을 얻기 위해 전장에서 기습적으로 대승을 거두기로 했다. 레주언은 그런 성과를 얻어야만 협상을 시작하는 데도 중요할 것으로 생각했다. 또한 남베트남 정권이 붕괴해서 분명한 승리를 거두기를 기대했다.

북베트남과 베트남민족해방전선의 뗏tết 공세는 1968년 1월에 시작되었다. 하노이는 남부에서 전면적인 군사 공세에 나서고 총봉기할 것을 지시했다. 최대 목표를 이루는 데는 실패했지만, 이 공세는 남베트남의 권력 구조를 뒤흔들면서 사이공 정권에 대한 미국의 노력이 과연 효율적인지 심각한 의문을 갖게 했다. 베트남공산당 부대는 수도의 도심 지역을 포함한 전국 각지에서 공격했다. 사이공의 미국대사관에 진입하고, 주요 라디오방송국을 장악했으며, 대통령궁 주변에서 전투를 벌였다. 이 작전과 남베트남 각지에서 비슷하게 진행된 "기막힌 광경"은 사실 자살 임무여서 단 몇 시간 만에 대다수 베트남공산당 투사가 살해되었다. 대규모 부대의 증원군은 전혀 오지 않았고, 총봉기는 현실화하지 않았다. 하지만 사이공을 비롯한 도시에서 벌어진 교전 장면이 미국의 황금시간대 방송에 등장했고, 이제 몇몇 뉴스 진행자는 전쟁이 과연 효과가 있는지 의문을 던졌다. 얼마 전 베트남에서 돌아온 CBS의 월터 크롱카이트는 시청자에게 말했다. "우리는 베트남과 워싱턴에서 미국 지도자들이 보인 낙관주의에 너무도 자주 실망한 탓에, 이제 더는 그들이 캄캄한 구름 속에서 희망의 빛이 보인다고 해도 믿지 못하겠습니다. … 베트남의 유혈적 경험이 교착상태로 끝나려 한다는 게 어느 때보다 더 확실해 보이기 때문이지요. … 따라서 본 기자의 눈에 유일한 출구는 협상하는 것뿐임이 점차 분명해집니다. 승자로서가 아니라 민주주의를 지키겠다는 약속을 충실히 이행하면서 최선을 다하는 명예로운 사람으로서 말이지요."[24]

떼트 공세에서 미군 1500명이 전사했고, 7000명이 부상을 당했다. 베트남공산당 사상자는 20배 더 많았지만, 이길 수 없는 전쟁이라는 인상이 미국과 동맹국 사이에 퍼졌다. 1967년 이후 미국 각지에서 전쟁에 반대하는 대규모 시위가 벌어졌다. 학생 단체나 독립적인 활동가 단체가 조직한 시위였다. 아프리카계 미국인 운동의 전투성이 고조되는 것과 동시에 많은 미국인은 나라가 방향을 잃었으며 혼돈이 위협한다고 느꼈다. 대다수 시위대에게 베트남전쟁과 국내의 인종 억압에 맞서는 저항은 똑같은 싸움이었다. "왜 그 사람에게 총을 쏩니까? 나를 검둥이라고 부른 적도 없는 사람을." 세계 헤비급 권투 챔피언 무하마드 알리가 자신을 징집하려는 이들에게 던진 질문이다.[25] 온건 성향의 민권 지도자 마틴 루서 킹도 1967년 4월 "침묵은 곧 배신이 되는 시기가 왔다"라고 선언했다.

473

베트남과 관련해 이런 때가 왔습니다. … 우리는 우리 사회가 불구로 만든 흑인 젊은이를 잡아다가 8000마일(약 1만 2875킬로미터) 떨어진 동남아시아에 보내, 그들이 조지아 남서부와 이스트할렘에서도 보지 못한 자유를 지키라고 했습니다. … 저는 그들에게 마음속 깊은 연민을 보내는 한편, 사회 변화는 비폭력 행동으로 가장 유의미하게 이루어진다는 확신을 유지하고자 했습니다. 하지만 그들은 질문을 던졌는데, 일리가 있는 질문이었지요. "베트남은 어떤가요?" 그들은 우리나라가 문제를 해결하고, 원하는 변화를 가져오기 위해 대대적인 폭력을 사용하지 않았냐고 물었습니다. 그들의 질문은 정곡을 찔렀고, 저는 다시는 오늘날 세계에서 가장 거대한 폭력의 조달자에게, 즉 우리 정부에 먼저 분명히 말하지 않은 채 게토에서 억압받는 이의 폭력에 반대하는 목소리를 높일 수 없음을 알았습니다.[26]

베트남전쟁은 린든 존슨의 대통령 임기를 망쳐 놓았고, 그는 결국 1968년 재선에 도전하지 않기로 했다. 여러 면에서 비극적인 일이었다. 미국에서 국내 변화를 이루겠다는 열망이 그토록 높고, 수많은 업적을 이룬 행정부가 무지와 냉전 관습에 따라 싸운 해외 전쟁으로 무너진 것이다. 하지만 린든 존슨이 세계에 접근하는 방식은 흔한 평가와 달리 일관성이 있었던 듯하다. 케네디처럼 그에게도 국내 개혁과 냉전 수행은 밀접한 관계가 있었다. 미국은 한쪽이 성공을 거두지 못하면 다른 쪽도 완전히 성공할 수 없었다. 미국에서 베트남의 진정한 비극은 그것이 양쪽이 모두 실패하는 촉매가 되었다는 것이다. 존슨이 바꾼 나라는 20세기 어느 때보다 국내에서 무엇을 이룰 수 있는지에 관해 방향성을 잃고, 해외에서 벌어지는 사태에 어떻게 영향을 미칠 수 있는지 확신하지 못하게 되었다.

베트남의 진정한 비극은 당연히 베트남 자체의 비극이다. 한반도처럼 베트남은 냉전으로 갈가리 찢어졌다. 베트남공산당의 잔인성과 발전 계획이 실패했기 때문이기도 했고, 미국의 점령과 폭격 때문이기도 했다. 한국과 차이가 있다면, 베트남은 베트남공산당이 민족주의 활동을 거의 독점하고, 남베트남 지도자들이 스스로 믿을 만한 정부를 세울 능력이 없었다는 점이다. 남베트남이 국가를 세울 시간이 더 많았다면 상황이 달라졌을까? 이를 입증할 증거는 없다. 정반대로 미국은 냉전 시기의 다른 어떤 개입보다 베트남에 더 많은 돈과 노력을 퍼부었다. 미국이 성공하지 못한 것은 노력이 부족한 탓이 아니었다. 베트남이 개입하기에 적절한 곳이 아니었기 때문일 것이다.

베트남전쟁이 서서히 실질적 협상으로 나아가는 가운데, 미국이 개입할수록 지구 곳곳에서 미국의 역할에 대한 지지가 극적으로 감소한다는 것이 분명했다. 아프리카와 아시아의 많은 나라가 제3세계 기획에서 떨어져 나갔고, 쿠바가 라틴아메리카에서 혁명을 일으키는 데 실패한 바로 그때, 미국이 승리할 수 없는 몇 되지 않는 충돌에 발목을 잡힌 것은 역설적이다. 미국은 인식의 차원에서 어리석은 행동에 큰 대가를 치렀다. 미국의 많은 유럽 동맹국은 미국에 북베트남 폭격을 무조건 끝낼 것을 호소했다. 프랑스의 드골은 인도차이나에서 재앙을 겪은 뒤 특유의 잘난 체하는 태도로 베트남전쟁을 미국에 대항하는 베트남의 "민족적 저항"으로 일컬었고, 미국의 확전은 중국과 소련을 도발하는 "환상"이자 "유럽과 아프리카, 라틴아메리

카의 수많은 사람이 비난하고 점점 더 세계 평화를 위협하는 망상"이라고 꼬집었다.[27]

　　세계 냉전의 측면에서 보면, 미국의 인도차이나 개입은 소련이 미국의 지배와 자본주의적 착취에 대한 보편적 대안으로, 다시 소련을 내세울 수 있는 기회를 제공했다. 헝가리 봉기에서 베를린 장벽과 콩고 위기에 이르기까지 소련은 뒤처지는 듯 보였다. 미국의 힘만이 아니라 동유럽의 불만, 중국과 단절, 제3세계의 탄생으로 도전을 받은 소련과 그 체계는 세계가 돌아가는 방식과 어긋난 것처럼 보였다. 베트남은 소련이 힘을 되찾을 기회를 주었다. 이런 회복이 소련의 힘보다는 남의 실패를 통해 이루어졌다는 사실은 이 시점에서 별로 중요한 이야기가 아니다. 냉전 시기에 자주 그랬듯이 양극의 측면에서 보면, 별로 다르지 않은 결과다. 미국의 손해는 소련의 이득으로 보였다.

　　베트남에 초점을 맞췄다고 해서 미국의 관심이 유럽에서 크게 멀어지지는 않았고, 나토도 드골을 비롯한 이들이 도전했음에도 여전히 탄탄했지만, 확실히 존슨 행정부는 베트남 때문에 새로 등장하는 다른 위기에 온전히 관여할 수 없었다. 그중 중동의 팔레스타인 난민 문제를 놓고 다시 긴장이 고조되었다. 존슨은 이스라엘을 혼돈으로 뒤덮인 지역에서 서방식 안정의 섬이라고 보면서, 이 나라에 지원을 늘렸다. 이스라엘은 폭격기와 전차 같은 군사 장비를 확보했을 뿐만 아니라, 민간 원조도 더 많이 받았다. 또한 존슨은 이스라엘의 핵무기 개발 계획에 의도적으로 눈을 감았다. 1965년 대통령은 유대인 각료 가운데 하나인 에이브러햄 리비코프Abraham Ribicoff에게 이스라엘과 협력하는 것을 얼마나 높이 평가하는지에 관해 말했다. "내

생일인 어제 [이스라엘 총리 레비] 에시콜Levi Eshkol에게 긴 전보를 받았어요. 정말 좋은 친구죠. 저는 정말 그를 구해 주었고, 장비와 물자로 도와주고 있지요. 그것도 조용히, 그리고 아주 효과적으로 말이지요."[28] 팔레스타인 사람은 방정식에서 전혀 중요하지 않았다.

미국이 무시한 또 하나는 아프리카 남부의 상황이었다. 포르투갈은 허물어져 가는 제국을 고수했고, 남아프리카와 로디지아에서 백인 우월주의 정권이 성장했다. 아프리카 남부는 마지막으로 남은 중대한 탈식민화 문제였는데, 존슨은 최대한 언급을 피했다. 그가 남아프리카 아파르트헤이트 정권을 혐오하는 것은 의문의 여지가 없었지만-어쨌든 존슨은 미국 역사에서 가장 위대한 민권 대통령이었다-, 냉전의 면에서 보면 남아프리카와 포르투갈을 끌어안아야 한다고 보았다. 로버트 코머는 존슨의 궁지를 간결히 제시했다. 미국이 포르투갈에 임차한 아조레스 기지 "때문에 반포르투갈 정책을 내세우기 어려운 한편, 로디지아 및 남아프리카와 관련한 영국의 경제적 이해관계 때문에 그들을 너무 세게 밀어붙이기가 어렵습니다. … 우리가 피할 수 없는 현실에 마지못해 끌려가는 대신, 이 문제들에 약간이라도 앞서 갈 수만 있다면, 아프리카 문제는 상당히 잘 관리할 수 있습니다."[29]

미국이 탈식민화와 인종 평등 문제를 해결하고자 노력했지만, 아프리카 남부의 사태는 더딘 변화의 속도를 기다려 주지 않았다. 1968년 앙골라, 모잠비크, 기니비사우에서 해방운동이 일어나 포르투갈을 상대로 무기를 들었다. 남아프리카의 주요 반아파르트헤이트 운동인 아프리카민족회의는 프리토리아 체제를 상대로 무장 투쟁

477

에 전념했다. 존슨 행정부는 억압받는 이들에게 연대를 보여 주는 대신, 소련과 중국이 해방운동에 영향을 미칠 것을 우려했다. 대통령은 아프리카계 미국인과 마찬가지로, 아프리카인도 미국이 그들을 위해 노력하는 것에 감사해야 한다고 생각했다. 국내에서 흑인과 학생의 소요가 들끓고 베트남에서 승리할 수 없는 전쟁도 겹치자, 대통령 임기가 끝나 가는 상황에서 존슨은 자신의 운명을 개탄했다. "제가 대가로 바란 게 별로 없어요." 보좌진에게 말했다. "그저 약간 고맙다는 말. 단지 조금이라도 알아 달라는 거였죠. 그게 전부예요. 그런데 대신에 제가 무엇을 받았는지 보세요. 175개 도시에서 폭동이 일어났어요. 약탈. 화재. 총격. 모든 게 파괴됐습니다."[30] 그리고 존슨이 왜 미국 도시가 불타는지 의아해하는 가운데 냉전은 해외에서 새로운 전기를 맞는 듯 보였다.

냉전과 라틴아메리카

13 · THE COLD WAR AND LATIN AMERICA

라틴아메리카의 냉전은

외부보다 내부에서 벌어졌다.

일부이긴 하나 정치적으로 훨씬 더

극단을 달리는 우파와 좌파의 점증하는

폭력적 충돌이 중심이었다.

하지만 우파와 좌파는 라틴아메리카에서

복잡한 범주다.

쿠바혁명 이후 다른 어떤 사건도 1973년 칠레 쿠데타
만큼 라틴아메리카를 냉전에 휘말리게 하지 못했다. 반공이라는 이
름을 내걸고 선거로 뽑힌 정부를 전복한 칠레 장교들은 칠레인이 상
상조차 하지 못한 정도로, 냉전이라는 전 지구적 충돌을 국내로 끌어
들였다. 그들은 또한 테러와 대규모 인권 침해를 초래했다. 칠레가 20
세기에 듣도 보도 못한 범죄였다. 선출된 정부의 지지자들은 어떤 법
적 절차도 거치지 않은 채 체육관과 강당에 구금된 뒤 정치범 수용소
로 끌려갔다. 많은 이가 고문을 당했다. "매일 같이 고문이 벌어졌습
니다." 어느 여성 피해자의 설명이다. "눈가리개를 하고 침대에 묶인
다음 그 짓이 시작되곤 했지요. 몸 구석구석에 전기고문을 하고 나서
강간을 했습니다."[1]

1973년 남아메리카는 이제 냉전의 신참이 아니었다. 이미 대륙
에 확립된 미국의 패권에서 자라난 냉전의 뿌리는 19세기 말 미국이
지역의 핵심 강대국으로 점차 영국을 밀어낸 시점까지 거슬러 올라

481

간다. 하지만 라틴아메리카 냉전의 기원을 미국 패권이 낳은 결과로 만 설명할 수 없으며, 그것은 라틴아메리카 공화국에서 벌어진 계급 과 종족 갈등, 그리고 민족주의와 포퓰리즘, 좌파의 성장과도 관련이 있다. 아마 무엇보다도 라틴아메리카 냉전의 뿌리는 수준 높은 불평 등과 사회적 억압을 바탕으로 자라났을 것이다. 이 지역의 가장 커다 란 도전은 소득 수준의 극단적 차이와 그런 장기간에 걸친 불평등이 낳은 정치 불안정을 극복하는 것이었다.

　이와 같은 지배와 저항의 혼합물에 냉전이 추가한 것은 공산주 의를 향한 미국의 외골수 같은 집착이었는데, 이는 1940년대 말부 터 줄곧 도를 넘어 집요해졌다. 미국의 역대 행정부는 라틴아메리카 의 급진주의와 소련식 공산주의가 서로 자연스레 동맹한다고 보았 다. 이런 강박은 쿠바혁명 이후 특히 중요해졌지만, 한참 전 그러니까 1954년 미국이 과테말라에 개입할 때도 뚜렷이 드러났다. 이런 강박 관념 때문에 결국 미국은 대륙 전체에서 군사정권과 동맹을 이루었 다. 이 정권은 라틴아메리카 냉전의 실제 비극이었다. 그들은 독재 통 치 시기가 경제 발전과 겹치는 몇 되지 않는 상황에도 대륙을 무력하 게 만들었다. 또한 국민이 정치에 참여하는 것과 국가와 동일시하는 것을 분리했고, 더욱 포용적인 중간계급을 낳을 수 있는 사회 진보를 가로막았다. 이 정권은 나라나 미국과 맺는 관계를 위해서 좋지 않았 다. 하지만 냉전은 라틴아메리카 엘리트와 미국 정부의 판단을 흐리 게 만들어서 장기적으로 어느 쪽도 이익이 없는 억압의 공생 체계를 낳았다.

라틴아메리카에서 미국 패권이 부상한 것은 대다수 사람이 상상하는 것보다 훨씬 느린 과정이었다. 1939년에도 라틴아메리카의 전체 무역에서 유럽 주요 국가는 미국보다 중요했다. 다만 미국의 투자가 전간기에 많이 늘어나기는 했다. 1898년 미국이 쿠바를 침공한 이후 20세기 초, 미국의 영향력은 카리브해와 멕시코, 중앙아메리카에서 점차 남아메리카 각국으로 확산했다. 하지만 남북 아메리카 전역에서 미국 지배권에 커다란 돌파구가 열리는 신호탄이 된 것은 제2차 세계대전이었다. 그때쯤이면 미국 경제가 라틴아메리카의 모든 동반국의 경제를 압도했을 뿐만 아니라(1900년 미국의 3분의 2였던 아르헨티나의 1인당 국내총생산은 1950년이면 절반으로 줄어든다), 전쟁으로 라틴아메리카 대륙은 유럽 대상 무역이 단절되었고, 워싱턴은 독일이 주도하는 추축국의 영향력을 아메리카 공화국들에서 배제하려고 정치적 장악력을 공고히 했다. 따라서 남북 아메리카에서 미국의 패권은 국제체계로서의 냉전과 함께 완전히 발전했으며, 냉전에 비추어 이해해야 한다.

전후 미국 행정부가 특히 우려한 것은 라틴아메리카 사람이 공산주의에 유혹되어 미국이 고무하는 발전 형태에서 이탈하는 사태였다. 북아메리카인이 라틴아메리카 사람을 마치 어린이처럼 잘 인도해서 정치와 경제에서 올바른 길을 걷게 해야 한다는 견해가 미국에서 널리 퍼졌다. 만약 미국의 목적의식이 실패하면, 독일과 일본이 제2차 세계대전 동안 시도한 것과 같은 행동을 소련과 그 동맹국이 할 수 있었다. 쉽게 흥분하는 라틴아메리카 공화국들을 미국의 경제적·전략적 이해와 라틴아메리카인 자체에 재앙이 되는 방향으로 유혹하

483

는 일 말이다. 유럽처럼, 나치의 전복에 관한 미국의 인상이 공산주의의 전복에 관한 섬뜩한 묘사에 쉽게 녹아든 것은 대중의 인식만이 아니라, 미국의 정책 결정에서도 놀라운 일이다. 1948년 국무부와 중앙정보국 모두 라틴아메리카에서 공산주의의 영향력을 자세히 주시했지만, 해리 트루먼 대통령에게 솔직히 보고한 것처럼, 그때는 거의 어떤 징후도 발견하지 못했다.

미국의 냉전 시기 대통령들에게 라틴아메리카는 미국의 기본 안보와 전 지구적 목표를 보호하기 위해 힘으로 대권을 장악해야 하는 특별지대였다. 소련인이 동유럽의 슬라브족 지역을 종족적·문화적 이유에서 소련과 관계가 특별한 세력권으로 여긴 것처럼, 미국의 많은 지도자도 남쪽에 있는 나라들과 특별한 관계를 상상했다. 문화 때문이라기보다 정치 때문이었다. 라틴아메리카 국가들은 북쪽의 큰형과 마찬가지로 공화국이었고, 유럽 열강에서 해방되었으며 처음에는 여러 가능성을 보였다. 하지만 워싱턴이 볼 때, 라틴아메리카에서 공화주의의 가능성은 라틴아메리카의 무기력과 변덕, 도덕적 결함 때문에 바닥이 난 상태였다. 라틴아메리카에서 좋은 통치가 당초의 목적에서 벗어나지 않으려면 미국의 온정주의가 확고히 일부로 포함되어야 했다.

하지만 라틴아메리카인을 미국의 목적으로 이끈다는 소명은 북아메리카의 인종과 제국 개념의 도전을 받았다. 19세기부터 줄곧 미국 백인은 라틴아메리카인이 미국의 근대 모형을 복제할 능력이 있는지 의심했다. 라틴아메리카인의 "인종"-북유럽 출신의 미국인이 종족 위계에서 한참 아래에 둔 구성물- 때문에, 라틴아메리카인은 질서와 번영이라는 기준으로 인도된다 하더라도 그것을 이루는 길이 막히지 않을까? 더 나아가 미국과 라틴아메리카의 관계는 국가 간 행동의 통상적인 경계가 타당한 관계인가? 미국이 볼 때 좋은 통치를 떠받치는 덕목-개인적 자율성, 법률, 재산권-이 하나도 없는 "공화국들"을 **미국적** 공화국과 동등한 존재로 볼 수 있을까? 미국은 자연 국경이 있는데, -그렇다면- 이 국경은 어디서 끝나는가? 1864년에도 미국 국무장관 윌리엄 수어드William Seward는 "5년, 10년, 20년 뒤면, 멕시코도 지금의 몬태나와 아이다호처럼 기꺼이 미국의 이민에 문호를 개방할 것"이라고 믿었다.[2] 20세기에 라틴아메리카 사람이 미국도 점차 사회화되어 국제문제에서 정상 국가처럼 행동할 것을 기대했다 하더라도, 많은 북아메리카인은 여전히 이웃의 민족적 열망이 타당한 것인지 의문을 던졌다.

　　미국의 업신여기는 태도에 의식적으로 대응이라도 하듯, 19세기 이후 라틴아메리카의 정치 의제는 민족주의에 지배되었다. 다른 대부분 지역처럼, 라틴아메리카의 민족주의도 대중정치의 등장과 긴밀히 연결되었고, 권력 장악을 강화하려는 엘리트가 이끌었다. 리오그란데강 이남의 모든 다양한 민족주의의 공통된 주제는 외국, 특히 미국의 압력에 저항하고 각국이 군사 권한을 가져야 한다는 믿음이었다. 특히 에스파냐어권 아메리카는 문화적 일체감이 강했다. 특정한 국가적 의제와 활동가의 지리적 위치에 따라 달라지기는 하지만, 강력한 범라틴아메리카주의였다. 20세기 전반기에 라틴아메리카 각국의 민족주의는 점차 포퓰리즘으로 바뀌었다. 흔히 우파와 좌파의

485

구성요소가 뚜렷이 분리되기는 했어도 대략 같은 시기 유럽에서 벌어진 현상과 비슷했다. 미국의 경제적 영향력이 급격히 커지는 것과 동시에 라틴아메리카 각국 내부의 몇몇 정치적 충돌이 곪아 터질 지경이었다.

라틴아메리카 냉전의 상당 부분이 국내적이고 이데올로기적 성격이었다고 본다면, 1920년대와 1930년대는 확실히 첫 번째 냉전 시대였다.[3] 노동자가 조직을 이루고 땅 없는 농민이 특권과 억압에 저항하는 가운데, 러시아혁명은 몇몇 이에게 본보기가 되었다. 1929년 이 지역 15개국에서 이미 소규모 공산당이 등장했다. 브라질이나 칠레, 멕시코, 과테말라 같은 몇몇 경우에 공산당은 당원 수보다 훨씬 커다란 영향력을 행사했다.[4]

브라질은 남아메리카 계급 전쟁의 중심이 되었다. 1924년 브라질 주요 도시 상파울루를 장악한 젊은 장교들은 공산주의자 지식인의 지지를 받았다. 도시에서 밀려난 뒤 혁명가들은 나라를 관통하는 대장정에 나섰고, 마침내 1927년 볼리비아에서 멈춰 섰다. 부대를 이끈 루이스 카를루스 프레스치스Luís Carlos Prestes는 나중에 브라질공산당 당수이자 코민테른의 중심인물이 되었다. 하지만 지방에서 어느 정도 지지를 얻기는 했어도, 국제 공산주의와 그들이 세우려는 전선의 지지자들은 흔히 그들을 잔인하게 억압하는 정치적 경쟁자들의 상대가 되지 못했다. 이 시기 라틴아메리카에서 새로 등장한 대중정치 주요 지도자는 공산주의자가 아니라 급진 포퓰리스트로서, 유럽의 좌파만이 아니라 유럽의 급진우파에서도 영감을 많이 얻었다. 브라질의 제툴리우 바르가스Getúlio Dornelles Vargas, 아르헨티나의 후안 페론Juan Domingo Perón, 멕시코의 라사로 카르데나스Lázaro Cárdenas del Río는 때로 공산당 및 다른 좌파와 협력하긴 했지만, 그들이 추구하는 목표는 국가와 그들의 개인 권력을 강화하는 것이었다.

라틴아메리카의 포퓰리즘이 힘을 키우는 한편으로, 이 지역에서 미국의 경제적 힘도 커졌다. 1920년대와 1930년대-미국 대외문제에서 주로 고립주의 시대로 여겨지는-에 남쪽의 공화국들에 대한 미국의 경제 개입이 가파르게 증대했다. 1914년 개통된 파나마운하가 새로운 무역에 큰 도움을 주었다. 미국의 투자도 세계 다른 어떤 지역보다 많이 증가했다. 정치적 유대도 높아졌는데, 그 모든 것이 라틴아메리카의 새로운 급진 민족주의자의 마음에 들지는 않았다. 북아메리카인은 멀리 떨어진 칠레 같은 나라에서도 경제적 영향력을 활용해, 원료 가격을 고정하거나 선거에 개입하려 했다. 또한 중앙아메리카와 카리브해 지역에서 20세기 초에 30년간 적어도 13차례 군사개입을 했다. 1928년 아바나에서 열린 범아메리카회의에서 멕시코와 아르헨티나를 비롯한 라틴아메리카 나라는 국내에서 정치적 압력을 받자 미국의 간섭주의에 항의했다. 회의를 앞두고 아르헨티나 신문《라프렌사La Prensa》는 미국의 "제국주의가 가면을 벗어 던지고 있는바, 자유인은 그것을 거부할 것"이라고 썼다. "한 정부의 지시가 [오늘날] 모든 정부에 타당한 것으로 제시된다." 미국은 "경제를 통제해 전 지구적 정의의 제공자"이자, "최고의 지배자" 노릇을 하면서 "대국에 걸맞지 않은 오만으로 주권을 모욕"하려 했다.[5]

1933년 이후 프랭클린 루스벨트 행정부는 "선린 정책(good neighbor policy)"을 앞세워 남쪽 공화국들의 분노를 가라앉히려 했다.

487

라틴아메리카 국가와 연결된 많은 성과가 있었다. 백악관 행정부가 좀 더 협력적이고, 최소한 정중하다는 것을 감지한 남부 공화국들은 제2차 세계대전에서 적국을 고립하게 하는 데 기꺼이 동조했다. 진주만이 공격받은 직후 라틴아메리카 9개국은 일본과 독일에 선전포고했다. 전쟁이 끝날 때쯤에 다른 11개국은 미국과 손을 잡았다. 다만 아르헨티나는 1945년 3월, 그리고 칠레는 그다음 달, 그러니까 유럽 전쟁이 끝난 뒤에야 가세했다.

전쟁 중에 미국이 주요하게 몰두한 안보 문제는 멕시코에 관한 것이었다. 미국과 2000마일(약 3219킬로미터)에 걸쳐 국경을 접하고, 이민 인구가 대규모이며, 지역에서 미국의 대외정책에 반대한 역사가 있는 멕시코는 적국 간첩이 활동할 수 있는 나라로서 돋보였다. 멕시코는 1942년 5월 추축국에 선전포고했지만, 미국 정부는 남쪽 이웃 나라의 정치적 지향에 의구심을 거두지 않았다. 멕시코가 의심스레 보였다면, 아르헨티나는 분명 우려스러운 나라였다. 처음에 연합국에 가세하기를 거부한 아르헨티나에 1944년 금수조치가 내려졌고, 워싱턴은 외교를 단절했다. 부에노스아이레스의 정치적 불안정 또한 미국을 불안에 떨게 했는데, 특히 전쟁이 끝날 무렵 후안 페론이 부통령에 올랐기 때문이다. 페론 대령은 라틴아메리카의 대중 선동가에 대한 미국의 인식을 정확히 대표하는 인물이었다. 그는 몇 차례 군사 쿠데타에 관여했고, 그에게 개인적으로 충성하는 조직을 만들었으며, 유럽의 파시즘과 나치즘을 찬미하는 것으로 알려졌다. 1946년 아르헨티나 대통령으로 당선된 페론은 나치 유럽에서 아르헨티나로 도망친 이를 받아들여, 워싱턴과 또 다른 외교 위기를 만들었다.

　페론 치하의 아르헨티나에 대한 미국의 정책은 냉전 시기 라틴 아메리카 나라들에 대한 정책의 기본 틀을 이루었다. 1940년대 말 남부 공화국들의 전복에 대한 미국의 초점이 파시즘에서 공산주의로 바뀌는 가운데서도 접근 방식은 크게 달라지지 않았다. 라틴아메리카인은 선거로 그들의 정치적 선호를 내놓을 것이라고 신뢰할 수 없었다. 국내와 해외의 전복 세력은 급진 포퓰리스트를 일종의 사전 공연자로 활용하면서, 정치 무대를 장악하기 위해 호시탐탐 기다리고 있었다. 따라서 미국은 아메리카 대륙의 어떤 공화국에서든 공산당이 권력에 접근하게 만드는 변화에 대해 방비해야 했다. 미국 봉쇄 정책의 설계자 조지 F. 케넌이 1950년에 말한 것처럼, "이런 공산주의 활동에는 … 우리의 글로벌 정책에서 라틴아메리카가 맡은 부분의 기본적인 … 관계를 … 무너뜨릴 수 있는 잠재력이 들어 있다. … 위험은 [공산당이] 대중 지지를 확보하는 것보다 정부와 기타 부문의 핵심 지위에 영리하게 침투해서 미국과 이들 국가의 관계에 훼방을 놓을 가능성에 있다."[6]

　냉전 상황에서 미국이 라틴아메리카에 보인 관심을 처음 시험한 곳은 1954년 과테말라였다. 아이젠하워 행정부는 군소 정당인 과테말라공산당의 지지를 받아 선출된 급진 개혁주의 정권을 무너뜨리기 위해 개입했다. 부유층 가문 출신 장교 하코보 아르벤스구스만이 이끌어 당선된 정부는 라틴아메리카 전체에서 가장 불평등한 나라로 꼽히는 과테말라에서 시급히 필요한 사회 개혁과 토지개혁을 시행하려고 했다. 인구의 2.5퍼센트가 경작지의 70퍼센트 넘게 소유했고,

489

절대다수가 땅 없는 농민이었다. 19세기 말부터 권세를 떨친 유나이티드프루트컴퍼니United Fruit Company를 비롯한 미국 기업이 과테말라에서 생산하면서 부를 쌓았다. 열대 과일을 재배하기 좋은 조건이고, 임금도 낮았기 때문이다. 1952년 아르벤스구스만 대통령은 —미국 기업이 소유한 땅도 일부 포함된— 미경작 토지를, 소유주는 너무 적다고 여기는 보상금을 주면서 수용했다. 과테말라 정부는 수용한 토지를 땅 없는 10만 농민 가구에 나눠 주었다. 워싱턴이 항의했지만 아무 소용이 없었다.

미국 정부가 개입하기로 결정한 계기는 유나이티드프루트컴퍼니 중역이 제기한 불만이나 회사 홍보부가 북아메리카 신문에 신기로 한 기사 때문이 아니었다. 공산주의에 대한 두려움이 크게 작용했다. 아이젠하워 대통령은 의회 대표단에 이렇게 말했다. "과테말라에서 빨갱이가 권력을 잡고, 탈주의 첫 단계로 산살바도르에 … 그리고 다른 남아메리카 나라에도 영향력을 확대하려 하고 있습니다."[7] 1954년 봄 아이젠하워는 아르벤스구스만을 전복하기 위한 준비 작업을 승인했고, 중앙정보국은 과테말라 대통령의 군부 반대자와 일부 민간 반대 세력도 관여하는 작전을 짰다. 미국은 반군을 훈련하고, 선전용 라디오방송국을 세웠으며, 과테말라 정부가 소비에트권의 일원인 체코슬로바키아에서 무기를 구매해 군사 역량을 키우려고 한 뒤에 봉쇄 조치를 선언했다.

1954년 6월 미국이 훈련한 반군 부대는 중앙정보국이 "제거 대상"이라고 표시한 좌파 인사 명단을 가지고 과테말라로 진입했다. 미군이 조종하는 전투기들이 수도를 폭격했다. 몇 주간 전투가 벌어진 끝에 아르벤스구스만이 사임했다. 미국의 전면적 침공을 모면할 수 있는 유일한 길이라고 판단했기 때문이다. 그 뒤를 이어 미국의 축복을 받는 군사 독재 정부가 잇따라 들어섰다. 군부는 아르벤스구스만이 추진한 사회 개혁을 대부분 철회했다. 1960~1990년대에 과테말라는 불평등이 극심해 여러 차례 내전이 일어나 나라가 황폐해졌다. 미국이 주도한 아르벤스구스만 대통령 전복으로 촉발된 충돌은 미국도 과테말라 우파도 도무지 통제할 수 없었다. 망명지 쿠바에서 전 대통령은 개입을 부추긴 요인이 미국인의 투자를 보호할 필요성이 아니라, 미국의 반공주의라는 결론을 내렸다. "그들은 우리가 바나나를 재배하지 않았어도 우리를 전복했을 것이다." 아르벤스구스만과 절친한 호세 마누엘 포르투니José Manuel Fortuny의 말은 속담처럼 즐겨 인용된다.[8]

　　미국의 개입을 촉발한 계기에 관한 아르벤스구스만의 판단이 옳았다는 데 의문의 여지가 없다. 국무장관 덜레스는 이 전복을 "지난 5년간 공산주의에 맞서 거둔 최대의 성공"이라고 자화자찬했다.[9] 하지만 미국의 외교는 과테말라에 대한 호전적 행위 때문에 상당한 대가를 치렀다. 체코슬로바키아산 무기를 수입한다고 알려진 뒤에도, 워싱턴은 동맹국의 협조를 얻는 데 애를 먹었다. 우루과이 외무장관 후스티노 히메네스 데 아레차가Justino Jiménez de Aréchaga는 "불개입 원칙의 무형의 위대함"을 찬미하면서 "발작성 공포"에 탐닉하거나 "'냉전'이라는 문구를 헤프게 들먹이는" 이들을 질책했다.[10] 라틴아메리카의 어느 외교관이 《뉴욕타임스》에서 말한 것처럼, 아르벤스구스만의 외무장관 기예르모 토리에요Guillermo Toriello는 "우리 일부가

491

과감히 용기를 내서 말하고 싶은 내용을 자주 발설했다."[11] 윈스턴 처칠의 영국 정부조차 반기를 들었다. "미국은 이 모든 문제를 훨씬 복잡하게 만들면서 세계의 공감을 소외할 법한 방식으로 행동한다."[12] 아이젠하워 대통령은 참모들에게 "영국인한테 너무 잘해 줬다"라고 짜증을 내면서, 국무부에 "영국인에게 오로지 서반구와 관계있는 문제에 쓸데없이 참견할 권리가 없음을 보여 주라"라고 지시했다. "한번 따끔한 가르침을 줍시다."[13]

소련은 과테말라 사태에서 아무 역할도 하지 않았다. 거리가 너무 멀었고, 모스크바가 관심을 기울이기에 그곳 공산당이 너무 약하다고 여겨졌기 때문이다. 소련의 관심을 어느 정도 촉발한 것은 바로 미국의 개입이었다. 하지만 과테말라 이후에도 모스크바의 전반적인 정서는 라틴아메리카 혁명가를 도울 수 있는 일이 거의 없다는 것이었다. 그저 현지 공산당에 대한 지원을 조금 늘리는 정도였다. 유럽 바깥에서 소련이 관심을 기울인 곳은 아시아로, -중국 혁명이 걸은 길을 따라- 장래에 거대한 사건이 벌어질 것으로 생각되는 지역이었다. 이 원대한 그림 안에서 라틴아메리카 각국 공산당은 스스로 꾸려나가야 했다. 그들은 자국에서 노동운동을 조직했고, 때로는 그 안에서 상당한 영향력을 행사했다. 하지만 어느 나라도 공산당이 정치권력을 잡거나 전반적인 정세를 지휘하는 데 이르지 못했다.

그런데 쿠바혁명이 공고해지면서 이 모든 상황이 바뀌었다. 1959년 라틴아메리카에서도 현지 공산당과 연계해서 활동하는 급진적 혁명 정부가 등장했다. 그리고 설령 쿠바공산당 자체는 내전에서 무척 제한된 역할만 했을지라도-그리고 금세 피델 카스트로가 직접 이끄는 혁명 조직에 압도되고 1961년에 통합되지만-, 공산주의자는 처음부터 새로운 체제에서 핵심 역할을 했다. 소련은 쿠바와 1960년 대에 정책적 차이를 놓고 곡절 많은 관계였음에도, 가장 가까운 동맹 국이 되었다. 모스크바는 라틴아메리카의 대다수 지도적 공산주의자의 지지를 받아 지역의 다른 나라에서 점진적으로 혁명을 추구하고 자 했고, 쿠바가 상징하는 반란 중심의 게릴라 방식에 회의적이었다. 또한 남아메리카 급진주의자는 쿠바를 대륙의 주요 발전에서 지리 적·역사적으로 주변부일 뿐이라고 인식했다-최소 몇 나라만 꼽아도 아르헨티나, 칠레, 브라질의 많은 좌파 인사는 아바나의 새로운 지도 자들을 깔본 게 분명하다. 하지만 이런 갈등과 의심은 이야기의 커다 란 줄기에 비하면 별로 중요하지 않았다. 라틴아메리카 역사에서 처음으로 사회주의 혁명이 성공했고, 이 혁명은 소련의 적극적인 도움을 받아 미국의 공격에 맞서 스스로를 지킬 수 있었다.

쿠바혁명은 다른 곳의 급진주의자를 고무했지만, 그들이 모두 공산당 소속은 아니었다. 1959년 자유선거에서 로물로 베탕쿠르 Rómulo Betancourt 대통령이 이끄는 개혁 연립정부가 집권한 베네수엘라에서 대통령이 속한 당의 청년 집단이 떨어져 나와 혁명좌파운동 (Movimiento de Izquierda Revolucionaria, MIR)을 결성했다. 혁명좌파운동의 젊은 마르크스레닌주의자는 베탕쿠르가 군부와 우파, 미국과 타협한다고 비난하면서 쿠바의 지원을 받아 무장봉기를 일으켰다. 공산당도 반란에 가세했지만, 얼마 지나지 않아 베네수엘라군에 격퇴되었다. 두 당은 도시 테러와 농촌의 게릴라전으로 돌아섰다. 그들이 구사한 전술로 은행 강도, 경찰관 살해, 정부 건물 방화, 부자 사업가

493

납치 등이 있었다. 두 당은 모두 처음에 어느 정도 대중의 지지를 받았지만, 이런 전술 때문에 정치 게임에서 패배했다. 노동조합과 농민단체는 반란자에게 더 가혹한 조처를 하자고 활동을 벌였다. 반란 세력은 1963년 선거를 무산되게 하려고 했지만, 유권자 92퍼센트가 투표에 참여했다. 1967년 베네수엘라 극좌파는 패배했고, 주로 쿠바의 경험과 연결된 반란 시도는 대다수 라틴아메리카인 사이에 실패한 운동이 되었다.

사정이 이러한데도 다른 곳에서 두 번째, 세 번째 쿠바가 등장할 것이라는 미국의 우려는 끝이 없었다. 케네디 행정부는 공산주의가 남쪽을 잠식해 들어온다는 생각에 강박적으로 매달렸다. 또한 전임 정부들에 비해, 급진적 정치 운동이 성공적으로 활동할 수 있는 조건을 창출하는 것은 빈곤과 사회 부정의라는 것을 훨씬 잘 알았다. 쿠바 코치노스만 침공을 단 몇 주 앞둔 1961년 4월, 미국의 젊은 대통령은 라틴아메리카와 함께 이른바 '진보를 위한 동맹(Alliance for Progress)'을 시작했다. 발전과 경제원조에 초점을 맞춘 10개 사업을 제시하고, "독립을 위협받는" 어떤 나라든 지켜 주겠다고 약속한 케네디의 계획은 10년 안에 라틴아메리카에서 빈곤을 추방한다는 것이었다.

만약 우리가 성공을 거둔다면, 우리가 충분히 대담하고 단호히 노력한다면, 1960년대의 마지막은 아메리카의 경험에서 새로운 시대의 시작을 알릴 것입니다. 아메리카 모든 가정의 생활수준이 높아지고, 누구나 기초교육을 받으며, 굶주림이 과거사가 되고, 대규모 외부 원조의 필요가 사라지며, 대다수 나라가 자립해서 성장하는 시기에 진입할 것이고, 아직 할 일이 많기는 해도 아메리카의 모든 공화국이 혁명과 희망과 진보의 주인이 될 것입니다.[14]

대통령의 고결한 미사여구에도, '진보를 위한 동맹'이 추구하는 목표는 너무도 광대해서 현실적일 수가 없었다. 각국의 엘리트는 케네디의 "혁명"이 그들의 특권을 어떻게 건드릴지 우려했다. 좌파와 우파의 급진주의자는 '동맹'을 미 제국주의의 다른 수단으로 보았다. 가톨릭교회 성직자는 미국 평화봉사단을 비롯한 북아메리카 전문가가 훑고 간 뒤에 도덕적 쇠퇴와 종교적 일탈이 생길 것을 걱정했다. 그리고 미국이 끌어들이고자 한 방식과 기술은 보통 라틴아메리카가 추구하는 목표와 맞지 않았다. 이 모든 상황에도, '동맹'의 몇몇 사업은 효과가 있었다. 특히 라틴아메리카에서 새로 등장한 중간계급에 냉전에 바탕을 둔 미국의 정책이 이득이 될 수 있음을 설득하는 데 도움이 되었다. 이런 사업 가운데 가장 성공을 거둔 분야-교육, 보건, 교통, 주거-는 배타적이지 않고 개방된 미국, 상호 이익을 위해 라틴아메리카 동맹국과 기꺼이 협력하는 미국의 모습을 보여 주었다.

하지만 '진보를 위한 동맹'의 긍정적인 측면은 지역 전체에서 반민주적인 군사정권을 기꺼이 지지한 미국의 태도 때문에 무색해졌다. 애초에 공산주의에 맞서기 위한 군사 원조가 '동맹' 계획의 필수적인 부분이었다. 케네디의 후임인 린든 존슨이 통치하면서 '동맹'의 반란 대응 측면은 종종 민간사업을 압도하기에 이르렀다. 베트남전쟁의 확전에 영향을 받은 린든 존슨은 재임하는 동안 라틴아메리카에서 공산주의의 성장을 차단하는 데 몰두했다. 대통령은 남아메리카 젊은이를 반란으로 몰아넣는 절망적인 사회 상황을 잘 알았다. 하지만 "카스트로 혁명"과 우익 독재자 사이에 선택해야 한다면, 미국은 어쨌든 후자의 손을 잡아야 한다는 게 린든 존슨의 신념이었다.

남아메리카의 어떤 나라가 순전히 사회적인 이유에서 소요에 취약한 듯 보였다면, 그것은 바로 브라질이다. 브라질은 시에라리온과 근소한 차이로 세계에서 두 번째로 불평등이 심한 나라였다.[15] 소수 백인의 소득 수준은 유럽이나 북아메리카보다 훨씬 높았다. 한편 절대다수의 백인과 흑인은 극빈한 삶을 살았다. 농촌의 땅 없는 노동자나, 급속히 성장하는 도시 빈민가, 즉 상파울루나 리우데자네이루의 파벨라favela 주민의 사정은 마찬가지였다. 오랜 시간 독재와 군부가 영향력을 행사하는 통치를 거친 끝에 브라질은 1950년대에 민주주의를 실험했다. 1956년 대통령에 당선된 주셀리누 쿠비체크Juscelino Kubitschek는 수많은 국가 주도 개발 계획을 시작해서 탄탄한 경제성장을 낳기도 했지만, 인플레이션도 급격히 상승했다. 하지만 쿠비체크와 그의 후임자는 브라질에 산적한 많은 문제의 근원으로 보이는 사회 불평등을 공략하려는 시도는 거의 하지 않았다. 케네디 행정부는 '진보를 위한 동맹' 초기에 종종 브라질에 사회 개혁을 해야 한다고 언급했다.

1961년 주앙 굴라르João Goulart가 대통령이 됐을 때, 케네디 행정부는 예상한 것보다 많은 성과를 얻었다. 대통령에 취임한 순간부터 굴라르는 노동자 조직을 결집하는 한편, 브라질의 짧은 민주화 시대 동안 농촌 지역에서 새롭게 성장한 전투적 농민 단체를 지지하는 방식으로 브라질의 사회 문제에 대처하려고 노력했다. 그가 추구한 목표는 당내 인사를 비롯해 브라질 정치의 여러 보수 세력에 맞서 균형을 잡는 것이었다. 또한 그는 더 큰 정치권력을 장악하고자 했다-굴라르는 인내심 없는 인간이었지만, 많은 문제에 인내심을 발휘해야 했다. 대외정책에서 그는 미국에서 더욱 독립하고자 하면서, 쿠바와 소련에 대한 경계도 늦추지 않았다. 굴라르는 남부의 무척 부유한 지주 가문 출신이었다. 그는 혁명이 아니라 개혁을 원했고, 공산당을 엄격한 정치적 통제 아래 두었다. 하지만 그가 추진한 사업-토지개혁과 공익사업체 국유화 등-은 점점 우파의 저항에 맞닥뜨렸다. 1964년 3월 가톨릭 성직자가 조직한 대규모 반굴라르 시위에서 다음과 같은 선언문이 낭독되었다. "하느님께서 주신 이 나라가 … 극심한 위험에 직면했다. … 끝을 모르는 야욕을 추구하는 자들이 … 우리 나라에 침투하고 있다. 우리에게 낯선 전체주의의 하수인이 모든 걸 집어삼킨다. … 성모 마리아님, 쿠바와 폴란드, 헝가리 등 온갖 노예화된 국가에서 순교한 여자의 운명과 고통에서 우리를 지켜 주소서!"[16]

시위와 맞불 시위가 브라질 전역의 도시에서 격화하자, 존슨 행정부는 그 달에 굴라르에 반대하는 군사 쿠데타를 부추기고 지원했다. 존슨 대통령은 쿠데타 준비 세력을 지원하기 위해, "내가 볼 때, 우리는 할 수 있는 모든 조처를 하고, 우리가 해야 하는 모든 준비를 해야 한다"라고 지시했다. "그냥 거저 챙길 수는 없어요."[17] 몇 달 동안 미국의 지원을 받아, 굴라르를 겨냥해 조성된 공포감은 쿠데타가 신속히 성공할 수 있도록 효과를 발휘했다. 대통령 임기 마지막 18개

497

월 동안 경기가 하락세를 보인 것도 군부 지도자들이 그를 몰아내는데 도움이 되었다. 1964년에 시작된 군부독재는 결국 20년 동안 지속되었고, 이 시기에 브라질의 가장 기본적인 문제가 방치되고 국내의 냉전이 가속화했다.

브라질의 독재 정권이 계속 유지되는 데 미국이 중심 역할을 했다면, 볼리비아에서 미국은 훨씬 더 중요한 지위를 차지했다. 라틴아메리카 최빈국으로 손꼽히는 볼리비아의 통치자 레네 바리엔토스 René Barrientos 장군은 1964년 쿠데타로 처음 집권하고, 2년 뒤 선거로 대통령에 뽑혔다. 바리엔토스는 남미 스타일의 장군으로, 국민의 실질적 지지를 받는 젊고 정력적인 근대화론자였다. 그는 나라를 개조하려고 시도하면서 기술과 토지개혁을 강조했다. 미국 고문관이 볼리비아로 몰려왔다. 하지만 정치적으로 볼리비아 대통령은 자신의 의도를 공개하지 않았다. 바리엔토스는 독실한 기독교인을 자임하는 포퓰리스트였지만, 혼외 자녀 수십 명의 아버지였다. 또한 케추아어를 구사하는 인디오의 친구였으나 자기의 통치에 반대하는 농민과 광부를 학살했고, 미국에서 훈련받은 공군 조종사이자 근대화론자였으나 정치적인 편리에 따라 걸핏하면 반미 구호를 들먹였다. 1967년 그의 권력이 정점으로 치달았다―직접 헬기를 조종해 전국 각지를 돌아다니면서 축구공과 라디오를 나눠 주고 사람들과 악수를 나눴다.

쿠바가 볼리비아를 그들이 추구하는 반란 교의의 시험 무대로 삼기로 한 것은 바로 이런 정치적 상황에서였다. 작전을 진두지휘한 체 게바라는 쿠바에서 점점 조바심을 냈다. 체는 범라틴아메리카주의 및 공산주의적 국제주의와 두루 연결된 국제 혁명가를 자처했다.

1966년 체와 쿠바 정보기관은 볼리비아에서 무장 반란을 지원할 준비에 착수했다. 체는 다소 급작스레 볼리비아공산당의 조언을 물리치고 직접 반란을 지휘하기로 했다. 1966년 10월 그는 볼리비아 농촌으로 몰래 입국했다. 그곳에서 몇 달간 다수의 요원들이 상황을 준비하고 있었다. 체가 이끄는 게릴라들은 처음에 볼리비아 정규군에 맞서 몇 차례 승리를 거뒀고, 반란은 일부 전투적 광부의 지지를 받았다. 볼리비아공산당이 쿠바의 작전을 지원하기로 한 덕분이었다. 하지만 다른 면에서 보면 처음부터 모든 상황이 게릴라에 불리하게 돌아갔다. 얼마 지나지 않아 게릴라는 몇몇 농촌 지역에서 고립되었고, 볼리비아 농민 사이에서 대원을 모집하지 못했으며, 아바나와 연락도 두절되었다.

바리엔토스는 쿠바와 대결하는 것이 입맛에 맞는 싸움이었다. 그가 주도하는 개발 계획에 붙인 이름대로, 볼리비아 "혁명"의 화신을 자처한 그는 외국인과 침략자에 맞서 전투를 벌였다. 또한 그는 공산주의 반란이 계속되는 한 미국의 군사적·경제적 지원을 계속 요구할 수 있다는 사실에 흡족했다. "조국이 위험에 처해 있다"라고 바리엔토스는 선언했다. "국제 극단주의가 계획하고 자금을 댄 거대한 공산주의의 음모는 일부 노동 부문의 선의를 악용해 국민이 무장 세력과 싸우도록 부추기고 있다."[18] 1967년 10월, 굶주리고 탄약도 거의 떨어진 체 게바라는 바리엔토스의 특수부대에 생포되어 즉결 처형당했다. 그는 중앙정보국 요원도 포함된 심문관에게 자기가 패배한 것은 "바리엔토스가 이끄는 정당이 효과적인 조직력을 앞세워 … 군대에 우리 운동을 경고했기" 때문이라고 말했다.[19] 체 게바라는 혁명의 상징으로 계속 생명력을 유지했지만, 볼리비아에서 당한 정치적 패배는 라틴아메리카가 사회주의 혁명으로 가는 경로로 전위의 반란을 신봉한 이에게 또 하나의 거대한 패배였다. 이는 포퓰리즘적 민족주의가 대륙 전역에서 공산주의의 진짜 적수임을 보여 주는 신호이기도 했다. 하지만 레네 바리엔토스는 승리의 맛을 한껏 누릴 만큼 오래 살지 못했다. 1969년 그가 탄 헬기가 볼리비아 중부 산악 지대에서 추락해서 탑승자가 모두 사망했다.

체 게바라의 죽음은 '포코foco' 혁명 이론의 최종 붕괴를 상징했다─무장 혁명가의 소규모 집단이 단독으로 불만을 결집할 수 있는 '중심점(foco)'을 제공하고 반란을 이끌 수 있다는 믿음이었다. 하지만 사람들은 이 붕괴를 보면서 다른 교훈을 끌어냈다. 예를 들어 칠레에서 사회당과 공산당은 사회주의로 가는 평화적인 길만이 가능하다고 역설했다. 미국 정부는 체의 패배가 강력한 현지 지도자를 무장하게 하고 지원하는 정책이 효과가 있음을 의미한다고 믿었다. 좌파를 물리친 것은 미국의 개입이 아니라 민족주의적 반공주의자였다. 이런 결론은 개입에 지친 베트남전쟁 세대의 미국 지도자에게도 잘 들어맞았다. 또한 일부 미국인이 1960년대 중반의 전반적인 교훈으로 생각하는 내용과 일치했다. 가나에서 인도네시아에 이르기까지 현지 군대가 미국의 격려를 받아 좌파 정부를 전복했지만, 미국의 직접 지원은 거의 없었다는 것이다. 한편 1965년 작은 나라 도미니카공화국을 미국이 직접 지원해서 성공한 것은 반공주의 언어로 정당화되었지만, 또한 냉전 한참 전으로 거슬러 올라가는 카리브해에 대한 침공의 하나로도 볼 수 있었다. 남아메리카 본토에서 이런 작전을 그

대로 되풀이할 수는 없다는 게 워싱턴의 판단이었다.

급진 좌파의 소규모 집단은 게바라의 패배에서 다른 교훈을 끌어냈다. 그들은 새로운 비밀 조직을 결성했다. 무장 전투로 기성 질서를 파괴하는 게 목표였지만, 이제는 농촌이 아니라 도시가 중심이었다. 게바라의 고국인 아르헨티나에서 여러 청년 운동은 정부에 도전했는데, 그중 일부는 도시 게릴라 방식을 활용했다. 이데올로기적 배경은 대단히 광범위했다. 일부는 트로츠키주의나 마르크스레닌주의였다. 민족주의나 급진 가톨릭에서 영감을 받은 조직도 있었다. 규모가 가장 큰 운동인 몬토네로스Montoneros 지도부는 페론주의자들이었다. 이들은 대체로 민족주의 우파였으나, 1960년대 말에 이르면 에스파냐로 망명을 떠난 페론이 돌아오기를 열망하며 좌파의 혁명적 언어를 취하기도 했다. 그 지도자인 마리오 피르메니치Mario Firmenich는 '양키도 마르크스주의자도 없는 사회주의 조국(La patria socialista, sin Yanquis ni Marxistas)'이라는 구호를 좋아했다.[20] 이 조직들이 활약하고 군부가 점차 폭력적 억압을 가하자 아르헨티나는 테러 시대로 빠져들었다.

처음에 몬토네로스는 1970년에 아르헨티나의 전 군사독재자 페드로 아람부루Pedro Aramburu를 납치해서 처형하면서 어느 정도 대중 지지를 얻었다. 그는 1955년에 페론을 끌어내린 인물로 많은 이가 증오하는 독재자였다. 하지만 도시 게릴라들이 일련의 살인과 납치, 폭탄 공격, 은행 강도를 벌이자 시민의 지지가 사라져 버렸다. 그럼에도 그들은 테러 흐름을 꾸준히 이어갈 만큼 지지자를 충분히 끌어모을 수 있었다. 1970년대 초 거의 하루에 한 번씩 공격 행위가 벌어졌다.[21] 누구도 안전하지 않았다. 1969~1975년에 좌파 게릴라는 군 장교, 기업가, 노동조합 활동가, 사제, 외국 외교관 등 모두 합쳐 700명 가까이 암살했다. 1973년 페론이 대통령으로 **복귀**한 뒤에도 테러는 줄어들지 않았다. 1975년 아르헨티나는 거의 무정부 상태 같았고, 게릴라 단체 투파마로스Tupamaros가 비슷한 테러를 벌인 이웃 나라 우루과이도 상황이 비슷했다.

하지만 라틴아메리카 냉전의 전반부가 정점에 이른 곳은 안데스산맥 반대편에 있는 칠레였다. 이 나라는 노동계급이 탄탄했는데, 전간기 초기부터 일부가 노동조합으로 조직되었다. 좌파 정당인 사회당과 공산당도 상당한 지지 세력을 거느렸다. 1964년 선거에서 양당 연합 후보인 살바도르 아옌데Salvador Allende가 38퍼센트 넘게 득표했다. 그는 기독민주당 후보 에두아르도 프레이Eduardo Frei에게 졌는데, 프레이의 선거는 중앙정보국이 대대적으로 지원했다. 존슨 행정부는 좌파가 선거에서 승리하는 사태를 무척 우려했지만, 기독민주당의 프레이는 미국의 이익을 자동으로 지지하는 인물이 아니었다. 대통령이 된 프레이는 여러 중요한 국내 개혁을 시작했고, 중앙정보국이 저지했음에도 1970년 선거에서 치열히 경합해 대통령에 당선된 아옌데는 전임자의 성과에 의지해서 개혁을 이어 나갔다.

신정부는 칠레에서 자본주의를 극복하기 위해 헌신적으로 노력하는 사회당과 공산당의 연합이었다. 러시아혁명에서 영감을 얻기는 했지만, 아옌데가 의회에서 첫 번째로 연설한 것처럼, 정부는 "적법성, 제도 발전, 정치적 자유, 폭력 예방, 생산수단 사회화" 등을 통해 사회주의 국가로 평화적 이행을 이루려 했다.[22] 하지만 칠레는 대단히 보수적인 사회였고, 오래된 부르주아지와 새로운 중간계급은 평화적이든 아니든 사회주의로의 이행을 허용할 생각이 없었다. 아옌데 정부의 개혁은 점점 저항에 부딪혔고, 칠레 국민은 반으로 쪼개졌다. 노동계급과 농민 조직은 아옌데가 내세우는 국유화와 토지개혁 정책을 지지했지만, 기독민주당을 비롯해서 좌파 이외의 모든 정치 단체는 그런 정책에 반대했다. 야당은 정부가 "모든 시민을 가장 엄격한 국가의 정치적·경제적 통제에 종속되게 하고, 이런 식으로 전체주의 체제를 확립한다는 목표를 이루려는 분명한 목적으로 절대 권력을 차지하려 한다"라고 주장했다.[23]

워싱턴은 1970년 선거에서 아옌데가 승리하자 거의 공황에 빠졌다. 닉슨 대통령은 칠레가 제2의 쿠바로 발전해 라틴아메리카와 나머지 세계의 냉전에 엄중한 영향을 미칠 것이라고 생각했다. 모스크바와 긴장을 완화하면서도 이런 관점이 꺾이지 않았다. 정반대로 닉슨과 헨리 키신저는 아옌데가 칠레에서 성공을 거둔다면, 소련이 다른 지역에서 미국과 협력하려 하지 않을 것이라고 믿었다. 나중에 닉슨이 주장한 바에 따르면, 아옌데가 민주적 선거에서 승리를 거두면서 소련은 아바나와 산티아고 사이에 "붉은 샌드위치"를 만들어서 라틴아메리카 전체를 집어삼킬 수 있었다. 아옌데는 집권한 방식 때문에 카스트로보다 훨씬 더 위험하다고 미국 국가안보보좌관은 주장했다. 키신저는 칠레가 남아메리카 대륙 또는 이 문제에 관한 한 서유럽의 다른 공산당이 나중에 따를 수 있는 "음흉한" 모형이라고 말했다.[24]

1973년 칠레의 미래는 군대가 헌법을 계속 지킬지에 따라 결

503

정될 것임이 분명했다. 칠레 우파와 미국은 군사 쿠데타를 밀어붙였다. 워싱턴은 군대가 권력을 탈취할 수 있는 조건을 창출하려고 중앙정보국을 통해 상당한 돈을 쏟아부었고, 칠레 경제에 훼방을 놓는 데 최선을 다했다. 닉슨이 중앙정보국장 리처드 헬름스Richard Helms에게 한 말처럼, "경제가 비명을 지르게 만드는"게 목표였다.[25] 소련과 쿠바는 아옌데 정부가 살아남을 가능성을 의심했고, 쿠바는 쿠데타 위협에 맞서 국민을 무장하게 하라고 칠레에 조언했다. 한편 브라질-남아메리카에서 가장 강력한 우파 군사정권-은 아옌데를 무력으로 제거할 계획을 짠 산티아고의 소수 반정부 장교 집단에 정보를 제공했다. 중앙정보국은 쿠데타 음모가 진행되는 걸 알았지만, 직접 참여하지는 않았다. 중앙정보국은 음모자들이 봉기하기 전날에야 계획된 정권 탈취 날짜를 입수했다.

아옌데 정부는 1973년 9월 11일 군사 쿠데타로 무너졌다(라틴아메리카와 미국에서 9/11의 의미가 다른 이유다). 음모자들이 성공을 거둔 주된 이유는 직전에 아옌데의 참모총장으로 임명된 아우구스토 피노체트 장군의 지지를 얻었기 때문이다. 피노체트는 쿠데타가 성공할 수 있다는 확신이 들자마자 대통령을 배신했다. 장군은 칠레가 외국 공산주의자와 내부의 전복 세력에 맞서 국가의 존망이 걸린 싸움에 직면해 있다고 확신했고, 정부에 맞서 최대한의 힘을 동원해야 한다고 확인했다. 아옌데 대통령은 군인이 대통령궁을 습격하자 스스로 목숨을 끊었다. 워싱턴에서 닉슨 행정부는 안도의 한숨을 쉬었고, 새로운 정권을 지원했다.

칠레에서 피노체트 독재는 17년간 지속되었다. 민주적 전통이 폭넓은 나라에서 장기간의 혹독한 독재는 애당초 쿠데타를 지지한 일부를 비롯한 대다수 사람에게 충격을 주었다. 3000명이 넘는 사람이 법이나 절차의 외양도 걸치지 않은 채 살해되었다. 4만여 명이 체포됐는데, 이는 대부분 쿠데타 이후 석 달간 이루어졌고 많은 이가 군대의 고문을 받았다.[26] "그들은 우리를 한 방에 가두고 앉지 못하게 했다. 목 뒤로 깍지를 끼고 서서 서로 말도 못 하게 했다." 한 수감자가 그때 기억을 떠올리며 말했다. "조금이라도 움직이거나 입을 연 사람을 바닥에 내동댕이치고 개머리판으로 때리고 발길질했다. … [수감자 가운데] 칠레대학교 문학 교수도 있었다. 가톨릭 사제도 있었고, 후안이라는 사람은 발파라이소 노동자 지구에서 유명한 이였는데, 나중에 고문을 당하다가 죽었다. … 고통에 몸부림치는 비명이 너무 소름이 끼쳐서 현실 같지 않았는데, 낮이고 밤이고 끊이지 않았다."[27]

1970년대 말 라틴아메리카의 많은 나라는 군사 독재자가 통치했다. 우루과이도 1973년 군부가 정권을 탈취했다. 아르헨티나는 1976년 후안 페론의 부인 이사벨을 축출하고 군사독재를 세웠다. 메마르면서도 잔인한 호르헤 비델라Jorge Videla 장군이 이끄는 독재였다. 1970년대 말 라틴아메리카 주요 21개국 가운데 15개국은 군사독재자가 통치했다. 그들 대부분은 권력을 이용해서 좌파를 공격했다. 아르헨티나는 1976~1983년에 벌어진 "더러운 전쟁"에서 거의 1000명이 군사독재로 살해되었다. 희생자 절대다수는 나라를 공포에 떨게 만든 게릴라와 아무 관련이 없는 이들이었다. 대부분은 노동조직가, 언론인, 학생 지도자, 인권 활동가 등이었다. 우루과이에서 과테말라에 이르기까지 다른 나라의 군사 독재자도 같은 양상을 반복했다. 그들의 폭력은 기존 질서에 도전한 좌파 집단의 폭력보다 훨씬 더 치명적이었다. 군사 독재자가 이렇게 대놓고 폭력을 행사할 수 있었던 것은 그들이 인권을 침해해도 미국이 유대를 끊지 않으리라는 것을 알았기 때문이다. 아르헨티나 군사 독재처럼 재능이 심각히 없는 집단도 그들이 휘두르는 테러를 냉전의 언어로 포장하는 법을 알았다. 아르헨티나 공군 참모총장 오를란도 아고스티Orlando Agosti 장군은 자신과 동료 장교들이 "국가 영토 안에서는" 전쟁에 승리했지만, "침략자는 괴물의 한 촉수일 뿐"이라고 믿었다. "그 괴물의 머리와 몸통은 우리 칼이 미치지 못하는 멀리 떨어진 곳에 있다. … 무장 전투는 끝났지만 세계 대결은 계속된다."[28]

　　1964년에 시작된 브라질의 군사 독재는 다른 궤적을 따랐다. 처음에는 좌파를 겨냥한 광범위한 테러가 벌어져서 수백 명이 살해당하고, 수천 명이 수감되었으며, 때로 고문을 당했다. 소규모 좌파 조직은 테러로 대응해서 미국이나 유럽, 일본의 외교관을 납치하기도 했다. 하지만 1970년대 초반 좌파와 벌인 전쟁에서 이미 승리하고 국제적으로 긴장이 완화되자, 브라질 정부는 독자적인 외교 정책과 국가 주도의 경제 발전 계획을 개시했다. 계획부 장관 주앙 헤이스 벨로주João Reis Velloso의 주도로, 브라질은 수입 대체 국가 발전 계획을 실행했다. 브라질은 라틴아메리카에서 독보적으로 큰 나라였다. 브라질 장군들은 국가를 강화해서 국제 지위를 높이고자 한 민족주의자였다. 그들은 이데올로기적 성향은 무척 달라도, 국가 계획과 국가적 자원 통제, 공정한 세계 경제 질서를 자국의 발전을 위한 핵심으로 보는 다른 제3세계 정부에 고무되었다. 브라질은 유엔에서 제3세계의 각종 요구를 지지했을 뿐만 아니라, 프로이센 출신의 보수적 반공주의자인 에르네스투 가이제우Ernesto Geisel 대통령 아래서 미국이 전복하려 한 앙골라의 마르크스주의 정부를 인정함으로써 미국의 신경을 크게 거슬렀다. 브라질은 포르투갈어권 세계 바깥에서도 세계 강대국으로 인정받고 싶었다. 결국 미국은 1977년 브라질과 군사 협력 협정을 갱신하지 않는 식으로 대응했다.

쿠바 바깥에서 소련은 라틴아메리카 냉전의 주요 참여자라기보다 적극적인 방관자에 가까웠다. 소련은 각국 공산당 및 그들이 참여하는 전선과 동맹[칠레 아옌데의 인민연합(Unidad Popular) 등]에 자금을 지원하고 조언했다(때로는 환영받았지만, 때로는 환영받지 못했다). 라틴아메리카에서 가장 작은 나라에도 국가보안위원회와 정보총국 요원을 계속 두었다. 하지만 그들의 임무는 현지의 사태에 영향을 미치기보다 모스크바에 보고하는 것에 가까웠다. 국가보안위원회 의장 유리 안드로포프Yurii Andropov는 라틴아메리카 주재 공작원에게 이렇게 조언했다. "주요 과제는 사태의 흐름을 자세히 살피면서 현지의 상황과 세력들의 상관관계에 관한 다면적이고 객관적인 정보를 확보하는 것입니다."²⁹ 소련은 언제든 곧바로 사태의 추이를 조종하면서 기회가 생길 때마다 움켜쥐려고 했다. 그러나 실제로는 거리와 우선순위, 상대적 힘의 균형 때문에, 냉전 시기 라틴아메리카에서 모스크바의 영향력은 제한적이었다.

만약 라틴아메리카에서 소련의 역할이 제한되었다면, 의미는 달라도 미국도 마찬가지였을 것이다. 물론 북아메리카의 힘은 소련보다 훨씬 우월했고, 카리브해와 중앙아메리카에서 미국의 군사개입은 언제나 실현할 수 있었다. 대륙의 다른 곳에서는 미국의 경제적 영향력이 핵심 역할을 했고, 워싱턴은 신용이나 투자, 무역을 연장하거나 보류함으로써 정치적 도구로 반복해 활용했다. 또한 이따금 라틴아메리카 각국 경제가 정치적 이득을 얻기 위해 의지하는 각종 원료의 가격을 조작하려 했다. 미국은 라틴아메리카 장교를 훈련하고 군대에 무기를 공급했다. 중앙정보국은 정치인과 관리를 매수하고 돈을 써서 미국이 선호하는 정치 활동을 지원했다. 하지만 이런 노력으로도 미국은 라틴아메리카의 어떤 주요국에서도 미국이 원하는 의제를 강제하지 못했다. 우파 민족주의를 포함해 라틴아메리카의 민족주의는 그런 전면적 지배를 할 수 없었다. 소련이 동유럽에서 존재감을 발휘한 것-흔히 미국과 비교된다-과 달리, 미국은 라틴아메리카에서 말 잘 듣는 이데올로기적 동맹국을 거느리지 못했다. 베탕쿠르나 바리엔토스, 또는 비델라나 피노체트 같은 비열한 인간도 미국이 쉽게 조종할 수 있는 허수아비는 아니었다. 그들은 민족주의적 라틴아메리카인이었고, 순전히 그들 자신의 이유 때문에 좌파에 반대했다.

미국과 긴 국경을 맞댄 멕시코가 아마 가장 적절한 사례일 것이다. 1929년부터 제도혁명당(Partido Revolucionario Institucional, PRI)이 통치한 멕시코는 제2차 세계대전 이후 자본주의와 국가조합주의(corporatism)가 뒤죽박죽 섞인 나라로, 집권당에서 우파와 좌파가 이룬 정치적 타협이 중심이었다. 하지만 그와 동시에 멕시코 엘리트들은 점차 정치 체제 바깥에서 좌파가 도전하는 위협을 우려했다. 부패하고 권위주의적임에도, 제도혁명당은 강한 국가와 상당한 경제적 진보, 미국의 정치적·경제적 압력에 맞선 방어를 자랑으로 내세웠다. 반면 사회적 평등을 확대하거나 포용적 정치를 창조하는 데 실패한 것은 아킬레스건이었다. 1960년대 말 학생과 노동자의 운동이 시위를 벌였을 때, 정권은 반정부파 탄압으로 대응했다. 시위대를 저지하기 위해 동원된 군대는 수백 명을 살해했다. 1968년 10월 2일 멕시코시티의 주요 주거단지로 손꼽히는 틀라텔롤코에서 수십 명이 총에 맞는 학살이 일어났다. 구스타보 디아스 오르다스Gustavo Díaz Ordaz 대통령의 공보비서는 "국제 공산주의 선동가가 소요를" 일으킨다면서 "이 소요에서 영향력을 발휘하는 외국 세력에 대해 전 세계가 알아야 한다"라고 주장했다.[30] 제도혁명당은 미국의 원조를 받아 반공 민병대를 조직했는데, 이 민병대는 멕시코에 "쿠바가 침투하는 것"을 막기 위해 활동했다. 1968년 벌어진 한 시위에서 그들은 소리 높여 연호했다. "우리는 체의 주검을 하나, 둘, 셋 원한다! 그리스도 왕 만세! 디아스 오르다스 만세!"[31]

  라틴아메리카의 냉전은 외부보다 내부에서 벌어졌다. 일부이긴 하나 정치적으로 훨씬 더 극단을 달리는 우파와 좌파의 점증하는 폭력적 충돌이 중심이었다. 하지만 우파와 좌파는 라틴아메리카에서 복잡한 범주다. 좌파에는 몬토네로스 부류의 악랄한 선동가와 살바도르 아옌데 같은 지조 있는 개혁주의자가 있었다. 이 두 방향 사이의 분열은 냉전 후기에 점점 깊어졌다. 우파도 분열이 심각했다. 일부는 그저 자기들 몫의 거대한 돈과 자원을 지키기 위해 싸웠다. 다

509

른 이는 종교와 민족 개념에 이데올로기적으로 깊이 몰두했다. 그리고 일부-특히 남쪽의 원뿔(Southern Cone)* 지역의 소규모 중간계급-는 미국을 정치와 사회의 조직화 면에서 직접 영감을 주는 나라로 여겼다.

다른 많은 분야와 마찬가지로, 1970년대는 라틴아메리카의 이런 정치적 경향에서 하나의 분수령이 되었다. 군사 독재의 등장은 그들이 흔히 선언한 것과 달리, "민족적 통합"이 아니라 파편화의 증대를 의미했다. 좌파는 민주적 길을 신봉하는 이들과 혁명적 폭력을 맹세한 이들이 점점 갈라섰다. 때로 역사나 민족적 배경이 달라 이런 차이가 강요되었다. 예컨대 몬테비데오의 군사 통치자에게 추악한 면모가 있음에도, 여러 세대에 걸쳐 의회 통치를 경험한 우루과이가 니카라과에 비해 민주주의로 평화적인 복귀를 할 수 있다고 믿는 게 훨씬 쉬웠다.

좌파의 분열은 대개 정치나 이데올로기의 문제였다. 쿠바나 체 게바라, 또는 아프리카나 아시아의 해방 투쟁에 영감을 받은 이들은 흔히 무력 저항을 택했다. 노동조합이나 교회에서 조직된 이들과 유서 깊은 공산당에 소속된 이들은 대체로 평화적 활동을 선호했다. 부에노스아이레스의 대학에서 수석 졸업한 마리오 피르메니치는 체 게바라(와 후안 페론)를 존경했는데, 몬토네로스 게릴라 조직의 지도자가 되었다. 정식 교육을 받지 못한 루이스 다시우바Luiz da Silva, 일명 룰라Lula는 자동차 제조업 도시인 상베르나르두두캄푸의 철강노동조합

* 브라질, 파라과이, 우루과이, 아르헨티나, 칠레를 칭한다.

위원장이 되었는데, 간디와 헤시피의 급진주의자 대주교 동 에우데르 카마라Dom Helder Camara를 존경했다. 룰라는 브라질 최초의 좌파 대통령이 되었다. 피르메니치는 에스파냐의 경제학 교수가 되었다.**32**

좌파가 분열되었다면 우파도 마찬가지였다. 1970년대에 라틴아메리카를 지배한 잔인한 군사 독재는 좌파를 혐오하고 걸핏하면 "질서"와 "기독교 문명"을 거론한다는 것 말고는 정치적으로 공통점이 거의 없었다. 그들 모두 유혈적인 억압을 자행했지만, 실제로 나라를 어떻게 통치할지에 관해서는 생각이 별로 없었다-어떤 독재자는 좌파를 고무한 전반적 사고의 많은 부분을 공유하는 지식인에게 조언을 구하기도 했다. 그리하여 브라질 군사 독재는 1970년대 중반에 중앙집권적 경제계획과 제3세계주의에 가까운 대외정책을 강조했다.

피노체트가 지배하는 칠레는 아주 다른 방향을 걸었다. 맹신에 빠진 칠레는 국가의 경제적 미래를 미국의 급진우파 경제학자와 연결했다. 많은 미국인조차 극단적이라고 여기는 경제학자들이었다. 칠레의 정책은 노동계급 대다수의 빈곤화로 이어졌고, 정권이 노동 조직을 물리치는 데 도움이 되었다. 하지만 세계의 대부분이 동일한 신자유주의의 방향으로 서서히 움직인 시기에, "시카고 보이스Chicago-boys"가 칠레에서 수행한 실험으로 나라 경제는 유리한 입지에 올라섰다. 하지만 정권으로서는 놀랍게도, 정권이 탄생하는 데 도움을 준 새로운 중간계급은 거의 처음부터 정치적으로 등을 돌렸다. 1980년대 중반에 이르러 피노체트를 혐오하는 것은 노동계급과 좌파만이 아니었다. 칠레 경제의 사유화를 한껏 활용한 많은 이도 이제 독재자와 그의 폭력적 통치 방식을, 나라가 망신하는 원시적 행태로 여겼다.

미국은 군사 독재 시대에 라틴아메리카를 특징짓는 불안정과 불확실성, 폭력에 상당히 이바지했다. 냉전의 우선순위 때문에 그렇게 한 것이다. 워싱턴은 라틴아메리카 좌파의 패배를 모스크바의 패배로 보았고, 폭력적 군사작전으로 이런 승리를 이룬 군사 독재를 기꺼이 지지했다. 또한 미국은 이 과정에서 자국의 직접적인 경제 이익을 기꺼이 무시했다. 브라질 군사 독재는 국유 산업을 발전하게 했고, 수입대체 산업화를 실천했으며, 미국 달러화에 대한 우위를 확보하기 위해 통화를 조작했다. 브라질 군부가 공산주의 영향력에 맞서는 보루로 여겨지는 한, 워싱턴은 이 모든 행태를 수용했다. 냉전 시기에 흔히 그러하듯, 충돌의 논리가 자기이익과 공동의 인간 존엄을 모두 물리쳤다.

브레즈네프 시대

브레즈네프는 1956년 방위산업 책임자로

소련 최고 지도부 일원이 되었다.

우크라이나 시절 브레즈네프의 후견인이던

흐루쇼프는 1960년에 그를 소련

최고소비에트 상임위원장으로 임명했다.

명목만 국가수반이었다.

내가 1960년대 말과 1970년대를 "브레즈네프의 시대"라고 일컬으면 학생들은 종종 말문이 막힌다. 학생들은 확실히 한 시대의 이름을 붙일 만한 더 중요한 인물이 있을 것이라고 주장한다. 존슨이나 닉슨, 키신저는 어떨까요? 아니면 아마 훨씬 더 적절히, 그리고 더 많은 이가 동의할 것처럼, 빌리 브란트나 베티 프리던, 줄리어스 니에레레Julius Nyerere는요? 학생들이 때로 그러하듯, 실제 옳을지 몰라도 예시로는 틀릴 것이다. 닉슨이나 브란트는 방식은 아주 달라도 더 많이 이바지했을 것이다. 하지만 냉전에서 그 시대의 정신을 상징하는 것은 바로 브레즈네프다. 사회적·경제적 현실이 급속히 변화하는 시기에 이 소련 지도자는 새로운 상황에 순응하지 않으려는 의지와 냉전 체계에서 소련의 지위를 완고히 지키려는 태도를 상징했다. 신중하고 반동적이며 정형화된 테크노크라트인 브레즈네프는 냉전 중기, 그러니까 지도자들이 불확실성에 질서를 부여하려 한 시기의 본보기 그 자체다.

레오니트 일리치 브레즈네프는 1906년 우크라이나 동부의 궁핍한 소도시에 사는 러시아 노동계급 부모에게서 태어났다. 혁명 이전의 삶을 기억할 만큼의 나이지만 그저 막연히 알 뿐이다. 그는 생애 전체를 소련에서 보냈다. 집안에서 처음으로 대학에 간 그는 공학자가 되어 졸업했다. 열일곱 살에 공산주의청년동맹에 가입했고, 스물셋인 1929년에 공산당에 들어갔다. 친구 몇 명이 체포되긴 했지만, 브레즈네프는 스탈린의 숙청 시대를 아무 피해도 없이 통과했다-나중에 순전히 운이 좋았다고 인정했다. 전쟁 동안 캅카스 전선을 시작으로 우크라이나 전선까지 정치 장교로 복무했다. 독일이 항복할 즈음에 아직 40세가 되지 않은 그는 소장으로 진급했다. 그가 속한 18군이 체코슬로바키아 서부까지 진격한 뒤의 일이다.

제2차 세계대전은 같은 세대의 모든 소련인이 그랬듯이, 레오니트 브레즈네프에게도 결정적인 경험이었다. 전쟁으로 그는 조직과 규율, 무자비함이 필요함을 배웠다. 또한 전쟁의 참화도 배웠다. 비록 전투를 가까이에서 본 적은 거의 없더라도, 브레즈네프가 남은 생애에 폐허의 인상을 간직했고, 전쟁을 두려워한 것은 분명하다. "다시는 우리 국민에게 전쟁의 참화를 안겨 주고 싶지 않습니다."[1] 1974년 미국 대통령 제럴드 포드에게 한 말이다. 전쟁에서는 "모두 패배하니까요."[2] 하지만 무력 충돌이 가져올 파괴를 두려워하면서도, 공산주의의 전 지구적 사명과 동유럽의 통제를 실현하고, 소련이 이룩한 업적을 방어해야 한다고 믿었다. "사회주의에 적대적인 세력이 어떤 사회주의 국가의 발전을 자본주의로 돌리려고 한다면, 그것은 해당 나라만의 문제가 아니라 공동의 문제이자 모든 사회주의 국가의 관심사가 됩니다."[3] 그가 특유의 투박한 언어로 폴란드 사람에게 말했다.

브레즈네프는 1956년 방위산업 책임자로 소련 최고 지도부 일원이 되었다. 우크라이나 시절 브레즈네프의 후견인이던 흐루쇼프는 1960년에 그를 소련 최고소비에트 상임위원장으로 임명했다. 명목만 국가수반이었다. 흐루쇼프는 이를 안전한 선택으로 생각했다. 절제된 태도에 충성심이 입증된 인물이었기 때문이다. 하지만 당수 흐루쇼프에 대한 불만이 고조됨에 따라 점점 더 많은 지도자가 브레즈네프를 후계자 후보로 보았다. 1964년 10월 소련 지도부 다수파가 흐루쇼프에 반기를 들었고, 이는 일종의 궁정 쿠데타로 이어졌다. 이번에는 서기장이 싸움에 나설 배짱이 없었다. "제가 은퇴할 기회를 주어서 고맙습니다." 그가 동료에게 한 말이다. "내게 적절한 성명을 써 주시오. 내 서명할 테니."[4] 브레즈네프가 공산당의 신임 서기장에 올랐다. 흐루쇼프는 모스크바 외곽에 있는 시골 별장으로 물러났다.

소련 역사에서 최초로 평화적인 권력 교체였고, 미래에 엄청난 영향을 미치는 사건이었다. 그 방식만이 아니라 음모를 공모한 자들이 덧붙인 의미 때문에도. 흐루쇼프에게 제기된 주요 혐의는 그가 동등하게 책임을 지지 않고 경솔하며, 다른 지도자를 헐뜯고 독자적으로 행동했다는 것이다. 변덕스럽고 언제 어디에나 존재하며 고압적인 흐루쇼프는 그들에게 너무 부담스러운 존재였다. 그들은 당 조직을 핵심 기구로 하는 좀 더 집단적인 지도부를 원했다. 흐루쇼프에 대한 비난은 국내 실수를 거론했지만, 준비된 자료에는 대외문제에 관한 언급도 들어 있었다. 성명에 따르면, 1961년 흐루쇼프는 "최후통첩"을 내놓았다. "일정 시일까지 베를린을 자유 도시로 만들지 않으면, 전쟁으로도 우리를 막지 못할 것이라는 최후통첩이었다. 우리는 그가 무엇을 기대했는지 알지 못한다. '자유 도시 베를린'을 위해 싸워야 한다고 생각할 만큼 어리석지 않기 때문이다. … 흐루쇼프는 미국을 겁주려고 했지만, 미국은 겁먹지 않았고, 우리는 후퇴해야 했다. 우리 나라와 정책, 우리 군대의 권위와 위신에 지우기 힘든 상처가 남았다.”[5]

따라서 브레즈네프와 동료들에게 주어진 권한은 무척 분명했다. 그들이 권력을 잡는 것을 도운 이들은 계획과 생산성 증대, 복지가 더 강조되기를 원했다. 그들은 서방과 불필요한 위기를 만들지 않고자 하면서도, 소련의 이득과 전 세계 공산주의의 이득을 지지했다. 브레즈네프는 이런 목적에 딱 맞는 인물이었다. 지도자로서 그는 이미 정해진 결정에 합류하게 하는 정도일 뿐일지라도, 다른 사람의 의견을 듣는 걸 좋아했다. 위협적인 스탈린과 변덕스러운 흐루쇼프 이후 등장한 브레즈네프는 호감형이고 “동지다운” 지도자였다. 동료들의 생일, 그리고 부인과 자녀 이름도 일일이 기억했다. 그가 가장 좋아하는 구절은 “정상적 발전”과 “계획에 따라”였다. 그리고 새 지도자는 소련 경제의 안정과 전년 대비 성장을 강조하는 한, 전반적인 개혁의 측면에서 다소 모호한 점이 있더라도 쉽게 용서받았다.

흔히 믿는 것과 달리, 레오니트 브레즈네프 및 그와 함께 집권한 지도부가 장기 통치하는 동안, 소련 경제는 재앙 수준이 아니었다. 증거를 보면, 계획경제체계가 제공하는 틀 안에서 더디고 제한적이긴 해도 지속해서 성장했다. 가장 믿을 만한 추정에 따르면, 1960년대와 1970년대에 소련 경제는 전체적으로 연간 평균 2.5~3퍼센트 성장했다. 같은 시기의 미국과 서유럽에 비해 낮은 수치이고, 동아시아 각국 경제보다 상당히 낮지만, 경제가 침몰하지 않았고 적어도 몇 몇 부문에서 제한적인 실질 성장을 이루기에 충분했다. 게다가 자본주의 경제는 해마다 고르지 않은 것이 일반적인 현상인 것과 달리, 소련의 계획경제는 (더디기는 해도) 팽창하기도 했다.

그렇다고 해도 소련 체계는 자체에 몇 가지 본질적인 결함이 있었다. 중앙집권적인 자원 할당의 부정확성 때문에 생산에서 높은 수준의 낭비가 생겨났다. 그리고 경제는 일관되게 생산성이 낮았는데, 경제가 성장하고 자본이 노동에 비해 더 풍부해짐에 따라 이런 낮은 생산성이 더욱 두드러졌다. 1970년대에 이르면 계획경제의 수확 체감이 뚜렷해졌다. 소련 지도자들은 선별적 개혁으로 경제를 다시 활성화할 수 있다고 기대했지만 허사였다. 실제로는 더딘 성장률을 뒤집기 힘들었다. 소련 초기 매우 높은 성장률은 아마 풍부한 자원을 활용한 결과이자, 전쟁과 혼란의 시기에 생겨난 지체를 따라잡은 성과였을 것이다. 소련 경제가 기술과 교육, 자본과 투자의 세계 시장에서 고립되자, 추가적인 성장을 창출하기가 매우 어려웠다. 이런 상대적 침체는 특히 세계의 미래를 대표한다고 주장하는 나라에 명백한 도전이었다.

소련 경제의 생산 방향은 거의 전적으로 정치적 우선순위에 따라 결정되었다. 전임자들과 마찬가지로, 브레즈네프 지도부도 설령 다른 우선 과제가 있다고 주장할지라도 중공업과 군사 장비를 소비자 요구보다 우선시했다. 따라서 경제 전반이 확장되기는 했어도 때로 소비재와 특정 유형의 식료품을 상점에서 찾기가 어려울 수 있었다. 유명한 농담이 하나 있다. "어떤 여자가 식품점에 들어간다. 고기

519

있나요? 아뇨, 없습니다. 우유는요? 우리는 고기만 취급합니다. 우유 없는 가게는 길 건너편에 있어요."

사람들은 1960년대에 더 낫기를 기대했다. 소련의 신임 총리 알렉세이 코시긴Aleksei Kosygin은 1965년에 할당을 합리화하고, 노동 기법과 잉여에 대한 공장의 통제권을 증대했으며, 열심히 일하는 이에게 보상하는 개혁을 시도했다. 하지만 코시긴의 신중한 개혁은 동료들에게서 전면적인 지지를 받지 못했다. 소련의 중앙 계획 담당자들은 오랜 습관을 바꾸려 하지 않았다. 일부는 이런 혁신이 자기의 입지를 위협할 수 있다고 느꼈다. 다른 이는 합리화와 장려책이 이데올로기적 순수성을 방해할 것이라고 우려했다. 그 결과로 점점 더 복잡해지는 경제의 시련을 견디지 못하는 계획 체계가 생겨났다. 그리고 몇몇 기업 수장이 스탈린주의식 강압에 의지할 때도 효과를 발휘하지 못했다. 1962년 노보체르카스크에서 노동자는 "우유, 고기, 임금인상"이라는 구호를 내걸고 반란을 일으켰다. 당사와 경찰청을 점령했다. 국가보안위원회가 질서를 재확립하는 가운데 적어도 30명이 총에 맞아 사망했다. 소련 당국은 다른 지역에서 노보체르카스크 사태가 재발하는 것을 원하지 않았고, 따라서 당국이 대표한다고 공언하는 노동계급에 너무 많은 것을 요구하려 하지 않았다.

1960년대 말 소련 경제구조의 문제가 뚜렷이 드러난 한편, 시민의 전반적인 생활조건과 군사력은 개선되는 것처럼 보였다. 10년 전의 생활 상태, 특히 전쟁이나 스탈린의 테러와 비교할 때, 브레즈네프 시대에 소련의 평범한 시민은 비록 몇 가지 부족한 부분은 있어도 안전하고 풍요로운 삶을 영위했다. 값비싼 소비재-자동차, 냉장고, 텔레비전-는 여전히 공급이 부족했지만, 이따금 구할 수 있었다. 대다수 사람은 그런대로 괜찮다고 여기는 급여를 받았고, 나쁘지 않은(역시 과거와 비교해서) 아파트에 살았다. 국가는 무상교육과 의료, 주거, 심지어 휴가도 제공했다. 대다수 가정은 무상보육과 방과후교육을 이용했다. 완전고용과 장애보험, 심지어 온전한 국가연금을 받는 조기 은퇴(여자는 55세, 남자는 60세)도 있었다. 1960년대에 키이우에서 자란 내 친구는 이렇게 말했다. "아주 안정되고 안전한 삶이었지요. 필요한 건 대부분 있었어요. 아무도 굶주리지 않았고요. 그리고 언제나 내년이 올해보다 더 나아질 거라고 기대했습니다."

1970년대에 이르러 사회주의는 이미 소련에서 새 기준(new normal)이 되었고, 겉으로 보기에 반대의 징후도 거의 보이지 않았다. 유럽이나 북아메리카와 마찬가지로, 젊은이들은 정부가 순응을 강제해 짜증이 났다. 하지만 세계의 부러움을 산다고 자처하는 나라에서 민주주의와 정당한 법 절차가 충격적일 정도로 부재한 사실은 많은 소련인에게 문젯거리로 여겨지지 않았다. 선전은 어디에나 있었지만, 브레즈네프 체제는 억압을 행사하는 데서는 선별적이었다. 가끔 유대인이 유독 박해를 받았는데, 뿌리 깊은 반유대주의 때문이기도 했고, 이제 적국이 된 이스라엘과 (주로 허구적인) 연계 때문이기도 했다. 정치적 반대파는 수감되거나 다른 식으로 처벌받았고, 비러시아계 공화국에서 민족주의자로 의심받는 인물이나 종교 활동가도 마찬가지였다. 하지만 브레즈네프 시대의 소련은 다소 무기력하고 조용하기는 해도 전반적으로, 특히 과거와 비교할 때 주목할 만한 나라였다.

소련의 지배를 받는 동유럽 또한 비록 대다수 국민이 원하는 것

521

은 아니더라도 새 기준에 접어든 듯 보였다. 대다수 사람은 소련과 공산당의 통제를 여전히 강요로 여겼다. 하지만 모든 나라의 사람은 체제와 타협하면서 자신이 처한 상황을 최대한 활용하는 법을 배웠다. 이 과정에서 그들은 대단하지는 않아도 경제성장의 도움을 상당히 받았다. 모든 나라에서 생활 수준이 상승했다. 동유럽 각국 경제가 소련과 똑같이 소비재 부족에 시달리기는 했지만, 그래도 전반적으로 동쪽에 있는 나라보다 생활 수준이 높았다. 특히 소비에트권에서 가장 발전한 나라인 동독과 체코슬로바키아가 그랬는데, 이 나라에서 기술자와 숙련 노동자의 평균 월급은 소련보다 상당히 높았다. 폴란드에서도 1964년 당시 기술자는 소련의 엔지니어보다 평균 15퍼센트 수입이 더 많았다.[6] 하지만 사람들은 국가적·경제적 면에서 모두 더 나은 것을 기대했다. 체제가 유통을 저지하고 배포자를 처벌하려고 했지만, 지하 전단과 금서는 널리 퍼져 나갔다. 동유럽의 많은 사람은 여전히 그들의 운명에 분노했지만, 과거에 비해 예측할 수 있고 편안해진 세계였다.

그렇다 하더라도 동유럽의 사회적·경제적 진보는 서방에서 벌어지는 상황과 비교하면 무색한 수준이었다. 1940년대 이후 서유럽과 자본주의 지대의 나라(그리스와 튀르키예 포함)는 심대한 구조적 변화를 겪었다. 대부분 농업과 지방을 중심으로 하는 전통과 문화를 지향한 이들 나라가 1960년대에 이르면, 점차 도시와 산업이 커지고 이동성과 문해력도 높아졌다. 탄탄한 경제성장을 등에 업고 진행된 변화였다. 서독 경제는 1960년대에 연평균 5.5퍼센트 팽창했고, 프랑스는 7퍼센트, 이탈리아는 8퍼센트라는 놀라운 수치를 기록했다. 1960

년대는 많은 나라에서 가장 집중적인 성장기였는데, 프랑스에서 전후 경제 호황기를 일컫는 '영광의 30년(Les Trente Glorieuses)'의 일부였다.

서유럽 경제의 핵심 국가에서 경제가 성장하자 완전고용이 이루어졌고 적어도 구매력의 측면에서 노동자의 생활조건 향상되었다. 주변부 지역도 혜택을 입었지만 조건이 달랐다. 이들 나라가 얻은 이득은 국지적 산업화뿐만 아니라 노동력 수출에서도 이루어졌다. 튀르키예, 그리스, 유고슬라비아, 이탈리아 남부, 이베리아반도 전체는 노동자를 보내 서유럽이 기적을 건설하는 것을 도왔다. 1970년 무렵 그리스와 유고슬라비아, 포르투갈은 해외로 나간 노동자가 보낸 돈이 수출액의 50퍼센트를 넘었고, 튀르키예는 90퍼센트가 넘었다. 이런 이주를 가능케 한 것은 냉전 동맹이었다. 소련이 통제하는 동유럽은 이런 성과를 이루지 못했다.

완전고용이 이루어지면서 노동조합의 역할이 중요해졌지만, 대부분(영국은 부분적인 예외였다) 전간기에 비해 전투적인 역할이 줄어들었다. 유리한 위치에서 교섭을 하고, 조합원의 생활 수준이 전반적으로 상승하자, 대다수 노동조합은 자본주의 체계 바깥에서 도전하기보다 그 체계의 단체교섭 구조에 기꺼이 통합되었다. 이런 변화 속에서 노동조합은 유럽의 정치 엘리트가 건설하는 사회복지 국가에 큰 도움을 받았다. 국가의 역할을 개조하는 추동력의 많은 부분은 양차 대전과 불황의 경험에서 나왔다. 이는 또한 경제가 성장을 시작함에 따라 유럽 좌파와 우파의 상당 부분이 전후에 새로운 형태의 사회복지 조직을 위해 헌신한다는 의지를 보여 주는 신호탄이었다. 실제로 선진 복지국가 건설을 가능케 한 것은 바로 서유럽의 경제 부흥이었

523

다. 1970년 서유럽 모든 나라는 병자와 노인을 위한 사회보장 체계를 개발했다. 대학 수준까지 무상 교육, 퇴직 수당을 포함한 정년 보장, 무상이거나 탄탄한 보조금을 제공하는 의료 등을 이루었다.

1960년대에 서유럽 복지국가는 오로지 인구 증가와 미국의 동의, 과거의 유령에 대한 공포가 결합해 이룰 수 있었다. 또한 복지국가는 강력한 정치 지도력과 국경을 넘어 기술, 생산물, 생각이 교류하게 했다. 서유럽 전역에서 사회민주당과 기독민주당은 기본 복지와 관련해 수준 높은 합의를 창출하는 데 필요한 지도력을 제공하는 한편으로, 냉전을 치를 준비를 했다. 서유럽 지도자만큼이나 유럽의 과거를 두려워한 미국 지도자도, 유럽 국가의 팽창이나 그에 동반되는 듯 보이는 유럽 통합의 확장에 딴지를 걸지 않았다. 비록 과거에는 이런 조치가 미국의 사고방식에서 낯설어 보였겠지만 말이다. 정반대로 1960년대 중반 존슨 대통령이 미국에서 시행한 복지 사업 다수는 유럽을 바탕으로 삼은 듯 보였다.

1960년대 서유럽에서 창조된 새로운 형태의 자본주의에 맞선 유일한 정치적 도전은 프랑스와 이탈리아 공산당에서 나왔다. 다른 가능한 반대 세력인 에스파냐와 포르투갈의 우파 독재 정권은 오래전에 소비주의와 복지제도에 굴복했다-교섭으로 만들어진 복잡한 사회보장 제도를 관리해야 하는 위치라면 파시스트가 되기는 무척 어려운 법이다. 프랑스공산당은 민족주의와 집단주의를 동시에 책임진 샤를 드골의 상대가 되지 않았다. 오직 이탈리아에서만 공산당이 선거에서 유의미하게 도전할 수 있었다. 1972년 공산당은 27퍼센트를 득표했다. 1960년대 말부터 핵심 지도자를 맡은 사르데냐 귀족 출신의 젊은이 엔리코 베를링구에르Enrico Berlinguer는 손쉽게 이탈리아에서 가장 인기 있는 정치인이 되었다.

노동계급에서 인기가 여전하긴 했어도 이탈리아공산당(Partito Comunista Italiano, PCI)은 내부부터 개조되고 있었다. 베를링구에르로 상징되는 새 지도부는 이탈리아가 사회주의로 나아가는 독자적인 길을 찾아야 하며, ‐점차‐ 소련이 이 과정에서 도움은커녕 걸림돌이 된다고 믿었다. 1966년 당 강령은 선거 정치와 점진적 개혁, 그리고 공산주의자와 사회주의자, “진보적” 가톨릭의 동맹을 강조했다. 모스크바와 계속 긴밀히 소통하고 소련에서 많은 재정을 지원받긴 했지만, 확실히 베를링구에르는 나토 회원 가입에 대한 당의 반대를 가볍게 보는 등 대외정책을 포함해서 이탈리아공산당은 독자적인 우선순위를 정하고자 했다.

이탈리아공산당은 서유럽과 동유럽의 다른 공산당의 정치적 견해에 많은 영향을 미쳤다. 망명 중이던 에스파냐 공산주의자는 프랑코 독재에서 다원민주주의로 평화적 이행을 고려했다. 여전히 국제 공산주의 운동에 영향력을 행사하던 프랑스공산당은 이탈리아 동지가 모스크바에 공격을 당하자 이탈리아 동지를 옹호했다. 다만 많은 프랑스공산당 지도자는 베를링구에르의 공산주의 전통을 비판하는 것이 너무 지나치다고 생각했다. 하지만 1960년대 말 적어도 서유럽의 몇몇 공산당은 이제 소련보다 서로 공통점이 더 많다고 생각했고, 이는 “유러코뮤니즘Eurocommunism”이라는 별칭이 만들어지는 원인이 되었다(이탈리아, 프랑스, 에스파냐 공산당은 이 용어를 구체적으로 정의한 적이 없지만, 국내에서 추구하는 목적에 적합할 때는 즐겨 사용했다).

525

동유럽의 몇몇 공산당도 당의 미래가 어떻게 될지 질문을 던졌다. 1948년 쿠데타보다 한참 앞서 공산주의 전통이 탄탄한 체코슬로바키아의 젊은 당 지도자들은 과거보다 대중의 우선순위에 더 가까운 공산주의 국가를 이룩하고자 했다. 먼저 그들은 모스크바 브레즈네프 지도부의 지지를 받았다. 소련 지도부는 체코슬로바키아공산당의 기존 지도자 안토닌 노보트니Antonín Novotný를 다소 구식으로 보았다. 1968년 1월 브레즈네프의 축복을 받으며 개혁주의자들이 새 당수로 앉힌 슬로바키아의 공산주의자 알렉산드르 둡체크Alexandr Dubček는 처음에 소련에서 코시긴이 제안한 노선을 따라 경제 개혁에 집중하면서 기대에 부응하려 했다. 하지만 얼마 지나지 않아 그는 정치 체계를 개방하고 표현의 자유를 확대하라는 압력을 받았다. 그리고 둡체크를 포함해 모두가 놀랍게도, 당 다수파도 이런 요구에 동의하는 듯 보였다.

1968년 4월 둡체크는 이른바 당의 "행동 강령"을 실행했다. 체코슬로바키아공산당은 국가와 사회에서 공산당의 "지도적 역할"을 확인하면서, 나라가 선진 사회주의로 나아가는 독자적인 길을 찾아야 한다고 선언했다.

> 민주주의는 하급 및 상급 차원에서, 그리고 중심에서도 모든 개인과 집단, 그리고 연계된 모든 경영의 활동에서 여지를 확대해야 한다. 사람들은 스스로 사고하고 자신의 견해를 표현할 수 있는 기회를 누려야 한다. 우리는 인민의 자주성과 아래에서 나오는 비판적 언급과 제안을 귓등으로 흘려버리는 관행을 근본적으로 바꿔야 한다. 무능

한 사람을 … 사회주의를 위해 노력하는 이들, 사회주의의 운명에 진심으로 관심을 기울이는 이들로 반드시 교체해야 한다.[7]

둡체크와 동료들은 경제와 정치 체계의 점진적 개혁을 목표로 삼았고, 봄에 이루어진 언론 검열 폐지로 필요한 시간을 벌 수 있기를 기대했다. 또한 다수 인민이 개혁을 원할지언정 사회주의를 지지한다고 믿었다. 하지만 언론에서 정치 체계를 비판하는 목소리가 급격히 늘자 둡체크와 동료들은 깜짝 놀랐다. 소련은 특히 체코와 슬로바키아의 일부 언론 평론가가 바르샤바조약기구에서 탈퇴할 것을 주장하자 공포에 사로잡혔다. 모스크바는 마지못해 만일의 사태에 대비해 프라하의 새로운 지도부를 겨냥한 군사행동을 준비했다.

둡체크는 개혁 강령을 "인간의 얼굴을 한 사회주의"라고 언급하며, 상황을 계속 통제할 수 있다고 확신했다. 하지만 당시 소련은 "비인간적 얼굴을 한 사회주의"를 대표하는 게 아닌지 의심했을 만큼 확신이 없었다. "프라하의 봄"이 자기네 영토로 확산할까 봐 겁에 질린 바르샤바조약기구의 다른 나라 지도자와 함께 소련은 둡체크를 무력으로 제거하려는 계획을 꾸몄다. 7월 말 소련-체코슬로바키아 국경에서 회담이 급히 소집되었는데, 브레즈네프는 프라하와 브라티슬라바에서 "반소련 성명"을 중단해야 한다고 요구했다. 둡체크와 체코슬로바키아 대표단은 중단하겠다고 약속했다. 체코슬로바키아는 "우리 나라에서 벌어지는 사태가 결국 혁명의 성과를 파괴하는 방향으로 나아가지 않을 것"이라고 소련을 설득하려 했다. "하물며 사회주의 진영이나 사회주의의 토대에서 조금이라도 멀어지는 일은

527

없을 것입니다." 코시긴은 체코슬로바키아가 바르샤바조약기구의 공동 국경을 수호하는 것보다 서방 관광객을 끌어들이는 데 더 몰두하는 듯 보인다고 신랄히 언급했다.[8] 모스크바로 돌아온 소련 지도부는 처음에는 추가 행동을 하지 않기로 했다. 모든 준비를 갖춰 놓은 상태에서도 브레즈네프는 여전히 전면 침공이 필요하지 않기를 기대했다. 이런 행동이 필요할 수도 있지만, 큰 정치적 대가가 따를 것이기 때문이다.

8월 중순이 되자, 소련 지도부는 함정에 빠졌다고 느꼈다. 자유주의적 개혁이 추가로 실행되는 것을 우려했기 때문에, 9월로 예정된 체코슬로바키아공산당 전당대회를 막고자 했다. 브레즈네프는 둡체크에게 마지막으로 전화를 걸었다. 그는 체코슬로바키아 지도자가 즉시, 논조가 센 신문들을 정간하고 반공 인사들을 당에서 축출해야 한다고 주장했다. 둡체크는 시간을 더 달라고 요청했다. 브레즈네프가 그의 말을 끊었다.

> 브레즈네프: 사샤,* 이 점에 관해서는 동의할 수 없군요. 지난 2~3일 동안 제가 언급한 신문들이 소련을 비롯한 형제 나라를 비방하는 데 악착같이 몰두했습니다. 정치국의 내 동지들은 이 문제에 관해서 당신들과 시급히 접촉해야 한다고 독촉해요. … 이건 당신들이 우리를 기만하고 있음을 보여 주는 또 하나의 징후일 뿐이고, 다른 뜻으로 받아들일 수 없습니다. 정말 솔직히 말해야겠습니다. 이 문제를 당장

* '알렉산드르 둡체크'의 별칭.

해결할 수 없다면, 제가 볼 때 당신은 서기장으로서 모든 권한을 잃은 것 같습니다.

둡체크: 제가 볼 때는 어떤 기만도 없습니다. 우리는 맡은 바 의무를 다하려고 노력하는 중입니다. 하지만 근본적으로 변화하는 상황에서 최선을 다해 실행할 뿐입니다.

브레즈네프: 그런데 분명 당신도 이해할 텐데, 이런 상황, 이런 식으로 의무를 이행하는 걸 보면 ⋯ 우리로서는 전체 상황을 재평가하고 새로운 독자적 조치에 의존할 수밖에 없어요.[9]

브레즈네프와 둡체크는 다시 대화하는 데 합의했다. 하지만 대화 대신 8월 21일 아침, 소련, 폴란드, 헝가리, 불가리아 군대가 체코슬로바키아를 침공해 주요 도시를 점령했다. 둡체크와 대통령 루드비크 스보보다Ludvik Svoboda를 비롯한 정부 요인이 체포되어 모스크바로 압송되었다. 그곳에서 그들은 소련군 주둔, 신문 폐간, 가장 논쟁적인 개혁의 종식 등에 합의하는 의정서에 서명하도록 강요받았다. 여러 도시에서 산발적으로 저항이 벌어져서 체코슬로바키아인 70명이 살해되었다. 7만 명이 국경을 넘어 서유럽으로 도망쳤다. 침공을 증오하는 체코슬로바키아인 사이에서 충분히 명예가 더럽혀졌다고 소련이 판단할 때까지, 반 억지로 명목상 지도자 자리를 지킨 둡체크는 슬로바키아 산림청으로 좌천되었다. 소련이 직접 고른 후임자 구스타프 후사크Gustáv Husák는 체코슬로바키아를 소비에트권에서 가장 억압적인 체제로 만들었다.

소련의 체코슬로바키아 침공에 대한 국제사회의 반응은 1960

년대 말 세계가 새로운 방향으로 나아가고 있음을 보여 주었다. 1956
년 헝가리의 여파와 달리, 미국은 조용히, 거의 차분히 대응했다. 소
련대사 도브리닌이 침공을 알리려고 백악관의 존슨 대통령을 방문
했을 때, 베트남전쟁에 몰두하던 린든 존슨은 그 소식에 거의 주목
하지도 않으면서 깜짝 놀란 대사에게 민트줄렙을 대접했다. 주요 반
발은 서유럽의 일반인에게서 나왔는데, 많은 수가 침공에 항의하려
고 거리로 나왔다. 서유럽의 대다수 공산당도 소련의 행동을 비난했
는데, 이탈리아공산당은 이를 "부당하다"라고 공개적으로 일컬으며
"강하게 반대"했다.[10] 브레즈네프로서는 오싹하게도 바르샤바조약기
구 회원국인 루마니아도 반발해, 독재자 니콜라에 차우셰스쿠Nicolae
Ceaușescu는 침공을 "엄중한 실수이자 유럽의 평화와 세계 사회주의
의 운명에 심각한 위협"이라고 규정했다.[11]

    소련이 세력권을 결속하고자 분투했지만, 서유럽에서 미국의
영향력은 여전히 높았다. 다만 미국의 인내심을 심각히 시험하는 일
이 몇 차례 있기는 했다. 미국은 소련에 맞서 유럽의 안보를 보장하
는 나라로 여겨졌고, 유럽은 미군 주둔을 강하게 지지했다. 서유럽인,
특히 젊은이는 사회 기풍, 패션, 음악, 춤, 영화 등과 관련해 미국에서
영감을 찾았다. 분명 미국공보처(United States Information Agency, USIA)
같은 미국의 선전기관은 이런 경향을 한층 강화하려고 했다. 하지만
현실을 보면 굳이 그럴 필요가 없었고, 때로 이런 시도를 할 때면 서
투른 방식 때문에 해가 됐으면 되었지 전혀 도움이 되지 않았다. 미
국공보처보다 훨씬 중요한 것은 미국의 상업 텔레비전 방송으로,
1960년대 중반 대다수 유럽인이 시청할 수 있었다. 1950년대에 엘비

스 프레슬리와 말런 브랜도는 특히 반항적 면모 덕분에 유럽에서 숭배의 대상이 되었다. 그리고 록이 1960년대 세계를 정복했을 때, 그 기준은 대체로 미국의 록이었다. 심지어 극단적인 반체제 음악가도 마찬가지였다. 밥 딜런이나 지미 헨드릭스 같은 인물은 미국 정부가 추구하는 거의 모든 것에 반대했지만, 1960년대 유럽 젊은이에게 미국을 들여다보는 창을 열어 주었다. 정치적으로는 아니더라도 문화적으로 그 일부가 되고자 하는 외부인에게는 유용한 창이었다.

린든 존슨의 베트남전쟁은 이런 인식에 손상을 주었지만 완전히 무너뜨리지는 못했다. 서유럽에서 나이가 든 사람들은 적어도 처음에는 인도차이나에서 미국이 기울이는 노력에 공감했다. 제2차 세계대전 이후 미국이 유럽에서 한 행동과 비교했기 때문이다. 하지만 젊은이는 점차 의견을 달리했고, 특히 대학생은 미국 학생에게 고무되면서 시위를 벌였다. 많은 사람이 생각할 때, 미국이 베트남전쟁을 치르는 데 근본적으로 잘못된 점은 부자 나라가 가난한 나라를 두들겨 팬다는 것이었다. 하지만 일부 학생은 미국이 인도차이나에서 보이는 행태가 미 제국주의의 일부라고 느꼈다. 그들이 볼 때, 유럽도 미 제국주의에 당하는 처지였다. 따라서 유럽에서 베트남전쟁에 반대하는 시위는 적어도 어느 정도, 일부 사람이 미국이 자국에 영향력을 압도적으로 행사한다고 느끼는 현실에 항의하는 시위였다. 이런 후견 관계에 대해서는 분노만이 답이었다.

1960년대 서방 젊은이 사이에서 항의 시위가 확산한 것은 부당하다고 여겨진 베트남전쟁 때문만은 아니었다. 젊은이들은 자신이 속한 사회가 실질적 민주주의가 부재하고 무기력하다는 인식에서 거리로 뛰쳐나왔다. 전후 베이비붐으로 젊은이가 훨씬 더 많았고, 대학 진학률도 높았는데, 유럽과 미국의 대학은 쇄도하는 학생을 대처할 준비를 하지 못했다. 시위는 처음에 케케묵은 교육 방식과 대학의 통치를 겨냥했다면, 점차 확대되면서 사회와 국가가 젊은이를 억압하는 현실에 맞선 항의로 바뀌었다. 그리고 점차 적어도 젊은 시위대 일부는 평등과 대표성이라는 실현되지 않은 꿈과 다른 주변부 집단의 연계에 눈을 돌렸다. 소수 종족(특히 미국의 아프리카계 미국인)과 여성이 무엇보다도 중요한 집단이었다. 그들의 주장에 따르면, 자본주의 세계는 경제성장을 이루기는 했어도 실질적 민주주의나 평등은 만들어 내지 못했다. 1962년 '민주사회학생연합(Students for a Democratic Society, SDS)'이라는 미국 단체가 발표한 포트휴런성명은 사회에 대한 고발을 훌륭히 요약했다.

> 어떤 이는 미국인이 번영을 누리는 가운데 만족을 느낀다고 믿게 만들려 하겠지만, 새로운 세계에서 그들이 어떤 역할을 맡을지 깊이 불안을 느끼면서도 겉만 번지르르하게 포장한다고 말하는 게 더 낫지 않을까? … 현재와 다른 진정으로 민주적인 대안의 탐색과 열정적인 사회적 실험은 가치 있고 성취감을 주는 인류의 기획이며 우리를 움직이게 만든다. … 우리는 그런 토대 위에서 … 20세기 말의 인간의 조건을 이해하고 변화하게 하려는 노력을 제시한다. 자신이 처한 생활환경에 결정적인 영향력을 행사하는 인간이라는, 오래됐지만 아직 실현되지 않은 발상에 뿌리를 둔 노력이다.[12]

1960년대 서유럽 모든 나라에서 젊은이들의 시위가 벌어졌지만, 1968년 파리는 순식간에 학생과 젊은이가 무엇을 할 수 있는지(그리고 할 수 없는지)를 보여 주는 상징이 되었다. 봄에 대학의 상태에 항의하는 시위를 시작한 학생들은 점차 소비주의, 가부장제, 민주주의의 전반적 부재에도 항의했다. 경찰이 시위대를 폭력 진압하자 훨씬 더 많은 사람이 거리로 몰려나왔다. "1968년에 자유롭다는 것은 참여하는 것이다!"라는 구호가 거리에서 울려 퍼졌다. "사장은 우리가 필요하겠지만, 우리는 사장이 필요 없다!", "상상력에 권력을!", 그리고 독보적인 구호 "현실주의자가 되자, 불가능한 것을 요구하자!"도. 5월 말, 수백만 명의 노동자도 자제하라는 노동조합의 조언을 무릅쓰고 파업을 벌이면서, 작업장에서 노동자의 발언권을 확대할 것과 임금인상을 요구했다. 드골 대통령은 공황에 빠져 독일에 주둔 중인 프랑스군에 합류하려고 떠났다. 군대는 드골에게 충성할 것으로 기대했기 때문이다. 권력은 거리에 있는 듯 보였고, 어떤 이에게는 고전적인 프랑스혁명이 벌어지는 듯했다.

하지만 그건 아니었다. 6월에 새로 치러진 선거에서 드골이 결정적인 승리를 거뒀다. 청년 운동의 정치적 공격을 받았음에도, 그 운동에 합세하려 한 프랑스공산당은 기존 의석의 절반을 잃었다. 1945년 이후 심대한 사회적·경제적 변화를 겪은 대다수 프랑스인에게 이 시위는 억압적이거나 지루하거나 그저 당혹스러운 상태에 맞서 목소리를 높일 기회를 제공했다. 그러나 투표소에서 그들은 기존 질서에 대한 믿음을 확인했다. 거리에서 싸운 많은 젊은이도 리바이스 청바지를 입거나 경찰에게 코카콜라 병을 던지면서 간접적으로 그런 믿음을 보인 셈이었다.

1968년 5월의 진정한 패배자는 공산당이었을지 모른다. 젊은이들에게 공산당은 구식인 데다 소심하고 점점 세상과 동떨어진 세력처럼 보였다. 파리의 5월 시위대 일부는 그 대신 다른 나라의 동조자와 함께 신좌익(New Left)을 옹호했다. 그들에게 마르크스주의는 사회 해방만큼이나 개인 해방을 위한 도구였다. 그들의 상상 속 영웅은 레온 트로츠키와 체 게바라(다행히도 둘 다 1968년에는 이미 이 세상 사람이 아니었다), 또는 놀랍게도 마오쩌둥이었다. 젊은이들은 마오쩌둥의 문화대혁명을 국내 권력에 맞선 그들의 반란과 동일시했다. 대부분 부르주아인 서유럽 젊은이 사이에서 제3세계의 여러 상징과 사상은 사후 세계를 누렸다. 서유럽에서 이런 상징과 사상은 유럽 일부 젊은이도 역할을 맡고 싶어 안달이 난 국제적 반란의 일부를 대표하는 것으로 여겨졌다. 위축된 노동계급은 주로 프랑스와 이탈리아의 구식 공산당에, 서독이나 스칸디나비아의 사회민주당에 여전히 동조했지만, 젊은 반란자들은 소규모 마오쩌둥주의 정당이나 트로츠키주의 정당을 독자적으로 결성했다. 하지만 냉전이 지속되는 한 이 새로운 급진 정당—예를 들어 프랑스의 트로츠키주의 정당 노동자투쟁(Lutte Ouvrière), 네덜란드의 마오쩌둥주의 정당 공산당(마르크스레닌주의파), 노르웨이의 노동자공산당(마르크스레닌주의파)— 가운데 어떤 곳도 전국 투표에서 2퍼센트 넘는 득표를 하지 못했다.

1960년대 사회적·정치적 운동 가운데 냉전만이 아니라 전체적으로 지속적인 영향을 미친 것을 하나 꼽자면 바로 여성운동이다. 전후 서방에서 경제성장이 폭발적으로 이루어졌지만, 사회와 일터, 가정에서 여성의 지위는 여전히 미약했다. 공산당이 거듭해서 내세운 주장 하나는 소비에트권이 여성 차별을 철폐했다는 것이다(타당하다고 보기 어렵지만, 선전 목적으로는 유용했다). 1960년대 서유럽과 북아메리카에서 자율적인 여성 집단이 계급 계층을 망라해서 여성의 역할을 확대할 것을 요구하는 운동을 시작한 상태였다. 여성 차별은 직장에서 특히 동일 임금 문제와 관련해 여전히 존재했지만, 여성운동은 법적 권리와 가족계획, 성해방 등의 문제에서 놀라운 성공을 거두었다. 미국의 페미니스트 베티 프리던은 여성운동의 방향을 제시한 많은 여성 가운데 하나였다. 1963년 프리던은 산업사회에서 여성이 가정주부 노릇과 교육을 받아 자격을 얻은 만족스러운 고임금 일자리를 결합할 수 없다는 것을 받아들일 수 있겠느냐고 물었다. "침대를 정리하면서, 식품점에서 물건을 사면서, 침구 짝을 맞추면서, 아이들과 땅콩버터 샌드위치를 먹으면서, 보이스카우트와 걸스카우트 아이들을 태우고 다니면서, 그리고 밤에 남편 옆에 누워 있으면서, 이 조용한 물음을 자신에게조차 던지기가 두려웠다. '이게 과연 전부일까?'"[13]

1970년대 서방 전역의 수많은 여성 지도자는 그게 전부가 아님을 확신했다. 숙련노동과 전문직 분야에서 여성의 비율이 폭발적으로 증가했다. 1980년 서독에서 여성 변호사는 32퍼센트였다(1960년에는 7퍼센트에 미치지 못했다). 정치에서 이뤄진 변화도 마찬가지로 극적이었다. 1985년 핀란드에서 여성 국회의원 비율이 30퍼센트를 넘었다(1965년에는 15퍼센트가 되지 않았다). 정치적 대표성이 개선되자 정치 영역을 막론하고 육아, 피임과 낙태, 이혼의 권리같이 여성에게 특

535

히 중요한 쟁점에 더 많은 관심이 쏠렸다. 냉전이 끝날 무렵 여성은 여전히 임금과 경력 문제에서 차별을 받았다(오늘날에도 미국 주요 기업의 최고경영자 가운데 여성은 15퍼센트에 미치지 못한다). 오직 사회주의만이 여성에 대한 부당 대우를 끝장낼 수 있다는 공산당의 주장은 거짓임이 드러났다.

  자본주의적 서방에서 사회운동이 성과를 이루긴 했지만, 그래도 많은 정치 지도자는 1960년대를 점점 혼돈과 혼란에 빠져드는 10년으로 볼 수밖에 없었다. 많은 운동 집단이 추구한 자율성은 사회가 통치할 수 없는 상태에 빠질 것이라는 엘리트들의 우려에 기름을 부었다. 시간이 흐르면서 엘리트들은 냉전을 안정화하는, 즉 적어도 유럽에서, 그리고 초강대국 사이의 관계에서 냉전의 파괴성과 위험성을 낮추는 새로운 방법을 찾는 방향으로 나아가야 했다. 1960년대 말에 벌어진 어떤 사태도 초강대국이 즉시 대결하거나 유럽에서 분단선을 넘나드는 충돌이 벌어지는 방향으로 압박하지 않았다. 어떤 미국인도 미국이 강박적으로 몰두하는 베트남전쟁에 소련이 개입하려 한다고 생각하지 않았다. 그리고 1968년 소련이 체코슬로바키아를 침공한 것을 계기로, 서유럽이 아무리 소련의 범죄에 항의의 목소리를 높일지라도 실제로 어떤 행동에 나서려고 하지는 않는다는 사실이 드러났다. 서유럽의 급진주의자는 최악의 무관심을 보여 주었다. 1968년에 그들 대다수는 둡체크가 아니라 마오쩌둥을 위해 연호했다.
  서유럽과 초강대국의 관점에서 보면, 두 세력권 사이의 긴장을 점진적으로 완화함으로써 냉전을 안정화한다는 발상은 1960년대 말에 의미가 있었다. 이런 데탕트 덕분에 지도자들은 자국 사회와 동맹 내부, 제3세계의 문제를 더 잘 다룰 수 있었다. 긴장완화는 핵전쟁이 발발할 가능성을 줄이고, 미국과 소련의 국민이 군비 지출에 고통을 실감하던 시기에 결정적으로 추가로 군사력을 증강하는 비용을 줄여 줄 터였다. 또한 적어도 서방에는 시간이 흐르면서 두 이데올로기 체계가 하나로 수렴될 것이라고 생각하는 이도 있었다. 산업사회는 동방과 서방에 비슷한 도전을 안겨 주는 듯 보인다는 생각이었다. 기술과 사회공학에서 나온 몇몇 해법 또한 비슷할 가능성이 있었고, 따라서 이런 해법을 실행하는 국가는 비록 정치적 맥락은 다를지라도 서로 더 비슷해질 것이었다.

지속적인 긴장완화정책으로 냉전을 안정화하려는 시도는 1960년대 초 유럽에서 시작되었다. 프랑스 드골 대통령-초강대국이 양극화된다는 생각에 항상 불만을 품으면서, 국제문제에서 프랑스의 역할을 확대하려 했다-은 독자적으로 동방에 손을 뻗으려고 했다. 1960년 프랑스 최초의 핵무기 실험이 성공하자, 드골은 프랑스가 나토 동맹 안에서도 대외정책의 독립성을 지켜야 한다고 느꼈다. 유럽의 문화적 통일성이라는 뿌리 깊은 인식으로 무장한 보수주의자 프랑스 대통령은 미국이 동반국과 관계를 맺는 데 너무 고압적으로 변했다고 보았다. 드골은 나토에서 미국의 역할에 균형을 맞출 수 있는 프랑스의 지도로 서유럽이 독립성을 강화하기를 원했다. 유럽 통합으로 나아가는 유럽경제공동체에 영국이 가입하려 했을 때, 드골이 **'안 된다'**라고 반기를 든 것은 런던이 워싱턴의 트로이목마 노릇을

537

14 브레즈네프 시대

한다는 인식에 기반을 둔 행동이었다. 드골은 프랑스가 미국의 안보를 보장하고 미국과 동방에 다리를 놓으면서, 서유럽을 더욱 독립적으로 이끌 수 있는 유일한 나라라고 생각했다.

1964년 프랑스 대통령은 동유럽 및 소련과 기술적·문화적으로 협력하기 위한 사업을 적극적으로 개시했다. 드골은 1965년 얄타회담 20주년 기념일에 극적으로 기자회견을 하면서, "얄타"를 극복하고 유럽 분열에 종지부를 찍는 것이 목표라고 선언했다. "우리가 다시 두 손이 자유로운 나라로 재등장함에 따라 글로벌 게임도 분명 바뀝니다. 얄타 이후 이제까지 두 상대국만 게임을 했지만 이제는 아닙니다."[14] 프랑스 대통령은 후속 조치로 모스크바, 바르샤바, 부쿠레슈티를 방문했는데, 1966년 나토 통합군 사령부에서 프랑스를 돌연 철수한 뒤 이들 정권에서 영웅과 같은 환대를 받았다. 유럽의 미래는 두 초강대국이 지배하는 양극 체계가 아니라 "긴장완화, 우호 조약(entente) 협력"에 있다고 드골 장군은 선언했다. 하지만 드골이 밀어붙인 정책의 실질 성과는 거의 없었다. 그리고 1968년에 이르면 모스크바와 워싱턴 둘 다 5월 사태로 드골의 위대함이 초라해지는 것을 보며, 흡족한 미소를 겨우 참았다. 이듬해 행정 개혁에 관한 국민투표에서 패배한 뒤 드골이 사임하자, 유럽의 현상 유지에서 위안을 찾는 이들은 단체로 안도의 한숨을 쉬었다.

미국인이 화가 나기는 해도 드골의 허장성세를 어느 정도 무시할 수 있었던 이유는 나토의 일부인 유럽의 미래가 확실해 보였기 때문이다. 존슨 대통령은 프랑스 대통령이 아무리 "얄타"에 대해 불만을 늘어놓아도 미국이 유럽에서 철수하는 것은 절대 원하지 않는다는 사실을 알았다. 특히 인도차이나에서 미국의 군비 지출이 늘어나자, 존슨은 서유럽(과 일본)이 알아서 방위비를 더 많이 부담하기를 기대했다. 그렇다고 해도 린든 존슨은 미국이 유럽에서 군대를 철수해야 한다고 믿지 않았다. 민주당 원내대표 마이크 맨스필드Mike Mansfield가 유럽 주둔군의 상당한 감축을 요구하는 결의안을 제출하자, 존슨은 참모진에게 이를 조롱했다. "저는 러시아인에게 속아 넘어가는 사람이 아니에요. 저는 … 우리 군대가 거기에 전부 가 있다는 … 그놈의 빌어먹을 이론을 믿지 않아요. … 그 개자식들이 어느 때든 우리를 집어삼키려 한다는 걸 알아요."[15]

　　존슨은 독일이 냉전의 당면 문제가 아니라고 판단했다. 서독은 나토에 안전히 정박해 있었기 때문이다. 드골은 말문이 막혀 씩씩거렸고, 학생들-특히 서독 학생들-이 미 제국주의에 반대하는 항의 시위를 벌이고 있었지만, 연방공화국의 양대 정당인 기독민주당과 사회민주당은 독일이 계속 서방에 통합되는 것이 나라의 미래를 위해 대단히 중요하다고 보았다. 실제로 프랑스-독일을 축으로 해서 "새로운 유럽"을 건설해야 한다는 드골의 주장은 서독의 자리를 확인해주는 듯 보였다. 서유럽의 경제 통합은 지속적인 경제성장과 냉전의 결집을 위한 도구가 되었다. 유럽 통합 계획은 점차 서독의 산업과 상업의 눈부신 성공을 중심에 두었다. 1970년에 이르면 서독 경제 규모는 프랑스보다 40퍼센트 정도 더 컸고, 영국 경제 규모보다 65퍼센트 더 컸다.

　　독일의 경제적 역동성을 유럽 통합의 중심에 두는 것은 경제적·정치적으로 타당한 의미가 있었다. 1957년 로마조약으로 설립된

539

유럽경제공동체는 회원국-네덜란드, 룩셈부르크, 벨기에, 서독, 이탈리아, 프랑스-이 상품, 자본, 노동자를 위한 공동 시장을 만들게 했다. 드골파가 이의를 제기하고, 교섭 과정이 더디고 때로는 분노를 자아내기도 했지만, 10년 뒤 내부 관세 폐지가 완수되면서 당시 이름으로 유럽공동체(European Community, EC) 내부에서 완전한 관세동맹이 이루어졌다. 성공의 비결은 두 가지였다. 하나는 내부적인 것으로, 서독이 공업 제품을 자유로이 수출하는 대가로 프랑스와 이탈리아 농민을 위한 보조금에 거액을 내는 공동농업정책(Common Agricultural Policy)이었다. 다른 하나는 외부적인 것으로, 서유럽 모든 수도에서 유럽이 하나로 뭉치면 냉전에서 강력한 목소리를 되찾을 수 있다는 인식이 생겨났다.

그리하여 냉전이라는 조건 아래 독일의 경제적 힘과 드골주의 원칙의 유럽화가 결합했다. 이는 유럽 통합을 향한 새로운 추진력을 낳았다. 1969년 드골이 사임한 뒤, 영국은 유럽경제공동체에 가입하기 위해 협상할 수 있었고, 국민투표를 거친 끝에 1973년 덴마크와 함께 가입했다. 그때쯤이면 유럽공동체가 유럽 통합의 미래가 될 것이며, 통합주의 성격이 약한 대안으로 영국이 구축한 유럽의 다른 무역권 유럽자유무역연합(European Free Trade Association, EFTA)이 유럽 시장과 영국을 연결할 수 없음이 분명했다. 영국이 가입하자, 미국은 서유럽이 계속 통합을 추진해도 경제적 측면 말고는 우려할 게 거의 없다고 확신했다. 유럽경제공동체에 속한 영국은 공동 시장을 나토의 유럽 경제 부문으로 확대하면서, 멀리 동쪽에 있는 나라에 서유럽 모형의 매력을 높여 주었다.

유럽에서 서독의 역할이 확대된 것은 국내 정치에서도 의제가 되었다. 1965년 선거에서 사회민주당 당수 빌리 브란트는 동유럽 및 소련과 다리를 건설하는 정책을 주장했다. 유럽에서 군사적 긴장을 한층 더 줄이고 독일 통일로 나아가는 교섭을 하기 위한 정책이었다. 1966년 브란트가 기독민주당과 사회민주당의 대연정에서 외무장관이 됐을 때, 그는 이 정책의 일부를 실행할 수 있었다. 서베를린 시장 시절 반공주의자 자격을 입증한 브란트는 독일 통일에 관해 대화를 남발하기보다 지속적인 경제성장과 복지 혜택 증대를 전반적으로 우선시한 서독인 사이에서, 정치적 반발을 일으키지 않은 채 동방에 손을 내밀 수 있음을 느꼈다. 1967년 브란트는 사회민주당원에게 어려운 일이 될 것이라고 말했다. 거대한 도약보다 작은 발걸음을 통한 진전이 될 터였다. 그리고 서독의 새로운 '동방정책(Ostpolitik)'은 "유럽의 평화 정착을 지향하는 서방의 정책"에 의존했다.[16]

1969년 서독 선거에서 빌리 브란트가 정부 수반인 연방 총리가 되었다. 1930년 이후 처음으로 독일에서 사회민주당원이 권력을 잡았고, 브란트는 이 기회를 활용해 국내를 개혁하는 동시에 동방과 긴장을 완화하기로 결심했다. 그의 '동방정책'은 측근 보좌진과 대화하면서 점진적으로 발전했다. 브란트와 베를린에서 함께 일한 뒤 동방과 접촉하는 데 앞장선 인물 에곤 바르Egon Bahr는 '관계 회복을 통한 변화(wandel durch annäherung)'를 이야기했다. 이는 브란트의 정책을 간명히 요약하는 표현이 되었다. 동유럽과 서유럽 각국 정부가 조심스레 신뢰를 구축하면 군비가 축소되고, 무역, 여행, 문화 접촉이 증대하며, 마침내 독일이 통일되고 유럽의 냉전 분할선이 완전히 제거될 것이었다. 브란트를 비판하는 좌파와 우파가 즐겨 지적하는 것처럼 혁명적인 조치에는 미치지 못했다. 하지만 이는 유럽이 불과 몇 년 전에 기대할 수 있었던 것보다 훨씬 큰 성과였다.

브란트는 동베를린으로 가는 길이 모스크바를 통해야 한다는 것을 알았다. 1970년 브레즈네프와 협상하면서, 브란트는 소련과 무역 및 경제 협력을 증대하고 조약을 체결하겠다고 약속했다. 폴란드와 독일의 새로운 국경과 동독과 서독의 국경을 포함해 전후 유럽의 국경을 침범할 수 없다는 데 양쪽이 합의하는 조약이었다. 브레즈네프는 아주 흡족했다. 서독과 체결한 조약은 독일의 영토 탈환 정책에 대한 공포를 줄이고, 더욱 중요하게는 어느 시점이 되어 중립국 독일이 유럽에서 냉전의 균형을 소련에 유리하게 기울일 수 있음을 의미했기 때문이다. 소련 지도자는 반공주의자인 브란트가 음흉한 목적, 즉 동유럽과 소련의 유대를 느슨히 만드는 목적을 서서히 추구한다고 우려하는 보좌진에게 발끈했다. 브란트가 조약에 서명하기 전에 브레즈네프에게 다음과 같은 기록을 건넸을 때도 서기장은 이의를 제기하지 않았다. "본 합의는 자유로운 자기결정으로, 통일을 회복하기 위해 유럽에서 평화의 조건을 형성하려고 노력한다는 독일연방공화국의 정책 목표에 위배되지 않습니다."[17] 브레즈네프는 그건 그냥 하는 말이라고 주장했다. 독일이 소련에 필요한 것보다 훨씬 더 소련이 독일에 필요하다는 것이었다

새로 취임한 닉슨 행정부가 소련과 긴장을 완화하기 위해 새롭게 노력을 기울이지 않았더라면, 브란트의 정책은 나토의 맥락에서 적극적인 배반 행위로 보였을 수도 있다. 사정이 그렇다 보니, 연방

총리는 프랑스가 개시하고 뒤이어 미국이 나선 기획을 기반으로 행동한다고 주장할 수 있었다. 그렇다 하더라도 브란트의 행동을 둘러싸고 유럽의 다른 나라와 워싱턴은 상당히 경계했다. 문제는 브란트가 당장 하는 행동이 아니라, 그의 궁극적 목표가 무엇인가 하는 데 있었다. 독일사회민주당은 통일을 위해 소련과 대타협을 이루려고 하는 걸까? 만약 그렇다면, 나토 동맹의 미래가 위태로울 수 있었다. 하지만 브란트는 제2차 세계대전에서 조국에 대항해 싸운 친미 유럽인이라는 신임장을 활용해, 이런 의구심을 완전히 걷어내지는 못하더라도 그 효과를 줄일 정도로 현명한 인간이었다.

브란트는 모스크바 조약에 이어, 1970년에 폴란드와 별도의 조약을 맺었다. 여기서 독일연방공화국은 폴란드의 서부 국경을 수용한다고 다시 언급하면서 양국 정부가 계속 평화적으로 협력할 것을 약속했다. 이 협상에서 가장 중요한 측면은 브란트가 1970년 12월 바르샤바를 방문한 것이었다. 1943년 바르샤바 유대인 게토에서 독일 점령에 맞서 벌어진 봉기 기념관을 찾겠다고 고집한 브란트는 레지스탕스 투사들을 기리는 화환을 바쳤다. 그러고는 텔레비전 카메라가 운집한 가운데 눈이 녹아 진창이 된 바닥에 무릎을 꿇고 한동안 조용히 묵념했다. 폴란드인을 비롯해 동유럽에서 이 장면을 지켜본 이들에게, 그것은 독일이 전시에 벌인 잔학행위에 가담한 적이 없는 새로운 세대의 한 사람이 이끄는 새로운 독일 정부가 평화를 원한다는 것을 보여 주는 강력한 상징이었다. 동방 사람들에게 독일에 관한 새로운 인식을 창조하는 데서 그 어떤 조약보다 앞서는 행동이었다.

543

이 모든 일이 벌어지는 동안 독일민주공화국은 신경을 곤두세우고 지켜보았다. 서독이 대결을 완화하는 정책을 펴는 것을 환영하기는 했지만, 브란트가 엄청난 인기를 누리고 동독인 사이에서도 매력을 발휘하는 것이 우려스러웠다. 또한 브란트가 동독을 무시한 채 모스크바나 바르샤바와 직접 대화하는 것을 우려했다. 그들이 볼 때 '동방정책'의 업적은 스탈린 시대 말기에 모스크바에서 동독이 추구하는 목표를 논의한 것과 약간 비슷했다. 동독은 브란트가 앞서 동독을 외교적으로 완전히 인정하지 않으면 그를 만날 수 없다고 선언했다. 하지만 1972년 발터 울브리히트와 동독 지도부는 모스크바가 불쾌해하는 것을 피하고, 또한 국내에서 입지가 훼손되는 것을 막기 위해서라도 브란트와 협상할 수밖에 없음을 깨달았다.

주로 서독 쪽의 에곤 바르가 진행한 이런 협상의 결과물은 1972년 12월 양국이 체결한 기본협정(Basic Agreement)이었다. 동독이 볼 때, "기본"이라는 용어는 동독이 해야 하는 최소한의 행동을 담고 있음을 의미했다. 브란트가 볼 때, 이는 서독과 동독의 화해가 첫 번째 걸음을 내디뎠다는 신호였다. 양국은 상대방의 영토 관할권과 국제 문제에서 상호 독립성을 존중한다는 조약을 맺었다. 또한 과학과 체육에서 체신과 통신에 이르기까지 광범위한 문제에서 협력할 것을 서약했다. 조약의 진정한 의미는 설령 아직 완전히 서로를 인정하지 않는다 하더라도 25년 만에 처음으로 두 독일 국가가 서로 직접 대화한다는 사실이었다. 1970년대 두 나라 사이에 몇 차례 협정이 추가로 이루어지면서 냉전 초기의 절대적 대결로 돌아갈 가능성이 희박해졌다.

그러므로 브란트는 유럽에 다리를 놓으려는 시도에서 상당히 성공한 듯 보였다. 물론 1970년대 초반 전반적인 데탕트 정신이 없었더라면, 그런 성과의 반도 이루지 못했을 것이지만 말이다. 독일 총리를 깎아내리는 사람 가운데, 브란트가 동방에 너무 많이 퍼 주며 인권과 표현의 자유를 옹호하지 않는다고 주장하는 이도 있었다. 빌리 브란트와 그의 후임자들이 동독 당국과 협상하는 동안, 서베를린으로 넘어가려던 48명이 총에 맞았고, 1만 1000명이 공산주의 체제에 반대하는 발언을 했다는 이유로 수감되었다. 비판자들은 화해가 어떤 변화를 낳았느냐고 물었다. 어쩌면 실질적인 변화는 서독에서 나타났을지도 모른다. 소수 극단적 좌파 테러리스트 단체가 비밀리에 동독의 지원을 받아 서독의 통치를 어렵게 만드는 건 아닐까?

　　브란트의 대답은 동유럽 정부와 실질적으로 대화하면서 정부를 전복하라고 적극적이고 공공연히 그 나라 사람들을 부추길 수는 없다는 것이었다. 유럽에서 냉전의 분단을 무너뜨리는 데는 시간이 필요하다고 연방 총리는 주장했다. 그 사이에 중요한 것은 전쟁을 피하고 인적 접촉을 확대하는 것이었다. 브란트는 1973년 마침내 서독과 동독이 유엔에 동시 가입하는 자리에서, 유럽에 필요한 것은 "일상적인 평화 상태"라고 주장했다. 양국은 군사 예산을 대규모로 감축해야 했다. "만약 우리가 적대적 체제 사이의 신뢰 부재로 생겨난 엄청난 낭비를, 신뢰를 구축해 줄인다면 역사적 선례가 될 것입니다. … 냉전이 끝날 때는 … 승자도 패자도 없을 것입니다. 사실 평화를 이루고자 한다면 누군가 승자가 되고 누군가를 패자로 만들려고 하는 게 아니라, 이성과 절제가 승리하도록 노력해야 합니다."[18]

545

20세기에 겪은 경험에 바탕을 두고 더욱 평화로운 유럽을 이루려는 브란트의 전망은 의심할 나위 없이, 유럽의 긴장완화가 낳은 가장 위대한 업적인 유럽안보협력회의(Conference on Security and Cooperation in Europe, CSCE)가 열리는 데도 이바지했다. 1950년대 소련은 강대국 세력권을 대체할 전 유럽 차원의 안보기구를 만든다는 계획에 일찍이 착수했다. 유럽의 미래를 논의하면서 "비유럽" 강대국 미국을 배제하려는 다소 노골적인 시도였다. 서유럽은 이를 간파하고 즉각 거부했다. 그러나 1960년대 말 소련이 제안한 대화는 서유럽과 동유럽 모두 환영했다. 워싱턴과 모스크바에서 초강대국 사이의 긴장을 완화하려는 새로운 시도가 나오면서, 유럽 지도자들은 자신들을 배제하고 결정이 이루어지는 사태를 피하려고 열심이었다. 브란트의 '동방정책' 덕분에 동유럽에서 독일에 대한 공포가 줄어든 상태였다. 그리고 다소 기묘하지만, 체코슬로바키아 침공을 계기로 많은 이가 유럽 분할을 극복하려면 소련과 대화하는 것 말고 달리 대안이 없다고 확신했다.

유럽안보협력회의는 나토와 바르샤바조약기구의 지속적인 존재에 굳게 뿌리를 두었다. '동방정책'과 유럽안보협력회의 체계에 회의론이 일었지만, 미국에서 새로 취임한 리처드 닉슨 행정부는 현명하게도 유럽 동맹국이 대안을 탐색할 수 있게 해 주었다. 소련이 마지못해 받아들인 한 가지 분명한 조건은 미국을 대화에 포함한다는 것이었다. 또 다른 조건은 절차와 태도를 나토가 정기적으로 협의한다는 것이었다. 서유럽 지도자들은 이런 틀을 받아들이는 데 아무 문제가 없었다. 동방에서 무엇을 얻을 수 있는지를 탐색하는 데 열심이었지만, 그중 누구도 서방 동맹 내부에 곤란한 문제가 너무 많이 생기는 것을 원하지 않았다.

유럽안보협력회의로 가는 과정에서 가장 놀라운 요소는 동유럽 각국 정부가 능동적 태도를 보인 것이다. 동구권에서 소수파에 속하는 루마니아가 독자적인 안을 내놓은 것은 전혀 놀랄 일이 아니었다. 하지만 1968년 프라하를 공동으로 침공하면서 소련에 충성을 보인 폴란드와 헝가리가 유럽 냉전의 분할을 점진적으로 해체하는 독자적인 안을 제시하는 데 열의를 보인 것은 깜짝 놀랄 만했다. 서방과 마찬가지로, 동방도 바르샤바조약기구를 비롯한 공산권 대화의 장에서 협의하면서 대화에 임했다. 하지만 1970년대 초에 소련이 대화를 일방적으로 중단하라고 한다면 동유럽은 상당한 정치적 대가를 치러야 할 것임이 분명했다.

1973년 소련은 진퇴양난에 빠졌다. 소련은 원래 협상 과정을 주로 미국을 겨냥한 선전 무기로 활용하고자 했다. 하지만 미국과 대화가 깊어지고 유럽에서 대륙 차원의 안보에 갖는 기대가 널리 퍼짐에 따라, 계속 참여를 이어 나가는 것 말고 달리 선택의 여지가 없었다. 서유럽의 많은 작은 나라에 이어 프랑스도 군사적으로 신뢰를 구축하고 경제 협력을 하는 것뿐만 아니라, 인권과 언론의 자유에 관한 문제도 협상의 일부로 삼아야 한다고 고집했다. 소련이 모두의 예상을 깨고 인권 문제를 포함하는 데 동의해, 이는 협상 과정의 "3바스켓(Basket Ⅲ)"*이 되었다. 브레즈네프는 '3바스켓'과 관련한 대화를,

---

*   '인권'에 관한 일괄 합의 목표. 1바스켓은 '정치, 안보', 2바스켓은 '경제, 환경'이다.

다른 쟁점들에서 진척을 이루기 위해 치러야 하는 작은 대가로 여겼다. 국가보안위원회도 서기장이 얼마나 합의하고자 하는지를 알았기 때문에 다음과 같이 결론지었다. "3바스켓은 우리가 해석하기 나름이다. … 이는 당과 국가안보 기구의 현실적인 조치가 될 것이다. 3바스켓 때문에 누구도 다른 나라의 내부 문제에 개입할 가능성이 생기지는 않는다. 국내 입법에 대한 언급이 많이 있기 때문이다."[19]

1975년 중반 유럽안보협력회의 헬싱키선언 조인은 유럽 데탕트의 중대한 시점이었다. 이는 브레즈네프의 정치 경력이 최고점으로 치달은 순간이었다. 35개국이 '참가국 간 관계를 인도하는 원칙에 관한 선언'에 합의했다. 이 원칙에 동등한 주권, 국경 침범 불가, 국내 문제 불간섭 등이 담겨 있었다. 모두 소련이 국가 창건 이후 늘 주장한 제안이었다. 최종의정서에 개인의 권리에 관한 핵심 구절도 포함되었다.

> 조인국들은 인종·성별·언어·종교 등의 구분 없이 모든 사람의 사상과 양심, 종교와 신념의 자유를 비롯해서 인권과 기본 자유를 존중할 것이다. 또한 개인의 고유한 존엄에서 생겨나며, 개인의 자유롭고 완전한 발전에 필수인 시민적·정치적·경제적·사회적·문화적인 권리와 그 밖의 모든 권리 및 자유의 실질적인 행사를 장려하고 증진할 것이다. … 참가국들은 인권과 기본 자유의 보편적 중요성을 인정하며, 이를 존중하는 것이 평화·정의·안녕에, 모든 국가의 친선 관계와 협력이 발전하는 데 필수 요소임을 확인한다. … 참가국들은 이 영역에서 개인이 권리와 의무를 알고 그에 따라 행동할 권리를 확인한다.[20]

브레즈네프는 이것은 말일 뿐이며, 크게 중요하지 않다고 말했다. 하지만 냉전의 측면에서 헬싱키선언은 1975년 당시 누구도 내다보지 못한 훨씬 큰 영향을 미친다.

유럽인이 냉전의 유산을 관리하느라 분투하는 동안 제3세계 기획은 한층 더 분열되었다. 자유와 새로운 기회를 향한 열망이 탈식민지의 가혹한 현실 때문에 누그러지면서, 반식민 투쟁 와중에 발전한 연대와 초국적 남남南南협력 개념이 대다수 지역에서 과거로 물러났다. 1960년대 중반 정치 상황이 180도로 바뀐 뒤, 대다수 탈식민지 정부는 네루나 은크루마, 수카르노 등이 폭넓게 협력하거나 결집하리라고 기대한 것과 반대로, 자국의 이익과 독자적인 경제 발전 계획을 우선시했다. 아프리카, 아시아, 라틴아메리카의 나라는 여전히 냉전의 속박과 유럽의 지배에 맞서 협력할 수 있었다. 하지만 이런 협력은 이제 제한적인 구상일 뿐이었고, 주로 각국의 전략적·경제적 이익을 바탕으로 삼았다.

1964년 유엔무역개발협의회(United Nations Conference on Trade and Development, UNCTAD)의 첫 번째 회의에서 비유럽 77개국은 무역과 관련해 계속 협의할 것을 약속했다. 3년 뒤 알제리에서 열린 77그룹(Group of 77)의 첫 번째 회의에서 새 기구는 알제헌장을 발표했다. 더 공정한 원료 가격, 세계 무역에서 정치적·법적 주권 원칙 수용, 더욱 공개적이고 공평한 세계 시장 등을 요구하는 선언이었다. 알제헌장에 "국제 경제 관계의 추세가 낳은 결과로, 개발도상국의 10억 명이 넘는 사람의 운명이 계속 악화한다"라는 내용이 담겼다.

전 세계 개발도상국의 경제성장률이 서서히 저하되며, 부유한 세계와 벌어진 격차는 확대된다. … 국제사회는 이런 불공정한 추세를 바로잡고, 모든 나라가 경제적·사회적 안녕을 누리며, 각자 자원을 개발해 국민이 빈곤과 공포에서 벗어난 삶을 영위할 수 있게 하는 조건을 창출할 의무가 있다. 상호 의존이 높아지는 세계에서 평화와 진보, 자유는 모두의 것이며, 분리할 수 없다. 따라서 개발도상국의 발전은 선진국에도 이득이 될 것이다.[21]

서유럽 각국 정부는 유럽에서 냉전의 긴장을 완화한다는 소망과 안정된 경제 발전을 바라는 아프리카, 아시아, 라틴아메리카의 희망이 연결된다는 사실을 간파했다. 한 가지 중요한 점은 세계 냉전을 복잡하게 만들 수 있는 혁명적 격변을 피하는 것이었다. 특히 빌리 브란트나 스웨덴의 올로프 팔메Olof Palme 같은 유럽 사회민주당원 사이에서 중요한 점은 정치·경제 체계와 무관히, 세계 발전이 상호 연결되어 있음을 간파한 77그룹의 견해가 옳다는 것이었다. 1973년 유엔 연설에서 브란트는 정확히 이런 차원을 강조하면서, 동서 충돌을 북남 충돌로 대체한다면 서방, 특히 유럽에 큰 이득이 되지 않을 것이라고 역설했다.

1970년대 초 77그룹 및 거기에 협력하는 기구는 유엔을 통해 공정한 세계 경제를 추구할 수 있는 계획을 고안했다. 1974년 유엔 총회에서 다수결로 채택된, 다소 거창한 이름의 신국제경제질서(New International Economic Order, NIEO)는 자원 기업연합을 국가가 관리함으로써 천연자원 채취를 통제할 수 있는 국가의 권리를 요구했다. 또한 초국적기업 규제, 북에서 남으로 기술 이전, 무역특혜, 채무 탕감 등을 원했다. 신국제경제질서 헌장은 전체적으로 탄자니아 대통령 줄리어스 니에레레가 말한, 이른바 "빈국들의 무역연합"을 창설하는 것을 목표로 삼았다. 다른 이는 이를 다소 매정하면서도 아마 더 정확히 "국가 사이의 사회주의"라고 일컬었다. 예측할 수 있듯이, 미국은 이 요구를 거부했고, 유엔 주재 대사는 이 결의안을 "다수의 폭정"을 대변하는 "강압 수단"이라고 비난했다.[22]

신국제경제질서를 위한 요구는 실제로 어느 정도 긍정적인 효과를 발휘했다. 브란트를 비롯한 다른 이들에게 압박을 받은 유럽경제공동체는 아프리카 및 카리브해의 예전 유럽 식민지와 일련의 협정을 체결했다. 토고의 수도 이름을 딴 이른바 로메협정은 유럽경제공동체에 면세품 수출을 허용하고 원조와 투자로 36억 달러(오늘날의 가치로 거의 135억 달러에 해당)를 제공하게 했다. 하지만 전반적으로 직접적인 결과는 긍정적이지 않았다. 약화된 제3세계 연합은 경제적 요구에 초점을 맞춤으로써 자체 분열했다. 싱가포르처럼 급성장하는 자국 산업을 위해 값싼 원료를 수입하는 데 의존하는 나라는 잠비아처럼 원료 가격이 상승하는 데 의지하는 나라와 공통점을 찾기 힘들었다. 석유 수출국은 자국의 이익이 저렴한 석유에 의존하는 나라와 자주 충돌한다는 것을 발견했다. 그리하여 1970년대는 전 지구에서 정치적 역할만이 아니라 경제적 역할도 극적으로 변화하는 시대가 되었고, 이는 냉전을 수행하는 방식에 지속적으로 상당한 영향을 미쳤다.

베이징의 닉슨

15 · NIXON IN BEIJING

닉슨이 베이징에 도착했다.

미국 역사에서 처음으로 중국을 방문한 대통령이었다.

소련과 여전히 무기 제한을 협상하는 중이고,

베트남전쟁도 끝이 보이지 않는 가운데,

대통령은 대외정책에서 성과가 필요했다.

그는 중국 방문을 그 성과로 만들기로

결심했다.

1960년대는 유럽을 뒤바꿀 변화가 시작되었지만, 1970년대는 아시아와 함께 세계도 점차 변모하는 일이 진행되었다. 중국은 문화대혁명을 치르느라 잠시 이탈했지만, 아시아의 다른 나라는 미국이 지배하는 자본주의적 세계 체계에서 경제 도약을 준비했다. 일본이 그 최전선에 있었다. 1960년대에 일본 경제는 연간 11퍼센트 성장했는데, 본질적으로 이미 경제 선진국인 지역에서 일찍이 본 적이 없는 빠른 속도였다. 1960년대 말부터 아시아 다른 나라도 일본과 함께 급속한 성장을 이루면서 수출주도 경제 원칙의 몇몇 측면을 따라했다. 한국, 타이완, 싱가포르는 가난하고 자원 없는 나라에서 10년 만에 경제적으로 역동적인 국가로 변신했다. 통합된 제조업 기업, 정부의 길잡이 역할, 근면하고 교육수준이 높은 노동력 등에 힘입은 바가 컸다.

급속히 성장하는 동아시아 경제의 "작은 호랑이"가 모두 미국과 정치적으로 밀접한 동맹국이었다는 사실은 전혀 놀랍지 않다. 일본과 마찬가지로, 워싱턴과 냉전 동맹을 맺는 것은 미국을 비롯한 서방 시장에 특혜로 접근하는 것을 의미했다. 또한 동아시아의 권위주의 정부가 미국 조언자의 도움과 군사 지원을 받아, 자국에서 벌어지는 반란에 맞서 방어할 수 있음을 의미했다. 미국과 맺은 연계 가운데 어느 것도 그 자체로 동아시아의 경제성장을 창출하는 데 충분하지 않았을 것이다. 이런 성장은 주로 국내 요인으로 생겨났다. 미국이 벌이는 베트남전쟁이, 아시아의 다른 지역에서 자본주의 산업화가 성공적으로 진행되는 데 필요한 시간을 벌어 주었다는 주장도 사실이 아니다. 결과적으로도 그렇지만 실행 과정에서도 둘은 서로 무관한 현상이었다. 인도차이나 전쟁으로 생겨난 상품 수요가 실제로 이 지역 다른 나라의 경제를 자극하기는 했지만 말이다. 전반적으로 볼 때, 냉전은 수출주도 성장이 경제구조를 급속히 변화하게 하는 더 확실한 경로로 만드는 데 이바지했고, 한층 더 큰 규모로 세계 경제 통합을 만들어 냈다.

1970년대 많은 미국인은 서유럽의 부흥과 아시아 지역의 급속한 성장이 미국에서 일자리와 소득의 상실을 의미한다는 것을 점차 두려워했다. 그리고 상대적으로 미국 경제의 지배력은 줄어들었다. 1945년 미국은 세계 경제에서 꼬박 3분의 1의 비중을 차지했다. 그런데 1970년에 그 수치는 4분의 1 이하로 계속 떨어졌다. 이는 놀랄 일이 아니었다. 제2차 세계대전 직후 주요 경쟁자는 폐허 그 자체였지만, 한 세대 뒤 이 나라들은 재건되었고 따라서 더 효과적으로 경쟁할 수 있었다. 미국의 정책 결정권자들을 정말로 우려하게 만든 것은 낮은 국내 성장률과 높은 정부 지출, 특히 방위 지출이 결합되었다는 사실이다. 1970년 일본 경제는 10.7퍼센트 성장했고, 서독은 2.6퍼센트였다. 미국 경제는 겨우 0.5퍼센트 성장했다. 경쟁자들은 생산성에서도 전반적으로 미국을 따라잡았다.

1971년 미국 정부는 자국의 경제 이익을 지키는 행동을 했다. 달러를 금으로 교환하는 고정환율을 돌연 중단함으로써, 사실 다른 화폐에 대한 미국 달러의 가치를 평가절하하면서 미국의 수출업체와 기업을 도왔다. 이로써 미국은 다른 대다수 화폐를 고정환율로 달러에 연동한 브레턴우즈체제를 의도적으로 파괴했다. 1945년 이후 처음으로 미국 지도자들은 세계 경제체계를 보전하고 통합하는 것보다 미국의 손익에 주목했다. 물론 미국의 역대 행정부가 그 체계를 옹호한 것은 무엇보다 미국 경제에 도움이 되었기 때문이라고 주장할 수 있다. 1970년대 초 이제 상황이 달라진 듯 보였다. 바야흐로 세계 경제는 새로운 격변의 시대에 접어들었다.

브레턴우즈의 붕괴는 냉전에 큰 영향을 미쳤다. 1940년대 말 이후 세계 경제는 구조 측면에서 꽤 안정적이었다. 물론 규모나 이윤에서 몇 차례 변동이 있기는 했다. 하지만 자본주의 경제가 미국 달러에 의존하면서 점차 더욱 통합되었다는 의미에서 안정적이었다. 느리긴 했지만, 세계 경제는 서유럽과 일본의 회복을 촉진했다. 또한 원료 가격을 끌어내리면서 선진 산업국에 우위를 안겨 주었다. 따라서 세계 자본주의 체계의 보호와 팽창은 냉전에서 미국이 추구하는 핵심 목표였지만, 이는 미국 우선주의라기보다는 패권으로서 미국의 역할에 집중한 것이었다. 미국 기업의 수익성이나 심지어 미국의 해외 지출에 대한 우려보다, 미국의 정책을 몰아붙인 것은 자본주의의 성공이었다.

이 모든 상황은 1968~1982년 또는 그 무렵의 "긴 1970년대"에 바뀌었다. 인도차이나 전쟁에서 미국이 실패하자, 미국은 정치적·군사적으로 약하다는 인식이 생겨났다. 또한 자국의 경제적 이익을 떠받치기 위해 일방적으로 행동을 함으로써, 미국은 지배적이라기보다 이기적인 국가로 보였다. 이런 인식은 전반적으로 진실이 아니었겠지만, 당시 미국 안팎에서 널리 확산했다. 하지만 인식보다 중요한 것은 경제적·기술적 변화로 생겨난 새로운 현실이었다. 브레턴우즈의 붕괴와 변동환율은 전 지구적인 개조의 원인이 아니라 징후였다. 자본주의 서방에서 국가 중심, 관세 위주, 자본 통제가 지배하던 전후 세계가 국제무역 및 국제금융에 자리를 내주었다. 1960년대 중반부터 1980년대까지 세계 무역이 3배 늘어났는데, 효과적인 운송 형태와 본국 바깥에서 보유한 다량의 통화, 특히 미국 달러의 역할이 컸다. 해외 투자도 극적으로 증가했는데, 통신의 발전으로 투자자가 더 많은 정보를 얻으면서 신뢰가 증대된 것도 한 요인이었다. 1970년대에 자본주의가 세계화하면서 누구도 예측하지 못한 결과가 일어났다. 시간이 흐르면서 미국은 이른바 "세계화"의 최대 수혜자가 될 터였다. 이는 이 과정이 시작될 때는 상상하기 힘든 일이었다. 특히 자국이 뒷걸음친다고 느끼는 미국인은 더더욱 상상할 수 없었다.

사회적으로 심대한 격변이 있은 후 1968년 치러진 미국 선거는 같은 해 프랑스에서 치러진 선거와 마찬가지로 보수적인 결과를 안겨 주었다. 민권 지도자 마틴 루서 킹과 존 케네디의 동생이자 민주당의 유력 대선 후보 지명자인 로버트 F. 케네디가 선거를 코앞에 두고 암살당했다. 8년간 아이젠하워의 부통령으로 일한 공화당 후보 리처드 닉슨이 치열한 3자 경쟁에서 당선되었다. 닉슨은 1912년 우드로 윌슨 이후 일반투표에서 가장 낮은 득표율을 기록했다. 그는 선거운동을 하면서 변화와 격동, 해외에서 벌어지는 전쟁을 두려워하는 "침묵하는 다수"에게 호소했다. "밤이면 경보 소리가 들립니다." 그가 전당대회에서 말했다. "우리는 미국인이 머나먼 외국의 전쟁터에서 죽는 모습을 봅니다. 미국인이 국내에서 서로 증오하고, 싸우고, 죽이는 모습을 봅니다." 닉슨은 미국에서 안정을 이루고 베트남에서는 "명예로운 평화"를 이루겠다고 약속했다. 닉슨의 지지자는 "절대다수의 미국인, 잊힌 미국인-고함을 지르거나 시위하지 않는 미국인-입니다. 그 사람들은 인종주의자도 아니고 병자도 아닙니다. … 그들은 이 땅을 괴롭히는 범죄를 저지르지 않았습니다."[1]

닉슨을 아는 사람은 그를 흔히 옹졸하고 불안정한 인물로 보았지만, 1969년 그는 엄청난 정치 경험을 쌓은 상태였다. 미국의 미래에 휩싸인 절망감은 그를, 장벽을 기꺼이 무너뜨리고자 하는 창의적인 대외정책 입안자로 만들었다. 닉슨은 냉전에서 치열히 싸워 승리하고자 했다. 하지만 최근 대통령 가운데 닉슨만이 미국을 국제체계에 속한 다수의 나라 가운데 하나라고 보았다. 적어도 지금은 가장 강한 나라였다. 하지만 닉슨은 미국 국민, 특히 젊은이가 초강대국의 지위에 앞으로 따라붙을 대가를 치를 의지가 있다고 믿지 않았다. 그는 국내에서 단합이 부족한 데다 강력하고 목적의식으로 똘똘 뭉친 도전자가 부상해 미국의 지배권을 무너뜨릴지도 모를 미래를 걱정했

15 베이징의 닉슨

다. 그가 추구한 긴장완화는 그날을 뒤로 미루고 불확실한 미래를 예측할 수 있게, 따라서 미국을 덜 위험하게 만드는 것이었다.

닉슨은 보수적 '냉전 전사'의 대명사였다. 선거운동을 하면서 그는 위대한 미국을 복원하겠다고 약속했고, 국내 소수 인종에 대한 편견을 부추겼으며, 외국인이 미국을 뜯어먹으려 한다는 인식을 내놓았다. 하지만 닉슨은 선거운동을 하면서 남발한 강한 어조를 포기한 채 통치해야 한다는 것을 알았다. 신임 대통령은 존슨 시절에 시행한 국내 사회 개혁을 대부분 유지했고, 일부는 확대하기도 했다. 국제적으로는 대통령 취임 초기부터 미국이 과거보다 낮은 비용으로 지배권을 유지할 수 있도록 세계 체제를 개조하고자 했다. 그리고 이를 위해 소련 지도자들과 나란히 앉아 어떤 형태로든 냉전의 임시 휴전을 협상해야 한다는 것을 알았다.

닉슨은 국가안보보좌관인 하버드대학교 교수 헨리 키신저에게 처음 내린 지시에서 대외정책의 모든 행동을 연계해야 한다고 강조했다. 신임 대통령의 최우선 과제는 인도차이나 전쟁에서 발을 빼는 것이었다. 하지만 그 목표에 이르는 길은 하노이와 평화 교섭을 하는 것이 아니라, 모스크바와 베이징을 통하는 데 있다고 생각했다. 이미 대통령이 되기 전부터 닉슨은 중국과 미국 사이의 긴장을 어떤 형태로든 완화하는 방안을 모색했다. 1967년 영향력 있는 잡지 《포린어페어스》에 기고한 글에서, 그는 인도차이나를 제외하면 미국의 관점에서 아시아는 위대한 성공담이라고 주장했다. 아시아에는 탄탄한 경제성장을 달리면서 급속히 근대화하는 나라가 있었다. 조만간 중국도 다른 나라의 대열에 합류할 것이었다. "우리는 중국을 국가들의 가족에서 영원히 배제할 수 없다. … 이 작은 지구에 유능한 잠재력을 갖춘 10억 명이 고립된 채 분노하며 살 자리는 없다."[2] 만약 중국이 대화를 원한다면 닉슨은 언제라도 귀를 기울일 준비가 되어 있었다.

아시아의 나머지 나라, 또는 적어도 동아시아의 몇몇 나라에 관한 닉슨의 판단은 옳았다. 아시아에서 전쟁의 여파를 극복하는 데 유럽보다 시간이 더 오래 걸렸다. 하지만 닉슨이 당선될 무렵이면, 한국, 타이완, 홍콩, 싱가포르는 국내 중심 시장 경제로 국민의 삶이 변모했다. 당시는 이런 변화의 중요한 의미를 제대로 볼 수 없었다. 베트남전쟁 때문에 다른 나라의 발전이 대부분 가려졌기 때문이다. 적어도 처음 국면에서는 몇몇 큰 나라의 경우, 이런 변화에 거의 영향을 받지 않았다. 중국은 그들 자신의 선택으로 변화를 거부했고, 다른 나라는 빈곤 때문에 발전할 수 없었다. 하지만 아시아의 '작은 호랑이'가 자본주의 세계 경제에 참여하면서, 특히 동아시아가 세계 경제에서 갖는 중요성의 측면에서 큰 그림이 바뀌었다. 그리고 냉전의 제약과 빈틈이 없었더라면 어떤 변화도 이루어지지 않았을 것이다.

일본은 이런 많은 발전의 선구자였다. 다른 나라의 시장 경제가 일본 경험을 그대로 복제하지는 않았지만, 어쨌든 일본은 하나의 본보기를 제시했다. 미국이 1951년 일본 점령을 끝냈을 때, 아시아나 다른 지역의 누구도 이 섬나라 앞에 펼쳐질 빛나는 경제적 미래를 예측하지 못했다. 연간 성장 속도는 더뎠고, 우파와 좌파가 정치적으로 교착해 통치 자체가 어려웠다. 하지만 두 일이 벌어져서 미래를 바꾼다. 일본 우파가 내분을 중단하면서, 전쟁을 지지한 보수파와 전쟁을 재앙으로 본 소수가 같은 당에 합류했다. 다소 어울리지 않는 이름의 자유민주당은 좌파를 물리치고 정치 패권을 쥐었는데, 이는 35년간 지속된다. 새 정부의 산업 정책은 생산성 증대(어느 정도 노동조합의 힘을 억제함으로써), 투자와 생산, 해외 수출을 지도하는 국가의 강한 역할을 강조했다.

일본이 장기 경제성장을 강조하는 안정된 정부를 얻은 것과 동시에 민간 부문에서 팽창의 몇몇 토대가 결합되었다. 한국전쟁 시기에 미국의 수요로 일본 산업에서 몇몇 부문의 수익성이 크게 올랐다. 정부의 지도를 받은 대기업, 즉 재벌은 이윤을 합리화하고 신기술에 투자했다. 한편 일본 좌파가 득세할 것을 우려한 아이젠하워 행정부는 미국만이 아니라 서유럽과 동남아시아로 일본 수출의 길을 열어주었다. 전시에 적국이던 일본이 생산하는 값싼 수입품 시장을 개방한다는 사실을 달가워할 나라는 거의 없다. 하지만 미국은 전략적 이해관계가 단기적 무역균형 문제보다 중요하다고 말하면서, 시장 개방을 강요하다시피 했다. 1960년 미국 국가안전보장회의 지침에 따르면, 미국의 대일본 정책은 "일본의 생활수준을 향상하고, 저발전 국가가 발전하는 데 자본을 더 많이 제공하며, 자유세계의 힘에 더 크게 이바지하는 탄탄하고 건전하며, 자립적이고 팽창하는 경제"를 장려했다.[3]

1960년은 일본의 미래를 결정한 해였다. 미일안전보장조약을 갱신할 시기가 다가오자, 일본 좌파는 약해지는 세력을 결집해 의회에서 조약을 무효화하려 했다. 조약의 미래를 둘러싸고 의회에서 충돌이 벌어지자, 자유민주당이 자신의 이익을 유린했다고 느낀 노동조합원, 학생, 정부 공무원 등이 항의 시위를 벌였다. 이러한 위기는 가두 폭력 사태로 이어졌고, 아이젠하워 대통령의 방문 계획도 취소되었다. 시위는 정부를 무너뜨리지 못했고 미일안전보장조약의 갱신도 막지 못했지만, 자민당 고위층은 1960년의 위기를 겪으면서 일본의 재산업화를 사회적으로 더욱 포용할 수 있게 해야 한다는 것을 절감했다. 당은 기시 노부스케 총리를 끌어내렸다. 좌파에 맺힌 해묵은 원한을 갚는 데 너무도 열중한 인물이었다. 자민당 신정부는 모두를 위한 복지가 경제 정책의 목표라고 주장하면서 모든 국민의 개인 소득을 10년 안에 2배로 높여 주겠다고 약속했다.

일본 경제가 두 자릿수로 성장하면서 소득이 2배 증가하는 데는 고작 7년이 걸렸다. 1960년대와 1970년대 일본은 산업 세계의 환자에서 앞장서서 달리는 경제 강국으로 변신했다. 무역 체제 자유화와 정부 신용 및 수출 지도, 탄탄히 결합한 기업에 힘입은 일본은 국제 시장에 진출할 수 있었고, 1970년 순식간에 세계 경제 2위 국가이자 기술과 생산성에서 세계 선도국이 되었다. 1960년 샤를 드골은 프랑스를 방문한 일본 총리에게 "트랜지스터 외판원"이라고 멸시한 바 있었다. 그로부터 20년 뒤 일본의 경제 규모는 프랑스의 2배가 되었고, 생산성은 무려 25퍼센트 높았다.[4]

서방의 많은 이에게 일본은 여전히 아시아의 저발전 법칙을 입증하는 예외적 나라였다. 존슨 대통령이 미국 지상군을 베트남으로 파병한다는 운명적 결정을 내리는 1960년대 중반에도, 아시아의 다른 나라는 북아메리카와 서유럽, 심지어 중동과 아프리카의 자원 부국에도 계속 뒤처질 것이라는 게 공통된 견해였다. 아시아 나라는 인구가 너무 많고, 자원은 부족하며, 정치가 대단히 후진적이라고 미국 전문가는 주장했다. 어떻게 보면 이런 이유 때문에 이들 나라가 공산주의 침략의 주요 표적이 되어 미국이 방어해야 했다. 아시아는 냉전이 팽창하는 지역이었지만, 이는 그 중요성 때문이 아니라 취약함 때문이었다.

이런 견해를 가진 이들은 한국이나 타이완, 또는 도시국가인 홍콩이나 싱가포르에 대해 충분히 연구하지 않은 셈이다. 1954년 한국은 동아시아에서 가장 가난한 나라로, 나라 전체에서 전선이 몇 차례 오르락내리락한 전쟁을 3년간 치르면서 폐허가 된 상태였다. 모든 국민이 대재앙에 영향을 받았다. 1인당 국내총생산은 가나나 케냐보다 낮았고, 개선될 여지가 전혀 보이지 않았다. 하지만 1960년대에 상황이 바뀌었고, 1970년대와 1980년대에 대규모 경제 팽창을 이룰 기틀이 마련되었다. 중국 본토에서 밀려난 망명자들이 통치하는 자투리국가인 타이완도 마찬가지였다. 이들 나라의 이야기는 국가 주도 발전, 수출 중심 성장, 국내의 높은 저축률 등에서 일본과 비슷한 면이 있다. 하지만 구별되는 다른 측면도 있었는데, 거의 무에서 시작된 교육체계 구축을 강조한 것이 그것이다. 사회보장 사업과 복지의 중요성은 경제가 팽창하는 시점부터 강조되었고, 군부 지도자들이 철권으로 다스리는 "개발 독재"의 통치도 그러했다.

한국과 타이완은 둘 다 냉전의 최전선에 자리한 국가였다. 미국은 양국에 대규모로 원조했다. 1946~1978년에 한국은 거의 아프리카 전체를 합친 것만큼 많은 원조를 미국에서 받았다.[5] 미국과 일본

시장에 쉽게 접근할 수 있는 것도 그만큼 중요했다. 1970년 한국 수출의 4분의 3이 미국이나 일본으로 향했다.[6] 냉전 중반기는 분명 다른 방식으로는 얻지 못했을 두 가지 경제 기회를 한국에 제공했다. 또한 도전도 제기했다. 상당한 군사 원조를 포함한 미국의 원조를 받은 덕분에 독재가 그대로 유지된 면도 있다. 가장 중요한 점은 한국과 타이완이 주어진 기회를 붙잡고 예상치 못한 이점을 활용했다는 것이다.

싱가포르와 홍콩에 대해서도 한층 더 높은 정도로 똑같이 말할 수 있다. 영국제국이 쇠퇴하면서 전략적 중요성을 상실한, 사랑받지 못하는 두 도시(누군가는 더러운 도시라고 할 것이다)는 냉전 덕분에 부활했다. 홍콩은 중국을 감시하는 초소가 되어 냉전이 끝날 때까지 영국의 통치를 받았다. 미국과 기밀정보를 공유하려는 것도 이유였다. 싱가포르는 처음에 마지못해 말레이시아 연방의 일원이었다가, 말레이시아에서 쫓겨난 1964년부터 독립 도시국가가 되었다. 지도자 리콴유李光耀는 영국이 떠나며 싱가포르 주권 국가가 탄생한 때부터 오직 미국의 존재만이 신생 국가를 구해 줄 수 있다고 믿었다. "공산주의자가 아니면서 미국이 동남아시아에서 손을 떼는 것을 원하는 사람은 바보"라고 리콴유는 인도 총리 인디라 간디Indira Gandhi에게 말했다.[7] 리콴유는 중국계이면서도 중국의 지배를 두려워했다.

싱가포르가 냉전에서 차지하는 최소한의 상징적인 중요성은 노동 조직가 출신의 리콴유가 젊은 시절 크게 영향을 받은 제3세계 연대의 이상과 단절하고, 시장 주도의 국내 발전으로 나아갔다는 점이다. 싱가포르는 독립 당시에 몹시 가난한 나라였다. 인구 말고는 자원이 하나도 없었다. 이 지역에서 미국의 존재는 리콴유에게 안보와 경제 기회를 함께 제공했다. 1970년대 초 리콴유는 원료 가격 인상이나 정치적 비동맹 같은 제3세계의 요구에 더는 관심이 없었다. 그는 오로지 세계 시장을 포용함으로써만 싱가포르가 부유해지고 권력을 공고히 할 수 있다고 판단했다.

동아시아의 다른 나라가 미국이 주도하는 세계 체계에서 성장을 경험하는 동안, 마오쩌둥의 중화인민공화국은 마르크스주의의 정치적 올바름을 극한까지 탐구하고 있었다. 비록 10년 전 대약진운동 같은 경제 재앙은 아니지만, 문화대혁명 때문에 중국은 주변 세계에서 더욱 고립되었다. 또한 국내에서도 순식간에 문제가 발생했다. 학생들은 새된 소리를 지르며 "사령부를 포격하라"라는 마오쩌둥의 지시를 수행하고, 고위 공산당원은 거리에서 질질 끌려 다니거나 범죄자로 낙인찍혀 벌을 받는 동안, 나라는 점점 통치할 수 없는 상태에 빠져들었다. 주요 직원이 정치 재교육을 받으러 먼 곳으로 끌려가면서 철도나 전화 같은 핵심 기능이 점점 망가지는 가운데, 주석은 중국이 외국의 공격에 맞서 싸울 대비가 되어 있는지 걱정했다. 1969년 문화대혁명의 많은 광적인 측면-공개 고문, 하루 종일 열리는 정치 집회, 끊임없이 구호 외치기-이 중단되었다. 주로 군대를 동원해 홍위병을 저지한 덕분이었다. 노동수용소와 재교육 현장은 그대로 남았는데, 이제는 문화대혁명이 시작됐을 때 주석의 열렬한 지지자였던 이들이 가끔 수용되었다. 마오쩌둥주의 테러가 여전히 횡행하기는 했지만, 중국의 정치 풍경은 점차 바뀌었다.

마오쩌둥이 마음을 바꾼 이유는 냉전을 바라보는 견해가 바뀌었기 때문이다. 1965년 마오쩌둥이 가장 관심을 기울인 해외 문제는 미국의 베트남 개입이었다. 미국의 관여가 더욱 확대될 것임을 예상했으면서도, 마오쩌둥은 그 규모에 깜짝 놀랐다. 그는 한반도처럼 중국이 직접 지원하지 않으면 북베트남이 승리할 가망이 없다고 보았다. 그리고 문화대혁명의 혼돈이 한창인 상황에 다시 지구에서 가장 강한 나라와 전쟁에 휘말리는 것이 꺼려졌다. 하지만 한반도의 사례에서 스탈린이 그러했듯이, 주석도 미국을 인도차이나라는 수렁에 빠뜨리는 것이 나쁠 게 없다고 보았다. 뗏 공세가 실패한 직후인 1968년 하노이 당국이 존슨 행정부와 임시 회담에 동의했을 때, 중국 총리 저우언라이는 그들이 대의를 훼손하고 스스로 입지를 위험에 빠뜨린다고 호통을 쳤다. "척추가 골절되거나 손가락 대여섯 개가 부러지기 전에는 [미국은] 패배를 받아들이지 않을 테고, 철수하는 일은 없을 겁니다." 저우언라이가 북베트남의 협상 책임자인 쑤언투이Xuân Thủy에게 한 말이다. 심지어 저우언라이는 하노이 당국이 양보함으로써, 마틴 루서 킹이 살해되고 미국의 주식시장이 상승했다(중국이 보기에는 아주 나쁜 일이었다)고 비난했다.[8] 이제 베이징 당국이 최후의 베트남인이 죽을 때까지 전쟁을 계속하고 싶어 한다고 확신한 레주언은 점차 다른 후원국인 소련의 지원을 받기 위해 고개를 돌렸다.

다른 많은 문제에서도 그러했듯이, 마오쩌둥의 행동은 본인이 가장 두려워한 결과를 초래했다. 1968년 말 그의 관심은 오로지 소련이 중국에 가하는 위협에만 쏠렸다. 그가 볼 때 소련은 떠오르는 초강대국이지만, 미국은 쇠퇴하는 초강대국이었다. 바야흐로 두 나라는 중국을 포위하고 있었다. 중국은 포위에서 벗어나야 했다. 모스크바에 중국이 상대의 군사력을 두려워하지 않음을 보여 주려 한 마오쩌둥은 중국 군인에게 중소국경 분쟁 지역을 순찰하라고 했다. 이에 대한 소련의 대응은 1969년 베이징에서 전쟁의 공포를 일으켰다.

그해 여름 소련의 핵 공격을 우려한 마오쩌둥은 문화대혁명 기간에 가축우리 같은 집으로 보낸 옛 군대 동지 4명을 데려와, 중국의 국제적 선택지에 관해 아무 제약도 없는 비밀 보고서를 작성하라고 했다. '전쟁 상황에 관한 예비 평가'라는 제목이 붙은 보고서는 마오쩌둥의 세계관을 확인하면서 신중히 시작되었다. 두 초강대국이 중국을 싫어하는 것은 공산주의가 성공하고 문화대혁명으로 성과를 얻었기 때문이라는 것이다. 지금 상황에서 소련이 미국보다 중국에 더 위험했다. 지금 당장 일어나지는 않을지라도 소련과 벌일 전쟁이 다가오고 있었다. 미국은 중국과 소련 두 나라가 싸우는 것을 좋아할 것이었다. "'산꼭대기에 앉아 호랑이 두 마리가 싸우는 걸 지켜보면서', 그들은 중국과 소련 둘 다 약해지는 모습을 볼 것이다."

나이가 든 네 원수는 상황이 급박하다고 강조했다. 그들은 현 상황을 1937년 일본이 공격하기 직전의 중국과 비교했다. 소련과 미국은 얼마간 이해관계를 공유했지만, 두 나라의 충돌은 "현실적이고 구체적인" 것이었다. 그리고 베트남전쟁에 집착하는 닉슨은 "중국을 실질적 위협보다 '잠재적 위협'으로 본다."[9] 천이와 녜룽전聶榮臻을 비롯한 원수들은 현명하게도 결론을 내리는 일은 마오쩌둥에게 맡겼다. 하지만 중국이 소련과 싸우기 위해서는 미국과 충돌을 줄여야 할 것이라는 함의는 분명했다.

　　워싱턴에서 리처드 닉슨은 지체 없이 중국에 대한 새로운 구상을 진행했다. 1969년 봄 중국과 소련의 국경 충돌에 깜짝 놀라고 이 충돌이 핵전쟁으로 이어질 수도 있음을 우려한 닉슨은 미국의 상황에서 엄청난 기회가 될 수도 있다고 보았다. 여름에 그는 외교관들에게 미국이 베이징과 대화할 의지가 있다는 신호를 보내라고 지시했다. 또한 그는 인민공화국에 대한 무역 및 여행 제한을 완화했다. 인도차이나 전쟁에서 발을 빼고 중국과 관계를 개선하려는 목적으로, 닉슨은 남베트남 대통령 응우옌반티에우Nguyên Văn Thiêu에게 향후에도 미국은 아시아에서 반공 정부를 계속 지원할 테지만, 자국 병력으로 개입해서 도와주지는 않을 것이라고 말했다. 그러고는 세계 곳곳을 정신없이 돌면서 파키스탄과 -미국 대통령으로서 처음- 공산주의 루마니아의 지도자를 만났다. 닉슨은 두 곳 지도자에게 아주 직접적으로 베이징과 대화하고 싶다고 말하면서, 이러한 내용을 마오쩌둥과 저우언라이에게 전달해 달라고 요청했다.

　　중국과 소련의 긴장이 새로 고조되는 가을, 중국이 닉슨에 응답하기 전에 닉슨은 중국에 손을 내미는 행동의 장기적 함의를 생각했다. 항상 국내 정치를 주시한 대통령은 중국에 대한 소련의 위협 덕분에 미국 국민이 온건한 대중국 정책을 쉽게 받아들일 것임을 깨달았다. 그리고 국가안전보장회의에서 그는 장기적으로 미국을 위협할 수 있는 나라가 있다면 그것은 소련일 뿐이라고 말했다. 따라서 닉슨은 안보팀에게 물었다. "중국을 약화하면 세계가 안전해질지, 아니면

569

중국을 계속 강하게 유지해야 할지 충분히 생각해야 합니다."[10] 미국 대통령으로서 가히 혁명적인 사고였는데, 국내에서 보수적 정책을 펼친 리처드 닉슨만이 이룰 수 있는 계획이 담겨 있었다.

1969년 전쟁의 공포가 누그러진 뒤, 중국 지도자들은 닉슨의 접근을 공개적으로 환영하는 것을 자제했다. 마오쩌둥은 다시 국내 문제와 문화대혁명의 소요에 관심을 기울였다. 베이징 당국은 닉슨이 함정을 놓은 것은 아닌지, 그리고 닉슨의 중국 정책이 실제 노리는 목표가 단지 베트남전쟁에서 좀 더 수월히 승리하려는 것은 아닌지 우려했다. 1970년 닉슨은 주로 북베트남의 남부 보급선을 끊기 위해 캄보디아와 라오스를 공격했는데, 이는 이런 마오쩌둥의 걱정을 확인해 주는 듯 보였다. 마오쩌둥은 닉슨의 "파시스트적 침략"을 비난하면서 망명한 캄보디아의 국왕 시아누크를 베이징에 초청하는 데 동의했다. 따라서 비록 미래를 위해 새로운 토대가 닦였다는 것은 분명할지라도, 처음은 중미 관계에서 구체적인 성과가 전혀 없었다.

닉슨 대통령으로서는 어떻게 보면 운이 좋게도 중국 구상이 실제로 펼쳐지는 데 어느 정도 시간이 걸렸다. 어쨌든 그가 전 지구적 긴장을 완화하기 위해 주요 표적으로 삼은 것은 중국이 아니라 소련이었다. 그리고 소련은 예전에 소련이 후원하던 중국에 미국이 집적거리는 것을 경계한다는 뜻을 닉슨에게 노골적으로 드러낸 바 있었다. 노련한 미국 주재 소련대사 아나톨리 도브리닌은 모스크바가 엄중한 경고를 담아 보낸 서신을 대통령에게 전달했다. "만약 미국에서 누군가 소련을 희생해 가면서, 중소 관계에서 이득을 보려는 유혹에 넘어가고, 그런 징후를 조금이라도 보인다면, 우리는 그런 행동이 매우 심각한 계산 착오로 이어질 수 있고, 미국과 소련의 관계를 개선한다는 목표에 전혀 맞지 않는다는 점을 미리 솔직히 경고하고 싶습니다."[1] 닉슨은 소련과 중국이 미국의 호감을 사려고 서로 경쟁하기를 기대했다. 하지만 동시에 중국 카드를 만지작거리다가 더 중요한 게임, 즉 소련과 하는 게임을 망치는 일이 없게 조심해야 했다.

닉슨은 적어도 가까운 장래에 소련과 미국의 관계에서 안정된 균형을 찾고자 했다. 그가 추구한 목표는 전쟁 위험을 줄이고, 시간이 흐르면서 미국이 창조한 국제체계에 들어오도록 모스크바를 구슬리는 것이었다. 닉슨이 볼 때, 소련은 혁명을 지나온 국가로, 이데올로기보다는 국가 이익이 더 중요했다. 소련이 미국의 세계 권력에 도전하지 않는 한, 대통령은 기꺼이 다른 초강대국으로 소련을 인정하고 동유럽에서 패권을 유지하게 내버려둘 것이었다. 소련의 러시아 지도부는 어쨌든 동료 유럽인이라는 게 닉슨의 결론이었다. 그들은 베트남을 포함한 제3세계의 온갖 급진주의자보다 대화하기에 더 쉬운 상대였다.

소련에 대한 닉슨의 긴장완화정책도 제대로 자리를 잡는 데 시간이 걸렸다. 브레즈네프는 미국과 소련의 관계가 안정화하기를 열망했지만, 여러 가지 충돌 지점이 걸림돌이 되었다. 브레즈네프는 소련이 평화를 얻는 대가로 미국에 굴종하는 지위를 수용할 수 없다고 고집했다. 소련은 전 지구적 차원의 세계 정치에서 계속 독자적인 태도를 정하는 한편, 쿠바와 중동을 비롯해서 국제적으로 사회주의를 방어하려 했다. 브레즈네프가 과거에 호소했듯이, 전략 핵미사일의 숫자를 제한하는 데 합의한다 하더라도 소련이 서두르지는 않을 것이었다. 모스크바의 지도자들은 상황이 유리하다고 믿었다. "우리는 시간을 벌었습니다." 브레즈네프가 동료에게 말했다. "미국은 … 우리를 밀어붙이려고 합니다. 이제 우리는 대화를 포기하지 않겠지만 대화를 밀어붙이지도 않을 겁니다."[12] 재선 선거운동이 다가오는 1971년 닉슨은 특히 핵 회담에 관해 조급해졌다. "제기랄, 어떤 합의든 하란 말이오." 그가 헨리 키신저에게 답답한 듯 말했다. "그까짓 거 별 차이 없다는 거 알잖아요. 어쨌든 합의하는 데 동의할 건데 말입니다."[13]

닉슨을 정치 경력 최대의 도박으로 내몬 것은 브레즈네프의 망설이는 태도였다. 1971년 4월, 마오쩌둥이 마침내 닉슨의 제안에 대응하기로 했다. 마오쩌둥은 파키스탄을 통해 베이징을 방문해서 중국 지도부와 직접 대화하자며 미국 대통령을 초청했다. 닉슨은 곧바로 수용하기로 했다. 베이징에 손을 내미는 것이 소련, 북베트남 양쪽에 필요한 압력을 가하는 셈이라고 판단했기 때문이다. 헨리 키신저의 설명에 따르면, "중국과 소련의 차이는 만약 우리가 느슨히 변화하는 태도를 보이다가 거둬들이면, 소련은 바로 호응을 하고 중국은 하지 않는다는 겁니다. … 소련은 사사건건 우리를 압박하는데, 그만큼 멍청한 거지요."[14]

닉슨은 국가안보보좌관의 협상 능력을 의심하긴 했지만, 키신저를 선발대원으로 베이징에 보내기로 했다. 준비 임무는 비밀이었는데, 닉슨은 키신저를 보내는 게 기밀 유지에 최선임을 알았다. 1971년 7월 8일, 키신저가 파키스탄 지도자들과 널리 홍보된 회담을 하러 그곳으로 날아갔다. 첫날 저녁 환영 연회가 끝난 뒤 키신저는 몸이 아픈 척했고, 대변인은 기자들에게 그가 하루 이틀 정도 이슬라마바드 외곽에서 휴식해야 한다고 말했다. 하지만 키신저는 휴식 대신 그날 밤 비밀리에 파키스탄 항공기를 타고 곧장 베이징으로 가서, 중국 총리 저우언라이의 환영을 받았다. 자신이 공산주의 중국을 방문한 최초의 미국 지도자라는 사실에 경외감을 느끼며 키신저는 준비한 문서를 읽어 내려갔다. 저우언라이가 그의 말을 가로막으면서 중국은 "공존과 평등과 친선"을 기대한다고 말했다. 하지만 그렇게 되기 위해서 미국은 "중화인민공화국을 중국의 유일한 합법적 정부로 인정하고 어떤 예외도 두지 않아야" 했다. "우리가 미국을 유일한 합법적 정부로 인정하고, 마지막 주인 하와이를 당신네 주권의 예외로 두거나, 더군다나 롱아일랜드를 예외로 하지 않는 것처럼 말입니다." 다시 말해, 미국과 타이완의 관계를 정리해야 했다.

키신저가 중국에서 돌아온 뒤인 7월 15일, 닉슨은 텔레비전 생방송에 나와 조만간 중화인민공화국을 방문할 계획이라고 밝혀서 세계를 경악하게 만들었다. 세계 평화라는 대의를 증진하는 게 그의 목표였다. 이 공개 선언은 베이징에서 반미주의를 기본 신념으로 삼고 자라난 이들에게 충격을 안겨 주었다. 하지만 이는 중국 체제가 문화대혁명으로 겪은 광적인 내분에서 저우언라이의 입지를 강화해 주었다. 여느 때처럼 저우언라이는 마오쩌둥의 바람을 실행하는 데 성공한 셈이었다. 마오쩌둥이 후계자로 지명한 린뱌오는 어느 정도 미국과 합의한 결과로 자신이 총애를 받지 못한다고 의심해, 비행기에 몸을 싣고 소련 국경을 향해 돌진하다가 몽골에서 추락해 사망했다. 1971년 9월 린뱌오의 변절과 죽음으로 혼돈이 퍼진 탓에 닉슨의 방문이 연기되었다. 류사오치의 경우처럼, 마오쩌둥은 린뱌오의 배신을 소련의 사회제국주의*와 연결했다. 마오쩌둥은 린뱌오가 "소련의 수정주의를 폭로하고 비판하려는 우리 당의 노력을 무시하고 소련 수정주의자들과 타협하려고 했다"라고 선언했다.[15] 미국과 접촉하는 과정에 도움을 준 루마니아의 차우셰스쿠가 중국이 때가 되면 모스크바와도 화해할 수 있겠냐고 묻자, 주석은 단호히 답했다. "우리는 어떤 화해도 하지 않을 테고, 만 년 동안이라도 우리는 독단적 행동을 이어 나갈 겁니다."[16]

1972년 2월 21일, 닉슨이 베이징에 도착했다. 미국 역사에서 처음으로 중국을 방문한 대통령이었다. 소련과 여전히 무기 제한을 협상하는 중이고, 베트남전쟁도 끝이 보이지 않는 가운데, 대통령은 대외정책에서 성과가 필요했다. 그는 중국 방문을 그 성과로 만들기로 결심했다. 마오쩌둥은 중증 폐렴에서 회복되는 중이라 몸이 성치 않아서 잠깐만 모습을 드러냈는데, 몸이 약하고 기력이 없다고 토로했다. 대통령이 "주석의 글은 한 민족을 움직이고 세계를 바꿔 놓았다"라고 극찬하자 마오쩌둥은 "세계를 바꿀 수는 없었다"라고 대답했다. "저는 그저 베이징 근처의 몇몇 곳만 바꿀 수 있었습니다." 마오쩌둥은 닉슨을 바라보면서 그가 마음에 든다고 말했다. "저는 우파를 좋아합니다. 우파 사람들이 권력을 잡을 때 비교적 만족하거든요. … 우리는 트루먼과 존슨 같은 대통령에는 만족하지 못했습니다."[17]

---

*   사회주의 이념을 내건 나라가 주권 평등 및 내정불간섭 등의 원칙을 무시하고, 무력 등으로 자국의 의사를 강요하는 것을 가리키는 표현.

마오쩌둥은 협상을 저우언라이에게 맡겼지만, 무슨 일이 벌어지는지 예의주시했다.

닉슨은 자기편으로 만들어야 하는 하원의원처럼 저우언라이를 대하면서 중국이 대통령인 자신과 직접 대화해야 한다고 강조했다. 미국의 다른 정치인은 중국과 합의하는 데 반대할 것이라는 말이었다. 오직 자신만이 합의를 이룰 수 있었다. 그렇게 하기 위해서는 자신의 일부 각료에게도 진행 상황을 비밀에 부쳐야 했다. 국무장관 윌리엄 로저스William Rogers도 그중 하나였는데, 닉슨은 국무부가 대통령에게 타격을 주려고 언론에 문서를 유출하고 있다고 의심했다. 저우언라이는 환심을 사려는 이런 예상치 못한 이야기에 귀를 기울이면서 별 말을 하지 않았다.

곧이어 대통령이 생각하기에 미국과 중국이 협력해야 하는 이유를 단도직입적으로 밝혔다. 소련이 세계 평화를 위협하고 있었다. "제가 볼 때, 미국만이 아니라 중국의 이익에서 보더라도, 미국이 … 유럽과 일본의 군사 시설, 그리고 물론 태평양의 해군력을 대략 현재 수준으로 유지하는 게 시급히 필요합니다. 저는 이 점에서 중국의 이익도 미국의 이익만큼 크다고 믿습니다." 대통령이 볼 때 이는 타이완이나 동아시아, 심지어 베트남전쟁의 문제가 아니라고 설명했다. 이것은 전 지구적 안정의 문제였다.[18]

마오쩌둥이 일거수일투족을 지켜보는 상황에서, 아무리 노련한 외교관 저우언라이라 하더라도 소련에 대한 비판을 제외하고 미국이 듣고자 하는 많은 이야기를 내놓는 게 어려웠다. 저우언라이는 인도차이나에 관해, 미국이 철수해야 하며, 중국은 북베트남과 베트남민

575

족해방전선, 캄보디아와 라오스의 공산주의자를 계속 지원할 것이라고 닉슨에게 말했다. 총리는 일본이 "평화롭고 독립적인 중립국"이 되어야 한다고도 말했다. 한반도는 내적 문제로 남북한이 알아서 결정해야 했다. 그리고 타이완은 미국이 장제스 정권과 군사 연계를 단절한 뒤 중화인민공화국에 "해방"될 것이었다. 저우언라이는 닉슨의 두 번째 임기 안에 이런 일이 이루어지기를 기대했다.

하지만 저우언라이는 많은 것을 내놓을 필요가 없었다. 닉슨은 나름의 이유로 중국과 미국의 관계에서 돌파구가 필요했다. 그는 미국 언론이 방중을 긍정적으로 보도하면 재선에 도움이 될 것이라고 기대했다. 또한 소련과 북베트남이 중국과 미국의 접촉에 관심을 기울여 워싱턴과 그들 나름의 합의를 추구하기를 기대했다. 방중의 최종 성명인 상하이코뮈니케Shanghai Communiqué는 처음에 중국과 미국 정부의 견해를 따로 제시했다. 뒤이어 양국이 계속 관계를 완전히 정상화하려고 노력하고, 무역과 기술 문제에서 협력할 것이라고 결론지었다. 타이완이라는 중대한 쟁점에서, 어느 쪽도 중미가 소통하는 데 타이완섬의 미래가 걸림돌이 되는 것을 원하지 않는다는 점을 분명히 했다.

> 미국은 타이완해협 양쪽에 있는 모든 중국인이, 하나의 중국만이 존재하며 타이완은 중국의 일부라고 주장하는 것을 인정한다. 미국 정부는 그런 태도에 이의를 제기하지 않는다. 또한 타이완 문제를 중국 자체로 평화 해결하는 것이 미국에도 이익임을 재확인한다. 이런 가능성을 염두에 두고 미국 정부는 타이완에서 미군과 군사 시설을 철

수하는 것이 궁극적 목적임을 확인한다. 그때까지 해당 지역의 긴장이 완화됨에 따라 미국은 타이완에 주둔한 군대와 군사 시설을 점진적으로 줄일 것이다.[19]

외교적 돌파구가 대개 그렇듯이, 어느 쪽도 원하는 것을 모두 얻지는 못했다. 하지만 미국의 이익을 위해 중국이 운신할 수 있는 전면적인 과정을 개시하는 것이 미국에 이익이 된다고 판단한 닉슨이 옳았다. 마오쩌둥은 소련에 맞서 안보를 강화하고 적어도 조만간 타이완을 수복할 수 있다는 기대를 얻었다. 하지만 주석은 미국이 궁극적으로 무엇을 노리는지는 여전히 당혹스러웠다. 그는 모스크바의 가짜 공산주의에 맞서는 자신의 혁명, "진정한" 공산주의 혁명을 닉슨이 왜 지지하는지 이해할 수 없었다. 1970년 마오쩌둥은 베트남 사람들에게 이렇게 말했다. "키신저는 악취를 풍기는 학자 … 외교에 관해서는 일자무식인 대학 교수입니다."[20] 그로부터 5년 뒤, 마오쩌둥은 키신저가 "우리 어깨를 밟고서 모스크바로 뛰어오른다"라고 비난했다.[21] 미국이 대단히 민감한 정보를 중국과 공유한 뒤에도, 제한된 협력이 이루어졌지만, 관계에 신뢰가 거의 없었다.

세계의 다른 지역, 특히 아시아의 다른 지역에서 중미 관계에 돌파구가 열린 것은 전략적 지진이나 마찬가지였다. 20여 년간 워싱턴은 일본, 한국, 동남아시아에, 중국 공산주의의 팽창 계획에 맞서 그 국가들을 보호하려고 미국이 아시아에 존재한다고 말해 왔다. 미국은 유럽과 다른 지역의 동맹국이나 중립국이 중화인민공화국을 인정하려고 할 때마다 항의한 바 있었다. 그런데 이제 미국 대통령이 베이징에 나타나 마오쩌둥, 저우언라이와 함께 미소를 지으며 인사했다. 1971년 닉슨이 텔레비전 연설을 하기 불과 몇 분 전에 그 사실을 통고받은 일본 총리 사토 에이사쿠佐藤榮作는 눈물을 흘렸다. "나는 미국이 요구하는 모든 문제에 충실히 응했는데, 그들은 실망을 안겨 주었다."[22]

1971년 "닉슨쇼크Nixon Shock"는 일본에서 심지어 집권 자민당에서도 일본의 미래를 놓고 대대적인 토론이 이어지게 했다. 일본이 벌이는 냉전의 전환점이었다. 닉슨이 브레턴우즈에서 이탈한 것은 상당 부분 일본의 상업 이익을 겨냥한 행동이었다. 워싱턴이 볼 때 일본은 미국의 보호로 너무도 많은 성과를 이룬 셈이었다. 그리고 닉슨이 중국에서 모험하면서 일본은 외교적으로 앞길이 막막해진 상태였다. 한편 자민당이 공산당·사회당·노동조합과 맞붙은 일본의 국내 냉전은 누그러졌다(그래도 분열은 극심했다). 불운한 사토에 이어 1972년 총리가 된 다나카 가쿠에이田中角榮는 곧바로 잃어버린 시간을 메우려고 직접 베이징을 방문했다. 중국과 일본은 완전한 외교 관계를 수립하고, 타이완을 중화인민공화국의 일부로 인정하며, 동아시아 지역에서 "패권"(소련을 가리킨다)에 공동으로 반대한다는 데 동의했다.

아시아의 다른 곳도 선례를 따랐다. 베이징의 움직임에 고무된 북베트남은 이제 닉슨이 진지하게 발을 빼려고 한다고 판단하면서, 1973년 1월 파리에서 미국과 강화 협상을 하는 데 동의했다. 파리협정은 워싱턴과 하노이가 일방적으로 삽입한 조항이 기묘히 뒤섞인 결과물로, 베트남의 통일과 남베트남의 주권을 동시에 확인하는 내용이었다. "17도선에 있는 두 지대의 군사분계선은 잠정적일 뿐이며,

정치적이거나 영토 경계선이 아니다." 하지만 협정에는 다음과 같은 문구도 있었다. "남베트남인의 자결권은 신성하고, 양도할 수 없으며, 모든 나라의 존중을 받을 것이다." 당연히 닉슨은 이렇게 날림으로 작성한 합의에 남베트남이 서명하게 하려고 남베트남 지도자의 팔을 비틀어야 했다. 베이징에서 마오쩌둥은 북베트남에 나라 전체를 정복하러 나서기 전에 최소한 6개월 동안 휴전해야 한다고 말했다. 하지만 중국과 베트남의 관계는 이미 자유낙하를 하고 있었다. 베트남이 공산당의 무력 통일을 앞둔 가운데, 베이징은 오랜 동맹국이 이제 소련과 손을 잡고 인도차이나 전체를 장악하려 한다고 의심했다.

리처드 닉슨이 중국과 관계를 트자 그에게 가장 중요한 측면에서 뚜렷한 성과가 있었다. 주적 미국과 데탕트를 이룰 기회를 놓칠 수도 있다는 사실에, 갑자기 두려움에 사로잡힌 레오니트 브레즈네프는 미국과 무기 제한을 협상해 합의로 밀어붙였다. 닉슨이 베이징 방문 3개월 뒤인 1972년 5월 모스크바에 도착했을 때, 1차 전략무기제한협정(SALT I)이 조인될 준비가 끝났다. 브레즈네프에게 이 정상회담은 정치인 경력에서 최고점이었다. 전략무기제한협정은 소련이 전략 핵전력에서 미국과 맞먹는 수준에 도달했으며, 따라서 군사적으로 동등해졌다고 가정했을 뿐만 아니라, 지난 20년간 소련이 국제관계에서 내놓은 핵심 개념 일부가 포함된 전체적인 문서를 미국 대통령이 기꺼이 받아들이기도 했다. 모스크바에서 조인된 '기본 원칙' 협정은 "핵시대에"로 시작되었다.

평화 공존을 바탕으로 [미-소가] 상호관계를 수행하는 것 외에 다른 579

대안은 존재하지 않는다. 미국과 소련이 이데올로기와 사회 체계에서 차이가 있기는 하지만, 양국이 주권과 평등, 내정불간섭과 상호 이익의 원칙을 바탕으로 정상적인 관계를 발전하게 하는 데 걸림돌이 되지는 않는다. … 양국은 항상 상호 관계에서 자제할 것이며, 평화 수단으로 교섭하고 차이를 해소할 준비가 되어 있다. 미해결 쟁점은 호혜와 상호 합의, 상호 이익의 정신에 따라 토론과 협상을 진행할 것이다. 양쪽은 직접적 또는 간접적으로 상대를 희생하면서 일방적인 이득을 얻으려는 시도가 이런 목적에 맞지 않음을 인정한다. 미국과 소련의 평화 관계를 유지하고 강화하기 위한 선결 조건은 평등의 원칙을 지키고 무력의 사용이나 위협을 포기함으로써, 양국의 안보 이익을 인정하는 것이다.[23]

이 협정은 냉전을 휴전하고 미국이 소련을 동등한 상대국으로 인정한다는 놀라운 선언이었다. 20세기 역사 전반에 유일무이함, 즉 결국 독보적 힘이라는 개념에 따라 대외정책을 구축한 나라에 이는 커다란 도약이었고, 시간이 흐르면서 국내에서 논란이 많이 일었다. 하지만 국제적으로 이 협정은 세계 많은 지역의 사람이 사상 최초로 협상과 상호 수렴으로 충돌을 해결할 수 있다고 생각하게 한 냉전의 한 순간의 출발점이었다. 이 특정한 시점에서 닉슨이나 키신저는 그렇게 생각하지 않았다는 사실은 아마 별로 중요하지 않을 것이다. 그들의 세계는 여전히 냉전에 자리 잡고 있었다. 하지만 다른 지역에서 일부 사람은 두 사람의 행동 덕분에 냉전을 넘어서 사고했다.

1970년대의 이와 같은 출발은 냉전의 두 세력권 전반에 인간과

정부 차원에서 상호 의존을 강조했다. 일부 지식인과 정치인은 인류가 동방과 서방 전체에서 공통된 많은 도전에 직면해 있다고 주장했다. 국가가 더욱 복잡해지는 탓에 각국이 점점 통치가 어려워졌다. 정보 흐름 자체가 많아졌기 때문에 공적 활동이든 사적 활동이든 이를 활용하는 게 어려웠다. 모든 산업사회에서 교육, 의료, 사회복지, 도시계획, 운송 등의 도전도 비슷했다. 그렇다면 동방과 서방이 시간이 흐르면서 점점 비슷해지고 이데올로기의 중요성이 줄어드는 것 아닐까? 케네디 행정부에서 일한 적이 있는 미국의 경제학자 존 케네스 갤브레이스John Kenneth Galbraith는 1966년 BBC 〈리스 강연(Reith Lectures)〉에서 이미 이런 상황을 예상했다.

> 언뜻 전혀 달라 보이는 두 산업 체계, 즉 사회주의라는 이름의 체계와 자본주의에서 생겨난 체계가 하나로 수렴되는 것은 사실입니다. 우리는 또한 그게 좋은 일이라고 생각해야 합니다. 아마 상상하는 것보다 이른 시간에 그렇게 될 텐데, 때가 되면 화해할 수 없는 차이에 기반을 둔 피할 수 없는 충돌이라는 관념 자체가 사라질 겁니다. … 미국에서 이데올로기적으로 그렇게 치켜세워지지 않는다면, 이미 한참 전에 군사 조달과 우주 탐험, 원자력 분야의 이른바 사적 조직과 공적 조직을 갈라놓는 구분선이 너무도 흐릿해져서 거의 알아보지 못할 정도일 겁니다.[24]

갤브레이스를 비롯한 많은 이가 과학과 기술이 중심이라는 공통된 인식 덕분에 정치적 신조가 다른 나라들이 더욱 가까워질 것이라고 주장했다. 무기 경쟁 또한 과학적 협력에 걸림돌이 되었다. 불신 때문에 공동 이득을 얻을 수 있는 기회가 차단되었다. 닉슨과 브레즈네프가 무기를 통제하는 방향으로 나아갔음에도, 많은 전문가는 이런 시도가 충분히 신속히 진행되지 않을 것이라고 보았다. 동방과 서방의 과학자가 정부의 (최소한 눈에 띄는) 간섭 없이 모인 퍼그워시회의(Pugwash Conferences)는 과학계 엘리트들이 세계 평화에 특별한 책임이 있다는 사고를 퍼뜨리는 데 이바지했다. 1969년 보고서에 따르면, 회의 참가자들은 "핵무기 비축 수준을 급격히 줄임으로써 억지력을 효과적으로 이룰 수 있다"라고 주장했다. "일반 대중은 현재 비축된 핵무기를 사용하는 전면 핵전쟁에서 귀결될 어마어마한 파괴를 전혀 이해하지 못한다. 과학자들은 이 점을 대중에게 교육하는 데 조력할 책임이 막중하다."[25]

1970년대에 미국과 소련이 비축한 핵무기의 양이 터무니없이 거대한 수준에 이르렀다는 퍼그워시 과학자들의 진단은 의심의 여지 없이 옳았다. 전략무기제한협정은 양쪽이 신뢰를 구축하는 데 중요하기는 했지만, 이 수준을 줄이는 데는 아무런 영향을 미치지 못했다. 양국이 바라는 바는 단지 핵무기의 추가를 감축하는 것이었다. 1960년대에 핵탄두 숫자가 대규모로 늘어났다. 이런 증가 대부분은 소련과 미국에서 이루어졌다. 다른 핵 강대국-영국, 프랑스, 중국-은 비축 핵무기가 훨씬 적었다. 소련은 앞서 나가는 미국을 따라잡으려고 노력했다. 1964년 미국은 전략 핵탄두가 소련보다 10배 많았다. 그로부터 10년 뒤 이런 우위가 줄긴 했지만, 미국은 여전히 핵탄두 수가 3배 많았고, 정밀성과 발사 역량도 훨씬 앞섰다. 하지만 양국의 핵무기 증강은 아찔한 수준이어서 1960년대에 전체 핵무기 수가 2배 넘게 늘어났다. 1975년에 이르면 핵무기 수효가 5만 개에 육박했다. 그중 일부는 6~10개의 각개 목표 설정 탄두(independently targetable warhead)로 구성된 무기였다. 전체 핵무기의 폭발력을 합하면 지구 땅덩어리 전체를 완전히 파괴하고도 남을 정도였다.

하지만 무기 경쟁의 왜곡된 논리는 지구에서 멈추지 않았다. 1957년 소련이 첫 번째 위성을 궤도에 쏘아올린 뒤, 우주도 냉전이 확대될 위험이 커졌다. 위성을 궤도 위치로 끌어올리는 데 사용되는 로켓은 두 초강대국의 대륙 간 핵미사일추진체와 거의 똑같았다. 양쪽 모두 이런 위성을 군사적으로 사용하면 무기 경쟁에서 자국의 입지가 커진다는 것을 알았다. 이런 위성은 금세 통신체계 및 미사일 유도방식만이 아니라 감시하는 데도 사용되었다. 양쪽의 일부 전문가는 공격용 무기를 우주에 배치해야 한다고 주장했다. 다행히도 정치 지도자들은 자제했다. 다가오는 긴장완화 시대를 알리는 첫 번째 징후는 1967년 유엔이 주관해, 우주 공간에 대량파괴무기를 상시 배치하는 것을 금지한 조약이었다.

1969년 미국이 달에 착륙한 뒤 닉슨과 브레즈네프는 우주탐사에서 협력하는 것이 양국에 함께 이익이 될 뿐만 아니라, 초강대국 사이의 관계에서 새로운 시대를 알리는 강력한 상징이 될 수 있음을 깨달았다. 양쪽의 과학자들이 재촉한 결과, 1972년 닉슨이 모스크바를 방문했을 때 두 지도자는 우주 연구에서 협력한다는 합의문에 서명했다. "정말 대단한 상상력이 담겨 있군요." 키신저가 대통령에게 자랑스레 떠벌렸다. 닉슨이 그답게 대꾸했다. "케네디도 그런, 그러니까 우주 문제는 어림도 없었을 거요." 그로부터 3년 뒤 우주 협력은 긴장완화의 가장 인상적인 장면 하나를 낳았다. 미국의 아폴로호가 소련의 소유즈호와 도킹해서 우주비행사들이 해치를 열고 악수를 나눈 것이다.

일부 냉전 회의론자가 사회 간 접촉, 과학 교류, 군축 등을 장려하는 데 몰두한 한편, 다른 이는 냉전을 개인에 대한 국가 통제의 연장으로 보면서 항의했다. 1960년대 청년 시위는 적어도 몇몇 주역이 보기에 1970년대에 일대 변모를 겪었다. 최소한 서방 세계에서 트로츠키주의나 마오쩌둥주의 같은 대안 이념에 대한 신념이 썰물처럼 가라앉았다. 그 대신 국가 감시와 국가 범죄에 대한 우려가 자리잡았다. 1968년 거리에서 마오쩌둥주의 구호를 연호한 프랑스 철학자 앙드레 글뤽스만André Glucksmann은 6년 뒤 스탈린의 범죄를 히틀러의 사례에 비유하는 책을 썼다. 《화로와 식인종: 국가, 마르크스주의, 강제수용소의 연관성에 관한 소론(The Stove and the Cannibal: An Essay on the Connections Between the State, Marxism, and the Concentration Camps)》이라는 책에서 그는 어떤 형태의 마르크스주의든 전체주의로 귀결한다고 주장했다. 미국에서도 한때 사회주의자였던 이들-조지타운대학교 교수 진 커크패트릭Jeane Kirkpatrick이나, 존슨의 '빈곤과 전쟁'의 설계자 가운데 한 명인 대니얼 패트릭 모이니핸Daniel Patrick Moynihan 같은 급진주의자-이 복지 제공보다 개인의 권리와 선택을 강조했다.

서방에서 새로 부활한 개인 자유에 대한 강조는 일부 소련과 동유럽에서 스탈린주의 사회를 비판하는 것과 연결되었다. 소련 노벨상 수상자 알렉산드르 솔제니친은 자국 정부가 저지른 범죄를 가장 용감히 조사한 인물로 두드러졌다. 그의 소설《이반 데니소비치의 하루》는 소련 노동수용소의 비인간적 현실을 폭로한 작품이다. 수백만 명이 아무런 이유도 없이 수용소에서 강제노동을 했다. 솔제니친에게 수용소 간수의 외침은 소련 자체의 상징이 되었다. "주목, 수감자들. 행진 대형을 철저히 지키도록. 옆 줄 맞추고. 잡담 금지. 시선은 앞으로 고정하고 양손은 등 뒤로. 한 발짝이라도 오른쪽이나 왼쪽으로 디디면 탈출 시도로 여기며, 호송대는 경고 없이 총살하라는 지시를 받았다."[26]

솔제니친은 1974년 소련에서 추방되었다. 다른 작가도 선례를 따랐다. 안드레이 아말리크Andrei Amalrik는 2년 뒤 해외로 떠날 수밖에 없었다. 그가 저지른 죄는 서방에서 출간된 에세이에서 조지 오웰의 악명 높은 1984년까지 살아남을 수 있는지 질문을 던진 것이었다. 통제와 억압에 그토록 의존하는 국가는 조만간 곤란에 부딪힐 것이라고 아말리크는 주장했다. 권위주의와 국제적 고립이 오래 지속될수록, "현실과 대결을 피할 수 없다면 그만큼 신속하고 결정적인 붕괴가 닥칠 것이다." 아말리크는 소련 안팎에서 "10년 전보다 지금의 상황이 더 좋기 때문에 앞으로 10년 뒤에는 훨씬 좋아질 것"이라고 말하는 이에 맞서, 러시아혁명이 이미 갈 데까지 갔고, 소련 인민에게 더는 내줄 것이 없다고 느꼈다.[27]

다른 냉전 비판자는 세계적인 차원에서 주장을 펼쳤다. 그들은 사회주의나 자본주의나 인류가 직면한 거대한 공통의 문제를 해결할 수 없으며, 이데올로기 경쟁은 문제 해결에서 관심을 분산할 뿐이라고 주장했다. 자본주의와 사회주의 두 형태의 산업 발전이 일으키는 환경 파괴, 많은 전문가가 기아와 소요를 부추긴다고 평가한 급속한 인구 증가, 탈식민지 국가의 극심한 빈곤을 두고, 서방의 많은 이는 냉전이 조만간 과거의 일이 될 것이라고 확신했다. 초강대국의 개입보다 자원 경쟁과 종족 갈등으로 촉발한 1967~1969년 나이지리아 내전은 유럽의 냉전 분열에 잠재한 그 어떤 충돌보다 더 현실적으로 보였다. 동방과 서방에서 전 세계에 방송된, 비아프라에서 굶주리는 아이들의 모습은 핵전쟁의 아마겟돈이라는 모호한 위협보다 인류 공동의 미래를 한층 더 생생히 위협하는 듯 보였다.

다른 위협이 중요해진다고 예측한 이에게도, 동방과 서방의 긴장완화는 긍정적인 단계로 두드러졌다. 1973년 미국 국민 70퍼센트 가까이가 미국과 소련이 평화를 위해 협력할 수 있다고 믿었다. 전략무기제한협정과 무역 및 기술 협력 같이 다른 분야에서 접촉하는 것을 지지하는 비율은 훨씬 더 높았다.[28] 서유럽의 각종 여론조사에 따르면, 많은 사람은 냉전이 영원히 끝났다고 생각했다. 서독인 가운데 소련이 자국에 실질적 위협이 된다고 생각하는 비율은 10퍼센트에 미치지 못했다. 흥미롭게도, 향후 50년 안에 어떤 나라가 가장 강력해질 것인지를 묻는 말에 미국보다 소련을 언급하는 응답자가 2배 넘게 많았다.[29] 이런 전망이 있었지만, 1950년대와 달리 사람들은 이제 공포에 사로잡히지 않는 듯했다.

적어도 처음에, 닉슨 대통령과 서독 총리 브란트 같은 서방의 주요 데탕트 주창자들이 점점 약점을 뚜렷이 보였음에도, 긴장완화를 향한 대중 지지가 급락하지는 않았다. 닉슨은 1972년 재선된 직후 법률 위반 문제로 대통령직을 수행하는 것 자체가 위험에 빠졌다. 워싱턴의 워터게이트 빌딩에 있는 민주당 경쟁자 본부에 침입한 사건을 수사하는 데 대통령이 간섭한 사실이 드러난 것이다. 백악관 관리들의 지시를 받고 절도 사건이 벌어진 것이었기 때문에, 닉슨이 증언을 해야 한다는 압박이 높아졌다. 닉슨은 탄핵을 당해 대통령에서 해임될 위험이 분명해지자, 1974년 8월 사임했다. 미국 대통령 가운데 최초이며, 그것도 명예롭지 못했다.

빌리 브란트 총리도 자신이 초래한 문제 때문에 심각한 위험에 빠졌다. 1972년 가을 그도 닉슨처럼 대중의 탄탄한 지지를 받으며 재선되었다. 하지만 브란트는 '동방정책' 구상을 계속해서 어떻게 끌고 나갈지 확신하지 못하는 듯 보였다. 그는 초강대국 주도라는 미국의 데탕트 구상에 너무 직접적으로 도전하고 싶지 않았고, 동서 협력을 위한 새로운 계획을 제시하기에 앞서 동방, 특히 동독에서 좀 더 긍정적인 변화를 이루고자 했다. 한편 그의 사생활은 점점 어지러워졌다. 술을 너무 많이 마셨고, 혼외 연애로 동료들이 걱정했는데, 설상가상으로 브란트 집무실의 핵심 관리 한 명이 동독 첩자임이 밝혀졌다. 협박을 받을까봐 두려워한 브란트는 1974년 5월 사임했다. 후임자 헬무트 슈미트Helmut Schmidt는 '동방정책'을 지지했지만, 동유럽과 소련이 장기적으로 서방의 양보에 호응할 의지가 있는지에 관해서는 확실한 회의론자였다.

닉슨의 후임자 제럴드 포드도 소련·중국과 관계를 확대한다는 견해가 확고했다. 헨리 키신저가 이제 국무장관을 맡아 대외정책 최고 책임자 역할을 계속했는데, 새로운 행정부에서 그의 입지는 점차 좁아졌다. 민주당이 의회를 장악하고 워터게이트사건 이후 많은 공화당원조차 닉슨이 확립하려 한 강한 행정부에 비판적 자세를 취하자, 백악관은 대외정책에서 기동할 여지가 제한되었다. 그럼에도 포드 행정부는 새로운 전략무기제한협정(SALT Ⅱ)의 기본 틀을 완성할 수 있었다. 미소 양국이 보유할 수 있는 전략핵무기의 숫자를, 각 미사일이 다탄두인 경우(MIRVs)도 포함해서 동등하고 분명히 제한하는 협정이었다. 이 합의는 또한 향후에 새로운 유형의 전략 무기를 배치하는 것도 막으려고 했다.

1974년 11월 포드 대통령은 2차 전략무기제한협정을 위한 기본 틀 합의문에 서명하려고 소련 태평양 연안에 있는 블라디보스토크로 갔다. 현지에서 교섭이 진행되는 동안, 양국 지도자는 때로 자국 군사 전문가의 조언을 무릅써 가면서 최대한 신속히 협상을 진척하려고 했다. 브레즈네프는 소련이 국내 발전에 전력을 기울일 수 있게 무기 경쟁을 해결하는 것이 목표라고 주장했다. "우리는 이 모든 무기에 수십억을 쏟아부었습니다. 인민의 이익을 위해 훨씬 더 잘 쓸 수 있는 수십억을요."³⁰ 브레즈네프가 포드에게 말했다. 하지만 소련 지도자는 소련이 실제로 미국에 뒤처지고 있는 것도 포함해, 모든 종류의 전략 무기에서 완전히 동등한 수준을 원했다. 그리하여 만약 브레즈네프가 민간용 예산 확대를 지키고자 한다면 완전한 전략적 동등성은 일종의 덫이 되었다. 소련이 허위로 주장한, 그리고 미국이 대체로 붉은군대가 이미 도달했다고 믿은 무기 수준에 도달하기 위해 소련은 점점 더 많은 돈을 써야 했다.

1970년대 중반 데탕트 주창자들은 10년 전만 해도 도저히 예측할 수 없던 방식으로 많은 성과를 이루었다. 몇몇이 이야기하듯, 이렇게 높은 수준의 신뢰를 구축할 만한 시기가 무르익었다고 말하기는 너무 쉽다. 긴장완화 과정은 무계획적이고, 일부 중요한 쟁점은 모순적이었지만, 1975년에 그 수준까지 끌어올리는 데는 정말로 용기가 필요했다. 노년의 브레즈네프는 이를 필생의 작업으로 삼았고, 데탕트로 평화를 지킬 수 있다고 믿었다. 그와 동료들은 마르크스주의적인 시각에서 세계 자본주의가 구조적 위기에 접어들었고, 따라서 소련이 국제문제에서 우위에 선 것이 아닌지 의심했는데도 말이다. 중국 지도자들도 비록 긴장완화 과정에서 얻은 안보를 국내에서 한층 사악한 목적으로 활용하고자 했지만, 그래도 과거와 용감히 단절한 공로를 인정받아 마땅하다. 하지만 이 모든 것을 가능케 만든 것은 바로 리처드 닉슨이다. 닉슨은 기본적으로 국민을 불신했기 때문에, 냉전 역사에서 처음으로 미국의 세계 패권이 영원히 지속되지는 않을 것이라고 가정해 상대를 다룸으로써, 미국 대외정책의 경로를 바꿔 놓았다.

15 베이징의 닉슨

인 도 의   냉 전

16 · THE COLD WAR IN INDIA

탈식민지 세계의 여러 지역이 혼돈에

빠져 허우적거리는 상황에서,

인도를 다른 나라의 본보기로 내세우는 것은

비교적 쉬워 보였지만,

네루가 국내외에서 추구하는 목표를 이루게

하는 정책을 밀어붙이는 것은

쉽지 않았다.

닉슨의 국가안보보좌관인 헨리 키신저가 종종 주장한 것과 달리, 세계 냉전에서 예측할 수 없는 요소(wild card)는 중국이 아니었다. 마오쩌둥의 중국은 너무 이데올로기에 치중하고 국내 문제에만 관심을 기울였기 때문에 그런 역할을 하지 못했다. 냉전에서 예상할 수 없는 요인이 존재했다면 그것은 바로 인도였다. 당시 이 민주주의 국가의 인구는 4억이 넘었는데, 1947년 영국에서 독립해 대체로 영국식 정부 체계를 채택했다. 자와할랄 네루와 그의 국민회의파가 이끄는 새 인도 지도부는 비동맹, 반식민, 사회주의 국가를 자처했다. 중앙집권적 계획이라는 소련의 발상에 상당한 영감을 받은 네루는 세력권 개념에 격렬히 반대했다. 그는 하나의 국제체계로서 냉전이라는 발상에 치를 떨었다. 네루가 볼 때, 냉전은 본질적으로 유럽이 주로 집착하는 문제였고, 세계 대다수가 직면한 현실 문제, 즉 저발전, 기아, 식민 억압 등의 문제에서 다른 데로 관심을 돌리는 작용을 했다.

귀족 네루에게 사회주의는 무엇보다도 가장 넓은 의미의 사회적 지원과 평등의 문제였다. 네루는 해로스쿨과 케임브리지대학교에서 교육받는 동안 영국 좌파 전통에서 많은 영감을 받았는데, 인도 초대 총리는 "기질적으로 그리고 교육을 받아 개인주의자인 동시에 지적으로 사회주의자"를 자처했다. "나는 사회주의가 개인성을 절멸하거나 억누르지 않기를 희망한다. 실제로 내가 사회주의에 끌리는 것은 경제적·문화적 속박에서 수많은 개인을 해방할 것이기 때문이다."[1] 1956년 제2차 5개년계획이 시작되기 전해에 통과된 경제 정책에 관한 국민회의당의 결의안에 따르면, "국가의 목표는 복지국가와 사회주의 경제"였다. "이는 소득을 상당히 증대하고 상품과 서비스와 고용의 양을 한층 늘림으로써만 이룩할 수 있다. 따라서 경제 정책은 부와 공평한 분배를 목표로 삼아야 한다."[2]

네루와 국민회의당 지도부가 추구하는 종류의 발전을 이루려면, 제3세계 연대와 국가 주권, 행동의 자유가 필수였다. 따라서 새로운 인도는 여러 면에서 국내외적으로 냉전에 반대한다는 태도를 분명히 밝혔다. 인도는 1955년 반둥회의를 개최하는 데 중심이 된 국가였고, 1961년 비동맹운동의 창립 회원국이 되었다. 대외정책에서 인도는 포용적인 국제기구, 그중에서도 특히 유엔의 역할을 강조했다. 유럽이나 초강대국의 긴장완화가 시작되기 한참 전에, 네루는 하나의 국제체계로서 냉전이 인도의 이익과 인도가 대표한다고 자부하는 가치를 훼손한다고 믿었다. 외국 지도자들은 이따금 네루의 도덕주의적 훈계와 인도를 선례로 내세우는 태도에 싫증을 냈다. 하지만 인도는 아시아의 본보기로서나, 네루가 인도를 냉전의 해독제로 내세운 방식을 통해서나, 그들이 인정해야 하는 강대국이었다.

탈식민지 세계의 여러 지역이 혼돈에 빠져 허우적거리는 상황에서, 인도를 다른 나라의 본보기로 내세우는 것은 비교적 쉬워 보였지만, 네루가 국내외에서 추구하는 목표를 이루게 하는 정책을 밀어붙이는 것은 쉽지 않았다. 네루 시절에 국민회의당은 여전히 앞서 인도가 채택한 영국식 제도를 고수했다. 최소한 5년마다 1번씩 1인 1표 선거를 치르는 것도 그중 하나였다. 일부 인도인은 80퍼센트가 넘는 인구가 문맹인 나라에서, 그런 제도는 행정적으로 비효율적이고 정치적으로 무의미하다고 주장했다. 인도공산당은 네루가 특히 카스트 제도로 농촌에 깊이 뿌리내린 사회 억압을 근절하거나, 도시에서 노동자 착취를 막으려는 노력을 기울이지 않는다고 혹평했다. 공산당은 케랄라와 서벵골 같은 인도 여러 주에서 상당한 지지를 얻었고, 의회에서 제1야당이 되었다. 하지만 공산당은 폭력을 지지하고, 인도의 국익을 무시하며, 개인의 자유를 억압한다는 네루의 공격에 언제나 속수무책이었다. 1950년대 말 공산당이 케랄라주 선거에서 승리하자, 네루가 개입해 중앙 정부가 공식 절차도 제대로 거치지 않고 공산당을 주 의회에서 쫓아냈다. 네루의 딸인 인디라 간디는 현지 공산주의자들과 불화를 겪던 국민회의당의 총재로 임명됐는데, 어떤 저항도 용인하지 않았다. "케랄라가 사실 불길에 사로잡히면 국민을 도우려고 나서는 게 중앙의 임무입니다. 그 주의 공산당 통치자의 실정으로 법적 트집 잡기를 허용할 수 없는 … 상황이 조성되었습니다."[3]

국내에서 -공산당, 다루기 힘든 지주와 귀족, 소수 종족 집단 등의- 어떤 저항도 허용하지 않은 국민회의당이 대외적으로 직면한 주요 도전은 1947년 인도 분할이 낳은 결과에 맞서 싸우는 것이었다. 네루는 파키스탄의 독립을 인정한다고 주장했고, 실제로 합리적인 사람이라면 누구나 그러하듯, 독립한 해에 인도가 물려받은 종족 살육이 지속되는 것보다 파키스탄의 분리를 선호했다. 하지만 인도 영토의 동서 양쪽에 종교 국가가 존재하자 급진적 세속주의자인 그는 당혹스러웠다. 네루는 파키스탄이 존재하지 않았다면 더 좋았을 것이라고 사석에서 속내를 털어놓았다. 하지만 엄연히 존재했기 때문에 그는 이 나라를 동등하게 대우할 것을 주장했다. 하지만 인도와 파키스탄 사이의 북서부에 자리한 카슈미르주에서 싸움이 계속되어 이러한 접근을 어렵게 했다. 1947년 카슈미르가 인도의 일부가 됐지만, 무슬림이 다수인 일부 지역은 파키스탄에 귀속하거나 독립하겠다고 목소리를 높였다. 잠깐 전쟁이 벌어진 끝에 인도가 카슈미르의 3분의 2를 장악하고, 파키스탄이 나머지를 차지했다. 인도가 카슈미르를 지배하는 데 맞서 싸우는 것은 파키스탄 지도자들에게 민족해방의 문제였다. 네루에게 카슈미르는 인도의 영토적 통합, 인도라는 국가가 다종교·다종족 국가가 되는 데 있어 중요한 문제였다. 네루의 조상들이 카슈미르 출신이었다. 인도는 이 문제를 해결하려고 국민투표를 제안했지만, 총리나 인도는 파키스탄의 압박에 카슈미르를 포기할 수는 없었다.

네루는 세계 무대에서 인도의 비동맹 대외정책과 가능하면 유엔을 통해 전 지구적 차원에서 여러 세계 문제를 해결하는 것이 필요하다고 강조했다. 네루가 미국을 방문했을 때 트루먼 대통령과 말이 잘 통하지 않은 것으로 유명하지만, 미국을 잘 구슬려서 확대되는 국가 공동체에 끌어들이려고 노력했다. "비극적인 양차 대전은 전쟁이 아무 소용이 없음을 잘 보여 주었습니다." 네루가 미국 하원에서 말했다. "평화를 향한 의지가 없는 승리는 어떤 결과도 지속적으로 이루지 못합니다. … 감히 이 말이 오늘날의 세계를 부정확하게 묘사한 게 아니라고 이야기해도 될까요? 인간의 이성이나 우리 공동의 인간성에 아첨하려는 게 아닙니다. 이 불행한 상태가 지속되고 과학과 부의 힘을 계속 파괴하는 데 활용해야 할까요? … 나라가 클수록 올바른 답을 찾아 노력해야 하는 책임도 더 커집니다."[4]

트루먼이 기대하고 거의 예상한 것과 달리, 인도는 냉전에서 미국 편에 가담하는 것을 거부했다. 미국은 양국 경제원조를 계속했다. 하지만 네루는 귀국하자마자 이렇게 말했다. "그들은 감사와 호의를 넘어서는 것을 기대했는데, 저는 그런 것을 바로 제공할 수 없었습니다."[5]

미국은 사실 더 많은 것을 기대했다. 트루먼과 국무장관 딘 애치슨은 인도의 비동맹이 단지 그것만을 의미한다는 걸 받아들이기가 무척 어려움을 깨달았다. 독자적 대외정책을 고집하면서 양쪽 세력권 어디에도 굴종하지 않겠다는 수준에 머무르지 않았다. 예를 들어 네루는 한반도에 대해 북한의 공격을 비난하면서도 곧바로 충돌을 평화적으로 해결하는 길을 모색했다. 워싱턴은 가망 없을 정도로 순진한 시도라고 일축했지만, 인도가 내놓은 제안은 특히 휴전과 전쟁 막바지의 포로 협상에 영향을 미쳤다. 하지만 전쟁을 끝내려는 네루의 시도는 트루먼에게 대단한 인상을 남기지 못했다. "네루는 우리를 속였어요." 1950년대 말에 대통령이 불만을 토로하며 했다는 말이다. "그가 보인 태도는 우리가 한국전쟁에서 패배한 데 책임이 있습니다."[6]

　　네루는 미국과 계속 거리를 두었지만, 파키스탄 지도자들은 기꺼이 미국을 끌어안았다. 파키스탄 국가를 창설한 무슬림 엘리트들은 국내에서 경제적으로 인도의 방해를 받고 인도에 압박감을 느껴, 미국의 냉전 총력전에 서둘러 편승했다. 파키스탄 특사들은 소련을 둘러싼 냉전 사슬의 핵심 고리로 자국을 내놓았다. 특히 인도가 반공의 대의에 가세하는 것을 거부했기에 파키스탄이 중요했다. 그들은 미국의 원조가 없으면, 소련이 팽창하고 부동항을 찾으려고 시도하는 데 파키스탄이 손쉽게 표적이 될 수 있다고 주장했다. 1954년 아이젠하워 행정부는 상호방위원조협정(Mutual Defense Assistance Agreement)이라는 보상을 주었고, 그에 따라 파키스탄은 미국에서 상당한 군사 원조를 받았다. 파키스탄은 또한 동남아시아조약기구(South East Asia Treaty Organization, SEATO)와 바그다드조약기구(Baghdad Pact)에도 참가했다. 영토가 공격당하면 미국과 영국이 지원한다는 기구이다. 두 기구에 가입한 다른 아시아 회원국은 필리핀, 타이, 이란, 이라크, 튀르키예 등이다. 네루는 격분했다. 1956년 뉴델리에서 아이젠하워의 국무장관 존 포스터 덜레스를 접견한 인도 총리는 미국의 정책을 혹평했다. "그는 나토가 현실적 필요성 때문에 생겨난 것임을 인정"했다고 덜레스는 보고했다.

　　그는 아시아 조직의 진정한 안보 가치를 의심했다. 그는 동남아시아조약기구와 바그다드조약기구를 매섭게 비판했는데, 파키스탄이 두

기구에 가입한 것은 소련 공산주의에 맞서기 위한 안보 때문이 아니라, 인도에 대항할 힘을 얻기 위해서라고 판단했다. 그는 파키스탄인은 호전적이고 광신적인 사람들이라 언제든 인도를 공격할 수 있다고 느꼈다. … 그는 미국이 파키스탄을 무장하게 하면 결국 인도도 경제적·사회적 상황을 개선하는 데 노력해야 하는데도, 무장하고 대규모 국방 지출을 해야 한다고 개탄했다. (그는 파키스탄에 관해 장황하게 논의하면서 격한 감정을 드러냈다.)[7]

네루의 대외정책은 대부분 분할로 생겨난 남아시아의 제약을 깨뜨리려는 의도였다. 그는 남아시아가 겪는 불행을 식민 지배 탓으로 돌렸는데, 어느 정도 타당한 주장이었다. 네루가 생각할 때, 무슬림과 힌두교도를 대립하게 하고, 아대륙 주변부에 버마, 실론, 네팔, 부탄, 시킴 등의 독립국가를 세운 것은 바로 영국이었다.* 영국은 고아를 인도 서부 해안의 포르투갈 식민지로 인정했다. 또한 소국의 군주와 마하라자maharaja가 통치하는 다양한 영토에 권력을 주었는데, 이제 총리가 그들을 설득하고 구워삶고 위협해서 인도 국가의 완전한 구성원으로 편입하게 해야 했다. 따라서 네루는 무엇보다 아시아 주요국 사이에 반식민 아시아 연대가 중요했다. 집권 초기에 네루는 동남아시아에서 인도와 지위가 같다고 여긴 인도네시아에 손을 뻗었다. 중국과도 긴밀히 협력하고자 했다. 중국공산당도 무엇보다 아시

---

* 버마와 실론은 각각 오늘날의 미얀마와 스리랑카이고, 시킴은 1950년 인도의 보호령이 되었다가 1975년 시킴 주로 편입되었다.

아인이라는 사실을 설득하려는 이유도 있었다. 그리고 네루는 미국이 일본과 체결한 안보 조약이 아시아 국가에 냉전 체계를 강요하는 것이라고 보며 반대했다.

1955년 반둥회의 일부 참가자는 네루가 우상과 같은 지위를 누리는 것을 보며, 회의가 지나치게 인도의 독무대에 가깝다고 여겼다. 하지만 회의에 보내는 그의 전언은 분명했다. 냉전이 제3세계의 이익을 거스른다는 것이었다. 핵무기로 세계를 절멸하게 만들겠다고 위협하는 것은 비도덕적 행동일 뿐만 아니라, 탈식민지 국가가 직면한 실제 문제-식민 지배로 생겨난 빈곤, 문맹, 전염병, 사회 혼란-에서 관심을 돌리려는 시도였다. 새로운 탈식민지 국가는 식민지 시대가 남긴 병폐와 당면한 냉전의 위협을 극복하려고 협력해야 했다. 그리고 이런 협력을 이루는 유일한 길은 다른 나라가, 인도의 비동맹과 냉전 두 초강대국의 반대를 무릅쓰고 제3세계의 원칙을 고수하려는 의지에서 배우는 것이었다. 네루는 반둥에 모인 지도자들에게 다소 고고한 어조로, 몇몇 쟁점에 관해 각국의 이익을 포기하고 공동의 대의를 위해 도덕적으로 올바르고 좋은 길을 지지해야 한다고 말했다.

반둥회의 이후 네루가 가장 몰두한 것은 이른바 실질적 연대를 탈식민지, 국민 단합, 외국의 지배 반대 등의 대의로 확대하는 것이었다. 인도는 유엔에서 유럽 국가가 아프리카 나라에 자유를 부여하는 데 더디다고 질책했다. 또한 인도차이나에서 미국의 역할을 증대하는 데 반대하는 목소리를 높이고, 이집트와 쿠바의 혁명을 환영했다. 하지만 더 급진적인 제3세계 나라와 달리, 네루는 유럽과 협력할 수 있으며 폭력적 충돌을 피해야 한다는 믿음을 버리지 않았다. 나세르 같은 급진주의자는 수에즈 위기 당시 협상에 찬성하거나, 아프리카 각국의 해방운동에 군사 지원을 제대로 하지 않은 인도에 실망했다. 나세르와 빈 벨라, 넬슨 만델라는 인도가 조정과 중재를 강조하며 영연방에 계속 남으려고 한다고 개탄했다.

하지만 인도에서 네루는 신속한 국가 발전을 꾀하려 하면서 한층 왼쪽으로 이동했다. 1930년대 이후 국민회의당 지도부는 소련의 계획 모형과 이 계획들이 후진국을 근대화하는 데 성공한 것처럼 보이는 모습에 매료되었다. 영국에서 교육받고 국가 중심 발전이라는 노동당 좌파의 이념에 영향을 받은 인도 경제학자는 독립 이후 인도가 산업 강국으로 어떻게 변신할지, 그리고 늘어나는 인구를 어떻게 먹여 살릴지에 관한 대규모 계획을 결합했다. 영국을 배경으로 했지만, 인도 전문가가 작성한 5개년계획은 런던정치경제대학보다 소련의 국가계획위원회(GosPlan)에, 해럴드 래스키Harold Laski보다 레닌에 더 가까웠다. 소련의 실험이라는 구체적이고 입증된 선례가 모호하고 이론의 여지가 있는 영국의 계획보다 더 비중이 있었다. 1956년에 시작된 제2차 5개년계획에서 네루의 계획 책임자였던 프라산타 찬드라 마할라노비스Prasanta Chandra Mahalanobis는 계획의 목표를 간략히 설명했다.

> 본 계획은 생산과 투자, 고용이 대대적으로 증가하게 해야 한다. 그와 함께 경제적 목적만큼이나 사회적 목적에서도 경제를 더 역동적이고 진보적으로 바꾸는 데 필요한 제도 변화를 가속화해야 한다. 발전은 연속적인 과정이며, 공동체 삶의 모든 측면을 건드리기 때문에

601

종합적으로 보아야 한다. 따라서 경제계획은 교육·사회·문화 등 경제 이외의 영역으로도 확대된다. 각각 한정된 시기의 계획은 더 긴 시기를 아우르는 지속적인 노력을 위한 출발점이 되며, 각 단계는 새로운 전망을 열어젖히면서 해결해야 하는 새로운 문제를 드러낸다.[8]

제2차 5개년계획이 시작되면서 인도는 반둥에서 남남 연대를 주창했고, 인도와 소비에트권의 유대도 상당히 강화되었다. 1955년 흐루쇼프가 인도를 방문했고, 소련 지도자는 네루가 미국처럼 개인 차원에서 다루기 힘든 상대임을 깨달았음에도, 재빨리 소련-인도 친선의 새 시대를 선언했다. 소련의 원조가 인도에 들어왔지만, 오랫동안 그 규모는 북아메리카와 서유럽에서 들어오는 개발 원조에 비교가 되지 않았다.[9] 하지만 흐루쇼프는 단지 돈과 기술, 전문가를 넘어서 한 걸음을 더 내디뎠다. 카슈미르 같은 국제 쟁점에 관해 인도를 분명히 지지한 것이다. 모스크바 주재 인도대사관은 네루에게 다소 냉소적으로 말했다. "소련은 동쪽의 협력국 중국이 거대한 인력과 성장하는 산업의 힘을 보유한 탓에 불편한 우방이 되지는 않을까 우려합니다. 이런 만일의 사태에 대처하기 위해, 소련은 균형추가 될 조건을 마련하고자 합니다. … 인도보다 그런 역할을 잘할 나라가 달리 있을까요?"[10]

네루가 인도 총리가 된 뒤로 줄곧 중국은 그에게 어려운 문제였다. 중국 내전 당시 네루는 주로 공산당에 공감했는데, 농촌에 뿌리를 두고 사회정의 강령을 내세웠기 때문이다. 하지만 네루는 무엇보다도 전쟁의 폭력과 중국공산당이 승전 이후 보여 준 교조적인 마르크스주의 접근법을 개탄했다. 그의 머릿속에서 두 가지가 연결되었다. 전쟁이 극단적 급진주의와 호전성을 조장한 것이다. 네루는 중국과 아시아의 동반국으로서 더 긴밀한 관계를 쌓고자 했지만, 테러를 활용해서 국내 문제를 해결하려는 베이징 신정권의 태도 및 소련과 이데올로기적 동맹을 맺었다는 이유로 신중히 접근했다. 그렇다 하더라도 네루는 중국을 그가 건설하고자 하는 아프리카-아시아 국가에 포함해야 함을 분명히 했다. "저는 중국 정부와 국민이 평화를 바란다는 사실을 추호도 의심하지 않습니다."[11]

중국이 자국 영토라고 주장하는 국경지대의 자치 지역인 티베트의 지위는 중국과 인도의 관계에서 핵심 문제였다. 중국공산당 지도자들은 독립국 인도가 자국의 목적을 위해 티베트에 영향을 미치려 한 영국의 시도를 이어서 할까봐 우려했다. 하지만 네루는 이 지역에 대한 중국의 주권을 아무 문제없이 받아들였고, 다만 최대한 많은 자치를 유지하려는 젊은 달라이 라마의 시도에 공감했다. 또한 인도 총리는 티베트가 대부분 불교 신자인 주민을 위해 종교의 자유를 지키는 데 관심이 많았다. 티베트에서 진행되는 상황을 파악하는 역할을 한 라싸 주재 인도영사관은 이 나라가 낙후돼 있으며, "자애롭기보다 잔인하고, 기묘히 보존된 케케묵은 봉건제"에서 벗어나 발전해야 한다고 보고했다.[12] 그러면서도 중국과 인도 사이의 거대한 완충지대로서 티베트의 역할을 강조했다.

1950년 중국공산당 군대가 티베트에 진입했을 때, 네루는 중국이 티베트인에게 "관용과 관대함"을 베풀 것을 호소하면서, 티베트인에게는 베이징과 협력할 것을 조언했다. 안전한 편에 서려 한 그는 달라이 라마에게 필요하면 인도로 망명할 것을 제안했다. 또한 티베트 정부에 군사 원조할 것을 승인했다. 라싸 주재 인도영사관에 따르면, "1950년 4월부터 무기와 탄약이 티베트에 쏟아져 들어왔다."[13] 하지만 인도의 지원은 큰 도움이 되지 못했고, 1950년 말 티베트 대부분 지역은 인민해방군 통제에 들어갔다. 네루는 티베트 저항 세력을 공동으로 지원하자는 미국의 제안을 거부했다. 그 대신 인도 국경 가까이에 임시 거처를 차린 달라이 라마에게, 라싸로 돌아가서 티베트의 자유를 최대한 확보하기 위해 중국의 요구를 일부 들어주라고 조언했다.[14]

마오쩌둥은 인도가 티베트에 보인 행동에 격분했다. 마오쩌둥은 소련과 대화하면서 네루를 표리부동한 제국주의 첩자로, 영국과 미국의 이익을 맹목적으로 추종하는 인간이라고 일컬었다. 중국공산당 지도자들은 네루가 영국 외교관이자 티베트학자인 휴 리처드슨 Hugh Richardson을 라싸 주재 인도영사로 계속 둔 사실이 그 증거라고 믿었다. 베이징은 인도가 한국전쟁을 끝내는 데 지원해 준 것에 감사했지만, 두 나라의 실질적인 신뢰가 발전하는 데는 시간이 걸렸다.

1954년 스탈린 이후 소련이 벌인 평화 공세에 중국도 이바지하기 위해, 베이징은 티베트 문제를 델리와 회담을 하는 데 동의했다. 오래전부터 그런 회담을 요구해 온 네루는 중국이 새로운 접근법을 보이자 흡족해했다. 물론 그는 중국이 이제 티베트에서 입지를 공고히 굳혔다는 사실과 마오쩌둥이 갑자기 합리적 태도를 보이는 것이 관련이 있음을 알았다. 하지만 인도 총리는 중국-인도 협력을 위해 중국이 전반적으로 구상한 원칙이 자신의 구상과 대부분 들어맞는 것을 보고 정말로 깜짝 놀랐다. 네루가 산스크리트어로 '판치실Panch Sheel'이라고 부르는 5개 덕목이자, 중국인은 소련과 협의한 후 평화 공존 5원칙(Five Principles of Peaceful Coexistence)이라고 하는 내용이 합의문에 들어갔다. "상대국 영토 보전과 상호 주권 존중, 상호 불가침, 내정불간섭, 평등과 상호 이익, 평화 공존" 등이다.[15]

반둥에서 네루는 '판치실' 원칙을 아프리카-아시아 각국과 운동을 위한 기본 대외정책으로 강조했다. 물론 실제로 이 원칙은 정책에 한참 미치지 못했지만, 공동의 제안이라는 면에서 냉전 시기에 동방과 서방이 합의할 수 있는 수준을 넘어섰다. 인도는 5개 원칙으로 무엇보다 중국을 제3세계 협력의 바깥 원으로 묶어 두려고 시도했다. 인도나 인도네시아, 이집트, 가나 등 진정으로 독립적인 비동맹 국가가 남남 연대의 핵심을 이룰 테지만, 네루는 중국이나 일본 같은 아시아 국가가 냉전 동맹국임에도, 이 연대에 합류할 수 있기를 기대했다. 네루가 공공연히 밝힌 것처럼, 장기 목표는 양국을 냉전 지향에서 단절하게 해 전 지구적 변화를 위한 아프리카-아시아 동반 관계로 완전히 끌어들이는 것이었다.

반둥 이후 인도가 대외정책에서 추구한 목표는 반식민주의, 군비축소, 발전 등의 문제에서 아시아와 아프리카 나라가 더욱 긴밀히 협력하는 것이었다. 국민회의당 지도자들은 다른 신생국 대표단을 인도에 초청해서 과학·기술·계획·교육 등을 경험하고 연구하게 했다. 인도 대표들은 유엔에서 냉전 충돌과 관련한 국제 해법이 마련되도록 촉구하고, 남아프리카와 알제리, 인도차이나(델리는 베트남의 충돌을 주로 탈식민지 문제로 보면서 미국의 관여에 반대했다)의 해방운동을 지지했다. 인도 외교관과 활동가는 미국의 인종 문제를 보고했다. 대다수가 볼 때, 미국이 자국의 인종 억압을 직시하려 하지 않는 것은 국제적 탈식민화 문제에서 워싱턴에 기대할 것이 얼마나 없는지를 보여 주는 징후였다. 네루는 탈식민화와 인권이 전 지구적 맥락에서 연결돼 있다고 굳게 믿었다. 그렇다 하더라도 그는 유엔 인권선언을 대외정책 수단으로 활용하는 것에 회의적이었다. 대부분의 상황에서 국가 주권이 국내 문제에 관한 국제 협정보다 앞선다고 믿었기 때문이다. 그렇지만 네루는 유엔의 각종 결의안과 조약이 큰 쓸모가 있음을 발견했다. 남아프리카에서 벌어지는 인종 차별이나 영국이 케냐 식민지를 억압하는 데 맞서 이런 도구를 내세울 수 있었기 때문이다.

인도 대외정책에서 또 다른 주요한 점은 냉전을 물리치도록 비동맹 국가가 광범위한 세력권을 건설하는 데 있다. 이 기획은 반둥에서 나온 제3세계 구상과 연결되면서도 독자적인 성격이 있었다. 그의도는 정치 지향이 아주 다른 나라가 냉전의 이분법과 단절하고 비동맹 세력임을 선언하게 하는 것이었다. 이 목표는 중국이나 일본은 개입할 여지가 없지만, 인도네시아와 가나, 이집트는 인도와 나란히 지도적 역할을 할 수 있음을 의미했다. 여기에 유고슬라비아라는 큰 나라가 추가되었는데, 대담한 지도자 티토는 비동맹운동에서 핵심 인물이 되었다. 1954년 인도를 방문한 티토는 인도의 대외정책 구상을 전부 극찬하면서 델리에서 영웅이 되었다. 인도 외교관들의 말에 따르면, 티토는 "식민주의 대표자가 아니라, 아시아 민족의 좋은 친구로서 아시아에 온 유럽 최초의 위대한 정치인"이었다.[16] 1956년 여름 유고슬라비아의 브리유니제도에서 네루와 나세르, 티토가 나눈 대화는 아시아와 아프리카만이 아니라, 유럽과 라틴아메리카에서도 비동맹 원칙을 지키는 나라가 공식 협력한다는 구상을 알리는 신호탄이었다.

1948년 스탈린의 충동적 결정으로 소비에트권에서 쫓겨난 유고슬라비아는 그 이후 유럽 가장자리에서 불안정한 존재를 이어갔다. 공산주의 국가이기는 해도 서방의 원조를 받아 지탱했고, 상당한 규모의 자국 군대가 방위를 도맡았다. 티토는 자기 나라가 버림받은 영웅 이상이기를 원했다. 그는 유고슬라비아를, 사회주의를 독자적으로 발전하게 하는 횃불이자, 냉전의 이분법에 포섭되기를 원치 않는 제3세계 신생 국가의 본보기로 보았다. 사회주의 독립국이면서 양대 세력권에서 존중받을 수 있다는 게 티토의 주장이었다. 1955년 흐루쇼프가 스탈린이 티토를 비난한 것이 순전히 망상이었음을 인정하자, 제3세계에서 유고슬라비아의 주가는 급등했다.

인도를 비롯한 신생국이 볼 때 유고슬라비아는 무기 수출국이자 군사고문관 파견국으로서 주요 역할을 했다. 유고슬라비아는 1980년 티토가 사망할 때까지 비동맹운동의 군수를 담당하며, 제3세계 독립국가만이 아니라 앙골라, 짐바브웨, 기니 등의 해방운동에도 유고슬라비아의 군사 산업에서 나오는 풍부한 장비를 공급했다. 어떤 때는 유고슬라비아 군사 공급은 소련의 규모와 맞먹었고, 방위 수요를 모스크바에 지나치게 의존하는 것을 우려하는 나라에 생명선을 제공했다. 네루와 그의 후계자들은 티토를 아마 가장 가까운 동맹자로 여겼을 것이다. 네루의 딸 인디라 간디 총리는 이 유고슬라비아 지도자를 거의 대부나 마찬가지로 국제 문제의 스승으로 보았다.

인도는 소련 자체에 더 직접적으로 영향을 미칠 수 있다고 믿었다. 네루는 소련을 냉전 행태에서 벗어나게 할 수 있다는 기대를 포기한 적이 없다. 그가 볼 때, 모스크바가 호전적으로 나오는 것은 위협을 느끼기 때문이었다. "이 '냉전'의 책임자가 누구든지 소련에 미치는 영향은 우려와 지속적인 위협감이었다." 1955년 그가 주州 총리(chief minister)들에게 한 말이다. 네루는 "세계의 긴장이 뚜렷이 개선되고 냉전이 중단된다면, 이 동유럽 국가에서도 내적 발전과 변화가 이루어질 수 있다"[17]라고 보았다. 인도 외교관들은 1956년 제20차 소련공산당대회에서 흐루쇼프가 스탈린의 정책과 단절한 것을 인도의 우호적인 영향이 낳은 결과라고 보았다. 인도를 방문한 소련 지도자들은 "인도가 진보를 이루고 폭력을 혐오하는 데 인상 깊었던 게 분명했다. 폭력은 사회를 변혁하는 데 전제조건이 아니라는 이론은 현재 존재하는 상태를 인정하는 것이었다. 소련 지도자들과 우리 총리가 나눈 대화, 총리 저서를 광범위하게 연구한 것 또한 … 소련 지도자들이 사회주의로 나아가는 행진에서 폭력의 역할을 고려하지 않는 계기로 작용했다."[18]

1956년 헝가리 침공으로 소련을 바라보는 인도의 인식에 금이 갔지만, 산산조각이 나지는 않았다. 인도는 발전 사업과 군사 역량 구축에 소련의 원조를 계속 받았다. 하지만 네루는 비동맹의 대의와 반냉전 세력권 구축이라는 구상에 한층 더 몰두했다. 네루는 나세르나 은크루마, 수카르노 등의 급진적인 접근법을 의심하긴 했으나, 갈라서지는 않았다. 오히려 그런 의심 때문에 그들에게 영향을 미치기 위해서라도 다른 비동맹 국가와 더 가까워져야 한다는 인식이 커졌다.

어쨌든 제3세계의 동료 지도자가 불필요한 급진주의로 치닫는 것은 제국주의 국가가 그 지위와 특권을 포기하지 않기 때문이라는 게 네루의 판단이었다. 1960~1961년 콩고 위기가 적절한 사례다. 네루는 루뭄바가 살해된 데 몸서리치면서, 벨기에 및 그들과 손잡은 미국을 똑같이 비난했다. 인도는 콩고에 유엔 평화유지군을 5000명 보내면서, 사무총장이 콩고의 국가 보전을 보장할 것을 조건으로 내걸었다.

콩고 위기에 자극을 받아 1961년 유고슬라비아 수도 베오그라드에 모인 비동맹 국가는 훗날 비동맹운동이라는 이름을 얻는 정기 회의와 조정 체계를 만들었다. 네루는 비동맹 협력에 열렬히 찬성하면서도 더 통합된 조직을 만드는 데는 회의적이었다. 대외문제에서 인도의 유연성과 독립성이 줄어들 것을 우려한 것도 이유였다. 콩고에 대한 우려는 잘못된 것이었음을 그 스스로 입증한 상태였다. 어느 세력권에도 속하지 않은 나라가 협력하면서 탈식민화를 책임져야 했다. 그러지 못하면 두 초강대국이 그 목적을 위해 이를 활용할 것이었다. 그리고 1960년 파리에서 열릴 흐루쇼프-아이젠하워 정상회담이 무산된 것은 두 초강대국이 다른 나라 문제는 말할 것도 없고, 자체 문제도 제대로 다룰 수 없음을 보여 주었다. 베오그라드 회의에서 "오늘날 그 어느 때보다 전쟁이 인류를 더욱 심각히 위협하고 있다"라는 최종 성명이 선언되었다. 그와 동시에 참가국은 "제국주의가 약해지고 있다"라고 역설했다. "식민제국을 비롯해 아시아, 아프리카, 라틴아메리카 민족에 대한 외국의 여러 형태의 억압은 점차 역사의 무대에서 사라지는 중이다."[19]

1961년 비동맹운동을 창건한 많은 이가 우려한 것은 식민주의 최후의 발악이 새로운 전쟁으로 이어질 수 있다는 사실이었다. "지속적인 평화는 오로지 온갖 형태의 식민주의-제국주의와 신식민주의의 지배가 근본적으로 제거되어야만 … 이룰 수 있지만, … 비동맹운동 회의는 '냉전'을 비롯한 전쟁을 피할 수 없다는 견해를 단호히 거부한다. 이런 견해는 무기력하고 가망 없다는 인식을 반영하는 것이기 때문이다. … 우리는 국제 공동체가 실로 인류 역사의 과거 시대에 속하는 수단에 호소하지 않고서도 그 삶을 조직할 수 있다는 흔들리지 않는 믿음을 확인하는 바이다."[20] 네루에게 베오그라드선언은 냉전 없는 미래의 설계이자 지구 평화가 사실 얼마나 약한지를 보여주는 경고였다.

초기의 비동맹운동은 몇몇 기묘한 동료로 이루어졌다. 중국이 배제된 한편, 피델 카스트로의 쿠바인들은 베오그라드에서 국제무대에 처음 등장했다. 단 1년 뒤에 일어난 쿠바미사일위기 당시, 카스트로는 전 지구적 핵전쟁의 위험을 무릅쓰고 쿠바의 독립을 옹호하는 소련에 의지한다. 하지만 에티오피아, 모로코, 사우디아라비아 등 보수 왕정 국가도 여러 나라가 참석했다. 베오그라드가 반둥과 다른 점은 유럽과 라틴아메리카 나라의 대표자들이 참석했다는 점 때문만이 아니다. 회의가 제3세계 연대보다 독립과 주권, 평화의 권리에 집중했다는 차이도 있었다. 국가는 다양한 형태로 반둥에 비해 베오그라드에서 더 중심 역할을 했다. 1955~1961년에 생겨난 신생 국가의 수 자체가 많았기 때문에 이상한 일이 아니었다. 하지만 77그룹과 함께 베오그라드 회의는 각국과 그 요구가 탈식민화 초기 단계에 생각한 수준을 넘어서, 국제 문제를 근본적으로 재조직화하면서 부딪힐 미래를 알리는 신호탄이었다.

신생 국가로서 안보의 필요성은 비동맹운동이 창건되고 단 1
년 뒤에 인도에서 확연히 드러난다. 1962년 중국과 전쟁하면서 네루
는 항상은 아니었지만, 그의 젊은 보좌진이 미래에 보인 낙관주의가
대부분 산산이 깨졌다. 네루는 인도 국내외에서 자신에게 순진하다
고 비난하는 것보다, 전쟁이 인도의 국제적 열망에 미치는 영향에 관
심이 더 많았다. 중국 군대가 진격하자, 네루는 절망한 나머지 소련에
이어 미국의 개입도 요청할 지경에 이르렀다. 소련은 특히 현재 진행
중인 쿠바 위기에서 중국의 지지를 받아야 해서 양다리를 걸쳤지만,
케네디 행정부는 인도군에 공중 투하하는 방식으로 무기를 공급하며
대응했다. 대통령은 인도의 다급한 사정을 델리와 미국의 관계를 개
선하는 통로로 활용했다. "중국의 호전적 행동으로 인도 아대륙은 자
유세계와 공산주의가 크게 맞붙는 새로운 지역이 됐습니다. … 인도
자체가 마침내 중국공산당의 위협을 완전히 깨닫고 그에 대처하기로
결심한 듯 보입니다"라고 케네디가 말했다.[21]

인도 정부가 전쟁 발발에 상당한 책임이 있지만, 전쟁으로 네루
의 가슴이 무너진 것은 사실이다. 원래 그는 동방과 서방의 평화 조
정자가 되고자 했다. 그리고 인도가 대외정책만이 아니라, 국내 정책
에서도 다른 나라가 따라야 하는 자급자족과 비동맹의 본보기가 되
기를 기대했다. 하지만 이제 그는 다른 아시아 나라 군대의 진격을
차단하려고 두 초강대국에 지원을 호소하는 신세가 되었다. "모든 곳
에서 평화를 옹호하는 우리가 이런 식으로 공격을 당하고 무력으로
공격에 저항할 수밖에 없다는 건 비극입니다."[22] 휴전 이후 네루는

자신의 아시아 정책이 너덜너덜해졌다고 느꼈다. 그나 후계자들이나 인도의 비동맹 정책을 포기하지는 않았다. 하지만 특히 1964년 네루가 사망한 뒤, 이 정책에 특히 아대륙 지역과 관련해 인도 민족주의의 견고한 몫을 심었다.

중국 위기 당시 미국이 인도에 군사를 원조한 것에, 파키스탄은 베이징과 맺은 관계를 한층 더 강화하는 방식으로 대응했다. 이는 아마 냉전에서 가장 믿기 어려운 로맨스였을 것이다. 미국과 동맹을 꾀한 파키스탄 장교들은 중국공산당의 지나친 행동에 아무 관심도 없는 보수적 무슬림이었다. 그리고 중국은 그저 적의 적은 친구라는 원칙에 따라서 파키스탄의 포옹을 받아들였다. 여전히 파키스탄의 주요 동맹국인 워싱턴이 이의를 제기하자, 파키스탄 군사독재자 모하메드 아유브 칸Mohammad Ayub Khan은 카슈미르에서 인도에 한층 더 압박을 가했다. 중국에 파키스탄 군대의 힘을 보여 주고, 미국 대통령 존슨에게 파키스탄이 미국의 원조에 의존하지 않음을 과시하고자 한 것이다. 1965년 인도가 통제하는 카슈미르를 파키스탄이 급습한 사건은 카슈미르 주민이 반란을 일으킨 것으로 외부 세계에 소개되었다. 하지만 인도 정부는 실상을 잘 알았다.

네루의 후임자 랄 바하두르 샤스트리Lal Bahadur Shastri는 원래 겸손한 사람인데, 반격하기로 결심했다. 카슈미르만이 아니라 서파키스탄과 동파키스탄도 동시에 파키스탄군을 상대로 대규모로 공격할 것을 명령했다. 전장에서 군대가 패배하자, 아유브 칸 정권은 위기에 봉착했다. 미국은 지원을 거부했고, 중국은 그럴 역량이 없었다. 파키스탄이 예상을 깨고 소련에 지원을 요청한 것은 파키스탄이 군사적으로 얼마나 난관에 봉착했는지를 보여 줄 뿐이었다. 아유브 칸의 어리석은 행동 때문에 자포자기 상황에 빠지자, 모스크바는 냉전의 드문 기회를 활용해 평화 조정자 역할을 자임하고 나섰다. 양국은 소련 중앙아시아의 도시 타슈켄트에서 소련의 감독을 받으며 휴전 조건을 교섭했다. 영토와 관련해 현상 유지를 하는 쪽으로 결론지었다. 이 교섭에서 파키스탄의 약점이 고스란히 노출되었고, 아대륙 지역에서 지배적 강국이 되려는 인도의 의도와 능력도 드러났다.

샤스트리가 타슈켄트 교섭 와중에 심장마비로 갑자기 사망하자, 네루의 딸 인디라 간디가 총리로 선택되었다. 인도의 새 지도자는 어떤 전임자보다 정책을 결정하는 데 한결 강경했다. 인디라는 지역을 지배하면서 자신이 생각하는 국익에 비추어, 유엔과 비동맹운동으로 전 지구적 영향력을 행사하고자 하는 세속적인 사회주의 국가 인도를 만드는 데 전념했다. 아버지를 훌쩍 넘어서 세계 속 미국의 역할에 심각히 회의적이었고, 특히 미국이 파키스탄과 계속 동맹을 유지하고 파키스탄이 중국과 놀아나는 상황에서도 소련과 수월히 협력할 수 있다고 보았다. 인디라가 안보와 관련해 가장 우려하는 대상은 베이징이었고, 1960년대 말 중소 분쟁이 격화하자, 인디라 간디는 모스크바의 공산주의 이데올로기를 공유하지는 않았지만 소련과 인도가 전략적으로 얼마나 많은 공통점이 있는지 깨달았다.

중국이 급진주의로 급격히 이동하면서 문화대혁명을 일으키자, 인도 지도자들은 다른 여러 나라처럼 공포를 느꼈다. 그들은 문화대혁명을 계기로 인도가 과거보다 훨씬 더 베이징의 공격 목표가 될 것이라는 확신을 품었다. 중국이 자초한 피해와 상관없이 "우리는 어떤

613

고통도 받지 않는다"라고 말하기는 했지만, 인도 지도자들은 중국에 거주하는 인도인이 괴롭힘을 당하는 상황에 예민하게 반응했다. 상하이의 시크교 사원이 약탈당하고, 베이징 주재 인도대사관이 공격당했다. 인디라 간디는 중국이 파키스탄의 호전적 행위를 부추기고 인도에서 공산주의 반란을 조장하는 것을 멈추지 않는다면, 달라이 라마의 망명을 받아 주는 등의 대중국 정책이 바뀌는 일은 없을 것임을 분명히 했다. 델리의 외무부는 "인도는 중국이 여전히 군사적 모험주의에 탐닉하면서도 무사하기를 바라는 유일한 지역"이라고 지적했다.[23]

비동맹운동은 인디라 간디가 선호하는 대외정책의 장이 되었다. 이 운동이 확대됨에 따라 인디라는 점차 중심 역할을 맡았다. 인디라의 말에 따르면, 비동맹운동은 "나라들 사이의 평등과 경제적·정치적 국제 관계의 민주화를 의미"했다. "비동맹운동은 상호 이익에 바탕을 두고, 발전을 위한 전 지구적 협력을 원한다. 이는 세계의 다양성을 인정하고 보전하기 위한 전략이다."[24] 하지만 인디라는 지극히 현실적이었기 때문에, 안보 및 국제문제와 관련해 달걀을 전부 한 바구니에 넣지 않았다. 인디라의 비동맹운동 전략은 기술 및 방위에서 소련과 협력을 강화하는 것과 함께 진행되면서도 그 협력을 방해하지 않았다. 또한 인디라는 모스크바와 인도의 관계에서 독립성을 확실히 유지해, 1968년 체코슬로바키아 점령을 격렬히 비판했다. 또한 이슬라마바드에 세워진 정권에 소규모 무기를 판매하는 것과 같이, 파키스탄에 미치는 영향을 확대하려는 소련의 시도를 공격했다. 인도 외무장관은 1969년 자국을 방문한 소련 지도자들에게 "상징적 무기 공급도 위험할 수 있다"라고 훈계했다. "소련제 전차끼리 전투를 벌일 가능성은 소련에서 환영받을 수 없을 겁니다."[25] 미국은 여전히 인도에서 핵심 민간 원조자였다. 이런 결정적인 원조는 미국 정부, 다국적 기구에 미국이 내놓은 출연금, 민간 재단 등에서 나왔다. 이렇게 미국이 인도를 원조하고 인도가 중국과 전쟁할 때도 지원했지만, 두 나라 정치 관계는 전반적으로 크게 개선되지 않았다. 인도가 미국의 아시아 정책을 비판하자, 많은 미국 지도자는 짜증을 내면서 인도인이 고마워할 줄 모른다고 보았다. 중국-인도 전쟁 직후 미국은 인도차이나에 개입하는 것에 델리의 더 많은 공감을 얻고자 했지만, 전혀 진전하지 못했다. 미국 부통령 휴버트 험프리Hubert Humphrey가 인디라 간디의 지지를 얻으려고 인도에 갔을 때, "간디는 베트남에서 충돌이 확대될 수 있음을 우려하고, 평화적으로 해결해야 한다고 표명하는 데 그쳤다."[26] 파키스탄과 맺은 동맹을 포기하려하지 않는 미국의 태도도, 인도와 미국의 관계가 발전하는 데 방해가 되었다. 그리고 인도인은 미국이 인종적 공정성이 부족하고 세계에서 인종 평등을 위해 노력하지 않는다고 예리하게 꼬집었다. 1969년 인도 외교관들이 작성한 미국 내부 변화의 개요를 보면, 미국은 "흑인의 분노와 백인의 공포 … 사이에 위험한 관계가 존재하는 지경에 이르렀다. 전통적 가치와 충돌하는 한쪽의 전술은 반대쪽에서 반발을 불러일으킨다." 인디라는 1968년 리처드 닉슨이 선거에서 승리한 것이 바로 이런 반발 때문이라고 보았다.[27]

인디라 간디가 의회와 인도 정치를 확고히 장악하면서 부딪힌 주요 도전은 미국과 인도의 관계가 아니었다. 오히려 인도 국내 상황이 문제였다. 무엇보다 인디라는 빈곤과 기아라는 인도의 만성적 문제에 맞서 싸우는 데서 더 많은 진전을 이루어야 한다고 생각했다. 인도는 중국에서 벌어진 발전 과정의 재앙을 피했지만, 보건과 교육을 촉진하는 데 진전이 너무 느렸다. 민주주의의 발전을 자랑스레 내세우는 나라가 여전히 해외의 식량 원조에 의존했다. 인디라는 정치 상황이 제대로 잡혀야만 인도의 발전 모형이 성과를 거둘 것이라고 확신했다. 하지만 파키스탄이나 중동의 많은 나라처럼 인도도 지도자들이 입만 열면 사회주의를 이야기했지만, 극단적 형태의 사회 억압이 고스란히 남아 있었다. 국민회의당 정치인들은 특히 선거 때만 되면 만인에게 기회를 주겠다고 약속했지만, 선거가 끝나면 지역 엘리트와 손을 잡고 하층 카스트 빈민에게 해를 끼쳤다. 사회 변혁의 도구가 되기는커녕, 국민회의당은 식민 지배 시절 수세대 동안 이웃을 지배하고 착취한 가문을 위한 도구가 된 상태였다.

인디라 간디는 이런 단점을 뿌리 뽑으려고 결심했지만, 이를 위해서는 더 큰 권력이 필요하다고 느꼈다. 1969년 인디라는 주요 은행을 국유화하고 행정 권력을 총리실에 집중했다. 더욱 급진적인 정책을 밀어붙여 국민회의당이 분열하자, 인디라파는 "빈곤을 뿌리 뽑자"라는 구호를 앞세워 1971년 총선에서 수월히 승리했다. 인디라는 나라를, 정부가 대부분의 경제 활동을 책임지는 엄격한 중앙집권적 계획 체제로 만들었다. 아버지의 자유주의 정책을 배신했다는 비난에 인디라는 발끈했다. "아버지는 위대한 정치인이었습니다. 저는 정치적인 여성일 뿐이에요. 아버지는 성인聖人이었고, 저는 아닙니다."[28]

인도 독립 이후 남아시아 최대 위기였던 1971년 방글라데시 전쟁을 계기로, 인디라 간디는 자신이 성인이 아님을 증명할 기회를 얻었다. 이 위기는 냉전, 특히 파키스탄, 인도, 중국, 미국, 소련 사이의 관계에서 기원했다. 전쟁을 촉발한 계기는 파키스탄 장군들이 나라의 동쪽 절반에 사는 사람을 혹독히 다룬 것이지만, 1971년 7월 키신저가 베이징을 방문해 미국과 중국이 갑자기 화해하자, 전쟁의 분위기가 조성되었다. 이 화합은 인도 지도자들이 가장 두려워한 상황이었다. 1960년대 중반부터 줄곧 인도의 안보 보좌진은 "향후 서방 세계 앞에 놓인 커다란 유혹은 중국을 소련에 맞선 균형추로 떠받쳐 주는 것"이라고 경고했다.

하지만 우리는 이것이 위험한 움직임이 될 수 있다고 보았습니다. 두 나라의 본질적인 차이를 인식해야 했기 때문입니다. 소련 또한 전 세계적인 야심을 갖고 있었지만, 중국보다 평화적인 방식으로 야심을 추구했습니다. 아마 발전하는 데 40년이 걸렸고, 그동안 소련 자체를 위해 어느 정도 번영을 이루었다는 사실 때문일 겁니다. 핵전쟁의 위험을 현실화한 덕분이겠지요. 결국 소련은 특히 전쟁과 평화의 문제에서 세계 공동체에 중국만큼 위험을 가하지 않았습니다. 중국은 소련을 무색하게 만들 정도로 무자비한 결단력으로 중국의 방침을 밀어붙였습니다. 대규모 전쟁이 벌어질 수 있어도 아랑곳하지 않았지요.[29]

인도에 특히 중요한 위험은 파키스탄이 미국, 중국과 긴밀한 관계를 맺는 것이었다. 키신저가 이슬라마바드를 경유해 베이징으로 간 사실이 상징하는 바를 인도 지도자들은 놓치지 않았다. 하지만 파키스탄은 국제문제에서 중심 위치를 차지했지만, 하나의 국가로서 1947년 건국된 이후 줄곧 내리막길을 걸었다. 1970년 장성들이 민주화를 시도하자, 아와미연맹(Awami League)이 선거에서 승리하는 결과를 낳았다. 아와미연맹은 동부 벵골인이 진정한 발언권을 갖는 민주적 연방국가를 만들려는 동파키스탄의 운동이었다. 예측할 수 있듯이, 서파키스탄 장군이자 대통령인 야히아 칸Yahya Khan은 선거 결과를 무효화하고 아와미연맹 지도자 셰이크 무지부르 라만Sheikh Mujibur Rahman을 체포했다. 동파키스탄에서 소요가 발생하자 장성들은 계엄령을 선포했다. 군인들은 동부에서 벵골 민족주의자 또는 파키스탄에서 힌두교도가 많은 동네를 공격했다. 다수의 난민이 인도로 넘어갔다. 공개된 자리나 사적 자리에서 인디라 간디는 벵골인에 대한 파키스탄의 정책을 "대량 학살"로 규정하고 군사개입을 준비했다. 인디라를 움직인 동기는 인도주의적이면서 전략적인 것이었다.

닉슨 행정부는 파키스탄 장성들이 자국민에게 가한 재앙에 눈을 감았지만, 미국이 볼 때 파키스탄의 분할은 냉전 전략의 차질로 이어질 수 있었다. 파키스탄을 방문하고 이어 비밀리에 베이징으로 향하는 여정에서 델리를 찾은 키신저는 전쟁이 벌어지면, 미국이 파키스탄을 얼마나 원조할지 확실하지 않은 태도를 보이려고 했다. 인도는 원조를 전혀 받지 못할 것이었다. 키신저가 양국의 위기 당시 미국 무기가 계속 파키스탄으로 향했다는 사실을 알지 못했다고 주장하자, 인도 외무장관은 냉정히 쏘아붙였다. "당신 같은 고위 관리가 사실 파악도 제대로 못했다니 놀랍군요. … 이 모든 문제에서 당혹스러운 건 … 당신이겠지요. 하지만 우리 양국의 관계에는 심각한 타격입니다." 외무장관 스와란 싱Swaran Singh은 파키스탄이 "전적으로 당신 덕분에 버티고 있다"라고 말했다. 난민이 700만 명 발생하고 동부 국경에서 전투가 계속되는 상황에서, 스와란 싱은 "우리가 참는 데도 한계가 있습니다. … 우리가 정말 당신네 국익에 방해가 되는지 알고 싶군요. 만약 그렇다면 우리도 우리의 정책을 재고해 볼 의향이 있으니까요."[30]라고 말을 이었다.

1주일 뒤 워싱턴과 베이징은 닉슨이 중국을 방문할 예정이라고 공동으로 발표했다. 키신저는 인도대사에게 만약 중국이 인도와 파키스탄의 전쟁에 개입한다면 인도를 도와주지 않을 것이라고 말했다. 인도는 신속히 대응했다. 앞서 소련이 내놓은 제안을 받아들인 인디라는 양국이 우호조약을 맺는 데 동의했다. 조약에 따르면, "어느 한 나라가 공격이나 공격 위협을 당하면, 다른 나라는 곧바로 그런 위협을 제거하는 상호 협의에 들어갈" 것이었다.[31] 또한 인도는 동파키스탄에서 싸울 벵골인 유격대를 훈련하는 대규모 계획을 개시했다. 그리고 위기를 해결하려는 외교적 노력이 신속히 성공하지 못하면, 인도군은 파키스탄을 전면 침공할 수 있게 대비하라는 총리의 지시를 받았다. "인도-소련 우호 조약을 보고 베이징과 워싱턴 모두 깜짝 놀란 것 같다"라고 워싱턴 주재 인도대사관은 보고했다. "이 조약은 인도가 어느 정도 안심하게 해 주고, 소련이 아시아에 확실히 진출하며, 따라서 중-미 책동에 차질이 생김을 의미한다."[32]

1971년 12월 4일, 인도는 동파키스탄을 상대로 육해공군 합동

작전을 개시했다. 며칠 만에 동부 파키스탄군이 궤멸되었고, 벵골인 행정부가 독립국가 방글라데시로서 지역을 통치했다. 수도 다카에서 환호하는 군중을 본 사람이라면 누구든 인도의 개입을 해방으로 볼 수밖에 없었다. 하지만 닉슨과 키신저는 이를 인도의 침공으로 보았다. 미국은 인도양에 제7함대 일부를 이동하게 하면서 중국의 새로운 친구들에게 이렇게 말했다. "우리가 이를 저지하는 데 아무 노력도 하지 않는다면, 동파키스탄이 두 번째 부탄이 되고 서파키스탄이 두 번째 네팔이 될 것이라고 우려합니다. 그리고 소련의 지원을 등에 업은 인도는 거리낌 없이 다른 지역으로 그 힘을 돌릴 겁니다."[33] 하지만 중국은 이렇게 늦게 개입하는 것은 위험하다고 판단했고, 군사 목표를 모두 이룬 인디라 간디는 재빨리 휴전을 받아들였다. 남아시아는 새로운 현상 유지가 이루어져서 인도가 한층 더 지배권을 잡았지만, 여전히 비동맹을 고수하면서도 어느 때보다도 더욱 소련에 가까워졌다.

닉슨과 키신저는 인종주의와 여성혐오를 내뿜는 대화를 하며 "그년"이 자기들을 속였다고 씩씩댔다. "우리는 오랫동안 대가를 치르게 할 겁니다. … 흥미롭겠지요." 키신저가 국가안전보장회의에서 말했다. "파키스탄이 동파키스탄에서 한 짓에 그렇게 공포에 질린 이 모든 사람이, 인도가 그 지역을 장악하면 어떻게 반응할지 지켜볼 것입니다"[34] 또 키신저는 대통령에게 말했다. "우리 눈앞에서 소련과 인도가 힘을 행사해서 중국인에게 모욕을 주고, 우리에게도 어느 정도 굴욕을 안겼습니다. … 이 사태를 지켜보는 다른 모든 나라는 중국과 미국의 우방이 인도와 소련에 호되게 두들겨 맞았다고 생각하겠지요."[35] 닉슨 행정부는 인도를 최대한 응징하려고 팔을 걷어붙였다.

워싱턴이 적대감을 보이자 델리도 똑같이 응수했다. "미국의 파키스탄 군사 원조야말로, 파키스탄 군부가 국내 문제에서 우위를 점하게 하고, 인도에 대해 부자연스러울 정도로 적대 자세를 유지하게 하는 동시에, 카슈미르를 향한 야심을 유지하게 만든 유력한 이유 가운데 하나였다." 인도 외무장관이 총리에게 보고한 내용이다.[36] "중국과 미국은 양국의 관계를 긴밀히 만들어 주는 한 인도의 이익을 희생하는 건 거리끼지 않는다."[37] 델리의 또 다른 정책 평가서에는 "미국 행정부가 일관되게 인도 및 방글라데시의 자유 투쟁에 반대하고 [파키스탄의] 야히아 정권을 지지하는 것을 보고, 인도는 당혹감과 충격에 휩싸였다"라는 주장이 나왔다.[38] 인디라 간디는 당분간 미국과 우호 관계를 추구할 생각이 없었다.

인도 총리는 그 대신에 국내 문제에서 점차 권위주의로 돌아섰고, 국제관계에서 소련에 우호적으로 되었다. 소련-인도 협력이 정점에 다다른 것은 1970년대 중반으로, 소련은 철강공장을 건설하고 매장된 석유와 석탄을 채굴하는 등 인도와 군사적·경제적으로 협력을 확대했다. 또한 소련은 1974년 인도의 "평화적 핵실험"을 지원하는 데도 중요한 역할을 했다. 1974년 인도 정부 보고서에 따르면, "소련은 인도의 비동맹 정책과 세계 평화를 강화하고, 식민주의·신식민주의·인종주의의 모든 잔재를 제거하려고 투쟁하는 인도의 공헌을 계속 지지했다."[39]

1975년 인디라 간디는 지난 선거를 무효화한 대법원 판결에 맞서, 새로운 선거를 거부하고 시민권을 제한하며 비상사태법으로 통

621

치했다. 이에 소련은 인도가 동유럽 인민민주주의 국가와 일부 탈식민지 국가의 선례를 따라 일당제를 통한 사회주의를 시행할 것이라고 기대했다. "거대 금융과 언론, 외국 우방의 지원을 받지만, 대중의 지지를 받지는 못하는 소규모 집단이 그 사상을 다수에게 강요하게 내버려두어야 할까요?" 인디라 간디가 국민회의당에 던진 질문이다. "인도가 약해지면 과연 민주주의가 존재할까요?"⁴⁰ 하지만 인도 민주주의는 워낙 탄탄했던 터라 인디라 간디 같은 위상의 지도자조차 무시할 수 없었다. 국내에서 정치 소요가 고조되는 상황에서, 인디라는 1977년 승리를 확신하면서 선거를 요구했지만, 결국 국민회의당 장관 출신 모라르지 데사이Morarji Desai가 이끄는 야당 연합에 패배했다. 독립 이후 처음 등장한 비 국민회의당 정부는 새로운 정책으로 내놓을 게 별로 없었다. 비상사태가 벌어지자 인도 민주주의를 재건하는 한편, 국제 정책을 계속 유지할 수 있었다. 노년의 데사이와 그의 보좌진은 인디라 간디가 물러나면 소련이 인도와 소련의 연계를 끊을까 우려했다. "인도-소련 관계는 깊은 이해와 긴밀한 일체감, 또는 광범위의 유사한 견해로 특징지을 수 있다." 신임 외무장관이 정책 평가서에 기록한 말이다. "소련과 인도의 친선과 이해는 지금도 인도 대외정책의 주요 방향 가운데 하나였다. 여기에는 정서적 내용과 실제적인 논리가 두루 담겨 있다. … 오늘날 인도가 정치적·경제적으로 두루 이익을 쌓는 얽히고설킨 관계가 다양한 범위에서 존재한다."⁴¹

데사이 신정부는 이런 이익을 내팽개치려 하지 않았다. 인도 외무장관은 소련 외교관들을 만나서 말했다. "인도에서 여러 중요한 사건이 일어나고 있지만, … 인도가 여전히 자리를 지키고 대외정책도 변함이 없다는 걸 기억하는 게 중요합니다." 데사이 정부는 "인도 대외정책의 기본 성격을 유지할 것입니다. 이를 물려받았기 때문만이 아니라, 인도의 국익에서 볼 때 합리적인 정책임을 깨달았기 때문입니다." 외무장관의 말에 따르면, 소련과 인도는 "서로 지속적으로 신뢰하고, 두 나라가 상호 이익을 얻는 여러 다른 협력 관계를 발전하게 할 수 있었다."[42]

1979년 모스크바에서 비슷하게 늙어 가는 처지의 브레즈네프와 신중히 조정된 회담을 하는 자리에서, 인도 총리는 급변하는 세계를 이해하려고 애썼다. 소련-인도 협력 관계가 확인되었다. 두 나라에 가까운 이란에서 이슬람주의자들이 정치 무대에 등장하는 상황에 깜짝 놀랐다. 이란에서 어떤 상황이 벌어지는지 데사이가 질문하자, 소련 지도자도 솔직히 고백했다. "악마만이 알겠지요. … 인민이 봉기했습니다. 수많은 사람이 시위를 벌였어요. … 우리는 줄곧 이란 및 국왕과도 좋은 관계를 유지했습니다. 국왕이 우리 나라를 방문하고 저도 이란을 방문했지요. … [지금은] 국왕이 물러났습니다. 미국이 국왕을 지지했어요! 지금 새로운 정권이 세워졌는데, 미국도 신정권에 적응하려고 합니다. 우파[이슬람주의자]가 모습을 드러내면서 미국과 긴밀한 관계를 맺으려 합니다."[43]

충분히 예상한 일이지만, 1980년 선거 이후 인디라 간디는 인도 지도자로 복귀했다. 총리는 잘못을 깨닫지는 않았지만, 확실히 어느 때보다도 더욱 한 명의 "정치적 여성"으로서 자신의 역할을 의식했다. 인디라는 또한 정체성과 종교, 민족 문제가 냉전의 이데올로기적 구분선을 대체한 세계에서, 과연 인도가 통일과 응집을 지킬 수 있을지 걱정했다. 이슬람주의가 등장하자 인디라는 브레즈네프나 데사이와 똑같이 공포를 느꼈다. 이미 선거 전에 인도 외무부는 아프가니스탄에 새로 들어선 공산당 정부가 저항을 유발한다고 소련에 경고했다. "공공연히 그렇게 말할 수는 없지만, … 우리의 세속주의 원칙에 따라, 인도와 소련이 같이 중요하다고 여기는 많은 나라에서 종교적 열정이 등장하는 모습에 기뻐할 수는 없습니다."[44] 인도 외무장관 자가트 싱 메타Jagat Singh Mehta가 소련대사에게 말했다. 하지만 몇몇은 피해를 자초했다. "많은 아랍 나라에서 칼크 정부*가 이슬람을 위협한다는 정서가 강합니다. 이는 물론 인도의 견해는 아니지만, 우리는 우방으로서 이 문제에 주의를 기울일 것을 촉구하는 겁니다."

인도, 그리고 특히 1980년 이후 인디라 간디의 신정부가 볼 때, 바야흐로 세계가 기대한 것보다 빠르게 바뀌었다. 국민회의당에 반대하는 다수를 포함한 대다수 인도 지도자는 인도의 계획경제 발전모형을 고집했다. 그러면서 해외에서 무역과 안보 문제를 교섭할 수 있는 중앙집권 국가를 찾았다. 인도는 중국과 미국의 화해에 끊임없이 불만을 토로했지만, 소련과 미국의 긴장완화는 여러모로 인도의 국익에 부합했다. 인디라 간디는 시간이 흐르면 인도도 어쩌면 모스크바를 통해 미국과 우호 관계로 발전할 수 있으리라고 기대했다. 남아시아와 중동의 종족적·종교적 결집이 이런 기대에 걸림돌이 될 수

---

* 아프가니스탄의 공산당 정부. '칼크Khalq'는 '대중'이나 '민중'을 뜻하는 파슈토어로, 아프가니스탄 인민민주당(공산당)의 지도적 분파 이름이다.

있다는 게 총리의 걱정이었다.

인디라는 총리로 복귀하면서 냉전의 영향력이 여전히 인도에 작용한다고 느꼈다. 인디라는 "다른 나라가 우리의 정책을 전 지구적 전략에 끼워 맞추려고 끊임없이 시도한다"라고 개탄했다. 전과 비교해, 인도에서 "외국의 요구를 무비판적으로 수용하는" 일이 잦았다. "우리는 다른 나라나 다른 체제를 모방해서는 안 되며, 우리의 목표는 그것들의 개량된 판본이 되는 것이 아니"라고 인디라는 경고했다.[45] 하지만 선임자들과 마찬가지로, 인디라 간디의 운신의 폭은 여전히 냉전의 제약을 받았다. 노력을 많이 기울였어도, 인도같이 큰 나라조차 전 지구적 충돌이 국가 정책을 좌우하는 상황을 완전히 단절할 수 없었다.

소용돌이치는 중동

17 · MIDDLE EAST MAELSTROMS

미국과 소련은 중동에서 각자 마음에

드는 정권을 찾고자 했는데,

그런 나라를 거의 발견하지 못했다.

미국은 이스라엘에서 민주주의를,

소련은 남예멘에서 마르크스레닌주의를 발견했지만,

두 나라 모두 이웃 나라를 적대하는

데 몰두한 작은 나라인 한 별로 도움이

되지 않았다.

아시아, 아프리카의 다른 나라와 마찬가지로, 중동의 냉전도 식민주의와 저항 세력 사이에 벌어진 장기 투쟁의 일부로 이해해야 한다. 중동의 냉전이 구별되는 점은 국내적·국제적 충돌이 강해지고 이 충돌이 전 지구적 수준에서 중요성을 획득했다는 사실이었다. 1967년과 1973년의 전쟁처럼, 이따금 중동의 냉전은 그 목적을 위해 양극 세계를 활용하는 듯 보였다. 그리고 이 지역의 모든 충돌이 전 지구적인 이데올로기 구분선과 연결되지는 않았겠지만, 많은 정치 지도자는 국민을 결집하게 하려고 또는 지역 차원의 적에 맞서 동맹을 구축하려고, 냉전처럼 보이기 위해 최선을 다했다. 소련과 미국이 볼 때, 중동은 소련과 미국도 끌어당기려고 위협하는 거대한 소용돌이였다. 두 나라는 각국의 이해관계가 걸려 있다고 굳게 믿으면서도, 언제나 그 이익을 측정하기가 쉽지 않은 요인들로 소용돌이에 휘말렸다.

제2차 세계대전이 끝났을 때, 중동 대다수 지역은 외국 강대국이 지배했다. 영국군은 시리아와 레바논, 그리고 멀리 서쪽 마그레브 지역에서 프랑스의 영향력을 뒷받침했다. 영국은 팔레스타인을 직접 점령했고, 이집트, 이라크, 요르단, 페르시아만 국가의 정부를 장악했다. 아라비아반도 대부분은 보수적이고 독실한 사우디아라비아 왕정이 미국 석유 회사와 손을 잡고 지배했다. 이란 북부는 소련이, 남부는 영국이 점령했는데, 표면적인 이유는 풍부한 석유 자원이 독일의 수중에 들어가는 것을 막기 위해서였다. 속속들이 식민주의가 지배하는 세계에서 아랍인과 페르시아인은 언제나 지배와 통제를 받는 지위를 떠올릴 수밖에 없었다.

10여 년 뒤 이런 정치적 풍경이 바뀌었다. 영국과 프랑스의 지배는 점차 과거사가 되었고, 1956년 수에즈 위기를 계기로 유럽이 힘이 없음이 확인되었다. 프랑스가 알제리의 독립 전쟁에서 실패한 것도 계기였다. 아랍 민족주의 혁명이 이집트, 시리아, 이라크에서 정치를 이끌었다. 팔레스타인은 종교적으로 새롭게 정의된 국가인 이스라엘과 이집트 및 요르단이 점령한 지역으로 나뉘었다. 이렇게 급변하는 중동에서 미국 행정부와 유럽 및 일본의 동맹 세력은 석유 공급을 확보하고 서방의 전략적 입지를 유지하는 게 중요하다고 믿었다. 한편 소련은 급진 민족주의자가 자본주의의 통제에서 벗어나 모스크바와 동맹하기를 기대했다. 소련공산당의 일부 이론가는 값싼 중동 석유를 차단하면 자본주의에 궁극적 위기를 유발할 수 있다고 본 한편, 붉은군대의 계획가들은 전쟁이 일어나면 나토 각국의 군대는 수입 원유에 의존해야 한다는 것을 알았다. 양쪽 모두 중동의 악몽 같은 정치를 냉전의 충돌과 연결하는 꿈과 불안이 자극적으로 뒤섞인 태도였다.

원유 공급 외에도 중동과 냉전을 연결하는 주요 고리가 두 개 더 있었다. 하나는 중동 지역에서 벌어지는 세속적 정치와 종교적 정치의 충돌이었다. 중동의 모든 나라에서 세속주의자들-전부는 아니지만 주로 사회주의자-이 정부를 종교법에 따라 조직해야 한다고 믿는 이들과 대결했다. 아랍 세계에서 우위에 선 민족주의자는 종교의 역할을 어느 정도 인정하면서도, 대체로 종교적 통치를 신봉하는 소수파 이슬람주의자를 박해하는 사회주의적 세속주의자였다. 사우디아라비아는 예외였지만, 이 나라에서도 집권층인 보수적 귀족들은 석유 자원에서 개인 수입을 확보하고, 미국의 동맹을 국내의 안보 목적에 활용하느라 정신이 없었기 때문에, 독자적인 이슬람주의 활동을 허용할 여유가 없었다. 언어·문화·종파가 아랍 중동과 동떨어진 이란에서, 미국의 보호를 받아 근대화를 추구한 젊은 왕은 종교적 통치를 신봉하는 시아파 성직자를 무자비하게 박해했다. 국왕은 보수적인 이슬람 율법학자 몰라mullah 대다수가 자신의 주적인 좌파와 이란공산당에 맞서 자신을 지지할 것이라고 생각했는데, 1950년대와 1960년대에는 타당한 근거가 있는 판단이었다.

다른 연결 고리는 중동에 신생 유대 국가가 탄생한 것이었다. 미국과 소련 모두 초기에 이스라엘 국가를 지지했다. 이유는 서로 전혀 달랐기 때문이다. 미국이 볼 때 이스라엘은 유럽의 홀로코스트에서 살아남은 유대인을 위한 피난처였고, 적어도 일부 사람에게는 유대인이 조상 대대로 산 고국으로 돌아간다는 성경의 예언이 실현된 결과였다. 또한 이스라엘의 탄생은 서방의 근대를 중동에 들여오는 첫걸음이자, 지역에서 미국 대외정책의 잠재적 동맹국이 탄생하는 과정이었다. 소련이 볼 때 이스라엘은 적어도 처음에는 영국에 더 큰 골칫거리가 생기고, 일종의 좌파 시온주의가 승리한 것을 의미했다. 마음속 깊이 반유대주의자였던 스탈린조차 시간이 흐르면서 협력할 수 있다고 본 세력이었다. 또한 이스라엘은 유대인 문제에 스탈린식 해법이 될 수 있었다. 스탈린은 늙거나 병약하거나 정치적으로 탐탁지 않은 소련 유대인을 이스라엘로 보낸다는 구상을 싫어하지 않았다. 이미 민족 전체를 소련 내부에서 이동하게 했었다.

　　훗날 미국과 소련 모두 유대 국가가 미국 및 소련과 중동 지역에서 어떤 의미를 가질지 심각히 오판한 것으로 드러났다. 1948년 아랍 나라를 물리치고 이스라엘 사회가 힘과 응집력을 갖자, 도저히 무시할 수 없는 세력이 되었다. 이스라엘은 미국의 원조를 받았지만, 적어도 1967년 전쟁이 벌어질 때까지 그 원조에 의존하지 않았다. 이스라엘이 소비에트권의 반유대주의에 맞선 것은 다른 어떤 곳보다 그 지역에 반유대주의가 강했기 때문이다. 하지만 중동에서 두 초강대국이 저지른 최대 실수는 아랍 민족주의의 활력과 진전을 오판한 것이다. 아랍 민족주의가 힘을 얻은 데는 아랍 지역에 유대 국가가 탄생한 것도 역할을 했다. 많은 아랍인이 볼 때, 이스라엘의 존재와 성공은 팔레스타인 아랍 난민의 거대한 수와 함께, 강력히 단합된 아랍 민족주의 운동이 필요하다고 끊임없이 상기하게 했다. 이런 운동만이 아랍 민족을 부활하고 독자적인 근대화로 달려갈 수 있게 해 줄 터였다.

　　아랍 민족주의는 유럽과 아시아에서 생긴 다른 형태의 민족주의처럼 19세기에 생겨났다. 현대적 형태는 제1차 세계대전 이후 오스만제국이 붕괴한 뒤에 나타났다. 유럽 나라가 아랍 나라의 독립을 거부하고 그 대신 중동의 전면 재식민화를 계속하자, 민족주의 단체는 공공연한 항쟁을 일으켰다. 1919년 이집트에서 벌어진 대규모 시위는 완전한 자치와 영국 지배의 종식을 요구했다. 이듬해 이라크에서도 전면 항쟁이 일어났다. 영국인이 봉기를 진압하는 과정에서 이라크인이 최대 1만 명 사망했다. 1925년 프랑스 통치에 맞서 시리아와 레바논에서 벌어진 항쟁은 최소 6000명의 목숨을 앗아갔다. 그전은 아니더라도 제2차 세계대전이 끝날 때쯤이면, 민족주의가 아랍 세계 전역에서 지역 정치를 진두지휘했고, 식민지 체제는 물러나고 있었다.

아랍 민족주의는 민족 독립을 요구하는 데서 멈추지 않았다. 많은 아랍 민족주의자가 볼 때, 직접적인 식민 지배를 서서히 대체한 왕정은 영국이나 프랑스의 지배와 거의 똑같이 나쁜 체제였다. 민족주의 지도자들은 이 왕과 이슬람 지도자 셰이크sheikh들을 식민 주둔 세력의 자연스러운 후손으로 보았다. 그들은 개인의 이득을 위해 옛 식민 열강과 타협하는 데만 골몰했기 때문이다. "0.5퍼센트의 사회"를 비판하면서 사회 평등과 근대화를 함께 요구하는 운동이 아랍 국왕을 차례로 끌어내렸다. 1952년 이집트 왕 파루크를 제거한 젊은 장교들은 반제국주의와 반봉건주의, 독점의 철폐를 주요 정책으로 내걸었다. 또한 그들은 아랍 왕정이 1948년 이스라엘에 승리하지 못한 것을 도덕적 부패의 징후라고 보았다. "아랍 사람은 똑같은 열정으로 팔레스타인에 진입했다"라고 1952년 이집트 혁명의 지도자 가말 압델 나세르는 말했다. "아랍인이 행동한 것은 … 자국 안보의 외부 경계선에 관해 모든 이가 공유하는 인식에 기반을 둔 것이다. 하지만 아랍인은 하나같이 비통하고 실망한 마음으로 팔레스타인을 떠났다. 그리고 각자 국내 문제에서 똑같은 세력을 맞닥뜨렸다. 전쟁에서 패배하고 국민이 굴욕과 수치를 느끼며 머리를 수그리도록 강요한 지배 세력과 같았다."[1]

나세르는 팔레스타인에 관해 연설하면서 자기뿐만 아니라 민족주의자들이 모든 아랍인을 한 민족으로 여긴다는 사실을 분명히 했다. 아랍 세계는 13세기 이후 정치적으로 분열되었지만, 급격한 변화를 원하는 혁명가들이 아랍의 문화적 통일성을 공통의 목표로 전환할 수 있기를 기대한 것은 자연스러운 일이었다. 특히 그들과 운동에 중요한 의미를 더해 줄 것이었기 때문이다. 나세르의 말을 들어 보자. "팔레스타인에서 싸움이 끝났을 때, 내 눈에 비친 아랍 진영은 단일한 실체가 되어 있었다. … 나는 아랍 나라에서 전개되는 상황을 주시했는데, 모든 과정이 일치했다. 카이로에서 벌어진 일이 다음 날 다마스쿠스에서 똑같이 벌어졌고, 베이루트, 암만, 바그다드, 그 밖의 모든 곳에서 되풀이되었다. … 아랍은 단일한 지역이다. 상황, 요인, 심지어 그들이 단합해서 맞서는 세력도 똑같다. … 가장 두드러진 세력은 제국주의다."[2]

1918년 태어난 나세르는 이집트 민족주의와 범아랍적 견해로 무장한 군장교였다. 그는 이집트의 독립 투쟁을 아랍 전반에서 벌어지는 해방 투쟁의 일부로 보았고, 아랍의 투쟁은 전 지구적 반제국주의 및 제3세계의 관심사와 연결되었다. 정치 경력을 시작할 때부터 나세르는 모호한 형태의 사회주의를 신봉했지만, 이는 이슬람 원리에 따라 아랍인이 발전하게 한 형태의 통치 체제가 되어야 했다. 나세르는 비록 소련 경제체계에 감탄했지만, 공산주의가 이집트에서 정치적으로 영향력을 행사하는 것을 우려했고, 그가 생각할 때 좌파 지도자들이 정부를 너무 심하게 비판하면 몇 차례 투옥하기도 했다. 하지만 국내에서 그가 주적으로 여긴 집단은 종교적 우파였다. 나세르는 무슬림형제단을 공공연히 조롱했고, 1954년 격분한 무슬림 형제단원이 그를 암살하려 한 뒤 모든 이슬람 조직을 불법화했다. 이집트 지도자가 볼 때, 이슬람은 무엇보다도 아랍 해방과 지역 통일에 영감을 주는 종교였다. 그는 이슬람 율법 샤리아Shari'ah 법정을 철폐하고, -전 세계의 많은 이가 주요 이슬람 신학자라고 여긴- 이집트의 종교 당국이 수니파나 시아파, 소수 종파를 막론하고 모든 무슬림은 하나의 무슬림 공동체에 속한다고 규정하고 샤리아에 따라 판단하는 파트와fatwa를 발표하게 했다.

냉전을 바라보는 나세르의 견해는 단순했다. 그는 식민주의가 종식된 뒤에도 미국, 영국, 프랑스가 아랍 세계를 지배하려 할 것이라고 보았다. 사우디아라비아, 이란, 요르단, 페르시아만 국가의 보수적인 무슬림 왕정은 이런 정치적·경제적 억압에 활용되는 도구였다. 인도나 수카르노 치하의 인도네시아처럼, 나세르가 소련에 의지한 것은 모스크바가 경제적·군사적으로 원조하고 기술을 제공할 수 있는 대안이었기 때문이다. 나세르에게 소련은 아랍 세계에서 그의 정치 목적을 이루려는 싸움에 활용할 수 있는 동맹국이었다. 나세르식의 비동맹은 이집트의 독립성을 지키고, 다른 제3세계 나라와 단합하며, 나세르의 목적을 이루기 위해 소련과 한층 더 긴밀히 협력하는 형태였다. 국내에서 나세르의 냉전 정책이 성공했음을 보여 준 증거는 소련이 세계 최대 규모의 아스완댐을 건설하는 데 자금을 지원한 것이다. 미국이 원조에 정치적 조건을 붙이려 한다는 걸 깨달은 나세르는 소련에 요청해 원조를 받았다. 격분한 아이젠하워 행정부가 원조 제안을 철회하자, 소련이 댐 설계를 도맡고 시공을 지원해 1970년 댐이 완성되었다.

국제적으로 나세르는 소련과 이집트의 긴밀한 관계를 강화함으로써 이득을 얻었다. 1960년대에 이집트는 예멘 혁명을 지지하면서 사우디아라비아와 장기간 물리적 충돌을 벌였다. 나세르가 추구한 목적은 지역의 다른 강대국에 이집트가 중동 전역에서 아랍 혁명의 운명을 좌우한다는 사실을 보여 주려는 것이었다. 소련을 비롯한 공산주의 나라는 예멘에서 복무한 7만여 명 규모의 이집트 군대에 상당히 지원했다. 예멘의 왕정주의자들은 영국과 미국뿐만 아니라 요르단, 이란, 거기다 사우디아라비아의 지지도 받았다. 나세르가 개입해 예멘에서 부족 간 관계와 씨족 간 차이가 복잡하게 뒤얽혔고, 이집트는 예멘의 북쪽 국경에 접한 사우디아라비아와 식민지 예멘의 아덴항을 자유로이 드나드는 영국에 비해 병참에서 불리했다. 이집트 대통령은 전사한 이집트 병사의 군화가 "사우드 왕과 후세인 왕의 왕관보다 더 명예롭다"[3]라고 씩씩대며 내뱉었다. 하지만 1960년대 말 나세르의 예멘 개입 시도는 손실만 크고 성과는 거의 얻지 못한 채 흐지부지되었다. 다만 이집트의 주둔으로 아라비아반도 남부에 급진주의 저장고가 남기는 했다.

나세르 이외의 다른 운동도 범아랍주의의 대의에 눈독을 들였다. 아랍바트당(Baath Party, 정식 명칭 아랍부흥사회당)은 1940년 다마스쿠스에서 미셸 아플라크Michel Aflaq가 창건했다. 시리아 기독교도 집안 출신의 옛 공산주의자 아플라크는 엄격히 조직된 대중 운동으로 아랍의 정치적·문화적 통일을 추구하는 것이 혁신될 수 있다고 믿는 인물이었다. 아플라크와 그의 추종자는 이집트 혁명을 환영하면서도 나세르가 자기 잇속만 차리고 이집트의 이익에만 몰두한다고 비판했다. 그 대신 바트당 지도부는 아래에서 아랍의 통일이 이루어지기를 원했다. 각 나라에 바트당 지부를 두고, 권위주의·민족주의·사회주의 강령을 중심으로 권력을 장악해 아랍 세계를 통일하는 길을 모색하자는 것이었다. 바트당 지도자들은 여러 세대에 걸친 후진성과 파편화, 유럽의 지배를 깨뜨리는 데 앞장서는 전위였다. 아플라크의 말에 따르면, 그들은 "수동성과 침체에서 벗어나 각성과 행동으로 나아가는 움직임의 선례이자 대담한 본보기로서 아랍 민족에 부족한 의지"였다.[4]

다른 모든 덕목보다 단합을 강조하는 정당이 대개 그러하듯, 바트당은 창당 초기부터 상당한 내분을 겪었다. 일부 당원은 당이 나세르를 비판한다 하더라도 1958년 시리아와 이집트를 아랍연합공화국(United Arab Republic)으로 통합하는 것을 지지했다. 통합은 3년 뒤 독설을 주고받으며 끝났다. 이라크에서 일부 당원은 왕정을 전복한 1958년 혁명을 지지했지만, 1년 뒤 당이 분쇄되고 말았다. 분열이 있었지만, 1950년대 말과 1960년대 초에 많은 아랍 나라에서 바트당의 다양한 지부가 영향력을 높였다. 공산주의를 받아들이지 않은 채 혁

637

명적 변화를 원하는 많은 아랍인에게, 바트당의 사상은 그들의 목적을 이루는 데 아주 요긴했다.

1958년 이라크 혁명은 중동 냉전의 분수령이 되었다. 권력을 장악한 군사정권은 보잘것없는 규모의 이라크공산당과 동맹을 이뤘는데, 신임 대통령 압둘 카림 카셈Abdul Karim Kassem이 바트당을 불신한 것도 이유였다. 또한 카셈은 5년 전 이란에서 벌어진 것과 같은 서방의 개입에 맞서 정권을 지키기 위해 소련과 동맹했다. 혁명은 피를 흘려서 이루어졌다. 국왕과 왕족 14명이 왕궁에서 사살되었다. 영국대사관은 약탈당했다. 미국 지도자들은 당연히 충격을 받았다. 몇 주 만에 이라크가 미국의 안보 설계에서 중심을 차지하는 동맹국에서 미국의 주적인 나세르와 소련 편으로 변신한 것이다. "우리는 지금 행동하든지 아니면 중동에서 발을 빼야 합니다." 아이젠하워 대통령이 보좌진에게 말했다. "손을 놓고 있다가 이 지역을 잃으면 중국에서 입은 손실보다 훨씬 나쁜 일이 될 겁니다. 중동의 전략적 입지와 자원이 그만큼 중요하니까요."[5] 도미노가 무너지는 것을 줄곧 주시하던 아이젠하워는 중동에서 미국의 힘에 소련이 직접 도전한 것이라고 여긴 이 사태에 맞서고자 했다. 국무장관 덜레스는 의회에 이렇게 말했다. "우리 군사 고문은 지금 우리가 상당한 우위를 점해서 소련이 웬만하면 도전하려 하지 않는다고 봅니다. … 그러니까 우리가 신속하고 결정적으로 행동하면 소련은 나세르가 너무 조급히 행동한다고 여길 수 있습니다. 소련은 명예가 훼손되거나 전면전의 위험이 생기기 전에 물러날 겁니다."[6]

미국의 즉각적인 대응은 중동에서 미국 대외정책의 한계를 분명히 보여 주었다. 아이젠하워는 레바논 대통령 카밀 샤문Camille Chamoun이 요청하자, 미 해병대 8000명을 베이루트에 상륙하게 했다. 아이젠하워는 공산주의자가 레바논을 전복하려 한다면서 "레바논의 영토를 보전하고 정치적 독립을 지켜"야 한다고 언급했다.[7] 하지만 사실 해병대 상륙은 중동에서 미국의 힘과 미국이 추구하는 목적을 보여 주려는 필사적인 시도에 가까웠다. 이 작전의 목표는 소련에 겁을 주어 소련이 중동 각국의 혁명에 너무 깊숙이 관여하는 것을 막고, 이라크의 새 지도자에게 쿠웨이트를 차지하지 말라고 경고하는 것이었다. 대다수 이라크인은 석유가 풍부한 토후국 쿠웨이트를 이라크 영토로 여겼다. 영국이 수입하는 석유의 절반 이상이 쿠웨이트산이었기에, 이 나라를 잃으면 서유럽과 일본은 에너지 공급에서 곤경에 빠질 수 있었다.

　　모스크바에서 흐루쇼프는 중동 각국에서 일어나는 혁명을 만족스러우면서도 아주 고소한 일로 바라보았다. "바그다드 없는 바그다드조약기구를 상상할 수 있습니까? 이런 생각만 해도 덜레스는 신경쇠약에 빠질 겁니다."[8] 모스크바의 소련 지도자는 동지들에게 흐뭇한 미소를 지어 보였다. 하지만 흐루쇼프는 이라크의 새로운 지도자들이나 그들을 지지하는 이집트 지도자들에게 미국의 개입을 막아 주겠다고 확실히 약속하지 않았다. 미군이 레바논에 상륙하자 곧바로 긴급 회담을 하러 모스크바로 달려온 나세르에게, 흐루쇼프는 아랍인에게 최신식 무기 체계를 제공할 계획이 없다고 말했다. "그런 무기를 사용해야 하는 상황이 발생하면 우리 영토에서 [이 무기들을] 발사하는 게 더 나을 겁니다. … [그리고] 만약 침략자들이 당신 나라를 상대로 전쟁을 개시한다면 우리가 이 로켓들로 당신네를 도와줄 테니 안심해도 됩니다."[9] 흐루쇼프는 중동이 희망적이면서도 혼란스러운 지역임을 깨달았다. 이 지역에서 소련의 힘이 별로 보탬이 되지는 않겠지만, 새 정권이 사회개혁과 사회 계획을 추진하고, 소련과 군사적·정치적·경제적으로 한층 더 가까운 관계로 나아가도록 촉구할 수는 있었다.

소련이 중동에서 행동할 여지는 계급투쟁에 관한 전문가의 마르크스주의적 분석과 지도자들이 추구하는 정치적·전략적 목표 사이에 끼여 버렸다. 아랍과 페르시아 중동 지역 둘 다 진정한 사회주의 혁명을 이루기에는 너무 낙후된 상태로 보였다. 두 지역 앞에 놓인 미래는 현지 부르주아지와 그 동맹자가 서방 제국주의 지배에 맞서 벌이는 민족주의 혁명이 될 것이었다. 소련은 이런 혁명의 후원자가 되어야 하지만, 그 주인공의 협소한 국지적 이기심으로 정의되는 혁명의 특징을 간파해야 했다. 중동의 부르주아 민족주의자가 소련이나 동유럽 공산당과 똑같이 전 지구적인 계급 관점을 가질 수는 없더라도, 여전히 서방에 맞서는 국제적 전선의 일부일 수 있었다. 소련이 중동에서 추구하는 목표는 참된 사회주의 혁명이 필요하지 않았다. 소련은 단지 중동의 자원을 노리는 서방에 맞서 대항하고, 이 과정에서 소련의 지원을 받으려는 운동과 정권이 필요했을 뿐이다.

소련과 미국이 이스라엘을 바라보는 시각도, 현지의 복잡한 현실을 냉전의 얄팍한 틀 안에 끼워 맞추는 수준이었다. 적어도 수에즈 위기가 발생하기 전까지, 소련은 시온주의 국가가 국제 문제에서 모스크바의 태도를 고분고분 받아들이고, 따라서 소련이 이스라엘과 아랍 이웃 나라 사이에서 합의를 중개할 수 있다는 희망을 어느 정도 품고 있었다. 이런 시각은 오늘날 느껴지는 것과 달리 터무니없지 않았다. 볼셰비즘과 시온주의는 러시아와 동유럽에서 때로는 사회주의 경쟁자로, 때로는 적수로 어깨를 견주면서 정치적으로 성장했다. 일찍이 1920년에 처칠은 단호히 선언했다. "시온주의 유대인과 볼셰비키 유대인의 싸움은 유대인의 영혼을 차지하려는 투쟁이나 마찬가지다."[10] 하지만 1948년까지 아랍인이나 소련이 아니라, 영국의 제국주의 정책이 시온주의의 가장 치명적인 적이었다. 따라서 벤구리온이 이끄는 이스라엘노동당 정부가 수에즈에서 영국 및 프랑스와 완전히 손잡기로 하자, 모스크바는 약간 충격을 받았다.

이스라엘에서 무슨 일이 벌어지는지 알았다면 이런 동맹에 놀라지 않았어야 했다. 이스라엘 노동당 정부는 아랍 이웃 나라와 대결하는 것이 생존의 문제였다. 그리고 이 대결을 지탱하기 위해서 서방의 지지가 필요했다. 벤구리온의 설명에 따르면, "우리가 고립되면 아랍인은 우리를 물리칠 수 있고 소련은 이 방안을 활용한다고 생각한다. 만약 강대국이 우리 뒤를 지키고 서 있고, 아랍인은 우리가 바꿀 수 없는 현실이라는 걸 안다면, 러시아는 우리에 대한 적대를 멈출 것이다. 이런 적대로는 이제 아랍인의 마음을 사지 못할 것이기 때문이다."[11] 1956년 전쟁 직후 소련이 이집트와 협정을 체결함으로써 이스라엘 지도자들의 의심이 확인되었다. 시온주의자는 미국과 더 가까워져야 한다고 느꼈다. 흐루쇼프가 한 번도 공개적으로 맞서지 않은 소련의 반유대주의도, 벤구리온을 비롯한 유대인 지도자들이 공산주의 국가 소련은 결코 이스라엘의 우방이 될 수 없다고 확신

641

하는 데 도움이 되었다.

가말 압델 나세르에게 소련과 이집트의 동맹은 좌절을 안겨 주었다. 나세르는 소련의 군사·경제 원조를 활용해 이집트가 지역에서 으뜸가는 강국으로 입지를 다지고자 했다.[12] 그 대신 오히려 1960년대에 경제가 내리막길로 돌아섰다. 낮은 생산성, 부패, 국방비 지출 증가, 상품과 서비스의 지나친 무상 분배 등이 주된 이유였다. 한편 예멘에서 전쟁이 장기화하는데도 아무도 신경 쓰지 않았다. 통일아랍은 1961년 시리아가 해체했고, 1963년 이라크에서 카셈이 권좌에서 끌어내려져 살해되었다. 시리아와 이라크 두 나라에서 이집트와 소련에 반감이 있었지만, 바트당은 부상했다. 1960년대 중반 다마스쿠스와 바그다드에 바트당 정부가 들어섰지만, 두 나라의 정부는 공산당과 이슬람 지도자, 소수 종족을 박해하는 것 말고는 거의 사사건건 의견이 갈렸다.

1960년대 냉전은 나세르에게 국제적 위상을 재조정할 기회를 주었다. 이집트 지도자는 소련과 계속 긴밀히 협력하는 한편, 제3세계의 혁명 운동에도 깊숙이 관여했다. 나세르는 이런 태도 덕분에 종종 성가셨던 지역적 틀을 깨뜨릴 수 있다고 생각했다. 특히 1965년 알제리에서 빈 벨라가 무너진 뒤, 카이로는 앙골라부터 모로코에 이르는 아프리카 혁명가들이 만나는 장소가 되었다. 아시아·아프리카 인민연대기구(Afro-Asian Peoples' Solidarity Organization, AAPSO) 본부가 카이로에 있었고, 1960년대 말에 이 기구에 대한 소련의 영향력이 커지긴 했지만, 나세르는 대개 기구의 모호한 절차를 자신이 개인적으로 승인할 수 있도록 항상 노력했다.[13]

계속 제3세계에 관여하고, 특히 예멘에서 실패한 뒤 전체 아랍인의 으뜸가는 옹호자를 자처하고 나선 나세르는 팔레스타인 사람의 곤경에 과거보다 한층 더 집중했다. 1948년 이후 국가를 잃은 팔레스타인 사람 100만여 명이 아랍 세계 전역에서 난민으로 살았다. 모두 불안정한 삶을 살았다. 대다수 아랍 정권은 팔레스타인 사람에게 시민권을 주지 않았고, 팔레스타인 사람은 노동과 생활하는 데서 대개 착취를 당했다. 하지만 1960년대 중반 팔레스타인 조직이 두각을 나타냈고, 그중 하나로 카이로대학교 학생이었던 야세르 아라파트Yasser Arafat가 이끄는 팔레스타인 민족해방운동 파타Fatah는 이스라엘을 겨냥해 소규모 무력 공격을 개시했다. "우리는 팔레스타인이 해방될 때까지, 그리고 팔레스타인이 아랍 민족의 심장부에서 마땅한 지위를 누릴 때까지 무기를 내려놓지 않을 것"이라고 아라파트는 선언했다.[14]

1967년 중동전쟁의 기원은 아랍이 팔레스타인의 대의를 재발견한 사실과 지역에서 냉전이 격화한 상황이 교차하는 지점에서 찾아야 한다. 1966년 파타는 아랍 지도자가 서로 앞다퉈 지원하게 만들면서 본부를 이집트에서 시리아로 옮겼다. 바트당의 급진적 분파가 국가를 지휘하는 나라였다. 소련 또한 과거 바트당과 곤란한 관계에 놓이긴 했지만, 다마스쿠스의 신정권을 힘껏 밀어주면서 바트당이 모스크바에 동조하기를 기대했다. 그러면 중동 냉전의 균형이 소련 쪽으로 결정적으로 기울 것이라는 게 브레즈네프의 판단이었다. 소련은 시리아와 이집트에 대대적으로 무기를 공급했고, 유대인이 팔레스타인을 점령한 데 반대하는 아랍의 언사도 격화했다.

643

1967년 4월 이스라엘은 파타가 시리아와 요르단에서 기습 공격을 벌이자, 양국 군대에 항공기와 전차로 폭격을 가했다. 이스라엘 제트전투기가 다마스쿠스 상공을 비행했다. 소련은 이스라엘이 시리아에 전면 공격을 가할 것으로 보고, 지역 동맹국에 경고했다. 한편 나세르는 바트당에 비해 반이스라엘 기세가 약하다고 비칠까 우려하며, 모스크바에서 들어온 정보에 깜짝 놀라 군대를 이스라엘 국경으로 이동하게 하고 아카바만 쪽의 해상 접근로를 봉쇄했다. 소련과 시리아는 이집트가 이스라엘에 압박을 가하면 다른 곳에서 나타나는 이스라엘의 호전적 태도가 누그러질 것으로 기대했다.

　　아랍이 일사불란하게 행동하자 두려움을 느낀 이스라엘은 선제공격하기로 했다. 1967년 6월 5일 이스라엘 공군은 기습 공격으로 비행장에 있던 이집트 공군을 파괴했다. 이스라엘 군대는 계속해서 시나이반도를 정복하고 카이로를 위협했으며, 동예루살렘과 요르단강 서안을 정복하는 식으로 요르단의 포격에 대응했다. 북부에서 이스라엘군은 시리아를 완패하게 하면서 골란고원을 수중에 넣었다. 1주일이 채 되지 않은 전투에서 이스라엘의 아랍 이웃 나라는 그야말로 완패했다. 시나이사막에 불탄 채 줄줄이 늘어선 T-34 전차는 소련이 이집트군에 제공한 것으로, 아랍이 얼마나 큰 굴욕을 당했으며 이 굴욕이 냉전에서 어떤 의미를 갖는지를 생생히 보여 주었다.

　　미국은 최대한 전쟁에 끼어들려 하지 않았다. 하지만 미국의 유일한 사상자는 이스라엘의 주장에 따르면 이스라엘의 우발적 공격으로 침몰한 해군 정찰선의 승무원이었다. 그렇다 하더라도 미국의 여론은 확고히 이스라엘 편이었다. 의심의 여지없이 유대 국가가 침략자였지만, 압도적인 대군을 상대로 대승을 거두자 이스라엘은 골리앗에 맞서 싸운 다윗이 되었다. 인도차이나에서 미국이 이룰 수 없을 것 같은 성과를 이스라엘이 내자 미국은 흡족해했다. 이스라엘이 소련과 그 동맹국에 참패를 안긴 것이다. 호전적인 반미 아랍 정권이 굴욕을 당하자 워싱턴도 기뻐했다. "이제 이 사람들과 조금 진전을 보는군요."[15] 존슨 대통령의 국가안보보좌관 맥조지 번디가 백악관 동료에게 한 말이다.

소련 새 지도부에게 아랍의 패배는 커다란 차질이었다. 전쟁으로 이어진 과정에서 모스크바의 외교가 어설프고 불확실하다는 점이 낱낱이 드러났다. 소련은 한편으로 이집트와 시리아에 전쟁을 피하려면 어조를 누그러뜨리라고 조언하면서도 이스라엘의 공격이 임박했다고 경고함으로써, 공격을 현실로 만들었다. 하지만 무엇보다 모스크바가 충격을 받은 것은 아랍의 손실 규모였다. 레오니트 브레즈네프는 6월 20일 바르샤바조약기구 동료에게 설명했다. "우리가 입수한 자료에 따르면, 소련을 포함해 여러 나라가 넉넉히 원조한 덕분에 아랍 나라에서 교전이 발발하기 전에 무기와 군 인력이 이스라엘보다 분명히 우월했음을 알 수 있습니다." 아랍 지도자들이 실패한 것은 그들끼리, 그리고 소련과 제대로 조정하지 못한 탓이었다. 소련이 미국에 최후통첩을 보내고서야 이스라엘은 공세를 멈추었다. 하지만 브레즈네프는 소련이 "진보적인" 아랍 국가를 계속 지원할 것이라고 말했다. 모스크바는 미국이 이스라엘의 공격을 부추긴다고 확신했기 때문이다.[16]

나세르는 원래 사임 의사를 밝혔지만, 카이로를 비롯한 여러 도시에서 사임에 반대하는 대규모 시위가 벌어진 뒤에 철회했다. 전쟁에서 패해 대통령의 인기에 흠집이 생기긴 했지만, 완전히 무너지지는 않았다. 소련의 지지를 받으며, 그리고 시리아와 함께 이집트는 이스라엘과 계속 대치 상황을 유지했다. 나세르가 말한 이른바 "소모전"은 이스라엘군을 소규모로 공격하면서도 전면전은 피하는 방식이었다. 이때마다 이스라엘은 노동당 신임 총리 골다 메이어Golda Meir가 솔직히 이름 붙인 비대칭 대응으로 반격했다. 아랍이 이스라엘에 가할 수 있는 것보다 더 많은 손상을 아랍 쪽에 가한다는 것이었다. 메이어는 점령지에서 군대를 철수하는 것을 거부했다. "아랍인이 여전히 강화를 거부하는 사실에 비추어 볼 때, 휴전선을 따라 우리 군사력을 강화하는 것 말고 다른 대안이 없습니다."[7]

1967년 전쟁으로 팔레스타인의 비극은 한층 더 커졌다. 이번에는 요르단강 서안과 가자에서 쫓겨난 새로운 난민이 인접 아랍 국가에 정착했다. 요르단과 레바논에서 난민은 인구의 핵심이 되었고, 팔레스타인해방기구(Palestinian Liberation Organization, PLO)는 양국의 정치에서 핵심 세력이 되었다. 팔레스타인해방기구는 야세르 아라파트를 지도자로 해서 파타를 비롯한 여러 단체가 느슨히 모인 연합체였다. 팔레스타인해방기구는 이스라엘을 상대로 소규모 공격을 계속했고, 점점 과격해졌다. 팔레스타인해방인민전선(Popular Front for Liberation of Palestine, PFLP)은 체 게바라를 포함해 여러 영웅을 따른다고 주장하는 자칭 마르크스레닌주의 정당이었는데, 1969년 미국 항공기를 공중납치 해서 그들 조직의 본부가 있는 다마스쿠스에 착륙하게 했다. 1년 뒤 팔레스타인해방인민전선은 한층 더 거대한 작전을 수행했다. 서방 항공기 4대를 공중납치 해서 그중 3대를 요르단으로 끌고 온 뒤 폭파한 것이다.

인질은 전부 석방되었지만, 이 테러 작전을 구실로 요르단 왕 후세인은 자국에 있는 팔레스타인 사람을 길들일 기회를 얻었다. 왕은 팔레스타인해방기구를 비롯해 팔레스타인 단체가 국가 안의 국가로 행동한다고 비난하면서, 요르단 바깥으로 쫓아내려고 군대를 동원했다. 요르단은 대다수 전문가조차 깜짝 놀랄 정도로, 시리아가 개입한다고 위협했음에도 성공을 거두었다. 팔레스타인 사람이 말하는 "검은 9월(Black September)" 사건은 중동 냉전의 표상이었다. 아랍의 단합은 이미 깨졌다. 팔레스타인해방기구 지도부는 비록 외국 표적을 겨냥한 테러에 반대했지만, 다른 아랍 국가와 충돌하고 국제 테러 조직과 연결되면서 오점을 남겼다. 팔레스타인해방기구와 신중히 연계를 구축한 소련은 중동에서 다시 굴욕을 당했다. 이번에는 중동 지역의 과거 유물로 얕잡아 본 "소국의 당돌한 왕"에게 당한 것이다.

소련은 '검은 9월' 사태에 이집트와 시리아의 군사력을 한층 강화하는 식으로 대응했다. 브레즈네프는 중동에서 정치적으로 타협해야 하며, 이스라엘과 그 후원국 미국이 이 지역에서 진정한 힘의 균형이 존재한다는 것을 깨달을 때만 외교적 해법이 가능하다는 점을 강조하면서, 내부적으로 그의 정책을 설명했다. 소련이 개입을 확대하는 것은 긴장완화에 위배되지 않는다는 것이었다. 브레즈네프가 동료에게 한 말을 빌리자면, "우리 당은 언제나 … 평화 공존 정책이 전 지구적 혁명 과정에서 반대하지 않고, 오히려 강화한다는 것을 입증했다."[18] 1970년 소련은 이집트 육군과 공군에 다시 장비를 공급했고, 이집트가 전에 보유한 것보다 한층 더 발달한 미사일도 제공했다. 붉은군대 인력이 수에즈운하를 따라 이집트의 진지에 배치되었다. 그중 한 명은 나중에 다음과 같이 회고했다. "니콜라예프에서 그들은 우리에게 사복을 입히고, 멋진 외제(소비에트권 나라에서 만든) 양복을 지급했다. 징집병은 베레모를, 장교는 모자를 받았다. 우리는 소지품과 군 서류를 모두 반납하고 여행객 차림으로 여객선 아드미랄 나히모프호에 승선했다. 내가 배치된 감시소는 구급차로 위장한 곳이었다."[19]

소련의 S-125 대공 미사일이 배치되고 소련 조종사가 이집트 상공에서 비행 임무를 수행하면서 중동의 균형은 실제로 바뀌었다. 1970년 8월 이스라엘이 휴전에 합의해, S-125 미사일이 운하 제방에 그대로 남은 것은 소련의 새로운 개입이 낳은 산물이었다. 소련 고문단 약 2만 명이 1967~1971년에 이집트에서 근무했는데, 대다수가 군사와 관련한 직무를 맡았다. 방위조약을 교섭하면서 이집트는 거의 바르샤바조약기구 바깥의 소련 동맹국으로 변신할 예정이었다. 닉슨 행정부는 이스라엘에 군사 지원을 확대하는 한편, 소련이 평화 협정을 지지하도록 만들려고 했다. 헨리 키신저가 국가안전보장회의에서 설명했다. "양쪽에 모두 골치 아픈 일이며, 소련이 통일아랍(이집트)을 설득해 합의를 이루면, 우리한테 이익이 될 겁니다. 우리의 전반적 관계의 관점에서 보면, 아랍연합공화국은 받아들이기 쉽지 않아도, 소련이 대가를 치르고 설득한 합의가 필요합니다."[20]

1970년 10월 가말 압델 나세르가 갑자기 사망하면서 이집트 정치가 극적으로 바뀌었다. 후임자 안와르 사다트Anwar Sadat는 역설적인 상황에 빠져 버렸다. 한편으로 그는 소련에 압박을 가해 군사 원조를 더 많이 받고자 했다. 다른 한편으로, 어느 시점에 이집트가 워싱턴과 대화해 중동을 위한 전반적인 평화 협정을 끌어내야 한다고 보았다. 1971년 소련과 새로운 방위 조약을 맺은 지 1년 만에 소련이 이집트에 최신식 장거리 미사일을 제공하지 않자, 사다트는 항의하는 뜻으로 소련 군사 고문관 몇몇을 느닷없이 추방했다(하지만 전부는 아니다). 또한 그는 미국과 이집트의 비밀 대화 창구를 열었다. 이스라엘이 아랍과 협상하기를 꺼리자, 조바심이 난 닉슨 대통령은 골다 메이어에게 압박을 가하려고 군사 원조를 일시 중단했다. 닉슨은 이스라엘을 공격에 버틸 만큼 강하게 만드는 것보다 소련을 이집트에서, 더 나아가 결국 중동에서 끌어내는 게 훨씬 더 중요했다.

사다트 집권 초기 궁극적인 모순은 그가 1967년 이전에 이루어진 국경에 근거해 이스라엘과 평화를 이루고자 했지만, 군사적 해법을 강요하는 것 말고 이 목표를 이룰 다른 방법을 찾지 못했다는 것이다. 아랍 각국의 군대가 이 임무를 감당하면서 승리는 아니더라도 이스라엘에 심각한 피해를 안겨 줄 수 있다고 확신한 사다트는 공격을 준비했다. 소련의 입지가 한결 축소되고 미국이 여전히 수수방관하면서, 사다트를 저지할 수 있는 이는 거의 없었다. 1973년 10월 6일, 유대교에서 가장 신성한 날인 속죄일(Yom Kippur) 전날, 이집트와 시리아 군대가 휴전선을 넘어 공격에 나섰다. 이스라엘군은 시나이반도와 골란고원 두 곳에서 모두 밀려나면서 상당한 손실을 입었다. 이스라엘이 두 전선에서 효과적으로 싸울 만큼 충분한 병력과 물자를 모으는 데 문제가 있음이 분명했다. 10월 9일 메이어는 1960년대 말에 비밀리에 개발한 이스라엘 핵전력에 준비 태세를 갖추라는 지시를 내렸다. 이 조치는 미국에 군사 원조를 강제하려는 시도이자, 아랍의 전면 침공을 막으려는 최후 보장이었다. 키신저가 강력히 주장해 바로 그날 미국은 다시 군사를 지원했다. 소련은 이미 아랍 동맹국에 보급을 재개하고 있었다.

10월 전쟁의 초기에 이스라엘이 예상외로 후퇴한 것은 이 충돌이 금세 냉전의 차원에서 이루어졌음을 의미했다. "아랍인은 교착 상태가 아니라 승리의 냄새를 맡을지도 모릅니다." 키신저가 말했다.[21] "이는 소련이 승리함을 의미합니다. 우리가 아랍인을 구하려고 개입했으면 완벽했겠지요." 하지만 당시 상황에서 미국은 유엔 안보리가 소련과 함께 즉각 휴전할 것을 요청한 것조차 거부했다. 워싱턴은 현상 유지를 원했는데, 이스라엘이 점령지를 조금이라도 잃는 것은 소련의 승리를 의미할 것이기 때문이다.

미국의 재보급이 진행되자, 이스라엘은 공세를 계속할 수 있었다. 10월 11일 이스라엘군이 골란고원에 그어진 예전 휴전선을 넘어 다마스쿠스를 향해 진격했다. 10월 15일 이스라엘은 수에즈운하를 넘어 이스마일리아와 카이로 쪽으로 밀어붙였다. 소련은 미국과 이스라엘이 공모해 유대 국가의 영토를 더욱 확장하고, 어쩌면 시리아와 이집트 정권을 전복할지도 모른다고 판단하면서 발끈했다. 미국이 마침내 유엔의 휴전 결의안에 동의하고, 모든 당사국이 이를 수용했을 때도 이스라엘은 일부 지역에서 진군했다. 다마스쿠스에서 40킬로미터, 카이로에서 100킬로미터 거리까지 군대가 진격했다. 이집트 3육군의 병력 3만 5000명이 포위되었다. 브레즈네프는 닉슨에게 전문을 보내, 이스라엘이 공세를 멈추지 않으면 붉은군대가 직접 개입할 것이라고 위협했다. 미국 정보기관은 소련군이 중동에 급파될 준비를 갖추었다고 보고했다.

10월 25일 저녁 닉슨은 전 세계에 있는 미군에 경계 태세를 발동하는 것으로 대응했다. 전략공군사령부(Strategic Air Command, SAC), 대륙방공사령부(Continental Air Defense Command, CONAD), 유럽사령부(European Command, EUCOM), 6함대에 모두 쿠바미사일위기 이후 최고 수준의 전투태세인 데프콘 3(DEFCON 3)단계가 발동되었다. 닉슨이 이미 워터게이트사건으로 사면초가에 몰린 가운데 키신저는 "현재 소련의 전반적인 전략은 우리 대통령이 현재 마비 상태이므로, 긴장완화를 의제에 올려놓을 것으로 보인다. 따라서 우리는 그들이 이 문제를 처리하는 걸 막아야 한다"[22]라고 판단했다. 닉슨은 만약 중동에 붉은군대를 파견하면 미국과 전쟁을 벌이자는 뜻으로 받아들이겠다는 신호를 소련에 보내는 한편, 키신저는 휴전 위반 행동을 멈추도록 이스라엘에 최대한 압박을 가했다.

소련 정치국은 미국이 핵 경계 태세를 발동한 것을 보고 깜짝 놀랐다. 이후 진행된 논의에서 분명히 드러났듯이, 소련 지도자들은 중동에 병력을 파견하기로 결정하지 못했다. 단순히 위협하면서 비상사태에 대비하는 계획을 세웠을 뿐이다. "이집트와 시리아 때문에 미국하고 전쟁을 벌이는 건 타당하지 않다"[23]라고 코시긴이 말했다. 브레즈네프는 소련의 경고가 어쨌든 의도한 효과를 발휘했다는 말로 상황을 요약했다. 미국이 이스라엘의 고삐를 잡아당기고 있다는 것이었다. 하지만 소련은 재빨리 미국이 주관한 결의안을 받아들였다.

교전하는 양쪽 군대를 갈라놓는 책임을 유엔에 부여하는 결의안이었다. 워싱턴에서 기자회견을 열어 횡설수설하면서 닉슨은 데탕트 덕분에 위기를 해결했다고 자화자찬했다. 브레즈네프와 "직접 연락을 취하면서 그런 식으로 서신을 주고받아서 대결이 아닌 해결을 이루었다"라는 것이었다.[24] 하지만 어느 쪽도 1973년 전쟁으로 긴장완화의 한계가 어느 정도 드러났다는 점을 의심하지 않았다.

10월 전쟁의 결과를 놓고 아랍 국가 내부에서 절망의 분위기가 역력히 드러났다. 리비아는 미국을 비롯해 이스라엘을 지지하는 나라에 석유 수출을 금지한다고 발표했다. 키신저로서는 경악스럽게도, 사우디아라비아같이 미국의 충실한 동맹국을 포함해 아랍의 다른 모든 산유국이 선례를 따랐다. 금수조치로 결국 유가가 급등했는데, 이는 그 자체로 1970년대 중반 서방에 경제적 고통을 주었다. 미국이 압력했지만, 석유수출국기구(Organization of Petroleum Exporting Countries, OPEC)는 금수조치가 끝난 뒤에도 고유가를 유지하려고 생산량을 조절하는 데 열중했다. 1940년대 이후 수요가 증가했지만, 줄곧 저렴하고 풍부했던 석유는 이제 값이 2배가 되었다. 석유수출국기구의 유가 정책으로, 원자재 가격 인상에 바탕을 둔 새로운 경제 질서를 추구하는 제3세계 세력이 힘을 얻었다. 또한 워싱턴은 중동에서 실질적 패권을 확립하는 것이 한층 시급한 과제가 되었다.

키신저는 소련을 물리치려면, 미국이 중동에서 어떤 종류의 평화를 합의하는 데 이바지해야 한다고 보았다. 그리고 교섭하려면 이스라엘이 최소한 일부 점령지에서 철수하도록 압박을 가하는 게 중요하다는 게 국무장관의 판단이었다. 1973년 전쟁을 통해 골다 메이어도 협상이 필요하다는 확신을 얻었다. 키신저에 따르면, 이스라엘은 "불패의 자신감을 잃었고 아랍은 열등감을 씻었다."[25] 하지만 메이어 정부는 키신저가 능수능란하게 교섭한 군사 철수 협정 말고 다른 교섭에는 나서려 하지 않았다. 사다트의 이집트조차 전쟁 당시 지원한 소련을 점차 외면했지만, 미국은 모스크바를 상대로 형세를 완전히 역전하기 위해 이스라엘의 도움을 거의 받지 못했다.

1974년 8월 제럴드 포드가 대통령으로 취임한 직후 키신저는 "중동은 우리가 직면한 최악의 문제"라고 설명했다. "석유 상황은 우리가 직면한 최악의 문제입니다. … 하지만 우리는 또 다른 금수조치를 감당할 수 없습니다. 만약 다시 금수조치에 직면한다면, 유전 몇 군데를 차지해야 할 수도 있습니다."[26] 1975년 3월 워싱턴이 제안한 이집트와 이스라엘의 임시 협정을 메이어의 노동당 후계자 이츠하크 라빈Yitzhak Rabin이 거부하자, 포드 대통령은 인내심이 바닥났다. 대통령은 "이스라엘이 교섭에서 취한 태도에 깊이 실망했음을 표하기 위해" 라빈에게 편지를 보냈다. "협정을 이루지 못한다면 중동 지역과 우리의 관계에 심대한 영향을 미칠 수밖에 없습니다. 저는 미국과 … 이스라엘의 관계를 즉시 재검토할 것을 지시했습니다. 중동과 전 세계에서 미국의 전반적인 이익을 보호할 수 있는지 확인하기 위해서입니다. 어떤 결정을 내리든 귀국에 통보할 것입니다."[27]

하지만 미국 대통령은 국내에서 세계적 긴장완화정책으로 소련에 오히려 퍼 주기만 했다고 믿는 이들에게 점점 압박을 받았다. 키신저가 중동 정책은 오히려 소련에서 무언가를 앗아 오는 것을 목표로 한다고 격렬히 항의하자, 양당 상원의원 76명은 포드 대통령에게

653

편지를 보내 그의 새로운 태도를 훼손하려 했다. "우리는 외부 세력이 중동 지역을 지배하는 것을 막는 데 강한 이스라엘이 가장 믿음직한 장벽이라고 믿습니다. 최근 소련 무기가 아랍 각국에 넘쳐흐르는 상황에서, 우리가 군사 균형을 이스라엘에 불리하게 바꾸지 않는 것이 무엇보다 중요한 과제입니다. 우리는 평화를 유지하기 위해, 이스라엘이 이웃 나라의 새로운 전쟁 시도를 차단할 수 있도록 충분한 수준의 군사적·경제적 지원을 받아야 한다고 봅니다."[28]

선거가 아닌 승계로 대통령이 된 상황에서 1976년 당선을 기대한 포드에게 이는 견디기 어려운 압박이었다. 미국이스라엘공공문제위원회(American Israel Public Affairs Committee, AIPAC)를 비롯한 미국의 몇몇 유대인 단체는 미국이 이스라엘을 충분히 지지하지 않는다는 우려를 긴장완화정책에 대한 고조되는 비판과 연결할 수 있었다. 자유지상주의 사상, 인권 증진, 호전적 대외정책 등과 같은 절충적 배경 때문에, 미국 신보수주의자(네오콘)라고 불린 우파 집단이 이런 혐의를 계속 이어갔다. 그들이 볼 때, 닉슨과 포드, 키신저는 중동에서 유일한 미국의 진짜 우방에 대한 지지를 팔아넘기고 있었다. 동유럽과 소련의 억압받는 국민에 대한 지지를 팔아넘긴 것처럼 말이다. 소련에 당당히 맞선다는 것은 이스라엘 편에 서는 것을 의미했다. 대통령 선거운동이 진행됨에 따라 포드 대통령의 언사는 점점 친이스라엘 성격이 두드러졌다.

미국 정치의 전개는 어떤 면에서 보면 이스라엘에서 벌어지는 상황과 평행선을 그렸다. 냉전이 이스라엘의 민주주의 약속을 압도했다. 1967년 이후 이스라엘은 점령 강대국이 되었고 정치 지형도 우경화되었다. 라빈의 노동당은 1977년 선거에서 보수파 연합인 리쿠드Likud에 패했다. 이스라엘이 창건된 이후 노동당이 정부에서 밀려난 것은 이때가 처음이다. 새로 총리가 된 메나헴 베긴Menachem Begin은 1948년 이전에 이스라엘의 독립을 위해 싸운 테러 조직 가운데 하나인 이르군Irgun 지도자였고, 극단적 견해를 펼쳐 이스라엘 정치에서 주변으로 밀려난 인물이었다. 리쿠드는 선거 공약에서 "'이스라엘 땅(Eretz Yisrael)*에 대한 유대인의 권리는 영원하며, 이는 안전과 평화를 누릴 이스라엘의 권리에 반드시 필요"함을 분명히 했다. "따라서 유대와 사마리아(요르단강 서안)를 외국이 지배하도록 내주어서는 안 된다. 지중해와 요르단강 사이에는 오직 유대인의 주권만 존재할 것이다."²⁹ 베긴은 취임하는 순간에 이스라엘 이웃 나라와 평화를 이룩하기를 원한다고 마음먹었지만, 동부의 새로운 정복지를 희생할 생각은 없었다.

한편 팔레스타인 단체들은 어떤 형태의 교섭에도 쉽게 응하지 않았다. 아랍 각국이 제대로 지지와 지원을 하지 않는 데 아라파트가 절망한 것도 이유였다. 이스라엘과 어떤 식으로든 합의하면 팔레스타인 사람이 큰 피해를 볼 것이라고 우려한 것도 이유였다. 아라파트가 생각할 때, 팔레스타인 사람이 기대할 수 있는 것은 냉전 때문에 아랍 국가가 적국과 독자적인 합의를 추구하지 못하는 상황뿐이었다. 팔레스타인 테러리즘은 무엇보다도 팔레스타인의 대의를 절대

---

* 본래 유대인이 살던 땅으로 신이 귀환을 약속한 자신들의 땅이라는 뜻이다. 19세기 후반에 등장한 시온주의의 핵심 표어로 손꼽힌다.

쉽게 무시하지 못하게 만들었다. 1972년 한 테러 단체는 뮌헨올림픽 대회 현장에서 이스라엘 선수 12명을 공격해 살해했고, 국제 여객기가 공중납치 되는 사건도 잇따랐다. 이 모든 것을 팔레스타인해방기구가 벌이지는 않았지만, 아라파트는 팔레스타인의 어떤 형태의 폭력도 비난하지 않았다. 단기적으로 이런 전략은 의심의 여지없이 팔레스타인의 대의를 드러내면서 뉴스매체를 지배했지만, 장기적으로 보면 재앙을 자초한 방식이었음이 드러났다. 테러리즘의 무모한 허무주의 때문에, 원래는 팔레스타인 사람의 곤경에 공감했을 법한 많은 나라와 개인이 고개를 돌렸기 때문이다.

사다트의 이집트가 이스라엘과 평화를 이루는 데 미국의 지지를 받으려 하자, 다른 아랍 나라는 소련과 더욱 가까워졌다.[30] 바트당의 서로 다른 두 파벌이 시리아와 이라크에서 집권했다. 시리아의 지도자 하페즈 알아사드Hafez al-Assad는 이라크의 동료들을 경멸했고, 이라크 쪽도 똑같이 그를 혐오했다. 1970년대 중반 이라크 핵심 지도자가 된 사담 후세인은 시리아가 자신을 죽이고 알아사드를 지도자로 삼아 양국을 강제로 통일하려 한다고 믿었다. 하지만 두 나라 모두 안전을 보장하고 경제가 발전하는 데 소련과 동유럽의 지원을 받고자 했다. 소련이 볼 때, 두 정권과 긴밀히 연계하는 것은 사다트가 미국 쪽으로 변절한 재앙을 완화하는 데 -어쩌면 무엇보다 그들 자신의 마음속에서 먼저- 도움이 되었다. 소련의 전문가들은 물론 바트당 두 정권이 자기 잇속만 차리고 변덕스럽다는 걸 잘 알았다. 그들은 시리아와 이라크가 공산당을 박해하고, 고위층이 부패했으며, 지도자들이 족벌 체제를 구축한다는 걸 알았다. 하지만 특히 소련공산당 국제부는 바트당이 제국주의를 거부한 부르주아 민족주의 세력이며, 따라서 소련의 지원을 받을 자격이 있다고 주장했다.

1970년대 말 소련은 두 나라에 광범위하게 지원하는 사업을 마련했다. 소련은 동유럽 국가, 특히 동독과 불가리아가 이전보다 높은 수준으로 시리아와 이라크에 일부 지원할 것을 위임했다. 1979년 시리아에 있던 소비에트권 고문관 3000명 가운데 700명이 동독 출신이었다.[31] 소련은 비록 이라크와 시리아가 협력하게 만들 능력이 없어서 이따금 불화를 낳긴 했지만, -특히 알아사드는 브레즈네프의 신경을 긁는 경향이 있었다- 그래도 꾸준히 물자를 원조했다. 젊은 지도자들은 어느 정도 미래에 대한 희망을 주었다. 헝가리공산당에 따르면, 사담 후세인은 "진보적인 민족주의적 애국자"로서 많은 것을 기대할 수 있는 인물이었다.[32] 1980년 시리아와 이라크는 전 세계에서 소련의 지원을 가장 많이 받는 나라였다. 하지만 미국이 이스라엘과 이집트에 원조하는 것에 비하면 초라한 규모였다.

시리아와 이라크가 소련의 골치 아픈 동맹국이었다면, 아라비아반도 남부에서 일어난 혁명은 적어도 한동안은 모스크바의 마음을 들뜨게 한 듯 보였다. 1967년 영국은 다시 서둘러 퇴각했는데, 이번에는 아라비아반도 남단에 있는 아덴의 식민지에서 철수한 것이었다. 권력을 넘겨받은 민족해방전선은 인민공화국을 선포하고 소련 및 그 동맹국과 긴밀한 관계를 맺고자 했다. 예멘인민민주공화국(남예멘)이라 불린 나라는 공산주의자의 눈에 아랍의 다른 "진보적" 정권과 달랐다. 예멘인민민주공화국에 대규모로 원조하는 사업에 관여한 헝가리 지도자들은 남예멘 수장들이 "민족주의나 종교적 견해가 아니라, 주로 마르크스레닌주의 이론을 행동의 길잡이로 삼는다"라고 선언했다.[33] 소련이 볼 때 시리아 해안의 타르투스에 있는 해군 기지처럼, 해군이 요충지인 아덴항을 이용할 수 있다면 상당한 이익이 될 터였다.

미국과 소련은 중동에서 각자 마음에 드는 정권을 찾고자 했는데, 그런 나라를 거의 발견하지 못했다. 미국은 이스라엘에서 민주주의를, 소련은 남예멘에서 마르크스레닌주의를 발견했지만, 두 나라 모두 이웃 나라를 적대하는 데 몰두한 작은 나라였기에 별로 도움이 되지 않았다. 전반적인 전략적 관점에서 보자면, 두 초강대국 모두 부정적인 의미를 제외하고 큰 성과를 기대할 수 없었다. 1970년대 소련과 미국은 각자 나름의 이유로 또 다른 중동 전쟁을 미연에 방지해야 했다. 두 나라는 점점 상대를 중동에서 밀어내 세계 냉전에서 유리한 고지를 차지하려고 했다(하지만 중동에서 정치적·경제적 변화가 근본적으로 이루어지지 않는 한 큰 이득을 얻기는 어려웠다). 두 초강대국이 볼 때 중동은 혼란과 유동성이 지배하는 지역으로, 지속적인 이점을 얻기가 무척 어려웠다.

이스라엘과 막대한 원유 수입을 얻는 페르시아만 국가를 제외하고, 경제적 진보가 거의 이루어지지 않는다는 점은 중동 국가들이 냉전에서 어느 쪽으로 충성의 방향을 돌리는가 하는 것보다 미래를 위해 더 중요했다. 제3세계의 다른 나라만큼 중동의 세속적 민족주의 정권도 대다수 사람이 바라는 생활 수준을 높이는 데 실패했다. 그 대신 국민은 점점 자신의 생활수준은 별로 안중에도 없고, 해외 강대국과 동맹하는 고압적이고 비민주적인 정부를 얻었다. 당연히 일부 젊은이는 다른 형태의 권위와 자신이 몰두할 수 있는 대의를 찾아 나섰다. 특히 1973년 전쟁 이후 무력감과 모욕감에 빠진 수많은 사람이 이슬람 학교와 사원으로 몰려갔다. 설교자는 아랍 정권이 신에게서 멀어졌다고 비난했다.

　이슬람에 대한 당대의 정치적 해석은 물론 중동이나 다른 지역의 무슬림 사이에서 새로울 게 없었다. 하지만 1970년대 중반까지 이런 집단, 이른바 이슬람주의자라는 집단은 박해받는 소수였다. 국왕이 정치 체계 전체를 이슬람에 바탕을 둔다고 주장하는 사우디아라비아도 정부가 승인한 이슬람주의자만 허용되었다. 이집트, 시리아, 이라크는 모두 무슬림형제단을 불법화했고, 무슬림 지도자의 정치적 역할을 신봉하는 이들은 정권의 교도소로 소리 소문 없이 사라지거나 더 나쁜 운명을 맞았다. 이슬람주의자는 점차 지하 조직과 테러리즘으로 돌아섰다. 시리아의 바트당은 1982년 서부 지역에서 일어난 이슬람 반란을 진압하는 데 화학무기를 비롯해 다양한 무기를 사용했다고 한다. 최소 1만 명이 살해되었다.

　하지만 중동 각국 정부가 다양한 이슬람 조직에 가한 압력은 오히려 그들의 힘만 키워 준 것 같았다. 그들의 신념과 신이 모든 정치 문제의 궁극적 권위라는 믿음 덕분에 어떤 박해도 참을 수 있었다. 이집트의 무슬림형제단 같은 몇몇 단체는 가난한 동네에서 원조사업을 진행하면서 인기를 확대했다. 이런 도움을 받는 이들이 정권에 체포되면, 말만 많고 하는 일은 없는 정권보다 가난한 이를 위해 행동하는 무슬림을 지지하겠다고 솔직히 말했다. 각국 정권은 부패와 외국 강대국에 굴종했다는 사실, 이스라엘을 무너뜨리지 못하는 무능력과 같은 비판에 취약했다.

몇몇 핵심 이슬람주의 지도자는 냉전을 중동 각국 정권이 타락한 으뜸가는 징표로 삼았다. 미국을 여행하고(이때 미국식 생활방식에 혐오를 느꼈다) 주로 교도소에서 많은 글을 쓴 이집트인 사이드 쿠트브 Sayyid Qutb는 오직 이슬람만이 세계의 병폐를 치유하는 해답을 내놓는다고 주장했다.

> 오늘날 인류는 머리 위에 매달려 있는 절멸의 위험만이 아니라 … 인류가 필수적 가치를 상실했기 때문에 벼랑 끝에 서 있다. … 서방의 민주주의가 너무도 무력해진 나머지 사회주의의 이름으로, 특히 경제체제에서 동구권의 체제를 빌려 오는 중이다. … 처음에 마르크스주의는 동방만이 아니라 서방에서도 신념에 바탕을 둔 하나의 생활방식으로서 많은 사람을 끌어당겼다. … [하지만] 이 이론은 인간의 본성과 욕구에 위배된다. 이 이데올로기는 타락한 사회나 어떤 종류의 독재가 장기간 이어진 결과로 겁에 질린 사회에서만 번성한다. 하지만 지금은 이런 상황에서도 사회주의의 유물론적 경제체제가 실패하고 있다.[34]

쿠트브는 1966년 이집트 교도소에서 교수형으로 죽었다. 하지만 중동의 세속적 국가들이 열악한 경제 상황으로 내부에서 압력을 받자, 그의 사상은 1970년대에 멀리까지 확산했다. 미국은 이슬람주의자를 주요 위협으로 여기지 않았다. 오히려 이슬람주의자는 미국이 경멸하면서 제거되기를 원하는 좌파 민족주의 정권에 반대하기 때문에 유용할 수 있었다. 이슬람주의의 사회적 보수주의와 반공주의 또한 미국이 추구하는 목적에 들어맞았다. 이슬람주의자의 주적은 공산당, 특히 이라크와 이란의 공산당이었다. 소련이 볼 때 이슬람주의자는 반동적인 과거의 유물이었다. 진보적인 사회가 소련의 지도로 사회주의로 나아가는 과정에서 그들이 맡을 역할은 아무것도 없었다.

1970년대 말 중동의 냉전 때문에 이 지역은 어려운, 거의 풀 수 없는 문제를 떠안았다. 중동 지역은 유럽이나 동아시아와 마찬가지로 미국과 소련의 동맹국으로 분열되었다. 두 초강대국은 자국민에게 무관심한 정권을 지지했다. 두 나라 모두 교섭 과정에서 상대국보다 우위에 서는 것 말고, 아랍-이스라엘 분쟁을 해결하는 데는 관심이 없었다. 미국은 팔레스타인 지도자를 테러리스트 취급하면서 대화를 거부했다. 소련은 팔레스타인의 대의를 지지한다고 주장했지만, 팔레스타인 조직을 통제할 수 있는 한에서만 지지했다. 미국은 중동의 석유를 확보하는 데 집착했기 때문에, 이란이나 사우디아라비아 같은 독재 정권이 자연스레 미국의 동맹국이 되었다. 이런 폭발적 혼합 때문에 중동 지역은 냉전이 끝날 때까지, 그리고 그 후에도 여전히 언제든 위태로울 수밖에 없었다.

데 탕 트 를
무 너 뜨 리 다

18 · DEFEATING DÉTENTE

결국 데탕트를 무너뜨린 것은

미국의 국내 정치였다. 닉슨과 키신저는

대다수 미국인이 받아들이려는

수준을 넘어 소련과 함께 냉전을

관리하려고 했다.

1970년대 중반 긴장 수준은 전에 비해 상당히 낮아졌
어도, 냉전이 견고한 국제체계로 굳어진 것처럼 보였다. 어떤 사람은
긴장완화정책 덕분에, 시간이 흐르면서 두 진영이 사회적·경제적으
로 수렴되거나, 신뢰 구축과 인적 접촉을 바탕으로 철의 장막을 해체
함으로써, 충돌이 종지부를 찍을 것으로 믿었다. 하지만 냉전이 계속
유지될 것이라고 생각하는 이조차 충돌의 구조가 바뀌었다고 주장
했다. 한층 높아진 전 지구적 긴장 대신, 세계는 일정한 형태의 복점
(duopoly) 체계로 나아가는 듯 보였다. 이 체계에서 미국과 소련은 지
역적 충돌을 제한하는 책임을 공유하면서 핵무기 확산을 확실히 막
는 한편, 자기 진영에서 불안을 피할 것이었다. 경쟁 관계는 중동에서
처럼 불안정한 방식으로라도 계속될 것이었다. 하지만 냉전은 관리
할 수 있고 안정적이었다. 레오니트 브레즈네프나 제럴드 포드가 자
신의 신념 때문에 결국 세계에 불을 지를 것이라고 믿는 이는 거의
없었다. 《뉴욕타임스》 모스크바 통신원이 1973년에 보도한 것처럼,
브레즈네프는 "서방에서 음식과 음주, 사냥과 스포츠카 취향, 그리고

665

체중과 흡연 문제로 명성을 얻었다. 점점 늘어나는 서방 방문객은 그가 사교성 좋은 수다쟁이임을 깨닫고, 그의 따뜻한 미소에 좋은 인상을 받은 채 … 소련을 떠났다."¹ 그렇게 인생을 즐기는 사람에게 이데올로기는 별로 중요하지 않아 보였다.

물론 이렇게 너그러운 시각으로 냉전을 보는 데 이의를 제기하는 이도 있었다. 소련과 동유럽에서 일부 사람은 공산당 우두머리의 권위주의적 지배에 반대했다. 독자 방침을 정한 중국은 소련과 미국이 지구 전체를 공동으로 지배할 가능성에 악담을 퍼부었다. 이슬람주의자는 무슬림이 신에게 돌아가는 것을 가로막으려 하는 이교도 강대국의 지배를 비난했다. 미국에서 신보수주의자는 닉슨 행정부가 악의 세력과 타협했다고 분노했다. 그들은 미국이 짧은 기간 적국과 평화를 이루기 위해 자신의 타고난 권리를 팔아 버렸다고 주장했다. 로널드 레이건은 1976년 제럴드 포드와 맞붙은 공화당 후보 지명전에서 소련이 지구 패권을 장악하려 한다고 주장했다. 이런 소련의 시도에 저항하는 게 미국을 위하는 길이었다. "우리는 세계 지도부에 오르려 하지 않았습니다. 억지로 떠맡은 것이지요. 이 땅에 사람들이 정착한 바로 그 순간부터 이는 우리의 운명이었습니다. 만약 우리가 운명과 만나는 약속을 지키지 않는다면, 또는 1630년에 존 윈스럽 John Winthrop이 말한 대로 '우리의 하느님께 거짓되게 대한다면', 우리는 '전 세계에서 이야깃거리와 웃음거리'가 될 것입니다. 미국인은 다시 한번 사명감과 위대하다는 느낌에 굶주릴 겁니다."²

닉슨과 브레즈네프의 긴장완화정책은 여러 곳에 적이 있었지만, 1973~1976년에 미국 정치에서 벌어진 변화를 빼놓고는 데탕트의 붕괴를 상상하기가 어렵다. 워터게이트사건을 계기로 많은 미국인이 나라가 통치되는 방식에 근본적으로 잘못된 점이 있다고 확신했다. 닉슨과 키신저, 그리고 소련과 비밀리에 협정을 맺은 방식이 문제의 일부였다. 워싱턴주 출신 민주당 상원의원 헨리 잭슨Henry Jackson은 소련이 일관되게 인권을 침해했는데도 국제문제에서 신뢰할 수 없는 상대라는 점을 깨닫지 못했다고 행정부를 공격했다. 잭슨은 데탕트를 닉슨과 그의 후임자가 미국 국민을 속인 여러 방식 가운데 하나라고 믿었다. 1974년 잭슨과 상원 다수파는 미국이 인권 기록이 좋지 않은 나라에 무역에서 최혜국대우를 주지 못하도록 명시하는 수정안을 밀어붙였다. 여기에 소련도 포함되었지만, 국외 이주 권리를 포함해 인권 상황을 개선하기 위해 18개월의 유예 기간을 받았다. 소련은 격분했지만, 키신저는 미국 행정부가 이런 문제를 극복할 것이라고 안심하게 했다.

1976년 선거운동에서 포드는 긴장완화정책을 거부하려는 동료 공화당원에게서 점차 압박을 받았다. 그들은 닉슨의 접근방식 때문에 미국이 세계에서 평범한 나라로 전락한 것이 문제라고 주장했다. 캘리포니아주지사 출신으로 1976년에 포드와 후보 지명 경쟁에 나선 로널드 레이건은 선거운동을 하면서 다음과 같이 주장했다.

키신저와 포드 시절에 이 나라는 군사력에서 세계 2위가 되었는데, 이 세계에서 2위가 된다는 건 -치명적이지는 않더라도- 위험한 일입니다. … 우리 나라는 위험에 빠졌습니다. 평화는 약함이나 후퇴에서 오지 않습니다. 미국의 군사 지배권을 복구하는 데서 오는 겁니다. … 라트비아나 에스토니아, 리투아니아, 체코슬로바키아, 폴란드, 헝가리, 다른 어떤 나라 국민에게든 물어보십시오. 동독, 불가리아, 루마니아 국민에게 소련이 최고인 세계에서 사는 게 어떠냐고 물어보십시오. 저는 그런 세계에서 살고 싶지 않습니다. 여러분도 마찬가지일 거라고 생각합니다. … 저는 하느님께서 이 땅을 두 대양 사이에 자리하게 하고, 자유를 특히 사랑하며 자신이 태어난 나라를 떠날 용기를 지닌 이들이 발견하게 한 데는 성스러운 목적이 있다고 믿습니다. 우리 선조부터 오늘날의 이민자에 이르기까지, 우리는 지구 구석구석에서 여기로 왔고, 온갖 인종과 민족이 섞인 채로 세계에서 새로운 종자가 되었습니다. 우리는 미국인이며 운명과 만날 약속을 했습니다.[3]

레이건은 한껏 멋진 언사를 늘어놓았지만, 1976년에 공화당 대통령 후보로 지명되지는 못했다. 포드가 지명되었지만, 선거에서 민주당의 정치 초보 지미 카터에게 패했다. 공화당 우파가 자당 후보의 인상을 깎아내린 것도 이유였다. 1976년 선거 무렵 신보수주의 동맹은 미국 정치에서 주목해야 할 세력이 되어 있었다. 그들은 여성과 소수 종족에 유리한 국내 개혁에 반대했고, 1960년대의 소요 때문에 미국이 거의 통치할 수 없는 상태에 빠졌다고 보았다. 따라서 걸핏하면 미국을 비판하면서, 필요할 때면 기꺼이 미국의 원조를 받는 제3세계 국가나 소련이 미국을 쉽게 활용할 수 있었다.

1976년에 레이건을 지지하지 않은 이도 포함해 많은 미국인이 이처럼 외부에서 포위당하고 자국 지도자에게서 버림받았다는 인식을 공유했다. 경제성장은 지지부진했고, 인플레이션은 30년 전보다도 높아져 1970년대 말에는 13퍼센트에 이르렀다. 포드 행정부를 비판하는 이는 "스태그플레이션stagflation"이라는 용어를 사용했다. 미국 경제의 잘못된 상황을 한꺼번에 상징하는 마법의 단어였다. 거의 모든 주요국 경제가 1970년대에 똑같은 저성장과 고인플레이션의 결합을 경험했지만, 미국 행정부 비판자는 이것이 미국 특유의 현상이자 다른 나라에 비해 워싱턴이 특히 약하다는 사실을 숨길 수 없이 보여 주는 징표로 내세웠다. 사실 스태그플레이션은 자유로이 이동하는 화폐, 자본과 투자의 세계화, 원자재 가격 상승, 그리고 시간이 흐르면서 점증하는 국제 경쟁이 낳은 산물이었다. 이런 상황 전개는 점차 실제로 미국 경제가 다른 많은 나라 경제보다 더 빠르게 회복하는 데 도움이 되었다. 하지만 1970년대 중반 당시에는 모두 암울한 전망처럼 보였다. 닉슨 행정부는 물가와 임금을 동결하는 정책을 펼쳤지만 경제나 대중의 분위기에 도움이 되지 않았다.[4]

국제관계에서 미국을 다루기 어렵고 약하게 만드는 현실적인 상황 또한, 미국의 지도부가 부실하고 미국이 이용만 당한다는 인식을 부추겼다. 1973년 미국이 인도차이나에서 철수를 완료하면서 전투가 잠시 소강상태를 거친 뒤, 혁명 군대가 공세를 계속했다. 북베트남의 두 거대 동맹국인 소련과 중국은 신중할 것을 촉구했지만, 북베트남 군대는 1974년 12월 남베트남을 상대로 전면 공격했다. 물자 보급을 늘려 주겠다는 소련의 보장이 하노이가 중대한 결정을 내리는 데 결정적으로 작용했다. 북베트남에 지원을 확대하는 것이 소련이 데탕트를 단절한다는 의미는 아니었다. 브레즈네프가 거듭 지적한 것처럼, 실제로 모스크바는 베트남에 대한 원조를 축소하겠다는 약속을 한 적이 없었다. 정반대로 하노이의 소련 고문관은 이제 남부를 집어삼킬 때가 되었다는 북베트남인의 판단에 점차 동의했다. 중국도 계속 원조했는데, 소련에 질 수 없다는 경쟁심도 한몫했다. 레주언을 비롯한 베트남공산당 지도자들이 1975년을 국가를 통일할, 다시 오지 못할 절호의 기회로 본 것도 놀랄 일은 아니다. 특히 그들과 베이징 지도자 사이에 정치적 불화가 점점 고조되는 분위기였기 때문이다.

북베트남의 공세는 불과 1년 전에 조인한 협정에 정면으로 위배되는 행동이었다. 남베트남 군대는 서류로 판단하면 영토를 방어하기 위해 적재적소에 배치되어 있었지만, 부대끼리는 서로 조정되지 않았다. 이후 공세 때문에 대규모 난민이 발생하고, 미국이 철수한 심리적 타격이 겹치면서 남베트남은 순식간에 패했다. 북베트남은 전략적으로 우위임을 잘 알았지만, 그래도 저항이 삽시간에 꺾이자 깜짝 놀랐다. 1975년 3월 남베트남군은 중부 고지대에서 밀려났다. 적군은 계속해서 해안 도시와 기지를 하나씩 집어삼켰다. 4월에 북베트남 지도부는 전체 군대에 사이공을 향해 곧바로 진격하라고 지시했다.

남베트남 대통령 응우옌반티에우는 4월 21일 사임하면서 남베트남을 지원한 미국을, "불공정하고… 비인간적이고 … 무책임하다"라고 비난했다. "당신들은 도망치면서 당신들이 할 수 없는 일을 우리한테 떠넘겼다."[5] 미국 의회는 이미 1974년에 남베트남 원조를 절반으로 삭감했고, 1975년 미국이 계속 원조를 늘렸더라도 전장의 상황은 크게 바뀌지 않았을 것이다. 남베트남은 북부가 공격하면 군사를 지원해 주겠다는 닉슨의 비공식 약속을 지키라고 미국에 호소했지만, 워싱턴은 무시로 일관했다. 티에우가 억울해하며 사임한 직후, 포드 대통령은 대학생에게 "미국은 베트남 이전에 존재한 자부심을 되찾을 수 있다"라고 말했다. "하지만 이는 미국에 관한 한 이미 끝난 전쟁을 재개하는 식으로 얻을 수 없습니다. … 어디서든 최종 결정을 책임지는 인간의 운명은 우리가 아닌 그들 자신의 손에 달려 있습니다."[6]

베트남민족해방전선의 지원을 받은 북베트남군이 1975년 4월 사이공을 장악했다. 미국 인력과 최대한 많은 남베트남 공무원을 다급히 공중으로 끌어올리는 미국 헬리콥터에 관한 인상은 미국의 세계적인 지위에 아무 도움이 되지 않았다. 어떤 식으로 이야기를 갖다 붙여도 베트남전쟁의 종식은 아시아에서 미국의 힘이 패배했음을 뜻했다. 미국 내 비판자는 행정부가 냉담하고 비겁하다고 공격했다. 그리고 미국의 냉전 정책이 전능함에서 무능함으로 전락했다는 그들의 주장은 확실히 과장되었지만, 사이공 탈출은 의심의 여지 없이 전후 시대에 미국 대외정책이 최악의 나락으로 떨어진 순간이었다. 공산당과 제3세계 혁명가는 환호했고, 전쟁에 반대한 미국과 유럽의 많은 젊은이도 패배를 축하했다. 하지만 베트남에서 목숨을 잃은 5만 명과 중증 장애를 입은 7만 5000명의 가족은 말할 것도 없고, 베트남에서 복무한 250만 미국인은 사이공 함락으로 미국의 정치 지도자에게 절대 사라지지 않는 쓰라린 환멸을 느꼈다.

어떤 형태로든 공산당이 제시한 민족해방에 공감한 대다수 베트남인에게 하노이의 승리는 다면적인 축복을 입증해 주었다. 그들의 조국은 통일되고 평화를 이루었다. 하지만 북부 지도자들이 완전히 통제권을 쥐고 남부의 베트남민족해방전선에는 거의 아무것도 내주지 않았다. 그들은 군사적인 면만이 아니라 사회적·정치적 면에서도 신속한 통일을 원했다. 통일 베트남은 공산당이 이끄는 사회주의 공화국임을 선포했다. 베트남식 사회주의는 분명히 소련식이었다. 경제는 중앙계획을 통해 지휘되었다. 사적 소유는 폐지되고 농업은 집단화되었다. 무역과 시장은 모두 정부의 통제를 받았다.[7] 남부에서 적어도 100만 명-전직 군인, 사업가, 교사-이 재교육 수용소로 보내졌다. 그 결과 남부 경제는 붕괴했다. 베트남인 200만 명이 해외로 도망쳤는데, 일부는 공포 때문이었지만 대부분은 경제적 궁핍 때문이었다.

1975년 이후 많은 베트남인이 불행한 시간을 겪었다면, 국경 너머 캄보디아는 상황이 10배는 더 나빴다. 이 나라에서 미국이 지지하는 정권이 무너진 뒤 극단적 형태의 마오쩌둥주의와 중국 문화대혁명에 고무된 광신적 공산주의자 단체가 권력을 잡았다. 스스로 폴포트Pol Pot라고 부른 지도자는 제국주의의 영향력과 탐욕스러운 이웃 나라가 결합해 캄보디아 국민이 절멸의 위협을 받는다고 믿었다. 그가 추구한 이념은 민족 자립과 인종적 순수성, 우생학을 유독 강조하는 형태의 마오쩌둥주의였다. 폴 포트의 캄푸치아공산당(프랑스식 별명인 크메르루주Khmer Rouge로 알려졌다)은 권력을 잡자마자 도시를 비우고 모든 주민을 농촌으로 보내 기본 농사일에 종사하게 만들었다. 전쟁 중에 하노이의 원조를 받았지만, 그들은 베트남인과 중국인을 비롯해 캄보디아에 있는 모든 소수민족을 잔인하게 공격했다. 전체 인구의 약 3분의 1인 250만 명이 크메르루주의 정책으로 사망했다고 추산된다.[8]

서방의 여론이 캄보디아에서 벌어지는 사태의 극악무도함을 알아차린 데는 시간이 걸렸다. 미국의 인도차이나 전쟁을 비난하는 여론이 워낙 거센 탓에, 많은 이는 크메르루주가 벌인 대량학살의 전모를 믿고 싶어 하지 않았다. 하지만 섬뜩한 사실이 알려지면서 이 사태는 특히 유럽에서 공산주의를 전반적으로 비판하는 데 상당한 영향을 미쳤다. 그렇더라도 캄보디아는 마땅한 규모로 뉴스 지면을 장악하지 못했다. 이 사태가 중동에서 벌어진 위기와 더불어 워터게이트사건 이후 미국 통치 체계의 내부 붕괴처럼 보이는 사태에 가려진 것도 이유였다. 그리고 이 모든 사태의 한가운데서 포르투갈 혁명이 일어났다. 이 혁명은 심지어 인도차이나 충돌의 종식보다 냉전에 더 큰 영향을 미쳤다.

포르투갈은 1933년 이후 파시즘식의 독재 국가였다. 유럽에서 가장 가난한 나라를 이끈 정권은 식민지에 집착했다. 오직 식민지만이 국가의 지위를 보장하고 미래에 경제가 팽창할 수 있다는 희망을 준다고 여겼기 때문이다. 다른 유럽 국가가 어쩔 수 없이 탈식민화를 실행한 뒤에도 포르투갈은 아프리카의 속국(앙골라, 모잠비크, 기니비사우, 카보베르데, 상투메프린시페)만이 아니라 인도네시아 군도의 동티모르도 계속 유지하려고 했다. 정권은 이들 나라에서 벌어지는 해방운동은 모스크바의 지령을 받는 공산주의 세력이라고, 미국과 나토 동맹국만이 아니라 자국민에게도 주장했다. 하지만 국민과 군 내부는 큰 비용이 들고 승리의 가망이 없어 보이는 식민 전쟁에 인내심이 바닥났다. 정권을 두 동강 낸 사건은 1973년 석유 위기였다. 포르투갈은 아프리카에서 싸우는 군대에 보급을 제대로 할 수 없었을 뿐더러, 국민에게 보조금을 제공하는 석유를 계속 공급할 수도 없었다.

1974년 4월 25일 모두 해외 복무 경험이 있는 청년 장교 한 무리가 정권을 무너뜨리려는 행동에 나섰다. 훗날 카네이션혁명이라는 이름을 얻은 무혈 쿠데타에서 장교들은 정부를 끌어내리고 나라를 통치하기 위해 고위 장군으로 구국군정(National Salvation Junta)을 구성했다. 식민지는 독립을 약속받았다. 하지만 안토니우 드 스피놀라António de Spínola 장군과 새로운 행정부를 이끈 온건파는 얼마 지나지 않아 그들을 그 자리에 앉힌 일부 하급 장교와 대결했다. 젊은 장교들은 포르투갈 사회를 더욱 빠르게 바꾸고자 했다. 몇몇은 포르투갈공산당과 손을 잡았다. 집권을 위한 계획도 별로 세우지 않은 채 혁명을 설파하는 친모스크바 정당이었다. 포르투갈은 지속적인 정치 불안의 시기를 겪었는데, 이 시기에 좌파와 우파가 대결하면서 나라는 거의 통치할 수 없는 상태에 빠졌다.

그러는 동안 포르투갈의 아프리카 식민지가 차례대로 분리 독립했다. 기니비사우와 카보베르데는 이행이 순조로웠다. 통일해방전선이 권력을 잡고 쿠바, 소련과 긴밀히 연결된 마르크스주의 정권으로 변신했다. 모잠비크해방전선(Frente de Libertação de Moçambique, FRELIMO)은 권력을 잡고 인민공화국을 선포했다. 소비에트권과 제휴하기는 했지만 모잠비크 지도자들은 독립성을 지켰다. 하지만 앙골라는 포르투갈 혁명 이전에도 경쟁하는 해방운동 사이에 내전이 진행 중이었다. 1974년 포르투갈이 철수를 준비하는 가운데, 앙골라 내전은 이웃한 아프리카 나라만이 아니라 두 초강대국에도 위협이 될 만큼 큰불이 되었다.

앙골라는 자원 면에서 포르투갈의 옛 아프리카 식민지 가운데 가장 부유한 나라였다. 하지만 국민은 가난했고, 식민 지배자는 주요 종족 집단 사이에 경쟁을 부추기기 위해 최선을 다했다. 수도 루안다의 백인과 혼혈 엘리트를 포함해 모든 집단의 지지를 받은 유일한 해방운동은 앙골라해방인민운동이었다. 앙골라해방인민운동은 포르투갈공산당과 긴밀히 연결된 마르크스주의 지식인이 이끄는 전선이었다. 이 단체는 1960년대 초부터 소련과 쿠바, 유고슬라비아의 지원을 받았지만, 내분과 분열을 겪었다. 소련이 이 운동에 지원을 늘린 직후인 1970년, 앙골라해방인민운동은 또 한 번의 파열을 겪었다. 따라서 카네이션혁명이 일어났을 때, 앙골라해방인민운동은 경쟁 세력인 앙골라민족해방전선(Frente Nacional de Libertação de Angola, FNLA)과 앙골라완전독립민족동맹(União Nacional para a Independência Total de Angola, UNITA)에 비해 불리한 위치였다. 앙골라민족해방전선은 자이르(콩고) 대통령 모부투 세세 세코Mobutu Sese Seko가 지지하는 토착민 중심 단체였고, 앙골라완전독립민족동맹은 오빔분두족이 주요 지지 세력이었다.

1974년 이 단체 사이에 앙골라 내전이 발발하자, 앙골라해방인민운동은 금세 입지를 키웠다. 앙골라해방인민운동은 수도와 주변 지역을 장악했고, 리스본의 신정부를 대표하는 포르투갈 관리와 순조로이 협력할 수 있었다. 1975년 여름에 앙골라해방인민운동은 앙골라 15개 주 가운데 11개를 지배했다. 하지만 자이르와 남아프리카공화국 정부가 미국의 은밀한 지원을 받아 앙골라에 군대를 보내 앙골라해방인민운동과 싸웠다. 두 나라 모두 공산당이 이끄는 나라와 국경을 맞대는 것을 원하지 않았다. 소련과 쿠바가 앞다퉈 동맹 세력을 지원했다. 1975년 11월 11일 앙골라해방인민운동 지도자 아고스티뉴 네투Agostinho Neto가 앙골라인민공화국을 선포하자, 쿠바는 루안다로 병력과 무기를 공수했다.

쿠바군이 반격에 나서기 전까지 남아공은 거의 앙골라 수도까지 진격했다. 하지만 소련이 항공기와 대포를 지원하면서 쿠바와 앙골라해방인민운동이 결정적인 대응에 나섰다. 남아공은 남쪽으로 철수하면서 미국에 배신당했다고 느꼈다. 백악관이 항의했지만, 미국 의회는 앙골라 반정부 세력에 추가로 군사 지원하는 것을 금지했다. 1976년 봄 3만 명에 육박하는 쿠바 군대와 점점 늘어나는 소련 및 동유럽의 고문관 등의 지원을 받은 앙골라해방인민운동은 나라 전체를 장악했다. 포드 행정부는 격분했다. 그들은 소련이 수천 마일 떨어진 곳에서 앙골라에 새로운 형태로 개입하고, 쿠바가 대리인 역할을 한다고 보았다. 키신저는 남아공대사에게 이렇게 말했다. "이 나라는 정말 끔찍한 상황인데, 결국 러시아인이 앙골라 승리의 기세에 편승해, 아프리카에서 강력한 지도자를 물리치고 대륙 전체에서 완승을 거둘 겁니다. … 미국인은 어떤 상황이 되면 베트남전쟁 때처럼 분열되는데, 그러면 아무 행동도 할 수가 없어요. 그러니 미국인에게 의존할 수 없습니다."9

앙골라를 소련 개입의 새로운 형태로 본 미국의 판단이 옳았다. 다만 모스크바는 거의 사후에야 이런 생각을 하고 개입했을 뿐이다. 소련이 아니라 쿠바가 원동력이었다.[10] 소련공산당 국제부 부부장 카렌 브루텐츠Karen Brutents가 나중에 설명한 것처럼, 앙골라 개입은 "어떤 종합 계획도 없이 하나의 사실이 되었다."[11] 모스크바 관점에서 주요한 점은 "두 번이나" 쿠바를 실망하게 하지 않고 지원해야 한다는 것이었다.[12] 쿠바미사일위기는 여전히 모스크바의 마음에 맺혀 있었고, 1973년 10월 전쟁도 마찬가지였다. 브레즈네프는 처음에, 앙골라에 지나치게 역점을 두는 것에 회의적이었지만, 쿠바와 앙골라해방인민운동이 현지에서 성공을 거두자 그를 비롯한 모스크바의 많은 인사가 이제 "보복할 때"라고 느꼈다. 미국은 한 세대 또는 그 이상 전 세계에 개입하고 있었다. 이제 소련은 전략적·이데올로기적 이익을 옹호하기 위해 그렇게 할 수 있음을 보여 주었다.

인도차이나 함락과 더불어 앙골라 개입은 워싱턴에서 이미 진행 중이던 긴장완화정책에 강력한 반발을 불러왔다. 포드 대통령은 대선에 출마하면서 선거운동에서 "데탕트"라는 용어를 사용하지 못하게 했다. 대외정책 경험이 전혀 없는 경쟁 상대인 민주당 주지사 지미 카터는 행정부의 정책을 혹평했다. "우리는 소련과 대등한 위치에서 경쟁하는 것을 두려워합니다." 카터가 포드와 텔레비전 토론을 하면서 주장했다. "우리는 긴장완화를 이야기합니다. 소련은 데탕트에서 무엇을 원하는지 알고, 그걸 얻고 있습니다. 우리는 우리가 무엇을 원하는지 알지 못했고, 거의 사사건건 당하고 있습니다."[13] 카터는 키신저 시절의 비밀주의에서 벗어나기를 원했다. 그는 미국이 대외

문제에서 인권, 종교와 이주의 자유, 자결권 등과 같은 미국의 가치를 강조하기를 원했다. 그는 "세력 정치의 균형"이 아니라, 미국이 신봉하는 원칙을 통해서만 세계에서 미국이 잃어버린 존경을 되찾을 것이라고 믿었다.

1976년 백중지세의 선거에서 승자는 지미 카터였다. 대통령에 취임한 순간부터 카터는 소련과 더 안전한 지반이라고 여긴 내용을 토대로 관계를 설정하고자 했다. 브레즈네프에게 처음 보낸 편지에서 그는 냉전을 넘어서고 싶다는 바람을 표현했다. 미국 대통령의 말에 따르면, 양국이 협력할 수 있는 문제가 많이 있었다. "인류 가운데 불운한 이를 위한 발전과 영양 개선, 더 의미 있는 삶" 등이 그것이었다.[14] 전략무기제한협정 협상에서 카터는 진전을 충분히 이루지 못했다고 느꼈다. 브레즈네프에게 말한 것처럼, 그는 양쪽 모두 핵무기 보유량을 대폭 감축하는 쪽을 선호했다. 카터의 새로운 제안에 소련은 큰 충격을 받았다. 소련은 새로운 전략무기제한협정과 관련해 기본 합의에 이미 도달했다고 믿었다. 그리고 새로운 제안이 책략일지 모른다고 우려했다. 그들은 소련의 핵미사일이 미국 미사일에 비해 표적 명중률이 한참 떨어진다는 걸 너무도 잘 알았다. 따라서 소련은 미사일을 많이 보유해야 안전하다고 느꼈다. 브레즈네프는 카터가 현상 유지에서 벗어나려 한다고 보면서 분노했다. 카터의 국무장관이자 노련한 외교관 사이러스 밴스Cyrus Vance는 모스크바에서 이 문제를 꺼내려 하자, "면전에 걸레를 던지듯 노려보면서 당장 당신 나라로 돌아가라는 말을 들었다"라고 회고했다.[15]

카터와 소련의 관계는 한층 더 악화할 분위기였다. 신임 대통령은 인권 정책을 강조하기 위해 소련 반체제 인사 안드레이 사하로프 Andrei Sakharov에게 편지를 보내기로 했다. 편지에서 카터는 "내 나라뿐만 아니라, 해외에서도 인권 존중을 장려하는 데 확고히 전념하겠다"라고 역설했다. "우리는 중재 역량을 활용해 양심수 석방을 끌어내겠습니다."[16] 크렘린은 격분했다. 미국 주재 대사 아나톨리 도브리닌이 훗날 말한 것처럼, 이는 "우리를 괴롭히고, 곤란히 만들려는 시도"[17]였다. 모스크바는 양국 정부 수반이 조기 회담을 하는 데 필요한 모든 준비를 중단했다.

카터의 대소련 정책에서 초기에 생긴 문제는 어느 정도 경험 미숙에서 비롯되었다. 카터의 보좌관 가운데 대외 문제에 경험이 있는 이는 아무도 없었고, 설상가상으로 국내 정책의 측면에서 대외 문제를 사고하는 이도 없었다. 한 예로, 신임 행정부는 미국 유대인 막후교섭 단체의 힘과 영향력이 커지는 것을 보고 깜짝 놀란 듯하다. "대외문제는 우리 조지아와 남부의 정치적 경험의 일부가 아니었고, 따라서 잘 이해할 수 없는 분야"라고, 카터의 비서실장은 조지아 태생 대통령에게 실토했다.[18] 소련 정책과 중동 정책에서 카터는 특수이익집단의 동맹이 필요하다는 걸 금세 깨달았지만, 항상 그런 세력을 끌어들이는 데는 성공하지 못했다.

카터는 행정부 출범 첫날부터 대외정책과 관련해 핵심 참모진에게서 서로 상충하는 조언을 받은 탓에 점점 곤란해졌다. 사이러스 밴스는 데탕트로 이룬 성과가 많으며, 따라서 대통령이 작은 이득에 눈이 멀어 긴장완화정책을 내팽개치지 않도록 극히 신중해야 한다고 믿었다. 구식 외교관인 국무장관은 절대 필요하지 않은데도 소련을

679

적대하는 것은 미국에 이익이 되지 않는다고 생각했다. 반면 컬럼비아대학교 교수로 카터의 국가안보보좌관이 된 즈비그뉴 브레진스키 Zbigniew Brzezinski는 다른 나라처럼 소련도, 미국이 장려하는 국제 규범을 위배하면 그에 맞서 대결해야 한다고 확신하는 대통령의 생각에 동의했다. 브레진스키는 자신이 생각하는 강경한 현실주의적 대외정책을 부추겼다. 카터에게 설명한 것처럼 미국보다 소련에 긴장완화정책이 훨씬 더 필요하다고 보았기 때문이다.

카터 행정부는 처음부터 국내에서 소련이 미국의 약점을 활용한다는 여론이 고조되면서 압박을 받았다. 대다수는 여전히 소련과 무기 제한을 회담하는 것에 찬성했지만, 1978년 70퍼센트에 가까운 미국인은 소련이 합의를 지킬 것이라고 신뢰할 수 없다고 생각했다.[19] 많은 미국인이 여러 면에서 소련을 두려워하고 불신하는 것은 자국 사회에서 벌어지는 충돌과 쇠퇴, 무기력에 대한 우려가 반영된 결과였다. 하지만 이런 좌절에 목소리를 내기 위해서는 활동가 집단이 필요했다. 이런 집단 가운데 하나인 '현존위험위원회(Committee on the Present Danger, CPD)'는 소련이 전 세계에서 공세를 취한다고 믿는 공화당원과 민주당원을 두루 포함했다. 폴 니츠와 진 커크패트릭, 존슨 대통령 시절 국무차관 유진 로스토Eugene Rostow가 이끄는 위원회는 전략무기제한협정을 협상하고, 소련의 인권 침해를 비판하며, 국방비 증대 및 이스라엘과 미국의 연계를 지지하는 유력한 막후교섭 단체가 되었다.

카터는 대외정책 의제, 무엇보다 미국의 에너지 안보, 중동 평화, 전 지구적 차원의 인권 등 광범위한 문제를 다루면서 시간을 보내고자 했다. 그러나 여론조사 지지도가 하락하자, 소련을 상대하는 국가안보 쟁점에 다시 빠져들 수밖에 없었다. 전략무기제한협정 협상이 교착하면서, 소련도 카터 대통령에게서 많은 성과를 얻을 수 있다는 희망을 잃었다. 이런 인식이 퍼지자 모스크바에서 특히 아프리카, 아시아와 관련해 더욱 적극적인 정책을 추진하고자 하는 이들이 힘을 얻었다. 그중 일부는 세계가 사회주의로 돌아서고 있으며, 소련이 이 과정을 적극 도와야 한다고 주장했다.

소련의 관점에서 보면, 1970년대 중반 전 세계의 상황은 실로 희망찬 듯했다. 중동에서 차질이 있기는 했지만, 브레즈네프가 보고받은 것처럼 이는 아랍 각국의 계급투쟁 때문이 아니라 제국주의의 배신 때문이었다. 시리아와 이라크는 소련과 한층 더 긴밀히 협력했다. 남예멘은 이제 인민공화국이었다. 아프리카의 모든 신생 독립국은 마르크스레닌주의자가 통치했다. 베트남은 공산당이 통치해 통일되었다. 인도는 이미 소련의 동맹국이었다. 예멘과 마주 보는 아프리카의 뿔 지역에 있는 소말리아는 혁명사회당이 권력을 잡고, 소련 해군에 베르베라항에 군함을 주둔하도록 요청했다. 국제 상황이 전반적으로 소련에 유리해 보였다. 소련의 젊은 공산당원이 볼 때, 이런 전 지구적 진전은 소련 내부에서 높아지는 사회주의 현실에 대한 환멸을 보상해 주었다.

에티오피아 혁명은 1970년대에 아프리카 전역을 휩쓴 변화에서 기원했다. 특히 군부의 젊은 지도자들은 사회적·경제적 진보가 부족한 것에 조바심을 냈고, 그들의 지위가 부재한 것에 좌절했다. 그중 일부는 소련식 마르크스레닌주의를 모호한 형태의 아프리카식 사

681

회주의보다 더 매력적으로 느꼈다. 쿠바는 다인종 사회이자 계획경제로서 커다란 영감을 주었다. 필요한 사회 변화를 급속하고 효율적으로 밀어붙인다는 생각은 이 지도자들을 고무했다. 수백 년간 정교회 기독교 군주정이 이어지면서 사회적·경제적으로 거의 변화하지 않은 에티오피아는 그들에게 이런 개조의 시간이 무르익은 나라로 보였다.

에티오피아의 1974년 혁명은 황제 하일레 셀라시에Haile Selassie를 축출하고, 데르그Dergue라고 부르는 젊은 장교 집단 위원회로 대체했다. 나이가 든 황제는 1년 뒤 교도소에서 살해되어 예전 황궁의 화장실 바로 밑에 묻혔다. 37세의 소령 멩기스투 하일레 마리암Mengistu Haile Mariam이 신정부의 지도자가 되었다. 멩기스투는 소련, 동유럽, 쿠바와 긴밀한 관계를 추구했다. 모스크바는 처음에 미적지근했다. 소련 지도자들은 에티오피아가 과연 마르크스레닌주의에 진심으로 전념하는지 의심했고, 에티오피아와 너무 가까워지면, 데르그와 점차 충돌하는 이웃 소말리아와 맺은 기존 동맹에 문제가 생기지는 않을까 우려했다. 하지만 1977년 소련은 에티오피아에 무기를 공급하고 군사를 훈련했으며, 쿠바는 고문관을 보냈다.

아디스아바바와 모스크바가 점점 가까워지는 모습을 우려한 소말리아는 행동에 나서기로 했다. 소말리아는 소말리인이 주로 거주하는 에티오피아 남부의 오가덴 지역을 자국 영토로 통합하고자 했고, 에티오피아 혁명으로 생겨난 혼돈으로 기회가 생길 것이라고 생각했다. 소련과 쿠바는 소말리아 대통령 시아드 바레Siad Barre에게 그런 공격에 경고하면서 해결책을 중재하기를 기대했다. 하지만 1977

년 7월 에티오피아가 소말리아의 전면 침공에 직면했음이 분명했다.

소련은 에티오피아 혁명을 구조하기로 했다. 시아드 바레와 소련의 관계를 단절하고 공중 가교(air-bridge)로 아디스아바바에 첨단 무기를 공수했다. 1973년 이집트를 원조한 이후 최대 규모의 공수작전이었다. 최소 1만 5000명의 쿠바 군인이 도착했고, 소련 장교가 에티오피아와 쿠바 군대를 지휘했다. 소말리아는 격렬히 저항했지만, 1978년 초 국경 너머로 밀려났다. 한편 소련은 에티오피아 정부의 모든 부문을 지원하는 것으로 에티오피아와 소련의 관계를 확대했다. 일부 소련 지도자, 특히 공산당 국제부 지도자는 에티오피아가 소련에 영향을 받은 제3세계 근대화의 모범국이 될 수 있다고 믿었다. 멩기스투가 잔인한 성격인 데다 소수집단을 겨냥해 끊임없이 전쟁을 벌여 의혹이 생기기는 했지만, 국제부장 보리스 포노마레프Boris Ponomarev는 "소련공산당의 경험 많은 일군의 동지"를 보내, 향후 데르그가 공산당으로 발전하도록 돕자는 데 동의했다.[20]

예상할 수 있는 것처럼, 소련이 아프리카의 뿔 지역에 관여하자 워싱턴에서 경종이 울렸다. 브레진스키는 대통령에게 전 세계에서 더욱 호전적인 방향으로 밀어붙이는 소련 측의 행동 유형을 보았다고 말했다. 카터도 동의했다. 그는 소련과 미국의 관계가 개선되기를 열망하면서도 소련이 제3세계에서 보이는 행동을 걱정했다. 대통령은 긴장완화정책에, 지역 분쟁에 개입하지 않는다는 원칙이 포함되어야 한다고 믿는다면서 언론에 다음과 같이 말했다. "소련이 이런 원칙을 위반하는 것이 제가 우려하는 이유이고, 소련의 말과 평화적 의도에 미국인의 신뢰를 떨어뜨리며, 전략무기제한협정이나 포괄적핵실험금지조약의 비준을 어렵게 만들 겁니다. 따라서 이 두 가지는 소련의 행동 때문에 연결됩니다. 애초에 우리가 연결한 게 아닙니다."[21]

아프리카의 뿔에서 발생한 위기는 카터 행정부 내부의 충돌을 드러내는 계기가 되었다. 국무장관 사이러스 밴스는 브레진스키와 대통령이 이 지역 때문에 미국에 훨씬 더 중요한 다른 문제를 뒷전으로 밀어내는 이유를 도무지 이해할 수 없었다. 소련의 개입과 전략무기제한협정을 연결 짓는 것은 파국을 초래한다고 밴스는 말했다. "우리는 결국 전략무기제한협정을 잃을 텐데, 이는 최악의 사태일 것입니다. 대통령 임기 4년 안에 전략무기제한협정을 이루지 못한다면, 대통령 기록에 영원히 오점으로 남을 겁니다."[22] 하지만 밴스의 목소리는 행정부에서 점점 힘을 잃었다.

미국이 소련의 제3세계 행동주의를 맞받아칠 방법은 중국과 미국의 관계를 개선하는 것이었다. 카터는 처음에 인민공화국을 완전히 인정하는 문제를 천천히 해결하려고 했다. 중국공산당의 인권 기록을 우려했고, 중국과 더 긴밀히 협력하면 브레즈네프가 분노할 것이라고 생각했기 때문이다. 1976년 마오쩌둥이 사망한 뒤 집권한 중국의 새 지도자들은 미국과 접촉하는 것을 확대하고자 했다. 마오쩌둥은 미국과 중국의 연계를 무엇보다 중국의 안보 차원에서 생각했지만, 후계자 덩샤오핑은 미국의 기술 및 미국과 무역하기를 원했다. 덩샤오핑은 중국을 부강하게 만들기 위해 미국의 도움이 필요했다. 미국과 중국의 관계를 확대하면 중국의 근대화에 도움이 될 것이라는 게 덩샤오핑이 내린 결론이었다.

에티오피아 사태 이후 미국은 중화인민공화국을 전면 인정할 준비에 속도를 높였다. 국가를 인정한다고 해서 두 나라 관계가 실질적으로 크게 바뀌지는 않지만, 이는 강력한 상징적 행위였고 새로운 가능성을 활짝 열어 주었다. 덩샤오핑은 최측근 보좌진에게 미국이 호응하기만 한다면 미국과 중국의 협력을 극적으로 확대하기를 원한다고 말했다. 중국 지도자는 목격한 것처럼 소련의 힘이 전 지구적 차원에서 대규모로 강화되는 것을 두려워했다. 그는 특히 소련-베트남 관계가 점점 가까워지는 것을 주목했는데, 이를 중국을 에워싸려는 소련의 종합 계획 가운데 하나라고 의심했다.

베트남과 중국의 관계는 1975년 이후 줄곧 자유낙하를 했다. 중국공산당의 팽창주의를 봉쇄하려고 베트남에서 전쟁을 치른 미국 지도자로서는 놀랍게도, 이런 불화는 점차 군사화되었다. 1978년 베트남과 중국은 서로 모욕했고 국경에 군대를 보내기도 했다. 그 후 20세기에 가장 무모한 전략계획임이 분명한 행동으로, 캄보디아의 크메르루주 정권이 베트남계 사람을 추방한 데 이어 군대를 동원해 베트남을 급습했다. 10배나 강한 베트남군이 반격을 가했다. 캄보디아로 진격한 베트남군은 크메르루주가 자국민을 상대로 가한 어마어마한 폭력에 깜짝 놀랐다. 1978년 말 하노이 지도부는 폴 포트 정권을 제거하기로 했는데, 베트남 안보에 위협이 될 뿐만 아니라 종족말살 정책을 벌였기 때문이기도 했다. 전쟁은 단 2주 만에 끝났다. 크메르루주 잔당은 타이 국경지대로 도망쳤고, 새로운 친베트남 정권이 캄보디아에 들어섰다.

베트남은 자체 이유로 행동에 나섰지만, 20세기 최악의 살인 정권에서 캄보디아를 구한 셈이었다. 하지만 덩샤오핑은 격분했다. 크메르루주는 악질이긴 해도 중국의 동맹이었고, 덩샤오핑은 캄보디아 침공의 배후에 소련이 있다고 확신했다. 덩샤오핑의 말에 따르면, 그는 베트남에 "적절히 제한된 교훈"을 가르치기로 결심했다.[23] 미국에서도 즈비그뉴 브레진스키는 베트남이 캄보디아를 점령하고도 무사히 지나가면 다른 나라도 공격할 수 있다고 우려했다. 어떻게 보면 도미노이론의 부활인 셈인데, 다만 이번에는 중국과 미국이 같은 편이고, 베트남은 잔인한 마오쩌둥주의 독재를 제거했다는 이유로 응징을 받아야 했다.

1979년 1월 덩샤오핑은 미국과 새로운 관계를 시작하기 위해 워싱턴을 방문했고, 중국이 베트남에 따끔한 교훈을 주는 공격을 할 것이라고 미국 측에 솔직히 통고했다. 제한된 목표를 위한 제한적 공격이 될 것이며, 중국은 소련이 북부에서 행동에 나서기 전에 철수할 것이었다. 덩샤오핑은 소련과 관련한 전반 상황을 논하면서 "긴장완화 가능성이 전혀 보이지 않는다"라고 말했다. "우리는 해가 갈수록 상황이 더 긴장될 것이라고 말할 수 있습니다. … 우리가 볼 때는 소련이 전쟁을 일으킬 겁니다. 하지만 우리가 제대로 적절히 행동하면 전쟁을 뒤로 미룰 수 있습니다. 중국은 22년 동안 전쟁을 연기하기를 기대합니다."[24]

카터 대통령은 중국이 노골적으로 베트남을 공격하는 것을 용납할 수 없었다. 하지만 그러면서도 덩샤오핑에게 중국으로서 "침략했는데도 베트남을 무사히 내버려둘 수 없다"는 점을 이해한다고 말했다.[25] 미국은 결국 그다음 달에 중국의 공격을 공개 규탄했지만, 카터는 비밀리에 중국과 기밀정보를 공유하면서, 소련이 북부에서 위협을 가하면 미국이 중국을 지원하겠다고 약속했다. 하지만 중국의 침략은 베이징에 재앙이 되었다. 한 달간의 전쟁으로 중국은 베트남전쟁에서 발생한 전체 미군 전사자의 절반 가까운 병력을 잃었다. 덩샤오핑이 베트남에 충분한 "교훈"을 주었다고 판단하지 않았다면, 중국의 손실이 훨씬 더 늘어났을 것임은 의문의 여지가 없다. 중국의 베트남전쟁은 인민해방군의 실제 전투태세가 얼마나 끔찍한지를 보여 주었다. 또한 이후 중국-베트남 관계가 치열한 적대 경로를 지속할 것임을 정해 버렸다.

워싱턴과 모스크바 양쪽에서 긴장이 고조되면서, 협상이 계속되어 양쪽이 제2차 전략무기제한협정에 서명할 일만 남았다. 1979년 6월 카터와 브레즈네프는 빈으로 가서 조인식을 하고 거의 5년 만에 첫 정상회담을 했다. 두 정상의 만남은 순조로이 풀리지 않았다. 나이가 많아 지치고 감상적이 된 브레즈네프는 카터가 과연 긴장완화 정책을 충실히 지킬지 심각히 의심했다. 첫 번째 회담에서 브레즈네프는 이렇게 말했다. "냉전의 관성 때문에 부담이 된 소련-미국 관계를 근본적으로 개혁하는 건 간단한 일이 아니었습니다."[26] 그는 미국이 "완전한 평등과 동등한 안전, 상대국의 정당한 이해를 존중, 상대국 문제에 불간섭" 등 자신이 생각하는 데탕트 원칙을 무시한다고 비난했다. 카터는 "우리가 지역 차원의 정치 경쟁에서 자제하는 것, 그리고 세계의 여러 분쟁 지역에 직접적이든 대리 세력을 통해서든 군사개입을 제한하는 것"도 마찬가지로 중요하다고 응수했다. "우리가 상대국, 또는 이 문제에 관한 한 다른 나라도 중대한 천연자원에 대한 접근성을 박탈하지 않도록, 신중을 기하는 것도 중요한 일이었습니다."²⁷ 제2차 전략무기제한협정은 조인되었지만, -미국 국민 분위기를 고려하면 놀랍지 않지만- 미국 상원은 비준을 보류했다.

천연자원에 대한 카터의 언급은 그가 중동의 정치 소요에 점차 몰두한다는 신호였다. 이집트 대통령 안와르 사다트는 1977년 11월 다른 아랍 국가와 단절하고 이스라엘을 찾아가 베긴 총리와 직접 교섭했다. 이 용감한 행동으로 이집트는 아랍 세계에서 추방되었지만, 이스라엘과 독자적으로 평화 협정을 교섭하는 것에 미국의 지원을 확보했다. 시나이반도도 돌려받았다. 또한 1979년 3월 캠프데이비드에서 협정이 조인된 뒤 미국의 원조가 크게 증대되는 선물도 받았다. 하지만 그때쯤이면 중동의 또 다른 나라가 항쟁으로 불탔다. 1953년 미국의 후원을 받아 모사데크를 전복한 쿠데타 이후 권좌에 있던 국왕은 독재 정권에 반대하는 대규모 시위를 맞닥뜨렸다. 1978년 9월 국왕은 계엄령을 선포했다. 하지만 이란군의 지지조차도 의심스러워하며, 1979년 1월 이란을 탈출했다.

이란혁명은 유가가 또다시 폭등하는 결과를 낳았다. 미국은 국왕이 국외로 탈출한 뒤 생긴 혼돈 속에서 강력한 이란공산당 투데가 권력을 잡을까 걱정했지만, 실제로 시아파 이슬람주의 단체가 주도권을 잡았다. 그 구심점에 77세의 시아파 성직자 아야톨라 루홀라 호메이니Ayatollah Ruhollah Khomeini가 있었는데, 그는 자신의 권위로 지도해 이란을 이슬람 공화국으로 만들어야 한다고 믿었다. 호메이니는 이란에서 이슬람의 수호자를 자처했다. 이란에서 그의 설교가 불법 음성과 영상을 통해 퍼졌는데, 그는 미국과 소련 둘 다 무슬림을 몰살하려는 악마라고 비난했다. 호메이니가 내건 구호는 "좌파도 우파도 아니고, 이슬람이다!"였다. 1979년 2월 망명지에서 테헤란으로 의기양양하게 돌아오자마자 그는 사실상의 국가 지도자가 되었다.

이란 이슬람 혁명은 냉전 질서와 단절하려는 의도적인 시도였다. 호메이니는 모든 무슬림에게 새로운 체제를 방어하는 데 힘을 보태라고 호소했다. "우리는 동방과 서방, 소련과 미국에 등을 돌리면서 우리 나라를 스스로 운영하려고 합니다"라고 호메이니가 선언했다. "우리가 이런 입지를 이룬 것은 현재 세계의 상황을 고려할 때 역사적인 예외이지만, 우리가 순교하고 패배한 채 죽더라도 우리의 목표는 결코 사라지지 않을 겁니다."²⁸ 처음에는 워싱턴도 모스크바도 호메이니 정권이 지속될 것이라고 보지 않았다. 양국 지도층의 많은 사람은 호메이니가 과거의 무슬림 보수파처럼 행동하면서 결국 미국의 지원에 의지할 것이라고 생각했다. 하지만 잘못된 판단이었다. 호메이니는 자신을 거짓의 세계에 맞서는 진정한 혁명가로 보았다. 1979년 11월 호메이니 지지자 일부가 테헤란의 미국대사관을 점령하고 외교관을 인질로 잡았다. 호메이니는 점령을 지지했다. 카터와 화해를 최대한 어렵게 만들려는 속셈이었다.

인질 사태로 카터 행정부는 마비되었다. 카터는 이란 영토를 공격하거나 아야톨라 호메이니와 담판을 벌이는 방식으로 인질에게 도움을 주지 못해, 허약하고 우유부단한 인물로 여겨졌다. 카터는 그 대신 이란에서 도대체 무슨 일이 벌어지는지 파악하려고 분투했다. 이란이 소련의 품에 안기는 결과를 원하지 않았기 때문이다. 그는 여전히 냉전이 가장 중요한 문제였다. 결국 그는 군을 동원해 인질을 구출하기로 했는데, 미국 항공기 2대가 이란 사막에서 충돌하는 장관을 연출하며 실패했다. 이로써 1980년 4월 밴스 국무장관이 결국 사임했고, 카터의 재선 가능성도 날아간 것 같았다. 한 달 뒤, 긴장완화정책과 단절하고 미국을 다시 위대하게 만들겠다고 약속한 로널드 레이건이 공화당 대통령 후보로 지명되었다.

미국이 이란의 이슬람주의 때문에 애를 먹었다면, 소련도 한참 북쪽에서 나름대로 고생을 했다. 1978년 4월 아프가니스탄에서 마르크스주의 정당이 군사 쿠데타를 통해 집권했다. 신정권은 소련과 긴밀히 협력했는데, 소련은 농촌에서 시행할 대대적인 개혁을 서두르지 말라고 조언했다. 소련 고문관은 아프가니스탄이 토지개혁이나 여성교육, 조혼 금지 같은 대규모 세속적 계획을 시행할 준비가 되지 않았다고 보았다. 하지만 아프간공산당은 고집을 부렸다. 1979년 초 아프간공산당은 이웃한 파키스탄과 이란을 근거지로 삼아 조직된 이슬람주의 반란이 고조되는 사태에 직면했다. 아프간 이슬람주의자들은 이란에서 벌어진 것과 같은 이슬람주의 혁명을 신봉했다(다만 그들은 시아파를 분파로 여겼다). 대부분 중동, 이집트나 사우디아라비아에서 교육을 받은 이들로, 공산당만큼이나 아프간 사회를 대대적으로 개혁하기를 원했다─다만 그 방향이 이슬람 축소가 아니라 **확대**였다.

아프가니스탄에서 이슬람주의자가 정부 시설 공격을 격화하자 소련은 공산당을 돕기 위해 더 많은 고문관을 보냈다. 모하마드 타라키Mohammad Taraki 대통령이 정치적으로 조급히 밀어붙여서 소련을 격분하게 했지만, 그래도 소련은 헌신적으로 아프간 정권을 지원했다. 당시 소련은 위험만이 아니라 기회도 보았다. "에티오피아와 더

불어 앙골라가 아프가니스탄이 나아갈 길이었다." 소련공산당 국제부 부부장 카렌 브루텐츠가 훗날 말했다.[29] 하지만 1979년 9월 타라키가 이인자 하피줄라 아민Hafizullah Amin과 벌인 내부 분파 투쟁에서 살해당하자, 현지의 소련 고문관들은 사태가 위급함을 알렸다. 아민은 타라키보다 훨씬 극단적인 마르크스레닌주의 정책을 추구하겠다고 자임했지만, 국가보안위원회는 그가 미국과 접촉하며 소련을 상대로 "사다트 같은 짓"을 꾸민다고 의심했다. 이슬람주의 게릴라가 진격하자 소련은 아민을 무력으로 제거하고, 소련에 더 충성하고 이슬람주의 반란에 맞서 유능하게 싸울 수 있는 새로운 아프간 지도부를 앉힐 준비에 착수했다.

소련은 1979년 크리스마스이브에 개입했다. 카터 행정부는 새로운 정찰 위성을 통해, 소련이 아프간 쪽 국경에 병력을 증강하는 것을 추적할 수 있었기 때문에 소련의 침공에 놀라지 않았다. 그렇지만 대통령은 소련의 행동에 소스라치게 놀랐다. 브레진스키는 그전부터 줄곧 대통령에게, 소련이 아프리카의 뿔 지역에서 홍해를 건너 인도양 연안까지 힘을 확장하고자 하는 이른바 "위기의 활꼴(arc of crisis)"을 설명했다. 아프가니스탄 침공은 이런 소련의 의도를 입증하는 듯 보였다. 미국의 일부 분석가는 붉은군대가 벌이는 작전의 실제 목적이 인도양에 있는 항구를 손에 넣고 페르시아만의 석유를 장악하는 것이라고 보았다. 억지스러운 제언이었지만, 이란 인질 사태 당시 광분한 백악관의 분위기에 영향을 미쳤다.

카터는 1980년 1월 4일 저녁 텔레비전으로 대국민 연설을 했다. 대통령은 소련의 침공을 "평화를 해치는 대단히 심각한 위협"이라고 규정했다. 그 이유는 단순히 아프가니스탄 자체에서 벌어지는 사태 때문이 아니었다.

> 소련이 서남아시아 이웃 나라에도 추가로 팽창할 위협이 있기 때문이며, 이런 호전적인 군사 정책이 세계 곳곳의 다른 모든 이를 불안히 만들기 때문입니다. 이는 국제법과 유엔헌장을 태연히 위반하는 행동입니다. 또한 강력한 무신론 정부가 이슬람 독립국가의 국민을 예속하게 하려는 의도적인 시도입니다. 우리는 아프가니스탄이 안정과 평화에서 차지하는 전략적 중요성을 인식해야 합니다. 소련이 점령한 아프가니스탄은 이란과 파키스탄을 동시에 위협하며, 전 세계 석유 공급의 상당 부분을 장악하기 위한 발판이 될 수 있습니다.[30]

2주 뒤 신년 국정연설에서 카터는 "소련이 아프가니스탄을 침공한 것은 제2차 세계대전 이후 찾아온 평화에 가장 심각한 위협이 될 수 있다"라고 강조했다.[31] 대통령은 보좌진에게 소련을 응징할 수 있는 조치를 요청했고, 제안이 들어오는 대로 하나하나 서명해 승인했다. 브레진스키조차 대통령의 분노에 깜짝 놀랄 정도였다. 카터는 무역과 문화 교류를 중단하고, 곡물·기술·운송장비 수출을 금지했으며, 우주에서 협력을 중단하고, 소련 어선이 미국 해역에서 조업하는 것을 금지하며, 모스크바올림픽대회에 참가하지 않겠다고 을러댔다. 또한 상원에서 검토하던 제2차 전략무기제한협정을 철회했다. "역사가 … 분명한 교훈을 주는 경우는 극히 드뭅니다. 하지만 세계가 커다란 대가를 치르고 배운 그런 교훈이 하나 있다면, 침략을 저지하지

않으면 전염병이 된다는 것입니다."³²

1975년 소련의 앙골라작전을 시작으로 하는 앞선 사건이 없었다면, 카터의 반응은 과장된 허풍으로 보였을 수도 있다. 소련은 두 세대 동안 아프가니스탄에서 폭넓은 영향력을 행사했고, 소련 침공 이전부터 미국이 지원한 아프간 이슬람주의자가 공산당의 통치보다, 아프가니스탄에 반드시 더 좋은 대안은 아니었다. 하지만 카터가 적용한 전반적인 냉전의 틀에서 보면 어떤 것도 중요하지 않았다. 대통령이 된 후로 카터는 소련이 세계에서 차지하는 미국의 지위에 노골적으로 도전한다고 의심했다. 에티오피아 위기가 벌어질 즈음이면, 미국의 관점에서 볼 때 긴장완화정책은 이미 심각한 곤란에 빠져 있었다. 긴장완화정책을 시작하면서 감소한 미국의 국방비가 이미 다시 증가하는 상태였다. 카터 행정부 4년째 예산에서 국방비는 인플레이션을 감안해 거의 12퍼센트 늘어났는데, 이는 평화일 때 전례가 없는 증액이었다.³³ 즈비그뉴 브레진스키가 회고록에서 "데탕트는 오가덴의 사막 모래 속에 묻혔다"라고 요약했는데, 이는 세계적으로 황량한 그 지역을 방문한 적이 있는 사람에게 특히 충격으로 다가왔다. 하지만 당시 카터 대통령의 견해를 설명하는 데 이 구절은 진실을 넘어서는 의미가 담겨 있을 것이다.

카터가 냉전을 강조한 것은 미국의 정치에 별로 도움이 되지 않았다. 카터는 대통령 선거에서 인플레이션과 소련 힘의 증대, 석유파동 등이 모두 대통령이 무능해서라고 주장하는 로널드 레이건에게 호된 공격을 받았다. 게다가 레이건은 카터가 실은 미국을 믿지 않는다고 주장했다.

693

사람들은 미국이 이미 영광의 시대를 누렸다고, 우리 나라가 정점을 찍고 내려가고 있다고 말합니다. 사람들은 우리가 자녀들에게, 미국인은 이제 더는 자신들의 문제에 대처할 의지가 없다고, 미래에는 희생해야 하고 기회가 줄어들 거라고 말해야 한다고 합니다. … 동료 미국인 여러분, 지금이야말로 우리의 운명을 다시 부여잡고 우리 수중에 틀어쥐어야 할 때입니다. … 오직 신의 섭리만이 이 땅, 이 자유의 섬을, 자유롭게 호흡하기를 열망하는 전 세계 모든 사람의 피난처로 삼았음을 어떻게 의심할 수 있습니까? 철의 장막 뒤편에서 박해를 견디는 유대인과 기독교인, 동남아시아·쿠바·아이티의 보트피플, 아프리카의 가뭄과 기근에 희생된 사람, 아프가니스탄의 자유 투사, 야만인의 포로로 잡혀 있는 우리 동포 말입니다.[34]

레이건의 공격적인 언사는 앞선 시대를 떠올리게 했지만, 많은 미국인은 그의 말이 당대를 완벽히 포착했다고 느꼈다. 그들은 확실한 세계로 돌아가기를, 그들이 사는 나라를 뒤바꾸려 하는 해외와 국내의 도전에서 벗어나기를 원했다. 레이건이 미국을 괴롭히는 병폐를 해결하기 위한 구체적인 해법을 거의 내놓지 않았다는 사실은 신경 쓸 필요가 없었다. 영국의 마거릿 대처와 마찬가지로, 레이건도 나라를 붙잡고 늘어지는 이에 대항하는 일종의 보수의 반란을 상징하는 인물이었다. 그런 의미에서 레이건이 처음 구성한 내각은 뉴딜 이후 가장 급진적인 미국 행정부였다. 그의 정부는 세금을 대폭 인하하고, 공공 적자를 없애며, 물가 통제를 일절 폐지하고, 정부의 경제 규제를 전부 없애겠다고 약속했다. 거창한 약속과 달리 실제 이루어진 것은 별로 없지만, 그의 지지자와 반대자 모두 '레이건 혁명(Reagan Revolution)'을 입에 올렸다.

레이건은 대통령 취임 초부터 미국이 유리한 위치에서 소련과 교섭하려면, 국방을 강화하고 국제적 위신을 높여야 한다고 믿었다. 자신감이 넘친 그는 닉슨과 포드, 카터가 실패한 바로 그 지점에서 성공을 거둘 것으로 확신했다. 그는 자신의 공격적 언사가 상대편에 미치는 영향은 고려하지 않았다. 레이건의 거친 언사에 모스크바의 나이가 든 지도부는 정말로 겁에 질렸다. 처음으로 세계가 초강대국 간 전면전을 향해 치닫는다고 믿은 것이다. 레이건이 대통령에 취임한 직후 이제 미국인은 "우리의 적이 오직 인류 역사에서 슬프고 기묘한 장을 만드는 데 큰 역할을 한 집단으로만 기억되는 세계를 만들 준비를 해야 한다"라고 말하자, 소련 지도자들은 그의 말을 무척 진지하게 받아들였다.[35]

소련이 레이건의 정책에 공포를 느낀 이유는 소련이 아프가니스탄에서 실패를 겪었기 때문이었다. 브레즈네프는 보좌진이 약속한 대로 그 나라에 잠깐 개입해 상황을 바로잡기는커녕, 점점 심해지는 장기 전쟁을 치르고 있었다. 소련이 야만적인 전쟁을 벌이자 대규모 피란민 문제가 생겨났고, 이슬람주의자는 이를 활용해 지지 세력을 확보했다. 1982~1983년에 레이건이 아프간 이슬람주의 세력인 무자헤딘mujahedin(이슬람 전사)과 파키스탄의 지지 세력에 지원을 강화하자, 소련이 직면한 문제는 더욱 확대되었다. 레이건 행정부는 이 이슬람주의자 가운데 일부는 최소 반소련주의자인 만큼이나 반미주의자임을 알았지만, 그들을 지원하는 것이 소련의 힘을 밀어내는 데 필

695

수라고 결론지었다. "바로 여기에 아프가니스탄작전의 장점이 있습니다." 레이건의 중앙정보국장 윌리엄 케이시William Casey가 동료들에게 말했다. "보통 나쁜 거인인 미국인이 원주민을 때려잡는 것처럼 보이지요. 하지만 아프가니스탄은 정확히 그 반대입니다. 러시아인이 꼬맹이를 두드려 패는 거잖아요. 우리가 전쟁을 벌이는 게 아닙니다. 무자헤딘은 동기가 충분해요. 우리가 할 일이라곤 그들을 그냥 조금 더 도와주는 것뿐입니다."[36]

레이건이 좌파 혁명을 물리치려고 한 곳은 아프가니스탄 한 곳만이 아니었다. 라틴아메리카의 최빈국 가운데 하나인 니카라과에서, 마르크스주의에 고무된 반란자 한 무리가 1979년 미국의 지원을 받던 인기 없는 독재자를 축출한 뒤 권력을 잡았다. 니카라과의 새로운 지도자인 산디니스타민족해방전선(Sandinista National Liberation Front)은 국유화와 토지개혁을 골자로 하는 급진적 강령을 추진했다. 피델 카스트로가 너무 빠르게 움직이면 미국이 개입할 것이라고 경고했음에도, 그들은 쿠바 및 소비에트권과 긴밀한 관계를 맺고자 했다.[37] 산디니스타는 워싱턴과 직접 대결하는 사태를 피하려 했지만, 레이건 행정부는 그들이 집권한 순간부터 그들을 정조준했다. 레이건이 공격한 지점은 니카라과가 이웃 나라 엘살바도르의 반정부 운동을 지원한다는 것이었다. 대통령은 "소련과 쿠바, 팔레스타인해방기구, 심지어 리비아의 무아마르 알 카다피와 공산권의 다른 나라도 그 나라에서 테러리즘을 일으키는 데" 관여한다는 증거가 있다고 주장했다.[38] 하지만 레이건이 겨냥하는 주범은 산디니스타였다.

1981년 말 미국은 니카라과에서 이른바 콘트라Contras라는 반혁명 세력을 조직하는 것을 돕고, 무기를 공급하며 훈련했다. 당면 목표는 산디니스타 정부에 압박을 가해 엘살바도르에 관여하지 못하게 하는 것이었지만, 이내 니카라과 정부 자체를 전복하는 것으로 목표가 바뀌었다. 라틴아메리카 각지에서 달려온 혁명 지원자 및 쿠바, 그리고 극히 제한적으로 소련이 산디니스타를 지원했다. 산디니스타가 추진한 모든 개혁이 니카라과 국민에게 똑같이 인기 있지는 않았지만, 대다수 국민은 적어도 처음에는 새로운 지도부가 미국의 위협에 맞선다고 믿었다. 중앙아메리카 좌파가 지원한 근본 이유는 물론 대다수 사람이 엄청난 빈곤에 시달렸기 때문이다. 1970년대에 니카라과에서 절반이 넘는 어린이가 영양실조였다. 북쪽으로 몇백 마일 떨어진 나라에 사는 사람의 삶과 극명한 대조를 이루었다. 중앙아메리카의 평균적인 사람이 똑같이 평균적인 미국인이 애완동물에 먹이는 것보다 적은 양의 고기를 먹는 세계에서, 사회 불의에 항의하는 것은 쉽게 미국의 패권에 항의하는 것으로 바뀌었다.

데탕트를 무너뜨린 여러 상황 가운데 일부는 초강대국이 통제할 수 있는 범위를 벗어난 것이었다. 제3세계에서 잇따라 혁명이 일어나면서 화해 과정이 불안해졌고, 급속한 경제 변화도 긴장완화정책을 훼손했다. 애초에 미국과 소련의 지도자가 긴장완화를 서로 달리 해석한 것도 분명했다. 소련은 두 초강대국이 진정으로 대등한 위치에 섰다고 믿었다. 반면 미국의 대다수 지도자는 미국이 이끄는 세계 체계에 소련이 협조하기로 동의한 것이라고 생각했다. 하지만 소련은 다른 지역의 혁명을 지원하고, 소련의 힘을 확대하기 위해 워싱턴과 소련의 관계에서 의식적으로 커다란 위험을 무릅쓰기도 했다.

697

결국 데탕트를 무너뜨린 것은 미국의 국내 정치였다. 닉슨과 키신저는 대다수 미국인이 받아들이려는 수준을 넘어 소련과 함께 냉전을 관리하려고 했다. 워터게이트사건 이후 자국의 **모든** 정부를 향한 미국인의 불신은 극을 향했다. 긴장완화정책은 이 과정의 희생양이었다. 물론 닉슨의 불명예 퇴진이 없었더라도 어느 시점에 화해 과정이 멈춰 섰을 수도 있다. 대다수 미국인은 1970년대든 어느 때든 국제무대에서 미국에 맞먹는 세력이 생기는 것을 용인하려 하지 않았기 때문이다. 그리고 그들이 로널드 레이건을 대통령에 당선되게 한 것은 미국이 추구하는 목적이 또다시 이렇게 가치 절하되는 일이 없게 하기 위함이었다.

유럽의 불길한 징조

19 · EUROPEAN PORTENTS

유럽 통합 과정의 가속화가 낳은

또 다른 결과는 지역 정체성의 확장이었다.

점점 더 많은 유럽인이 자국에만

초점을 맞추는 대신, 국경을

초월하거나 국경에서 두드러지는

지역의 성원으로 일체감을 가졌다.

1982년에 이르면 많은 사람이 냉전이 데탕트를 맞기 전의 시점으로 돌아갔다고 말했다. 어떤 이는 마치 냉전이 완전히 사라지기라도 한 것처럼, 레이건이 "새로운 냉전"을 시작했다고 주장했다. 하지만 1970년대에 중동과 아프리카, 라틴아메리카, 남아시아와 동남아시아에서 벌어진 냉전의 전투를 목격한 이조차, 1980년대의 냉전은 더 위험하고 새로운 차원을 띠는 것처럼 보였다. 가차 없이 진행된 군비 증강은 위태롭게 새로운 전환을 이루었다. 특히 양쪽 모두 새롭고 가벼우며, 한결 쉽게 표적을 명중할 수 있는 무기를 개발함에 따라, 핵전쟁의 위협이 그 어느 때보다 눈앞에 다가왔다. 그리고 1982~1983년에 양쪽 모두 광적인 수사를 쏟아 냈다. 레이건은 소련이 "현대 세계 악의 구심점"이라고 말했다. 소련은 레이건을 새로운 히틀러라고 일컬었다. "레이건의 천박한 발언은 군산복합체의 민낯을 보여 줍니다. 그들은 오래전부터 그런 인물을 찾았습니다. 이제 마침내 레이건이라는 형상에서 그 주인공을 발견한 거지요." 1982년 브레즈네프가 죽은 뒤 소련 지도자가 된 유리 안드로포프의 말이다.[1]

1980년대 초 냉전은 굉장히 아슬아슬했다. 어쩌면 1962년 쿠바미사일위기 이후 그 어느 때보다 위태로웠을 것이다. 하지만 다른 추세도 있었다. 중국은 마오쩌둥 시절 이상으로 추구한 경제 권력의 극단적 중앙집중에서 벗어났다. 제3세계 소속임을 내세운 일부 나라는 국내적으로나 국제적으로 시장 거래에 문호를 개방하는 개혁을 실험했다. 하지만 무엇보다 서유럽의 통합과 경제 팽창으로 유럽에서 변화가 시작되자, 점차 철의 장막 동쪽에 있는 나라도 그 매력을 견디기 힘들었다. 특히 한 초강대국 소련이 이제 더는 유럽에서 어떤 목표를 추구하는지 그 자체도 확신하지 못했기에, 다시 활기를 띤 초강대국 간 냉전조차 이런 인력을 완전히 물리칠 수 없었다.

초강대국 간 충돌이 격화한 것처럼, 유럽 냉전의 변화는 1974년 포르투갈 혁명에서 비롯되었다. 두 초강대국에 비해 아프리카에서 벌어지는 사태에 별로 신경 쓰지 않던 유럽에, 문제는 앙골라나 모잠비크 정권의 성격이 아니었다. 리스본의 정부 교체가 어떤 결과로 이어질지가 더 문제였다. 대다수 서유럽인은 포르투갈이 파시즘식 독재에서 벗어난 것을 축하하면서도, 소비에트 지역 바깥에서 공산당이 정권을 잡는 것이 대륙의 미래에 어떤 영향을 미칠지 걱정했다. 문제는 포르투갈 좌파 전반에 관한 것이 아니었다. 부활한 포르투갈공산당이 소련에 대한 지지와 추구하는 이상을 선포하기 위해 노력하는 것이 주요 문제였다. 소비에트권 바깥에서 이런 이상에 대한 인내심이 바닥난 상황이었다.

포르투갈 혁명이 일어난 당시 서유럽 급진 좌파 상당수는 러시아 10월혁명의 유산이 그들의 정치적 실천과 점점 무관하다고 느끼는 상태였다. 1960년대의 이른바 신좌익은 물론 이미 이런 선언을 했지만, 그들의 영향력은 제한적이었다. 이탈리아공산당에 이어 에스파냐와 프랑스공산당도 1960년대 말에, 오직 선거와 의회를 통해서만 사회주의로 이행한다는 것을 신봉한다고 말하자 그 여파가 훨씬 컸다. 하지만 권위 있고 정력적인 이탈리아공산당의 새 지도자 엔리코 베를링구에르는 거기서 멈추지 않았다. 그는 서유럽 공산주의를 서방의 민주적 대안으로 재창조하기를 원했다. 또한 동유럽 정당에, 개혁하고 인권과 민주적 권리를 존중하도록 압박을 가하고자 했다. 특히 1973년 좌파를 무너뜨린 칠레 쿠데타 이후, 베를링구에르는 유럽에서 민주주의를 지키려면, 가톨릭 정당과 공산당이 "역사적 타협"을 이뤄야 한다고 주장했다. 그가 주창한 유러코뮤니즘은 이탈리아뿐만이 아니라 다른 나라에서도 인기를 누렸다.

유럽 차원에서 보면, 포르투갈 혁명은 베를링구에르의 유러코뮤니즘이 교조적인 포르투갈공산당을 지지하는 소련에 맞서게 했다. 베를링구에르는 서독의 브란트나 스웨덴의 올로프 팔메처럼 생각이 비슷한 다른 공산주의자나 사회민주주의자와 개인적으로 만난 자리에서, 만약 포르투갈공산당이 집권하면 유럽 좌파에 재앙이 될 것이라고 속내를 털어놓았다. 서유럽 정치가 어떻게 바뀌는지를 확실히 보여 주는 징후로, 몇몇 세력이 기묘한 연합을 이루어 포르투갈에서 공산당이 통치하는 것을 반대하고 나섰다. 유러코뮤니즘, 사회민주주의, 가톨릭 집단, 미국 중앙정보국 등이 모두 다른 방식으로 공산당 이외의 대안을 강화하려고 한 것이다. 1976년 마리우 소아레스Mario

Soares가 이끄는 포르투갈사회당이 급진적인 사회민주주의 의제를 내걸고 집권하자, 워싱턴만이 아니라 서유럽 각국 수도에서도 안도의 한숨이 흘러나왔다.

미국 역대 행정부는 포르투갈에 대해 공동의 목표를 추구하기는 했어도 유러코뮤니즘을 불신하고 두려워했다. 미국은 베를링구에르가 실제로 노리는 목표로, 정부의 일원이 된 다음 내부에서 권력을 장악하는 것이라고 믿었다. 소련은 이탈리아인이 자국의 정책에 끊임없이 위협을 가하는 것에 혐오할 이유가 훨씬 많았다. 모스크바를 찾은 베를링구에르가 민주주의는 "본래 사회주의 사회의 밑바탕으로 삼아야 하는 역사적으로 보편적인 가치"라고 공공연히 말하자, 브레즈네프는 깜짝 놀랐다. 또 나토를 "사회주의를 자유로이 건설하는 데 유용한 방패"라고 말했을 때는 격분했다.[2] 그렇더라도 모스크바는 서유럽 공산당을 정치적·경제적으로 계속 지원하는 것 말고 달리 대안이 없었다. 아예 영향력을 잃어버릴까 두려웠기 때문이다.

1970년대 말에 냉전이 점점 차분해지면서 미국은 나토 동맹을 결속하는 일이 유럽과 관련한 주요 걱정거리였다. 1940년대 이후 미국의 몇몇 정책 결정권자는 서유럽, 그중에서도 특히 서독이 소련과 대결하기보다 타협하려는 본능이 있다고 우려했다. 이런 의심은 대체로 헛다리를 짚은 것이었다. 어쨌든 서유럽은 동방의 위협을 방어하려고 미국과 나토를 건설했다. 미국과 주요 동맹국 사이에 핵심 방위 문제에 관한 인식 차이는 대개 내용이 아니라, 어조에 있었다. 그리고 설령 미국이 서유럽을 방위하는 데 군사적·경제적 부담을 훨씬 많이 진다고 하더라도, 워싱턴은 언제나 유럽을 의사결정을 책임지는 일원으로 삼고자 했다. 나토 내부에서 의사결정을 숙의하는 덕분에, 모든 동맹국은 세계 냉전에서 단지 배경일 뿐만이 아니라 동등한 조건에서 참여한다고 확신했다.

하지만 초강대국 사이에서 데탕트가 무너지자 서유럽의 많은 지도자는 어떤 결과가 생길지 걱정했다. 그들이 생각하기에 긴장완화정책이 유럽에 톡톡히 도움이 되었다고 보았기 때문이다. 철의 장막을 가로질러 새로 접촉할 수 있는 통로를 열어 주었다. 두 군사 동맹 사이에 신뢰를 구축해 유럽인은 한층 더 안전하다고 느꼈고, 서유럽 지도자 자체가 긴장완화 과정의 일부였다. 데탕트는 두 초강대국이 아니라 **그들의** 기획이었다. 그들은 모스크바와 워싱턴의 관계가 자유낙하를 하는 듯 보일 때도 당연히 유럽 긴장완화의 생명을 유지할 방도를 모색했다.

흔히 1975년 회담이 열린 곳의 이름을 따서 불리는 헬싱키 프로세스는 동방과 소통하는 창구를 계속 열어 두는 하나의 방편이었다. 서유럽 대다수 지도자는 다른 지역에서 충돌이 일어난다고 해도, 군사훈련에 참관인을 파견할 권리, 학술회의 참가, 과학과 기술 교류, 서유럽인이 동유럽을 자유로이 여행할 권리(하지만 반대는 해당되지 않았다) 등은 보장되어야 한다고 생각했다. 그들은 무엇보다 무역과 경제 교류에 몰두했다. 그리고 유럽 두 진영의 무역은 서유럽 제품이 동유럽에 수출되는 일방통행의 성격이 강해, 양쪽 모두 반대 방향으로 흘러갈 수 있는 제품을 찾느라 애를 썼다. 눈에 띄는 상품은 소련의 석유와 천연가스였는데, 1970년대 중반 이후 시베리아와 서유럽을 연결하는 가스관 부설 계획이 진행 중이었다. 예상할 수 있듯이

19 유럽의 불길한 징조

레이건은 이에 단호히 반대했다. 서유럽이 이 기획을 취소하지 않자, 1981년 레이건은 유럽 기업을 포함해 송유관 부설에 관여하는 모든 기업에 제재를 가했다. 미국이 나중에 누그러지긴 했지만, 대서양 양쪽이 단합한다는 인식에 상당한 손상이 생겼다.

군사전략을 논의하는 데 미국은 동맹국을 두려워할 일이 한결 적었지만, 언제나 그렇게 판단하지는 못했다. 1977년 카터 행정부가 유럽에 실전용으로 고방사능 핵무기(이른바 중성자 폭탄)를 들어오려고 했을 때, 서유럽의 지도자도 대부분 동의했다. 그들은 전략핵무기 보유고를 대폭 감축하면 특히 소련이 재래식 전력에서 우위에 설 것을 우려했고, 중성자 폭탄으로 그 우위를 상쇄할 수 있을 것이라고 믿었다. 거의 모든 서유럽 나라의 여론은 서로 견해가 달랐다. 중성자 폭탄은 재산을 파괴하지 않고 인명을 살상하는 비인도적 무기라고 매도되었다. 서유럽 좌파는 미국 자본가가 바로 그런 무기를 원한다고 주장했다. 1년 뒤 카터가 일방적으로 배치를 취소하자, 원래 제안을 지지한 서유럽 지도자는 격분했다. 정치적 위험을 무릅쓴 대가가 아무것도 없다고 느껴졌기 때문이다.

독일 총리 헬무트 슈미트가 특히 분노했다. 중성자 폭탄에 대한 여론을 무사히 헤쳐 나갔는데, 배신을 당한 셈이었기 때문이다. 전략 문제에서 (그리고 다른 대부분 문제도) 전문가를 자처한 슈미트는 이미 지도자로서 카터를 굉장히 얕잡아 보았다. 또한 유럽에서 가장 유력한 정치인인 서독 총리는 소련이 품은 의도가 무엇인지도 우려했다. 특히 카터의 순진한 면모와 유럽 내 소련의 강한 군사력이 결합하면, 미국이 서유럽에 불리하게 소련과 타협할 수도 있다는 점을 우려했다. 슈미트는 미국의 세계 지위가 미끄러지고 있으며, 유럽이 혼자 힘으로 꾸려 나갈 준비를 해야 한다고 보았다. 또한 그는 나토에서 핵심 결정에 영향을 미칠 수 있다는 전략적 이유 때문에, 미국이 유럽 주둔 군사력을 최대한 높은 수준으로 유지하게 하는 데 열심이었다.

서유럽의 전략계획가가 특히 우려한 것은 브레즈네프가 기동성이 뛰어난 신형 중거리탄도유도탄 SS-20을 들여오면서, 소련과 바르샤바조약기구가 재래식 전력에서 우위가 확대되었다는 사실이다. 소련이 신형 핵무기를 배치한 것은 기존 미사일의 성능이 열악했기 때문이며, 또한 신형 무기 배치를 금지하는 조약이 없다는 걸 알았기 때문이다. 하지만 이는 정치적 실수였다. 서유럽 지도자가 이를 불안한 시대에 위협을 가하려는 시도로 느꼈기 때문이다. 1979년 12월 이른바 이중노선 결정이라는 나토의 대응을 꿰맞춘 것은 바로 헬무트 슈미트였다. 여기서 나토 회원국은 소련의 배치에 대응해 미국의 중거리탄도유도탄 퍼싱 II와 순항미사일을 서유럽에 배치하겠다고 밝혔다. 그와 동시에 나토는 유럽에 배치된 중거리탄도유도탄 전체를 동등한 수준에서 제한하는 협상을 하자고 제안했다. 3차 전략무기제한협정(SALT III)을 이루려는 시도였다. 이는 중요한 결정이었다. 이로써 나토는 하나로 단합해 소련에 분명히 통지했고, -아마 무엇보다- 서유럽 지도자가 어느 때보다 더욱 자국 방위의 책임을 떠맡을 것임을 분명히 했다.

하지만 제3차 전략무기제한협정은 이루어지지 않았다. 나토가 이중노선을 결정한 지 2주 만에 소련이 아프가니스탄을 침공했다. 영국의 신임 총리 마거릿 대처를 제외하고 서유럽 대다수 지도자는 카터가 소련의 행동에 과잉 반응한다고 생각했다. 헬무트 슈미트는 동료에게 "10년간 이어진 긴장완화와 방위 정책이 무너지는 걸 방관하지 않겠다"라고 말했다.[3] 사실 콘라트 아데나워 이후 독일 총리 가운데 친미 성향이 가장 심한 슈미트는 워싱턴이 동맹국과 협의하지 않는다고 느꼈다. 그는 또한 세계가 초강대국 간 전쟁으로 치닫는다고 정말로 두려워했다. 슈미트는 카터에게, 침공에 맞선 나토의 공동 조치에 서독이 동의하겠지만, 모스크바와 소통할 창구를 계속 열어 둘 것이라고 말했다. 미국의 기대와 달리 슈미트는 1980년 6월 모스크바를 방문해 브레즈네프와 회동했다. 무뚝뚝한 성품 그대로 슈미트는 늙은 소련 지도자에게 아프가니스탄 침공은 중대한 실수라고 말했다. 또한 그는 유럽에서 핵무기를 논의하는 데 소련이 양보할 것을 요청해 얻어 냈다. 브레즈네프는 유럽의 **모든** 핵무기를 논의의 대상으로 삼는 한 기꺼이 대화할 의지가 있다고 말했다.

브레즈네프가 기꺼이 대화에 임한 것을 보면, 그도 전 지구적 차원에서 긴장이 빠르게 고조되는 걸 보고 우려했음을 알 수 있다. 하지만 그가 제안한 대화 형식에는 나토 내부의 차이를 증폭하려는 의도도 담겨 있었다. 프랑스와 영국은 자체 핵무기를 보유했고, 이와 관련해 협상하려 하지 않았다. 서독은 핵무기가 없었다. 소련은 서독이 여전히 미국에 의존하며, 냉전의 최전선 국가라는 지위 때문에, 모스크바가 독일의 민족주의 본능에 호소할 수 있다고 기대했다. 하지만 1980년 중거리탄도유도탄에 관한 제안이 나온 지 얼마 지나지 않아, 양대 진영 사이의 긴장이 한층 고조되었다. 1983년에 이르러 냉전에 대한 유럽의 불안감이 1960년대 초 이후 최고 수준에 이르렀

다. 레이건과 소련 지도자들이 험악한 언쟁을 벌였기 때문이다. 여론
조사에 응한 절반이 넘는 서유럽인이 여생에 두 초강대국이 전쟁을
벌일 것으로 본다고 답했다.

레오니트 브레즈네프는 18년간 소련 지도자로 살다 1982년 11
월 사망했다. 많은 이가 애도하지는 않았다. 최측근 인사조차 이미 소
련이 그의 통치 막바지에 정체에 빠졌다고 인식했다. 브레즈네프는
의심의 여지 없이 소련의 국제 위상을 향상하고, 소련을 군사 초강대
국으로 끌어 올렸다. 전임자들은 꿈에서나 기대한 수준이었다. 하지
만 소련의 대외 팽창은 경제적 대가가 컸고, 이 과정에서 많은 공산당
원은 국내 문제의 해결도 희생되었다고 느꼈다. 브레즈네프의 후임자
로 유리 안드로포프가 선정된 것은 정치국 동료들이 그가 대외문제를
처리하는 한편, 국내에서 필요한 조정을 이룰 추진력이 있다고 보았
기 때문이다. 나이가 든 정치국 동료들은 비밀경찰인 국가보안위원회
위원장으로 15년을 일한 안드로포프가 새로운 시도를 하는 데 필요
한 역량과 무자비함을 두루 갖추었다고 믿었다.

하지만 안드로포프가 국내 개혁의 필요성을 인식했다 하더라도
서기장에 오른 때는 이미 병을 앓고 있었기에 많은 일을 할 수 없었
다. 그는 1984년 2월 사망했다. 후임자 콘스탄틴 체르넨코Konstantin
Chernenko는 당 간부이자 브레즈네프의 측근으로, 개혁을 숙고하기보
다 현상을 유지하고자 했다. 체르넨코 또한 서기장으로 선출됐을 때
건강이 좋지 않았다. 재임 1년을 채 채우지 못하고 사망했다. 당 간부
와 전체 국민이 당 지도부가 무기력하다고 생각한 것도 놀랄 일은 아
니다. 당시 모스크바에서 산 내 친구는 여섯 살짜리 아들이 텔레비전

709

에서 쇼팽의 〈장송행진곡〉을 워낙 많이 들어서 그게 소련 국가라고 생각했다는 일화를 들려주었다.

정치국 노장들은 신체적 또는 정치적으로 활력을 유지하려고 분투했지만, 냉전의 긴장은 계속 고조되었다. 소련은 미국이 핵으로 기습 공격할 위험이 있다고 진지하게 걱정했고, 서방 핵심 기관의 감시를 확대하는 조처를 했다. 국가보안위원회는 정치·금융·종교 지도자가 핵 대피소나 안전지대로 움직이는지, 혈액은행의 보유량이 늘어나는지, 병원이 준비태세를 갖추는지 등을 계속 주시하라는 지시를 받았다. RIaN("핵미사일 공격"을 뜻하는 러시아어 약자)이라는 이름의 이런 첩보작전 덕분에, 소련 지도자는 즉각적인 공격이 벌어지지 않을 것임을 아마 확신했을 것이다. 하지만 여전히 긴장은 높았다. 1983년 9월 소련 공군은 항로를 이탈해 자국 영공에 들어온 한국 민간 여객기를 격추했다. 미국 정찰기로 오인한 것이다. 탑승자 269명이 모두 사망했는데, 그중 61명이 미국인이고 하원의원도 한 명 있었다.

소련은 처음에 여객기를 격추하지 않았다고 주장하면서 관여를 부인했다. 이런 끔찍한 학살 사건을 냉전의 측면에서 더욱 나쁜 사례로 만든 것이다. 미국의 냉전 강경파는 신이 났다. 레이건의 유엔 주재 대사인 신보수주의자 진 커크패트릭은 미국 정보기관이 녹음한 소련 조종사와 방공 사령부 사이에 오간 교신을 유엔 안보리에서 틀었다. 레이건이 전국 방송에 나와 이를 "한국 여객기 학살 사건"이라고 불렀다. "비무장 한국 여객기에 탑승한 269명의 무고한 남녀를 소련이 공격했습니다. 이 반인도적 범죄는 미국이나 전 세계나 결코 잊어서는 안 됩니다."[4]

1983년 11월 상황이 정말로 험악해졌다. 여러 해 전부터 나토는 보통 가을에 군사훈련을 실시했다. 바르샤바조약기구의 기습 공격에 맞설 동맹의 준비태세를 시험하는 훈련이었다. 에이블아처 83Able Archer 83이라는 암호명이 붙은 1983년 훈련은 핵 공격을 개시하는 순간까지 충돌이 고조되는 상황을 가정한 것이었다. 소련은 사전에 훈련을 통고받았고, 소련 정보원을 통해서도 그 내용을 꽤 알았다. 하지만 에이블아처가 진행되자 긴장이 고조되었다. 미 중앙정보국은 나중에 모스크바가 "동독과 폴란드에 있는 소련 공군 부대의 경계 태세를 강화했다"라고 보고했다.[5] 소련 지도자가 공격이 임박한 것으로 판단했다고 믿을 만한 이유는 전혀 없지만, 모스크바의 반응을 보면 전반적인 상황이 얼마나 불안하고 위험했는지 알 수 있다. 세계, 그리고 특히 유럽은 오랫동안 그랬던 것보다 훨씬 더 우발적으로 핵전쟁이 일어날 수 있는 상황에 가까워졌다.

　　소련 지도자를 집어삼킨 공포는 단지 그들이 서방에서 받은 압박의 소산만은 아니었다. 그들이 대표하는 경제·사회 체제가 고난에 빠진 듯한 상황 때문이기도 했다. 경제성장이 점점 느려졌다. 유가가 하락하자 소련의 대외 소득이 급격히 줄었다. 안드로포프와 다른 이들은 나태와 부패, 알코올 중독을 헐뜯었다. 소련 지도자 가운데 물려받은 체제에 근본 변화가 필요하다고 생각하는 이는 하나도 없었지만, 대다수는 개혁이 필요하다는 걸 알고 있었다. 여러 공산당 지도자는 소련 국가가 지나치게 팽창했다는 데 동의했다. 강력한 중앙집중적 계획이 경제의 발목을 잡았다. 국방비가 지나치게 급증했고, 소련은 지원하는 제3세계 국가와 운동이 너무 많았다. 이들은 모스크바의

711

후한 지원에 의지하는 데 익숙해졌다. 하지만 문제가 산적한 상태인 데도 해답을 내놓는 이는 거의 없었다. 그리고 이런 문제를 소리 높여 제기할 수 없었다. 소련은 독재 국가였고, 승진을 위한 수단은 충성이었다.

소련의 상황이 좋아 보이지 않았다면, 동유럽은 훨씬 더 나빠졌다. 물론 헝가리와 체코슬로바키아 같은 동유럽의 많은 국가는 소련 시민이 꿈에서나 경험할 수 있는 생활수준을 누렸다. 그렇다 하더라도 지도자가 소비재를 안정적으로 공급하는 것과 같은 가장 시급한 문제를 해결할 수 없다는 인식이 확산했다. 동유럽인의 생활수준이 전보다 전반적으로 하락하지는 않았다. 다만 서유럽 사람은 훨씬 잘 살고 그곳은 진보가 신속히 이루어진다는 사실을 많은 사람이 알았다. 헬싱키 프로세스 이후 철의 장막을 가로질러 접촉이 늘어나면서, 동유럽의 많은 사람, 특히 전문직, 교사, 경영자 등은 국경 너머 서방에 사는 이보다 훨씬 가난하게 산다는 걸 확신했다. 이제 그들은 과거나 소련이 아니라, 현재의 다른 유럽인과 자신의 삶을 비교했다. 텔레비전이나 영화, 또는 우연한 만남을 통해 그들이 어떻게 사는지 안다고 생각했기 때문이다.

다른 변화도 있었다. 소련이 독일의 영토 탈환 정책과 팽창주의를 우려해야 한다고 그토록 내세웠지만, 동유럽의 젊은이는 그런 위협에 별로 아랑곳하지 않았다. 이런 변화는 특히 폴란드에서 중요했다. 3분의 1이 넘는 폴란드 영토가 전쟁 전에 독일 땅이었기 때문이다. 하지만 브란트의 '동방정책'으로, 그리고 동독·서독 양국과 교류가 활발해지면서 과거 존재한 불편함이 많이 사라진 상태였다. 그리하여 폴란드인은 자신의 문제에 더욱 관심을 기울였고, 특히 노동자와 그 가족은 불만이 많았다. 폴란드는 다른 대부분의 동유럽 나라보다 성장이 뒤처진 상태였다. 1970년에 정부가 일상 생활용품의 가격을 인상하려고 하자, 노동자가 항의했다. 바르샤바에서 이런 농담이 퍼졌다. "공산주의란 무엇인가? 모든 걸 가게에서 구할 수 있는 때가 바로 공산주의다. 다시 말해 혁명 전과 같은 상태다."

1970년 대규모 노동자 시위가 벌어지자 폴란드 정부는 화들짝 놀랐다. 정부는 소련의 동의를 받아 위기에서 벗어날 자금을 빌리려고 했다. 라틴아메리카의 나라처럼, 폴란드를 비롯한 동구권 각국 정부도 1970년대에 서방 은행과 기관이 열심히 돈을 빌려주는 걸 발견했다. 폴란드는 확실한 채무자로 여겨졌다. 정부 체계가 안정되었고, 적어도 수출할 수 있는 제품(석탄, 선박, 농산물)이 있었다. 누구도 생산의 비효율과 제품의 조잡한 품질을 고려하지 않았다. 이 때문에 동구권 말고는 누구도 폴란드 제품을 사려고 하지 않았는데 말이다. 폴란드공산당은 1977년까지 200억 달러 정도를 빌렸는데, 이쯤 되자 서방 채권자의 인내심이 바닥났다. 정권은 채무를 상환하기 위해 다시 물가를 인상해야 했다.

1970년에 그랬던 것처럼, 폴란드 노동자는 투쟁 없이 생활조건 악화를 받아들이려 하지 않았다. 노동자는 이미 충분히 상황이 나쁘다고 느꼈다. 그리고 1978년 그들이 투쟁하는 데 영감을 주는 새로운 인물이 있었다. 가톨릭 신앙심이 깊은 폴란드 노동계급은 그해에 폴란드 출신이 교황으로 선출된 것을 축하했다. 16세기 이후 처음으로 비이탈리아인 교황으로 뽑힌 카롤 보이티와Karol Wojtyła 추기경은 요한 바오로 2세를 이름으로 택했다. 크라쿠프 대주교를 지낸 신임 교황은 58세에 정력적이고 체격이 탄탄한 인물로, 고국에서 언제나 노동자와 가까운 신학적 보수주의자였다. 공산당 지도자는 그가 교황으로 선출된 뒤 폴란드를 방문하는 것을 감히 거부하지 않았다. 1979년 교황이 폴란드를 방문했을 때 4분의 1이 넘는 국민이 그가 미사를 집전하는 광경을 보았다. "만약 지금 이 순간 제가 감히 확인한 것을 우리가 모두 받아들인다면, 커다란 임무와 의무가 얼마나 많이 생길까요?" 교황이 동포에게 물었다. "우리는 그런 임무와 의무를 감당할 수 있을까요? … 과거가 그토록 많은 영광과 또 끔찍한 난관으로 가득한 이 민족을 예수 없이 이해하는 게 가능할까요? … 여러분께 성령이 강림하시고 지상의 얼굴, 이 땅의 얼굴을 새롭게 하시기를." 요한 바오로 2세가 기도하자, 청중이 연호했다. "하느님을 원합니다. 하느님을 원하옵니다."[6]

1980년 8월 그단스크의 레닌조선소 노동자가 파업에 들어갔다. 젊은 전기공 레흐 바웬사Lech Wałęsa가 이끄는 노동자는 조선소를 점거하고 임금인상과 노동조건 개선을 요구했다. 다른 공장도 파업에 참여하자, 요구는 자유 노동조합, 표현의 자유, 정치범 석방 등으로 확대되었다. 파업이 확산되고 다른 집단도 노동자 투쟁에 합류하자, 폴란드공산당은 요구를 일부 받아들였다. 노동계급이 생산을 증대하게 만드는 데 필사적이던 정부는 굴복하는 것 말고 선택의 여지가 없다고 느꼈다. 8월 말에 공산당 협상가는 정치범 석방, 노동자가 내건 경제 요구 대부분, 더불어 새로운 독립 노동조합인 솔리다르노시치Solidarność(연대)에 동의했다. 조선소에서 바웬사를 비롯한 노동자 지도자가 정장에 타이 차림으로 땀을 뻘뻘 흘리는 공산당 간부에게 따져 묻는 회담이 텔레비전으로 생중계되었다. 대다수 폴란드인이 살아생전에 볼 수 있다고 생각한 적이 없는 광경이었다.

1981년 솔리다르노시치 조합원 수는 1000만 명에 육박했고, 자체 출판물을 제작하고 출판사도 운영했다. 공산당 정부는 검열을 계속하려 했지만 점점 허점이 많이 생겼다. 당 자체가 솔리다르노시치의 도전을 어떻게 다룰지를 놓고 심각히 분열했다. 신임 서기장 스타니스와프 카니아Stanisław Kania를 포함해 일부 지도자는 솔리다르노시치뿐만 아니라 비공산당 집단과 지속적으로 타협하려고 했다. 그들은 폴란드 사회를 구성하는 모든 부문이 나라가 처한 비참한 경제 상황을 책임지기를 원했다. 그러면서도 소련의 개입을 피하려고 공산당이 주도적인 책임을 맡고자 했다. 다른 모든 문제는 적어도 시간이 흐르면서 교섭할 수 있었다. 예상할 수 있는 것처럼, 소련을 비롯한 바르샤바조약기구 회원국은 폴란드에 막대한 압박을 가했다. 그들이 원하는 것은 카니아를 교체하고, 솔리다르노시치를 불법화하며, 검열을 확대하는 조치였다. 그들이 지지한 국방장관 보이치에흐 야루젤스키Wojciech Jaruzelski 장군이 1981년 10월 카니아 대신 서기장에 올랐다.

1981년 12월 13일, 야루젤스키는 계엄령을 선포하고 솔리다르노시치를 일제 단속했다. 지도자 5000명이 체포되었다. 신정권은 다시 엄격히 검열했고, 군부대가 거리를 순찰했다. 불만스러워 하는 공산당원에게, 야루젤스키는 계엄령을 선포한 것은 소련 붉은군대가 침공할 위험이 분명하고 직접적이기 때문이라고 주장했다. 그가 소

715

런과 계엄령 선포 계획을 짤 때, 소련은 당장 계엄령을 시행하라고 압박하면서 작전이 실패하면 붉은군대가 그를 구하려고 개입하는 일은 없을 것임을 분명히 했다. 아프가니스탄 이후 경제 문제가 심해지고 초강대국 사이에 긴장이 높아짐에 따라, 소련은 군대를 폴란드로 이동하게 하는 위험을 무릅쓸 여력이 없었다. 안드로포프는 12월 10일 모스크바 정치국에서 아주 분명한 어조로 이를 밝혔다.

> 우리는 그런 위험을 감수할 수 없습니다. 우리는 폴란드에 군대를 보낼 생각이 없어요. 그게 적절하고, 끝까지 이런 태도를 고수해야 합니다. 폴란드 사태가 어떻게 귀결될지 모르지만, 설령 폴란드가 "솔리다르노시치"의 수중에 떨어지더라도 그게 순리일 겁니다. 만약 자본주의 국가가 소련에 덤벼든다면, 그리고 여러분도 알다시피 그들은 이미 다양한 경제적·정치적 제재를 합의하고 있는데, 이는 우리에게 커다란 부담이 될 겁니다. 우리는 무엇보다 우리 나라, 소련을 강화하는 문제에 관심을 기울여야 합니다.[7]

폴란드에 비해 한결 느리긴 했어도, 다른 동유럽 나라도 이제 관점이 바뀌었다. 카다르 야노시가 이끄는 헝가리는 오래전부터 바르샤바조약기구에서 정치 체제가 가장 자유로웠다. 1980년대에 헝가리의 경제 성장이 더뎌졌고, 폴란드처럼 서방에서 차관해 부족한 부분을 메웠다. 헝가리는 또한 소비에트권의 다른 어떤 나라보다 서방과 경제 교류가 활발했다. 1945년 전투로 완전히 파괴된 부더언덕(Buda Heights)에 1976년 이후 부다페스트 힐튼호텔이 우뚝 서 있다.

동유럽 다른 나라에서 온 방문객은 언덕을 올라 넋을 놓고 작은 탑을 바라보곤 했다. 헝가리인도 비교적 자유로이 여행할 수 있었다. 1985년 500만 명이 넘는 헝가리 국민이 해외여행을 갔는데, 그중 약 3분의 1이 서유럽을 찾았다. 그중 한 여성은 나중에 그 경험을 다음과 같이 말했다. "처음 서방에 갔을 때 너무도 압도된 나머지 그 3주 동안 쏟아져 들어오는 온갖 정보를 제대로 처리할 수 없었죠. … 동유럽에 사는 우리는 서방 사람이 거의 당연히 여기는 권리를 누리기 위해 싸워야 했거든요. … 시장은 주말에도 신선 식품이 가득하고, 빵 한 덩어리를 사려고 긴 줄을 서지 않아도 되었죠."[8]

헝가리나 체코슬로바키아 사람은 소련의 지배를 받도록 방치된 "동유럽인"이라는 정체성이 점점 약해졌다. 그 대신에 그들은 낯설고 동양적인 소련 문화에 점령된 중유럽인으로 다시 선보였다. 말하자면 노르웨이나 포르투갈이 유럽 주류의 일부라면, 왜 자신들은 그렇지 않은가? 헝가리에서 반정부 집단은 주로 지식인이나 상업 종사자였다. 1968년 이후 독재 체제가 한층 가혹해진 체코슬로바키아에서 반정부 세력은 정치 권리와 소련이 침공한 후 강요된 체제를 철폐할 것을 요구했다. 77헌장(Charta 77)은 언더그라운드 록밴드부터 극작가 바츨라프 하벨Václav Havel 같은 지도적 반정부 인사에 이르기까지, 다양한 정치적 반대파가 내놓은 선언문이었다. "모든 통신매체와 출판 및 문화 기관을 중앙집중적으로 통제하는 것은 공적 표현의 자유를 억제한다. 공식 이데올로기나 미학의 협소한 경계에서 조금이라도 벗어나는 철학적·정치적·과학적 견해나 예술 활동은 무엇이든 공표되지 못한다. 비정상적인 사회 현상을 공개적으로 비판하지도

717

못한다. 공식 선전에서 벌어지는 거짓되고 모욕적인 비난에 공개적
으로 변호할 수도 없다."9

프라하의 록그룹 '플라스틱 피플 오브 더 유니버스Plastic People
of the Universe'는 이를 더욱 간결히 표현했다. "지금 스무 살인 사람은
누구나 역겨움에 구토하고 싶어진다."10 밴드 구성원은 체포되었다.
하벨도 체포되었다. 하벨은 1979년에 4년 징역형을 선고받았다.

소련과 동유럽이 반정부 세력을 공격한 것은 다른 지역에 사는
대다수 사람이 보기에 마르크스레닌주의의 정당성을 잃게 했다. 소
련에서 몇 되지 않는 정치적 반대파는 투옥되거나 추방당했다. 몇몇
은 정신병원에 가둬 유순하고 협조적으로 만들려고 약물을 주입했
다. 1976년에 칠레 교도소에 갇힌 공산당 지도자 루이스 코르발란
Luis Corvalán과 "교환된" 소련 반정부 인사 블라디미르 부콥스키Vladi-
mir Bukovsky는 정신병원에서 오랜 세월을 보냈다. 붉은군대 장성으로
소련의 정치 억압에 항의한 페트로 그리고렌코Petro Grigorenko도 마
찬가지였다. 1975년 헬싱키선언을 소련이 준수하(지 않)는지를 감시
하려고 만든 반체제 단체 모스크바헬싱키그룹Moscow Helsinki Group
의 창립자 가운데 하나인 물리학자 안드레이 사하로프는 이런 모욕
적 대우를 받지 않았다. 하지만 이는 오로지 그가 소련 핵개발 계획
의 아버지이자, 1975년 노벨 평화상 수상자였기 때문이다. 그 대신에
사하로프는 고리키(지금의 니즈니노브고로드)시로 국내 유형에 처해졌
다. 그곳에서 그는 엄격한 감시를 받으면서 국제 언론과 차단되었다.
부인 옐레나 본네르Elena Bonner가 대신 읽은 노벨 평화상 수상 연설
에서 사하로프는 "평화 옹호와 인권 옹호가 연결되며 … [오로지] 인

권 옹호만이 장기적이고 진정한 국제 협력을 위한 확고한 토대를 보장해 준다"라고 역설했다.[11]

동독 당국은 경제 진보와 함께 잠재적 반정부 세력을 통제하는 정교한 방식을 자랑했다. 하지만 1970년대 말부터 적어도 앞의 목표에 차질이 빚어진 것이 분명했다. 소비에트권의 다른 나라와 비교하면, 독일민주공화국은 여전히 상황이 좋았다. 동독 국민은 생활수준과 생산성이 가장 높았다. 하지만 어디에나 존재하는 비밀경찰 슈타지Stasi(국가안보부의 약칭)는 3분의 1이 넘는 동독인의 개인 정보를 보유했는데, 이 기관은 모든 게 좋은 건 아니라고 보고했다. 시민이 특이한 부족 사태에 시달리자(1976년에 커피가 한동안 선반에서 사라졌고, 1979년에 바나나와 오렌지가 사라졌다), 일부 동독인은 불만을 느꼈다. 특히 많은 이가 텔레비전에서 상품이 풍부한 서독을 볼 수 있었기 때문이다. 슈타지는 여전히 모든 종류의 공개 반대를 억제할 수 있었고, 동독인은 전반적으로 정부에 순종했다. 하지만 동독 지도자는 경제를 개선해야 한다는 것을 절감했다. 지도자끼리 불평을 늘어놓는 가운데, 독일민주공화국의 경쟁 상대는 폴란드나 불가리아가 아니라 서방 세계에서 가장 발전한 산업 경제였다. 공교롭게도 독일인 나라였다.

다른 대다수 동유럽 나라와 마찬가지로, 독일민주공화국도 서방, 특히 서독에서 차관을 빌려 경제를 자극하려고 했다. 1980년대에 동독의 문제는 채무 수준 그 자체가 아니라, 채무를 갚을 수 있게 하는 경화 수출이 감소한 것이었다. 1950년대와 1960년대에 동독은 광학부터 자동차에 이르기까지 많은 제품을 생산해 소비에트권 바깥

719

에 팔 수 있었다. 1970년대에 이런 수출이 서서히 감소했다. 1980년대에 이르면 동독은 남유럽 및 아시아 나라와 벌이는 경쟁에서 완전히 뒤처졌다. 이 나라들이 더 낮은 가격에 좋은 제품을 만들 수 있었기 때문이다. 기술을 활용해 수출용 컴퓨터를 생산하려 한 동독의 시도는 완전히 실패로 끝났다. 소비에트권 바깥에서 생산된 제품과 전혀 호환되지 않는 거대하고 투박한 동독 기계를 원하는 소비자는 전혀 없었다.

동독 지도자에게 긴장완화의 생명을 유지하는 것은 그리 어렵지 않게 서독을 협박하는 일이 되었다. 서독인은 동독 방문이 허용됐지만, 일정한 액수의 경화를 동독 바깥에서는 가치가 없는 동독 마르크로 환전해야 했다. 동베를린은 서독이 자금을 추가로 빌려주지 않거나, 언제나 서독 도이치마르크와 등가로 평가되는 동독 마르크로 경제 거래가 이루어지는 데 동의하지 않으면, 접촉을 차단하겠다고 을러댔다. 1982년 헬무트 슈미트를 대체한 헬무트 콜Helmut Kohl이 이끄는 서독의 새로운 보수 정부는 동베를린에 계속 이런 식으로 양보했다. 슈미트와 마찬가지로, 콜도 어떤 형태로든 접촉하는 것이 하지 않는 것보다 낫다고 믿었다. 무엇보다 충격적인 점으로, 동독인이 서독으로 출국하는 것을 허락받을 때마다 경화로 그 비용을 지급해야 했다. 1980년대 중반에 일부 동독인이 말 그대로 실패한 정부의 인질로 잡혀 있다고 느낀 것은 놀라운 일이 아니다. 하지만 거의 모든 동독인이 가족이나 가까운 친구에게만 불만을 털어놓았다.

동독의 근본 문제는 유럽에서 가장 크게 성공한 독일연방공화국에 너무 가까이 붙어 있다는 점이다. 그리고 서독을 통해 1970년대 중반에 본격화된 유럽 통합 과정에도 너무 가까워졌다. 유럽 주변부나 바깥에 있는 나라와 비교하면, 동독 자체는 여전히 상황이 좋아 보였다. 하지만 서방에서 산업과 금융이 최강인 나라와 비교하면, 거의 실패한 국가처럼 보였다. 그리고 서독은 이제 그 성공을 바탕으로 유럽의 모든 자본주의 국가를 통합하는 과정을 진행했다. 동독은 절대 일원이 될 수 없는 체계였다.

1973년 영국, 아일랜드, 덴마크를 포함해 유럽공동체를 확대한 후, 유럽위원회(European Commission)는 추가로 통합할 계획을 밀어붙였다. 서독과 프랑스 정부가 도와, 유럽의회에서 직접 선거 계획이 통과되었다. 사람과 상품, 서비스와 자본이 국경을 넘어 자유로이 이동하는 서유럽 단일 시장을 위한 계획도 통과되었다. 많은 유럽 지도자가 유럽이 경제 발전에서 미국과 일본에 뒤처지지 않으려면 이런 조치를 해야 한다고 판단했다. 이런 계획을 완전히 시행하는 데는 시간이 걸렸지만, 그 방향을 향해 움직이는 것만으로도 서독을 비롯한 유럽 각국 경제가 확실히 자극을 받았다. 이런 시도가 없었다면 유럽 경제는 정체하는 것으로 보였을 것이다(적어도 지난 30년에 비해). 이 계획은 또한 경쟁을 부추기고, 효율성을 높이고, 기술의 확산을 촉진했다. 하지만 무엇보다 유럽 국가의 통합을 창조하는 작업은 공동 이념의 힘을 보여 주는 신호였고, 이전에 유럽의 협력에서 언제나 눈에 뚜렷이 보이지는 않는 힘이었다. 1983년 슈투트가르트선언에서 서유럽 지도자는 "통합된 유럽을 창조하겠다"라고 약속했다. "세계 상황의 위험에 대처하기 위해 어느 때보다 더욱 필요한 이 통합은 정치적 역할과 경제적 잠재력, 다른 민족과 다층적인 연계 덕분에 주어진 책임을 다할 수 있다."[12]

냉전의 격화가 유럽 통합의 형식과 내용을 모두 가속화하는 압박이었다는 인식이 서유럽 모든 나라의 수도에서 뚜렷했다. 그리스는 1981년 서둘러 유럽공동체 정회원국이 되었다. 에스파냐와 포르투갈은 1986년에 합류했다. 이는 상당 부분 냉전에 따른 결정이었다(덧붙여 말하면, 미국 지도자는 아주 강력히 지지했다). 남유럽 나라는 유럽공동체 가입을 제안받음으로써 사회적으로 책임 있는 자본주의에 서명한 셈이었고, 이로써 혁명적 대안을 포기할 때만 원조를 받았다. 1980년대 말 유럽의 이 최빈국들은 산업과 복지, 평균 소득에서 대대적인 성장을 경험했다. 1988년에 가난한 알렌테주 출신 포르투갈 농민이 내게 왜 이제 더는 공산당을 지지하지 않는지를 설명해 준 기억이 난다. 유럽의 원조로 더 나은 삶을 기대할 수 있다는 것이었다.

남유럽을 아우르는 유럽공동체의 확대는 냉전에 대단히 의미심장한 사건이었다. 이는 동유럽이 유럽의 공동체에 참여할 수 있다는 약속과 같았다. 프라하나 부다페스트의 사람은 알렌테주의 농부나 크레타섬의 어부가 유럽 통합의 혜택을 누릴 수 있는데, 왜 자신들은 그럴 수 없는지 이해하기 어려웠다. 이런 인식은 소련의 지배를 받는 동유럽에 시한폭탄과 같았다. 이는 양대 세력권으로 나뉜 유럽의 대안이 전쟁이나 혼란이 아니라, 각국이 하나로 뭉쳐 초강대국의 통제 없이 미래를 결정하는 세계일 수 있다는 신호였다. 공산당이 지배하는 데 최악의 적은 나토 군대의 기동훈련이 아니라, 유럽을 관통하는 장벽을 제거하면 풍요를 누릴 수 있다는 약속이었다.

유럽 통합 과정의 가속화가 낳은 또 다른 결과는 지역 정체성의 확장이었다. 점점 더 많은 유럽인이 자국에만 초점을 맞추는 대신, 국경을 초월하거나 국경에서 두드러지는 지역의 성원으로 일체감을 가졌다. 독일어를 사용하는 남부 티롤의 이탈리아인은 오스트리아 국경 너머에 사는 사람과 더 가까이 연결될 수 있었다. 프랑스어를 사용하는 벨기에 왈론족은 프랑스 사람과 연결되었다. 에스파냐에서 카탈루냐인과 바스크인은 독립 민족으로 인정해 줄 것을 요구했다. 일부는 충돌로 이어졌지만, 대부분은 공동의 유럽 통합 과정이 진행 중이어서 작은 민족도 완전한 독립을 이루지 않고도 자리를 찾을 수 있다는 인식 덕분에, 지역과 국가 사이의 긴장을 누그러뜨릴 수 있었다.

하지만 문제는 냉전의 구분선이 유럽의 각 지역을 갈라놓을 때 어떤 일이 생기는가 하는 것이었다. 1980년대 중반 유럽 중심부의 오랜 수도인 브라티슬라바, 부다페스트, 빈을 역사적으로 연결한 여러 고리가 심심찮게 드러났다. 세 곳을 갈라놓은 냉전의 경계선이 여전히 굳건함에도, 세 나라의 작가는 중유럽에서 자신들의 위치를 언급했다. 발칸반도는 정체성 문제가 점점 복잡해졌다. 루마니아의 헝가리인은 차우셰스쿠 정부가 자신들을 가혹히 다루는 것에 항의했다. 유고슬라비아의 알바니아인은 이미 독립적인 권리를 요구했다. 그리고 유고슬라비아의 다른 지역에서 개별 민족, 특히 크로아티아인과 슬로베니아인의 권리를 요구하는 선동이 가속화했다. 어떤 이는 이런 문제는 유럽 통합이라는 더 큰 틀에서만 해결할 수 있다고 믿었다. 하지만 지금까지 냉전이 걸림돌이었고, 유럽 기관의 역량은 이런 장벽을 스스로 무너뜨릴 수 없었다.

슈투트가르트선언에서 요구한 것처럼, 유럽의 모든 정부가 모든 영역에서 통합을 심화함으로써 이익이 충족된다고 보지는 않았다. 1979년 영국 총리가 된 자유시장 이데올로그 마거릿 대처는 서유럽 공동 시장의 강력한 지지자였다. 또한 1986년 유럽의회에서 말한 것처럼, 대처는 유럽공동체가 "민주주의와 자유와 정의가 한층 더 확산하도록 유럽 공동의 힘을 실현하게" 할 수 있다고 믿었다.[13] 하지만 대처는 정치적 통합이 확대되는 것에 굉장히 회의적이었고, 영국의 주권 및 미국과 "특별한 관계"가 약해질까 봐 우려했다. 후자는 대처와 로널드 레이건의 친밀한 개인적 관계에 반영되었다. 서유럽의 다른 지도자는 적어도 처음에는 레이건을 교조적인 멍청이로 여겼다.

대처의 지위는 남대서양의 포클랜드제도를 차지하려고 아르헨티나와 벌인 전쟁에서 이긴 덕에 강화되었다. 세계의 다른 나라가 볼 때 이 충돌은 적어도 난데없이 일어났다. 1982년 아르헨티나 군사정권이 약 1800명이 사는 영국령 섬을 장악하자, 대처는 다시 정복하려고 8000마일(약 1만 2875킬로미터) 떨어진 곳에 대규모 해군 원정대를 보냈다. 레이건 행정부는 냉전에 집중하면서 아르헨티나 군사정권이 좌파 도전 세력에 맞서 안정을 지킬지를 걱정하던 터라, 시간을 갖고 중재하기를 원했다. "우리 모두 여전히 타협책을 찾으려 한다는 걸 보여 주려고 노력하면 … 이 위기를 적극 활용하려고 나서는 남미 좌파의 … 시도를 약화할 수 있다고 봅니다." 레이건이 영국 총리와 통화하면서 말했다. 대처는 아무 관련도 없을 터였다. 하지만 대처는 레이건에게 이렇게 대꾸했다. "이건 민주주의와 우리의 섬에 관한 문제, 그리고 지금 우리가 실패하면 민주주의에 닥칠 수 있는 최악의 사태에 관한 문제입니다."[14] 영국은 포클랜드제도를 되찾았고, 1000명 가까운 전사자는 대부분 아르헨티나인이었다. 전쟁으로 영국과 미국의 관계가 별로 손상되지는 않았지만, 레이건은 이를 계기로 냉전 외에도 미국이 대처해야 하는 충돌이 존재한다는 사실을 상기했다.

한편 프랑스 지도자가 유럽 통합 과정에서 가장 관심을 기울인 문제는 서독이 경제적으로나 정치적으로도 너무 지배적인 나라가 되는 걸 어떻게 막을 것인가 하는 점이었다. 프랑스는 유럽 통합을 주도했고, 이런 노력은 1981년 대통령으로 선출된 사회당의 프랑수아 미테랑François Mitterand 시절에도 계속되었다. 미테랑은 처음에 프랑스를 좀 더 좌파적인 경로로 이끄는 듯 보였고, 미국이 깜짝 놀랄 정도로 몇몇 공산당 인사를 정부에 포함하기도 했다. 하지만 집권 1년 반 만에 프랑스 경제가 심각한 상황에 빠지자, 신임 대통령은 방향을 바꿨다. 증세와 국유화를 이야기하는 대신, 미테랑은 유럽에서 프랑스 산업의 경쟁력을 높이려는 시도로 신중한 재정과 통화 정책으로 나아갔다. 공산당은 정부에서 조용히 밀려났고, "앵글로·색슨식" 자본주의에 대한 프랑스 좌파의 대안이라는 구상은 폐기되었다. 서유럽 전역에서 미테랑의 우경화는 그 의미가 중요했다. 미테랑의 프랑스와 대처의 영국 사이에 여전히 차이가 뚜렷하기는 해도, 이는 자유시장의 사회·경제 본보기가 확대된 유럽공동체를 이끈다는 의미였다.

1970년대 말 서유럽에서 소규모 테러가 증가한 사실을, 공식 정치에서 좌우파의 극명한 구분이 종말을 고한 것에 반발한 것으로 보고 싶은 마음이 들기도 한다. 전후 서유럽 국가가 정당성이 없고 착취적이라고 믿는 극좌파나 극우파의 소수집단이 1960년대에 테러리즘을 향해 이동했다. 하지만 바더·마인호프그룹Baader-Meinhof Group으로 알려진 서독의 독일적군파(Rote Armee Fraktion, RAF)나 이탈리아의 붉은여단(Brigate Rosse) 같은 집단이 확고히 자리를 잡은 것은 10년이 지난 뒤의 일이다. 그들과 우파 경쟁자가 1980년대 말까지 행동에 옮긴 극적인 테러는 아마 이런 집단이 일상적인 정치 경쟁에서 어떻게 패배해 밀려나는지를 보여 주는 징후였을 것이다. 하지만 그렇더라도 1977년 바더·마인호프그룹이 독일 경제인연합회 회장 한스 마르틴 슐라이어Hans Martin Schleyer를 살해한 사건이나, 이듬해 붉은여단이 전 이탈리아 총리 알도 모로Aldo Moro를 살해한 사건은 유럽 전역의 정치를 뒤흔들었다.

하지만 동서 관계에 훨씬 악영향을 미친 것은 서독을 비롯한 여러 나라가 동유럽 각국의 공산당 정권과 서유럽의 테러리스트가 협력한다고 의심한 사실이었다. 바더·마인호프그룹의 몇몇 테러리스트가 동유럽에서 군사훈련을 받았고, 동독의 슈타지는 서독 정부가 그들을 체포하려 한다는 정보를 주기도 했다. 또한 동독과 불가리아는 서유럽 테러리스트와 팔레스타인해방인민전선 총사령부(아부니달 Abu Nidal그룹), 중동에서 활약하는 소규모 테러 단체인 일본적군파 같은 중동과 일본의 극단주의 운동이 연계할 수 있게 했다. 이는 위험한 게임이었다. 동유럽과 소련의 일부 관리는 이런 행동이 서구 사회의 안정을 흔드는 데 도움이 된다고 믿었을지 모른다. 하지만 실제는 서방 지도자가 동방 정권 자체에 정당성이 없음을 깨닫게 하고 냉전을 더욱 위험하게 만들었다.

서유럽의 테러리즘은 또한 각국 정부의 정책에 대한 다른 도전을 손상하는 데 도움이 되었다. 하지만 1970년대와 1980년대 젊은이의 항의 운동이 테러리즘과 연계되었다고 덧칠하려는 시도는 장기적으로 역효과를 낳았다. 특히 로널드 레이건이 미국 대통령이 된 뒤, 핵 군축을 주장하는 집단이 주류로 진입했고, 환경 운동도 같은 길을 따랐다. 1983년 10월 서유럽에서 300만 명이 넘는 사람이 나토의 미사일 배치에 반대하는 집회에 참여했다. 런던과 본에서 최소 25만 명이 행진을 벌이면서 "핵폭탄을 금지하라", "핵 자살을 중단하라"라는 구호를 외쳤다. 1980년 창건된 서독녹색당은 군축을, 철의 장막 양쪽에서 환경 파괴를 종식하는 문제와 연결했다. 녹색당이 내건 견해는 상당한 지지를 받았다. 1983년 여론조사에 따르면, 서독 국민 3분의 2는 어떤 상황이더라도 유럽에 나토 미사일을 새로 배치하면 안 된다고 대답했다.[15]

　　1980년대 서유럽 저항 운동에서 새로운 점이 있다면, 점차 서방과 동방 모두 군사주의와 억압에 반대하는 방향으로 나아갔다는 사실이다. 1980년 출범한 '유럽핵무기완전철폐운동(European Nuclear Disarmament, END)'은 나토의 신형 무기에 반대했을 뿐만 아니라, 소련의 SS-20 미사일도 철수하라고 했다. 소련의 관점에서 더 좋지 않은 것은 '유럽핵무기완전철폐운동'의 많은 지도자가 동유럽의 반체제 인사와 긴밀히 접촉한다는 사실이었다. 영국의 노련한 평화운동가이자 전 공산당원 에드워드 파머 톰슨Edward Palmer Thompson은 다음과 같이 선언했다. "실질 군축과 사회주의 국가에서 민주화 운동이 발전하는 것 사이에는 직접적인 연결고리가 있다. 더욱이 이 나라에서 민주화 운동이 탄생한 것은 사회주의 국가에 군축을 강제하기 위한 선결 조건이다."[16] 1980년대에 유럽 좌파는 권리 및 자유와 좌파 정치 사이의 연계를 재발견한 듯 보였다. 헬싱키 프로세스는 반핵 활동가가 체코슬로바키아의 하벨이나 헝가리공산당에 환멸을 느낀 당원 같은 반체제 인사와 만날 기회를 주었다. 그들은 폭넓은 여러 관심사에서 서로 공통점이 많다는 것을 발견했다.

이런 쟁점 가운데 하나는 유럽의 냉전이 만든 환경 파괴였다. 군사산업은 거대한 오염원이라는 인식뿐만 아니라, 핵에너지, 독성 폐기물, 삼림 파괴 등도 많은 사람의 머릿속에서 냉전의 생산 경쟁과 연결되었다. 녹색당 같은 정당이나 '유럽핵무기완전철폐운동' 같은 사회운동은 이런 연계를 강조하면서, 이따금 서방만큼이나 동방도 비판했다. 환경 중심의 냉전 비판은 주류 정치에서도 발판을 마련했다. 서독의 모든 주요 정당의 청년 집단은 "공동 안전"을 동서가 합의하는 것이, 극심한 환경 문제를 해결하기 위한 선결 조건이라고 믿었다. 이제 헬무트 콜을 내세워 집권한 서독의 기독민주당조차, 공해 산업을 감축하고 모든 자동차에 촉매 변환기를 설치하는 것을 독일의 핵심 국제 정책의 일부로 1984년 강령에 포함했다.[17]

하지만 냉전의 광범위한 영향을 우려한 것은 비단 유럽인만이 아니었다. 유럽의 비판자를 깜짝 놀라게 만들 정도로, 미국 대통령 로널드 레이건도 이미 우발적으로 핵전쟁이 벌어질 수 있다거나 소련이 압박감을 견디지 못하고 서방에 선제공격할 수도 있다고 우려했다. 레이건은 미국이 냉전에서 승리한다고 생각했다. 천성적으로 쾌활한 낙관주의자인 대통령은 당선되고 취임한 후 2년 동안 군사력 증강을 포함한 행동으로 미국의 위대함이 복원되었다고 느꼈다. 또한 세계 전체가 점차 미국의 방향으로, 즉 자유시장과 민주주의를 향해 돌아서고 있다고 믿었다. 레이건이 생각하기에 어떤 식으로든 핵전쟁이 일어나면 이런 자연스러운 과정이 무너질 터였다. 특히 에이블아처 사건 이후 대통령은 충돌을 어떻게 피할 수 있는지를 더 진지하게 생각했다. "소련이 방위 문제를 고심하고 공격당하는 피해망상에 시달리기 때문에, 어쨌든 소련을 물렁물렁하게 대하지 않으면서도 미국의 누구도 그런 행동을 할 생각이 없다는 걸 말해 주어야 한다. 자기네를 공격하려 한다는 정보를 도대체 어디서 얻은 건가?"[18] 라고 레이건은 일기에 적었다.

대통령이 된 이후 레이건은 핵 공격에 맞서 미국을 보호할 수 있는 방법을 찾는 데 몰두했다. 그는 상호확증파괴 원칙을 도덕적으로 논쟁적이고 개인적으로 혐오스럽다고 보았다. 핵무기 발사 암호를 입력해야 한다는 생각만으로도 섬뜩함을 느낀 레이건은 대통령으로서 그런 행동을 해야 하는 작전 지시 회의나 모의실험을 일부러 피했다. 그 대신 대통령은 1983년에 '전략방위구상(Strategic Defense Initiative, SDI)'을 추진하라고 지시했다. 핵미사일이 미국 본토로 날아오는 것을 막는 데 초점을 맞춘 계획이었다. 비판자에게 "스타워즈Star Wars"라는 별명을 얻은 이 계획은 우주에 배치한 레이저를 사용해 날아오는 미사일을 파괴한다는 구상이었다. 대통령 직속 과학 보좌관 몇 사람도 그런 방법은 효과가 없다거나, 적어도 한 세대 이내에 실제로 사용하지 못할 것이라고 말했다. 하지만 레이건은 고집을 꺾지 않은 채 자신이 집착하는 새 사업에 수십억 달러를 퍼부었다.

'전략방위구상' 소식을 접한 소련은 깜짝 놀랐다. 이는 전략무

729

기제한협정을 교섭할 당시 너무도 익숙해진 원칙과 단절하려는 시도이자, 따라서 소련이 볼 때 세계를 더욱 위험에 빠뜨리는 계획이었을 뿐만 아니라, 소련은 그 계획과 경쟁할 기술이 없고, 미국을 따라잡으려고 과학과 기술에 대대적으로 신규 투자할 수 없음을 잘 알았다. 미국 전문가와 마찬가지로, 소련 대다수 전문가도 '전략방위구상'을 적어도 조만간에 실행할 수 없다고 판단했다. 하지만 소련 지도자는 아무 대응도 하지 않고 미국이 그런 무기를 개발하게 내버려두는 위험을 무릅쓸 수 없었다. 대다수 전문가는 이런 보복을 하려면 새로운 공격 기술을 개발하거나, 전략무기제한협정에서 허용되는 수준을 훌쩍 넘어서 소련 미사일의 탄두 중량을 대규모로 늘려야 한다고 판단했다.

우주를 기반으로 한 핵미사일 격추 계획이라는 레이건의 꿈에 모스크바가 보인 반응으로 서방과 동방의 기술 격차가 확대되었음이 여실히 드러났다. 1980년대 중반 서방은 위성부터 광섬유 케이블, 컴퓨터에 이르기까지 대부분 분야에서 앞서 나갔다. 이렇게 발전할 수 있었던 것은 정부 예산-종종 군사 예산-과 상품을 제공하는 민간 기업이 동맹을 이룬 덕분이었다. 소련 과학자와 공학자는 서방에서 이루어진 기술 진보를 이해하는 데 아무 문제가 없었다. 이런 기술을 생산으로 전환할 수 있는 유연한 체계가 존재했다면 아마 소련도 똑같은 결과를 낳았을 것이다.

위성이 좋은 사례다. 1970년대까지 소련은 위성 기술에서 앞서 나갔다. 에크란Ekran 위성은 시베리아와 태평양 지역의 수많은 소련 시민에게 텔레비전 방송을 중계했다. 서방에 그런 체계가 존재하기 한참 전의 일이었다. 하지만 소련은 의도적으로 위성 텔레비전을 상업 목적을 위한 수단으로 보지 않았고, 소련의 국제 선전 방송은 시청자가 텔레비전을 켜기보다 끄게 만들려는 시도에 가까웠다. 1980년대 초 미국 위성방송 기지국은 미국 뉴스와 운동경기, 연속극, 영화 등을 지구 곳곳에 중계했다. 대체로 위성방송 수신 안테나를 살 형편만 되면 누구나 미국 방송을 볼 수 있었다. 소비주의의 전언은 새로운 텔레비전 방송국이 뿜어 대는 매력에 필수 요소였다. 그리고 이 전언을 받을 수 있는 사람은 대부분 열렬히 호응했다.

상업방송이 성공을 거둔 것을 보면, 세계 여러 지역에서 사람들의 우선순위가 바뀌었음을 알 수 있다. 이러한 소비주의로 전환한 것은 1970년대에 진행된 세계 경제의 근본 변화와 나란히 이루어졌다. 앞서 살펴본 것처럼, 고정환율, 무역 규제, 자본 통제를 바탕으로 하는 브레턴우즈체제의 붕괴는 서방, 특히 미국에서 위기감을 불러왔다. 하지만 이는 또한 다른 지역, 무엇보다 아시아의 경제 지위를 상대적으로 개선하는 데 반영되기도 했다. 공산주의 나라를 제외하고, 지구 곳곳에서 사람들은 예전에는 존재하지 않았거나 사회 최상층을 제외하고 아무도 갖지 못한 여러 제품의 소비자로서 자신을 재창조했다. 의류에서 전자제품, 화장품에서 에어컨에 이르기까지 경쟁이 치열해지고 잠재 소비자 수가 증가하자, 가격이 내려갔다. 당연한 일이지만, 1980년대 동안 컨테이너 운송량이 3배 가까이 늘었다.

1970년대 초 이후 세계 경제에서 일어난 여러 변화는 특히 미국에 유리했다. 다른 나라와 비교해 한 나라로서 미국의 경제 지위는 계속 떨어졌지만, 세계 금융 체계의 중심이라는 위치는 변함없이 유

731

지되었다. 달러는 여전히 세계 통화였고, 이전의 갖가지 제약에서 자유로워진 미국 정부는 수출과 자국에 대한 외국인의 투자를 장려하려고 달러 가치를 계속 낮게 유지했다. 또한 1980년대에 무역과 금융의 세계화에서 이익을 끌어냈다. 미국 은행, 특히 1980년대 중반부터 미국 투자회사는 해외시장에 쉽게 투자할 수 있었다. 다른 대다수 나라 사람이 원하는 하나의 통화에 자유로이 접근할 수 있음을 알았기 때문이다. 미국에서 만들어진 새로운 금융 도구와 기술이 전 세계를 지배했다.

1980년대 세계 금융 혁명은 세계 경제구조를 뒤바꿈으로써, 냉전의 주요 전장 하나의 풍경을 바꿔 놓았다. 1970년대 전에는 누구도 생각하지 못했을 법한 형태의 투자가 대규모로 증가할 수 있었던 것은 정부의 규제 완화와 정보기술의 발전이 결합된 덕분이었다. 전자 정보가 주요 소비 상품이 되기 한참 전부터 금융 서비스는 이를 활용해, 투자자에게 시장과 경제 동향 정보를 실시간으로 제공했다. 전자 통신과 연산 능력의 결합-오늘날 우리가 아는 인터넷-은 미국에서 군사 목적으로 처음 개발되었다. 하지만 이는 방어망만큼 금융 서비스에도 혁명적인 변화를 가져왔고, 미국의 각종 발명품과 미국의 원칙을 중심으로 자본 세계를 하나로 묶어 주었다.

미국 바깥이 소비주의로 전환된 것도 미국 기업에 도움이 되었다. 전통 제품을 만드는 이는 종종 값싼 수입품에 경쟁에서 밀린다고 불만을 토로했고, 최고 수준의 전자제품과 자동차조차 미국 바깥에서 품질이 더 좋은 제품이 저렴하게 생산되었다. 하지만 이들 제품의 밑바탕을 이루는 구상과 설계, 기술은 대개 미국의 것이었다. 예를 들어, 퍼스널 컴퓨터는 주로 미국(또는 적어도 미국이 소유한) 기술을 기반으로 했기 때문에, 애플과 마이크로소프트 같은 기업이 생겨났다. 미국 음악과 영화를 비롯한 미국 제품에 세계가 다시 열광하는 현상은 자유와 선택이 미국의 본질적 가치라는 레이건의 화려한 언사를 지탱하는 데 도움이 되었다. 1980년대 중반 신보수주의 정치가 신자유주의 경제학을 떠받쳤다. 그 반대가 아니었다.

미국이 냉전에서 휘두를 경제 무기로, 세계화나 이 문제에 관한 한 소비주의를 창조하지는 않았다. 하지만 레이건 행정부는 주요 금융기관에 영향력을 펼쳐, 소련과 동맹한 사회주의 발전 모형을 선택했다고 의심받는 유럽 바깥의 어느 나라든 경제적으로 기동할 여지를 제한했다. 쿠바, 니카라과, 앙골라, 베트남 같은 나라는 신용에 접근할 기회가 없는 것이나 마찬가지여서 어쩔 수 없이 소련과 동유럽의 지원에 의지했는데, 그 지원은 점점 줄어들었다. 하지만 자본주의에 반대하는 전 세계의 사람에게 훨씬 더 중요한 것은 전 지구적 추세와 규범이 그들과 그들이 추구하는 이상과 반대로 움직인다는 인식이었다. 신자유주의적 형태의 자본주의에 "대안은 없다"라는 마거릿 대처의 주문呪文은 그 함의에 분개하는 이를 포함한 모든 이에게 자기충족적 예언인 듯 보였다.

이런 정서가 다소 급작스레 생겨났고, 적어도 가장 교조적인 형태는 결국 일시적인 국면임이 드러나긴 했지만, 그래도 1980년대 중반까지 대단히 강력했다. 처음에는 레이건과 대처 둘 다 경제를 통제하려고 분투하는 듯 보였고, 그들이 내세운 통화주의적 처방은 곳곳에서 조롱을 받았다. 1982~1983년의 불황은 1950년대 말 이후 미

733

국 최악의 경험이었다. 경기를 회복한 것은 통화주의 원칙보다, 주로 군사 목적을 위한 미국의 대규모 적자 지출과 특히 금융 측면에서 탄생한 세계 시장이 결합된 결과였다. 하지만 통화주의를 비롯한 신자유주의 경제학이 공산주의의 위협과 서방에서 은밀히 퍼지는 사회주의에서 세계를 구할 것이라고 믿는 사람에게 이는 중요한 문제가 아니었다. 레이건 행정부가 역대 행정부를 모두 합친 것보다 훨씬 많은 부채를 졌다거나, 대처가 집권한 시기에 공공복지 비용이 크게 증가했다는 것도 그들에게 문제가 되지 않았다. 그들의 전언은 그들의 실천에 거대한 그림자를 드리웠다. 그리고 개인의 자유가 사회의 필요보다 더 중요하다는 전언은 통화주의 정책을 들어 본 적이 있는 이를 훌쩍 넘어 멀리까지 울려 퍼졌다.

고르바초프

20 · GORBACHEV

국제질서 재편을 위한 고르바초프의

계획은 유럽을 넘어 확대되었다.

그가 볼 때, 냉전을 끝내는 것은 냉전이

장악하기 전인 19세기 말에 존재한

국가 이익 개념으로 돌아가는 것을

넘어선다는 의미였다.

1980년대 초 소련은 대략 10년 전의 미국과 상황이 비슷했다. 경제는 내리막길로 치닫는 듯 보였다. 정치는 제대로 기능하지 못해 실제 지도부와 방향을 상실한 지경에 이르렀다. 대중의 분위기도 암담했다. 소련의 업적에 자부심을 느끼고 불완전한 체제를 적어도 용인하던 사람도 이제 공산주의의 미래와 자기의 역할을 의심했다. 10년 전 미국과 마찬가지로, 소련 사람 가운데 국가와 사회의 대안적 형태를 상상할 수 있는 이는 거의 없었다. 하지만 체제가 그 상태로 훨씬 오랫동안 지속될지 분명히 의심했다.

또한 1980년대의 소련은 미국이 앞선 10년간 맞닥뜨리지 않아도 된 두 가지 도전에 직면했다. 투표소에서 시험을 받은 적이 없는 소련공산당은 제럴드 포드나 지미 카터처럼 유약한 대통령이 이끄는 미국 정부보다 정당성이 훨씬 부족했다. 공산당은 물론 소비에트 국가를 만들었고, 그와 함께 과학·교육·복지·군사력 등에서 발전을 이루었지만, 스탈린 시대 이후 소련 지도자는 자국민을 두려워하는 듯 보였고, 위기의 시기에 공산당이 국민에게 지지를 받을 것이라고 전혀 확신하지 못했다.

국제적으로 소련은 1970년대에 미국도 겪은 적이 없는 도전에 직면했다. 물론 브레즈네프의 긴장완화정책, 그리고 그것과 함께 이루어진 대규모 군사력 증강 덕분에 소련은 실제로 또 다른 초강대국이 되었다. 소련은 유럽이나 아시아에서 군사력이 가장 강력했고, 원하면 지구 곳곳에 개입할 수 있음을 보여 주었다. 하지만 소련은 동유럽의 동맹국보다 심하게 세계 경제체계에서 고립되었다. 1985년 소련 국내총생산의 4퍼센트만이 동구권 외부의 해외무역과 연결되었다. 해외 투자는 무시해도 될 정도였다. 서유럽에 대대적으로 가스를 수출하는 것도 영향을 주기에는 지지부진했다. 1985년 무렵 서유럽 천연가스에서 소련의 공급이 차지하는 비율은 3퍼센트도 되지 않았다.

이렇게 고립된 것은 소련이 의도하기도 했고, 다른 나라가 강요한 것이기도 했다. 소련 지도자는 자본주의 세계와 경제를 교류하면, 특히 소련 내부에 외국인이 들어오면 자본주의적 사고와 관습이 확산될 것을 우려했다. 이런 식으로 상황이 전개되면 정치 소요가 일어나고, 결국 공산당을 겨냥한 반혁명이 조성될 수 있었다. 대외무역은 물론 받아들일 수 있었고, 소련도 무역이 확대되면 좋았을 테지만, 국가 주도의 계획과 엄격한 상호성을 조건으로 해야만 했다. 외국과 상업적 관계를 다루는 업무를 맡은 공산당 관리는 이중으로 조심해야 했다. 언제나 정치적으로도 올곧고 보여야 했을 뿐만 아니라, 외국의 이해관계로 부패했다는 조짐을 보여서는 안 되었다. 그렇지 않으면 언제든 국가보안위원회의 급습을 당했다. 일부 소련 관리가 야망보다 안전을 선호한 것도 놀랄 일은 아니다. 해외 벤처사업을 끌어들이기보다 옴스크의 집단기업과 일하는 게 편했다.

서방 동맹국, 특히 미국이 소련과 서방의 경제 교류로 소련이 큰 이익을 얻는 것을 막으려고 했다. 1940년대 말 이후 대공산권수출통제조정위원회(Coordinating Committee for Multilateral Export Controls, COCOM)는 미국과 동맹 관계인 나라가 소련에 수출할 수 있는 제품에 제한을 두었다. 이 목록은 무척 광범위해서 첨단 농기계부터 항공기 부품, 컴퓨터, 소프트웨어에 이르기까지 다양했다. 그중 일부는 소련이 산업스파이를 통해 입수할 수 있었지만, 모든 것을 구하지는 못했다. 그와 동시에 데탕트가 붕괴함에 따라 미국과 직접 무역이 급감했다. 1974년에 이미 미국 의회는 해외 이주를 허용하지 않는 나라(즉 소련)와 정상 무역을 제한하는 법안(〈잭슨-배닉 무역법 수정안〉)을 제출했다. 1980년 카터 대통령은 아프가니스탄 침공에 반발하는 의미로, 소련에 곡물 수출을 금지했다. 로널드 레이건이 이듬해에 소련보다 미국 농민이 더 피해를 본다는 걸 깨닫고 금수조치를 철회하긴 했지만, 소련과 서방의 무역 관계를 훼손하는 데 큰 역할을 했다.

1970년대 말까지 소련은 동구권을 제외한 세계 전체와 소련의 경제 관계를 무시할 수 있었지만, 그래도 위험을 무릅써야 했다. 소련은 특유의 현대적 발전 형태, 즉 사회주의적인 중앙집중식 계획경제가 최소한 자본주의적 서방과 똑같은 정도로 경제 진보를 이룰 수 있다고 주장했다. 하지만 자본주의 세계화가 확대되고 이로써 각 지역이 점점 연결되자, 소련의 고립이 두드러졌다. 어쨌든 소련의 목표는 자본주의를 **추월**하는 것이지 점점 뒤처지는 것이 아니었다. 특히

739

미국 경제가 1984년부터 줄곧 탄탄히 확장하자, 미국은 소련이 일원으로 참여할 수 없는 추세에서 이익을 얻는 듯 보였다. 소련의 관점에서 보면 거의 똑같이 나쁜 것은 동아시아 각국 경제의 성장이었다. 소련이 별로 관심도 기울인 적이 없는 작은 나라조차 소련 평균을 3~4배 상회하며 성장했다.

소련 국내에서 보면, 안드로포프 같은 지도자는 의지를 발휘해 소련 경제를 더 잘 작동하게 할 수 있다고 믿었다. 하지만 부패와 음주, 나태를 겨냥한 정부의 운동은 별다른 성과를 거두지 못했다. 1917년 혁명 전 러시아는 곡물 수출국이었다. 1985년에 이르면 해외 수입에 전적으로 의존해 그해에만 4500만 톤 넘게 들여왔다. 또한 국민을 먹여 살리려고 90만 톤의 육류를 수입했다.[1] 실질 개혁은 마련되지 않았다. 노인만 모인 정치국은 경제에서 어떤 유의미한 실험도 거부했다. 중국은 말할 것도 없고 동유럽처럼 제한된 개혁조차 고려되지 않았다.

모순적이게도 소련 경제의 현실적 위험 하나는 경화를 입수할 목적으로 점점 석유와 가스를 수출하는 데 의존했다는 것이다. 앞서 살펴본 것처럼, 소련의 대외무역은 규모가 작았다. 하지만 수입 신용을 상환하려면 경화 소득이 필요했다. 좋은 시절에는 에너지 수출로 얻는 수익을 활용해, 고급 소비재 생산을 국내 생산 계획보다 더 확대할 수 있었다. 물론 이 계획 자체가 여유를 많이 허용하지는 않았지만 말이다. 1981년 유가가 급락하자, 소련 경제에서 이 부문들이 실질 타격을 입었는데, 계획 관료집단은 이를 일시적 차질이라고 해명하려고 했다. 하지만 국민, 특히 도시에 사는 사람은 상점이 순식간에 텅 비고, 소비 제품을 사기 위한 줄이 1950년대보다 훨씬 길어진 것을 눈치챘다.

　그리고 아프가니스탄 전쟁이 벌어졌다. 브레즈네프는 단기간만 개입할 것을 약속했다. 아프가니스탄 당의 "진짜 공산주의자"가 사태를 바로잡도록 붉은군대의 "제한된 파견" 병력을 보낸다는 것이었다. 1979년 12월 최종 개입 결정을 내린 정치국 논의 자료에 따르면, 몇 달만 파병할 계획이었다. 하지만 1985년 아프가니스탄에 파병된 소련 병사는 5년째 전투를 벌였고, 철군의 가능성은 희박해 보였다. 인생 말년에 접어든 브레즈네프와 후계자 유리 안드로포프는 철군을 교섭하는 데 열중했다. 하지만 냉전의 전반적인 방향이 교섭에 불리하게 작용했다. 아프간공산당 정권은 소련군이 철수하면 정부가 붕괴할 것을 걱정했다. 소련은 미국과 파키스탄이 아프간 이슬람주의 저항 집단에 보급을 중단하는 데 동의할 때만 철군할 것이었다. 조만간 철군할 가능성은 희박해 보였다.

　붉은군대는 1985년까지 아프가니스탄에 10만여 명의 병력이 주둔해 있었다. 나라 대부분을 소련군과 자만심만 강하고 능력은 없는 바브락 카르말Babrak Karmal이 이끄는 아프간공산당의 정부군이 통제했다. 하지만 낮에만, 그리고 공산당 군대가 인근에 있을 때만 그랬다. 밤이나 공산당 군대가 집결하거나 재배치되어야 하는 때는 저항 세력이 아프가니스탄 전역의 마을로 이동했다. 저항 세력의 일부는 지방이나 부족, 씨족에 근거를 두었다. 사람들은 이교도 외국인과 카불의 탐욕스러운 무신론 정권에 맞서 자기 지역을 방어했다. 하지만 점차 이 지방의 투사들은 국경 너머 파키스탄 페샤와르에 근거

741

지를 둔 몇몇 이슬람주의 정당으로 결집했다. 무기와 물자를 입수하기 위해서였다. 결국 이런 연계는 저항 이데올로기의 성격을 바꿔 놓았다. 1970년대에는 누구도 중동식의 이슬람주의가 특이하고 잘 알려지지 않은 아프가니스탄에서 성공을 거두리라고 생각하지 않았다. 하지만 1980년대에 접어들어 히즈브이슬라미Hizb-i Islami(이슬람당) 같은 집단이 무슬림형제단, 사우디아라비아의 극단주의 성직자, 심지어 이란 시아파 혁명에서 빌린 강령을 앞세워 아프가니스탄의 저항 담론을 지배했다.

아프간 이슬람주의자가 다른 저항 집단을 압도한 핵심 이유는 파키스탄과 미국에서 지원을 받았기 때문이다. 레이건 행정부의 계산은 간단했다. 이슬람주의 단체가 조직력이 가장 강하고 저항에서 가장 효과적으로 보인 것이다. 그들은 부패도 덜하고, 아프가니스탄 전쟁에서 흔히 요구되는 수많은 지방 차원의 타협에 관여할 가능성도 적었다. 무엇보다 그들은 소련인을 더 많이 죽였다. "우리는 상황을 … 아주 냉정히 보고 있었습니다." 1980년대 초 중앙정보국 남아시아 국장 찰스 코건Charles Cogan이 말했다. "우리의 관심은 베트남 이후 형세를 역전해 러시아를 이기는 데 있었지요."[2]

파키스탄 군사독재자 무함마드 지아 울하크Muhammad Zia-ul-Haq는 중앙정보국장 윌리엄 케이시와 레이건이 아프간 해방 투쟁을 공산주의 무신론에 대항하는 종교전쟁으로 보도록 부추겼다. 지아는 특히 민주적으로 선출된 전임자 줄피카르 알리 부토Zulfikar Ali Bhutto를 1979년에 교도소에 수감하고 사형에 처한 뒤, 보수적인 종교 당국을 파키스탄을 통치하는 도구로 활용했다. 이듬해에는 (너그럽게 말해서) 파키스탄 법률 체계에서 새로운 제도인 샤리아 법정을 시행했다. 미국에서 훈련받은 장교 지아는 파키스탄을 위협하는 인도를 특히 주시하면서, 오직 워싱턴에서 대대적인 지원을 받아야만 조국이 독립을 유지할 수 있다고 믿었다. 소련의 아프가니스탄 침공은 지아에게 행운이었다. 그는 레이건에게 소련이 진짜로 노리는 것은 인도와 협력해 파키스탄을 파괴하는 것이라 주장했다. 그렇게 되면 소련은 인도양을 지배하고 페르시아만에서 오는 원유 수송을 통제할 수 있다는 것이었다. 이와 같은 지아의 주장은 상당히 먹혀들었다.

미국은 지아가 파키스탄의 중요성을 가식적으로 주장한 것을 전부 받아들이지는 않았지만, 파키스탄 독재자의 협조가 없으면 미국 보급 물자를 아프간 저항 세력에 전달할 방법이 없었다. 1985년 이 물자 보급은 주요 작전이 되었다. 레이건은 아프가니스탄을 비롯해 아시아와 아프리카에서 소련의 지원을 받는 정권을 때리면, 소련이 해외에 개입하는 비용이 커질 것이라고 판단했다. 대통령이 소련을 전면 철수하게 할 수 있다고 생각한 증거는 없지만, 미국이 반좌파 게릴라 세력을 무장하면 모스크바가 향후 이런 개입을 쉽게 하지 못할 것으로 기대했음은 분명하다.

레이건 행정부의 아프간 무자헤딘 원조는 얼마 지나지 않아, 세계 곳곳의 다른 운동에 미국의 원조를 극적으로 확대하면서 맞물렸다. 1985년 한때 제3세계였던 지역에서 좌파를 겨냥해 미국은 대규모 공세를 펼쳤다. 앙골라에서 쿠바가 지원하는 정부에 맞서 싸우는, 조나스 사빔비Jonas Savimbi의 앙골라완전독립민족동맹 게릴라 투사를 지원하고 무장하며 훈련했다. 캄보디아에서 미국은 (최소한 간접적

743

으로) 악명 높은 크메르루주의 잔당을 비롯해 베트남이 지원하는 정부에 대항하는 세력을 도와주었다. 두 나라에서 반정부 세력이 군사적으로 완승을 거둘 가능성은 전혀 없었다. 하지만 그들이 미국 무기와 군사훈련을 등에 업자 좌파 정부는 영토 전체를 확고히 장악할 수 없었다. 또한 모든 형태의 경제성장이 가로막혔고, 소련과 쿠바와 베트남은 동맹국의 집권을 유지하는 비용이 높아졌다. 적어도 잠시 동안은 워싱턴에 좋은 일이었다. 레이건이 볼 때, 미국은 이제 소련이 1970년대에 미국을 겨냥해 구사한 것과 똑같은 방식으로 소련에 압력을 가했다.

중앙아메리카는 다른 사례인데, 여기에서 미국이 추구하는 목표는 한층 광범위했다. 니카라과와 엘살바도르는 거의 미국의 문간이었기 때문에 레이건의 욕심이 커졌다. 산디니스타가 엘살바도르 좌익 반군을 지지하지 못하게 만드는 것에서 더 나아가, 니카라과 정권 자체를 전복하려 했다. 1984년 중앙정보국은 니카라과를 외부 세계와 차단하려고 비밀리에 이 나라 항구에 기뢰를 부설했다. 하지만 레이건으로서는 난감하게도, 또다시 베트남식 수렁에 빠지지 않을까 점차 두려워하던 의회가 니카라과의 미국 동맹 세력인 콘트라에 자금을 지원하는 것에 난색을 보였다. 레이건은 전반적으로 인기가 있었지만 의회의 의견을 바꿀 수는 없었다. 1984년 통과된 〈볼런드 수정안〉은 "니카라과에서 어떤 나라, 집단, 단체, 운동 또는 개인이 군사 또는 준군사 작전을 수행하는 데 직간접적으로 지원함으로써 영향을 미치는" 조처를 미국 정부가 하지 못하게 했다.[3] 중앙정보국은 콘트라가 "미국의 지원을 받는다고 해도 산디니스타 정부를 전복할 수 없다"라고 보고했다. 중앙정보국의 수석 분석가 로버트 게이츠Robert Gates는 유일한 해법으로, "미국이 니카라과의 마르크스레닌주의 정권의 존재를 … 수용할 수 없으며, 이 정권을 쫓아내기 위해 침공 이외에 모든 권한을 행사할 것임을 … 공공연히 선언하는 것"을 들었다.[4]

백악관과 중앙정보국은 대통령의 암묵적인 격려를 받아 콘트라에 대한 지원을 늘릴 연결망을 만들었다. 어설픈 구상으로 불법이 거의 확실한 방식이었다. 이 구상의 핵심은 행정부가 사우디아라비아나 브루나이 같은 우방국에 요청한 기부금과 무기였다. 이렇게 받은 물자로 콘트라만이 아니라 앙골라완전독립민족동맹과 아프간 무자헤딘도 은밀히 원조했다. 1985년 말에 이르러 백악관은 이 계획을 확대해 이란 이슬람주의 정권에 무기를 판매한다는 경솔하기 짝이 없는 계획을 짰다. 당시 이란은 이라크의 공격에 맞서 필사적인 전쟁을 벌이고 있었는데, 이란에 무기를 판매해 얻은 수익금을 콘트라에 비밀리에 전달할 예정이었다. 이 계획의 목적은 이란 "온건파"에 손을 내밀어, 소련 반대편에서 냉전에 끌어들이고 중동의 이슬람주의 테러 집단이 억류한 미국 인질을 석방하게 만든다는 것이었다. 계획은 실패로 끝났고, 이어진 정치적 낙진 때문에 레이건 대통령의 정치 생명도 위협을 받았다. 이 계획은 레이건과 그의 보좌진이 전 세계에서 소련의 패거리를 상대로 벌이는 싸움에서 갈 데까지 갔음을 보여 주었다.

그리하여 모스크바의 나이가 든 지도부는 레이건의 험악한 언사와 미국의 기술 발전을 두려워했을 뿐만 아니라, 미국 대통령이 아

745

시아와 아프리카, 라틴아메리카에서 어떤 일을 벌이는지 자세히 지켜보기도 했다. 소련은 이를 반혁명 공세로 판단하고 미국이 긴장완화정책과 단절한 결정적 증거라고 보았다. 이 문제에서도 상황이 거꾸로 뒤집힌 셈이었다. 1970년대에 포드와 카터는 소련이 앙골라나 에티오피아를 위해 데탕트를 위험에 빠뜨리고 있다고 불만을 토로했다. 이제 안드로포프의 후계자인 콘스탄틴 체르넨코는 레이건이 호전성 때문에 전쟁 위험을 무릅쓰고 있다고 주장했다. 하지만 소련 지도자는 미국에 당당히 맞설 처지가 아니었고 그렇게 보이지도 않았다. 1911년생인 체르넨코-레이건과 동갑이다-는 기력이 쇠하고 있었다. 공개 석상에서 준비된 문서를 제대로 읽지도 못했다. 공산당 지도자로 임명된 바로 그날 체르넨코는 다리를 질질 끌고 안드로포프의 무덤을 찾았는데, 거의 주저앉다시피 해서 정치국의 다른 고참이 부축해야 했다. 이렇게 대대적인 미국의 도전을 제압할 만한 사람이 아니었다.

1985년 3월 10일 체르넨코가 사망했다. 정치국원이 모여, 이제 후계자를 한 살이라도 젊은 사람을 물색해야 한다고 논의했다. 1957년부터 외무장관을 맡은 76세의 안드레이 그로미코가 미하일 고르바초프Mikhail Gorbachёv를 추천했다. 54세로 가장 젊은 정치국원이었다. 통상적인 관례대로 정치국원이 이미 최고 지도자가 정한 결정에 지지 의사를 확인하는 발언을 하는 순간, 소련 정치에서 작은 빛 가운데 하나였던 블라디미르 돌기흐Vladimir Dolgikh는 다소 희비극적인 방식으로 상황을 절묘히 요약했다. "우리는 그[고르바초프]가 과거에 위대한 경험을 했을 뿐만 아니라, 미래도 품고 있다는 견해로 일치단결했습니다. 오늘날 우리 나라에는 문제의 핵심을 깊이 파고들 수 있는 정력적인 지도자, 진실하고 용감하며 쉽게 만족하지 않는 지도자가 필요합니다."[5] 그리고 이와 같은 가치는 소련공산당이 고르바초프에게서 얻었다. 1985년 3월의 그 누구도 상상하지 못했지만 말이다.

미하일 세르게예비치 고르바초프는 러시아 남부 스타브로폴의 러시아계-우크라이나계 가정에서 태어났다. 양가의 할아버지 둘 다 스탈린 시대에 숙청되었고, 한 명은 시베리아 유형에 처해졌다. 고르바초프는 명문 모스크바국립대학교에서 법학을 공부해, 최초로 대학을 졸업한 소련 지도자였다. 대학 시절에 우크라이나인인 라이사 티타렌코Raisa Titarenko와 결혼했다. 남편의 경력에 지대한 영향을 미친 철학과 졸업생이었다. 이후 공산당에 가입한 고르바초프는 1970년에 이르러 고향에서 당 지도자가 되었고, 터무니없이 젊은 마흔의 나이에 공산당 중앙위원이 되었다.

10년 뒤 고르바초프는 통치 집단인 정치국원이 되었다. 그가 맡은 부서는 농무부였는데, 적어도 그가 전례 없이 빠르게 당 지도자로 부상한 사실과 균형을 맞추려고 이렇게 빛이 나지 않는 자리에 배정된 것인지도 모른다. 고르바초프는 혜성처럼 정치적으로 떠오르는 단계마다, 1960년대와 1970년대 소련 젊은이가 무엇보다도 열망하는 경험, 즉 해외 진출을 할 수 있는 시간을 마련했다. 1977년과 1978년 여름 그는 부인과 함께 프랑스와 이탈리아를 관광하면서 풍경을 구경했을 뿐만 아니라, 소련 지도자로 훈련된 다른 이가 보인 적이 없는 색다른 방식으로 일반인을 만나기도 했다. 물론 고르바초프 부부가 이런 여행을 할 수 있었던 것은 국가의 특별한 신임을 받았기

747

때문이다. 소련의 일반인은 이런 기회를 꿈에서나 누릴 수 있었다. 그 렇더라도 두 사람은 자신들이 목격한 현실에 왜 소련은 거의 영향을 받지 않는지 의아해했다. 나중에 고르바초프는 이렇게 기록했다. "우리 나이 든 지도자는 부정할 수 없는 우리의 낮은 생활수준과 만족스럽지 못한 생활방식, 첨단 기술 분야에서 뒤처지는 현실에 대해 특별히 걱정하지 않는 것처럼 보였다."[6]

미하일이 서기장으로 선출된 뒤, 바로 이런 우려를 고르바초프 부부가 해결하려고 나섰다. 고르바초프는 공산당의 엄격한 감독으로 소련 사회에 활기를 불어넣어야 한다고 믿었다. 인민의 사기를 재건하고 미래에 대한 믿음을 강화해야 했다. 처음에는 구체적인 계획안이 거의 없었던 터라, 그가 내놓은 제안은 안드로포프가 마련한 각본에서 곧바로 가져온 것이었다. 반부패운동, 그리고 알코올 중독 퇴치 운동이었다. 그런데 후자는 신임 서기장의 인기를 높이지 못했고, 오히려 "광천수 서기장"이라는 별명만 붙여 주었다. "이렇게 보드카를 사려는 줄이 늘어섰는데, 어떤 남자는 도저히 더는 참을 수 없었지." 모스크바에서 유행한 유명한 농담이다. "그가 말했어. '크렘린에 가서 고르바초프를 죽여야겠소.' 한 시간 뒤 남자가 돌아왔어. 줄은 여전히 그대로였고, 모두 그에게 물었지. '서기장을 죽였습니까?' '서기장을 죽여요?' 그가 대꾸했어. '그 줄은 여기보다 훨씬 길던데요!'"

처음에는 고르바초프의 방식이 내용보다 더 중요했다. 그는 젊고 정력적이었고, 바깥에서 사람들과 이야기 나누는 것을 좋아했다. 그는 또한 권위주의적이고 인내심이 없었다. 재무부의 한 대표가 정부 세금의 상당 부분이 알코올 소비에서 나온다고 지적하자, 고르바초프는 말을 끊었다. "당신이 방금 말한 내용은 새로울 게 없어요. 우리 모두 국민이 가진 현금으로 구매할 수 있는 게 없다는 걸 압니다. 하지만 당신은 국민한테 술을 마시라고 강요하는 것 말고 다른 제안을 내놓지 않는군요. 그러니 그냥 당신 생각을 짧게 보고하세요. 당신은 지금 재무부가 아니라 정치국 회의에 참석한 거니까."[7]

고르바초프는 소비에트 관료제에서 재무부만 견디지 못한 게 아니었다. 당 서기와 장관에게 직무 능력을 향상하라는 지시와 편지가 쏟아졌고, 또한 그들은 그러지 못하면 엄중한 제재를 가하겠다는 위협을 받았다. 1986년 당대회 전에 고르바초프는 정치국의 나이 든 지도자 다수를 숙청하고 자기편으로 대체했다. 젊은 세대에서 고른 인물이었다. 고르바초프가 미소는 멋지지만 이빨이 세다고 한 그로미코는 소련 대통령이라는 의례적 역할로 승진했다. 그 대신 조지아 소비에트공화국의 개혁 지향적 당 지도자 예두아르트 셰바르드나제 Eduard Shevardnadze가 외무장관을 맡았다. 셰바르드나제는 부족한 대외 경험을 공산당 조직에 헌신함으로써 메웠다. 한 세대 가까이 역동적이고 결단력 있는 지도자를 기다린 많은 소련인처럼, 신임 외무장관도 서기장의 권위주의적 태도를 쉽게 받아들일 수 있었다. 그리고 셰바르드나제는 뭐든지 빨리 배우는 사람으로, 고르바초프가 쇠약해지는 소련의 국제 위상을 극적으로 반전하기 위한 발상을 앞세워 의지할 수 있는 인물이었다.

고르바초프는 임기 초반부터 소련이 무기 경쟁에 드는 비용과 해외 혁명 운동에 지원하는 비용을 줄여야 한다고 판단했다. 하지만 소련의 국제 지위나 세계 초강대국으로서의 입지를 유지하면서 그런

749

비용을 줄이고자 했다. 고르바초프 생각에 핵심은 소련 경제를 다시 일으키는 것이었다. 이를 위해 반드시 서방과 일정한 형태로 협력해야 했다. 서기장은 미국이 없으면 많은 것을 이룰 수 없다고 생각했다. 그는 동료에게 이 문제가 "심각하지 않다"고 설명했다. 하지만 서유럽 각국 정부가 그들 각국의 이익과 평화를 위해 소련에 손을 내밀기를 기대했다. "우리가 외교와 정치, 그 밖의 여러 행동에서 유럽을 지향하는 게 대단히 중요합니다. 여기서 우리는 과거보다 한층 더 일관되고 유연해야 합니다."[8]

워싱턴의 레이건은 신임 서기장과 이른 시일에 정상회담 하기를 기대했다. 고르바초프에게 보낸 친서에서 대통령은 조기에 정상회담을 열자고 권유하면서, 다소 즉흥적으로 "핵무기 근절"이라는 공동의 "목표"를 언급했다.[9] 에이블아처 사건 이후 줄곧 레이건은 핵무기와 관련해 소련과 교섭할 구체적인 방도를 모색하고 있었다. 핵전쟁의 위협을 심각히 걱정했기 때문이다. 핵 공격을 당한 뒤의 캔자스주 로렌스를 묘사한 ABC 영화 〈그날 이후(The Day After)〉를 본 뒤, 레이건은 "기분이 정말로 암울해졌다"라고 말했다.[10] 1984년 1월 신년 국정연설에서 레이건은 소련에 직접 호소했다. "소련 국민 여러분, 여러분 나라와 우리 나라가 현대에 우리 문명을 보전하려면 제정신인 정책은 하나뿐입니다. 핵전쟁에서 누구도 승리할 수 없고, 핵전쟁은 절대 일어나서는 안 됩니다. 핵무기를 보유한 우리 두 나라에서 유일한 가치는 이 무기를 절대 사용해서는 안 된다는 것뿐입니다. 그렇다면 핵무기를 완전히 없애 버리는 게 더 낫지 않을까요?"[11]

고르바초프는 레이건의 호소가 진심에서 우러났는지를 의심할 이유가 충분했다. 하지만 그는 '전략방위구상' 때문에 소련이 방위비를 증액해야 하는 것을 우려했다. 또한 소련을 겨냥한 레이건의 호전적 태도로, 서유럽을 미국에서 떼어 내고자 하는 그의 유럽 구상을 구체화하는 데 시간이 필요했다. 제네바에서 핵무기 문제를 놓고 양쪽이 비정기적으로 만난 자리에서 논의는 거의 진전이 없었지만, 고르바초프는 미국 대통령과 1985년 11월 그곳에서 정상회담을 하는 데 동의했다. 미국과 소련 지도자가 6년 만에 처음 만나는 회담이 될 터였다. 어느 쪽도 구체적인 결과를 크게 기대하지 않았다.

제네바 정상회담을 계기로 두 지도자는 상대방을 가늠해 볼 수 있었지만, 예상대로 실질적인 성과는 거의 없었다. 따뜻하고 경쾌하고 때로 세속적인 레이건은 고르바초프에게 별다른 인상을 주지 못했다. 고르바초프는 레이건이 보좌진의 인질이라는 느낌만 받았다. 레이건과 정말로 말이 통한다고 느낀 유일한 순간은 헤어질 때였다. 두 나라가 만난 지난 정상회담은 큰 성과가 없었다고 레이건이 말했다. 대통령은 "자신과 고르바초프가 '과거 따위는 잊어버리자'고 말하면서 우리 식대로 행동해 성과를 만들어 내자"라고 제안했다.[12] 세부적 내용에 지루할 정도로 집중하는 소련의 협상 방식에 실망했다는 표현이었다. 또한 개인적으로 고르바초프와 대화하면 성과를 낳을 수 있다는 대통령의 믿음의 표현이기도 했다.

집권 첫해에 고르바초프는 소련에서 진전이 제대로 이뤄지지 않는 것을 보고 점점 인내심을 잃었다. 고르바초프는 자신의 새롭고 고무적인 지도력 덕분에, 국민이 이 계획에 따라 경제 성과를 이루기 위해 기꺼이 더 열심히 일할 것으로 믿었다. 하지만 소련의 경제성장

751

은 계속 정체했고, 물자 부족은 전과 똑같이 두드러졌다. 고르바초프는 조바심이 나 보좌진에게 화를 냈다. 성과를 제대로 내지 못하면, 자신만이 아니라 위대한 소련 사회도 실망하게 하는 것이라고 일침을 놓았다. 1986년 봄 제27차 소련공산당대회에서 고르바초프는 "소련 사회주의 사회를 질적으로 새로운 상태"에 올려놓자고 호소했다. 그는 또한 대의원에게 "우리의 정치적·실천적 활동의 단점과 경제·사회·도덕의 영역에서 좋지 못한 경향"에 관해 경고했다.[13] 소련공산당 서기장의 보고로서 아주 새로운 형식이었다. 그는 당대회를 활용해 자신의 지도적 위치를 강조하기도 했다. 집권 1년 뒤, 고르바초프는 자신의 색채를 개혁의 기둥에 분명히 칠해 놓았다.

　고르바초프는 당의 수장을 맡은 뒤 첫 회의에서 이미 아프가니스탄 전쟁을 "피 흘리는 상처"라고 언급했다. 그렇다고 해서 이 전쟁에서 공산주의 정권을 지키고 붉은군대가 개선하는 식으로 승리하는 것을 포기한다는 뜻은 아니었다. 실제로 1985년 여름 장성과 회의하면서 고르바초프는 1년 안에 이슬람주의 반란 세력을 물리칠 수 있는 군사전략을 내놓으라고 지시했다. 파키스탄 국경 근처, 때로 국경을 넘어 무자헤딘을 공격하는 것을 허락했고, 아프간 공산군에 공수와 무기 지원을 확대하는 데 동의했다. 또한 더욱 공세적인 새로운 전략이 통하지 않으면, 설령 정권을 보호한다는 정치적 목표를 이루지 못한다고 해도 협상함으로써 소련군을 철수하겠다는 목표를 분명히 못 박았다.

　아프가니스탄은 1년 뒤 고르바초프가 집권했을 때와 똑같이 대단히 혼란스러웠다. 소련의 공세는 아프간 민간인에게만 더욱 고통을 주고, 무자헤딘이 신병으로 뽑을 수 있는 난민만 늘어나며, 붉은군대 사상자가 많아지는 결과를 낳았다. 또한 반군에 미국, 중국, 파키스탄의 지원이 늘어나게 했다. 레이건 행정부는 아프간 이슬람주의자에게 정교한 휴대용 소형 지대공 미사일 스팅어Stinger를 지원해 동맹국 영국도 깜짝 놀라게 했다. 사거리가 2만 6000피트(약 7.9킬로미터)에 이르는 무기였다. 소련의 공중 작전은 훨씬 더 위험해졌다. 그리고 지상에서 정부가 승리를 거둘 전망은 보이지 않았다. 1986년 6월 고르바초프는 정치국에 "그곳에서 빠져나와야 한다"라고 말했다.[14]

> 고르바초프: 우리는 이런 혼란에 빠졌습니다—제대로 계산하지 못하고 모든 각도에서 우리를 노출했어요. 심지어 우리 군사력을 적절히 활용할 수도 없었습니다. 하지만 지금은 손을 뗄 때입니다. … 이 혼란에서 발을 빼야 한다고요!
>
> [원수 세르게이Sergei] 아흐로메예프Akhromeyev [붉은군대 참모총장]: 아프가니스탄에 진출하고 7년이 지난 지금까지 소련 병사가 밟지 않은 땅은 1제곱킬로미터도 되지 않습니다. 하지만 어떤 장소를 떠나자마자 적이 돌아와서 모든 걸 원래 상태로 돌려놓습니다. 우리는 이 싸움에서 지고 있습니다. 이제 아프간 국민 대다수가 반혁명을 지지합니다. 우리는 혁명에서 전혀 이득을 누리지 못하는 농민을 잃었습니다. 나라의 80퍼센트가 반혁명 세력의 수중에 놓여 있고, 그곳 농민의 상황은 정부가 통제하는 지역보다 더 낫습니다.[15]

1986년 10월 고르바초프와 레이건은 레이캬비크에서 정상회담을 했다. 원래 고르바초프가 워싱턴을 방문하기 전 예비회담으로 제안한 자리였다. 하지만 훨씬 더 실질적인 회담이 되었다. 고르바초프는 무기 경쟁의 역학을 깨뜨리고 우주 군사화를 막기 위해 전력을 다하기로 결심한 상태였다. 그는 영국과 프랑스 무기는 제외하고 유럽에서 두 초강대국이 중거리 핵무기를 전부 제거하는 협정을 맺자고 제안했다. 또한 대륙 간 미사일을 50퍼센트 감축하자고 제안했다. 조건은 미국이 향후 10년간 어떤 형태로든 '전략방위구상'을 펼치지 않는다는 것이었다. 느닷없는 제안에 깜짝 놀란 레이건은 솔선해서 10년 안에 모든 탄도유도탄을 제거하는 합의를 제안했다. 고르바초프는 거의 곧바로 10년 안에 모든 핵무기를 제거하자고 제안했다.

하지만 레이건은 '전략방위구상'을 양보하려 하지 않았다.

[레이건:] 만약 우리가 모든 핵무기를 폐기한다면, 한쪽이 양쪽 어디도 더는 갖고 있지 않은 무기로 -만일을 대비해- 안전을 꾀하려고 한다고 해서 걱정할 이유가 있습니까? 다른 나라가 미사일을 만들 수도 있고요. … 저는 우리 양쪽이 10년 만에 다시 아이슬란드에 모여서 소련과 미국의 마지막 미사일을 파괴하는 걸 상상할 수 있습니다. … 그때쯤이면 너무 늙어서 당신이 나를 알아보지도 못할 텐데요. 그러면 놀라서 묻겠지요. "이봐요, 론,* 정말 당신이오? 여기서 뭐하는 겁니까?" 우리 그때 크게 축하연을 엽시다. …

* '로널드'의 애칭.

고르바초프: 당신 제안에 동의할 수 없습니다. 당신이 우주에서 실험하는 것을 금지하는 데 동의한다면, 2분 안에 문서에 서명할 겁니다. … 저는 우리 국민과 당신 앞에 한 점도 부끄럽지 않습니다. 제가 할 수 있는 일은 전부 다 했거든요.

레이건: 이런 식으로 헤어진다니 너무 유감이군요. 거의 합의에 도달했는데요. 어쨌든 당신은 합의하기를 원하지 않는군요. … 이런 기회가 언제 또다시 올지, 우리가 조만간 다시 만날지 모르겠습니다.

고르바초프: 나도 모르겠습니다.[16]

하지만 레이캬비크는 완전히 실패하지 않았다. 한 세대에 걸쳐 이루어진 군축 회담의 정해진 틀에서 벗어나, 소련과 미국 지도자가 교섭할 수 있다는 사실은 냉전의 가장 기본 개념도 급속히 바뀔 수 있음을 의미했다. 또한 핵전쟁의 위험을 뿌리 뽑겠다는 두 지도자의 정치적·개인적 의지 덕분에 논의가 활발히 이루어지자, 양쪽 보좌진은 소련-미국의 극심한 갈등 지점을 해결할 수 있는 실질적 기회를 낳는 새 단계에 접어들었음을 인식했다. 비록 양쪽의 대다수 보좌관은 적어도 그때 그곳에서 핵 문제가 이렇게 급진적으로 해결되지 않은 것을 보고 크게 안도했지만, 그들 모두 이제부터 양쪽에서 어떤 일이 벌어질지 전혀 알지 못하는 미지의 영역에 들어섰음을 이해했다.

고르바초프가 레이캬비크에서 급진적 태도를 보인 이유는 국내에서 추진하는 급진적이고 새로운 구상을 떠받치기 위해, 대외문제에서 큰 승리를 거두고자 했기 때문이다. 1986년 말 고르바초프와 그 보좌진은 이른바 **페레스트로이카**Perestroika(개혁)와 **글라스노스트**

755

Glasnost(정보 공개)라는 새로운 구상을 만들었다. 1987년 1월 중앙위원회 전체회의에서 서기장은 악화 일로를 걷는 소련 경제 문제를 극복하려면 근본적으로 개혁해야 한다고 선언했다. 고르바초프에 따르면, 페레스트로이카는 "침체를 극복하고, 지지부진한 구조를 무너뜨리며, 소련 사회의 사회적·경제적 진보를 촉진하는 데 의지할 수 있는 효율적인 기구를 창건하기 위한 단호한 시도"였다. "우리 전략의 주요 목표는 과학·기술 혁명의 업적을 계획에 기반을 둔 경제와 결합하고, 사회주의의 모든 잠재력을 작동하게 하는 것입니다."[17]

하지만 개혁의 구체적인 내용은 무엇인가? 그리고 개방을 얼마나 허용할 것인가? 1월에 열린 전체회의에서 고르바초프는 "자유로운 나라에서 자유로운 노동과 자유로운 사고"에 관해 이야기했다. 그는 또한 소련의 과거와 사회주의 업적을 옹호하기도 했다. 게다가 공산당, 정부, 특히 경제 계획체계에서 근본 개혁에 타협하지 않고 노골적으로 반대하는 세력이 존재했다. 1987년과 1988년에 고르바초프와 –개혁주의적인 전 캐나다 주재 대사– 알렉산드르 야코블레프Aleksandr Yakovlev, 바딤 메드베데프Vadim Medvedev, 게오르기 샤흐나자로프Georgii Shakhnazarov 등의 최측근은 소련 경제를 위해 새 전략을 정식화했다. 1987년 기업이 자체적으로 생산 목표를 정하고, 잉여생산물을 소비자에게 직접 판매하는 것과 같이 자율권이 더 많아졌지만, 그런 만큼 수지 균형을 맞추는 책임도 기업이 졌다. 이듬해 공산당은 일부 부문에서 기업의 사적 소유를 허용하고, 해외 기업과 합작 투자하는 것을 장려했으며, 일부 국유 기업의 통제권을 노동자 공동체에 이전하는 것을 지지했다. 비판자들은 그들이 공산주의를 포기한다고 비난했다. 고르바초프는 자신이 하는 시도, **오직** 자신이 하는 시도만이 공산주의를 구할 수 있다고 반박했다. 전과 똑같은 일을 계속하는 것은 선택지가 될 수 없었다.

고르바초프의 말에는 확실히 일리가 있었다. 1985~1986년에 유가가 3분의 2 하락하자, 소련 경제는 점점 압박을 받았다. 고르바초프의 도박은 새로운 형태의 기업과 외국인 투자로 경제를 성장하게 해 국가 지출을 대폭 삭감하는 일이 없게 하려는 것이었다. 하지만 과거의 사고를 벗어나기는 어려웠다. 높은 세금은 기업의 의욕을 꺾었다. 국가가 정한 식품과 핵심 소비재의 가격 인상을 고르바초프가 거부하자 상점 선반은 계속 텅 비었다. 중앙은행은 국가 재정의 부족분을 메우려고 계속 돈을 찍어 냈다. 그 결과 인플레이션을 촉진했고 도시에서 암시장이 점점 득세했다. 고르바초프는 소련 체계를 개혁하는 것이 엄청난 과제임을 금세 깨달았다.

몇몇 개혁 계획은 아마 소련 경제를 강화하기보다 약하게 만들었을 것이다. 이전까지 전권을 휘두르던 국가계획위원회, 즉 고스플란은 공장의 생산량을 세세히 계획하기보다 "우선순위"를 정하는 것으로 역할이 축소되었다. 1980년대 말에 이르면 이는 거의 확실히 필요한 개혁이었다. 하지만 제대로 준비하지 않고 서둘러 시행해 혼란이 확산되었고, 생산량을 늘리는 데 필요한 생산 단위 사이의 소통이 더욱 부족해졌다. 1988년 말 소련 경제는 급속도로 변화했다. 하지만 모든 것이 좋은 쪽으로 바뀌지는 않았다. 그리고 그때까지 어떤 변화도 보통 시민이 과거에 비해 형편이 나아졌다고 느끼게 하지 못했다.

변화를 향한 고르바초프의 에너지와 열망은 한계를 모르는 듯 보였다. 글라스노스트는 원래 페레스트로이카를 지지하게 하는 촉매로서, 과거의 관행에 비판의 문을 열려는 시도였다. 하지만 검열 축소는 공산주의 원리를 비판하고 소련의 과거 범죄를 조사하고자 하는 수문을 이내 활짝 열었다. 고르바초프는 이러한 비판에 한계가 있고, 오직 "건설적인" 발상만 제출해야 한다고 계속 주장했다. 하지만 실제로 그는 소련 시민이 오랫동안 억누른 비난을 쏟아붓는 것을 제한하려고 하지 않았다. 그가 생각할 때, 흐루쇼프가 제거된 것은 당의 보수파에 맞서 그를 지지하는 국민이 충분히 많지 않았기 때문이었다. 과거의 악행을 폭로하면 그 자신의 입지만 강화될 것이었다. 그리고 고르바초프에게 무엇보다 중요한 것은 자신이 바로 그런 일을 해야 한다고 생각했다는 점이다. 소련의 억압 실태를 알면 알수록 그는 더욱 소스라치게 놀랐다.

소련 언론인은 처음에 과거의 비밀을 신중히 파헤쳤다. 스탈린 시대 정치범 수용소의 참화에 관한 새로운 기사가 실렸다(고르바초프는 마지막까지 남은 정치범을 석방하고, 다른 이도 유형지에서 돌아오는 것을 허용해야 했다). 1930년대에 벌어진 숙청이 공개 논의되었고, 1941년 소련이 독일의 공격에 대항할 준비가 전혀 되어 있지 않았다는 사실도 공공연한 화제가 되었다. 소련 정부는 나치와 소련이 동유럽을 나눈 독소불가침조약(몰로토프-리벤트로프조약)의 비밀 의정서를 1989년 전까지 인정하지 않았다. 1990년이 되어서야 소련은 카틴에서 폴란드 장교를 학살한 책임을 수용했다. 당시 고르바초프는 소련 정부가 "이 비극에 깊은 유감을 표하며, 이 사건을 스탈린 시대 최악의 잔학 행위로 여긴다"라고 말했다.[18] 하지만 일부 소련인이 볼 때, 이는 너무 지나치고 서두른 행동이었다. 1988년 3월 화학 교수 니나 안드레예바Nina Andreyeva는 새로운 경향을 개탄하는 글을 신문에 기고했다. "최근 제가 가르치는 한 여학생이 계급투쟁은 프롤레타리아트의 지도적 역할과 마찬가지로 낡은 개념이라고 솔직히 말하는 걸 보고 당혹스러웠습니다."[19] 안드레예바는 마르크스주의의 기본 원칙을 계속 지키고자 했고, 많은 소련 시민, 특히 러시아 시민이 뜻을 같이했다.

하지만 고르바초프는 자신과 당이 러시아만이 아니라, 소련의 **모든** 공화국을 위해 일하는 것이 중요했다. 고르바초프와 최측근 보좌진은 추진하는 몇몇 개혁이 중심부보다 주변부에서 인기가 더 있을 것이라고 믿으며, 캅카스와 중앙아시아를 비롯해 나라 곳곳을 돌아다녔다. 또한 그는 동등한 지위를 갖는 공화국이 진정한 연합을 이루는 소비에트 연방으로 발전해야 하며, 이 공화국이 최대한 많은 자치를 누려야 한다고 믿었다. 고르바초프는 모스크바의 동료에게 개혁, 특히 정치 개혁은 아래에서만 책임질 수 있으며, 올바른 지도부가 서면 공화국 안에서, 그리고 공화국을 통해 많은 성과를 이룰 수 있다고 거듭 말했다. 1988년 말 일부 공화국은 개혁과 자국의 이익을 지지하기 위해 과거에 비해 더 많은 것을 주장했다.

전혀 예상하지 못한 두 사건도 소련의 개혁을 가속화했다. 1986년 4월 우크라이나-벨라루스 국경에 자리한 체르노빌 원자력발전소의 4번 원자로가 폭발해 엄청난 양의 고방사성 낙진이 대기 중에 방출되었다. 소방대원과 군 병력의 영웅적인 노력으로 뒤이은 화재는 통제할 수 있었다. 하지만 다른 모든 것에서 후폭풍이 일어났다. 당국은 최악으로 오염된 지역에서 주민 전체를 신속히 대피하게 하지 못했다. 이틀 동안 소련 지도자는 사고에 대해 아무 말도 하지 않았다. 멀리 떨어진 스웨덴에서 고농도 방사능이 검출된 뒤에야 입을 열었을 뿐이다. 위기가 터지면 오히려 입을 다무는 성향이 있는 고르바초프는 나중에 체르노빌 사례를 소련 관료제 전체에 글라스노스트가 필요한 이유를 보여 주는 증거로 들었다. 소련 시민, 그리고 전체 유럽인에게 이 사건은 소련의 끔찍한 환경 기록을 상기하게 하는 적나라한 사례였다.

체르노빌 참사 1년 뒤, 독일의 10대 소년 마티아스 루스트Mathias Rust가 소형 비행기에 올라 헬싱키에서 모스크바까지 들키지 않고 비행해 붉은광장 한가운데에 무사히 착륙했다. 루스트는 평화를 위한 일이었다고 말했다. 소련군에 오명을 남기는 재앙이었다. 고르바초프는 이 기회를 활용해 참모부의 절반을 명예퇴직하게 하고 자신이 믿는 사람을 승진하게 했다. 보기 드물게 생각 있는 사람의 장군인 세르게이 아흐로메예프 원수가 대표적인 인물이었다. 하지만 붉은군대가 난공불락의 요새를 구축했다는 명성은 특히 러시아에서 어느 정도 빛을 잃었다. 이제 장군들은 새로 유행하는 농담의 표적이 되었다. 러시아인이 무리를 이루어 붉은광장을 어슬렁거리면서 함부르크행 다음 비행기를 기다린다는 것이었다. 모스크바 셰레메티예보공항의 2터미널이 이미 삭아서 허물어지고 있었기 때문에, 붉은광장을 셰레메티예보 3터미널로 개명해야 한다는 농담도 있었다.

동유럽 사람은 고르바초프 현상이 전개되는 것을 불신의 눈으로 지켜보았다. 처음에 공산당 안팎의 대다수 사람은 개혁이 소련의 권력을 강화해 결국 다른 나라에 대한 장악력을 확대하는 결과로 이어질 것으로 믿었다. 동유럽 지도자도 자국을 개혁해야 한다고 고르바초프가 공공연히 말하면서 각국이 경로를 자유로이 선택할 수 있을 것임을 암시했지만, 대다수 사람은 그의 말을 믿지 않았다. 동유럽 사람은 전에도 소련의 자유화 시기를 목격한 적이 있고, 그런 시기가 결국 어떤 식으로 끝났는지 잘 알았다. 하지만 1987년에 이르러서야 공산당 안에서 처음으로 고르바초프가 완전히 새로운 인물이라는 사실이 알려졌다. 고르바초프는 개혁을 원하는 당원에게 꿈을 이룰 답처럼 보였다. 하지만 변화를 두려워하는 당 지도자에게 페레스트로이카와 글라스노스트는 악몽과도 같은 시도였다. 체코슬로바키아를 방문한 고르바초프의 악동 공보 비서 겐나디 게라시모프Gennadi Gerasimov는 고르바초프의 개혁과 1968년 둡체크의 개혁이 무슨 차이가 있냐는 질문을 받자, "19년"이라고 대답했다. 개혁에 반대하는 동유럽 공산주의자는 두려워할 게 많았다.

고르바초프가 볼 때, 동유럽에서 무엇보다 중요한 것은 각국을 더욱 성공적인 유럽 사회주의 공동체로 적절히 편입하는 것이었다. 서기장이 자본주의 서유럽의 유럽공동체에서 목격한 업적과 경쟁하기 위해 구상한 공동체였다. 그는 선진국, 무엇보다 동독의 실천에서 기술과 그 활용에 관해 배우고자 했다. 또한 동유럽 모든 나라가 소련과 협력함으로써, 특히 세계 기준에서 한참 낮게 책정된 에너지와 원자재 가격 면에서 경제적으로 좋은 대우를 받는다는 것을 잘 알았다. 고르바초프 생각에, 공정이란 공산주의 경제 공동체인 코메콘 내의 가격을 국제 시장의 가격과 비슷하게 맞추고, 경화로 대금을 지급하는 것을 의미했다. 정치적으로 보면, 동유럽인은 바르샤바조약기

761

구와 코메콘에서 문제를 해결하는 한편으로 소련의 국제 정책을 고수해야 했다. 1986년 고르바초프는 동독 지도자 에리히 호네커Erich Honecker에게 "우리가 우리에게 옳다고 여기는 대로 행동하는 것처럼 당신네도 스스로 옳다고 여기는 대로 행동해야 한다"라고 말했다. "우리가 서로를 신뢰한다면 가장 좋겠지요."[20] 하지만 소련 지도자의 조언은 자신이 국내에서 시도한 것처럼 동유럽 각국 공산당이 통치 기반을 확대해야 한다는 것이었다.

　　모든 동구권 지도자가 소련의 개혁 구상에 말로는 찬성했지만, 사실 대부분은 최대한 오랫동안 어떤 유의미한 변화도 회피했다. 정권을 자유화하려 하다가는 통제력을 잃을 위험이 있음을 알았기 때문이다. 그들의 희망은 소련에서 페레스트로이카와 글라스노스트가 중단되거나 억제되는 것이었다. 얼마 지나지 않아 고르바초프와 호네커의 관계는 틀어졌다. 고르바초프는 동독 지도자가 소련이 자국을 지원해야 한다고 끊임없이 독촉하는 것에 진력이 났다. 호네커 또한 소련 언론이 동독을 좋지 않게 이야기하는 것에 불만을 토로했다. 레이건이 1987년 브란덴부르크 문에서 연설하면서 소련 지도자에게 과감히 독일 분단을 끝내자는 제안-"고르바초프 서기장, 이 장벽을 무너뜨립시다"-을 하자, 고르바초프는 발끈했다. 그는 보좌진에게 미국인이 자신의 유럽 정책을 좌우하도록 내버려두지 않겠다고 말했다. 그렇더라도 고르바초프의 최측근 대외문제 참모 아나톨리 체르냐예프Anatoly Chernyaev는 일기에, "서기장은 이 문제를 없앨 수 없고, 언젠가 독일이 통일할 것이라고 마음속으로 느낀다"[21]라고 적었다.

　　고르바초프가 정말로 분개한 것은 동독의 비타협적 태도 때문에, 특히 경제적인 면에서 소련에 정말로 중요하다고 생각하는 바를 행동에 옮기지 못한다는 점이었다. 서독과 가까워짐으로써 서유럽에 더욱 가까워지는 것 말이다. 고르바초프는 어떤 식으로든 유럽과 일본을 정치적으로 떼어 놓는다는 소련의 아주 오래된 냉전의 꿈을 포기하지 않은 상태였다. 하지만 경제적 필요, 특히 무역과 신용의 필요성이 커짐에 따라 우선순위가 바뀌었다. 고르바초프는 서독 경제가 유럽공동체의 핵심에 자리한 발전기이자, 지금까지 동유럽으로 흘러든 신용 대부분의 원천임을 알았다. 미국이 경제원조의 원천이 되리라고 믿지 않으면서, 고르바초프의 사고는 점점 더 서독, 그리고 어쩌면 장기적 관점에서 일본에 집중되었다.

그렇지만 고르바초프는 서독 총리 헬무트 콜과 정식으로 회담하기 위해 1988년 말까지 기다려야 했다. 동독이 커다란 걸림돌이었다. 또 다른 걸림돌은 고르바초프가 서유럽에서 누리는 엄청난 인기 때문에 그곳에 영향력을 미칠 수 있다고 콜이 우려한 점이었다. 서방의 "고르비 열풍(Gorbymania)"은 1986~1987년 최고조로 치달았다. 서독의 여론조사에 따르면, 고르바초프는 세계 정치에서 레이건, 콜, 대처를 훌쩍 앞서서 가장 인기 있는 인물이었다. 1986년 콜은 소련 지도자가 "홍보를 이해하는 현대적 공산당 지도자"에 지나지 않는다고 즉흥적으로 발언함으로써, 고르바초프를 격분하게 했다. 그러면서 눈치 없이 한마디를 덧붙였다. "괴벨스도 홍보 전문가였지요."[22]

고르바초프가 서방에서 가장 가깝게 접촉한 나라는 20년 전 관광객으로 방문한 프랑스와 이탈리아였다. 양국 지도자는 자국 공산당을 국가적 주류로 정치적으로 통합하고 중용을 지킨 경험이 있었던 터라, 소련도 사회화해서 세계 문제를 현상 유지하는 데 끌어들일 수 있다고 믿었다. 이탈리아 지도자 줄리오 안드레오티Giulio Andreotti와 프랑스 대통령 프랑수아 미테랑은 아마 전후 유럽에서 가장 냉소적인 권력 사업가로 손꼽힐 테지만, 그들의 경험과 통찰은 서방이 실제로 어떻게 작동하는지를 더 많이 배우겠다는 고르바초프의 목적에 잘 들어맞았다. 마거릿 대처도 선호하는 대화 상대였지만, 서기장은 소련 언론이 "철의 여인(Iron Lady)"이라는 별명을 붙인 총리에게서 유용한 조언과 많은 지원을 기대하지 않았다.

그럼에도 고르바초프는 지극히 현실적이었기 때문에, 자신이 추구하는 두 가지 핵심 돌파구, 즉 유럽과 다른 지역에서 핵 군축과 군사적 긴장 완화를 이루려면 미국과 관계를 맺는 데 집중해야 함을 충분히 이해했다. 1987년 말 소련 지도자는 미국 땅에서 첫 번째 정상회담을 하러 워싱턴으로 갔다. 공식 목적은 SS-20과 퍼싱 같은 중거리 핵전력을 대폭 감축한다는 조약에 서명하기 위함인데, 그 자체로 군축을 향한 거대한 진전이었다. 정상회담에서 훨씬 폭넓은 분야를 다루었다. 고르바초프는 레이건에게 소련에서 민주적 정부를 세울 것이라는 계획과 그 과정에서 발생하는 난관을 공공연히 이야기했다. 대통령은 고르바초프의 헌신적 태도와 솔직함에 두루 깊은 인상을 받았다. 고르바초프는 소련이 12개월 안에 아프가니스탄에서 완전히 철수할 것으로 예상한다고 말함으로써 레이건을 놀라게 했다(그럼에도 무자헤딘에 무기 공급을 중단하라는 고르바초프의 호소는 무시되었다). 무엇보다도 그는 "대통령과 협력해서 세계 각 지역의 충돌을 해결하고 싶다"라고 선언함으로써, 레이건의 관심을 끌었다. 정상회담 후속 작업으로 소련과 미국은 사상 처음으로 한 자리에 앉아 인도차이나, 남아프리카, 중앙아메리카의 분쟁을 완화하기 위해 어떻게 협력할지를 논의했다.

워싱턴 정상회담 이후 양쪽은 적어도 제한된 정도로나마 서로 세계 문제를 해결하려고 노력하는 동료로 보았다. 미국이 완전히 주도권을 쥐었다는 데는 의심의 여지가 없었다. 소련은 종종 미국의 태도를 받아들이거나 기껏해야 약간 개선하는 정도였다. 지역 분쟁을 바라보는 소련의 견해가 진정으로 바뀌고 약세를 인식한 결과였다. 대통령 임기 말로 가면서 압력을 받긴 했지만, 레이건은 고르바초프와 달리 산적한 국내 문제가 전혀 없었다. 하지만 단지 서로를 더 잘 알게 된 것만으로도 사실 많은 성과가 있었다. 군부 사이의 접촉도 왕성했는데, 이 자리에서 양쪽 장성은 최악의 공포 가운데 일부는 상대편의 전략에 담겨 있지 않으며, 또한 몇몇 절차는 단지 상대의 거울상일 뿐이라는 것을 발견했다. 적에 대한 고정관념이 무너졌는데, 다만 그 대신 무엇이 등장할지는 여전히 불투명했다. 양국의 일부 동맹국, 특히 아프리카와 아시아의 소련 동맹국은 이 과정이 어리둥절하고 불안한 속도로 진행되는 듯 보였다.

워싱턴 정상회담 6개월 뒤에야 로널드 레이건이 모스크바를 방문했는데, 미국 대통령으로서는 16년 만에 소련 수도를 찾은 셈이었다. 양쪽은 군축과 전반적인 양자 관계에서 진전을 이루었지만, 진정한 돌파구는 정치적 분위기에서 나타났다. 레이건이 모스크바국립대학교에서 양국이 새로운 관계를 이루었다고 치켜세운 연설은 소련 방송으로 생중계되었다. 이제 두 나라는 동료이자 친구였다. "사

765

20 고르바초프

람들은 전쟁을 벌이지 않고, 정부들도 전쟁하지 않습니다. 그리고 어떤 어머니도 영토 획득이나 경제적 이익, 이데올로기를 위해 자기 아들을 기꺼이 희생하지 않을 겁니다. 자유로이 선택할 수 있는 사람은 누구나 평화를 택할 것입니다."[23] 레이건이 붉은광장을 가로질러 걸을 때, 한 기자가 지금도 소련이 악의 제국이라고 생각하느냐고 묻자 레이건은 "아닙니다. 당신은 다른 시기, 다른 시대 이야기를 하는군요."[24]라고 답했다. 레이건은 고르바초프와 어깨동무를 한 채 "우리는 아주 잘 통합니다"[25]라고 선언했다.

하지만 소련 쪽을 끌어안으려는 레이건의 의지는 지역 분쟁 쪽으로 확대되지 않았다. 고르바초프가 그에게 이슬람 각국의 정치가 이미 냉전의 대결에서 벗어나 새로운 근본주의 정권이 제기하는 위험으로 이동한다고 설명하려 했지만, 레이건은 들은 체도 하지 않았다. 고르바초프는 아프가니스탄에 존재하는 위험을 강조했다. 하지만 서기장은 다소 안도하며 말을 계속했다. "아프가니스탄은 이제 과거의 문제입니다. 우리는 합의에 다다르고 있습니다. 아프가니스탄의 매듭을 풀고 이를 다른 지역의 매듭을 풀기 위한 토대로 활용합시다. … 소련은 미국과 함께 행동할 의지가 있지만, 미국은 관심이 없거나 협력의 의지가 없는 것 같았습니다."[26]

아프가니스탄이 지역 분쟁과 관련해 미국과 협력하는 데 좋은 선례가 되지 못했다는 고르바초프의 판단은 정확했다. 1988년 4월 파키스탄과 아프가니스탄은 소련과 미국의 보증을 받아 제네바협정에 서명했다. 모든 당사국이 주권과 불간섭 원칙을 존중한다고 약속했고, 소련은 늦어도 1989년 5월까지 병력을 철수하겠다고 말했다.

모든 내부 합의는 아프간인 스스로의 몫으로 남겨졌다. 워싱턴은 무자헤딘에 무기 지원 중단을 거부하면서 퉁명스레 말했다. "소련이 아프가니스탄의 당파에 군사 원조를 제공하는 것을 제한하면, 미국도 그에 상응해서 제한할 것이다."²⁷ 이는 엉터리 합의여서 그 덕분에 아프가니스탄 내전은 전처럼 계속되었다. 다만 소련군만 빠진 채로. 고르바초프에게 이는 보잘것없는 승리였다. 이 합의로 그는 병사를 귀국하게 하면서 아프가니스탄의 대실패는 이미 끝난 일이라고 선언할 수 있었다. 철군은 1989년 2월 15일에 완료되었다. 철군 시한보다 석 달 앞선 시점이었다.

고르바초프 지지자는 아프가니스탄 합의-그렇게 부를 수 있다면-를 이루고 레이건이 모스크바에서 소련 지도자를 공개 포옹한 것으로, 서기장이 국내 문제를 조금 여유 있게 처리할 수 있기를 기대했다. 하지만 사정은 딴판이었다. 1988년 말과 1989년 초에 국내 전선에서 온갖 문제가 정점으로 치닫는 듯 보였다. 도시에서 식량은 부족했고, 일부 공화국에서 정치적 소요가 고조되었다. 불만의 상당 부분은 고르바초프에게 집중되었다. 많은 이는 그가 너무 많은 약속을 하고 보잘것없는 결과를 내놓았다고 생각했다. 어떤 이는 불과 몇 년 전만 해도 이런 정서를 공개 표명하기만 해도 교도소로 직행하거나 더 나쁜 운명을 맞을 수 있었다는 사실을 이미 잊어버렸다. 이제 소련 국가가 결딴나면서 개혁 자체가 위협을 받는 듯 보였다.

이런 난관에도 의연해 보이는 지도자는 고르바초프뿐이었다. 1988~1989년 겨울 그는 정치 개혁과 각 공화국으로 권력을 분산하는 것을 생각하면서 많은 시간을 보냈다. 1989년 3월 소련은 사상 최초로 새 의회인 소련인민대표대회(Congress of People's Deputies of the Soviet Union)를 구성하는 경쟁 선거를 치렀다. 소련공산당이 대체로 수상쩍은 방식으로 대다수 선거구에서 승리했지만, 20퍼센트 정도의 의석이 무소속 후보에게 돌아갔다. 그중 한 명인 안드레이 사하로프는 반체제 물리학자이자 노벨 평화상 수상자로, 불과 2년 전에 국내 유형지에서 석방된 인물이었다. 또 다른 반체제 무소속 의원 보리스 옐친Boris Yeltsin은 전 모스크바 당 서기장이자 정치국원으로, 1987년에 일찍이 개혁 속도가 느린 데 항의해서 사임하겠다고 위협하다가 고르바초프에게 해임된 바 있었다. 당의 권력 독점은 이미 무너진 상태였다. 공산당 서기장이자 국가 최고 지도자가 의도한 붕괴였다.

집권 초기에 미하일 고르바초프는 소련 안팎의 정치 지도를 다시 그리고자 했다. 그가 볼 때, 냉전은 적어도 전 지구적 대결과 대화의 부재라는 고전적 형태로는 이제 의미를 잃은 상태였다. 그의 출발점은 마르크스레닌주의, 아니 마르크스주의와 레닌주의였다. 그는 유물론적 분석을 믿는 동시에, 결단력 있는 소수가 사회 전체를 대신해 행동할 수 있는 능력도 믿었다. 그리고 고르바초프는 소련이 소비에트 사회주의를 유지하고 발전하게 하는 데 서방의 관행을 일부 채택해야 함을 깨달았다. 배워서 적용하는 것은 약함의 징표가 아니라 힘의 원천이라는 게 그의 판단이었다. 그의 지도자 자질과 공산당의 권위만 있으면 페레스트로이카를 성공으로 이끌 것이었다.

고르바초프의 기획을 훼손하는 세 가지 사건이 국내에서 벌어졌다. 소련 경제 상황이 악화한 이유는 불확실한 개혁으로 혼란이 생겼기 때문이다. 국민은 소련 전역에서 당의 위계 구조에 등을 돌렸다.

그리고 고르바초프의 측근 보좌진을 포함한 상당수의 소련 지도자는 이미 사회주의의 몇몇 기본 교의에 믿음을 잃었다. 서기장은 안정과 정치 통제를 원하는 당의 보수파와 자국의 미래와 자신을 위한 계획을 추진하기 위해서는 당도 포기할 수 있는 이들 사이에서 꼼짝도 하지 못했다. 고르바초프는 정치적·경제적·법적 개혁을 원했지만, 소련 사회주의의 업적을 내팽개치고 싶지는 않았다. 점점 공개적으로 표명한 그의 목표는 법으로 통치되는 국가였고, 당의 권력을 제거하기보다 축소하는 것이었다. 1988년 10월 고르바초프는 정치국에 "기구의 재편은 법치국가의 형성과 연결된다"라고 말했다. "우리 사회와 국가의 전체 구조가 정당한 토대 위에서, 즉 법의 한계 안에서 작동해야 합니다. 누구도 법의 경계를 넘어서서 법을 깨뜨릴 권리가 없습니다. 그런데 가장 중요한 위반자가 … 바로 여기, 이 탁자에 앉아 있습니다-정치국과 중앙위원회 서기국입니다."[28]

국제 정책에서 고르바초프는 냉전을 극복하고 소련을 서유럽, 그리고 특히 유럽 사회민주주의에 가깝게 이동하게 하는 것을 목표로 삼았다. 전 서독 총리이자 현재 사회주의인터내셔널(Socialist International, SI) 의장 빌리 브란트 및 에스파냐의 사회당 총리 펠리페 곤살레스Felipe González와 대화하면서, 그는 "여러분과 대화하는 것은 우리에게 쉬우면서도 어려운 일"이라고 고백했다. "쉬운 건 상호이해의 수준 덕분에 친구처럼 마음을 터놓고 소통하면서 어떤 문제든 논의할 수 있기 때문입니다. 하지만 일반적인 문구로 문제를 둘러댈 수 없기 때문에 어렵습니다. … 어쩌면 지금이야말로 1914년의 분열*을 극복하기 위해 무엇을 해야 하는지 검토해야 할 때입니다."[29]

1989년 빌리 브란트에게 총서기가 한 말이다. 고르바초프는 자신의 정책을 러시아와 유럽의 유서 깊은 연계의 일환이자, 냉전 이념 대립의 여명기에 제1차 세계대전에 대한 대응 때문에 갈라진 사회주의자를 하나로 묶는 계기로 보았다.*

하지만 국제질서 재편을 위한 고르바초프의 계획은 유럽을 넘어 확대되었다. 그가 볼 때, 냉전을 끝내는 것은 냉전이 장악하기 전인 19세기 말에 존재한 국가 이익 개념으로 돌아가는 것을 넘어선다는 의미였다. 그가 품은 전망은 잘 조직된 세계, 즉 유엔 및 포괄적인 국제 협정으로 국제 문제를 규제하는 한편, 냉전 시기에 지역 분쟁에서 양쪽이 모두 너무도 자주 벌인 무차별 학살을 방지하는 세계였다. 세계 전체가 자유와 자유시장이라는 미국식 개념으로 돌아서고 있다고 미국이 확신하는 상황에서, 고르바초프의 전망은 순진해 보였을 수 있다. 하지만 단 몇 년 만에 한 정력적 지도자가 소련 국가가 상징한 목표 자체와 소비에트 권력을 어떻게 이해할 것인지를 재정의할 수 있음을 보여 준 또 다른 인상적 사례였다.

---

* 제1차 세계대전에 대한 사회주의 진영의 대응 문제, 특히 각국 정부의 전쟁 채권 지지 문제를 둘러싸고 제2인터내셔널이 분열되고 결국 붕괴한 것을 가리킨다. 레닌과 로자 룩셈부르크를 비롯한 공산주의 진영은 '제국주의 전쟁 반대'를 구호로 내세웠지만, 서유럽의 주요 사회당을 중심으로 한 사회민주주의 진영은 전쟁 채권에 찬성하고 조국 방위에 조력했다.

전　지구적　전환

21 · GLOBAL TRANSFORMATIONS

냉전이 끝나는 과정은

그 기원만큼이나 다층적이고 복잡했다.

남아프리카나 동남아시아에서 드러난 것처럼,

전 지구적 충돌의 종언은 좋은

일을 위한 엄청난 기회를 낳았다.

세계는 1970년대와 1980년대 초에 엄청나게 바뀌었는데, 1980년대 말에는 그것보다 훨씬 더 변했다. 갖가지 신기술은 많은 사람이 정보를 얻거나 거래하거나 미래를 생각하는 방식을 바꾸었다. 자본과 투자에 집중된, 새로운 형태의 경제 행위가 세계 곳곳으로 퍼졌다. 특히 유럽과 북아메리카가 한 세기 넘게 발전하게 한 기능 일부를 아시아 산업 생산의 새로운 중심지가 넘겨받았다. 그리고 앞서 소련에서 살펴본 것처럼, 정치 이데올로기도 변화했다. 처음은 그 속도가 느렸지만 이내 점점 빨라졌다. 냉전이 종식될 무렵이면 세계는 이미 변모해 전 지구적인 이념 대립은 수많은 사람에게 거의 의미를 잃은 한편, 다른-종족·종교·민족·경제- 충돌이 더욱 중요해졌다.

20세기 말에 나타난 이러한 전 지구적 전환은 여러 가지를 동시에 함축했다. 북아메리카와 유럽에서 그것은 사회복지 제공이라는 거추장스러운 부담에서 벗어나 시장 관행의 확산을 의미했다. 그 결과 이런 관행이 그전까지 개인에게 별로 역할을 하지 않은 나라-중동, 인도, 중국, 동남아시아-에 한층 더 확산되었고, 완강하고 끊이지 않는 관행, 즉 자본주의의 강경한 측면으로 제시되었다. 세계 뉴스 방송과 위성 연결을 비롯해 영화와 텔레비전을 통해 놀라울 정도로 정보가 확산되자, 이제껏 거의 본 적이 없는 풍요롭고 다른 삶이 사람들의 눈앞에 펼쳐졌다. 분명 대다수 사람에게 〈다이너스티Dynasty〉와 〈베이워치Baywatch〉의 생활양식은 말 그대로 꿈에서도 본 적이 없는 삶이었다. 하지만 낮 시간대 텔레비전 방송이 세계적으로 확산하자 지구 곳곳에 사는 사람들의 실제 삶이 극명히 대비되었다. 그리고 1989년 많은 사람은 자신과 가족의 삶이 더 나아지기를 원했다. 사회주의와 집단주의의 거대한 기획이 제공할 수 있는 수준을 훌쩍 넘는 삶이었다.

정보의 폭발적 증가는 특히 사람들의 우선순위를 바꿔 놓았다는 의미에서 냉전의 종식에 크게 이바지했다. 하지만 정보로 무장한 대중이 언제나 더 식견 있는 집단은 아니다. 때로는 오랫동안 소중히 여긴 여러 가치와 즉각적이고도 명백히 모순되는 정보의 갑작스러운 증식은 냉소주의와 무신경으로 이어질 수 있다. 마찬가지로 권위주의적 지도자가 유지한 사회구조가 붕괴하면, 기존 공동체 내부에서 추구하는 목표가 극적으로 재정의될 수 있다. 냉전이 종언을 고하는 가운데 세계-소련을 비롯해 유고슬라비아, 중국, 라틴아메리카에 이르기까지-는 이 모든 것을 경험했다. 세계 냉전의 종결은 오랜 대결이 해소되게 했지만, 또한 세계 곳곳에서 새로운 형태의 긴장이 발생하게 했다.

1980년대 세계에서 일어난 변화는 사회주의 국가 전반이 위기에 봉착하게 했다. 이는 동유럽만이 아니라 전 지구 차원의 위기였다.

니카라과, 에티오피아, 모잠비크, 베트남 같은 신생 사회주의 국가도 정치적 선택을 수정하거나 포기하라는 엄청난 압박을 받았기 때문이다. 앞서 살펴본 것처럼, 이런 압박의 일부는 레이건 행정부가 지구 차원에서 벌인 반혁명 공세에서 나왔다. 하지만 위기는 그보다 더 심층적이었다. 그리고 글로벌사우스Global South의 사회주의 국가에서 초기에 벌어진 변화는 여러 면에서 동유럽에서 벌어진 변화보다 **앞서** 이루어졌다. 물론 중국이 중요 사례다. 하지만 1980년대 초에 소련과 동맹을 맺은 나라조차 유인책과 시장을 경제에 들여왔다. 모잠비크가 대표 사례다. 1982~1983년 소규모 사기업이 허용되었다. 1986년 국제통화기금과 협정을 체결해, 차관과 투자를 받는 대가로 주요 산업을 민영화하고, 국가 지출을 축소하며, 일반 경제뿐만이 아니라 무역도 규제를 완화했다. 베트남 정부는 이미 1981년에 무역과 농업 생산을 자유화했다. 1986년 소련과 동유럽에서 주요 변화가 이루어지기 전에, 베트남은 도이머이Đổi Mới(쇄신) 정책을 들여와 경제의 많은 부분에 시장 원리를 적용했다.

계획에서 벗어나 시장으로 향하는 이런 변화가 이루어지자, 이어서 세계 경제 활동의 중심부가 북대서양 국가에서 동아시아로 대대적으로 이동했다. 이는 장기적 과정으로, 지금도 진행 중이다. 하지만 적어도 전면적인 형태의 그 기원은 냉전이 끝나기 10년 전까지 거슬러 올라갈 수 있다. 이런 이동은 그 원인이 많았는데, 자본과 기술이 전 지구로 확산된 것도 한 원인이었다. 교통과 소비 양상의 발전도 다른 원인이었다. 아시아의 권위주의적, 시장 친화적 정권에서 고도 숙련노동 인력을 쉽게 착취할 수 있었던 것도 자본주의 성장을 자

775

극했다. 그중 가장 중요한 것은 아마 서방 각국의 시장에 전례 없이 접근함으로써 수출주도형 성장이 가능해진 사실일 것이다. 그리고 이는 냉전 최종의 단계에서 벌어진 방식, 즉 당시 미국이 소련과 그 동맹국을 차단하려고 아시아 나라와 결정적인 동맹을 구축한 직접적인 결과였다.

세계 시장이 대대적으로 팽창하면서 세계에 미치는 미국의 영향력도 확대되었다. 1970년대에 많은 이가 생각한 것(그리고 2010년대에 다시 생각한 것)과 정반대로 세계 산업 생산의 핵심이 미국을 벗어나 바뀌기는 했어도, 세계 문제에서 미국의 중심성은 거의 훼손되지 않았다. 전 세계에 퍼진 사고와 관행, 기술과 생산물이 대부분 **미국**이 기원이었던 까닭에, 미국은 그 어느 때보다 더 중요해 보였다. 그리고 레이건 행정부가 주로 군사 목적으로 의도한 대규모 적자 지출은 미국에서 국내 소비와 해외 투자를 동시에 자극했다. 이는 물론 군사력도 세계를 압도하는 최강국이라는 지위를 확대해 주었다.

지금 와서 보면, 미국이 세계화로 얻은 경제 이득은 일반적 추세라기보다 하나의 순간으로 두드러진다. 하지만 이런 이득은 미국이 미치는 세계 패권의 전체 범위가 정점에 도달한, 냉전이 종식된 때라는 시점 덕분에 대단히 중요했다. 물론 이 말은 바로 미국의 힘 때문에 냉전이 끝났다고 주장하는 것과 다르다. 하지만 이 둘은 분명히 관련이 있다. 사회주의 국가를 잠식하고 자본주의가 지속적으로 팽창하는 데 동아시아를 중심지로 만든 동일한 세계적 상황 전개가 레이건의 팽창을 가능케 했다. 그리고 이전의 적을 포함한 많은 이가

마케팅부터 기업 경영, 금융 (탈)규제에 이르기까지 대다수 사안에서

미국의 경제 관행을 재평가해야 한다고 확신하게 만든 것도 바로 이런 팽창이었다. 따라서 냉전이 끝난 시점에 일어난 세계적 전환은 과거 미국 지도자들이 도저히 가능하다고 믿기 어려운 방식으로 미국에 특권을 부여하는 듯 보였다.

미국 중심성을 보여 주는 가장 뚜렷한 증거는 역설적이게도 중국에서 찾을 수 있다. 마오쩌둥 정권은 반미주의를 대외정책의 핵심으로 삼고 흐루쇼프가 미국과 소련의 관계를 안정화하려 한 것을 주된 이유로 삼아 소련과 단절한 뒤, 마오쩌둥 생의 말년에 중국의 안보를 개선하기 위해 미국과 협력했다. 마오쩌둥의 후계자로 중국 지도자가 된 덩샤오핑은 마오쩌둥이 아무리 상상해도 생각할 수 없을 정도로 미국과 협력하는 데 심혈을 기울였다. 덩샤오핑은 무엇보다도 경제를 목표로 했다. 그는 기술의 후진성 때문에 중국이 약해지고 소련의 침공에 언제든 희생될 수 있다고 보았다. 그는 또한 중국 인민의 생활수준이 향상되기를 원했다. 1979년 처음으로 나선 미국 방문길에 비행기가 이륙하는 순간, 덩샤오핑은 보좌진에게 20세기의 핵심 교훈으로 생각하는 바를 알려 주었다. "미국과 협력하는 이는 누구나 이득을 얻지만, 미국에 반기를 들려고 하는 이는 죄다 실패할 겁니다."[1]

덩샤오핑은 1904년 동북부 쓰촨성의 작은 마을에서 태어났다. 젊은 시절 프랑스에서 일하면서 공산당에 가입했고, 뒤에는 모스크바에서 코민테른 일을 했다. 중국에 돌아와서는 마오쩌둥에 충성을 다했지만, 주석의 다소 난해한 몇 가지 계획은 이해하기 어려웠다고

777

실토했다. 문화대혁명 때 "우파분자"로 두 차례 숙청된 덩샤오핑은 1976년 마오쩌둥이 사망한 뒤 복수심을 품고 복귀했다. 무쇠 같은 노동윤리로 무장한 불같은 사람인 덩샤오핑은 프랑스 시절 동료 노동자에게 "작은 고추"라는 별명을 얻었다. 키가 5피트(약 152센티미터)도 되지 않았기 때문이기도 하고, 고향 지방의 매운 요리를 좋아했기 때문이기도 했다. 또한 언제나 자신과 나라를 위해 분주히 움직인 인물이었기 때문이기도 했다. 1978년 주석의 부인 장칭을 비롯한 마오쩌둥주의 좌파 지도자가 체포되었고, 중국은 경제 개혁을 향한 새로운 경로에 올라섰다.

처음에 덩샤오핑과 보좌진은 중국을 어떻게 바꿀지 뚜렷한 생각이 거의 없었다. 그들이 아는 것은 과거가 재앙이었다는 사실이다. 어떻게 보면 이와 같이 과거 상황을 공동으로 자각한 것이 그들의 가장 중요한 무기였다. 1960년대와 1970년대 중국은 선진국 경제를 따라잡기는커녕 점점 더 뒤처졌다. 그들의 모든 노력, 온갖 격렬한 정치 운동, 특히 젊은 층에서 공동선을 위해 희생하겠다는 그 모든 의지가 무위로 돌아갔다. 미국을 방문했을 때 덩샤오핑은 도무지 이해할 수 없을 정도의 풍요와 부를 목격했다. 동료에게 보고한 것처럼, 중국이 따라잡으려고 얼마나 많이 노력해야 하는지 생각하느라 밤에 잠을 이루지 못할 정도였다.

중국을 전진하게 한 덩샤오핑의 위대한 힘은 실험을 두려워하지 않는 의지였다. 그리고 10년 뒤 모스크바의 고르바초프와 달리, 이 중국 지도자는 '계획' 이외에 토대로 삼을 수 있는 무언가가 있었다. 문화대혁명을 거치면서 공산당의 권위가 해체되자, 일부 남부 성의 몇몇 인민공사와 노동공동체가 비밀리에 사업 관행에 시장 방식을 끌어들인 상태였다. 그런 시도는 돈을 많이 벌기 위해서라기보다 순전히 자기 보전을 위해서였다. 마오쩌둥주의 운동이 재개된다면, 먹고살 게 있어야 한다는 생각에서였다. 1960년대에 자녀들이 굶어 죽은 적도 있었다. 그들은 그런 일이 다시는 일어나서는 안 된다고 결심했다. 1974년 이러한 단위 가운데 일부는 물물교환 협정과 간접 신용 제도뿐만 아니라 다양한 형태의 유료 사업을 만들었다. 국경 지역에서 일부 단위는 밀수와 환전 사기를 벌였다. 농촌의 일부 인민공사는 직접 농사지은 농산물을 팔아 이윤을 챙기는 것을 허용했다.

아무것도 해 주지 않는 체제에 맞서는 의식적 반란으로서의 시장이었다. 규모도 작고 쉽게 없앨 수 있는 시도였다. 수사관이나 열성분자가 책임자를 잡으면 몇 년 징역형을 받을 수 있었다. 하지만 1978년 이후 중앙 정부가 서서히 시험적으로 시장 개념을 실험할 때, 이 사람들은 준비가 되어 있었다. 비슷하게 구상한 다른 이들과 함께 개체호個體戶(개인 사업자 또는 더 적절한 표현으로 게릴라 기업가)는 사업을 다양화하면서 투자했다. 1981년 이후 그들의 많은 활동이 합법화되었지만, 오랫동안 그들이 하는 몇몇 사업은 법률의 회색지대에서 이루어졌다. 그들 대부분은 징역이나 처형의 위협을 받지 않고 돈을 벌 수 있는 한 이에 아랑곳하지 않았다.

베이징의 중국 개혁주의 지도자는 이러한 사람을 염두에 둔 정책을 마련하지 않았지만, 개체호는 일부 지도자가 더 많은 모습을 보고 싶어 하는 역동적 힘을 대표했다. 덩샤오핑의 개혁 계획은 세 가지 목표를 추구했다. 현대 기술을 확보하고, 생산을 증대하며, 공산당

779

의 절대 권력을 유지하는 것이었다. 세 가지 목표 아래 여러 하위 목표가 있었다. 덩샤오핑은 (경화를 벌어들이기 위해) 수출을 증대하고, (소련의 공격을 방어하고 당의 권력을 유지하기 위해) 군대를 강화하고자 했다. 또한 경제적 의사결정을 분산하고 싶어 했다. 덩샤오핑이 조롱하는 핵심 표적 가운데 하나는 매년 계획된 생산량에 0.5퍼센트를 더하기만 하는, 문화대혁명의 격변에서 이제 안전해진 베이징 관료였다.

하지만 개혁으로 가는 길은 전혀 간단하지 않았다. 당은 분파에 시달렸고 정치적으로 분열되었다. 덩샤오핑의 동료 다수는 사회주의 중국의 표상을 자본주의 서방이 아니라 당연히 유고슬라비아나 헝가리에서 찾아야 한다고 생각했다. 사기업을 허용하는 것은 특히 어려웠다. 공산당은 말 그대로 "공동 소유의 당"을 의미한다. 마오쩌둥 시절 당 지도자는 오랫동안 다른 사회주의 국가가 시장을 실험한 것을 비난했다. 이제 방향을 바꿔 중국에서 이런 실천을 지지하기는 쉽지 않았다. 하지만 덩샤오핑은 그들을 몰아세웠다. 1986년 덩샤오핑은 CBS의 마이크 월리스Mike Wallace에게 "우리는 일부 인민과 일부 지역이 먼저 부유해지는 것을 허용합니다. 공동의 부를 더 빨리 이루기 위해서입니다"라고 말했다.[2]

무역과 서비스업에서 소규모 사기업을 허용한 것 이외에 덩샤오핑이 취한 첫 번째 조치는 집단농장을 해체한 것이다. 인민공사를 해산하고 가구가 책임지는 체계를 시행했다. 이는 각 가구가 할당받은 토지에 정해진 생산량을 국가에 넘겨주어야 하지만, 잉여생산물은 자유로이 개인 거래할 수 있음을 의미했다. 농업 생산이 급증했다. 농민은 돈을 저축했다. 때로는 공동으로 돈을 모아 마을이나 가장 가까운 소도시에서 소기업을 창립했다. 국유 기업은 잉여생산물을 판매하고 가격을 직접 정할 수 있었다. 경제특구에서 외국인 투자가 장려되어, 외국 기업이 기술 정보를 중국 기업과 공유하려는 의지만 있으면 자유로이 투자하고 이윤을 회수할 수 있었다.

덩샤오핑은 경제 정책에서 과감한 실험가였지만, 국제문제는 전혀 확신하지 못했다. 미국과 좋은 관계를 유지해야 한다는 걸 알아서 중국의 대외정책을 워싱턴의 정책과 긴밀히 연결했다. 소련이 중국에 치명적인 위협이 된다는 마오쩌둥의 인식을 고스란히 물려받은 덩샤오핑은 미국과 협력하면 경제 기회를 얻는 것만이 아니라 보호도 받을 수 있다고 믿었다. 그리고 미국은 기꺼이 도움을 베풀었다. 카터와 레이건에게 중국은 서유럽이나 일본보다 더 중요하지는 않더라도 동등한 냉전의 핵심 동맹국이었다. 처음에 중국의 빈곤과 저발전에 깜짝 놀란 미국은 차관과 기술 이전, 해외시장 개방 등으로 성장을 도왔다. 중국이 미국과 협력해 소련을 압박하기 위해서라도 먼저 중국의 국내 상황을 개선해야 했다.

따라서 훗날 세계 경제 전반에 천지가 진동하는 파급력을 미친 중국 경제 팽창의 시작은 냉전을 어떻게 치러야 하는가 하는 문제와 밀접히 연결되었다. 중국에서 시장이 확고히 자리를 잡고 경제 전반이 팽창하자, 중국은 서방, 특히 미국의 생산·경영·판매 방식에 더욱 관심을 가졌다. 1980년대 말 중국 사회는 이미 10년 전의 지루하고 공포에 사로잡힌 상황과 천양지차였다. 사회보장 복지가 서서히 줄어들면서 일부 사람은 고통을 받았다. 하지만 더 많은 사람은 덩샤오핑의 개혁으로 생긴 새로운 기회를 활용하고자 했다. 경제 대부분은 여전히 국가가 통제했고, 공산당은 권력 독점을 포기하려 하지 않았지만, 중국은 사회주의 계획경제와 결정적으로 단절하는 구조변혁을 시작한 상태였다. 중국의 선택은 세계 경제에 참여함으로써 성장률을 높이고자 한 다른 사회주의 국가에 큰 영향을 미칠 것이었다.

1980년대 중국은 미래를 위한 경제표상을 모색하던 이에게 주요 관심사가 아니었다. 바로 옆 나라 일본은 이미 경제가 발전해, 5퍼센트 내외의 높은 성장률을 계속 이어나가고 있었다. 1980년대 초 하버드대학교의 사회과학자 에즈라 보걸Ezra Vogel은 일본이 여러 면에서 이미 전 세계 1위 국가라고 주장했다. 일본은 "다른 어떤 나라보다 후기산업사회의 기본 문제를 대부분 성공적으로 다루고 있다"라는 게 그의 주장이었다.[3] 8년 뒤 예일대학교 역사학자 폴 케네디 Paul Kennedy는 세계 강대국의 영향력을 비교했는데, 일본이 "생산성이 대단히 높은 부유한 나라이며, 훨씬 더 부유해질 것"이라고 보았다.[4] 적어도 어떤 면에서 미래가 일본의 것이라고 결론 내리지 않을 수 없었다.

일본이 군사 문제를 우선시하지 않았는데도 (어떤 이는 그 때문이라고 말할 텐데) 지금과 같은 특별한 지위를 이루었다는 주장은 1980년대에 벌어진 논쟁에서 굉장히 강력했다. 20세기 말 나라를 성공하게 만드는 것은 군사력이 아니라, 경제적 성취라는 함의가 담겨 있기 때문이다. 이 주장에 수출주도형 경제성장 과정이 나라를 빈곤에서 끌어올릴 뿐만 아니라, 세계 주요 강대국을 따라잡게 할 수도 있다는 함의 또한 담겨 있었다. 1990년 일본의 1인당 국내총생산은 미국보다 높았고, 소련의 7배에 육박했다. 당연히 다른 나라는 일본식 경제를 배우고자 했다.

　일본이 경제성장에 집중할 수 있었던 주된 이유는 물론 미국이 군사 보호를 했을 뿐만 아니라, 국제 시장, 무엇보다도 미국 시장에 쉽게 접근할 수 있게 해 주었기 때문이다. 레이건 행정부는 일본의 무역 관행에 공개적으로 불쾌감을 드러내긴 했지만, 경제 문제 때문에 양국 간 긴밀한 동맹이 위험에 빠지지 않도록 신중히 처신했다. 1982년 나카소네 야스히로中曾根康弘가 총리가 된 뒤에는 특히 그러했다. 나카소네는 미국과 맺은 동맹을 계속 유지하고자 했지만, 자민당의 전임자에 비해 정치적·경제적 면에서 민족주의 성향이 강했다. 그는 중국 및 아시아 대륙의 나라와 관계를 개선하고 싶어 했는데, 특히 미국이 장래에 쉽게 접근할 수 없는 시장임이 밝혀지는 경우에 일본의 수출 전망을 개선하고자 했다. 1987년 일본은 중국의 최대 무역 상대국이자 미국에 이어 두 번째로 큰 해외 투자국이었다. 또한 일본은 차관과 기술 공급자로서 중국에 대단히 중요한 나라였다. 덩샤오핑이 나카소네와 만났을 때 양국 관계의 중요성을 강조한 것도 놀랄 일은 아니다. "일본과 중국의 역사적인 우호 관계는 21세기까지, 그리고 22, 23, 33, 43세기까지 지속되어야 합니다. 현재 일본과 중국은 시급한 문제가 없습니다. 21세기까지 일본과 중국의 관계를 개선하는 게 다른 모든 문제보다 더 중요합니다."[5]

　하지만 1980년대 아시아 경제에서 일본과 중국만 성장하지 않았다. 성장의 측면에서 가장 인상적인 나라는 동아시아와 동남아시아의 "작은 호랑이들"이었다. 1987년 홍콩의 1인당 국내총생산은 12.1퍼센트 성장했고, 한국은 11.2퍼센트, 타이완은 11퍼센트, 싱가

포르는 9.1퍼센트 성장했다. 이들 나라는 모두 시장 지향 경제와 수출주도형 산업 성장을 이루었고, 국가가 경제 전반을 지도하는 특징이 강했다. 다시 말해, 이 나라들은 일본과 약간 비슷해 보이면서도 (물론 각국 나름의 방식으로 달랐다), 사회주의 세계의 중앙집권적 계획경제와 무척 달랐다. 경제학자는 '작은 호랑이' 가운데 어느 나라도 국제 경쟁에서 성공하리라고 예상한 적이 없었다. 자원이 거의 없고 주요 시장과 멀리 떨어져 있었기 때문이다. 하지만 1970년대에 이 나라들은 이후 10년 동안 세계 경제에서 나타난 변화를 활용할 수 있는 위치에 놓여 있었다. 각국은 모두 교육 수준이 높았고, 생산 비용이 적었으며, 야심적인 기업은 원활히 경영되었다. 기업가는 이미 미국이나 서유럽과 상업적으로 접촉했고, 그들의 나라는 냉전에서 동맹국이기도 했다. 작은 호랑이는 돌아다니기 좋은 위치에 있었다.

작고 큰 호랑이 한국과 타이완은 또한 성공리에 민주주의로 이행한 덕분에 조성된 사회적·정치적 안정의 이득을 톡톡히 누렸다. 냉전 말기까지 양국은 미국이, 최소한 간접적으로, 지지하는 군사독재 국가였다. 수많은 국민이 민주적 권리를 쟁취하기 위해 싸우다 목숨을 잃었다. 하지만 냉전이 수그러지고 지역 차원의 국제 긴장이 줄어들자, 한국과 타이완은 민주 정부 형태로 이동했다. 한국은 1987년 타이완은 4년 뒤의 일이었다. 이행은 체제가 자체로 개시했는데, 민주화가 되면 나라가 더 강해질 것이라고 믿었기 때문이다. 민주주의가 더 좋은 법률과 제도를 만들어 낼 것이라는 그들의 도박은 성공을 거두었다. 양국 모두 오늘날 세계에서 가장 부유한 축에 속한다.

도시국가 싱가포르를 제외한 동남아시아는 1970년대의 세계 변화에서 많은 이득을 얻지 못했다. 한 가지 이유는 인도차이나에서 전쟁이 계속되었기 때문이다. 베트남은 미국과 벌인 전쟁이 끝나자, 거의 곧바로 캄보디아의 크메르루주와 전쟁했다. 세계의 다른 어떤 지역도 냉전 충돌의 결과로 그보다 더 오래, 더 많이 고통을 받지 않았다. 그리고 이런 고통은 1980년대까지 계속됐는데, 주로 레이건의 제3세계 전략이 낳은 결과였다. 냉전의 가장 기묘한 뒤틀림 가운데 한 사례가 캄보디아다. 대량 학살을 자행하다 몰락한 뒤 베트남이 지지하는 캄보디아 정부와 싸운 크메르루주 정권의 잔당은 미국과 중국의 지원을 받아 1991년까지 살아남았다. 소련과 동맹을 이룬 베트남에 반격을 가하는 것이 이 악명 높은 동반 관계의 주요 목적이었지만, 레이건이 중국에 인도차이나에서 소련의 영향력을 억제하는 데 진지하게 노력한다고 말하기 위한 방법이기도 했다. 그 결과 캄보디아인은 더 비참한 상황에 빠졌고, 베트남과 타이는 선전포고도 없이 국경 전쟁을 벌였다. 캄보디아 반정부 집단 대부분이 활동하는 지역이었다.

강력히 군사화된 베트남에 위협을 느낀 동남아시아의 반공 국가는 더욱 긴밀히 뭉쳤다. 1967년 창설된 동남아시아국가연합(Association of South-East Asian Nations, ASEAN)은 "국민이 추구하는 이상과 열망에 부합하는 국가 정체성을 지키기 위해, 어떠한 형태나 형상의 외부 간섭에 맞서 각국의 안정과 안전"을 확보하는 것을 목표로 삼았다.[6] 그런데 이런 선언은 사실 각국 지도자가 소련과 중국의 위협이라고 생각되는 현상에 맞서 미국과 긴밀히 협력하는 것을 의미했다. 하지만 1980년대 덩샤오핑은 중국과 동남아시아의 보수적 지도자 사이에 여러 세대에 걸쳐 생긴 불신을 뒤집는 데 성공했다. 중국과 동남아시아 사이의 경제 교류가 확대되자 외교 관계도 가까워졌다. 1985년 베트남은 북쪽과 남쪽 양방향에서 캄보디아에서 철수하라는 일사불란한 압박에 직면했다.

이런 도전에 베트남 지도부는 국내 개혁을 심화하고, 이웃 나라에 주둔한 군대를 철수할 준비를 하는 것으로 대응했다. 소련에서 고르바초프가 선출되기 전부터 하노이의 신세대 지도자는 대외 압력을 버티는 데 소련이 큰 도움이 되지 않을 것임을 깨달았다. 1980년대 말 베트남 경제를 자유화하고 사기업에 상당한 자유를 부여한 도이머이는 덩샤오핑이 중국에서 밀어붙인 실험을 바탕으로 했지만, 아세안 주요 국가의 경험에 훨씬 크게 의존했다. 베트남은 공산주의 국가로서 유례가 없는 행보를 하며, 점차 아세안과 가까워져야 한다고 느끼면서 캄보디아에서 철수하기 위한 교섭에 나섰다. 1989년 자카르타에서 열린 첫 번째 회담에서 베트남은 캄보디아의 다양한 정파 사이의 내분과 상관없이 일방적으로 철수하겠다는 뜻을 분명히 했다. 1989년 9월 베트남군은 철수를 마무리했다. 1992년 베트남은 동남아우호협력조약을 체결하고 중국과 관계도 정상화했다.

1980년대 초 인도도 냉전에서 한층 더 발을 뺐다. 물론 대외 간섭에서 독자적인 규칙을 정하려고 하는 인도는 냉전의 장에서 언제나 불편한 손님이었다. 하지만 1960년대 이후 점차 소련과 연계를 국가안보의 중요한 요인으로 보았다. 인디라 간디는 1980년 다시 집권해 모스크바와 유대를 점진적으로 완화했다. 이유를 하나 꼽자면, 냉전이 새로 격화하는 상황에 대응하기 위해서였다. 상황이 가열되자,

인디라는 인도와 소련의 유대가 너무 돈독하다고 여겨지는 것을 원치 않았다. 이슬람주의를 혐오하고 아프간 공산당 정부의 세속적 개혁 목표에 공감하긴 했지만, 인도는 소련의 아프가니스탄 침공 이후 밀려들 여파에 불안을 느꼈다. 특히 인도 총리는 소련의 침공으로 미국이 파키스탄을 전례 없이 지원하는 상황을 우려했다. 1982년 레이건 대통령과 만난 자리에서 인디라는 인도가 미국과 우호관계를 맺고자 하며, 소련이 아프가니스탄에서 철수하기를 바란다는 것을 강조하는 데 특히 애썼다.

하지만 대외관계에서 균형을 새롭게 맞추려는 인도의 시도는 파키스탄에 군사 원조를 한층 더 강화하려는 레이건의 고집에 직면했다. 1984년 인디라 간디가 암살당한 뒤 신임 총리가 된 아들 라지브 간디Rajiv Gandhi는 고르바초프를, 인도 대외정책의 난관을 해결할 열쇠로 보았다. 소련의 새 지도자는 엄격한 이데올로기적 관심을 내팽개치고, 경제 발전을 대외정책 의제의 핵심에 두었다. 라지브 간디는 세계 경제가 구조적으로 변화한다는 몇몇 징후를 남들보다 일찍 간파하고, 인도가 페레스트로이카를 자체 시행함으로써 시장과 민간의 주도성을, 경제 세계화에 자유를 더 많이 제공하고자 했다. 그는 고르바초프도 비슷하게 사고했다고 믿었다. 1985년 양국이 조인한 뉴델리선언은 소련보다 인도가 더 큰 영향을 미쳤음이 드러난다.

1. 핵 시대에 인류는 인류의 생존을 확고히 보장하는 새로운 정치적 사고와 세계 인식을 발전하게 해야 한다.
2. 우리가 물려받은 세계는 현재 세대와 미래 세대의 공동 소유다-

787

따라서 우리는 보편적인 인간 가치를 우선순위에 두어야 한다.

3. 인간의 생명을 지고의 가치로 인정해야 한다.

4. 비폭력을 인류 공존의 토대로 삼아야 한다.[7]

냉전의 종식이 더 평화로운 세계로 이어질 것이라는 고르바초프와 라지브 간디의 판단은 옳았을지 모르지만, 아시아에서 벌어진 다른 사건은 정확히 그 방향만을 가리키지 않았다. 1980년 발발한 이라크-이란 전쟁은 최초의 탈냉전 전쟁이라고 불렸는데, 이데올로기적 동기가 부재했다는 사실에서 정확한 명명이다. 이라크가 이란을 공격한 것은 무엇보다도 영토를 획득할 수 있으리라는 기대 및 이란이 이라크의 소수 시아파 무슬림과 결탁하는 것에서 비롯한 두려움 등이 동기였다. 사담 후세인이 이끄는 이라크의 든든한 지원국 소련은 이라크에, 이 전쟁에서 대단한 근거나 의미를 찾지 못하겠다고 했다. 모스크바는 이라크의 공격으로 이란이 다시 미국의 품에 안길 것을 우려했다. 다른 한편 레이건 행정부는 교전국 어느 쪽도 지지하지 않았다. 다만 사담이 벌이는 어떤 행동보다 이란이 팽창할까 더 우려했다. 미국 정부의 한 관리는 양쪽 다 패하지 않아 안타깝다고 농담처럼 말했다고 한다. 한편 전쟁은 수니파 아랍인이 시아파 페르시아인과 싸우는 일종의 종파 사이의 충돌로 발전했다. 필요도 없고 목표도 없는 전쟁에서 100만 명 가까이 사망했는데, 양쪽이 번갈아 가며 우위를 점하는 동안 번영을 누린 것은 유럽과 아시아의 무기 제조업체뿐이었다.

냉전의 점진적 종식은 중동에 빈곤만 가져왔을 뿐이다. 아프리카도 처음엔 상황이 무척 비슷했지만, 희망의 빛이 조금 비치면서 끝이 났다. 1960년대 이후 초강대국의 간섭주의와 유럽의 인종 우월주의 기획, 그리고 방향을 잘못 잡은 고도 근대화 발전 개념 등으로 아프리카 대륙은 큰 혼란에 빠졌다. 1980년대도 대부분 이런 상황이 지속되었다. 남아프리카 남아공에서 백인 우월주의 정권이 이웃 나라와 계속 전쟁을 벌이면서 다수 흑인을 억압했다. 미국은 무역과 투자를 통해, 그리고 국제 제재에 반대함으로써 남아공 정권의 생존을 도왔다. 자이르에서 모부투는 계속해서 자국민을 무자비하게 착취했는데, 워싱턴과 이룬 냉전 협력을 통해 지원을 받았다. 그리고 에티오피아는 데르그 장교가 소련의 지원을 받아 사회주의 변혁 사업을 고수하느라 나라가 서서히 무너져 갔다. 다른 나라는 군부 독재가 횡행했다. 가나에서 1979년 32세의 제리 롤링스Jerry Rawlings 중위가 권력을 잡았다. 이듬해 라이베리아에서 29세의 새뮤얼 도Samuel Doe 상사는 같은 방식으로 집권했다. 아름다운 그림은 아니었다.

　　남아프리카는 상황이 특히 격렬했다. 남아공 아파르트헤이트 정권은 1975~1976년 앙골라에서 쿠바군을 등에 업은 현지 군대에 참패한 뒤, 군사 통제를 하는 지역으로 철수했다. 신임 총리 피터르 빌럼 보타Pieter Willem Botha는 인종주의 이데올로그로, 아프리카 대륙의 다른 모든 나라와 접촉을 줄일수록 백인의 남아공이 더 잘살 수 있다고 믿었다. 그는 지지자가 경멸적으로 일컫듯이 "다른 나라 흑인을 문명화하는" 것이 아니라, '요새 남아공(vesting Suid-Afrika)'을 이룩하는 것이 중요했다. 1979년 보타는 로디지아의 백인 정착민 정권이 랭커스터하우스협정(Lancaster House Agreement)을 수용하도록 영국과

789

미국이 밀어붙이는 것을 도와, 1980년 다수 흑인이 통치하는 짐바브웨를 이루었다. 영국과 미국은 선거에서 승리한 로버트 무가베Robert Mugabe가 소련과 어떤 형태로든 협력하는 위험을 무릅쓰기보다 자신의 권력을 확립하는 데 열중할 것이라고 판단한 것인데, 나중에 이는 정확했음이 밝혀졌다.

1980년대 남아프리카에서 국내외의 다른 문제와 관련해 냉전이 점차 중요해졌다. 보타는 자신의 정권을 무엇보다도 반공 정권으로 보았다. 보타가 남아공에 흑인을 위한 "독립" 자치 구역(homeland)이 존재한다는 허구를 고수하고자 한 논거는 다수의 통치가 결국 남아공공산당과 연합한 넬슨 만델라의 아프리카민족회의의 승리를 의미할 것이기 때문이었다. 또한 남아공은 유엔이 철수하라는 결의안을 수없이 내놓았음에도 이웃 나라 나미비아(서남아프리카라고도 한다)를 계속 점령했다. 한편 보타는 이웃 나라 앙골라와 모잠비크를 불안정하게 하려는 정책을 한층 확대했다. 앙골라와 모잠비크가 소련의 동맹국이고 아프리카민족회의 망명자에게 피난처를 제공한다는 게 구실이었다. 남아공 군대는 이웃 나라의 영토를 수백 차례 급습했는데, 아프리카민족회의 저항 지도자나 서남아프리카인민기구(South West Africa People's Organization, SWAPO) 소속 군인을 살해하는 게 공공연한 목표였다. 남아프리카는 일촉즉발의 상황으로 보였다.

남아공 외에 앙골라도 아프리카 냉전의 중심이었다. 1975년 쿠바의 지원을 받아 권력을 잡은 앙골라해방인민운동 정부는 아바나와 모스크바의 긴밀한 동맹이었다. 남아공 정권은 이 나라를 현실로 인정하고 공존할 각오가 된 듯했지만, 레이건 행정부가 앙골라 반정부 세력을 지원하면서 결국 내전이 불타올랐다. 반정부 세력인 앙골라 완전독립민족동맹의 지도자 조나스 사빔비는 탈식민지 세계에서 레이건이 주도하는 반혁명 공세의 대표 인물이었다. 1984년 사빔비가 이끄는 게릴라는 중앙정보국에서 자금, 무기, 훈련을 받고 있었다. 이듬해에 레이건은 보좌진에게 "우리는 사빔비에게 기갑부대가 오고 있다는 걸 알려야 해요"[8]라고 말했다. 1986년 미국은 앙골라완전독립민족동맹에 대공 스팅어 50기를 공급하기도 했다. 앙골라완전독립민족동맹이 남아공과 동맹을 맺고 통제하는 지역에서 대대적으로 인권을 침해했다는 사실도 레이건에게 문제가 되지 않았다. 중요한 것은 이 분쟁을 활용해, 소련과 쿠바가 아프리카에서 철수하도록 압박을 강화하는 일이었다.

피터르 빌럼 보타는 앙골라에서 재개된 내전에 마지못해 참여했다. 그는 루안다 정권을 뒤흔든다는 구상을 소중히 여겼지만, 미국을 신뢰하는 것이나 너무 많은 병력을 보내는 것이 우려스러웠다. 남아공이 통제하는 나미비아에서 교전이 격화한 상황이 결정적인 역할을 했다. 앙골라 정부에 가해지는 압력을 완화하려고, 앙골라 정부는 서남아프리카인민기구 게릴라가 앙골라 영토에서 자국을 향한 공격을 늘리는 것을 허용했다. 1987년 보타는 앙골라해방인민운동에 따끔한 교훈을 주기로 하는 한편, 최근 미국의 원조를 받으면서도 수세에 몰린 앙골라완전독립민족동맹을 지원했다. 제2차 세계대전 이후 아프리카에서 벌어진 최대 규모의 군사 교전인 쿠이투쿠아나발르전투에서 쿠바와 앙골라 군대는 진격하는 남아공 군대에 맞서 꿋꿋이 버텼다. 특히 보타가 1988년 초 예비군을 소집해야 하는 상황에 빠지자, 남아공에서 여론도 순식간에 전쟁 반대로 돌아섰다. 남아공 백인에게도 보타 정권은 점차 전쟁만 벌이면서 국내 불안과 지속적인 국제적 고립을 자초하는 듯 보였다.

아프리카만이 아니라 세계 다른 지역의 많은 관찰자가 보기에도, 레이건 행정부가 남아프리카에서 전쟁의 불길을 계속 부채질하는 한편으로 모스크바와 평화를 이야기하는 것은 이상해 보였다. 어떤 이에게 이런 정책의 차이는 행정부가 실질적으로 분열된 결과로 보였다. 국무부의 핵심 관리는 지역 분쟁을 종식하기 위한 교섭을 재촉했지만, 국가안전보장회의의 많은 참모는 반공 세력을 지원하는 비밀 작전을 계속 강조했다는 것이다. 하지만 대통령이 이를 정책 분열로 보았는지는 의문이다. 레이건에게 소련과 쿠바를 아프리카에서 몰아내는 것은 언제나 핵심 목표였다. 그가 볼 때, 고르바초프는 아프리카, 아시아, 라틴아메리카에서 전면 철수하겠다고 동의해야만 미국의 동맹이 될 수 있었다. 레이건은 최대 목표를 추구하는 방식을 구사했다. 기회가 생길 때마다 소련의 약점을 이용해 최대한 이득을 얻고자 했다.

쿠이투쿠아나발르 이후 앙골라 분쟁을 해결하기 위해 모든 당사자는 서서히 교섭을 시작했다. 미국과 소련의 관계가 개선된 것이 결정적인 역할을 했다. 미국과 소련은 동맹국에 합의를 재촉했다. 미국 쪽은 레이건이 의회에서 점점 압박을 받았다. 의회는 이미 대통령의 바람을 거스르며 남아공에 포괄적 제재를 가했다. 소련과 미국이 아프리카 문제를 협력하도록 교섭할 책임을 맡은 외교관 체스터 크로커Chester Crocker와 아나톨리 아다미신Anatoly Adamishin도 개인적으로 서로 죽이 잘 맞았다. 아다미신은 크로커가 "훌륭한 역할"을 했다고 평했다.[9] 1988년 12월 미국과 소련은 쿠바가 앙골라에서 철수하고 나미비아가 독립하는 것을 연계 합의했다.

남아프리카 협정은 제3세계에서 냉전 충돌을 해체하는 데 중요한 전환점이었다. 물론 유엔을 통해 장기간 신중히 노력하고, 아파르트헤이트 정권에 반대하는 이들의 국제적 여론이 없었다면 이루어질 수 없었을 것이다. 또한 쿠바가 쿠이투쿠아나발르에서 남아공의 군사력에 맞서지 않았다면, 이런 결과는 없었을 것이다. 그러나 본질적으로 이 결과는 제3세계에서 철수하겠다는 고르바초프의 약속을 상징했다. "개인적으로 저는 그들이 세계의 이 지역에서 사회주의를 건설하지 않을 거라고 생각합니다"라고 아다미신이 협정에 서명하면서 말했다. 피델 카스트로도 이 과정에 동조했는데, 쿠바가 남아프리카에서 줄곧 추구한 목표, 즉 앙골라의 안전과 나미비아의 독립을 이뤘다고 판단했기 때문이다. 하지만 카스트로는 이해하기 힘든 소련의 행동 방식에 분개했고, 고르바초프에게 편지를 보내 우려를 표했다. 이에 소련 지도자의 핵심 대외정책 보좌관 아나톨리 체르냐예프는 혹평했다.

"턱수염"[카스트로]은 혁명을 망쳐 버렸고, 지금은 나라가 파멸하게 하는 중이다. 쿠바는 총체적 혼란으로 빠져들고 있다. 그자가 정통 마르크스레닌주의에 대한 선동(demagoguery)을 멈추지 않고 "갈 데까지" 가려는 건 사실이다. 자신의 "혁명적 후광"을 지키기 위해 활용할 수 있는 마지막 지푸라기이기 때문이다. 하지만 이 후광은 이미

793

근거 없는 신화일 뿐이다. … 이제 아무도 남아메리카의 쿠바를 존중하지 않으며, 쿠바는 이제 더는 어떤 종류의 선례도 되지 못한다. 쿠바라는 요소는 시들해지고 있다. 관계 단절이라고? … 그자는 자해하고 있을 뿐이다. 우리는 승리만 있으며, 50억 명을 구할 뿐이다. 사람들이 이에 대해 불만을 토로할까? 물론 일부는 그럴 게다. "혁명 진영"과 각국 공산당의 교조주의자와 반대자는 사멸하는 중이며, 그들의 시대는 이제 끝나고 있다.[10]

체르냐예프가 조언했지만, 고르바초프는 1989년 4월 카스트로를 만나러 쿠바에 가기로 했다. 남아프리카 합의를 마무리하면서 소련과 쿠바 모두 그 일에 관한 견해차를 다시 끄집어내는 게 유용하지 않다고 보았다. 그 대신 자신의 정권이 소련의 지원에 얼마나 의존하는지를 아는 카스트로는 중앙아메리카의 위기를 풀어 갈 방법을 논의하는 데 주도권을 잡았다. 그는 고르바초프가 이런 해법을 환영할 것임을 알았다. 이는 미국 조지 H. W. 부시 신임 행정부의 핵심 관심사 가운데 하나이기도 했다. 또한 카스트로는 소련의 원조가 줄어들자, 쿠바가 니카라과의 산디니스타를 비롯한 중앙아메리카의 혁명적 동맹을 지지하는 유일한 나라로 남기 전에 손을 떼고자 했다. 카스트로는 언제나 미국과 어떠한 합의를 보지 않으면 중앙아메리카 좌파 정권이 생존할 가능성이 희박하다고 생각했다. 냉전이 쇠퇴하는 가운데 쿠바 지도자는 이런 합의를 찾을 수 있기를 기대했다.

니카라과의 산디니스타 정부는 혁명 초기부터 줄곧 미국이 주도하는 공격에 맞서 목숨을 걸고 싸웠다. 미국은 니카라과의 반혁명

집단(콘트라)에 무기와 장비를 제공하고 콘트라를 훈련했을 뿐만 아니라, 니카라과의 수출을 가로막으면서 경제적으로 목을 조르려고 했다. 레이건이 설명한 방식에 따르면, 미국이 적대하는 표면적인 이유는 니카라과가 이웃한 엘살바도르에서 군사·준군사 우익 조직과 싸우는 좌익 게릴라를 지원했기 때문이다. 니카라과가 좌익을 지원하지 않았더라도, 엘살바도르-라틴아메리카에서 사회 불평등과 정치 불안이 극심한 나라로 손꼽혔다-는 아마 대규모 소요에 직면했을 것이다. 하지만 레이건은 엘살바도르 위기를 산디니스타에 대한 압박을 강화하는 구실로 활용했다.

레이건의 문제는 미국이 중앙아메리카에 개입한 것이 국민 사이에서 인기가 전혀 없었다는 점이다. 미국인은 베트남 같은 계획이 자국 근처에서 펼쳐지는 것에 진력이 난 상태였다. 1984년 한 여론조사를 보면 국민의 30퍼센트만이 레이건의 중앙아메리카 정책을 지지했다.[11] 엘살바도르 군대의 대대적인 인권 침해 또한 좌익 게릴라에 맞서 그들을 지원하려는 미국 행정부의 시도를 손상했다. 엘살바도르 반정부 성향의 대주교 오스카르 로메로Oscar Romero가 1980년 산살바도르 성당에서 미사를 집전하던 중 살해된 사건은 많은 미국인에게 너무도 섬뜩한 잔학행위였다. 대주교 장례식에 참석한 추도객 35명이 저격수의 총격으로 사망한 것도 마찬가지였다. 1980년대에 레이건은 콘트라와 엘살바도르 정부에 대한 미국의 원조를 전액 삭감하려는 의회의 시도에 맞서 싸워야 했다. 1986년 가을 이란-콘트라 사건이 벌어질 무렵, 대통령은 입법부와 심각한 충돌을 벌이지 않고 중앙아메리카작전에 자금을 댈 수 없다는 것을 분명히 알았다.

795

레이건은 고집을 굽히지 않았지만, 그의 시도는 미국의 여론에서, 그리고 중앙아메리카에서 싸우는 당사자에게서 점점 힘을 잃었다.

냉전이 어떤 식으로 끝나는지를 잘 보여 준 것은 중앙아메리카에서 마침내 내전을 해결한 일군의 나라가 보인 선도적 시도였다. 이 지역에서 가장 큰 나라인 멕시코가 핵심 역할을 했지만, 교섭으로 해결을 완성한 주인공은 1988년 평화안을 내놓은 코스타리카 대통령 오스카르 아리아스Óscar Arias였다. 1989년 2월 아바나에서 만난 카스트로와 고르바초프는 바로 이 평화안을 지지하기로 했다. 산디니스타도 동참할 수밖에 없었고, 미국 의회가 무기를 내려놓고 1990년에 자유롭고 공정한 선거를 치르는 데 동의하지 않으면 모든 지원을 끊을 것이라고 을러대자, 콘트라도 평화안을 받아들일 수밖에 없었다.

1980년대 말에 중앙아메리카 사람들에게 희망의 빛이 보였지만, 그 10년간 라틴아메리카 전반의 상황은 모순적이고 혼란스러웠다. 지역 전체에서 잇따라 군사독재 시기가 극적으로 막을 내리면서 점차 민간 통치로 복귀했다. 1980년 페루, 1982년 볼리비아, 1984년 우루과이, 1985년 브라질에서 새로운 정부가 선출되었다. 아르헨티나에서 반공과 냉전이라는 이름으로 인권 침해를 숱하게 저지른 군사정권이 1982년 포클랜드를 차지하려고 시도한 직후 붕괴했다. 1973년 쿠데타 이후 아우구스토 피노체트의 무자비한 군사정부가 굳건히 통치한 칠레조차, 1988년 집권 연장을 묻는 형식적 절차로 실시한 국민투표에서 독재자가 패배하면서 변모했다. 피노체트가 좌파에 맞서 구사한 냉전의 언어는 이제 더는 칠레 중간계급에 통하지 않았다. 다른 나라의 중간계급과 마찬가지로, 그들도 안정과 법치, 국제적 인정을 원했다. 피노체트 정권은 이런 기준 가운데 어느 것도 제공할 수 없었다.

피노체트의 몰락은 워싱턴의 지지자에게 충격을 주었다. 그들은 칠레 정권이 잔학무도함에도, 피노체트의 조언자가 실행한 시장 지향적 경제 개혁 덕분에 국민 다수가 그를 용서할 것이라고 믿었다. 하지만 경제적 지향과 상관없이 라틴아메리카의 거의 모든 나라가 그러했듯, 칠레도 1980년대 초반 국제 외채 위기에 대단히 취약하다는 게 드러났다. 1970년대 라틴아메리카 각국 정부는 경제 팽창과 특히 인프라와 교육에 공공 투자 자금을 조달하려고 막대한 돈을 빌렸다. 브라질의 우파 군사독재와 페루의 급진민족주의 독재, 멕시코의 반半민주주의 정부 등 각기 다른 이데올로기 성향의 많은 나라가 중앙에서 계획된 국가 주도의 산업화를 목표로 삼았다. 국유기업이 이런 팽창에서 앞장섰다. 1980년대 초 브라질은 국유기업이 600개가 넘어 전체 대기업의 절반 가까이를 차지했다. 멕시코는 국유기업이 1000개가 넘었는데, 1970년대 초 이후 5배가 증가한 것이었다. 이들 기업의 다수가 수익 측면에서 꽤 순조로웠지만(특히 물론 독점이나 준독점 기업일 때), 각국 정부가 정한 계획에 따라 팽창을 위해 엄청난 규모의 자본에 의지했다.

1980년대 초까지 국제 대부 시장은 계속 팽창했다. 중동 산유국에서 서방과 일본의 은행으로 유입된 경화 예치금, 이른바 페트로달러가 손쉽게 자금을 조달하게 했다. 그리고 1970년대 대부분 기간에 유럽이나 미국에서 이자나 투자 수익이 낮아, 특히 라틴아메리카의 개발도상국에 대출하는 것이 손실 위험이 크면서도 잠재 수익이 더 많았다. 하지만 1979년 미국의 금리가 대폭 높아지고, 때에 따라 20퍼센트까지 치솟았다. 2년도 되지 않아 4배가 급등했다. 그와 동시에 대다수 라틴아메리카의 경제가 여전히 의존한 원자재 가격이 한층 불안정해졌다. 장기 하향 추세 속에서 이런 변동 때문에 대출을 상환하거나 신규 대출을 받기가 더 어려워졌다. 1982년 여러 대규모 은행이 추가 대출을 거부했다. 그해 8월 멕시코가 채무 불이행을 선언했다. 이를 계기로 연쇄반응이 일어나, 미국 정부는 서둘러 은행을 지원하는 한편, 채무국, 은행, 국제 금융기관, 특히 국제통화기금 사이의 채무 교섭을 추진했다.

라틴아메리카의 채무 불이행은 레이건 행정부에 중남미 특유의 방탕과 낭비가 낳은 결과일 뿐만 아니라 자유시장 복음과 신자유주의 경제를 확산할 절호의 기회였다. 국제통화기금이 라틴아메리카의 채무를 조정하는 것을 돕는 대가로 요구한, 이른바 "구조조정"은 수혜국이 국내 경제에 민영화, 수입 자유화, 그리고 보조금과 사회지출 폐지 등과 같은 신자유주의 요소를 수용하는 것을 의미했다. 단기 결과는 라틴아메리카 각국 경제에 재앙을 안겨 주었다. 경제성장이 침체되었다. 특히 도시 지역에서 소득이 떨어지고, 실업률이 급증했다. 인플레이션은 중간계급과 노동계급을 똑같이 강타했다. 라틴아메리카에서 '잃어버린 10년(La Década Perdida)'이라고 불리는 시기의 유일한 성과는 군사독재가 붕괴한 것인데, 누구나 동의하듯 독재 정권은 경제 붕괴를 일으키는 데 이바지했으면서도 미국의 요구에 맞설 힘이 없었다.

냉전이 막을 내리던 때 세계 여러 지역이 독재에서 벗어나 책임감이 더 강한 정부로 옮겨 간 것은 권리와 규범에 관한 국제 논쟁이 활발해진 데서 많은 도움을 받았다. 이 논쟁은 대부분 냉전 정치에서 국가가 맡은 강한 역할, 어떤 곳은 거의 압도적인 역할에 의문을 제기했다. 냉전은 각국 거의 모든 곳의 국민과 공동체에 대한 권력을 확대하는 데 도움이 되었다. 수많은 이데올로기적 태도가 개인의 자유와 권리를 특권시하는 미국에서도 연방 정부의 역량 확대가 주된 경향이었다. 이런 주장이 승리를 거둔 것은 군사적 준비 태세와 사회 개선 요구가 결합된 결과였다. 전자는 적의 팽창을 물리치기 위함이었고, 후자는 사회를 순조로이 조직하고 미래를 위한 표상으로 제시하기 위함이었다. 하지만 1980년대에 이런 식의 사고는 동방과 서방에서 압박을 받았다. 소련에서 고르바초프는 국가 권력 증대가 모든 문제의 해법이라는 기존의 믿음을 재고했다. 미국과 영국에서 신자유주의자는 정부가 규제할 때 자본주의가 더 순조로이 작동한다는 전후 국가 간섭주의의 토대 자체에 의문을 제기했다. 이전에는 국가가 해답(또는 적어도 해답의 일부)인 듯 보였지만, 이제 어떤 이가 보기에 국가는 만악의 근원이었다.

이러한 사고 전환은 경제 문제나 사회 문제만 연결되지 않았다. 개인을 위한 인권이나 법적 보호도 관계가 있었다. 그리고 아마 가장 놀라운 점은 비정부 기구와 막후교섭 단체가 종종 앞장서서 두 이데올로기 성향의 국가가 인권과 규범을 존중하도록 압박했다는 것이다. 1961년부터 활동한 국제앰네스티는 1970년대 후반부터 회원 수가 극적으로 늘어났다. 휴먼라이츠워치Human Rights Watch나 헬싱키워치Helsinki Watch 같은 다른 단체는 1975년 유럽안보협력회의 직후 등장했다. 칠레나 아르헨티나 같은 라틴아메리카 독재 정권의 인권 침해에 반대하는 운동이 서유럽과 북아메리카만이 아니라, 해당 지역에서도 늘어났다. 어떤 운동에서 활동가들은 소련이 국내 반정부 세력에 재갈을 물리려 한 시도에 항의한 바로 그 젊은이들이었다. 그들은 물리학자 안드레이 사하로프와 부인 엘레나 본네르를 치켜세웠다. 사하로프 부부는 1976년 모스크바에서 소련이 헬싱키선언을 준수하는지를 감시하는 단체를 세우는 데 힘을 보탰다. 이런 현상은 적어도 어떤 이에게 냉전의 분할보다 보편적 권리와 의무가 더 중요해졌음을 보여 주는 의미심장한 징후였다. 체코슬로바키아나 폴란드의 반정부 인사는 서방의 정치 영역 전반에서 점점 늘어나는 지지에 의지할 수 있었다. 한편 기본권을 요구하는 시위에서 다른 정체성도 모습을 드러냈다. 개신교의 동독만이 아니라, 가톨릭의 폴란드에서도 교회가 국민의 시민권을 주장했다. 이슬람 국가에서 성직자는 불법 감금에 반대하는 목소리를 냈다. 적어도 한동안 "권리 담론"이 냉전의 이데올로기적 강직성을 추월하는 듯 보였다.

정치 지형의 변화를 가장 잘 보여 주는 사례는 남아공의 아파르트헤이트를 종식하기 위한 국제 운동의 성공일 것이다. 주요 서방 국가, 특히 미국과 영국은 오랫동안 소수 백인의 통치를 뒷받침하는 노골적 형태의 인종주의에 반대하는 시위에 거의 귀를 기울이지 않았다. 남아공은 전략적으로 대단히 중요하고 광물이 풍부해 배제할 수 없는 나라였다. 서방 지도자는 대체로 남아공 백인에게 한결같이 공감했고, 다만 그들이 다수 흑인을 통치하는 데 사용하는 방식에만 반대했다. 하지만 1980년대 중반 남아공 통치의 불의에 항의하는 시위가 전 세계로 확산하자 백인의 남아공에 대한 "건설적 관여" 정책이 점차 압박을 받았다. 유엔이 남아공에 대한 경제 제재와 금수조치를 요구한 한편, 반아파르트헤이트 국제 운동의 대의가 점점 관심을 끌었다. 수감 중인 아프리카민족회의 지도자 넬슨 만델라의 70번째 생일을 축하하기 위해 1988년 런던 웸블리스타디움에서 열린 팝 콘서트는 세계적인 돌풍을 일으켜, 지구 곳곳에서 6억 명이 넘는 사람이 생방송을 지켜보았다. 비지스부터 휘트니 휴스턴과 에릭 클랩턴에 이르기까지 내로라하는 예술가를 내세운 행사가 열리자, 이제 과거에 로널드 레이건이나 마거릿 대처가 그런 것처럼 만델라를 "공산주의자"라고 비난하기가 어려워졌다. 1980년대 말 과거 남아공 정부에 공감을 보인 이조차 등을 돌리면서 아파르트헤이트 철폐가 냉전의 경계선 양쪽 모두의 과제임을 받아들였다.

1980년대의 "권리 담론"은 또 다른 새롭게 등장한 세계 담론인 이른바 "정체성 담론"과 연결되었다. 냉전의 이데올로기적 분열이 물러나면서 점점 더 많은 집단이 종교·언어·종족 등을 경계로 하는 개인과 집단 정체성을 무시한 국가에 반발했다. 인권 운동가는 보편 원칙을 이야기했지만, 민족주의자나 종교 활동가는 그들의 공동체를 대표해 보편 원칙에 포함된 권리와 의무를 이야기했다. 그들이 사는 국가는 지금까지 이런 공동체를 억압했으며, 이제 다시 자기주장을 펴야 한다는 것이었다. 에스파냐의 바스크인이나 카탈루냐인, 소련의 발트 공화국 같은 몇몇 사례에서, 사람들은 냉전이 자신을 억압하기 위한 논거였다고 보았다. 다른 사례는 냉전을 일종의 비상사태로, 즉 "유통" 기한이 훌쩍 넘었음에도 국가들을 한데 묶어 두는 얼어붙은

세계로 보았다. 가장 인상적인 사례로, 유고슬라비아연방공화국에서
여러 원심력은 조만간 재앙적 결과를 낳을 것이었다. 유고슬라비아
최대 인구 집단인 세르비아인조차 자신들의 미래를 걱정했다. 1986
년 세르비아예술과학아카데미는 제안서에서 다음과 같이 밝혔다.

> 소수민족과 달리, 다른 공화국에 다수가 거주하는 세르비아인 집단
> 은 자신들의 언어와 알파벳을 사용하고, 정치적·문화적으로 조직을
> 이루며, 자민족의 독특한 문화를 발전하게 할 권리가 없다. 현존하
> 는 형태의 민족 차별을 고려할 때 오늘날 유고슬라비아는 민주국가
> 로 볼 수 없다. … 이 정책의 배후에 자리한 지도 원리는 "약한 세르
> 비아, 강한 유고슬라비아"이며, 이는 영향력 있는 의식구조로 진화했
> 다. 최대 민족인 세르비아에 급속한 경제성장을 허용하면, 유고슬라
> 비아 다른 민족에 위험이 된다는 것이었다. 그리하여 세르비아의 경
> 제 발전과 정치적 공고화를 가로막는 걸림돌을 차곡차곡 쌓기 위한
> 모든 가능성에 매달린다.[12]

    좌우 분열에서 새로운 정치 형태로 대대적인 이동을 한 주요 지
역은 중동에 있었다. 이란에서 일어난 이슬람주의 혁명은 종교 정체
성과 새로운 정치적·근본주의적 쿠란 해석에 바탕을 둔 새로운 집단
에 영감을 제공했다. 1980년대 초까지 수니파와 시아파 모두 이슬람
에 대한 정치적 해석은 주로 냉전의 정치적 우파와 동일시되었다. 예
를 들어 수니파 무슬림형제단은 공산주의나 사회주의, 바트당 등 중
동의 모든 좌파와 싸운 극단적인 보수 집단이었다. 하지만 1980년대

에 이슬람주의자는 점차 사회주의와 자본주의 둘 다에, 그리고 소련과 미국 둘 다에 등을 돌렸다. 이집트와 사우디아라비아의 극단주의자가 이런 전환에서 중요한 역할을 했다. 그들이 볼 때 미국은 최소한 소련만큼, 신앙심 없는 아랍 정권이 현실의 무슬림을 억압하는 것을 도운 죄가 있었다. 그들은 이스라엘과 미국의 지지자를 상대로 전쟁을 벌이고자 했다. 또한 소련의 아프가니스탄 점령에 맞서 싸우려 했다. 그중 한 명인 압둘라 아잠Abdullah Azzam은 파키스탄에 본부를 둔 핵심적인 아프간 무자헤딘 지원조직을 이끄는 팔레스타인 이슬람주의자였는데, 다음과 같이 주장했다. "아랍인 가운데 누구든 팔레스타인에서 지하드를 벌일 수 있다면 그곳에서 시작해야 한다. 만약 그럴 수 없다면, 아프가니스탄을 향해 길을 나서야 한다. 나는 나머지 무슬림이 아프가니스탄에서 지하드를 개시해야 한다고 믿는다. … 아프가니스탄, 팔레스타인, 필리핀, 카슈미르, 레바논, 차드, 에리트레아 등으로 진격하지 않는 현 세대에 떨어지는 죄는 과거 이교도(Kuffar)의 수중에 땅이 넘어간 데서 이어진 죄보다 더 크다."[13]

소련이 아프가니스탄에서 철수하던 무렵, 아프가니스탄과 이웃나라 파키스탄은 국제 이슬람주의자 연합이 형성되었다. 아잠의 협력자이기도 했다가 경쟁자가 되기도 한 사우디아라비아인 오사마 빈라덴은 단체를 조직하고 알카에다(근간)라는 이름을 붙였다. 빈라덴은 아프간의 이슬람 급진주의자 압둘 라술 사야프Abdul Rasul Sayyaf, 굴부딘 헤크마티아르Gulbuddin Hekmatyar와 제휴했는데, 헤크마티아르는 미국에서 무기와 물자를 대량으로 공급받으면서도 점차 반미로 돌아선 인물이었다. 아잠처럼 빈라덴과 그의 후원자도 아프가니스탄을 외국의 통제에서 무슬림을 해방하기 위해 싸우는 한 전장으로 여겼을 뿐이다. 하지만 수도 카불을 장악하는 것이 우선순위에서 첫 번째였고, 1989년 소련이 철수하자 그들은 이제 자신들의 시간이 되었다고 믿었다.

　붉은군대가 철수하긴 했어도, 이슬람주의 세력이 아프가니스탄을 정복하는 것은 순진한 지하드주의자가 처음 생각한 것보다 더 복잡한 일임이 드러났다. 중대 고비를 맞닥뜨린 아프간공산당 정부는 적보다 치열히 싸웠다. 워싱턴과 파키스탄이 무자헤딘에 계속 지원하고 소련은 점차 대부분 손을 뗐지만, 반정부 세력은 카불을 장악할 수 없었다. 그다지 놀라운 일은 아니지만, 아프간 현지의 몇몇 지도자는 나지불라 정부보다 급진적 이슬람주의자, 그리고 그들과 손잡은 지하드 세력을 더 두려워한다는 사실을 깨달았다. 무자헤딘은 공세가 계속 실패하자 단결이 깨졌다. 1991년 공산당이 마침내 보급이 바닥나자, 일부 반정부 집단 사이에 전면적으로 내전이 진행되었다. 1992년 4월 무자헤딘이 카불을 향해 최후의 돌격을 하면서 아프가니스탄은 완전히 혼돈에 빠져들었다. 자기 힘으로 도시를 장악하고자 한 헤크마티아르는 몇몇 옛 이슬람주의자 친구를 포함한 다른 파벌의 연합과 충돌해 패배했다. 그러자 그는 옛 정부군에서 빼앗은 중포를 이용해 도시를 포격했다. 이런 볼썽사나운 광경에 어안이 벙벙한 미국은 결국 손을 뗐고, 외국의 이슬람주의자는 절망했다. 오사마 빈라덴에게 아프가니스탄의 대실패는 중요한 교훈이었다. 그는 오로지 이데올로기 훈련과 헌신적인 국제주의, 엄격한 조직을 통해서만 향후에 지하드의 대의를 이룩할 수 있다고 믿었다. 빈라덴은 수단을 향해 떠났지만 아프가니스탄으로 돌아왔다. 그리고 5년 뒤 빈라덴은 역사의 전면에 등장한다.

　냉전이 끝나는 과정은 그 기원만큼이나 다층적이고 복잡했다. 남아프리카나 동남아시아에서 드러난 것처럼, 전 지구적 충돌의 종언은 좋은 일을 위한 엄청난 기회를 낳았다. 하지만 모든 쟁점이 해결되지는 않았고, 한반도나 중동, 발칸반도처럼 몇몇 지역 유산은 여전히 사라지지 않았다. 때로 모순적 결과가 나타나기도 했다. 라틴아메리카의 많은 사람에게 강요된 경제적 곤경은 종종 국민의 말에 귀 기울이는 민주 정부로 복귀한 것에 축하하는 것을 압도했다. 그리고 냉전의 이분법을 앞지른 몇몇 이데올로기, 그중에서도 특히 종교적 광신주의나 민족주의의 자기강박은 과거 자본주의와 사회주의가 벌인 이데올로기 투쟁만큼 거기에 휘말린 사람에게 위험했다. 그렇지만 냉전의 종식은 지구 곳곳의 사람에게 새로운 가능성을 활짝 열어 주었다. 어떤 때에 사람들은 이 가능성들을 활용해서 더 나은 세계를 만들었다. 특히 의심의 여지없이 냉전이 시작된 곳이자 종언을 고한 대륙인 유럽이 그러했다.

유 럽 의   현 실

22 · EUROPEAN REALITIES

유럽 냉전의 종언은 무엇보다도

독일 문제를 끝낼 수 있는 기회를

의미했다. 냉전은 대다수 국민의

바람을 거스르며 독일의 분단 상태가

유지되게 했다.

유럽의 냉전이 끝난 것은 동방과 서방이 오랫동안 긴밀히 제휴하면서, 양쪽에서 모두 서로 품은 공포가 줄어들고, 또한 서유럽이 주변 나라를 유럽공동체에 성공적으로 통합한 기록을 입증했기 때문이다. 1989년 유럽의 냉전이 끝난 것은 동유럽 사람이 반란을 일으키고 고르바초프가 공산주의 정권을 구하려는 시도를 하지 않았기 때문이다. 정반대로 소련 지도자는 동유럽과 소련 자체에서 인민주권을 피할 수 없다고 주장했다. 동유럽 각국 정권은 개혁할 수 없음을 보여 준 바 있었다. 그리하여 소련공산당 수반은 이 정권이 무너지는 게 이상한 일이 아님을 깨달았다. 이는 주목할 만한 반전이었지만, 긴장완화 시대의 문을 연 전환에 이미 그 전조가 있었다. 공산주의의 종언이 유럽에서 그렇게 신속히 일어날 수 있었던 것은 이미 토대가 닦인 상태였기 때문이고, 또한 동방에서 정권에 대한 지지가 이미 극도로 약했기 때문이다. 소련이 구하려고 나서지 않는다면 그들 스스로 성공적으로 방어할 수 없었다.

1989년 고르바초프는 냉전이 끝났다고 주장했다. 그는 점차 소런에서 어떻게 개혁을 심화할 것인지에 관심을 쏟았다. 그가 주로 몰두한 문제는 정치 변화였다. 고르바초프는 소련을 민주 연방국가로 만들고, 여전히 자신이 이끄는 공산당을 이 과정으로 끌어당기고자 했다. 하지만 그의 고귀한 목표는 경제적 곤경과 온갖 민족주의, 경쟁하는 관료제 등에 순식간에 추월당했다. 고르바초프가 계속 버티려고 하고 다른 곳에서 실질적인 지원이 전혀 없자, 소비에트 국가는 곧 심각한 상황에 빠졌다. 1991년 국가의 존재 자체가 위협받는 듯 보였다. 소련 국민이나 세계가 놀랄 만한 전환이었는데, 이 모든 변화가 10년이 채 되지 않은 시간에 일어났다.

전반적으로 볼 때, 동유럽 인민 혁명은 놀라울 만치 평화롭고 비폭력적이었다. 중대한 예외가 하나 있다면 유고슬라비아였는데, 이곳에서 민족주의 선동가는 연방국가를 없애려고 서두르면서 폭력의 물결을 일으켰다. 10년간 지속되면서 유고슬라비아의 대다수 사람에게 끔찍한 고통을 가한 물결이었다. 유고슬라비아는 냉전 덕분에 하나로 뭉친 나라의 으뜸가는 사례였다. 1948년 이후 동유럽에서 소련의 힘에 직면한 대다수 유고슬라비아인은 비록 언제나 이웃 민족이 마음에 들지는 않더라도 그들 자신의 토착적 연방국가를 이뤄 똘똘 뭉치는 것을 선호했다. 하지만 냉전이 물러나면서 유고슬라비아를 구성하는 여러 민족의 일부 성원은 연방의 다른 집단이 자신들보다 우위에 서면 어떤 결과가 생길지 우려했다. 유고슬라비아는 신뢰가 아니라 공포 덕분에 하나로 뭉쳐 살았는데, 그런 공포의 대상이 바뀌면서 나라가 파괴와 동족살해로 빠져들었다.

다른 나라는 감사할 일이 많았다. 미국에서 1989년은 신나는 곡조로 시작되었다. 로널드 레이건은 8년의 임기를 마치고 대통령에서 물러났는데, 많은 업적을 이뤘다고 널리 축하를 받았다. 부통령 조지 H. W. 부시가 후임자로 당선되면서, 대다수 미국인이 레이건이 재임 말기에 보인 방관하는 지도 방식뿐만 아니라 이란-콘트라 사건에 관여한 것도 용서했음이 확인되었다. 국민이 기억하는 것은 경제를 바로잡고 핵전쟁의 절멸 위협을 제거한 대통령이었다. 우드로 윌슨 이후 다른 어떤 대통령도 재임 기간에 대외정책과 관련해 견해를 그렇게 심대하게 바꾸지 않았다. 고별 연설에서 레이건은 동반국으로 여기는 소련을 언급했다. 퇴임하는 대통령은 미국인에게 다음과 같이 연설했다.

제가 볼 때, 고르바초프 대통령은 이전의 소련 지도자와 다릅니다. 제 생각에 그는 소련 사회가 무엇이 잘못됐는지 어느 정도 알고 있으며, 이를 바로잡으려고 합니다. 우리는 그가 성공하기를 바랍니다. 그리고 우리는 이 과정에서 마침내 등장할 소련이 과거에 비해 덜 위협적인 나라가 되도록 계속 노력할 겁니다. 이 모든 것은 하나로 요약될 것입니다. 저는 새로운 긴밀한 관계가 계속되기를 바랍니다. 그들이 도움이 되는 방식으로 계속 행동하는 한 우리도 일정한 방식으로 계속 행동할 것임을 분명히 하기만 하면, 이 관계가 계속될 겁니다.[1]

부시 대통령은 그만큼 확신이 없었다. 대통령 취임 초기에 그는 새로운 상황에서 미국의 대소련 정책을 어떻게 전개해야 하는지 검토할 시간이 필요했다. 레이건보다 훨씬 전통적인 냉전 전사였던 부시는 "새로운 긴밀한 관계"가 계속될지 확신하지 못했다. 대통령 취임 초에 그가 말한 것처럼, 소련은 정반대로 "유럽과 다른 곳에서 우리에게 새로운 복잡한 정치적 도전을 제기"했다. "내가 직감할 때, 소련의 도전은 한층 다양하기 때문에 전보다 훨씬 더 클 것이다."[2] 부시의 국가안보보좌관 브렌트 스코크로프트Brent Scowcroft는 "냉전은 끝나지 않았"으며, "터널 끝에 빛"이 있을 수도 있지만, "그 빛이 태양일지 아니면 달려오는 기관차일지는 우리가 어떻게 행동하는지에 달려 있다고 본다"[3]라고 경고했다. 부시와 스코크로프트는 페레스트로이카와 글라스노스트가 **너무** 성공을 거둬서 서방 동맹국이 지나칠 정도로 방심할 수 있다고 걱정했다.

고르바초프는 부시의 "전략적 숨고르기"에 실망했다. 그는 자문했다. 왜 미국은 자신에게 가장 필요한 이 순간에 주저하는 걸까? 서유럽에서 고르바초프는 여전히 영웅으로 여겨졌고, 어디에서나 영웅으로 환대를 받았다. 영국 총리 마거릿 대처조차 1989년 4월 런던에서 회담을 하는 동안 고르바초프를 격찬하지 못해 안달이었다. 고르바초프가 부시에 대해 불만을 토로하자, 대처는 "당신이 성공을 거두는 게 우리한테 이득"이라고 대꾸했다. "소련이 더 평화롭고 부유하고 변화에 개방적인 나라가 돼서, 개인의 자유와 개방 확대, 교류가 지속되는 게 우리한테 이득입니다. 계속 그 길을 가세요. 우리가 당신의 노선을 지지할 테니까요. 엄청난 보상을 받을 겁니다."[4] 고르바초프의 대외정책 수석 참모 아나톨리 체르냐예프는 일기에 속내를 털어놓았다. "러시아는 이제 아무 선택지도 남지 않았다. 다른 모든 나라처럼 되어야 한다. 이렇게 된다면 10월과 스탈린 증후군은 세계 정치에서 사라질 테지. 세계가 정말 완전히 달라질 게다."[5]

하지만 고르바초프가 국내에서 쇠약해지는 운을 뒤집으려면 외국의 지원이 필요했다. 소련공산당은 여전히 소련인민대표대회에서 지배적 지위를 점하고 있었다. 고르바초프는 각 공화국을 포함해 최대한 신속히 민주화된 소련을 창조하는 작업을 진척하고자 했다. 또한 경제를 개혁해 사기업에 어느 정도 공간을 내주려고 했다. 하지만 외국에서 차관과 투자가 들어오는 것은 너무 느렸고, 국내 경제는 계속 침체되었다. 높은 인플레이션과 암시장 의존이 확대돼 국내에서 소비주의의 발전이 방해받았다. 세금이 걷히지 않거나 횡령된 까닭에 특히 연방 차원에서 정부 적자가 늘어났다. 그러는 동안 자기의 권력이 확대되기를 원하는 각 공화국 지도자와 중앙 차원의 공산당 내부에서 고르바초프의 지도력에 대한 저항이 커졌다. 공산당 전통주의자는 고르바초프가 소련의 통치가 낳은 업적을 내팽개친다고 비난했다.

몇몇 소비에트공화국에서 벌어진 민족주의 소요 또한 고르바초프의 입지를 훼손했다. 제2차 세계대전 이후 강제로 소련에 편입된 발트3국에서 많은 시위가 평화적으로 진행됐지만, 그래도 단호했다. 이미 1988년 공산당이 통제하는 에스토니아 최고소비에트(의회)는 공화국 법률이 소련 법률보다 우선한다고 선언했다. 이웃한 리투아니아는 새로운 연방의회 선거에서 80퍼센트가 넘는 의석이 비공산당 후보에게 돌아갔다. 소련에서 민족주의가 이데올로기를 압도함을 보여 주는 또 다른 징후로, 공산당이 이끄는 아르메니아와 아제르바이잔이, 아제르바이잔에서 아르메니아인이 거주하는 고립 지대 나고르노카라바흐의 통제권을 둘러싸고 충돌했다. 수만 명이 집에서 도망치고 수백 명이 살해되었다. 고르바초프가 평화를 강제하려고 파견한 붉은군대가 살인을 저지르기도 했다. 이 진압 작전으로 모스크바는 약간 시간을 벌기는 했지만, 양쪽 모두 고르바초프가 적국의 편을 든다고 비난하는 대가를 치러야 했다.[6]

고르바초프가 소련에서 개혁을 계속 밀어붙이려고 했지만, 동유럽의 공산당 동료는 점점 운신의 폭이 줄어들었다. 동유럽 각국 경제는 상환해야 할 부채가 많고 생산이 침체돼 곤란한 상태였다. 1987년 폴란드에서 불가리아에 이르기까지 동구권 전역에서 성장이 거의 중단되었다. 생활수준은 크게 달라서 동독, 체코슬로바키아, 헝가리는 그래도 여전히 유럽공동체 빈국보다 형편이 나았지만, 전반적인 추세는 내리막길이었다. 서방에서 추가로 차관을 받기가 어려웠고, 소련은 자국의 시급한 요구부터 돌봐야 한다는 점을 분명히 한 상태였다. 1980년대 말 경제 상황이 정치로 흘러넘쳤다. 흔히 젊은 세대에 속한 몇몇 공산당 지도자는 경제 붕괴를 피하려면 국민 전체를 동원해야 한다고 느꼈다. 그런데 이렇게 동원하기 위해서는 국민을 정치에 끌어들여야 했다.

으레 그러하듯 첫발을 뗀 것은 폴란드였다. 폴란드공산당 지도자는 대외 채무를 상환할 수 없는 한편으로, 노동자가 반란을 일으키는 것을 막기 위해서 훨씬 더 많은 임금을 지급하고, 사회복지를 제공해야 하는 절망적인 경제 상황임을 깨달았다. 1987년 11월 모스크바의 격려를 받은 폴란드공산당은 국민투표를 실시해 두 가지 질문

에 찬반 여부를 물었다. 급진적 경제 개혁에 찬성하는가? 정치생활을
대대적으로 민주화하는 데 찬성하는가? 하지만 폴란드인은 정부를
워낙 불신한 탓에 이런 질문에도 긍정적인 답을 하려 하지 않았다.
자포자기한 폴란드 대통령 보이치에흐 야루젤스키 장군은 시장에 기
반을 둔 경제 개혁을 시행할 새 정부를 임명했다. 하지만 1988년 폴
란드 노동자는 파업 물결을 일으키며 신정부를 맞이했다. 노동계급
을 매수하려는 정책조차 실패했음이 분명했다.

　야루젤스키의 마지막 도박은 반정부 세력과 교섭함으로써 최소
한 몇몇 집단을 설득해 경제위기의 책임을 나누어서 지려는 것이었
다. 노동자가 여전히 반항적이기는 해도, 나이가 든 솔리다르노시치
지도부-대다수가 1981년 이후 교도소에 있었다-는 이제 더는 핵심
지도자 역할을 하지 못할 것이라는 게 그의 판단이었다. 정부는 심지
어 1988년 11월 공식 노동조합 대표와 솔리다르노시치의 전 지도자
레흐 바웬사가 텔레비전 토론을 하도록 허용하기도 했다. 결과는 또
다른 재앙이었다. 바웬사는 상대에 완승을 거뒀다.

　　공식 노동조합 대표: 노동조합 다원주의가 폴란드가 직면한 모든 문
　　제의 유일한 해법입니까? 의미심장한 전환이 현재 진행 중이고 앞으
　　로도 이루어질 당 안에서 기회를 보는 게 필요하지 않을까요? …
　　바웬사: 제가 다원주의를 말할 때 염두에 두는 것은 세 분야입니다.
　　경제와 노동조합과 정치이지요. 이런 이상이 언젠가는 승리를 거둘
　　테니 우리는 이를 이해해야 합니다. 한 조직이 모든 지식의 저작권을
　　가질 수는 없습니다. 우리가 다원주의를 위해 싸우는 건 이 때문입니

815

다-다원주의가 마음에 들든 안 들든 말입니다. …

공식 노동조합 대표: 그런데 폴란드인의 천성이 아주 충동적임을 생각하면, 다양성을 단결 속에서 찾아야 한다는 것도 이해해야 합니다. 그렇지 않으면 서로 갈가리 쪼개질 겁니다.

바웬사: 사람들을 강제로 행복하게 만들 수 없습니다. 국민한테 자유를 주면 제자리에서 휘청거리는 걸 멈출 수 있습니다.

공식 노동조합 대표: 우리 나라가 사실 민주주의의 방향으로 구조 변화를 겪고 있는 게 보이지 않습니까?

바웬사: 제가 볼 때 우리는 도보로 가는데, 다른 나라는 차를 타고 달리고 있습니다.[7]

여론에 떠밀리고 소련이 격려하며 고참 지도자가 간청하자, 폴란드공산당 중앙위원회는 1989년 2월 반정부파와 공식 협상을 개시하는 데 동의했다. 솔리다르노시치는 여전히 불법 단체였기에 반정부 운동은 폴란드 저명 지식인과 가톨릭 성직자를 대표로 임명했다. 바웬사가 1981년 자신을 교도소에 수감한 공산당 내무장관 체스와프 키슈차크Czesław Kiszczak 장군과 함께 원탁 회담의 공동 의장을 맡았다. 협상은 처음에 느리게 진행되었다. 공산당은 개헌을 논의에서 배제하려고 했다. 솔리다르노시치는 바웬사의 주류와, 당국과 어떠한 타협을 하더라도 비난하는 급진적 분파로 분열되었다. 하지만 서서히 타협이 이루어져서 솔리다르노시치가 합법화되었고, 먼저 하원 세임Sejm 의석의 35퍼센트와 신설된 상원 전체 의석을 자유선거로 선출하기로 했다. 공산당 또는 솔리다르노시치에 위태로운 기획이었다. 야루젤스키는 공산당의 권력 장악을 합법화하고자 했다. 바웬사는 1989년 6월 4일 예정된 선거에서 솔리다르노시치의 힘을 보여 주고 싶어 했다.

폴란드에서 공산당과 반대파가 권력을 놓고 다투는 동안, 헝가리공산당은 국민과 타협을 이루는 쪽으로 서서히 나아갔다. 헝가리는 동구권 나라 가운데 오랫동안 가장 자유로운 나라였다. 하지만 그곳에서도 공산당의 권력 독점에 의문을 제기하는 데는 한계가 있었다. 그런데 1988년 고르바초프에게 고무된 헝가리공산당의 젊은 지도자는 자유화를 더욱 밀어붙이려고 했다. 그들은 설령 반대파가 조직을 이루는 것을 허용한다고 해도, 당을 변모하게 하기만 하면 계속 권력을 잡을 수 있다고 생각했다. 1988년 5월 당 지도자는 30여 년 전 소련이 침공한 이후 권력자의 자리를 지킨 노년의 카다르 야노시에서 개혁가 그로스 카로이Grósz Károly로 교체되었다. 당의 새 지도자는 고르바초프의 개혁을 치켜세웠다. 1989년 2월 헝가리는 표현의 자유를 시행하고 몇몇 비공산당 집단을 합법화했다. 그해 5월 오스트리아 여행 제한이 해제됐는데, 이로써 헝가리인은 바르샤바조약기구에서 최초로 자유로이 국경을 넘어 비공산주의 나라로 이동할 수 있는 국민이 되었다.

1989년 6월 헝가리공산당 당국은 과거와 단절하고자 함을 극적으로 보여 주는 조처를 했다. 부다페스트에서 축하 음악이 대대적으로 울려 퍼지는 가운데 1956년 혁명의 지도자 너지 임레가 새로운 묘지로 옮겨졌다. 소련이 침공한 이후 처형된 너지는 많은 이에게 헝가리 민족주의와 모스크바의 지배에 맞선 저항의 상징이었다. 고르바초프는 1956년 사태를 재평가하는 쪽으로 생각을 바꾸는 데 오랜 시간이 걸렸지만, 그래도 헝가리의 조치에 전혀 반대하지 않는다는 뜻을 전했다. 1989년 2월 고르바초프는 소련이 "사회주의 국가와 관계를 재구조화"하려 한다는 것을 이미 분명히 했다. "무조건적인 독립, 완전한 평등, 국내 문제에 엄격한 불간섭, 사회주의 역사에서 앞선 여러 시기와 관련한 기형적 결함과 오류의 수정"을 강조하는 관계 재정립이었다.[8] 헝가리 젊은이는 이런 의도를 시험해 보려고 나섰다. 너지 이장식에서 청년층을 대표해 연설한 25세 오르반 빅토르Orbán Viktor는 공산당이 "러시아제국과 일당 독재에 맹목적으로 복종함"으로써 젊은이의 미래를 강탈했다고 비난했다.[9]

1989년 여름이 되어서도 여전히 고르바초프는 사회주의 국가가 질적으로 새로운 동맹을 이룬다는 자신의 목표를 현실로 바꿀 수 있다고 확신했다. 그는 동유럽(유고슬라비아 포함)뿐만이 아니라, 중국도 자리를 찾을 수 있는 사회주의 공동체를 재구성하려고 했다. 고르바초프 집권기에 중소 관계가 개선되기는 했지만, 그는 여느 때처럼 조바심을 냈고, 회의적인 중국인과 참모진이 자신에게 줄 수 있는 것보다 더 획기적인 돌파구를 원했다. 1989년 고르바초프는 직접 중국을 방문해 덩샤오핑과 회담을 열어 관계를 정상화하고 새출발하기로 했다. "우리는 중국인을 이해해야 합니다." 고르바초프가 정치국에 말했다. "그들은 강대국이 될 권리가 있습니다." 소련 지도자는 중국이 "점점 강해지고 있다"라고 말했다. "누구나 알 수 있는 일이지요."[10]

덩샤오핑이 경제 개혁을 추진한 결과 중국이 점점 강해지고 있다는 고르바초프의 판단은 의심의 여지없는 사실이었다. 하지만 중국 사회의 가장 기본적인 많은 문제가 소련이 국내에서 해결하려고 하는 것과 여전히 비슷했다. 어쨌든 중화인민공화국은 소련을 거의 그대로 베껴서 만든 나라였다. 1980년대 말 중국의 많은 젊은이는 고르바초프가 소련에서 실행하려고 하는 것과 같은 정치·사회 개혁을 간절히 원했다. 그들은 표현과 결사의 자유를 요구했고, 경제가 새로운 방향으로 가는 데 따른 부패와 불평등을 개탄했다. 덩샤오핑은 그런 개혁과 아무 관계가 없었다. 그에게 개혁이란 공산당의 권력 장악을 약화하는 게 아니라, 강화하는 것을 의미했다. 1986년 덩샤오핑은 인기 있는 당 총서기 후야오방胡耀邦이 중국이 당면한 문제를 공개 토론한다는 쪽으로 지나치게 나아갔다는 이유로, 격식도 따지지 않고 그를 해임한 바 있었다. 이에 항의하는 학생은 교도소에 갇혔고, 당과 무관히 조직을 이루려 한 노동자는 체포되었다.

1989년 4월 후야오방이 갑자기 사망하자 학생 운동가는 그의 죽음을 기회로 삼아 중국에 민주주의가 부재한 현실을 개탄했다. 하지만 그들이 조직한 소규모 추모 집회는 금세 일당 독재에 맞서는 광범위한 항의 시위로 바뀌었다. 5월에 이르러 학생과 노동자, 전문직 젊은이가 주요 도시에서 대규모 집회를 열었고, 시위대는 톈안먼이 있는 베이징의 중앙 광장을 점령했다. 시위대가 외친 구호는 동유럽도 생소하지 않았을 것이다. 민주주의 만세! 애국은 범죄가 아니다! 부패 반대! 우리가 인민이다! 공산당 지도부는 어떻게 해야 할지 주저했다. 덩샤오핑은 즉시 진압할 것을 원했지만, 덩샤오핑의 후배 신임 총서기 자오쯔양趙紫陽은 시위대와 타협하는 방도를 찾고자 했다.

그러는 동안 미하일 고르바초프가 소련 지도자로서 30여 년 만에 처음으로 베이징을 방문했다.

1989년 5월의 방중은 멋들어진 국제적 승리가 되기는커녕 국빈에게 진퇴양난으로 변했다. 톈안먼이 출입금지 구역이 되면서 소련 대표단은 뒷문으로 인민대회당에 몰래 들어가야 했다. 인민대회당에서 고르바초프는 시위하는 학생들이 자신의 이름을 연호하는 것을 들을 수 있었다. 그는 시위대에 공감했지만 중국 쪽 인사를 비판하는 위험을 무릅쓸 수 없었다. 그 대신에 적당한 말을 늘어놓으면서 소련과 중국 인민의 우정을 이야기했다. 고르바초프는 개인적으로 중국공산당이 얼마나 권력을 유지할지 궁금했다. "이 자리에 모인 사람 가운데 몇몇은 중국의 길을 따르자는 구상을 장려했지요. 오늘 우리는 이 길이 어디로 통하는지 봤습니다. 나는 붉은광장이 톈안먼광장처럼 바뀌는 걸 바라지 않습니다."[11] 5월 15일 소련대사관에서 열린 회의에서 동료에게 말했다. 고르바초프에게 다행스럽게도, 중국은 타협할 생각이 있었다. 덩샤오핑은 과거의 문제는 "이데올로기적 차이"가 아니었다고 다소 설득력 없는 말을 늘어놓았다. "우리도 잘못이 있었습니다. … 소련은 세계 속 중국의 위치를 제대로 인식하지 못했습니다. … 모든 문제의 본질은 우리가 평등하지 않았고, 강요와 압력을 받았다는 겁니다."[12]

고르바초프가 서둘러 모스크바로 돌아가자 덩샤오핑은 공격 태세를 갖췄다. 행동을 주저한 당 지도자 자오쯔양은 전임자와 같은 방식으로 처리되었다. 그는 이후 15년을 가택연금 상태로 보냈다. 군부의 연줄에 의지해 덩샤오핑이 모든 결정을 내렸다. 6월 4일 톈안먼광장을 정리하려고 전차가 이동했다. 군대가 베이징 중심부를 점령하는 과정에 민주화 시위대 수백 명이 살해되었다. 수천 명이 투옥되거나 유형 길에 올랐다. 덩샤오핑과 동료가 직접 새로운 당 지도부를 선임했다. 중국은 국제 위상이 크게 떨어졌지만, 미국은 특히 부시 행정부에 중요한 나라인 중국을 완전히 고립되게 할 수는 없었다. 소련과 균형을 맞추려면 중국이 필요하다고 여전히 믿었기 때문이다. 미국이 보기에 무엇보다도, 덩샤오핑은 비록 중국인의 민주화 열망을 짓밟았을 수는 있지만, 경제적 시장 개혁을 포기하려는 것 같지는 않았다. 몇 년 뒤 덩샤오핑은 88세의 나이로 남부 성을 직접 돌면서 개혁주의적 열정을 극찬했다(남순강화). "증권과 주식 같은 것이 좋은 것입니까, 위험을 일으킵니까, 이것들은 자본주의에만 있는 독특한 겁니까, 사회주의가 활용할 수 있습니까? 판단은 허용되지만 시도하는 데는 단호해야 합니다."[13]

동유럽은 이제 더는 경제 개혁만으로 공산주의 통치를 보전할 수 없었다. 냉전이 시작된 이후 처음으로 폴란드에서 다당제 선거가 치러진 날은 베이징에서 시위를 진압한 바로 그날이었다. 결과는 공산당에 재앙이어서 당이나 모스크바가 상상한 수준을 훌쩍 넘어섰다. 세임에서 경합을 벌인 솔리다르노시치는 161석 가운데 160석을 차지했다. 전체 의석을 두고 경합한 상원에서 솔리다르노시치는 100석 가운데 99석을 획득했다. 마지막 한 석은 무소속 후보에게 돌아갔다. 1945년 이후 쭉 집권한 폴란드공산당은 패배했을 뿐만 아니라, 굴욕도 당했다. 세임에서 명목상 다수당으로서 신정부를 구성하려고 했지만, 동맹 세력과 당원조차 가라앉는 배에서 탈출했다. 1989년 8

월 24일 공산당은 굴복했고 세임은 솔리다르노시치 활동가 타데우시 마조비에츠키Tadeusz Mazowiecki가 이끄는 비공산당 정부를 선출했다. 모든 이가 공산당의 권력 상실에 소련이 어떻게 대응할지 숨죽이며 지켜보았다.

고르바초프의 태도는 이미 분명했다. 폴란드 선거 이후 유럽의회를 상대로 연설하면서 소련 지도자는 놀란 청중이 "[유럽] 몇몇 나라의 사회·정치 질서가 과거에 변했으며, 미래에 다시 변할 수 있음"을 상기하게 했다. "하지만 이것은 오로지 국민이 스스로 결정할 문제입니다. 그들의 선택이지요. 국내 문제에 우방과 동맹국, 또는 다른 어떤 나라의 간섭이나 국가 주권을 제한하려는 시도도 허용할 수 없습니다."[14] 대변인 겐나디 게라시모프는 한층 더 분명한 견해를 밝혔다. "우리는 최근 선거 이후 등장하는 폴란드의 어떤 정부와도 유대관계를 유지할 겁니다. 이건 순전히 폴란드 내부 문제입니다. 폴란드 친구들이 어떤 해법을 택하든 우리는 기꺼이 수용할 겁니다."[15] 고르바초프의 대외정책 선임 보좌관 아나톨리 체르냐예프는 일기에 자기 생각을 적었다. "세계 발전의 한 요소인 사회주의의 완전한 해체가 진행되는 중이다. 어쩌면 불가피하고 좋은 일일지 모른다. 상식에 바탕을 두고 인류가 단합하는 문제이기 때문이다. 이 과정은 스타브로폴 출신의 성격 좋은 한 남자가 시작했다."[16]

서유럽과 미국 모두 폴란드 사태에 믿기 어렵다는 반응을 보였다. 누구도 폴란드공산당이 그렇게 완전히 항복하거나, 고르바초프가 비공산주의 폴란드를 낳는 산파가 되리라고 예상하지 못했기 때문이다. 부시 행정부는 늘 그렇듯 신중한 자세로 접근했다. 대통령은 서유럽이 열심히 재촉하는 대로 폴란드 신정부에 지원하기보다, 소요가 일어나 폴란드에서 붉은군대가 반격하거나 소련에서 고르바초프가 반격을 당할 수 있다고 우려했다. 1989년 7월 폴란드와 헝가리를 방문했을 때, 부시는 온건하고 현실적인 목표를 추구해야 한다고 계속 강조하면서, 특히 경제적으로 미국이 지원할 수 있는 데는 한계가 있다고 역설했다. 동유럽과 서유럽의 일부 사람에게 이는 너무도 신중한 태도였다. 미테랑은 고르바초프에게 속내를 털어놓았다. "대통령으로서 부시는 아주 심각한 결함이 있습니다. 그는 아예 독창적 사고를 하지 못해요."[17]

하지만 몇몇 문제와 관련해서는 서유럽도 신중히 행동했다. 독일의 지위와 관련한 문제는 특히 그러했다. 일부 지도자는 독일을 나누는 국경선을 포함해 제2차 세계대전의 결과 유럽에 그어진 국경선 때문에 평화가 지켜진다고 믿었다. 또한 서독이 경제 규모는 커도 프랑스, 영국, 이탈리아와 인구 규모가 비슷한 점도, 동등한 공동체를 구성한다는 서유럽의 인식에 도움이 되었다. 1989년 9월 초 동독에서 소요가 커지자, 대처와 미테랑을 비롯한 서유럽과 동유럽의 지도자는 고르바초프에게 독일이 통일될 가능성은 없다고 강조했다. 고르바초프도 동의했지만, 그가 주목하는 문제는 동독의 안정이었다. 동독 지도자 에리히 호네커는 고르바초프가 아무리 개혁이 필요하다고 부드럽게 제안해도 완강히 거부했다. 1989년 늦여름 고르바초프는 자신의 정책을 끊임없이 저격하는 호네커에게 인내심을 잃었다. 독일민주공화국은 심지어 소련 출판물이 국내로 들어오는 것도 금지했다. 고르바초프는 호네커를 다른 인물로 교체하려고 했지만, 동독 국가 전체의 안정이 흔들릴까 두려워 이런 바람을 공개적으로 표명할 수 없었다.

결국 드러난 것처럼, 동독 시민은 자국 지도자를 훨씬 더 견디지 못했다. 1989년 여름 내내 동독인이 무리를 지어 다른 동유럽 국가로 여행을 갔다. 그곳에서 서독으로 갈 요량이었다. 8월 19일 헝가리 당국은 인도주의적 동기 때문에, 그리고 서독에서 차관을 얻기 위해서, 이런 난민 900명이 국경을 넘어 오스트리아로 가는 것을 허용했다. 격분한 호네커는 헝가리가 사회주의를 배신한다며 비난했다. 하지만 어떻게 손쓸 방법이 없었다. 동독에서 체제에 대한 공개 도전이 확산되었다. 교회가 인권과 군축을 요구하는 단체를 조직하던 라이프치히에서 9월 초에 시위가 시작되었다. 처음에는 "우리는 떠나고 싶다"라는 구호를 외쳤다. 하지만 이내 거의 아무도 모르게 구호는 "슈타지를 타도하자", "우리는 어디도 가지 않는다"로 바뀌었고, "우리가 인민이다"라는 완강한 구호로 절정에 다다랐다. 수천 명이 체포되고 일부는 구타를 당했다. 하지만 시위는 멈추지 않았다.

동독 정권은 의지할 곳이 없었다. 고르바초프는 대다수 동독 지도자를 경멸했다. 헬무트 콜 총리는 호네커가 권력을 유지하기 위해 무력을 대대적으로 사용할 수 있다고 우려했지만, 서독을 포함한 서방은 구원의 손길을 내밀려 하지 않았다. 동베를린은 한동안 실제로 "중국식 해법"을 검토했지만, 널리 알려진 고르바초프의 태도와 유혈 사태가 벌어지면 자신들이 책임을 질 수 있다는 점을 점차 우려한 공산당의 젊은 지도자 때문에 정권은 손발이 묶였다. 호네커는 여전히 자신이 폭풍을 견뎌 낼 수 있다고 믿었다. 하지만 최대한 화려하게 축하하기로 계획한 독일민주공화국 40주년 기념일이 다가오면서 그는 곤란한 처지로 내몰렸다. 건국 기념일은 반정부 세력이 결집하는 목표가 되었다. 설상가상으로, 호네커가 반체제 세력을 진압하려고 시도하는 와중에 고르바초프가 귀빈으로 베를린에 올 예정이었다.

으레 그렇듯, 고르바초프는 자신을 초청한 동독 인사를 공개 비판하는 것을 삼갔다. 10월 6일 한 방송 기자에게 "유일한 위험은 삶 자체에 반응하지 않는 겁니다"라고 말한 게 가장 심한 비판이었다. 하지만 비공개 회담에 참석한 사람이라면 누구나, 호네커가 소련 지도자의 신뢰를 받지 못한다는 것을 분명히 알 수 있었다. 고르바초프가 독일민주공화국을 방문한 뒤, 경찰과 군대는 시위대를 저지하려는 시도를 포기했다. 10월 9일 라이프치히에서 최소 7만 명이 행진을 벌였다. 1주일 뒤에 그 수는 12만 명이었다. 다시 1주일 뒤는 30만 명이 넘었다. 그 무렵 호네커가 종적을 감췄다. 자기 당의 중앙위원회에서 표결로 쫓겨난 것이다. 새로운 당수 에곤 크렌츠Egon Krenz는 반정부 세력과 협상하겠다고 약속했다. 또한 그는 시민이 서베를린을 비롯한 서독을 방문할 수 있도록 새롭고 더 자유로운 여행 규정을 동독 당국이 준비하겠다는 뜻을 분명히 밝혔다. 11월 9일 기자회견에서 독일민주공화국 정부의 대변인 귄터 샤보브스키Günter Schabowski는 적절한 허가를 받은 사람은 국경을 넘을 수 있다고 이미 정부가 결정을 내렸다고 말했다. 새로운 규정이 언제 시행되느냐는 질문을 거듭 받은 샤보브스키는 결국 "곧바로, 당장" 시행할 생각이라고 말했다.

그날 저녁 환희에 겨운 동베를린 시민 수천 명이 허가 신청을 해야 한다는 사실을 무시한 채 장벽에 있는 검문소로 몰려갔다. 처음에 독일민주공화국 국경경비대는 이 상황에 어떻게 대처할지 지침을 받지 못한 채, 군중을 막으면서 계속 앞으로 밀고 오면 발포하겠다고 위협했다. 뒤이어 목청을 높이는 시위자를 한 명씩 천천히 통과하게 허용했다. 그렇게 하면 긴장이 누그러들 것으로 기대했기 때문이다. 하지만 군중은 계속 늘어나기만 했고, 검문소 주변의 금지구역으로 계속 밀고 들어왔다. 밤 11시 무렵 자신들의 안전이 걱정된 동독 장교가 결국 군중을 막는 것을 포기하고 차단기를 올렸다.[18] 수많은 사람이 아무 서류도 없이 무리를 지어 동에서 서로 넘어갔다. 그날 저녁 사람들은 서베를린의 주요 대로를 활보하며 놀란 표정의 서독 동포를 끌어안았다. "이 일은 정말 잊지 못할 겁니다." 동베를린 시민 한 명이 그때 기억을 떠올리며 말했다. "처음 딸기 요거트를 먹었을 때의 맛이었죠! 너무 맛있어서 일주일 동안 그것만 먹었거든요!"[19] 다음 날 아침 모험심 많은 베를린 시민 일부는 장벽 자체를 이미 허물었다. 동독 경비대는 며칠 동안 그들을 쫓아내려고 기를 썼다. 하지만 다음 주말에 경비대원이 직접 장벽에 곡괭이질을 하는 모습이 목격되었다. 냉전의 가장 수치스러운 상징 가운데 하나가 종말을 맞이하고 있었다.

베를린 장벽이 우연히 열린 사건은 말 그대로 기적 같은 1989년의 주요 돌파구였다. 장벽이 무너지자 동독과 서독의 관계가 바뀔 게 확실했다. 얼마나 많이, 얼마나 빠르게 바뀔지는 아무도 알지 못했지만, 전과 같이 유지될 리는 만무했다. 철의 장막 양쪽 사람과 정책 결정권자는 아주 다른 종류의 미래를 상상했다. 거의 누구나 이 기회를 축하했지만, 우려 또한 존재했다. 냉전의 국제체계는 그 모든 결함과 인간적 대가를 치렀음에도, 거의 50년 동안 유럽에서 평화를 유지했다. 1900년에 태어난 사람은 세계가 뒤집히는 두 차례의 대전쟁을 목격했다. 유럽인 6000만여 명이 목숨을 잃은 전쟁이었다. 50년 뒤 태어난 사람은 어떤 전쟁도 보지 못했다.

유럽 냉전의 종언은 무엇보다도 독일 문제를 끝낼 수 있는 기회를 의미했다. 냉전은 대다수 국민의 바람을 거스르며 독일의 분단 상태가 유지되게 했다. 베를린 장벽의 개방은 이런 비정상적 상황이 끝날 것임을 예언했다. 하지만 유럽 지도자는 특히 통일 독일의 규모와 경제력을 경계했다. 대처를 제외한 유럽공동체 지도자는 독일 통일 자체를 굉장히 회의했고, 해법은 유럽 통합 확대가 되어야 한다고 생각했다. 민족국가를 유럽의 정치·경제·화폐 연합의 일부로 만드는 심화된 형태의 공동체에서 독일의 힘은 유럽의 힘이 될 것이었다. 헬무트 콜도 같은 생각이었다. 콜은 독일 통일을 위한 10개조 계획에 착수한 1989년 11월 연방의회에서 연설하면서 독일이 본질적으로 유럽 국가임을 강조했다. "독일의 미래 건축은 유럽의 미래 건축에 들어맞아야 합니다. … 독일 문제를 유럽 전반의 발전과 연결하면 … 관련한 모든 이의 이익을 고려하는 유기적 발전을 할 수 있습니다."[20]

1987년 유럽공동체가 발표한 〈단일유럽법(Single European Act)〉은 30년에 걸친 통합 과정의 가장 야심찬 확장이었다. 이 협정으로 회원국은 관세와 출입국 관리를 폐지하고, 상품과 사람, 서비스와 자본이 자유로이 이동하는 완전한 유럽연합을 향해 나아가야 했다. 또한 유럽연합은 공동 화폐 정책을 목표로 삼고, 공동의 대외정책, 국방

정책을 조정할 예정이었다. 이런 거대한 일보를 내디디면서 막강한 독일이 유럽에 걸터앉는 상황을 우려하는 목소리가 어느 정도 가라앉았고, 1992년 마스트리흐트조약을 향해 나아갈 수 있었다. "경제·화폐 연합은 정치를 통합하는 데 핵심 고리가 될 것"이라고 프랑스 대통령 프랑수아 미테랑은 주장했다. "이는 실질적으로 연합하기 위한 결정적인 한 걸음을 내디딘 것이라는 사실을 의미할 겁니다. 유럽은 정치 연합이 될 것입니다."[21]

　　프랑스 대통령은 아마 유럽에서 처음으로 어떤 형태로든 독일 통일을 피할 수 없다는 것을 깨달은 지도자일 것이다. 하지만 그는 이런 재편에 동의함으로써 자신과 프랑스를 위해 최대의 대가를 얻으려 했다. 그리하여 독일 통일을 의심하는 대처를 활용해 나중에 독일 편에서 중재자로 행동하려고 했다. 미테랑이 생각할 때, 이런 계획으로 통일 독일이 프랑스와 한층 더 가깝게 연결되고, 화폐 연합과 정치 통합 강화 같은 프랑스의 목표를 이룰 수 있을 터였다. "갑작스러운 통일의 가능성 때문에 독일인은 일종의 정신적 충격을 받았습니다. 그 효과로 다시 한번 그들은 과거와 같은 '나쁜' 독일인으로 변모했습니다." 1990년 1월 프랑스 대통령이 대처에게 말했다. "미테랑은 콜에게 독일이 통일하고자 하면 분명 그렇게 할 수 있고, 오스트리아를 유럽공동체로 끌어들이고, 심지어 전쟁 이후 상실한 다른 영토도 다시 손에 넣을 수 있다고 말했다. 독일은 히틀러보다 훨씬 많은 진전을 이룰 수 있다. 하지만 그들은 그 함의를 염두에 두어야 할 것이다."[22]

　　물론 솔직하지 않은 미테랑은 그런 말을 하지 않았다. 서독 지도자에게 사적으로 말한 것처럼, 공개적으로 그는 처음부터 독일의 자결권을 강조했다.[23] 하지만 조지 부시가 놀랍도록 분명하면서도 즉각적으로 콜의 정책을 지지하면서, 프랑스 대통령이 꾸민 책략의 중요성이 실제로 제한되었다. 이미 1989년 11월 부시는 독일 지도자에게 "당신의 전반적인 방식을 전폭적으로 지지한다"라고 말했다. "우리는 의견이 일치합니다. 저는 당신이 말한 10개조와 독일의 미래에 관한 설명을 환영합니다."[24] 더욱 중요한 점으로, 부시는 미국 국민과 행정부 성원 양쪽에 독일 통일을 두려워하지 말라고 말했다. 그리고 1990년 2월 그는 국무장관 제임스 베이커James Baker에게 미국이 추구하는 목표는 "서방 동맹 속의 통일 독일"이라고 이미 알려 주었다.[25] 미국 대통령이 이런 자세를 취하자, 대처는 옆으로 밀려나서 씩씩댔고, 콜은 자유로이 통일 정책을 전개할 수 있었다. 커다란 문제는 미하일 고르바초프가 독일의 계획에 어떻게 대응할 것인가 하는 점이었다.

동독이 붕괴하는 동안, 동유럽의 다른 공산주의 정권이 공격당하는 일이 계속되었다. 개혁의 선구자로 손꼽힌 헝가리 정권은 1989년 10월 공산당과 인민공화국을 미리 해체함으로써 시위가 확대되는 사태를 피했다. 공산당은 재구성된 헝가리공화국에서 사회당으로 재탄생했다. 신정부는 1990년 5월을 40여 년 만에 처음으로 자유선거를 치르는 달로 정했다. 크렘린의 반응은 1956년과 너무도 달랐는데, 그저 용기와 선견지명을 갖춘 헝가리 당을 축하했을 뿐이다. 소련 외무장관 셰바르드나제는 "각 나라는 절대적인 선택의 자유를 누릴 권리가 있다"라고 선언했다.[26]

정권이 개혁에 최대한 끝까지 저항한 체코슬로바키아도 종말의 양상은 달라도 동시에 일어났다. 1968년 소련의 침공 이후 진압의 책임을 떠맡은 체코슬로바키아공산당은 동유럽의 어떤 공산당보다도 훨씬 더 인기가 없었다. 박해의 책임을 맡았던 구스타프 후사크는 1987년 당 지도자에서 물러날 수밖에 없었다. 고르바초프가 개인적으로 혐오하는 인간인 탓도 있었다. 하지만 그를 대신한 지도자는 불운하기 짝이 없었다. 특히 신임 서기장 밀로시 야케시Miloš Jakeš는 더듬는 말투 때문에 전국 곳곳에서 비웃음을 샀다. 베를린 장벽이 무너지고 1주일 뒤, 프라하에서 반정부 시위가 벌어졌다. 시위는 곧바로 전국 각지로 퍼져 나갔다. 반체제 혐의로 몇 차례나 투옥된 극작가 바츨라프 하벨을 비롯한 저명한 지식인이 시민포럼(Civic Forum)을 조직해 정권에 대화를 요구했다. 언론인은 몇몇 신문을 장악해 총파업을 호소할 뿐만 아니라 반정부파의 성명을 확산했다. 야케시를 비롯한 몇몇 당 지도부는 경찰과 군대를 동원해 시위를 진압하려 했지만, 군경을 믿을 수 없다는 사실을 깨달았다. 11월 24일 야케시와 당 최고간부회의 전원이 사임했고, 새로 선출된 지도자가 반정부 세력과 교섭했다.

이튿날 체코슬로바키아의 힘의 균형이 영원히 바뀌었음이 분명해졌다. 프라하에서만 80만 명이 공산당에 반대하는 행진을 하면서 "우리는 민주주의를 원한다", "유럽으로 돌아가자", "하벨을 대통령으로" 등의 구호를 외쳤다. 1968년 이후 소련이 축출한 당 지도자 알렉산드르 둡체크도 시위대에 합류했다. 고향인 슬로바키아와 프라하에서 연설하면서 둡체크는 변화와 비폭력을 호소했다. "한때 빛이 있었다면 왜 다시 어둠이 존재해야 합니까?" 둡체크가 군중에게 말했다. "우리 행동합시다. … 다시 빛을 가져옵시다."[27] 11월 29일 공산당이 여전히 지배하던 체코슬로바키아 연방의회가 다당제 민주주의를 시행하기로 의결했다. 한 달 뒤 바로 그 의회가 이전 반체제 인사 바츨라프 하벨을 신임 대통령으로 선출했다. 한 세대의 공산당 간부 전체가 조용히 그림자 속으로 숨어들었다. 대통령이 되고 첫 연설에서 하벨은 체코슬로바키아의 "벨벳 혁명"이 물려받은 유산에 가혹한 평가를 했다. "우리 나라는 번영을 누리지 못합니다. 우리는 국민의 창의적이고 정신적인 막대한 잠재력을 합리적으로 사용하지 않고 있습니다. 모든 산업 부문이 누구도 관심을 갖지 않는 제품을 생산하지만, 우리는 정작 필요한 물품이 부족합니다. 노동자 국가를 자처하는 국가가 노동자를 모욕하고 착취합니다. 케케묵은 우리의 경제는 우리가 그나마 가진 미미한 에너지를 낭비하고 있습니다. … 우리는 조상이 물려준 토양과 강과 숲을 오염되게 하며, 오늘날 유럽에서 가장 오염된 환경에서 살고 있습니다." 하벨에 따르면, 유일한 해법은 "다재다능한 사람의 공화국"을 창조하는 것이었다. "그런 국민이 없으면 우리의 문제─인간적·경제적·생태적·사회적·정치적 문제─ 가운데 어떤 것도 해결할 수 없기" 때문이었다.[28]

불가리아에서 공산주의의 종말은 다른 방식으로, 더 느리게 이루어졌다. 동구권에서 가장 가난한 축에 속한 불가리아는 다른 어떤 나라보다 교역으로 많은 이득을 얻었다. 많은 불가리아인은 비록 정부의 권위주의와 억압에 분개하기는 했어도, 1980년대에도 공산주의를 비교적 성공적인 발전 계획으로 여겼다. 또한 대다수 불가리아인은 문화적·역사적 이유로 러시아인에게 동질감을 뚜렷이 느꼈다. 하지만 모스크바에서 고르바초프가 집권하면서 이런 친밀감은 예상치 못한 결과로 이어질 수 있었다. 베를린 장벽이 무너지고 하루 뒤인 11월 10일 공산당의 젊은 지도자는 고르바초프식 개혁에 착수하지 못했다는 이유로 당수 토도르 집코프Todor Zhivkov를 축출했다. 집코프는 35년 넘게 당을 이끈 인물이었다. 그는 많은 불가리아인에게 아버지 같은 사람이었고, 후사크나 야루젤스키처럼 많은 이가 혐오하는 지도자가 아니었다. 새로운 지도자는 유럽공동체에 가깝게 다가가면서 다당제를 시행한 뒤에도, 불가리아 사회주의의 성공을 기반으로 삼아 계속 권력을 유지하려고 했다.

불가리아공산당은 이런 계획을 밀어붙이면서 상당한 정도로 성공했는데, 다만 이 과정에서 악명 높은 수단을 썼다. 폴란드식을 따라 원탁 협상을 개시하면서 시간을 번 결과, 당은 1990년 6월 최초의 자유선거가 치러지기 전에 사회당으로 변신할 수 있었다. 소비에트권에서 독특히 불가리아공산당은 첫 번째 자유선거에서 승리를 거뒀을 뿐만 아니라, 새로운 시장 기반 경제체계로 이행하는 과정을 감독하는 데 힘을 보태기도 했다. 하지만 그들이 성공한 주요 이유는 불가리아 무슬림에게 정체성을 포기하고 기독교식 이름으로 개명하라고 강요한 공산당의 전례 없는 운동 때문이었다. 1984년을 시작으로 집코프 정권은 공공장소에서 튀르키예어를 사용하는 것을 금지하고 여러 모스크를 폐쇄했다. 1989년 압박을 받은 공산당은 무슬림 활동가를 튀르키예로 강제 출국하게 했다. 이 과정에서 경찰과 충돌이 벌어져 몇 명이 살해되었다. 이어진 공황 속에서 최소 30만 명의 불가리아 무슬림이 추방되거나 국경 너머로 도망쳤다. 이 사태는 공산당을 불가리아 민족주의와 연결하는 계기가 되었고, 몇 년 뒤 발칸반도 서쪽에서 벌어질 끔찍한 범죄의 전조이기도 했다.

공산당이 권력을 고수하려 시도한 루마니아는 훨씬 심각한 폭력 사태가 벌어졌다. 루마니아 지도자 니콜라에 차우셰스쿠는 나라가 모스크바에서 독립된 노선을 추진한다는 것을 자부했다. 명목상 바르샤바조약기구 회원국이기는 했지만, 루마니아는 1968년 체코슬로바키아 침공을 비난했고, 나중에 소련이 아프리카의 뿔 지역과 중동에 관여하는 것도 비판했다. 물론 서방은 루마니아의 불복종을 환영했고, 차우셰스쿠는 서방 기술과 해외 자본을 이용할 수 있는 기회를 보상으로 받았다. 1978년 점점 변덕이 심해진 독재자는 엘리자베스 여왕과 함께 버킹엄궁전을 방문하는 기회를 얻기도 했다-미리 언질을 받은 궁 직원은 내빈실에서 귀중품을 전부 치웠다고 한다. 차우셰스쿠와 부인 엘레나가 귀중품을 챙겨서 가난에 찌든 나라로 돌아가는 사태를 막기 위해서였다. 차우셰스쿠는 해외에서 환영받았지만, 루마니아는 점점 깊숙이 가난에 빠졌다. 특히 지도자가 수도 부쿠레슈티에 세계 최대 규모의 의사당을 건설하는 등 막대한 자원을 거대한 사치성 사업에 지출할 것을 고집한 탓이 컸다.

차우셰스쿠는 1989년 가을 동유럽 다른 곳에서 벌어지는 소요에서 자신은 안전하다고 믿었다. 그의 정권은 소련의 지원에 의존하지 않았기 때문이다. 하지만 루마니아 국민도 인내심이 바닥났다. 10년이 넘도록 생활 수준은 하락했고 물자는 심각히 부족했다. 알바니아를 제외하면, 루마니아의 국내총생산은 유럽 최하위여서 요르단이나 자메이카와 수준이 비슷했다. 그리고 다른 공산당 지도자조차 자신을 신적 인물로 대우하기를 원한 차우셰스쿠의 고집은 일부 지도자가 그를 제거하기를 갈망하게 했다. 그리하여 종말은 그야말로 순식간에 찾아왔다. 티미쇼아라시에서 1주일간 소요가 벌어진 뒤, 차우셰스쿠는 새로 지은 의사당 건물 앞에서 부쿠레슈티 시민에게 연설했다. 처음은 모든 게 정상으로 보였다. 이런 행사에서 으레 그렇듯 수백 명이 차우셰스쿠의 초상화가 그려진 포스터를 들고 있었다. 당지도자는 수도 주민의 혁명적 용기에 경의를 표했다. 이윽고

차우셰스쿠: 저는 또한 부쿠레슈티에서 이 거대한 행사를 시작하고 조직한 이들에게 감사를 표하고 싶습니다. 그러니까 … 이런 걸 고려하면

군중: 티-미-쇼-아-라! 티-미-쇼-아-라!

경호원: 집무실로 돌아가십시오.

차우셰스쿠: 뭐라고? 아니, 잠깐.

경호원: 저자들이 왜 소리 지르는 거지?

군중: 우리는 빵을 원한다!

엘레나: 차우셰스쿠. (군중에게) 조용히 해요!

차우셰스쿠: 안녕하십니까!

군중: 차우셰스쿠를 타도하자!

엘레나: 조용히 해요!

차우셰스쿠: (엘레나에게) 쉿! 입 다물어요!

차우셰스쿠: 동지 여러분! 조용히 앉아요![29]

마이크를 앞에 두고 나온 이 모든 대화는 결국 전국에 생중계되었다.

광장 곳곳에서 벌어진 싸움은 밤새도록 도시를 집어삼켰다. 누가 누구와 싸우는지 아무도 정확히 알지 못했다. 일부 군부대가 시위대에 합류했기 때문이다. 수백 명이 살해되었다. 차우셰스쿠의 무시무시한 비밀경찰 세쿠리타테Securitate가 저격수를 동원해 지붕 위에서 시민에게 총을 쏜다는 소문이 돌았다. 다음 날 아침 군중이 중앙위원회 건물로 몰려갔다. 차우셰스쿠가 은신한 곳이었다. 하지만 차우셰스쿠 일행은 이미 헬기로 도주한 상태였다. 부쿠레슈티에서 북서쪽으로 75킬로 떨어진 소도시에 착륙한 대통령과 부인은 현지 군대에 포로로 잡혔다. 1989년 크리스마스에 차우셰스쿠와 엘레나는 약식 재판을 받고 총살되었다. 재판 과정이 담긴 영상은 슬픈 광경이다. 늙수그레하고 어리둥절한 부부는 지금 자신들에게 무슨 일이 벌어지는지 정확히 알지 못하는 모습이다. 판결이 선언되자, 두 사람은 함께 처형해 달라고 요청한다. 공산주의 루마니아는 시작과 마찬가지로 그렇게 유혈 속에 끝이 났다.

동유럽이 스스로 해방을 이루자, 1989년 12월 지중해의 몰타에 정박한 선상에서 소련과 미국의 지도자는 마침내 제대로 된 정상회담으로 만났다. 소련 여객선 막심 고리키에서 열린 첫 회담에서, 부시와 고르바초프는 냉전이 끝났다는 데 동의했다. 하지만 두 사람은 그 의미가 무엇인지 서로 다른 결론을 끌어냈다. 부시는 지속적 적수인 소련을 제거하면 미국이 다른 곳에서 원하는 바를 더 많이 얻을 수 있을 것처럼 보였다. 유럽에서 벌어지는 역사적 변화에서 볼 때, 고르

835

바초프가 놀랄 정도로, 부시의 주요 관심사는 소련의 니카라과(그리고 가능하면 쿠바도) 지원을 끝내는 것이었다. 미국 대통령에게 냉전은 그저 제2차 세계대전 이전의 상황으로 돌아간 것처럼 보였다—두 초강대국의 충돌이 아니라 전 지구적인 이데올로기 투쟁으로. 소련 대통령은 내기에 걸린 돈이 훨씬 많았다. 무엇보다 소련에서 개혁을 위한 싸움에 직면한 상황이었기 때문이다. 또한 그가 볼 때 세계가 냉전을 낳은 상황에서 벗어나고 있었기 때문이다. "지금 우리는 무력, 군사적 우위에 의존하는 것이 잘못되었음을 목격하고 있습니다." 그가 부시에게 말했다.

> 군사적 우위에 의존하는 것은 정당화될 수 없습니다. … 각기 다른 이데올로기에 기반을 둔 대결을 강조하는 것은 잘못된 일입니다. 우리는 위험한 지점에 도달했고, 이제 멈춰 서서 합의를 이루는 게 좋습니다. 선진국과 개발도상국의 불평등한 교환에 의존하는 건 지속될 수 없어요. 그런 구조는 붕괴하고 있습니다. 개발도상국에 얼마나 많은 문제가 생겨나서 우리 모두에게 영향을 미치는지 보세요. 전반적으로, 제가 내린 결론은 전략적·철학적으로 냉전의 방식이 패배했다는 겁니다. … [하지만] 우리는 환경과 자원 문제 등 생존 문제에 직면해 있습니다.[30]

몰타에서 양국은 군축 협상을 심화하고, 독일 문제를 협의하며, 무역 및 기술 교류를 확대하기 위해 문호를 열기로 합의했다. 정상회담은 순조로이 진행되었다. 하지만 이전의 소련-미국 정상회담에 비해 두 지도자가 대화할 내용이 줄어들었다는 것도 분명했다. 냉전의 국제체계는 빠르게 사라졌다. 고르바초프는 소련을 개혁하고 통합하는 한편으로, 민주 정부 형태로 이행하는 일생일대의 싸움에 직면해 있었다. 부시가 진심으로 고르바초프의 기획이 성공하기를 기원한 것은 의문의 여지가 없다. 부시는 미국이 국가 간 냉전에서 승리했다고 믿었는데, 타고난 신중함 탓인지 이 단계에서 소련 내부에서 벌어지는 높은 수준의 충돌이 반드시 미국에 유리할 것이라고 믿으려는 마음은 없었다. 몇몇 보좌관은 소련이 붕괴하는 것만이 냉전의 최종 종식을 의미할 것이라고 생각했다. 하지만 대통령은 그들 편에 서지 않았다. 언제나 그렇듯 부시는 어떤 식의 위험을 감수하는 것보다 안정을 선호했다.

모스크바로 돌아간 고르바초프 앞에 온갖 문제가 산적해 있었다. 캅카스에서 아제르바이잔소비에트공화국이 아르메니아소비에트공화국을 봉쇄해 대대적인 경제 혼란을 일으켰다. 발트3국에서 독립을 요구하는 목소리가 점차 높아졌다. 1989년 8월 에스토니아, 라트비아, 리투아니아 전역의 사람이 말 그대로 손을 잡고 역사에서 가장 기다란 인간 사슬을 형성했다. 사람들은 자유와 독립의 노래를, 그리고 역사에 관한 진실을 이야기하는 노래를 불렀다. "세 자매가 잠에서 깼네. 이제 혼자 힘으로 서게 되었네."[31] 모스크바에서 소련공산당 중앙위원회는 이를 몰지각한 민족주의라고 부르며 비난했다. 하지만 발트3국의 공산당도 바람이 어느 쪽으로 부는지 알고 있었다. 고르바초프가 몰타 정상회담을 마치고 돌아온 직후인 1989년 12월, 리투아니아공산당이 소련공산당과 단절하면서 완전한 독립을 주장했다.

동유럽처럼, 발트3국의 공산당도 유의미한 존재를 유지할 수 있는 유일한 길은 민족 혁명에 가세하는 것이라고 믿었다.

유럽과 캅카스 곳곳의 일부 공화국에서 민족주의 선동이 한껏 고조되자, 소련공산당의 여러 지도자는 고르바초프에게 1990년에 치르기로 약속한 자유선거를 연기하는 것이 좋겠다고 조언했다. 하지만 고르바초프는 요지부동이었다. 지금 한 걸음 물러서면 결국 중앙 차원에서 소련공산당을 통제할 힘을 잃을지도 몰랐기 때문이다. 고르바초프는 보좌진에게 민주주의자와 당 기구가 맞붙게 만들 수 있어야만 성공할 수 있다고 설명했다. 고르바초프가 이제 더는 당을 전적으로 신뢰하지 않는다는 게 분명했다. 발트 공화국에서 예상대로 선거가 진행되었다. 삼국에서 모두 공산당이 아닌 다른 당이 승리했다. 이 당들은 계속해서 유권자에게 약속한 바를 실천했다. 민족 독립을 주장한 것이다. 리투아니아가 처음으로 나서서 거침없이 앞서 나갔다. 1990년 3월 선거로 뽑힌 최고소비에트는 최고의회로 재구성되면서 곧바로 다음과 같이 선언했다. "1940년 외국군에 폐지된 리투아니아 국가의 주권적 권한을 재확립하며, 이제 리투아니아는 다시 독립국가가 되었다."[32] 의원 가운데 누구도 독립 선언에 반대하지 않았다. 2주 뒤 에스토니아 의회는 소련의 자국 점령이 불법이라고 선언했고, 라트비아도 1990년 5월 선례를 따랐다. 고르바초프는 중대한 도전에 직면했다.

1990년 고르바초프가 목표로 삼은 것은 자신이 아직 서기장인 공산당에 권력 독점을 포기하도록 강제하는 것이었다. 소련 지도자는 동유럽에서 벌어진 사태에 여러 면에서 영감을 받았다. 그는 민주주의를 원했지만, 또한 선거에서 승리하고 사회주의 시대에 이룬 업적을 수호할 수 있는 강한 공산당을 원했다. 그는 각 공화국에 권력을 양도하면서도 소련을 하나의 국가로 계속 통합하기를 원했다. 경제 측면에서 해외 차관을 받아 나라를 일으켜 세우고, 점진적으로 시장 개혁을 시행하고자 했다. 놀랍게도, 고르바초프는 경제가 악화하면서 소련을 이끌 수 있는 자신의 능력이 얼마나 허물어졌는지 정치적으로 전혀 몰랐던 것 같다. 그는 정치 개혁과 소련 곳곳에서 등장한 새로운 자유 의식이 적어도 단기적으로는 소비재 부족을 메울 것이라고 믿었다.

이 점에서 소련 지도자는 그릇된 판단을 한 게 거의 확실하다. 상점과 시장에서 살 수 있는 물건을 기준으로, 다른 나라에 얼마나 심하게 뒤처졌는지를 알수록 소련 시민은 고르바초프와 공산당 지도부에 비난의 화살을 돌렸다. 소련 역사에서 최초로 자유로이 실시된 여론조사에 따르면, 절대다수의 시민은 상황이 점점 악화하며 가장 약한 집단이 그 결과로 고통 받는다고 생각했다. 도시 바깥에서 정치적 소요에 참여하는 사람은 거의 없었다. "우리는 별로 관심이 없었지요." 볼로그다의 한 마을 사람이 말했다. "우리 콜호스 대표는 페레스트로이카와 글라스노스트가 중요하다고 말하곤 했지만, 우리가 그 사람을 믿을 이유가 있나요? 텔레비전에서 집회와 행진을 지켜보았지만, 우리의 삶과 아무 관계가 없었습니다."[33]

한편 모스크바의 고르바초프는 1990년 3월 소련인민대표대회에서 소련 대통령으로 선출된 뒤에도 점차 도전에 맞닥뜨리고 있었다. 새로 구성된 의회에서, 고르바초프가 너무 더디게 움직인다고 보는 자유주의자와 그가 너무 앞서 나간다고 여기는 보수주의자의 견해가 극명히 갈렸다. 공산당 기구 내부의 많은 이는 고르바초프가 너무도 쉽게 동유럽을 놓아주는 걸 보고 소스라치게 놀라면서, 그가 소련을 묶어 두는 것도 포기할지 모른다고 우려했다. 소련을 구성하는 15개 공화국 가운데 하나인 러시아 공화국에서, 1990년 봄 선거 이후 자유주의 개혁가는 공화국 의회에서 우위를 차지했지만, 그들은 고르바초프를 지지하는 대신 보리스 옐친을 의장으로 선출했다. 옐친은 러시아의 주권 선언을 조작했는데, 소련 영토의 4분의 3을 차지하는 최대 공화국은 이를 통해 러시아 공화국 법률이 소련 법률에 우선한다고 선언했다. 옐친은 계속해서 극적인 연설을 하면서 소련 공산당에서 탈퇴했다. 당시 많은 이는 이 모든 게 거리낌 없이 행보하는 옐친의 허세라고 생각했다. 하지만 이후 몇 달간 다른 공화국이 러시아의 사례를 따르면서 소련의 정통성 문제가 점점 복잡해졌다.

처음에 고르바초프는 굳건히 버텼다. 리투아니아의 독립을 수용하거나, 다른 공화국의 완전한 주권 주장을 받아들이려 하지 않았다. 1989년 붉은군대는 조지아에서 무력을 행사해 민족주의 시위를 해산했다. 이 과정에서 20명이 살해되었다. 아제르바이잔인과 아르메니아인 사이에 소요가 일어나고 종족 충돌이 몇 달간 벌어지자, 1990년 1월 소련 특수부대는 아제르바이잔인의 강력한 민족주의 세력에 맞서 아제르바이잔 수도 바쿠를 장악했다. 소련 국방장관 드미트리 야조프Dmitry Yazov가 직접 작전을 진두지휘했다. 최소 130명의 민간인이 살해되고 붉은군대 병사 30명도 사망했다. 유혈 진압으로도 아제르바이잔이 민족 주권 주장으로 나아가는 흐름을 막을 수는 없었다. 하지만 적어도 일시적으로나마 크렘린의 당 강경파에 맞서 고르바초프의 영향력을 강화해 주기는 했다.

동유럽에서 공산주의가 붕괴된 뒤 벌어진 여러 사태의 불운한 희생양이라는 고르바초프에 대한 인식은 자세히 조사해 보면 허구임이 드러난다. 고르바초프는 동유럽 나라의 민주화와 철의 장막 제거를 실제로 원했다. 또한 서쪽에서 벌어지는 변화와 비슷한 노선을 따라 소련을 민주화하는 것도 **원했다**. 1990년 여름 그는 제28차 공산당 전당대회에서 연설하면서 자신의 견해를 분명히 밝혔다.

> 스탈린식 사회주의 대신 우리는 자유로운 사람의 시민사회로 다가가고 있습니다. 바야흐로 정치 체제가 근본적으로 바뀌며, 자유선거를 치르는 진정한 민주주의, 다수 정당의 존재와 인권 등이 확립되고 진정한 인민 권력이 부활하는 중입니다. … 초집중화된 국가를 자결권과 인민의 자발적 단합에 근거한 진정한 연방국가로 바꾸는 과정이 시작됐습니다. 이데올로기적 독재 대신 우리는 사상의 자유와 글라스노스트, 사회에서 정보에 대한 개방으로 다가가고 있습니다.[34]

하지만 고르바초프는 자신의 이상을 신뢰하지 않았다. 조지아와 아제르바이잔의 사태에서 드러난 것처럼, 그가 무력을 사용하고자 할 때나 사용하기를 원치 않을 때나 붉은군대는 여전히 그에게 충성했다. 국가의 정치 지도부에 대한 복종은 소련군에 너무도 깊숙이 새겨져 있어서, 군인은 명령에 의문을 던지지 않았고, 또한 정치적 책임을 스스로 떠맡으려고 하지도 않았다. 국가보안위원회도 마찬가지었다. 하지만 이 조직은 점차 분열되었다. 국가보안위원회 의장 블라디미르 크류치코프Vladimir Kryuchkov 같은 몇몇 고참은 소련의 수호를 다른 모든 의무보다 앞세웠다. 반면 젊은 세대의 비밀경찰은 변화를 피할 수 없으며, 상층부 정치투쟁의 결과가 어떻게 나든지 자신들은 유리하게 써먹을 수 있는 기술과 정보를 갖추었음을 깨달았다. 1990년 말 다수의 비밀경찰이 민영화를 계획하는 기업 경영자나, 새로운 경제에 투자하기를 바라는 외국인과 접촉했다.

따라서 고르바초프의 주된 문제는 "권력 부처"의 불충이 아니라 소련 지도부에서 벌어지는 정치 경쟁이었다. 소련공산당 서기장으로서 그는 점차 두 집단 사이에서 진퇴양난의 처지가 되었다. 자유주의적 보좌진-알렉산드르 야코블레프, 게오르기 샤흐나자로프, 아나톨리 체르냐예프 등-은 그가 공산당을 포기하고, 불시에 연방 차원의 대통령 선거를 시행하며, 민주적 사회주의자로서 선거에 출마하기를 원했다. 정부의 고위 각료와 국방부, 국가보안위원회는 그가 공산당의 규율을 다시 확립하고 민족독립운동을 진압하기를 원했다. 고르바초프는 이러지도 저러지도 못했다. 공산당을 포기할 생각은 없었다. 여전히 연방을 하나로 묶을 열쇠라고 믿었기 때문이다. 소련공산당이 아니면 무엇이 있느냐고, 그는 조바심을 내는 측근에게 따져 물었다. 그와 동시에 그는 각 공화국의 민족주의 세력에 전면으로 공격하는 것을 허락하려 하지 않았다. 진압을 승인하고 싶었지만, 종족 간 폭력 사태나 현실적인 연방 탈퇴 가능성이 나타나야만 했다. 대규모 유혈사태는 의제에 올라 있지 않았다.

1990년부터 줄곧 국제문제에서 고르바초프가 추구한 주요 전략은 소련을 유럽과 더 가까이 연결하는 것이었다. 자유주의적 보좌진과 마찬가지로, 그도 언제나 유럽에서 소련의 미래를 보았고, 동유럽이 해방되면서 유럽 주요 국가와 긴밀히 연계할 수 있는 상태였다. 고르바초프는 "대서양부터 우랄산맥까지 유럽 공동의 집"을 자주 확실히 말했다. 소련의 전환을 지원하는 게 유럽의 자기 이익에도 부합함을 호소하려고 드골주의적 구호를 들이민 것이다. 하지만 소련 지도자는 독일 문제를 해결하지 않고는 이런 구상의 실현을 상상할 수 없다는 것을 알았다. 서독은 유럽의 주요 경제 강국일 뿐만 아니라 동독은 여전히 소련의 실패한 유럽 정책을 끊임없이 상기하게 하는 존재였다. 장벽을 무너뜨리는 것이 자국의 이해에도 유리하다는 것을 알지 못한 채, 대륙을 가로질러 장벽을 쌓느라 분주했던 과거가 낳은 유산이었다.

1990년 2월 미하일 고르바초프는 어떤 형태로든 독일 통일은 피할 수 없으며, 이 과정에서 적극적으로 역할을 해야 소련도 최대의 이득을 얻을 수 있다는 결론에 다다랐다. 대부분의 독일 전문가를 비롯해서 대다수 전문가가 가능하다고 생각한 수준을 훌쩍 넘어서 이 과업을 가속화한 것은 동독 경제의 붕괴와 1990년 3월 치러진 동독 선거가 결합한 효과였다. 품질이 더 좋다고 여기는 서독 제품을 살 수 있게 되자, 동독인 가운데 이제 동독 상품을 사려는 이는 거의 없었다. 생산이 멈췄다. 하지만 동독인은 서쪽에서 만들어진 값비싼 소비 제품을 살 수 없었다. 동독 화폐는 도이치마르크로 환전할 때 가치가 없는 휴지 조각이나 마찬가지였다. 선거에서 40퍼센트가 넘는 동독인이 동독에 거의 기반이 없는 콜의 기독교민주연합(CDU)에 투

843

표한 것은 이렇게 하면 통일의 속도를 높일 수 있다고 생각했기 때문이다. 이제 동독과 서독을 같은 당이 통치하면서 통일이 미래의 문제가 아님이 분명해졌다. 통일은 지금 여기의 문제였다.

영국의 마거릿 대처가 옆으로 밀려나 씩씩대는 가운데, 서유럽의 모든 지도자는 부시 대통령, 서독 연방 총리 헬무트 콜에 동조하면서 독일이 완전히 통일하는 조건에 합의하는 국제적 과정을 개시했다. 1990년 5월 시작된 이른바 "2+4"(두 독일 더하기 제2차 세계대전에서 승전한 4개 강대국)회담은 통일 독일이 나토 회원국이 될 수 있는지 여부와 실제 통일 절차의 속도와 형식이 현실적인 난제였다. 서방 강대국은 놀랍게도(그리고 영국은 당혹스럽고 프랑스도 약간 당혹스럽게), 고르바초프는 통일 독일의 나토 가입뿐만 아니라 그해에 통일 과정을 완료하는 데도 동의했다. 소련에 추가로 경제원조를 하겠다는 서독의 약속이 길을 닦았다. 하지만 나토나 독일이 이제 더는 소련의 적이 아니라는 고르바초프의 확신이 훨씬 더 중요한 역할을 했다. 그들은 친구이자 동반국이었다. 1990년 7월 고르바초프가 태어난 스타브로폴 근처에서 열린 회담에서 콜은 적절히 말했다. "역사를 망각할 수는 없겠지요. 역사를 알지 못한다면 현재를 이해할 수도, 미래를 창조할 수도 없으니까요. 이 협상장에 앉아 있는 사람 대부분은 대략 그의 세대에 속합니다-그들은 아직 어린 시절에 전쟁을 경험했어요. 죄를 짓기에는 너무 어렸지만, 이해할 만큼은 나이가 들었지요. 다음 세대로 배턴을 넘겨주기 전에 금세기 말에 몇 가지 일을 해결하는 게 이 세대의 임무입니다."[35]

통일과 새로운 독-소 관계에 콜은 감상에 젖으면서도 통일 과정을 되돌릴 수 없게 현장을 기정사실로 만드는 일을 게을리하지 않았다. 1990년 여름 도이치마르크가 동독의 공식 화폐가 되었고, 양국 사이에 전면적인 "화폐·경제·사회 연합"이 성립했다. 서독 법률이 점차 동독에 들어왔고, 8월에는 동독 의회가 서독 정부에 독일연방공화국에 편입하겠다고 공식 요청했다. 콜은 이렇게 신속히 움직이면 서방 동맹국에서 비판이 제기될 것임을 알았다. 하지만 충분히 위험을 무릅쓸 만하다고 느꼈다. 동독에는 아직 수십만 명의 소련군이 주둔하고 있었다. 고르바초프에게 무슨 일이라도 생기면 모스크바에서 그 대신 들어서는 어떤 정부와도 대화할 수 있어야 했다.

1990년 9월 모스크바에서 최종 협상이 이루어질 때까지 독일 전체가 나토 영역이 될지, 독일이 통일 이후 곧바로 완전한 주권을 되찾을지 분명하지 않았다. 끝까지 비협조적이었던 영국은 소련이 거부할 것을 알면서도 곧 구동독이 되는 지역에 나토 연합군이 진입할 권리를 고집했다. 서독의 노련한 외무장관 한스디트리히 겐셔 Hans-Dietrich Genscher는 이런 전술과 아무 관련이 없었다. 동독 태생인 겐셔는 통일이 늦춰지는 것을 원하지 않았다. 그는 즉각적인 합의와 독일의 완전한 주권을 고집했다. 겐셔는 소련, 프랑스와 협력하면서 영국의 요구를 물리쳤다. 결국 당사자는 막바지에 이르러 임시방편에 합의했다. 독일 이외의 군대는 동독 지역에 영구 주둔하거나 배치되지 않지만, "배치"라는 용어의 정의는 각 강대국의 "안보에 따른 이해를 고려해 합리적이고 책임 있는 방식으로" 독일 정부가 결정한다는 것이었다.[36] 1990년 9월 12일 '2+4조약(Zwei-plus-Vier-Vertrag)'이 체결되어 3주 뒤 독일이 통일되는 문이 열렸다. 노련한 외교관 겐셔조차 조인 현장에서 감동을 받았다. "유럽 전체에 역사적인 순간이자 독일인에게 행복한 순간입니다. 우리는 짧은 시간에 긴 길을 함께 걸었습니다. … 10월 3일 우리 독일인은 57년 만에 처음으로 다시 하나의 민주국가에서 살 겁니다. … 지금 우리는 자유와 민주주의와 평화 속에서 다른 모든 나라와 함께 사는 것 말고 더는 바랄 게 없습니다."[37]

하지만 독일 통일이 간단하고 순조로이 진행되었다는 점에서 기적에 가까워 보였다면, 유럽 다른 곳은 골칫거리가 끓어오르고 있었다. 소련과 약간 비슷하게 유고슬라비아연방의 공화국도 몇 년 동안 사이가 벌어지고 있었다. 하지만 더 큰 공화국도 종족 사이에 긴장이 존재했다. 당시 유고슬라비아 세르비아공화국의 일부이고 알바니아계가 다수인 코소보에서, 알바니아계 광부가 1989년 파업을 벌이며 알바니아계의 권리 확대를 요구했다. 유고슬라비아 북부에 있는 슬로베니아와 크로아티아 공화국의 비공산당 민족주의 집단은 코소보 광부를 지지했다. 세르비아의 공산당 지도자 슬로보단 밀로셰비치Slobodan Milošević는 코소보의 요구를, 유고슬라비아에서 세르비아의 지위를 잠식하려는 또 하나의 시도라고 보았다. 1989년 어느 연설에서 밀로셰비치는 유고슬라비아를 분열하게 하려는 이들을 비난하면서, 자유롭고 통일된 나라를 유지하려고 세르비아인이 누구보다 희생했다고 주장했다. "세르비아 지도자가 자민족을 희생하게 하면서" 받아들인 양보는 "전 세계 어떤 민족도 역사적·종족적으로 수용할 수 없는 것"이었다. "특히 세르비아인은 역사를 통틀어 다른 민족을 정복하거나 착취한 적이 없었기" 때문이다.[38]

하지만 밀로셰비치는 유고슬라비아를 뒤덮은 원심력을 저지할 수 없었다. 정반대로 그가 구사하는 민족주의적 언어는 이런 원심력을 부추겼다. 1990년 1월 슬로베니아와 크로아티아공산당이 유고슬라비아공산당에서 떨어져 나갔다. 4월 두 공화국에서 자유선거가 실시되어 비공산당 계열이 다수 의석을 차지했다. 다른 한편으로, 세르비아에서 밀로셰비치와 이제 잔류파가 된 공산당은 권력을 확고히 장악했다. 최후의 결전을 치를 무대가 마련되었다. 1990년 12월 슬로베니아에서 치러진 국민투표 결과 95퍼센트가 독립에 찬성했다. 크로아티아에서도 민족주의자가 독립 국민투표에서 승리했지만, 인구의 5분의 1인 세르비아계를 비롯한 상당수의 비크로아티아계 소수 민족은 투표를 거부했다. 슬로베니아와 크로아티아가 새로이 통일된 독일에 고무되어 이듬해 완전한 독립을 선언하면서, 유고슬라비아 전쟁을 위한 무대가 마련되었다. 이후 10년간 옛 연방공화국을 황폐화하는 전쟁이었다. 제2차 세계대전 이후 유럽 최악의 전쟁에서 최소 14만 명이 사망하고 수백만 명이 피란민이 되었다. 새로 만들어진 유럽의 각종 기구는 전쟁을 전혀 저지하지 못했다.

모스크바에서 고르바초프는 소련 앞에 놓인 비슷한 운명을 피하고자 고군분투했다. 독일에 관해 합의한 뒤, 그는 서독이 제공하는 신용과 국제사회의 정치적 지지에 힘입어 소련의 국내 상황을 안정화할 수 있기를 기대했다. 하지만 경제가 안정될 때까지 고르바초프의 구상은 당의 전통주의자 및 각 공화국의 온건한 민족주의자와 타협해 공산당을 지킨다는 것이었다. 1990년 여름 제28차 전당대회에서 새로 선출된 소련공산당 정치국에 서기장의 개혁주의 동맹 세력

847

은 거의 없고, 두 집단이 섞여 있었다. 고르바초프가 별 볼 일 없는 보수파 겐나디 야나예프Gennady Yanayev를 부통령으로 고르자, 1990년 12월 외무장관 셰바르드나제는 사임하면서 고르바초프가 나라를 독재로 후퇴하게 한다고 공개 비난했다. 두서없이 장황히 연설하면서 셰바르드나제는 "이 독재가 어떤 모습이 될지, 어떤 종류의 독재자가 집권하고 어떤 식의 질서가 세워질지 아무도 모른다"라고 주장했다.[39] 셰바르드나제의 사임은 고르바초프에게 강한 일격이었다. 두 사람은 1985년 고르바초프가 선출된 이후 페레스트로이카를 이루려고 줄곧 협력한 사이였다. 그리고 설상가상으로 1991년 초 곧바로 다른 많은 개혁주의자가 외무장관의 뒤를 이었다. 사임하거나, 새로운 당 지도부가 쫓아낸 것이다.

러시아 공화국에서 점점 더 대중적 인기를 얻은 보리스 옐친은 러시아가 연방에서 더 많은 권력을 잡으면, 오직 그럴 때만 공공복지와 경제를 개선할 수 있다고 약속했다. 고르바초프를 괴롭힌 타협과 직위의 압력에서 완전히 자유로웠던 옐친은 모든 사람에게 모든 것을 약속할 수 있었지만, 또한 그는 소비에트 국가에서 어떤 격변이 일어나든지 대처할 수 있으려면, 러시아에서 자신의 지위를 공고히 해야 한다는 것을 아는 기민한 정치인이었다. 소련 슬라브계 공화국 가운데 두 번째로 큰 이웃나라 우크라이나에서, 의회 지도자 레오니드 크라우추크Leonid Kravchuk가 비슷한 생각을 했다. 아직 공산당원이던 크라우추크는 옐친에 비해 소련을 격렬히 비난하려 하지 않았다. 하지만 그조차도 러시아에 이어 한 달 뒤인 1990년 여름 우크라이나의 완전한 주권을 선언하는 것을 수용했다. 11월 두 사람은 상호 지원하고 친선을 꾀할 별도의 협정을 체결했다. 그리고 1991년 1월 고르바초프가 다시 발트3국에서 무력을 사용하려 하자, 러시아와 우크라이나의 두 지도자는 공동으로 항의했다. 옐친은 에스토니아 수도 탈린으로 가서 예의 극적인 방식으로 발트 공화국의 독립을 인정하고, 러시아의 붉은군대 병사에게 크렘린의 명령에 불복종할 것을 촉구했다. 모스크바에서 10만 명이 넘는 인파가 발트3국의 독립을 지지하며 행진을 벌였다.

고르바초프는 붉은군대를 동원하는 것 외에 연방을 유지할 수 있는 최후의 방법이 하나 있었다. 국민투표를 실시해 국민에게 직접 호소하는 것이었다. 1991년 3월 자유주의와 보수주의 양 진영 보좌진의 거센 저항을 무릅쓰고 그는 다음과 같은 질문을 국민 앞에 내밀었다. "모든 국민의 개인적 권리와 자유를 완전히 보장하는 동등한 주권 공화국의 새로운 연방으로 소비에트사회주의공화국연방을 보전해야 한다고 생각하십니까?" 점잖게 말해서 이는 가장 중요한 질문이었는데, 예상할 수 있듯이 발트3국, 조지아, 아르메니아 사람은 참여를 거부했다. 하지만 다른 공화국의 결과는 압도적 다수가 여전히 연방을 찬성했다. "네"라고 답한 비율이 4분의 3을 넘었다. 러시아에서 73퍼센트가 연방에 찬성표를 던졌는데, 러시아가 애당초 소련을 구성했다는 사실을 고려하면, 새삼스러운 결과가 아니었다. 하지만 우크라이나(찬성 71퍼센트)와 중앙아시아(찬성 95~98퍼센트)의 투표 결과는 예상 밖이었고, 여름 내내 국민투표 질문을 가지고 연방 조약을 수정하던 고르바초프는 이를 보면서 희망을 얻었다.

원래 냉전의 핵심 논리는 한 초강대국이 승리하려면 상대 초강대국이 패배해야 한다는 것이었다. 많은 미국 지도자에게 이는 실제로 소련이 사라지기 전까지 냉전에 지속적인 평화란 존재할 수 없음을 의미했다. 하지만 1991년 소련 붕괴 계획이 전혀 불가능한 일이 아니자, 신중한 조지 H. W. 부시는 소련의 종말이 실제로 미국에 이익이 된다는 믿음을 신속히 포기했다. 고르바초프의 소련은 물론 스탈린의 소련과 이미 전혀 다른 국가였다. 하지만 진정한 문제는 냉전이 쇠퇴하면서 미국 또한 새로운 도전에 직면하고 있었다는 점이다. 1991년 1월 미국은 사담 후세인의 쿠웨이트 침공에 대응해 이라크를 상대로 전쟁에 돌입했다. 고르바초프는 소련의 오랜 동맹국이었던 이라크에서 철군함으로써 전쟁을 피하려고 애썼지만, 미국이 페르시아만에서 작전을 개시하자마자 거의 완전히 미국의 편에 섰다. "사담 후세인에 대한 우리 양쪽의 의구심이 사실로 입증됐군요." 고르바초프가 부시 대통령에게 말했다. "그자는 무력으로 대응해야만 하는 인물입니다. 세계 각국이 이런 부담을 안고 있음을 전적으로 이해합니다."[40]

미국이 페르시아만 전쟁(걸프 전쟁)에서 승리한 뒤, 부시는 미국이 국제 위기에 대처하고 대량파괴무기의 확산을 방지하려면 소련이 어느 정도 안정되어야 한다는 점에 한층 관심을 기울였다. 부시는 소련에서 충돌이 확산되면 소련의 핵 무기고에 어떤 일이 생길지 심각히 고려했다. 그리하여 1991년 6월 러시아 공화국 국민이 옐친을 대통령으로 선출한 뒤에도, 옐친을 비롯한 고르바초프의 몇몇 극단적 반대 세력을 냉담히 대했다. 8월 초 우크라이나 수도 키이우를 방문한 부시는 전해에 우크라이나가 주권 공화국임을 선포한 우크라이나

의회에서 연설했다. "우리는 고르바초프 대통령의 소련 정부와 최대한 탄탄한 관계를 유지할 것입니다." 부시가 우크라이나 국민에게 말했다. "자유는 독립과 동의어가 아닙니다. 미국은 멀리 떨어진 폭정을 현지의 전제정치로 대체하려고 독립을 추구하는 이를 지지하지 않을 것입니다." 부시는 소비에트 "공화국이 가망 없는 고립의 경로를 추구하기보다 확대된 자율성과 자발적 교류—정치적·사회적·문화적·경제적— 확대를 결합하기를" 기대했다.[41] 우크라이나 민족주의자는 깜짝 놀라며 격분했고, 워싱턴에서 보수파는 부시의 연설을 "치킨 키예프 연설(Chicken Kiev speech)"*이라고 일컬었다. 하지만 미국 대통령에게 이제 소련의 해체가 소련의 힘보다 더 위험해 보였다. 유라시아 전역에서 거대한 규모로 내전과 국가 간 전쟁이 발발할 위험이 있었기 때문이다. 지금 우리는 이런 우려가 현실이 되지 않았다는 걸 당연히 여기지만, 당시만 해도 소비에트권 전반이 결국 유고슬라비아와 같은 운명을 맞을 것처럼 보였다.

새로운 연방 조약에 서명할 준비를 하던 고르바초프는 자신의 균형감 있는 행동이 어떤 미래를 낳을지 신중하게나마 낙관할 이유가 있었다. 그는 결국 모든 게 경제로 귀결될 것이라고 생각했다. 연방이 새로운 틀을 갖춰 안정되면, 유럽과 미국, 아시아의 투자에 도움을 받아 점진적 경제 개혁이 진행될 것이었다. 고르바초프는 공산당이 연방과 공화국 두 차원에서 미래에 분열될 것이라고 예상했는데,

---

* 원래 '치킨 키예프'는 허브 버터를 닭가슴살로 싸서 튀기는 요리 이름인데, 여기서는 '키이우의 겁쟁이 연설'이라는 비유적 의미로 이름 붙인 것이다.

자신이 이끄는 전 연방 사회주의 정당이 민주 체제에서 성공적으로 경쟁하기를 기대했다. 1991년 8월 4일 서기장은 취임 후 매년 그렇듯 크림반도로 휴가를 갔다. 그곳에서 머무르는 동안 새로운 연방 조약을 구성하는 작업을 마무리할 생각이었다.

2주 뒤 모스크바는 전국에서 비상사태가 선포되었다는 뉴스로 아침을 맞이했다. 임시 특보에 따르면, 고르바초프는 병가를 낸 상태였다. 그 대신 야나예프 부통령이 이끄는 정부 위원회가 국정 책임을 맡았다. 모스크바 시민과 나라 전체가 쿠데타가 벌어졌다고 확신했다. 모스크바 시민이 거리로 나와 러시아 의사당 앞에 모였는데, 그곳에 옐친과 그의 보좌진이 방어벽을 쌓아 놓고 있었다. 다시 검열이 시행되고 반정부 지도자가 국가보안위원회에 체포되었다. 핵심 교차로마다 공수부대원이 배치되었다.

사실 고르바초프는 크림반도에 있는 시골 별장에 감금된 상태였다. 쿠데타 발표 전날, 쿠데타 음모 세력은 총참모장을 비롯한 대표단을 보내 자신들의 계획을 묵인해 달라고 요구했다. 고르바초프는 거절했다. 그는 국가보안위원회와 군부가 공화국의 소요사태를 진압할 계획을 준비하던 것은 이미 알았지만, 자신을 겨냥해 행동에 나서리라고는 꿈에도 생각하지 못했다. 고르바초프가 거부하자 음모자가 짠 계획은 미처 발표하기도 전에 어그러졌다. 쿠데타 당일 늦은 오후에 러시아 의사당 앞에 모인 군중을 해산하려고 출동한 어느 전차대대 사령관은 러시아 공화국에 충성을 선언했다. 옐친이 전차 위에 올라가 권력 탈취를 비난했다. "지금 우리는 우파의 반동적이고 반헌법적 쿠데타에 대처하고 있습니다." 옐친이 소리쳤다. "이런 무력 방법은 도저히 용납할 수 없습니다. 그자들은 … 소련을 세계 공동체에서 고립되게 하면서 우리를 냉전 시대로 되돌리는 겁니다. … 쿠데타 세력에 품위 있게 응답하면서 정상적인 헌정 질서로 나라를 되돌릴 것을 요구하라고 모든 러시아인에게 호소합니다."⁴² 그가 가장 멋져 보인 시간이었다. 옐친의 몇몇 참모는 그가 바로 그 장면을 연기하려고 태어난 사람이라고 평했는데, 틀린 말은 아니었다.

　　그때부터 줄곧 모든 게 쿠데타 세력에 불리하게 돌아갔다. 모스크바에 통금을 시행하려 했지만 지키는 사람이 없었다. 수도 곳곳에 점점 많은 방어벽이 세워졌다. 군부대는 명령을 따르려 하지 않았다. 국가보안위원회는 행동을 주저했다. 각 공화국 지도자는 그들의 호소에 응답하지 않았다. 보리스 옐친은 러시아 의사당-러시아어로 벨리돔Belyi Dom이라 불리는 화이트하우스-을 근거지로 삼아 저항을 조직했다. 소련과 구별되는 러시아 군대를 구성한다고 발표하면서 자신을 총사령관으로 임명했다. 3일째에 정부 위원회 성원이 백기를 들었다. 몇몇은 크림반도로 피신해 고르바초프를 만났는데, 그는 싸늘히 경멸하는 태도로 그들을 맞았다. 다른 이는 조용히 빠져나갔다가 나중에 경찰에 체포되었다. 내무장관 보리스 푸고Boris Pugo와 부인은 자살했고, 고르바초프의 최고 군사 참모로 위원회에 참여했던 세르게이 아흐로메예프 원수도 자살했다.

　　고르바초프는 러시아 지도자가 보낸 비행기를 타고 모스크바로 돌아왔다. 암울한 표정이었다. 가장 가까운 친구이자 협력자인 부인 라이사는 구금 중에 실신했다 회복된 뒤에도 고혈압에 시달렸다. 고르바초프는 자신이 직접 고위직에 임명했으나 배신한 모든 이를 떠올렸다. 모스크바에 오자마자 라이사가 간호를 잘 받는지 살피려고 집으로 갔다. 무척 인간적인 행동이었지만, 끔찍한 정치적 실수였다. 그에게 자기 목숨을 건 지지자는 실망했고, 옐친은 그 틈을 타서 모스크바의 정치적 통제권을 틀어쥐었다. 러시아 대통령은 밤새도록 바쁘게 일했다. 고르바초프가 다음 날 출근했을 때, 러시아가 이미 소련을 장악하고 있었다.

옐친이 처음 내린 지시는 러시아 영토에서 소련공산당의 활동을 모두 중단하게 하는 것이었다. 각급 당 사무실은 폐쇄되었고, 모스크바의 중앙위원회 건물은 봉쇄되었다. 문서고와 서류는 옐친 충성파의 손에 들어갔다. 쿠데타 음모 세력의 일원인 국가보안위원회 위원장 블라디미르 크류치코프는 체포되고, 국가보안위원회는 후에 해체되었다. 루반카에 자리한 국가보안위원회 본부에 있던 간부 수백 명은 처음에 성난 군중이 건물로 몰려올 것이라고 생각했다. 하지만 모스크바 시민은 바로 앞 광장에서, 옐친의 지휘로 동원된 크레인이 국가보안위원회 창설자 펠릭스 제르진스키Feliks Dzerzhinskii의 동상을 해체하는 작업에 정신이 팔려 있었다. 크렘린에서 옐친은 고르바초프에게 소련 군과 정보기관의 신임 수장 임명을 철회하고, 그 대신 자신과 가까운 장교를 임명할 것을 강요했다. 고르바초프가 러시아 의사당 앞에 나타나서 그들의 용기에 감사 인사를 하려고 하자 몇몇 의원이 야유를 퍼부었고, 옐친은 그를 공개 조롱했다. 옐친은 서기장이 지켜보는 가운데 소련공산당의 활동을 불법화하는 추가 명령서에 서명했다. 고르바초프가 연단에서 자신은 아직 관련 문서를 읽지 못했기 때문에 소련공산당의 쿠데타 가담 전모를 판단할 수 없다고 주장하자, 옐친이 당 회의록 사본을 들고 연단 맞은편으로 걸어갔다. "이걸 읽으시오!" 옐친은 고르바초프에게 그의 공산당 동료가 어떻게 그를 배신했는지를 보여 주는 증거를 의회에서 큰소리로 읽으라고 강요했다.[43] 소련에서 권력이 이동하고 있음이 분명했다.

냉전 최후의 드라마는 순전히 소련의 비극이 되었다. 옐친이 각 공화국의 다른 지도자와 협력해 주권 국가의 새로운 연방을 세우면서 소련을 완전히 배제하자 고르바초프의 권력은 차츰 약해졌다. 쿠데타 이후 그는 서기장에서 사임했고, 옐친이 러시아에 있는 소련공산당의 자금과 자산을 대대적으로 몰수하는 것에 이의를 제기하지 않았다. 1991년 9월 고르바초프가 소비에트사회주의공화국연방의 새로운 민주 의회로 확고부동하게 믿은, 선거로 뽑힌 연방의회 소련인민대표대회가 자진 해산했다. 정치인도 각 공화국의 정치가 우선순위가 되었다. 발트3국은 이미 8월 쿠데타 시기에 완전한 독립국으로 새로 수립되었다. 3월만 해도 소련이 사라지는 것을 전혀 원치 않던 중앙아시아 공화국은 1991년 가을에 공산당을 뛰쳐나온 민족 엘리트가 완전한 주권을 선언했다. 이 나라들의 상황은 30년 전 영국이나 프랑스의 탈식민화가 미친 여파와 비슷했다. 제국 중심부가 통치를 포기하자 현지 엘리트가 주로 제국주의 후기에 배운 교훈에 따라 새로운 국가를 세운 것이다. 소련의 관에 마지막 못을 박은 것은 12월 1일 우크라이나에서 진행된 국민투표였다. 압도적 다수가 완전한 독립에 표를 던졌다.

이 모든 사건이 벌어지는 동안 고르바초프는 연방을 유지하기 위해 무력 사용을 시도할 수 있었다. 여전히 소련 대통령이었기 때문이다. 그 자신은 붉은군대가 자신에 복종할 것이며, 적어도 어느 시점까지 정보기관도 복종할 것으로 믿었다. 하지만 그는 변함없이 무력 사용을 거부했다. 자발적이지 않은 연합은 소비에트연방의 대안이 될 수 없다고 보았기 때문이다. 점점 줄어드는 보좌진-이제 다시 주로 오랜 자유주의 친구였다-에게 그는 혹시라도 무력을 사용하면 자신이 옹호해 온 모든 것이 위험에 빠질 것이라고 거듭 말했다. 독재를 지휘할 생각은 없었다. 그러느니 차라리 연방이 사라지고 옐친이 추구하는 목표라고 여긴 일정 형태의 국가연합이 그 자리를 대신하는 게 나았다. 어쩌면 이로써 소련이 제2의 유고슬라비아로 변모하는 것을 막을 수도 있었다. 이미 유고슬라비아는 내전이 맹위를 떨치고 있었다. 고르바초프는 기진맥진했다. 가장 가까운 사람에게 배신을 당하고 부인도 병상에 눕자 이제 그도 계속 싸울 기력이 없었다.

1991년 12월 8일 러시아, 우크라이나, 벨라루스 지도자가 폴란드-벨라루스 국경 인근의 벨라베시스카야 숲에 있는 정부 영빈관에서 비밀리에 회동했다. 그곳에서 모인 이유는 고르바초프의 지시를 받은 정보기관이 나타나서 자신들을 체포할까 봐 여전히 두려웠기 때문이다. 세 지도자가 서둘러서 서명한 문서의 하위 조항에 따라 소련은 해체되었다. 그들은 "국제법의 한 주체이자 지리적 실체로서의 소련은 이제 더는 존재하지 않는다"라고 확인했다. 그 대신 그들은 독립국가연합(Commonwealth of Independent States)을 창설했다. 다른 소비에트공화국도 자유의사로 참여할 수 있는 연합이었다. 세 나라는 정치적·경제적으로 협력하고, 각 공화국의 모든 국민은 출신 민족에 상관없이 똑같은 권리를 누리며, 상대국과 모든 나라의 영토 보전을 완전히 존중할 것을 약속했다.[44] 러시아는 12월 12일 조약을 비준했는데, 바로 그날 소련에서 탈퇴했다. 몇 주 만에 아르메니아, 아제르바이잔, 카자흐스탄, 키르기스스탄, 몰도바, 타지키스탄, 투르크메니스탄, 우즈베키스탄이 모두 새로운 국가연합에 참여했다.

마지막 순간에 잠시 주저한 끝에 고르바초프는 소련 대통령직을 사임하기로 했다. 12월 25일 저녁 텔레비전으로 중계된 대국민 사임 연설에서 대통령은 자신이 "연방 국가의 유지와 이 나라의 보전"을 위해 분투했다고 말했다. 하지만

> 상황이 다른 경로로 진행됐습니다. 이 나라를 해체하고 국가를 분열하는 정책이 팽배했는데, 저는 여기에 동의할 수 없었습니다. … 운명은 너무도 가혹해서 제가 이 국가의 방향타를 잡은 바로 그 순간 이미 뭔가 잘못됐다는 게 분명했습니다. … 국가는 아무 진전을 이루지 못했고, 우리는 전과 같은 방식으로 살 수 없었습니다. 모든 걸 근본적으로 바꿔야 했습니다. … 역사적으로 중요한 노력을 수행했습니다. 오래전에 이 나라가 번영하고 잘사는 나라가 되는 것을 가로막은 전체주의 체제를 제거했습니다. … 저는 조만간, 언젠가는 우리 공동의 노력이 결실을 맺고 우리의 나라들이 번영하는 민주사회에서 살리라고 낙관합니다. 모든 국민의 행운을 빕니다.[45]

연설이 방송되기 전에 고르바초프는 부시 대통령에게 전화를 걸어 어떤 일이 생길지 설명했다. 소련의 핵무기는 안전하다고 말했다. 권한은 곧바로 옐친에게 양도될 것이었다. 부시는 특유의 어정쩡

한 태도로, 고르바초프의 감상적인 성탄절 전화에 일반론을 늘어놓으며 대꾸했다. 공개 회담장에 앉은 듯한 발언이었다. "그러니 성탄절에, 이 역사적 순간에 당신께 경의를 표하며 세계평화를 위해 많은 일을 한 것에 감사드립니다. 대단히 감사합니다."[46]

고르바초프가 텔레비전 연설을 마무리하자 핵무기 암호가 담긴 가방을 든 군 참모가 조용히 빠져나갔다. 크렘린의 다른 구역에 있는 새로운 상관을 찾으러 가는 길이었다. 고르바초프는 최측근 참모 다섯 명과 한잔하려고, 혼자 소련 정치국원이 종종 모이던 월넛룸으로 갔다. 이윽고 자정이 되기 전에 어느 전 국가의 전직 대통령이 되어 자택으로 갔다.[47]

소련이 해체됨으로써 하나의 국제체계로서 냉전의 마지막 흔적이 제거되었다. 두 세대에 걸쳐 냉전은 국제문제를 지배했는데, 냉전에 앞서 등장했고 냉전이 자라는 토양이 된 이데올로기 투쟁은 훨씬 더 오래 지속되었다. 세계 정치에서 벌어진 거대한 변화가 대개 그렇듯이, 그 마지막은 갑작스러웠지만 오래전부터 전조가 나타났다. 인간사의 한 지배적 측면으로서 냉전은 얼마 동안, 특히 1970년대 중반에 전 지구적으로 심대한 경제적·정치적 변화가 시작된 이후 병을 앓았다. 하지만 소련의 붕괴는 결정적인 종결을 가져왔다. 이제 근본적으로 다른 이데올로기를 내걸고 전 지구적으로 미국에 도전할 나라는 하나도 없다. 냉전 시기부터 자라난 충돌과 긴장은 여전하고 악몽 같은 무기와 억제된 전략도 건재할 터였지만, 이제 시간이 흘렀고, 새로운 형태의 전 지구적 상호작용이 낡은 것을 대신했다.

에 필 로 그

냉전이 만든 세계

모스크바에서 미하일 고르바초프가 소련의 소멸을 고하는 문서에 서명한 12월의 춥고 우중충한 날에, 하나의 국제적인 국가 체계로서 냉전은 끝이 났다. 하지만 이런 국가 체계보다 거의 두 세대 앞서 등장한 이데올로기적 냉전은 부분적으로만 사라졌을 뿐이다. 물론 마르크스레닌주의적 형태의 공산주의는 사회를 어떻게 조직할 것인지에 관한 현실적 이상으로서 이미 그 존재가 사라진 상태였다. 하지만 미국은 1991년 12월 그날 그렇게 많은 게 바뀌지 않았다. 미국의 대외정책은 계속되었고, 전략적 전망이나 정치적 목표에서 어떤 중대한 조정도 이루어지지 않았다. 냉전은 끝이 났고, 미국은 승리했다. 하지만 대다수 미국인은 여전히 세계가 자국과 더 비슷한 모습이 될 때만, 세계 각국 정부가 미국의 뜻에 따를 때만 자신들이 안전할 수 있다고 믿었다. 외부의 주요 위협이 사라졌음에도, 어떤 잣대로 보든지, 여러 세대에 걸쳐 구축된 사고와 가정이 전혀 수정되지 않은 채 유지되었다. 양당의 대다수 정책 결정권자는 좀 더 제한적이고, 따라서 성취할 수 있는 미국의 대외정책 대신, 이제 단극 세계가

861
___

되었기 때문에 미국이 최소한의 비용으로 마음 내키는 대로 행동할 수 있다고 믿었다.

냉전 이후 미국의 승리주의는 두 가지 형태로 나타났다. 하나는 클린턴판이라고 부를 수 있는데, 전 지구적 차원에서 미국식 자본주의의 번영과 시장의 가치를 강조했다. 국제문제에서 구체적인 목표가 부재한 것은 인상적이었고, 심지어 경제 목표를 이루기 위한 규율의 부재도 인상적이었다. 클린턴 행정부는 유엔과 각종 국제 통화 기구, 다른 강대국(무엇보다도 중국과 러시아)과 장기적으로 합의함으로써 미국의 대외정책을 수행할 폭넓고 안정된 틀을 구축하는 대신, 미국의 번영을 위한 의제에만 집중했다. 적어도 국내에서는 그렇게 행동하게 만든 정치적 본능이 아마 옳았을 것이다. 미국인은 과거 국제적 군사 행동에 지쳐 있었고, 이른바 "평화 배당금"을 누리기를 원했다. 하지만 국제적으로 1990년대는 협력을 제도화할 기회, 평화 배당금을 이용해 지구 곳곳에서 질병과 빈곤과 불평등에 맞서 싸울 기회를 잃어버린 시기였다. 이렇게 잃어버린 기회의 가장 두드러진 사례는 아프가니스탄이나 콩고, 니카라과 같은 과거 냉전의 전장이었다. 미국은 -또는 이 문제에 관한 한 다른 대부분의 나라도- 냉전이 끝난 직후에 이 나라들에서 벌어진 사태에 전혀 관심이 없었다.

냉전 이후 미국이 보인 승리주의의 두 번째 형태는 부시판이라고 부를 수 있다. 클린턴이 번영을 강조했다면 부시는 지배를 강조했다. 그 사이에 물론 911테러사건이 있었다. 이슬람 광신자-실은 미국의 냉전 동맹 가운데 배반한 한 분파-가 뉴욕과 워싱턴에 테러를 가하지 않았다면 부시판이 등장하는 일은 없었을 것이다. 분명한 것은 냉전 경험이 이런 잔학행위에 미국이 반응하는 법을 규정했다는 사실이다. 가장 합리적인 대응책으로 선별적인 군사 공격과 전 지구적 치안 협력을 결합하는 대신, 부시 행정부는 일극의 순간을 활용해 적을 비난하고 아프가니스탄과 이라크를 점령하는 쪽을 선택했다. 이런 행동은 전략 차원에서 아무 의미가 없었고, 실제로 식민 통치에 대한 열망이나 관심이 전혀 없는 한 열강이 지배하는 21세기의 식민지 두 곳을 만들었을 뿐이다. 두 나라를 조금이라도 경험한 독립적 전문가 대부분은 미국이 점령하면, 결국 이슬람주의 활동이 줄기는커녕 늘어날 것이라고 조언했다. 하지만 미국은 전략적 목적을 염두에 두고 행동하지 않았다. 단지 당연히도 자국민이 분노하고 두려워했기에 행동했다. 그리고 그래도 되기 때문에 행동했다. 행동의 방향을 결정한 딕 체니Dick Cheney, 도널드 럼즈펠드Donald Rumsfeld, 폴 울포위츠Paul Wolfowitz 같은 부시의 대외정책 보좌진은 주로 냉전의 시각에서 세계를 바라보는 이들이었다. 그들이 전력 투사(power projection)*와 영토 통제, 체제 변화(regime change)**를 강조한 나라에서, 지역 동맹 구축, 엄격한 경제 금수조치, 국제 치안 활동, 응징 차원의 공습을 결합했다면 한결 효과적으로 목표를 이루었을 것이다.

종합해 보면, 1990년대와 2000년대 미국은 전 지구적 목표였

---

* 국가가 세력권을 확장하기 위해 자국 영토 바깥에 군사력을 배치하고 유지하는 것을 가리킨다.
** 부시 정부가 아프가니스탄이나 이라크를 공격하며 내세운 목표로, 이슬람주의 정권을 교체하고 권위주의나 독재 체제를 민주주의 체제로 전환한다는 뜻이다.

에필로그 냉전이 만든 세계

던 냉전은 상실했으나, 아직 새로운 목표는 찾지 못한 듯 보였다. 그러는 동안 오래된 습관과 사고방식은 별로 변하지 않고 그대로 남아 있었다. 물론 미국이 국제적으로 다른 어떤 방식으로 행동할 수 없었다고 주장하고 싶은 이도 있다. 미국은 공통의 문화와 언어라는 오랜 유산이 아니라 가치와 정치 원리로 이루어진 하나의 나라라는 뚜렷한 이데올로기적 성격 때문에, 그 자체가 모든 적에 맞서는 일종의 항구적 냉전이었다. 미국이 고르바초프처럼 자성하고 의심하는 순간을 갖지 못한 것은 국가의 목표를 그렇게 의심하면 미국의 존재 자체를 부정하는 것이 되기 때문이라고 주장하는 이도 있다. 따라서 냉전 이후 시대는 미국이 절대적인 역사적 목표에서 일탈하는 게 아니라 확인하는 시기였고, 여기서 냉전은 단지 하나의 일화였고, 가능한 두 가지 결과는 전 지구적 패권 아니면 패배뿐이었다는 것이다.

미국의 국제 역할에서 이런 일관성을 주장하는 이가 잘못 생각한 게 거의 확실하다. 어쨌든 미국의 대외정책은 정치적 목표에 관한 국내적 사고, 군사적 역량, 실제 외국의 위협 등에 따라 시간이 흐르면서 변화했다. 민주주의에 대한, 종종 실현되지 않은 미국의 약속이 그런 결정론을 부정한다는 주장이 가능한데, 나도 여기에 동의한다. 하지만 냉전 승리주의가 낳은 자기성찰과 구체적 토론의 부재는 냉전 이후 필요한 정책의 변화를 실행하기가 더 어려웠음을 의미했다. 이 책을 비롯해 여러 곳에서 길게 서술한 것처럼, 이렇게 생각한다고 해서 미국 대외정책에서 이데올로기가 장기적으로 중요했음을 부정하는 것은 아니다. 오히려 이런 시각은 냉전 이후 미국이 방향성을 잃은 것이 본질적이거나 운명적인 결과가 아니라, 상상력 있는 지도력의 부재가 낳은 결과임에 주목한다.

어떤 이는 냉전 이후 미국이 대외정책 방향을 전환해야 한다고 요구하는 것은 지나친 처사이며, 승리주의를 비판하기는 너무도 쉽다고 말할 것이다. 어쨌든 미국은 냉전에서 승리했으며, 따라서 방침을 바꾸라는 요구를 거의 받지 않았다. 소련은 고르바초프의 개혁이 필요했고, 개혁에 실패하자 붕괴했다. 하지만 미국은 이런 전면적인 변화가 필요하지 않았다. 고장 나지 않으면 고칠 필요가 없는 법이니까.

하지만 이런 태도는 미국의 냉전 경험을 지나치게 협소하게 바라본다. 적과 마찬가지로, 미국도 냉전에서 자기 몫의 성공과 실패를 거뒀다. 단지 상대방과 다른 더 좋은 대차대조표를 얻었을 뿐이다. 예를 들어 흔히 이라크나 아프가니스탄과 관련해 거론되는, 그리고 확신하건대 미래에 다른 충돌과 관련해 거론될 탈냉전의 신화는 레이건의 군사력 증강과 소련과 대결하려 한 의지를, 미국이 냉전에서 승리한 근본 원인이라고 강조한다. 반면 이 책에서 나는 심지어 (또는 어쩌면 특히) 레이건 시대에 관해서도 장기적 동맹과 기술 발전, 경제성장, 협상 의지 등을 미국의 무기고에서 가장 중요한 무기였다고 강조했다. 어떤 방향으로 생각하든지, 미국이 탈냉전 시대에 미국의 역할을 파악하려고 지난 냉전을 어떻게 수행했는지를 더 나은 교훈으로써 활용하는 데 실패한 것은 분명하다.

이 책에서 나는 냉전이 끝난 주된 이유로 세계 전체가 변화하고 있었다는 점을 보여 주었다. 1970년대부터 줄곧 전 지구적인 경제 전환이 이루어졌다. 이 전환은 처음에 미국에 특권을 주었지만, 이후 점

865

차 중국을 비롯한 아시아 나라에 이익이 되었다. 냉전 이후 한 세대가 흐르는 동안 미국은 전 지구적 우위를 점점 감당할 수 없었다. 점차 미국은 다극적인 국가의 성좌에서 다른 나라와 협력하는 위치를 잡아야 한다. 1990년대의 방종, 무력으로 이슬람 세계를 재편하려다 실패한 2000년대의 시도는 미국이 상대적 힘이 축소되는 새로운 세기를 준비할 많은 기회를 날려 버렸음을 의미했다. 냉전에서 배운 교훈에 따르면, 미국의 주된 목표는 특히 미국의 힘이 줄어들면서 미국이 장기적으로 보고 싶어 하는 국제 행동 원칙에 다른 나라를 연결하는 것이어야 했다.

그 대신 미국은 쇠퇴하는 초강대국이 흔히 하는 일을 했다. 자국 국경에서 멀리 떨어진 곳에서, 단기적 안보(또는 심지어 편리)를 장기적 전략 목표로 혼동한 채 쓸데없이 무익한 전쟁을 벌인 것이다. 미국은 기껏해야 제한된 해법인 값싼 석유와 절대적 안보(이룰 수 없는 목표다)에 몰두함으로써, 결국 특히 아시아와 관련해 넓은 그림을 보지 못했다. 그 결과 미국은 중국과 인도의 부상, 서양에서 동양으로 경제적 힘의 이동, 기후변화나 전염병 등과 관련한 체계적 시험 등 미래의 커다란 도전에 대처할 준비를 충분히 하지 못했다.

만약 내가 생각하는 것처럼 미국이 냉전에서 승리했다면, 소련, 아니 러시아는 패배, 그것도 커다란 패배를 당했다. 이런 일이 벌어진 주된 이유는 공산당에 속한 정치 지도자가 목적에 부합하는 정치적·경제적·사회적 체계를 국민에게 제공하지 못했기 때문이다. 소련 국민은 자랑스레 여길 수 있는 국가와 사회를 건설하고자 하면서 20세기에 막대한 희생을 겪었다. 시민 절대다수가 고된 노동을 하고, 자신들의 업적을 수호함으로써, 지구 전체에 손을 뻗는 초강대국을 건설하고 자신들에게 더 나은 미래를 창조했다고 믿었다. 소련의 통치를 받으며 삶이 좋아졌다고 믿을 수 있는 능력은 또한 러시아가 이룬 업적의 정점이기도 했는데, 이 덕분에 국민, 심지어 지각해야 하는 이조차 의심을 품지 않았다. 통치자와 피통치자 모두 상호 침묵을 공모해 소비에트 국가가 저지른 범죄를 무시했다.

그러다 1980년대에 모든 것이 무너져 내렸다. 국내 상황은 좋아지기는커녕 나빠졌다. 많은 이가 거의 전능한 존재라고 여긴 국가는 단순하기 짝이 없는 과제를 실행하는 데도 실패했다. 아프가니스탄과 국제 고립에 따른 비용 때문에 젊은이는 자신이 원하는 미래를 빼앗겼다. 그리고 고르바초프 시절에 필요한 개혁이 시작됐지만, 개혁 또한 시민이 열망하는 진보를 이루지 못했다. 많은 소련인이 공개적으로 발언하고, 투표하며, 단체를 결성하고, 종교를 실천하며, 금지된 영화를 보고 책을 읽을 자유를 받아들였지만, 고르바초프가 추진한 페레스트로이카의 핵심에는 거대한 구멍이 존재했다. 일부 사람은 점점 자주 의문을 제기했다. 빵이 없이 어떤 자유란 말인가?[1]

그 후 공산당은 자멸했고, 소련 정부는 갑자기 사라져 버렸다. 발트3국을 예외로 하면, 소비에트공화국의 독립은 아래에서의 기존 요구가 아니라, 계속 진행 중인 소련의 붕괴 결과로 이루어졌다. 1991년 12월 이후 소비에트사회주의공화국연방을 구성하던 15개 공화국이 전부 갑자기 세계 속에서 각자 길을 찾아야 했다. 대다수 공화국에 민족주의는 민족 독립의 정당한 근거로 나온 것이지 그 반대가 아니었다. 그런 식으로 소련의 붕괴는 실제로 과거 영국제국이

867

나 프랑스제국에서 벌어진 사태를 떠올리게 만드는 탈식민화의 사례였다. 구소련 국가 거의 전부가 주권을 얻고 한 세대가 지난 뒤에도, 높은 수준의 종족적·정치적 긴장과 분투한 것은 놀랄 일이 아니다.

러시아 자체가 최악이었다. 소련이 붕괴하자, 러시아에 살던 사람이든 다른 신생 구소련 국가에 사는 많은 이 가운데 하나이든지, 러시아인은 지위를 박탈당한 데클라세déclassée라고 느낄 수밖에 없었다. 한때 그들은 초강대국의 엘리트 집단이었다. 하지만 이제 그들은 목적도 지위도 없었다. 물질적 상황 또한 나빠졌다. 노인은 연금을 받지 못했다. 일부는 굶어 죽었다. 영양실조와 알코올 중독으로 러시아 남성의 평균수명은 1985년 66세에서 10년 뒤 58세 이하로 줄어들었다. 상당한 수준의 (때로는 우울할 정도로) 안정에 익숙했던 러시아인에게, 절도와 폭력, 음란 영화가 소비에트 이후 얻은 자유의 가장 위대한 업적인 듯 보였다.

이런 절도 가운데는 세기의 습격이라고 이름 붙여도 무리가 없는 사건도 있었다. 러시아 산업과 천연자원의 민영화가 그것이다. 일부 민영화 옹호론자는 민영화가 이루어져야 했다고 말한다. 소련이 붕괴한 뒤 계획경제는 빈사 상태였다. 하지만 이런 주장을 받아들인다고 하더라도 민영화가 벌어진 방식은 옹호할 수 없었다. 사회주의 국가가 해체되면서 당 기구와 계획 부서, 과학기술센터 등에서 등장한 새로운 올리가르히oligarch*가 러시아의 부를 차지했다. 자원이 나

---

* '소수자 정치 지배'라는 뜻으로, 소련 붕괴 이후 국유기업의 민영화 등 자본주의를 들여오는 과정에서 부를 축적한 신흥 지배계급을 가리킨다.

라에 만연한 병폐를 일부 치유하는 데 사용되는 대신, 연줄이 많은 사람, 특히 보리스 옐친 대통령의 친구와 지지자 손에 넘어갔다. 여러 세대가 창조한 가치가 지역 공동체와 아무 연관이 없는(하지만 권력자와 연줄은 많은) 개인에게 양도되었다. 새로운 소유주가 매각할 수 있는 자산에서 자기 소유물을 챙기고, 남은 생산 시설을 폐쇄하는 일이 무척 많았다. 3년 만에 실업률이 0에서 30퍼센트로 급등했다. 이 모든 일은 서방이 옐친의 경제 개혁을 극찬하는 가운데 이루어졌다.

적어도 지금 와서 보면, 자본주의로 경제가 이행한 것은 대다수 러시아인에게 재앙이었음이 분명하다. 또한 서방이 냉전 이후 러시아를 그때보다 더 잘 다루었어야 했다는 것도 분명하다. 하지만 어떤 대안 경로가 가능했을지 명쾌히 설명하기는 쉽지 않다. 내가 볼 때, 러시아는 그 크기만으로도 어떤 국제체계에서든 대단히 중요한 국가임을 깨닫는 게 핵심이었지만, 1990년대에 이런 현실을 제대로 파악하지 못했다. 따라서 서방, 특히 유럽은 1991년 이후 최대한 신속히 이 나라를 유럽의 안보와 무역 편제에 통합하는 것이 이익이었을 것이다. 러시아가 온통 혼돈 상태였음을 생각하면, 이런 방식에는 많은 돈과 훨씬 큰 인내심이 필요했을 것이다. 어떤 사람은 서방이나 러시아 자체에서 이는 정치적으로 실현할 수 없는 해법이었을 것이라고 주장한다. 분명 마셜플랜 규모의 시도는 마련되지 않았다. 하지만 1990년대 러시아가 유럽연합에, 그리고 가능하면 나토에도 어떤 형태로든 가입할 기회가 적어도 열려 있었다면 서방과 러시아 모두 오늘날 한층 더 안전했을 것이다.

그 대신 러시아는 군사적·경제적 통합 과정에서 배제되었고,

이 통합은 결국 러시아 국경까지 줄곧 확대되었다. 그리하여 러시아는 따돌림을 당하는 나라라는 인식이 생겼고, 유럽의 문간에서 뚱하게 골이 났다. 결국 현 대통령 블라디미르 푸틴 같은 러시아의 맹목적 애국주의자와 편협한 강경파가 신임을 얻었다. 지난 한 세대 동안 이 나라에 닥친 온갖 재앙이 모두, 러시아를 축소하고 고립되게 하려고 미국이 사전에 짠 계획의 일부라고 보는 이들이다. 푸틴의 권위주의와 호전성을 떠받치는 것은 진정한 대중 지지다. 대다수 러시아인은 러시아 사회와 국가 자체에 산적한 막대한 문제에 대처하는 대신, 자신들에게 벌어진 모든 일이 다른 누군가의 잘못이라고 믿고 싶어한다. 1990년대 온갖 충격적 사태는 러시아 특유의 거리낌 없는 냉소에 자리를 내주었는데, 이 냉소는 동료 시민의 깊은 불신을 아우를 뿐만 아니라, 종종 사실이나 이성과 정반대로, 세계 모든 곳에서 자신들을 겨냥한 장기적이고 효과적인 음모가 벌어지고 있다고 믿는다. 현재 전체 러시아인의 절반이 넘게 레오니트 브레즈네프가 20세기 최고의 지도자였고, 레닌과 스탈린이 그다음이라고 생각한다. 고르바초프는 순위의 맨 아래에 있다.[2]

세계 곳곳의 다른 사람에게 냉전의 종식은 의심의 여지 없이 안도감을 주었다. 전 지구적 핵 절멸의 위협이 사라지자, 인류 생존을 위협하는 거대한 도전 가운데 하나가 사라지거나 적어도 유예되었다. 특히 1990년대는 강대국 간섭주의가 축소되고, 주권과 자결의 원칙이 존중될 것이라고 기대할 만한 이유가 있었다. 유럽과 일본은 냉전 자체에서 많은 것을 얻었고, 중국도 냉전 후반기에 많은 것을 손에 넣었다. 유럽, 그리고 독일의 분단은 비극이었고, 동유럽에 독재 체제가 강요된 것도 마찬가지였다. 하지만 국제체계는 유럽에 거의 50년간 평화를 주었다. 세기 초반에는 상상하지도 못한 일이었다. 그리고 그 평화를 방패막이로 삼아 회복력 있는 각국 사회가 성장했다. 이 사회들은 동유럽의 가차 없는 자본주의 이행과 탈냉전 시대 최대의 단일 계획인 독일 통일 등 냉전 이후의 전환에 상당히 잘 대처할 수 있었다. 냉전 시대의 뚜렷한 국제적 경제 이점을 빼앗긴 일본은 저성장기로 들어섰다. 하지만 1995년 1인당 국내총생산이 여전히 미국보다 30퍼센트 넘게 높은, 상당히 발전된 상황에서 저성장을 맞이했다. 도쿄에 사는 어떤 아프리카 친구는 내게 이런 말을 했다. "이게 불황이라면 우리도 불황을 겪고 싶군요!"

　　중국은 흔히 냉전의 주요 수혜국 가운데 하나로 여겨진다. 물론 완전히 그렇지는 않다. 이 나라는 자국의 필요에 대부분 들어맞지 않는 유럽식 마르크스레닌주의 독재가 강요되는 것을 보았다. 그 결과 마오쩌둥주의 시대에 냉전에서 가장 끔찍한 범죄로 손꼽히는 사건이 벌어져 수백만 명이 목숨을 잃었다. 하지만 1970년대와 1980년대에 덩샤오핑의 중국은 사실 미국과 동맹을 맺으면서 안보와 발전 계획에서 모두 엄청난 이득을 얻었다. 냉전의 종언은 중국 지도자에게 충격 그 자체였다. 지도자들은 갑자기 -소련과 싸운 자신들의 노력도 일부 작용한- 일극 세계에서 미국과 대면해야 함을 깨달았다. 중국의 시각에서 보면, 예상과 정반대의 초강대국이 붕괴했다. 적어도 장기적으로 소련이 지배권을 잡고 미국은 쇠퇴할 것이라고 믿었기 때문이다. 1990년대부터 줄곧 중국공산당은 미국이 영향력을 행사해 중국공산당의 국내 통치를 전복하고, 아시아 주변 지역을 포함해 해

871

외에서 중국공산당을 포위할 것이라고 두려워했다.

현재 세워지는 다극 세계에서 미국과 중국이 가장 강한 강대국이 될 것으로 보인다. 예상할 수 있듯이 두 나라가 국내에서 비틀거리지 않는다면, 아시아에서 영향력을 행사하려는 양국의 경쟁이 세계의 전망을 규정할 것이다. 하지만 미국과 중국의 관계, 또는 그 문제에 관한 한 러시아와 맺는 관계가 어떤 형태로든 냉전으로 발전할것 같지는 않다. 두 나라 모두 정치 체계가 미국과 (또는 두 나라끼리도) 매우 다르다. 하지만 중국과 러시아 모두 자본주의 세계 체계에 순조로이 통합돼 있으며, 그 지도자들의 이해관계도 대부분 통합 확대와 연결된다. 소련과 달리, 중국과 러시아 지도자는 고립이나 전 지구적 대결을 추구할 가능성이 없다. 그들은 미국의 이익을 야금야금 갉아먹으면서 각자의 지역에서 지배하려 할 것이다. 하지만 양쪽 모두 전지구적 이념 대립이나 군사화된 동맹 체계를 개시할 의지나 역량이 없다. 확실히 말할 수 있는 것은 경쟁이 충돌이나 심지어 국지 전쟁으로 이어질 수는 있어도, 냉전식의 충돌이나 전쟁으로 이어지지는 않는다는 것이다.

냉전 시기 내내 가장 고통 받은 것은 전쟁이 벌어진 지역이었다. 한반도, 인도차이나, 아프가니스탄, 아프리카 대부분, 중앙아메리카 등은 황폐해졌다. 일부는 회복됐지만, 다른 나라는 폐허가 냉소만을 남겼다. 미국의 냉전 속국은 순전한 약탈에 가장 능숙했을 것이다. 최근의 추산에 따르면, 알파벳 M으로 시작하는 이름의 독재자-모부투(콩고), 마르코스(필리핀), 무바라크(이집트)-만 합쳐도 물경 170억 달러에 이르는 재산을 축적했다. 하지만 소련의 속국도 한참 뒤지지 않았다. 냉전 때문에 가장 심하게 유린된 앙골라는 원래 광물과 에너지 자원 덕분에 세계에서 가장 부유한 지역에 속할 수 있었다. 하지만 오늘날 앙골라 국민의 대다수는 여전히 극빈 상태다. 반면 대통령의 딸은 아프리카에서 가장 부유한 여성이라고 한다. 순자산이 무려 30억 달러로 추산된다.

마르크스주의자 경력이 있는 많은 이가 냉전 이후의 시장 체계에 쉽게 적응할 수 있었던 것을 보면, 애당초 냉전이 피할 수 있는 충돌은 아니었는지 의문을 품게 된다. 분명한 것은 냉전의 결과가 희생을 정당화할 수 없다는 점이다. 앙골라에서, 그리고 베트남이나 니카라과에서도 그렇지 않았고, 이 문제에 관한 한 러시아도 마찬가지였다. 불가리아의 오랜 공산당 지도자 토도르 집코프는 솔직히 인정했다. "만약 그때로 돌아가야 한다면, 나는 공산주의자가 아닐 것이며, 레닌이 지금 살아 있다면 그도 똑같이 말할 것이다. … 이제 나는 우리가 그릇된 토대에서, 잘못된 전제에서 출발했음을 인정해야 한다. 사회주의의 토대는 틀렸다. 사회주의 이념은 수태된 순간부터 사산되었다고 본다."[3] 승리한 쪽도 그 대가와 위험이 때로 너무 컸던 것 같다. 인명 손실과 비용, 핵전쟁의 위협으로 볼 때 말이다.

하지만 냉전이 이념 대립에서 항구적인 군사 대결로 나아간 1940년대에 과연 이를 피할 수 있었을까? 제2차 세계대전 이후의 충돌과 경쟁은 분명 피할 수 없었지만-스탈린이 추구한 정책만으로도 이런 결과를 낳기에 충분했다-, 50년 가까이 지속되면서 세계를 절멸하겠다고 위협하는 전 지구적 냉전을 어떤 형태로든 피할 수 없었다고 주장하기는 쉽지 않다. 고비마다 지도자들이 특히 군사와 군비 경쟁을 자제할 수 있는 순간이 있었다. 하지만 제2차 세계대전 이후 긴장의 근본 원인인 이념 대립 때문에 이런 합리적 사고를 하기가 무척 어려웠다. 그런 의미에서 냉전을 특별하고 대단히 위험하게 만든 것은 그 이데올로기적 근원이었다. 양쪽에서 모두 선의로 무장한 사람이 자신들이 대표하는 이념의 존재 자체가 위협받는다고 믿었다. 그리하여 결국 원래는 피할 수 있었던 위험, 자신의 목숨과 다른 사람의 목숨을 거는 위험을 무릅쓸 수밖에 없었다.

또 다른 중요한 질문은 어느 중요한 책의 제목처럼 냉전이 실제로 "세계의 분할"이었는가 하는 것이다.[4] 어떤 이는 국가 지도자(그리고 역사가)가 역사의 한 시기를 조직하는 원리로서의 냉전에 너무 눈이 먼 나머지, 그것과 나란히 나타난 다양성과 혼성을 보지 못했다고 주장한다. 이 책에서 나는 자본주의와 사회주의가 벌인 냉전이 20세기의 많은 일에 영향을 미치긴 했으나, 모든 것을 결정하지는 않았다고 주장했다. 양차 대전, 대공황, 탈식민화, 서양에서 동양으로 부와 권력의 이동 등은 아마 냉전이 없었더라도 일어났을 것이다(하지만 그 형태는 분명 달랐으리라). 마찬가지로, 어떤 정치체는 적어도 냉전에 완전히 가담하는 것은 거부했다. 예를 들어 인도는 여러모로 보아 일종의 반냉전으로 수립된 나라였다. 다른 나라는 스칸디나비아처럼 본질은 여전히 자본주의이면서도 국가 통제를 상당히 허용하는 체계이다. 자본주의 노르웨이는 사회주의 중국보다 국유 기업이 더 많다. 그리고 스웨덴은 중국보다 국내총생산에서 정부 지출이 차지하는 비율이 2배 높다.

그렇지만 냉전은 이데올로기의 중심성과 신봉자의 강렬한 믿음 때문에 많은 일에 영향을 미쳤다. 20세기에 수많은 나라와 운동은 미국이 주도하는 자본주의를 상대로 전쟁을 벌였다. 1945년 독일과 일본을 비롯한 나라가 패배했다. 히틀러조차도 자살하기 직전인 1945년 베를린의 지하 방공호에 앉아, 장래에 "세계에 서로 대결할 수 있는 강대국이 두 개만 남을 것이다. 미국과 소련만이"라고 인정했다.[5] 누구나 이런 사실을 분명히 알 수 있었던 이유는 두 나라의 전략적 역량 때문만이 아니었다. 그것은 양국이 사회와 국가를 조직하는 대조적인 방식을 상징했기 때문이다. 1945년과 냉전 시기 내내 미국이 항상 더 강한 쪽이었다. 하지만 소련은 끝까지 거의 모든 면에서 확실한 도전자였다.

냉전이 세계의 모든 사람에게 영향을 미친 가장 중요한 이유는 핵 절멸의 위협이 함축되어 있었기 때문이다. 이런 의미에서 누구도 냉전에서 안전하지 못했다. 고르바초프 세대의 가장 위대한 승리는 핵전쟁을 피했다는 것이다. 역사에서 보면, 강대국 간 경쟁은 대부분 대재앙으로 끝난다. 냉전은 달랐다(지금 내가 비교적 안전한 하버드대학교의 연구실에서 이 사태에 관해 글을 쓸 수 있는 것도 이 때문이다). 그렇다 하더라도 핵무기 경쟁이 엄청나게 위험했다는 사실은 의심의 여지가 없다. 몇 차례 우리는 대다수 사람이 깨달은 것보다 핵 절멸에 훨씬 근접했다. 정말 우연히 또는 첩보 실패의 결과로 핵전쟁이 발발할 수 있었다. 1985년 노벨평화상 수상 연설에서 '핵전쟁방지국제의사회 (International Physicians for the Prevention Nuclear War)'는 의학적 결과를 간략히 소개했다. "자욱한 먼지로 뒤덮인 채 공포에 질린 지구, 불탄 시신과 부상자, 방사능 질환으로 서서히 죽는 사람."[6] 대중문화를 예로 들면, 디페시 모드Depeche Mode는 지구 파괴 2분 전 경고와 그 후의 세계를 노래했다. "새로운 한 해의 여명이 떠오르고 … 4명 중 1명은 아직 여기 있네."[7]

　지도자들은 지구의 운명을 걸고 왜 이토록 터무니없는 모험을 감행하려 했을까? 왜 그토록 많은 사람이 다른 시대였다면 자신들이 찾는 모든 해법을 담아낼 수 없다는 걸 깨달았을 그런 이데올로기를 믿었을까? 냉전의 세계는 오늘날의 세계와 마찬가지로 분명 많은 병폐가 있었다는 게 그 답일 것이다. 20세기에 불의와 억압이 더욱 두드러지게 보이면서 사람들-특히 젊은 사람-은 이런 병폐를 치유해야 한다고 느꼈다. 냉전의 두 이데올로기는 복잡한 문제에 즉각적인 해법을 제공했다. 대다수 사람에게 이는 차를 사는 일과 비슷했다(공교롭게도 나는 지금 차를 사려고 한다). 마음 같으면 볼보 약간, 포드 약간, 도요타 약간씩 사고 싶다. 하지만 그렇게 살 수는 없다. 제조업체가 신차의 부품 덩어리만 팔려고 하지 않기 때문이다. 설령 그렇게 판다고 해도 나는 전문 기계공이 아니다. 자동차 제조업체에서 일하는 기계공이 일류 실력자라고 믿는다(또는 적어도 기대한다). 냉전은 이런 상황과 비슷했다. 대다수 사람은 설령 특정 요구나 심지어 상식과 상충하더라도 가능한 현실을 받아들여야 했다.

　냉전이 종식되었음에도 바뀌지 않은 것은 국제 문제에서 가진 자와 없는 자의 충돌이다. 오늘날 세계의 일부 지역에서 종교 운동과 종족 운동이 급증하면서 이런 충돌이 한층 격렬해졌다. 공동체 전체를 파괴하려고 위협하는 운동이다. 적어도 모든 사람이 약속된 낙원으로 들어갈 수 있다고 내세운 냉전의 보편주의에 제약되지 않는 이

집단은 분명 배타주의적이거나 인종주의적이다. 중동이나 유럽, 남아시아, 미국의 어떤 이는 냉전이 국제체계가 되기 전의 세계가 어떠했는지 약간의 기억을 상기하게 해 준다. 지금은 특히 대량파괴무기 때문에 위험성이 더 높다. 대다수 사람이 어떤 시점에 협상과 타협에 나서야 한다는 걸 깨닫기는 하지만, 해법을 찾기도 훨씬 어렵다. 하지만 타협은 쉽지 않다. 이 집단이나 국가의 지지자는 과거에 자신들에게 거대한 불의가 자행되었기 때문에, 지금 자신들의 분노가 정당화된다고 믿기 때문이다.

냉전 이전과 당시, 그리고 그 후에도 모든 이가 유리한 위치를 원한다. 고려 대상이 될 기회를. 종교나 생활방식, 영토 등 어떤 문제든 자신들의 것이라고 여기는 대상에 존중을. 종종 사람들, 특히 젊은 사람은 자신, 또는 자기 가족보다 더 큰 어떤 것, 목숨도 바칠 수 있는 거대한 이념의 일부가 되어야 한다. 냉전은 이런 관념이 권력이나 영향력, 통제를 위해 왜곡될 때 어떤 일이 생기는지를 보여 준다. 하지만 그렇다고 해서 바로 이 인간적 충동이 그 자체로 무가치하다는 뜻은 아니다. 정반대로, 만약 핵 절멸로 세계를 위협하는 일이 **없이**, 병자를 치유하거나 가난을 없애거나 모든 사람의 인생에 기회를 주는 것이 계획이었다면, 우리는 아마 냉전에 투입된 큰 노력을 좋은 시도라고 요약했을 것이다. 역사는 복잡하다. 우리는 이념이 우리를 어디로 인도하는지 언제나 알지는 못한다. 그렇다면 좋은 결과를 이루기 위해 우리가 어떤 위험을 무릅쓰려 하는지 신중히 검토하는 게 더 낫다. 20세기가 완전한 세상을 만들려고 일으킨 끔찍한 피해를 고스란히 되풀이하지 않기 위해서라도.

877

시간과 영향이 제한된 일련의 사건에 초점을 맞춘다 하더라도 세계사를 서술하는 것은 결코 쉽지 않다. 저자는 물론 결론에 책임이 있지만, 필연적으로 이 작업은 어떤 한 사람이 생애 내내 조사할 수 있다고 바라는 것보다, 각 이야기의 부분을 훨씬 더 많이 아는 이들의 연구에 의존한다. 따라서 세계사는 언제나 암묵적이든 공공연히든 집단적 기획이다. 오직 자신만이 거대사의 모든 세세한 부분을 판단할 수 있다고 믿는 사람이 있다면, 바보일 뿐이다. 하지만 마찬가지로, 거대사를 서술할 수 없거나 해서는 안 된다고 생각하는 전문가도 가련할 따름이다. 그들은 잠재적 독자를 위한 역사의 쓸모를 제한하는 것처럼, 자신이 이해한 바를 제한한다.

나로서는 그런 쓸모가 내가 하는 작업의 핵심이다. 이 작업은 물론 개인이나 공동체, 국가, 사회계급 등 각기 다른 부분에 초점을 맞추는 크고 작으며, 폭넓고 좁다란 온갖 종류의 역사 서술로 이루어질 수 있다. 하지만 세계사가 사촌인 국제사나 초국적 역사(transnational history)와 마찬가지로 특히 중요한 것은 이를 통해 역사가와 독자가 여러 사건을 개별 국가나 심지어 지역을 넘어서는 맥락에 집어넣을 수 있기 때문이다. 내가 이 책에서 시도한 것이 바로 이런 작업이다. 모든 대륙의 폭넓은 연대기에서 전 지구적 냉전의 역사를 쓰고자 한 것이다. 여러 인간 집단이 이 충돌을 어떻게 경험했는지 그 차이를 분명히 밝히는 방식으로. 이것은 힘든 작업이었고, 이제 그 작업이 얼마나 잘 됐는지를 판단하는 것은 독자의 몫이다.

이 책을 쓰느라 걸린 시간 동안 나는 엄청난 규모의 지적 부채를 계속 집계했다. 첫 번째로 빚진 이들은 언제나 그렇듯 내 스승과 지도자다. 노스캐롤라이나대학교 채플힐의 마이클 헌트Michael Hunt, 오슬로의 예이르 루네스타Geir Lundestad와 헬게 파로Helge Pharo, 런던의 믹 콕스Mick Cox에게 감사한다. 런던정치경제대학과 하버드대학교의 동료는 이 책의 각 부분이 발전되게 하는 데 도움을 주었다(때로는 알아보기 쉽지 않은 방식으로). 특히 믹과 나와 함께 런던정치경제대학 아이디어스IDEAS를 만든 특별한 무리의 사람에게 감사한다. 스베토자르 라야크Svetozar Rajak, 에밀리아 나이트Emilia Knight, 티하 프라눌로비치Tiha Franulovic, 고든 버라스Gordon Barrass, 그 밖에 수많은 사람에게 감사한다. 아이디어스에서 활동하는 것은 내 학자 경력의 눈부신 순간으로 손꼽히는데, 특히 하나의 국제체계로서 냉전을 연구하는 것이 아이디어스의 중심이기 때문이다. 런던정치경제대학의 국제사학과에 속한 많은 동료가 이 책에 이런저런 식으로 도움을 주었다. 특히 피어스 러들로Piers Ludlow, 타냐 하머Tanya Harmer, 앤터니 베스트Antony Best, 블라디슬라프 주보크Vladislav Zubok, 키르스텐 슐

접근 방법과 감사의 말

체Kirsten Schulze, 나이절 애슈턴Nigel Ashton, 맥그리거 녹스MacGregor Knox, 데이비드 스티븐슨David Stevenson, 스티븐 케이시Steven Casey, 크리스티나 슈포어Kristina Spohr, 가간 수드Gagan Sood, 로함 알반디 Roham Alvandi에게 감사한다.

내가 냉전을 이해한 많은 부분은 운 좋게도 내가 참여할 수 있었던 두 가지 특별한 기획을 통해 만들어졌다. 하나는 2000년부터 출간된 학술지《냉전사(Cold War History)》를 만든 것이다. 학술지 편집위원회의 모든 성원에게, 그리고 학술지를 확고히 세우는 데 탁월하게 이바지한 여러 세대의 편집장에게 많은 것을 배웠다. 물론 기고자에게서도 많은 것을 배웠다(결국 게재되지 못한 글을 쓴 이도 포함해서!). 고 사키 도크릴Saki Dockrill은 학술지에 추진력을 주었다. 그녀의 기억을 소중히 간직한다.

방대한《케임브리지 냉전사(Cambridge History of the Cold War)》를 멜빈 레플러Melvyn Leffler와 함께 엮는 대단한 행운을 누렸다. 70명이 넘는 필자와 함께한 작업은 (고백건대) 지식 면에서나 인내심 면에서나 치열히 배우는 경험이었다. 멜빈과 공편자로 일한 과정은 내내 즐거운 경험이었다. 그는 내가 좋아하는 동료 가운데 하나다. 박식하고 꼼꼼하고 언제나 든든한 사람이다.

런던정치경제대학과 지금은 하버드대학교에서 냉전에 관한 내 수업에 참여한 많은 학생에게도 빚을 졌다. 배움은 언제나 양방향 도로다. 이 책을 만드는 데 도움이 된 많은 통찰은 학부생이나 대학원생과 수업하면서 활발히 토론하거나, 박사과정 학생을 지도하면서 나왔다. 나는 학생을 가르치지 않고 글을 쓰는 건 어렵다고 생각하는 사람이다. 강의실에 들어가는 건 구상, 틀, 구조를 시험하는 한 방법이며, 특히 이 책을 비롯해 내가 하는 많은 일에 도움이 된다.

런던정치경제대학 아이디어스에서 함께하는 동안 운 좋게도 (이매뉴얼 로먼Emmanuel Roman이 아량을 베푼 덕분에) 훌륭한 초빙 교수진과 어울릴 기회가 있었다. 그들 모두 이 책을 어떻게 쓸 것인지에 영향을 미쳤다. 폴 케네디(다른 누구보다도), 천젠Chen Jian, 질 케펠Gilles Kepel, 나이얼 퍼거슨Niall Ferguson, 라마찬드라 구하Ramachandra Guha, 앤 애플바움Anne Applebaum, 매슈 코널리Matthew Connelly에게 감사한다.

하버드대학교에서 새로 만난 동료는 이 과정의 마지막 단계에서 큰 도움을 주었다. 하버드 케네디스쿨의 토니 사이치Tony Saich와 애시센터Ash Center는 작업에 전념할 수 있는 푸근하면서도 창의적인 분위기를 제공했다. 2015년 이곳으로 옮기기 전에도 나는 마크 크레이머Mark Kramer와 그가 이끄는 냉전 연구 사업의 탁월한 지식과 통찰에 의지했다.

종종 내가 그곳을 찾은 동안 자기 일을 제쳐 두고 나를 도와주면서 내가 연구할 수 있게 해 준 세계 곳곳의 동료에게 언제나 막대한 도움을 받았다. 특히 베이징의 뉴준Niu Jun, 장바이자Zhang Baijia, 뉴커Niu Ke, 모스크바의 알렉산드르 추바리얀Alexander Chubarian과 블라디미르 페차트노프Vladimir Pechatnov, 로마의 실비오 폰스Silvio Pons, 소피아의 요르단 바에브Jordan Baev, 하노이의 응우옌 부 뚱Nguyen Vu Tung, 베오그라드의 류보드라그 디미치Ljubodrag Dimić와 밀라딘 밀로셰비치Miladin Milošević, 델리의 스리나스 라가반Srinath Raghavan, 카이로의 칼리드 파흐미Khaled Fahmy, 리우데자네이루의 마티아스 스펙토

881

르Matias Spektor 등에게 감사한다.

많은 동료와 친구가 초고를 쓰는 즉시 일부를 읽고 조언을 해주는 친절을 베풀었다. 그들은 이 책을 더 낫게 만들고 (바라건대) 본문에서 너무 많은 실수를 피하는 것을 도와주었다. 블라디슬라프 주보크, 세르히 플로히Serhii Plokhy, 처버 베케시Csaba Békés, 스티븐 월트Stephen Walt, 크리스토퍼 고샤Christopher Goscha, 천젠, 피어스 러들로, 프레드 로거발Fredrik Logevall, 메리 사로트Mary Sarotte, 대니얼 사전트Daniel Sargent, 반니 페티나Vanni Pettinà, 앤턴 하더Anton Harder, 데이비드 엥거먼David Engerman, 뉴준, 마크 크레이머, 술만 칸Sulmaan Khan, 타냐 하머, 타레크 마수드Tarek Masoud 등에게 톡톡히 신세를 졌다.

이 기획의 여러 부분에서 탁월한 연구조교의 도움을 받았다. 산디프 바르드와지Sandeep Bhardwaj(델리), 하디가 오마르Khadiga Omar(카이로), 마리아 테르지에바Maria Terzieva(소피아)에게 감사한다. 뒤의 두 사람은 번역에도 도움을 주었다. 라슬로 호르바트Laszlo Horvath(헝가리어)와 얀 코르넬리우스Jan Cornelius(아프리칸스어)도 번역을 도와주었다. 이 책의 한국 부분 연구는 한국학중앙연구원의 너그러운 지원금(AKS-2010-DZZ-3104)을 받아 이루어졌다.

가장 필요할 때, 친구들은 책을 쓸 훌륭한 장소를 제공했다. 생마르셀의 수와 마이크 포츠Sue and Mike Potts 부부, 멕시코의 캐시와 엔리케 파니Cathie and Enrique Pani 부부, 노픽의 히나와 닐레시 파텔Hina and Nilesh Patel 부부에게 대단히 감사한다.

지난 20년간 냉전의 지구사를 연구하는 과정에서 재미있는 일 하나는 수많은 작업이 협동적으로 이루어졌다는 것이다. 특히 워싱턴DC에 있는 훌륭한 두 기관 우드로윌슨센터의 냉전 국제사 사업 (Cold War International History Project, CWIHP)과 국가안보기록보관소 (National Security Archive) 덕분이다. 나를 비롯해 수많은 역사학자가 이 두 기관의 도움과 근면함 덕분에 엄청난 혜택을 누렸다. 두 기관 은 미국과 외국의 냉전 관련 문서를 누구나 이용할 수 있게 하려고 너무도 많은 일을 했다. 우드로윌슨센터의 크리스천 오스터만Christian Ostermann과 (전임자) 제임스 허시버그James Hershberg, 그리고 문서 고의 토머스 블랜턴Thomas Blanton, 맬컴 번Malcolm Byrne, 스베틀라나 사브란스카야Svetlana Savranskaya에게 특히 고마운 마음이다.

와일리에이전시의 담당 저작 대리인 세라 찰펀트Sarah Chalfant 는 자신이 생각하는 것 이상으로 여러 면에서 이 책이 탄생하게 해 주었다. 후반 단계에서 탁월한 두 출판인과 함께 일하는 특별한 행운 을 누렸다. 뉴욕 베이직북스의 라라 하이머트Lara Heimert와 런던 펭 귄출판사의 사이먼 와인더Simon Winder가 그 주인공이다. 빌 워호프 Bill Warhop는 전문가다운 교정교열 작업을 해 주었다.

마지막으로 이 책을 쓰기 위해 연구하는 내내 훌륭한 행정 조교 와 일하는 축복을 누렸다. 런던정치경제대학의 티하 프라눌로비치는 10년 넘도록 내가 교수직을 수행하는 기반이 되어 주었다. 하버드대 학교에서 리아 티아히아나Lia Tjahjana에 이어 지금은 서맨사 개먼스 Samantha Gammons가 능력과 헌신을 다해 도와주고 있다. 연구자가 일 하기 위해 의지하는 든든한 협력자이다.

이 책 전체에서 따른 관례와 방식에 관해 몇 마디 하고 싶다. 후

주는 단순하고 정확히 처리하고자 했다. 이미 너무 긴 책이라 방대한 양의 문헌을 인용해 훨씬 더 두툼히 만드는 것을 피해야 했지만, 다른 연구자가 내가 발견한 문서를 쉽게 검색할 수 있도록 해야 했다. 내가 문서고에서 접근한 자료는 원래 문서고 위치를 밝혀 인용했다. 도서관 소장본, 냉전 국제사 사업, 국가안보기록보관소, 그 밖에 온라인 사이트 같은 보관소로 접근한 문서는 현재(2016년 11월) 물리적 위치나 온라인 위치를 밝혀 인용했다.

원자료의 번역은 따로 밝힌 것을 제외하고 내가 직접 했다. 하지만 간혹 다른 번역을 참조하거나 원어민의 도움을 받아 정확도와 가독성을 높였다.

수집된 문서를 편집하거나 번역한 많은 이에 관해 출처를 언제나 충분히 밝힐 수는 없었다. 역사학 분야의 모든 이는 이 노동자의 작업에 의지한다. 예나 지금이나 나 자신이 그 무리의 일원이기 때문에 잘 안다. 이번에도 역시 부실한 변명을 하자면, 이 책을 훨씬 더 두툼히 만들 수는 없었다. 그렇긴 해도 워싱턴이나 베이징, 모스크바 어느 곳에서든 과거 정부의 기밀정보를 누구나 읽을 수 있게 만들기 위해 사심 없이 열심히 일하는 많은 이에게 충성과 감사의 뜻을 표하고 싶다.

오드 아르네 베스타
매사추세츠주 케임브리지에서
2017년 1월

현재사로서의 냉전사

옥창준 한국학중앙연구원

유럽인은 '역사의 창조자'로 간주된다. 유럽은 변함없이 전진하고 진보하고 근대화한다. 나머지 세계는 훨씬 굼뜨게 전진하거나 정체되어 있다. 말하자면 그들은 '전통사회'에 머물러 있다. 따라서 세계는 지리적으로 영원한 중심부와 영원한 주변부로 이루어져 있다. 즉 내부와 외부가 존재하는 것이다. 내부는 앞장서고 외부는 뒤쳐진다. 내부는 혁신하고 외부는 모방한다.

- 제임스 블라우트, 《식민주의자의 세계 모델》

오드 아르네 베스타는 세계적으로 널리 알려진 냉전사 연구자다. 1960년 노르웨이에서 태어난 베스타는 오슬로대학교를 거쳐, 미국 노스캐롤라이나대학교에서 역사학을 공부했다. 이후 런던정치경제대학, 하버드대학교를 거쳐 현재 예일대학교 역사학과에 재직하고 있는 그의 책은 이미 여러 권 번역되어 한국 독자들과 만나고 있기도 하다.[1]

역사학자로서 베스타의 연구는 크게 두 계열로 나누어 볼 수 있다. 하나는 미국과 소련의 경쟁과 국공내전의 전개 과정을 함께 다룬 박사학위 논문을 시작으로 중국 및 동아시아 현대사와 관련한 연구들이다.[2] 《잠 못 이루는 제국》(2014), 《제국과 의로운 민족》(2022)을 예로 들 수 있겠다.[3] 이 계열의 연구들이 공간적으로는 주로 동아시아 지역을 다룬다면, 또 다른 한 축은 바로 《냉전》도 포함되는 냉전사 계열의 연구다. 동아시아 지역을 넘어 지구 전체를 공간적으로 다루는 이 분야의 포문은 《냉전의 지구사(The Global Cold War)》가 열었다. 2005년에 출간되어 2020년에 비로소 한국어로 번역된 이 책은 냉전사 연구의 이정표가 되는 저작으로서 유럽 중심으로 진행되던 냉전 연구를 전 지구적으로 확장하는 데 성공했다는 평을 받고 있다.

그런데 본래 중국 현대사로 연구를 시작한 베스타의 행보가 과연 어떤 과정을 거치면서 냉전사 분야로 나아갈 수 있었을까. 이를 살펴보기 위해서는 《냉전의 지구사》를 쓰기 약 5년 전 베스타가 편집한 《냉전의 재검토(Reviewing the Cold War)》(2000)에 실린 '머리말'을 꼼꼼하게 읽어 볼 필요가 있다. 이 글에서 '소장 학자' 베스타는 자신이 생각하는 미래 냉전 연구의 방향을 미리 짚어 냈다. 먼저 그는 앞으로의 냉전사에서 미국과 소련이라는 두 초강대국의 양자 관계를 향한 관심은 줄어들 것이며, 미국과 소련의 경쟁이 얽힌 냉전의 전개 과정을 향한 관심이 늘 것으로 내다보았다. 이어 그는 냉전 종식 이후에 냉전을 제대로 다시 정의하는 일이 중요하며, 이를 위해서는 냉전을 지탱한 이데올로기를 이해하는 일이 긴요하다고 파악했다. 이때의 이데올로기는 단순히 소련의 공산주의나 미국의 자본주의라는 이념 그 이상을 뜻한다. 베스타는 이데올로기가 어떻게 사회 전반에서 학습되고, 집단이 이를 어떻게 경험하는지, 그리고 이에 대한 심리적 반응이 무엇인지에 관심을 기울였다.[4]

이데올로기를 상징, 가치 그리고 신념 등이 상호 긴밀하게 통합된 체계라고 보며, 사회적으로 정립된 의미의 구조에서 생겨난다고 보는 것은 지도 교수인 마이클 헌트의 관점을 따른 것이다.[5] 하지만 헌트가 이데올로기론을 미국 외교정책을 분석하는 데 활용했다면, 베스타는 미국 이데올로기의 지구적 확장에도 관심을 두었다는 점에서 독창성이 있다. 또 그는 이 과정을 이데올로기의 일방적 전파와 수용 과정으로 보지 않았다. 베스타는 같은 이데올로기라 하더라도 미국 중산층 출신 지도자가 받아들이는 이데올로기와 게릴라 민족해방 전쟁을 통해 권력을 잡은 지도자가 받아들이는 이데올로기와 합리성은 완전히 차원이 다르다고 보았다. 오히려 같은 이데올로기를 이야기하지만, 세계를 바라보는 그들의 관점은 공통점이 거의 없었다. 베스타가 보기에 냉전은 이데올로기의 확산과 적용 측면에서는 보편적으로 보이지만, 세계 각 지역과 집단에 따라 전혀 다른 의미를 지니는 것이었다.[6]

그렇다면 베스타가 앞으로 해야 할 과업은 이와 같은 다양한 냉전의 모습을 한 폭의 그림에 담아내는 것이었다. 이때 베스타가 주축으로 삼은 것이 미국과 소련의 제3세계 개입이었다. 미국과 소련이 내세운 '자유'와 '사회정의'라는 보편적 이데올로기와 이를 '독창적'으로 받아들이는 제3세계 엘리트들의 활동, 제3세계의 반응에 때로는 우왕좌왕하면서도 이를 그들의 이데올로기 체계 내에서 해석하고 대응하고자 노력한 미국과 소련의 행보에 주목한《냉전의 지구사》는 갑자기 튀어나온 것이 아니라,《냉전의 재검토》에서 베스타가 천명한 미래 냉전 연구의 방향이라는 설계도를 정확히 구현한 것이었다.

*

그렇다면《냉전의 지구사》이후 베스타는《냉전》이라는 또 다른 책을 쓴 것일까. 물론《냉전》은 케임브리지대학출판부에서 나온《냉전의 지구사》와 달리 애초부터 대중서로 기획되었다는 점이 가장 큰 특징이다. 이는 이미 베스타가 고故 존 로버츠와 함께 쓴《세계사》(2015)를 통해 학술적 내용을 대중적으로 풀어 내는 역량을 지녔다는 점을 입증했기 때문에, 좀 더 대중적 차원에서 '먹힐 만한' 냉전사 책을 써 달라는 외부의 요구가 있었으리라 추정해 볼 수도 있겠다.[7]

그러나 아무리 외부 요구가 강하게 있더라도, 내부 의지가 뒷받침되지 않았다면 이와 같은 '벽돌책' 집필은 현실화하기 힘들었을 것이다. 하지만《냉전》역시《냉전의 지구사》와 마찬가지로 베스타 자신의 설계도가 존재한다. 이는 바로 베스타가 공동 편자로 참여하고 2010년에 3권으로 출간된, 방대한《케임브리지 냉전사》시리즈다.[8]《냉전의 지구사》가 베스타의 '개인적 취향'을 강하게 반영한 책이었다면,《케임브리지 냉전사》시리즈를 2001년부터 준비하고 편집하면서 베스타는 10년에 가까운 시간 동안 70명이 넘는 세계 각국의 냉전사 연구자들과 적극적으로 의견을 나누고 교류하며 냉전사 지형을 바라보는 시선을 넓혀 나간다.

《케임브리지 냉전사》는 냉전사의 '결정판'이라기보다, 학문 배경이 매우 다양한 저자들이 각자 관점에서 냉전의 여러 사건과 의미를 기술하는 대작업이었다. 베스타는 이와 같은 《케임브리지 냉전사》의 시작을 알리는 총론의 집필을 맡았다. 그가 쓴 〈냉전과 20세기의 역사〉에 냉전사를 어떻게 연구할 것인지에 대한 본질적 고민이 담겨있다. 이 글에서 베스타는 냉전사의 결정판을 쓰는 일이 최근 냉전 연구자 사이에서 어려워졌다고 고백하면서도, 냉전을 바라보는 서로 다른 시각들이 백가쟁명百家爭鳴 하는 현 상황을 완전히 긍정하지도 않았다.[9] 정작 베스타 자신이 쓴 《냉전의 지구사》가 다양한 공간의 냉전을 둘러싼 활발한 토론을 시작하는 작업이었다는 점을 고려하면 베스타의 행보는 의미심장하다. 그는 다원주의의 깃발 아래에서 다소 혼란스러워진 냉전사의 상황을 정리하고자 했다.

냉전사 연구를 통해 냉전의 지구사적 측면과 그 지역적 다양성에 대한 이해가 깊어진 것은 사실이지만, 베스타의 고민은 냉전의 다양성을 인정하면서도, 이를 어떻게 통일된 모습의 개념으로 이해할 수 있느냐 하는 문제였던 것으로 보인다.[10] 《케임브리지 냉전사》 시리즈의 다른 저자들이 각자 자기 주제를 어떻게 전달할지를 고민했다면, 베스타는 공동 편자이자 총론 집필자로서 냉전을 이렇게 정리해도 될지 하는, 좀 더 본질적인 문제에 천착했다.

이에 대한 응답은 냉전을 시간적 연대와 지리적 공간 차원에서 더 넓게 봐야 한다는 것이었다. 이는 당연히 미국과 소련의 대립을, 지구적 차원에서 전개된 양상을 세세하게 살펴보는 것만을 의미하지 않았다. 오히려 지금까지의 그 어떤 연구자들과 달리 베스타는 '냉전을 넘어서는' 냉전사 서술을 위해 냉전을 20세기라는 더 넓은 시간대

891

속에서 파악하자고 주장했다. 이는 냉전과 관련한 일반적 해석에 대한 '의미론적 투쟁'을 뜻했다.[11] 냉전을 냉전이라는 시간대에서 보지 않고, 베스타는 현재를 만들어낸 시간대로서 바라보아야 한다고 했다. 그는 우리가 살고 있는 '탈脫냉전'의 시간대는 냉전의 완벽한 탈피가 아니라, 냉전 나아가 20세기의 역사적 유산 속에서 작동하고 있다는 점을 강조했다.

베스타는 이미 이 글에서 냉전의 기원을 19세기 중반의 사회적 격변과 그보다 더 이전인 프랑스혁명과 미국혁명까지 거슬러 올라갈 수 있다고 보았다. 냉전의 전개 과정은 미국과 소련을 중심으로 한 이데올로기 대립을 주축으로 하여, 미국의 제2차 세계대전 참전부터 1991년 소련 붕괴까지의 약 50년간 누가 적이고 누가 우리 편인지, 국가 건설의 모형을 어떻게 잡아야 하는지, 또 사회를 둘러싼 담론을 전 지구적 차원에서 규정했다. 냉전의 종식은 냉전 시대가 쌓아 올린 공포와 불확실성에 대처할 기회를 제공했으나, 탈냉전의 경험은 20세기와 냉전이 낳은 역사를 끝내지 못했다는 점에서 역사의 종언으로 이어지지 못했다는 것이 베스타의 결론이었다.[12] 〈냉전과 20세기의 역사〉에서 언급한 내용들은 2017년 출간된 《냉전》의 얼개가 된다. 기원과 전개, 종식 이후의 세계를 바라보는 관점에서 모두 그러하다. 이와 관련한 핵심 내용을 한번 살펴보자.

*

《냉전》은 냉전을 1945~1991년이 아니라, 1890년대부터 1990

년대까지 100년의 역사로 정리한다. 즉 '장기 100년사'의 관점을 도입한 것이다. 냉전은 "전 지구적 자본주의가 첫 번째 위기에 빠지고, 유럽 노동운동이 급진화하고, 미국과 러시아가 범대륙적 제국으로 확장한 1890년대에 시작되어 베를린 장벽이 붕괴하고, 소련이 몰락하고, 마침내 미국이 진정한 글로벌 패권국으로 부상한 1990년대에 끝이 난다."《냉전의 지구사》에서 미국 제국과 소련 제국의 등장을 중심으로 냉전의 역사적 서사를 그렸다면,《냉전》에서는 그 기원이 자본주의와 사회주의로 좀 더 확장된다.

이와 같은 서사를 통해 베스타는 기술의 변화와 시장 중심의 통합이 어떻게 1970년대에 거대한 중국을, 그리고 1980년대에 소련과 동유럽을 자본주의 중심의 시장에 편입되게 했는지를 효과적으로 보여 준다. 이는 동시에 왜 미국이 소련에 승리를 거둘 수 있었는지에 대한 베스타 자신의 이해이기도 하다. 그러나 베스타는 냉전을 미국만의 승리가 아니라 지구적 자본주의가 승리한 것으로 보면서, 냉전 종식 이후 냉전사 연구에 팽배했던 냉전의 승리주의적 서사와 거리를 유지할 수 있었다. 베스타는 냉전의 종식이 자본주의의 승리이지, 미국과 자유 진영의 승리가 아니라는 점을 명확히 한다.

이는 자연스럽게 냉전 종식 이후 미국의 정책결정자들에 대한 비판으로 이어진다. 빌 클린턴과 조지 W. 부시 행정부는 냉전의 승리에 취해 세계에서 진행되고 있는 심대한 대전환을 제대로 바라보지 못하고, 통합적이고 포용적인 국제체계를 만들어 내는 데 실패했다. 특히 책이 출간된 2017년 시점에서 베스타는 구소련권의 공산주의 국가들을 북대서양조약기구나 유럽연합을 비롯한 국제주의 조직

893

에 통합하지 못한 점을 개탄한다. 러시아–우크라이나 전쟁의 중요한 배경 중 하나가 북대서양조약기구의 '동진'에 대한 러시아의 반발에 있었다는 점을 고려할 때, 이와 같은 베스타의 지적은 음미해 볼 대목이 아닐 수 없다.

《냉전》의 개별 장은 하나의 이야기책처럼 세계사의 동서남북을 오가며 냉전의 다양한 모습을 구석구석 총망라하여 보여 준다. 한국 독자들에게 익숙한 한국전쟁과 한반도의 이야기도 나온다. 한국 독자들에게 이 책에서 서술되는 한국전쟁 이야기가 그다지 새롭지 않을 수 있듯이, 이 책을 접했을 세계 여러 독자에게 자국의 이야기는 지나치게 소략하거나, 저자 자신이 그 맥락을 잘못 전달하여 아쉬운 부분이 있을 수는 있다. 그러나 이 책의 장점은 모든 사례에 대한 내용적 깊이라기보다는, 그야말로 '적당한' 수준에서 세계 각지의 사건을 절묘하게 엮은 저자의 솜씨에 있을 것이다.

그리고 책을 읽어 가다 보면 초강대국 미국과 소련 역시 자본주의(와 사회주의)라는 더 거대한 힘에서 벗어날 수 없었다는 사실을 어느 순간 알게 된다. 그렇기에 냉전을 시작한 책임이 어느 진영에 있는가, 냉전이 이토록 장기화한 책임을 누구에게 물어야 하는지 하는 질문 등은 베스타에게는 우문愚問이다. 오히려 베스타는 냉전의 승리에 취해 냉전 종식 이후 새로운 시대를 만들어 내지 못하고, 지금 우리 시대의 모습을 이렇게 만든 세력들에게 역사학자로서 경종을 울리고자 했다.

지금까지의 냉전사 연구가 냉전을 개시한 책임이 누구에게 있는지를 두고 공방을 벌이며 이를 위한 증거자료를 모으는 학문의 성격이 있었다면,《냉전》에서 베스타는 냉전의 경험 속에서 교훈을 얻지 못한 1990년대~2000년대 국제체계의 정치 엘리트들에게 그 책임을 묻고 있다는 점에서 결정적으로 구분된다. 우리가 세계사를 공부해야 하는 이유는 과거와 미래 사이에 놓여 있는 현재를 제대로 살아 나가기 위해서라고 베스타는 파악한다. 아마 이 지점이 '현재사' 연구자로서 베스타의 특징이 잘 녹아 있는 부분일 것이며,《냉전》을 읽는 독자들도 단순히 세계 여러 지역의 사건들의 파노라마를 관찰자처럼 보기보다는, 이 지점을 유의하면서 적극적이고 비판적으로 독서를 해 나가면 좋겠다.

*

2017년에 출간된《냉전》은 중국어판이 2023년 '냉전: 두 강대국 패권다툼부터 전 지구적 충돌까지, 당대 지정학의 관점에서 본 새로운 세계사(冷戰: 從兩強爭霸到全球衝突, 當代地緣政治的新世界史)'라는 제목으로 나왔고, 일본어판은 원제목을 그대로 번역한 '냉전: 월드 히스토리(冷戰 ワールド·ヒストリ)'라는 제목으로 중국어판보다 좀 더 이른 2020년에 출간된 바 있다. 한국어판도 유강은 선생의 노고와 서해문집 출판사의 노력을 통해 독자들을 만날 수 있게 되었다. 바쁜 일정 속에서도 한국어판 서문을 써 주신 저자에게도 감사를 드린다.

최근 한국 사회는《냉전》을 포함하여 냉전의 다양한 모습을 알려 주는 여러 저작이 꽤 풍성하게 소개되고 있다. 이전에 번역을 통해 소개된 냉전사 저작들이 냉전의 기원 문제와 이를 둘러싼 책임을 따지는 경향을 보였다면, 현재의 번역서들은 냉전의 전개 과정이 '냉전(Cold War)'이라는 이름과 달리 얼마나 뜨겁고 폭력적이었는지도 함께 따지고 있다. 이와 같은 다양한 책들이 번역되면서, 우리의 경험을 남의 경험과 비교하고, 냉전을 세계사와 지역사의 맥락에서 다층적으로 이해하는 일이 비로소 시작될 수 있을 것이다.

다만 첫머리에 언급한 제임스 블라우트의 말을 음미해 볼 필요가 있다. 미국과 소련의 이데올로기를 통해 20세기 역사를 그리고 이를 냉전사와 겹쳐서 서술한 베스타의 저작이 과연 얼마나 유럽 중심의 '식민주의자의 세계 모델'을 극복했냐는 비판적 질문이다. 이는 세계사의 중심과 주변을 어떻게 상정할 것인가라는 근본 질문과도 연결된다는 점에서 지구사와 세계사를 고민하는 이들에게도 《냉전》을 읽어 보는 일이 타산지석이자 반면교사의 역할을 충분히 할 것이다.

베스타가 유럽, 그중에서도 노르웨이 출신이라는 점은 미국과 소련을 모두 상대화하고, 두 국가의 행보를 모두 비판적으로 바라보는 데 도움이 되었을 것이다. 유럽인으로서 영국을 거쳐 미국에 터전을 잡은 베스타가 생각하는 '현재'와 여전히 남북한의 대립이 유지되고 있는 한반도에 살고 있는 사람의 현재는 완전히 같을 수는 없을 것이다. 국제체계의 역사와 유럽 국가들의 관점에서 경험된 냉전에 대한 베스타의 필치는 탁월하지만, 냉전과 탈식민을 함께 경험한 제3세계 국가들은 여전히 《냉전》에서 유럽과 미국, 소련과 많이 접촉한 최고급 정치 지도자의 목소리를 빌려 드러난다는 점이 이 책의 명확한 약점이기도 하다.

물론 이 모든 점을 베스타 개인이 짊어질 몫은 분명 아니다. 식민 지배를 경험하고, 한국전쟁이라는 냉전기 최초의 '열전'을 겪었으며, '냉전 상태'라는 말이 인간관계 등을 묘사할 때 일상적으로 쓰이기도 하는 한반도의 사람들은 베스타가 그려 내지 못한 부분을 전 세계에 설명해야 할 책임과 의무가 있을 것이다. 한강 작가가 "역사적 트라우마에 맞서고, 인간 삶의 연약함을 드러낸 강렬한 시적 산문"을 통해 이를 문학적으로 섬세하게 포착했듯이 말이다.《냉전》을 통해 냉전사를 바라보는 사려 깊은 시각을 기를 수 있기를, 그리고 아직 오지 않은 동아시아 지역의 응답을, 그중에서도 한국 측의 '강렬한' 발신을 기다리겠다. 자, 이제 '역사의 창조자'들에게 최초의 반격을 함께 시작해 보자.

주

프롤로그　세계의 형성

1　예를 들어 John Lewis Gaddis, *The Long Peace: Inquiries into the History of the Cold War*, New York: Oxford University Press, 1987을 보라. 나는 초강대국 사이에 전쟁이 발발하는 것을 막은 요인에 관한 개디스의 여러 논점에 동의하기는 하지만, "긴 평화"라는 명명에는 강력히 반대한다.

2　Odd Arne Westad, *The Global Cold War: Third World Interventions and the Making of Our Times*, Cambridge: Cambridge University Press, 2005([한국어판] 오드 아르네 베스타 지음, 옥창준·오석주·김동욱·강유지 옮김, 《냉전의 지구사》, 에코리브르, 2020).

3　*Marx/Engels Selected Works* vol.1, Moscow: Progress, 1969, p.26.

4　Karl Marx, interview with the *Chicago Tribune*, December 1878, *Karl Marx, Friedrich Engels: Collected Works* vol.24, New York: International Publishers, 1989, p.578.

5　*Protokoll des Parteitages der Sozialdemokratischen Partei Deutschlands: Abgehalten zu Erfurt vom 14. bis 20. Oktober 1891*, Berlin: Verlag der Expedition des "Vorwärts," 1891, pp.3~6.

6 Friedrich Engels, "A Critique of the Draft Social-Democratic Program of 1891," in *Karl Marx, Friedrich Engels: Collected Works* vol.27 New York: International Publishers, 1990, p.227.

7 미국의 시각에서 본 개관으로 Andrew Preston, *Sword of the Spirit, Shield of Faith: Religion in American War and Diplomacy*, New York: Alfred A. Knopf, 2012를 보라.

8 Henry James, "The American," *Atlantic Monthly* vol.37, 1876, p.667.

01 출발점들

1 Robert W. Tucker, *Woodrow Wilson and the Great War: Reconsidering America's Neutrality, 1914-1917*, Charlottesville: University of Virginia Press, 2007, p.213 에서 재인용.

2 Vladimir Ilich Lenin, *What Is to Be Done?: Burning Questions of Our Movement*, New York: International Publishers, 1929 (Russian original 1902, 한국어판 다수), p.1.

3 John Ellis, *Eye-Deep in Hell: Trench Warfare in World War I*, Baltimore, MD: JHU Press, 1976([한국어판] 존 엘리스 지음, 정병선 옮김, 《참호에 갇힌 제1차 세계대전》, 마티, 2009), p.102에서 재인용.

4 Karl Liebknecht, "Begründung der Ablehnung der Kriegskredite", *Vorwärts*, 3 December 1914.

5 Robert L. Willett, *Russian Sideshow: America's Undeclared War, 1918-1920*, Washington, DC: Brassey's, 2003, p.xxxi에서 인용한 윌슨의 말.

6 1934년 수감 상태였던 이탈리아의 공산주의자 안토니오 그람시는 포디즘이 궁극적으로 유럽에 대한 미국의 도전이라고 평했다. "유럽은 거대한 양의 잉여가치를 소비함으로써 초기 비용을 높이고 국제 시장에서 경쟁력을 갉아먹는 [사회적] 기생 집단을 유지한 채, 포디즘이 경쟁력에 가져다줄 온갖 유리한 점은 다 누리고 싶어 한다"(David Forgacs, ed., *The Gramsci Reader: Selected Writings 1916-1935*, New

York: New York University Press, 2000, p.277). 더 자세한 논의는 Charles S. Maier, "Between Taylorism and Technocracy: European Ideologies and the Vision of Industrial Productivity in the 1920s," *Journal of Contemporary History* 5, no.2, 1970, pp.27~61을 보라.

7 Ole Hanson, *Americanism versus Bolshevism*, Garden City, NY: Doubleday, 1920, p.viii.

8 Winston Churchill, "Bolshevism and Imperial Sedition," *Winston S. Churchill: His Complete Speeches, 1897-1963* vol.3, ed. Robert Rhodes James, New York: Chelsea House, 1974, p.3026.

9 Bertrand Russell, *Bolshevism: Practice and Theory*, New York: Harcourt, Brace and Howe, 1920, p.4.

10 Ho Chi Minh, "The Path which Led Me to Leninism," Edward Miller, ed., *The Vietnam War: A Documentary Reader*, Malden, MA: John Wiley & Sons, 2016, p.8.

11 Rudolf Nilsen, "Voice of the Revolution," transl. Anthony Thompson, in *Modern Scandinavian Poetry*, Oslo: Dreyer, 1982, p.185. 저작권자 옌스 알부드의 허락을 받고 사용함. 그의 아버지인 고 마르틴 알부드가 엮어서 출간한 책임.

12 "Manifesto of the Communist Party of South Africa, adopted at the inaugural conference of the Party, Cape Town, 30 July 1921," at http://www.sahistory.org. za/article/manifesto-communist-party-south-africa.

13 W. Bruce Lincoln, *Red Victory: A History of the Russian Civil War*, New York: Da Capo Press, 1989, p.384.

14 Dimitry Manuilsky, *The Communist Parties and the Crisis of Capitalism: Speech Delivered on the First Item of the Agenda of the XI Plenum of the E.C.C.I. held in March-April 1931*, London: Modern Books, 1931, p.37. 드미트리 마누일스키 는 1929~1934년에 코민테른 대표였다.

15 *Report of Court Proceedings in the Case of the Anti-Soviet 'Bloc of Rights and Trotskyites' Heard before the Military Collegium of the Supreme Court of the U.S.S.R. Moscow, March 2-13, 1938*, Moscow: People's Commissariat of Justice,

1938, p.775.

16 Steven Casey, *Cautious Crusade: Franklin D. Roosevelt, American Public Opinion, and the War Against Nazi Germany*, Oxford: Oxford University Press, 2001, p.23.

17 Editorial, *New York Times*, 24 August 1939.

18 1939년 9월 7일 일기(Georgi Dimitrov, *The Diary of Georgi Dimitrov, 1933-1949*, ed. Ivo Banac, New Haven, CT: Yale University Press, 2008, p.115).

19 Will Kaufman, *Woody Guthrie, American Radical*, Champaign: University of Illinois Press, 2011, p.1.

20 1940년 7월 21일 노동자 단체 선언(Torgrim Titlestad, *Stalin midt imot: Peder Furubotn 1938-41*, Oslo: Gyldendal, 1977, p.42).

21 Fridrikh Firsov, ed., *Secret Cables of the Comintern, 1933-1943*, New Haven, CT: Yale University Press, 2014, p.152.

22 한 예로, 독일 공산당원 마르가레테 부버-노이만Margarete Buber-Neumann은 1938년 스탈린이 숙청할 당시 처음 체포된 뒤 소련 강제노동수용소 카라간다 Karaganda에서 2년을 보냈다. 이후 나치 독일로 송환된 부버-노이만은 라벤스브 뤼크Ravensbrück 강제수용소에서 5년간 갇혀 살았다.

23 Dmitrii Volkogonov, *Triumf i tragediia: politicheskii portret I.V. Stalina* vol.2, Moscow: Novosti, 1989, p.169.

24 Rodric Braithwaite, *Moscow 1941: A City and Its People at War*, New York: Vintage, 2007, p.82.

02 전쟁의 시험대

1 1941년 6월 22일 처칠의 대국민 라디오 연설(Winston Churchill, *Never Give In!: The Best of Winston Churchill's Speeches*, New York: Hyperion, 2003, p.289).

2 Winston Churchill, *The Second World War. Volume III: The Grand Alliance*, Boston, MA: Houghton Mifflin, 1950(한국어판 다수), p.370.

3 Winston Churchill, *The Second World War. Volume III: The Grand Alliance*,

p.330.

4 Winston Churchill, *The Second World War. Volume III: The Grand Alliance*, p.394.

5 Woody Guthrie, "All You Fascists"(1944), Woody Guthrie Publications, http://woodyguthrie.org/Lyrics/All_You_Fascists.htm.

6 Vladimir Pechatnov, "How Stalin and Molotov Wrote Messages to Churchill," *Russia in International Affairs* 7, no.3, 2009, pp.162~173.

7 1942년 8월 13일 오후 11시 15분 크렘린 회의록(CAB127/23, Cabinet Papers, National Archives of the United Kingdom).

8 처칠과 비교하면 루스벨트는 스탈린의 목표를 현실적으로 이해했다. 영국 총리는 1944년 10월 모스크바에서 열린 술을 곁들인 회동에서 동유럽에 미칠 열강의 세력권에 대해 스탈린과 퍼센트도 정확히 합의했다고 적어도 얼마간 믿은 것 같다.

9 1943년 12월 1일 스탈린과 프랭클린 루스벨트의 테헤란회담 볼런 회의록[*Foreign Relations of the United States*(이하 *FRUS*): *The Conferences at Cairo and Tehran*, p.594].

10 1945년 2월 11일 얄타회담이 끝나고 발표된 성명서[*FRUS: The Conference of Berlin(the Potsdam Conference), 1945*, vol.2 p.1578].

11 William D. Leahy, *I Was There*, New York: Whittlesey House, 1950, pp.315~316.

12 Rick Atkinson, *The Guns at Last Light: The War in Western Europe, 1944-1945*, New York: Picador, 2013, p.521에서 재인용.

13 Milovan Djilas, *Conversations with Stalin*, New York: Harcourt, Brace & World, 1962, p.114.

14 만델시탐은 그 세대의 가장 위대한 러시아 시인으로 손꼽혔다. 그는 1938년 시베리아 정치범 수용소에서 사망했다. 체포되기 전에 만델시탐은 부인에게 이렇게 말했다. "오직 러시아에서만 시가 존중을 받지. 사람들을 죽게 만드니까. 시가 그렇게 빈번히 살인 동기가 되는 나라가 어디 있을까?"(Nadezhda Mandelstam, *Hope Against Hope: A Memoir*, New York: Atheneum, 1970, p.159).

15 Steven Merritt Miner, *Stalin's Holy War: Religion, Nationalism and Alliance Politics, 1941-1945*, Chapel Hill: University of North Carolina Press, 2003, p.51에서 재인용. 1945~1970년에 러시아정교회 수장을 지낸 알렉시 1세 총대주교는

소비에트 당국과 긴밀히 협력했다.

16 1942년 4월 간디가 초안을 작성한 〈퀴트 인디아(Quit India)〉 결의안 원본(*New York Times*, 5 August 1942).

17 Joint Declaration by President Roosevelt and Prime Minister Churchill, as broadcast 14 August 1941, https://fdrlibrary.org/atlantic-charter.

18 1945년 7월 17일 일기[box 333, President's Secretary's Files, Truman Papers, Harry S. Truman Library, Independence, MO(이하 Truman Library)].

19 1945년 4월 23일 트루먼과 몰로토프의 대화 기록, *FRUS 1945*, vol.5, p.258.

20 Arnold Offner, *Another Such Victory: President Truman and the Cold War, 1945-1953*, Stanford, CA: Stanford University Press, 2002, p.34에서 재인용.

21 1945년 5월 12일 처칠 총리가 트루먼 대통령에게 보낸 서한(CHAR 20/218/109, Churchill Papers, Churchill College Archives, Cambridge, UK).

22 크렘린 만찬 중 대통령의 고문이자 보좌관인 홉킨스가 작성한 대화 비망록[*FRUS: The Conference of Berlin(The Potsdam Conference)*, 1945, vol.1, pp.57~59].

23 Vladimir Pechatnov, "How Stalin and Molotov Wrote Messages to Churchill," p.172.

24 1945년 1월 28일 일기(Georgi Dimitrov, *The Diary of Georgi Dimitrov, 1933-1949*, ed. Ivo Banac, New Haven, CT: Yale University Press, 2008, p.3588).

25 Hugh Dalton, *High Tide and After: Memoirs, 1945-1960*, London: F. Muller, 1962, p.157.

26 Richard N. Gardner, *Sterling-Dollar Diplomacy; the Origins and the Prospects of Our International Economic Order*, new and expanded, New York: Mc-Graw-Hill, 1969, p.xvii.

27 Ritchie Ovendale, *The English-Speaking Alliance: Britain, the United States, the Dominions and the Cold War 1945-1951*, London: Routledge, 1985, p.43.

03 유럽의 불균형

1   John Vachon, *Poland, 1946: The Photographs and Letters of John Vachon*,

Washington, DC: Smithsonian Institution Press, 1995, p.5.

2 Keith Lowe, *Savage Continent: Europe in the Aftermath of World War II*, London: St. Martin's Press, 2012, p.31에서 재인용.

3 Henri Van der Zee, *The Hunger Winter: Occupied Holland 1944-5*, London: J. Norman & Hobhouse, 1982, pp.304~305.

4 1945년 10월 2일 벨로드롬 디베르에서 연설한 내용(Maurice Thorez, *Oeuvres*, book 5, volume 21, Paris: Editions sociales, 1959, p.203).

5 Lowe, *Savage Continent*, p.283.

6 William I. Hitchcock, *The Bitter Road to Freedom: The Human Cost of Allied Victory in World War II Europe*, New York: Free Press, 2009, p.163에서 재인용.

7 1945년 1월 9일 스탈린과 안드리야 헤브랑의 대화 기록(G. P. Murashko et al. eds., *Vostochnaia Evropa v dokumentakh rossiiskikh arkhivov, 1944-1953*, vol.1, pp.118~133).

8 Mark Kramer, "Stalin, Soviet Policy, and the Consolidation of a Communist Bloc in Eastern Europe, 1944-3," in *Stalinism Revisited: The Establishment of Communist Regimes in East-Central Europe*, ed. Vladimir Tismaneanu, Budapest: Central European University Press, 2009, p.69.

9 Adam Ulam, *Understanding the Cold War: A Historian's Personal Reflections*, New York: Transaction Publishers, 2002, p.277에서 재인용.

10 Michael Dobbs, *Six Months in 1945: FDR, Stalin, Churchill, and Truman-from World War to Cold War*, New York: Random House, 2012([한국어판] 마이클 돕스 지음, 홍희범 옮김, 《1945》, 모던아카이브, 2018), p.121.

11 The German Ambassador in the Soviet Union (Schulenburg) to the German Foreign Office, 10 September 1939, frames 69811-69813, serial 127, Microfilm Publication T120, Records of the German Foreign Office Received by the Department of State, US National Archives.

12 William D. Leahy, *I Was There*, New York: Whittlesey House, 1950, pp.315~316.

13 Patryk Babiracki, *Soviet Soft Power in Poland: Culture and the Making of Stalin's New Empire, 1943-1957*, Chapel Hill: University of North Carolina Press, 2015, p.56.

14 1945년 11월 14일 브와디스와프 고무우카와 스탈린의 대화(*Cold War International History Project Bulletin*, 11, 1998, p.135).

15 Tony Judt, *Postwar: A History of Europe Since 1945*, London: Penguin, 2006([한국어판] 토니 주트 지음, 조행복 옮김,《전후 유럽》1·2, 열린책들, 2019), p.200에서 재인용.

16 Patryk Babiracki, *Soviet Soft Power in Poland*, p.61.

17 László Borhi, *Hungary in the Cold War, 1945-1956: Between the United States and the Soviet Union*, Budapest: Central European University Press, 2004, p.35 에서 재인용.

18 István Vida, "K. J. Vorosilov marsall jelentései a Tildy kormány megalakulsásáról", *Társadalmi Szemle*, vol.2, 1996, p.86에서 재인용.

19 1946년 6월 26일 파리 뤽상부르 궁전에서 열린 외무장관협의회 13차 비공식회의 두 번째 회기(*FRUS 1946*, vol.2, p.646).

20 Harry S. Truman, *Memoirs*, vol.1, Garden City, NY: Doubleday, 1955([한국어판] 해리 트루만 지음, 손세일 옮김,《트루만 회고록》상·하, 지문각, 1968), p.493.

21 Winston Churchill, *Never Give in!: The Best of Winston Churchill's Speeches*, New York: Hyperion, 2003, p.413.

22 케넌이 처음 보낸 전문은 Kenneth M. Jensen, ed., *Origins of the Cold War: The Novikov, Kennan, and Roberts "Long Telegrams" of 1946*, revised edition, Washington, DC: United States Institute of Peace, 1993, pp.17~32에서 볼 수 있다.

23 Kenneth M. Jensen, ed., *Origins of the Cold War: The Novikov, Kennan, and Roberts "Long Telegrams" of 1946*.

24 1947년 3월 12일 그리스와 튀르키예에 관해 의회에 보낸 특별교서[*Public Papers of the Presidents*(이하 *PPP*) *Truman 1947*, p.179].

25 1947년 2월 28일 대통령과 의회 대표단의 회의 요약(box 1, Joseph M. Jones Papers, Truman Library).

26 1947년 5월 27일 국무부 경제차관(클레이턴) 각서(*FRUS 1947*, vol.3, pp.230~232).

27 Edward Taborsky, *Communism in Czechoslovakia, 1948-1960*, Princeton, NJ:

905

Princeton University Press, 1961, p.20에서 재인용.

28 Olaf Solumsmoen and Olav Larssen, eds., *Med Einar Gerhardsen gjennom 20 år*, Oslo: Tiden, 1967, pp.61~62에서 재인용.

29 1947년 9월 코민포름 창립과 관련한 즈다노프 기록(Jussi M. Hanhimäki and Odd Arne Westad, eds., *The Cold War: A History in Documents and Eyewitness Accounts*, Oxford: Oxford University Press, 2003, pp.51~52).

30 Philip J. Jaffe, "The Rise and Fall of Earl Browder," *Survey* 18, no. 12, 1972, p.56 에서 재인용.

04 재건

1 1948년 10월 2일 3차 위원회 91차 회의 요약본(William Schabas, ed., *The Universal Declaration of Human Rights: The Travaux Préparatoires*, vol.3, Cambridge: Cambridge University Press, 2013, p.2058).

2 John C. Culver and John Hyde, *American Dreamer: The Life and Times of Henry A. Wallace*, New York: Norton, 2001, p.457에서 재인용.

3 니츠에 관해서는 David Milne, *Worldmaking: The Art and Science of American Diplomacy*, New York: Farrar, Straus and Giroux, 2015, pp.268~325를 보라.

4 NSC 68: "United States Objectives and Programs for National Security: A Report to the President" (April 7, 1950), *FRUS 1950*, vol.1, pp.235~311.

5 NSC 68: "United States Objectives and Programs for National Security: A Report to the President" (April 7, 1950).

6 가장 좋은 개설서는 David Kynaston, *Austerity Britain, 1945-51*, London: Bloomsbury, 2007이다.

7 Michael Dobbs, *Six Months in 1945: FDR, Stalin, Churchill, and Truman-from World War to Cold War*, New York: Knopf, 2012([한국어판] 마이클 돕스 지음, 홍희범 옮김, 《1945》, 모던아카이브, 2018), p.205에서 재인용.

8 *Hansard*, series 5, vol.452, House of Commons Debates, 30 June 1948, p.2226.

9 Barry Eichengreen, *The European Economy Since 1945: Coordinated Capitalism*

and Beyond, Princeton, NJ: Princeton University Press, 2007, 특히 pp.52~84.

10 Alessandro Brogi, *Confronting America: The Cold War Between the United States and the Communists in France and Italy*, Chapel Hill, NC: University of North Carolina Press, 2011, p.116.

11 Raymond Aron, *The Opium of the Intellectuals*, New York: Transaction, 2011 [1955]([한국어판] 레몽 아롱 지음, 변광배 옮김, 《지식인의 아편》, 세창출판사, 2022), p.55.

12 1947년 8월 8일 일기(Georgi Dimitrov, *The Diary of Georgi Dimitrov, 1933-1949*, ed. Ivo Banac, New Haven, CT: Yale University Press, 2008, p.422).

13 "The Situation of the Writer in 1947," in Jean Paul Sartre, *What Is Literature?*, Charleston, SC: Nabu Press, 2011 [1947](한국어판 다수), p.225.

14 Thomas Assheuer and Hans Sarkowicz, *Rechtsradikale in Deutschland: die alte und die neue Rechte*, Munich: Beck, 1990, p.112.

15 Willy Brandt, *My Road to Berlin*, Garden City, NY: Doubleday, 1960([한국어판] 빌리 브란트 지음, 갈봉근 옮김, 《빌리 브란트》(세계의 대회고록전집 7), 한림출판사, 1987), pp.184~198.

16 Lawrence S. Kaplan, *NATO 1948: The Birth of the Transatlantic Alliance*, Lanham, MD: Rowman & Littlefield, 2007, p.1208에서 재인용.

17 1949년 3월 12일 톨리아티의 연설(Royal Institute of International Affairs, ed., *Documents on International Affairs 1949-50*, pp.254~256).

18 *The Papers of General Lucius D. Clay: Germany, 1945-1949*, ed. Jean Edward Smith, Bloomington, IN: Indiana University Press, 1974, pp.568~569.

19 1950년 2월 9일 상원의원 조지프 매카시 연설(William T. Walker, ed., *McCarthyism and the Red Scare: A Reference Guide*, Santa Barbara, CA: ABC-CLIO, 2011, pp.137~142).

20 Amir Weiner, "Saving Private Ivan: From What, Why, and How?," *Kritika: Explorations in Russian and Eurasian History* 1, no. 2, 2000, pp.305~336; Amir Weiner, "The Empires Pay a Visit: Gulag Returnees, East European Rebellions, and Soviet Frontier Politics," *Journal of Modern History* 78, no. 2,

2006, pp.333~376; Elena Zubkova, *Russia After the War: Hopes, Illusions and Disappointments, 1945-1957*, Armonk, NY: M.E. Sharpe, 1998, p.106.

21 Georgi Dimitrov, *Diary of Georgi Dimitrov, 1933-1949*, p.414.

22 Georgi Dimitrov, *Diary of Georgi Dimitrov, 1933-1949*, p.437.

23 Mark Harrison, "The Soviet Union after 1945: Economic Recovery and Political Repression," *Past & Present* 210, no. 6, 2011, pp.103~120; Vladimir Popov, "Life Cycle of the Centrally Planned Economy: Why Soviet Growth Rates Peaked in the 1950s," CEFIR/NES Working Paper Series, Moscow: Centre for Economic and Financial Research at the New Economic School, 2010.

05 새로운 아시아

1 Mark Gayn, *Japan Diary*, New York: W. Sloane Associates, 1948, p.227에서 재인용.

2 "Basic Initial Post-Surrender Directive," August 1945, Political Reorientation of Japan. Report of the Government Section, Supreme Commander for the Allied Powers, vol.2, Washington, DC: U. S. Government Printing Office, 1949, appendix A, pp.423~426.

3 Mark Gayn, *Japan Diary*, p.231에서 재인용.

4 George Kennan, "Recommendations with Respect to U. S. Policy toward Japan," 25 March 1948, *FRUS 1948*, vol.6, p.692.

5 *Security Treaty between the United States of America and Japan*. Treaties and Other International Acts Series, 2491. N, Washington, DC: US Government Printing Office, 1952.

6 Odd Arne Westad, *Decisive Encounters: The Chinese Civil War, 1946-1950*, Stanford, CA: Stanford University Press, 2003, p.160에서 재인용.

7 1949년 2월 5일 시바이포에서 미코얀과 마오쩌둥이 나눈 대화 기록[Arkhiv Prezidenta Rossiiskoi Federatsii(이하 APRF), fond 39, opis 1, delo 39, p.71].

8 Frank Dikötter, *The Tragedy of Liberation: A History of the Chinese Revolution*,

1945-57, London: Bloomsbury, 2014([한국어판] 프랑크 디쾨터 지음, 고기탁 옮김, 《해방의 비극》, 열린책들, 2016), p.100.

9   74세의 사업가이자 박애주의자인 천쟈겅陳嘉庚도 그중 하나였다. 고무 플랜테이션과 철강공장 덕분에 동남아시아 최고의 부자가 된 인물이다. Lim Jin Li, "New China and Its Qiaowu: The Political Economy of Overseas Chinese Policy in the People's Republic of China, 1949-1959," PhD thesis, London School of Economics, 2016을 보라.

10   V. N. Khanna, *Foreign Policy of India*, 6th ed., New Delhi: Vikas, 2007, p.112에서 재인용.

11   *Le Figaro*, 5 January 1950.

12   E. E. Spalding, *The First Cold Warrior: Harry Truman, Containment, and the Remaking of Liberal Internationalism*, Lexington, KY: University Press of Kentucky, 2007, p.181.

13   NSC 68: "United States Objectives and Programs for National Security: A Report to the President" (7 April 1950). *FRUS 1950*, vol.1, p.260.

14   Jonathan Bell, *The Liberal State on Trial: The Cold War and American Politics in the Truman Years*, New York: Columbia University Press, 2013, p.92.

15   *The Wall Street Journal*, 8 August 1949.

16   가장 뛰어난 개관으로 Fredrik Logevall, *Embers of War: The Fall of an Empire and the Making of America's Vietnam*, New York: Random House, 2012를 보라.

17   1954년 4월 27일 아이젠하워가 헤이즐릿에게 보낸 편지(*The Papers of Dwight D. Eisenhower*, Baltimore, MA: Johns Hopkins University Press, 1996, vol.15, p.1044).

18   1954년 4월 7일 아이젠하워 기자회견(*FRUS 1952-1954*, vol.8, part 1, p.1281).

19   Robert Beisner, *Dean Acheson: A Life in the Cold War*, Oxford: Oxford University Press, 2009, p.217에서 재인용.

20   1952년 2월 8일 베리가 매슈스에게 보낸 각서(*FRUS 1952-1954*, vol.11, part 2, p.1634).

21   1947년 7월 21일 일기(Harry S Truman diary, Truman Library, at http://www.trumanlibrary. org/diary/page21.htm).

22 J. Philipp Rosenberg, "The Cheshire Ultimatum: Truman's Message to Stalin in the 1946 Azerbaijan Crisis," *Journal of Politics* 41, no. 3, 1979, pp.933~940에서 재인용.

23 1946년 5월 8일 스탈린이 피셰바리Pishevari(아제르바이잔민주당)에게 내린 지시, Arkhiv vneshnei politiki Rossiiskoi Federatsii(이하 AVPRF), f.06, op.7, p.34, d.544, pp.8~9.

24 Gabriel Gorodetsky, "The Soviet Union's Role in the Creation of the State of Israel," *Journal of Israeli History* 22, no. 1, 2003, pp.4~20.

25 Jawaharlal Nehru, *The Discovery of India*, Calcutta: Signet Press, 1948([한국어판] 자와할랄 네루 지음, 김종철 옮김, 《인도의 발견》, 우물이있는집, 2003), pp.12~13.

26 Jawaharlal Nehru, *The Discovery of India*.

27 1950년 4월 29일 아이젠하워 기록(*The Papers of Dwight D. Eisenhower*, Baltimore, MA: Johns Hopkins University Press, 1981, vol.11, p.1092).

06 한반도의 비극

1 Young Ick Lew, *The Making of the First Korean President: Syngman Rhee's Quest for Independence, 1875-1948*, Honolulu: University of Hawai'i Press, 2014, p.194에서 재인용.

2 1945년 6월 5일 이승만이 미국 국무부에 보낸 서한(Young Ick Lew, *The Making of the First Korean President*, p.232에서 재인용).

3 Vladimir Tikhonov, *Modern Korea and Its Others: Perceptions of the Neighbouring Countries and Korean Modernity*, London: Routledge, 2015, p.21 에서 재인용.

4 1949년 9월 24일 북한 주재 대사 시티코프에 보낸 지시 사항(AVPRF, f.059a, op.5a, d. 3, pa. 11, p.76).

5 가장 뛰어난 개관은 여전히 Chen Jian, *China's Road to the Korean War: The Making of the Sino-American Confrontation*, New York: Columbia University Press, 1994이다.

6   Shen Zhihua, *Mao Zedong, Sidalin yu Han zhan: ZhongSu zuigao jimi dangan*, Hong Kong: Tiandi, 1998([한국어판] 션즈화 지음, 최만원 옮김,《마오쩌둥 스탈린과 조선전쟁》, 도서출판선인, 2010), p.130.

7   1950년 10월 1일 스탈린이 마오쩌둥에게 보낸 서한(APRF, f.45, op.1, d. 334, pp.99~103).

8   1950년 10월 2일 마오쩌둥이 스탈린에게 보낸 서한(APRF, f.45, op.1, d. 334, pp.105~106).

9   1950년 10월 5일 스탈린이 마오쩌둥에게 보낸 서한과 1950년 10월 7일 스탈린이 김일성에게 보낸 서한(APRF, f.45, op.1, d. 347, pp.65~67).

10   "Historical Notes: Giving Them More Hell," *Time*, 3 December 1973에서 재인용.

11   1951년 6월 5일 스탈린이 마오쩌둥에게 보낸 서한(APRF, f.45, op.1, d. 339, pp.17~18).

12   Hajimu Masuda, *Cold War Crucible: The Korean Conflict and the Postwar World*, Cambridge, MA: Harvard University Press, 2015, p.85에서 재인용.

13   1950년 12월 15일 국가 비상사태에 관해 미국 국민에게 보낸 라디오 텔레비전 보고[*Public Papers of the Presidents of the United States. Harry S. Truman. Containing the Public Messages, Speeches, and Statements of the President, January 1 to December 31, 1950*, Washington, DC: United States Government Printing Office, 1965(이하 *PPP*[대통령, 연도]로만 표시), p.741].

14   De Gaulle in *Le Monde*, 13 July 1950.

15   Richard Peters and Xiaobing Li, eds., *Voices from the Korean War: Personal Stories of American, Korean, and Chinese Soldiers*, Lexington: University Press of Kentucky, 2014, p.184에서 재인용.

16   Marguerite Higgins, "Reds in Seoul Forcing G.I.s to Blast City Apart," *New York Herald Tribune*, 25 September 1950.

17   Peters and Li, *Voices from the Korean War*, p.245에서 재인용.

18   Steven Casey, *Selling the Korean War: Propaganda, Politics, and Public Opinion in the United States, 1950-1953*, Oxford: Oxford University Press, 2010, pp.205~206.

19 Jim G. Lucas, "One Misstep Spells Death in Korea, *New York World-Telegram*, 7 January 1953.

20 Byoung-Lo Philo Kim, *Two Koreas in Development: A Comparative Study of Principles and Strategies of Capitalist and Communist Third World Development*, New York: Transaction, 1995, p.168을 보라.

07 동구권

1 Martin Mevius, *Agents of Moscow: The Hungarian Communist Party and the Origins of Socialist Patriotism 1941-1953*, Oxford: Oxford University Press, 2005, p.81.

2 영국 철학자 아이제이아 벌린은 이렇게 말했다. "그리하여 파괴와 유혈이 벌어진다ー달걀은 깨졌지만 오믈렛은 보이지 않는다. 수없이 많은 달걀, 즉 인간 생명이 깨질 준비가 될 뿐이다. 그리고 결국 열정적인 이상주의자들은 오믈렛은 잊어버리고 그저 계속 달걀만 깬다"("A Message to the 21st Century," *The New York Review of Books*, 23 October 2014).

3 가장 뚜렷한 예외는 폴란드로, 그 수치가 63퍼센트를 넘은 적이 없다.

4 Otto Grotewohl, *Im Kampf um die einige Deutsche Demokratische Republik. Reden und Aufsätze*, vol.1, Berlin: Dietz, 1954, p.510.

5 Stefan Doernberg and Deutsches Institut für Zeitgeschichte, *Kurze Geschichte der DDR*, Berlin: Dietz, 1968, p.239, p.241.

6 "Die Lösung", Bertolt Brecht, in *Gedichte*, vol.7, Frankfurt am Main: Suhrkamp, 1964, p.9.

7 Michael Parrish, *The Lesser Terror: Soviet State Security, 1939-1953*, Westport, CT: Greenwood Publishing Group, 1996, p.270.

8 Miriam Dobson, *Khrushchev's Cold Summer: Gulag Returnees, Crime, and the Fate of Reform after Stalin*, Ithaca, NY: Cornell University Press, 2009, p.30에서 재인용.

9 William Taubman, *Khrushchev: The Man and His Era*, New York: Norton, 2003,

p.242에서 재인용.

10 Alexander V. Pantsov and Steven I. Levine, *Mao: The Real Story*, New York: Simon & Schuster, 2012, p.409에서 재인용.

11 Csaba Békés, "East Central Europe, 1953-1956," in *The Cambridge History of the Cold War*, ed. Melvyn P. Leffler and Odd Arne Westad, vol.1, Cambridge: Cambridge University Press, 2010, pp.334~352를 보라.

12 Laurien Crump, *The Warsaw Pact Reconsidered: International Relations in Eastern Europe, 1955-1969*, New York: Routledge, 2015를 보라.

13 소련의 대외정책에 관한 가장 훌륭한 개관은 Vladislav Zubok, *A Failed Empire: The Soviet Union in the Cold War from Stalin to Gorbachev*, Chapel Hill: University of North Carolina Press, 2007([한국어판] 블라디슬라프 M. 주보크 지음, 김남섭 옮김,《실패한 제국》1·2, 아카넷, 2016)과 Jonathan Haslam, *Russia's Cold War: From the October Revolution to the Fall of the Wall*, New Haven, CT: Yale University Press, 2011이다.

14 *For a Lasting Peace, for a People's Democracy!*, no. 41, 1951, pp.1~4.

15 1958년 6월 6일 자유유럽방송 배경 보고서(유고슬라비아 신문 *Slovenski poročevalec*, 72-4-242, RFE Collection, Open Society Archives, Budapest를 인용).

16 Svetozar Rajak, *Yugoslavia and the Soviet Union in the Early Cold War: Reconciliation, Comradeship, Confrontation, 1953-57*, London: Routledge, 2011을 보라.

17 1955년 7월 12일 소련공산당 중앙위원회 총회록(Transcript of CPSU Central Committee Plenum, 12 July 1955, f.2, op.1, d.176, pp.282~295, RGANI).

18 흐루쇼프의 연설 전문은 미국 연방의회 의사록에 나온다[*Congressional Record: Proceedings and Debates of the 84th Congress, 2nd Session (May 22, 1956-June 11, 1956)*, C11, Part 7 (June 4, 1956), pp.9389~9403].

19 1956년 3월 31일 마오쩌둥과 주중 소련대사 파벨 유딘의 대화 기록(AVPRF, f.0100, op.49, pa. 410, d. 9, pp.87~98).

20 "Gomułka's Notes from the 19-20 October [1956] Polish-Soviet Talks," 19 October 1956, Cold War International History Project Digital Archives(이

하 CWIHP-DA), Woodrow Wilson International Center for Scholars, http://digitalarchive.wilsoncenter.org/document/116002.

21 Sándor Petőfi, "The Nemzeti Dal", 1848, trans. Laszlo Korossy, http://laszlokorossy.net/magyar/nemzetidal.html.

22 "Account of a Meeting at the CPSU CC, on the Situation in Poland and Hungary," 24 October 1956, CWIHP-DA, http://digitalarchive.wilsoncenter.org/document/112196.

23 Csaba Békés, "East Central Europe, 1953~1956," p.350에서 재인용.

24 존 사도비John Sadovy의 말(Carl Mydans and Shelley Mydans, *The Violent Peace*, New York: Atheneum, 1968, p.194에서 재인용).

25 Carl Mydans and Shelley Mydans, *The Violent Peace*.

26 Csaba Békés, "The 1956 Hungarian Revolution and the Declaration of Neutrality," *Cold War History* 6, no. 4, 2006, pp.477~500.

27 Paul Lendvai, *One Day That Shook the Communist World: The 1956 Hungarian Uprising and Its Legacy*, Princeton, NJ: Princeton University Press, 2010, p.152 에서 재인용.

28 Leonid Brezhnev, *Tselina*, Moscow: Politizdat, 1978, p.12.

29 Roald Sagdeev, *The Making of a Soviet Scientist: My Adventures in Nuclear Fusion and Space from Stalin to Star Wars*, New York: Wiley, 1994, p.286.

08 서구의 형성

1 Tom Lehrer, "MLF Lullaby," on *That Was the Year that Was*, 1965 recording, at http://www.metrolyrics.com/mlf-lullaby-lyrics-tom-lehrer.html.

2 *The Schuman Declaration*, Brussels: European Commission, 2015, p.17.

3 20 September 1949: Regierungserklärung des Bundeskanzlers vor dem Deutschen Bundestag, http://www.konrad-adenauer.de/dokumente/erklarungen/regierungserklarung.

4 1963년 4월 19일 드골 라디오 방송(Charles de Gaulle, *Discours et messages*, vol.4,

Paris: Plon, 1970, p.95).

5   Giovanni Arrighi, "The World Economy and the Cold War, 1970-1990," in *The Cambridge History of the Cold War*, vol.3, ed. Melvyn P. Leffler and Odd Arne Westad, Cambridge: Cambridge University Press, 2010, pp.23~44에서 재인용.

6   존 포스터 덜레스 외교위원회 연설(*State Department Bulletin*, vol.30, no. 761, 25 January 1954, pp.107~110).

7   1954년 2월 25일 제임스 해거티James C. Hagerty 일기[James C. Hagerty Papers, box 1, January 1-April 6, 1954, Dwight D. Eisenhower Library, Abilene, Kansas(이하 Eisenhower Library)].

8   Thomas Borstelmann, *The Cold War and the Color Line: American Race Relations in the Global Arena*, Cambridge, MA: Harvard University Press, 2009, p.90에서 재인용.

9   1958년 8월 14일 존 F. 케네디 상원의원의 상원 연설[John F. Kennedy Library, Boston, MA(이하 Kennedy Library), https://www.jfklibrary.org/Research/Research-Aids/JFK-Speeches/United-States-Senate-Military-Power_19580814.aspx].

10   1953년 4월 13일 처칠이 아이젠하워에게 보낸 서한(*FRUS 1952-54*, vol.6, part 1, p.973).

11   1955년 7월 18일 제네바의 대통령 별장에서 열린 대통령 만찬 기록에 관한 각서(*FRUS 1955-1957*, vol.5, p.376).

12   1961년 1월 3일 아이젠하워 대통령과 회담한 각서(*FRUS 1961-1963*, vol.24, p.5).

13   Fred I. Greenstein and Richard H. Immerman, "What Did Eisenhower Tell Kennedy about Indochina? The Politics of Misperception," *Journal of American History* 79, no. 2, 1992, p.576에서 재인용.

14   1961년 1월 19일 국무회의 각서(*FRUS 1961-1963*, vol.24, p.21).

09 중국의 재앙

1   R.J. Rummel, *Death by Government*, at http://www.hawaii.edu/powerkills/NOTE1.HTM을 보라.

915

2 훌륭히 개관한 책은 Niu Jun, *LengZhan yu xin Zhongguo waijiao de yuanqi(1949-1955)*, Beijing: Shehui kexue wenxian, 2012([한국어판] 뉴쥔 지음, 박대훈 옮김,《냉전과 신중국 외교의 형성》, 한국문화사, 2015)이다.

3 Frederick C. Teiwes and Warren Sun, *The Politics of Agricultural Cooperativization in China: Mao, Deng Zihui, and the "High Tide" of 1955*, Armonk, NY: M.E. Sharpe, 1993을 보라.

4 Zhu Dandan, "The Double Crisis: China and the Hungarian Revolution of 1956", PhD thesis, LSE, 2009, p.181에서 재인용. Zhu Dandan, *1956: Mao's China and the Hungarian Crisis*, Cornell East Asia Series, vol.170, Ithaca, NY: East Asia Program, Cornell University, 2013도 보라.

5 Zhihua Shen and Yafeng Xia, "The Great Leap Forward, the People's Commune and the Sino-Soviet Split," *Journal of Contemporary China* 20, no. 72, 2011, p.865.

6 Yang Jisheng, *Tombstone: The Great Chinese Famine, 1958-1962*, New York: Farrar, Straus and Giroux, 2012에 담긴 가슴 아픈 서술을 보라.

7 Zhihua Shen and Yafeng Xia, *Mao and the Sino-Soviet Partnership, 1945-1959: A New History*, Lanham, MD: Lexington Books, 2015, p.289에서 재인용.

8 Shen and Xia, "The Great Leap Forward, the People's Commune and the Sino-Soviet Split," p.868, p.874.

9 1958년 7월 22일 마오쩌둥과 파벨 유딘의 대화 기록(Odd Arne Westad, ed., *Brothers in Arms: The Rise and Fall of the Sino-Soviet Alliance, 1945-1963*, Stanford, CA: Stanford University Press, 2000, p.348).

10 마오쩌둥의 말(Westad, *Brothers in Arms*, p.23에서 재인용).

11 1959년 7월 2일 마오쩌둥과 니키타 세르게예비치 흐루쇼프의 대화 기록(APRF, f.52, op.1, d. 499, pp.1~33).

12 마오쩌둥의 기록(Westad, *Brothers in Arms*, p.24에서 재인용).

13 Mao Zedong, "Winter Clouds-A lu shih", 26 December 1962, at Marxist Internet Archive, https://www.marxists.org/reference/archive/mao/selected-works/poems/poems33.htm.

14 Jeremy Friedman, *Shadow Cold War: The Sino-Soviet Competition for the Third World*, Chapel Hill: The University of North Carolina Press, 2015, p.170에서 재인용.

15 1959년 10월 2일 마오쩌둥과 흐루쇼프의 대화 기록(CWIHP-DA, http://digitalarchive.wilsoncenter.org/document/112088).

16 Niu Jun, *1962: The Eve of the Left Turn in China's Foreign Policy*, Cold War International History Project Working Paper 48, Washington, DC: Woodrow Wilson Center, 2005, p.33.

17 Dong Wang, "From Enmity to Rapprochement: Grand Strategy, Power Politics, and U.S.-China Relations, 1961-1974", PhD dissertation, University of California, Los Angeles, 2007, p.201에서 재인용.

18 "Mao zhuxi de tanhua 21/12/1965 yu Hangzhou", 지은이가 소장한 등사본.

19 Roderick MacFarquhar and Michael Schoenhals, *Mao's Last Revolution*, Cambridge, MA: Belknap Press of Harvard University Press, 2006, p.47에서 재인용.

20 Michael Schoenhals, ed., *China's Cultural Revolution, 1966-1969: Not a Dinner Party*, Armonk, NY: M.E. Sharpe, 1996, p.106에서 재인용.

21 Donald S. Sutton, "Consuming Counterrevolution: The Ritual and Culture of Cannibalism in Wuxuan, Guangxi, China, May to July 1968," *Comparative Studies in Society and History* 37, no. 1, 1995, pp.136~172를 보라.

22 "The DPRK Attitude Toward the So-called 'Cultural Revolution' in China," 7 March 1967, CWIHP-DA, http://digitalarchive.wilsoncenter.org/document/114570.

23 Yang Kuisong, "The Sino-Soviet Border Clash of 1969: From Zhenbao Island to Sino-American Rapprochement," *Cold War History* 1, no. 1, 2000, p.23에서 재인용.

24 MacFarquhar and Schoenhals, *Mao's Last Revolution*, p.335에서 재인용.

25 *Klassekampen*, 19 September 1973.

1   William Roger Louis and Judith Brown, *The Oxford History of the British Empire, Volume IV: The Twentieth Century*, Oxford: Oxford University Press, 1999, p.331에서 재인용.

2   Louis and Brown, *Oxford History of the British Empire*, vol.4, p.350에서 재인용.

3   Ebrahim Norouzi, The Mossadegh Project, 11 October 2011, http://www.mohammadmossadegh.com/biography/tudeh/에서 재인용.

4   *Africa-Asia Speaks from Bandung*, Jakarta: Indonesian Ministry of Foreign Affairs, 1955, pp.19~29.

5   1956년 7월 26일 가말 압델 나세르 연설(La Documentation française, eds., "Notes et études documentaires: Écrits et Discours du colonel Nasser," 20.08.1956, no. 2.206, Paris: La Documentation française, 1956, pp.16~21).

6   Donald Neff, *Warriors at Suez: Eisenhower Takes America into the Middle East*, New York: Simon and Schuster, 1981, p.376에서 재인용.

7   워싱턴 주재 이집트대사관은 줄곧 미국의 판단을 잘 알고 있었다. Egyptian Embassy Washington to Ministry of Foreign Affairs, 17 August 1956, 0078-032203-0034, National Archives of Egypt, Cairo를 보라.

8   1957년 2월 20일 아이젠하워 텔레비전 연설(*Public Papers of the Presidents: Dwight D. Eisenhower, 1957*, pp.151~152).

9   1956년 11월 19일 총리의 하원(Lok Sabha) 연설(*Selected Works of Jawaharlal Nehru*, vol.35, New Delhi: Oxford University Press, 2006, 2nd series, p.362).

10 1956년 11월 20일 총리의 하원 연설(*Selected Works of Jawaharlal Nehru*, vol.35, 2nd series, p.372).

11 Jean-Pierre Vernant, *Passé et présent: contributions à une psychologie historique*, vol.1, Rome: Edizioni di Storia e Letteratura, 1995, p.112에서 재인용.

12 1956년 10월 24일 에메 세제르가 모리스 토레즈에게 보낸 서한(*Social Text 103*, vol.28, No. 2, 2010, p.148).

13 NSC 5910/1, "Statement of U.S. policy on France," 4 November 1959, *FRUS*

1958-1960, vol.7, part 2.

14   J. Ayodele Langley, *Ideologies of Liberation in Black Africa, 1856-1970: Documents on Modern African Political Thought from Colonial Times to the Present*, London: R. Collings, 1979, pp.25~26에서 재인용.

15   1922년 12월 30일 레닌이 남긴 기록(*Lenin: Collected Works*, vol.36, Moscow: Progress, 1970, pp.593~611).

16   "Khrushchev Report on Moscow Conference, 6 January 1961," USSR: Khrushchev reports, 1961, Countries, President's Office Files, Presidential Papers, Papers of John F. Kennedy, Kennedy Library.

17   1956년 2월 24일 메논이 외무부에 보낸 보고, MEA 26(22) Eur/56(Secret), p.8, National Archives of India, New Delhi.

18   1960년 7월 21일 452차 국가안전보장회의 논의 각서(*FRUS 1958-1960*, vol.14, p.339).

19   1960년 8월 25일 레오폴드빌(지금의 킨샤사)에서 열린 전아프리카회의 개회사 (*Patrice Lumumba: Fighter for Africa's Freedom*, Moscow: Progress Publishers, 1961, pp.19~25).

20   1960년 7월 5일 흐루쇼프가 루뭄바에게 보낸 서한(Vladimir Brykin, ed., *SSSR i strany Afriki, 1946-1962 gg. : dokumenty i materialy*, vol.1, Moscow: Gosudarstvennoe izdatel'stvo politicheskoi i nauchnoi literatury, 1963, p.562).

21   "Sukarno, 1 September 1961," Non-Aligned Nations summit meeting, Belgrade, 1961, Subjects, President's Office Files, Presidential Papers, Papers of John F. Kennedy, Kennedy Library.

11 케네디 시절의 돌발 사건들

1   1961년 1월 17일 아이젠하워 텔레비전 연설(*Public Papers of the Presidents: Dwight D. Eisenhower 1960-1961*, p.421).

2   1961년 1월 20일 존 F. 케네디 취임 연설(*Public Papers of the Presidents: John F. Kennedy 1961*, pp.1~2).

3   Robert F. Kennedy Oral History Interview, JFK #1, John F. Kennedy Library.

4   James A. Yunker, *Common Progress: The Case for a World Economic Equalization Program*, Westport, CT: Greenwood Publishing Group, 2000, p.37.

5   1961년 3월 1일 대통령 성명(*Public Papers of the Presidents: John F. Kennedy 1961*, p.135).

6   1961년 1월 25일 대통령 케네디와 회담한 각서(*FRUS 1961-1963*, vol.24, p.43).

7   1960년 11월 30일 흐루쇼프 동지와 울브리히트 동지의 회담 기록(CWIHP-DA, http://digitalarchive.wilsoncenter.org/document/112352).

8   William Taubman, *Khrushchev: The Man and His Era*, New York: Norton, 2003, p.488에서 재인용.

9   1961년 6월 3일 빈에서 열린 케네디와 흐루쇼프의 회담(*FRUS 1961-1963*, vol.5, p.184).

10 1961년 6월 4일 빈에서 열린 케네디와 흐루쇼프의 회담(*FRUS 1961-1963*, vol.5, p.230).

11 William Taubman, *Khrushchev*, p.500에서 재인용.

12 William Taubman, *Khrushchev*, p.503.

13 William Taubman, *Khrushchev*, p.505.

14 Helen Pidd, "Berlin Wall 50 Years on: Families Divided, Loved Ones Lost," *The Guardian*, 12 August 2011에서 재인용.

15 1961년 8월 13일 브란트의 연설(Chronik der Mauer, http://www.chronik-der-mauer.de).

16 "Rough Notes from a Conversation(Gromyko, Khrushchev and Gomulka) on the International Situation, [October 1961]," CWIHP-DA, http://digitalarchive.wilsoncenter.org/document/112004.

17 1961년 10월 16일 (이동식 스피커), Chronik der Mauer, http://www.chronik-der-mauer.de.

18 Michael Beschloss, *The Crisis Years: Kennedy and Khrushchev, 1960-1963*, New York: Edward Burlingame Books, 1991, p.278에서 재인용.

19 Marc Trachtenberg, *A Constructed Peace: The Making of the European*

Settlement, 1945-1963, Princeton, NJ: Princeton University Press, 1999, p.334
에서 재인용.

20 Leycester Coltman, *The Real Fidel Castro*, New Haven, CT: Yale University Press,
2003, p.39에서 재인용.

21 Ed Cony, "A Chat on a Train: Dr. Castro Describes His Plans for Cuba," *Wall
Street Journal*, 22 April 1959.

22 1959년 10월 27일 아바나에서 열린 대중 집회에서 피델 카스트로 총리가 연설한
내용(Castro Speech Database, http://lanic.utexas.edu/project/castro/db/1959/19591027.
html).

23 Christopher M. Andrew and Vasili Mitrokhin, *The World Was Going Our Way:
The KGB and the Battle for the Third World*, New York: Basic Books, 2005, p.36
에서 재인용.

24 7 October 1960 Debate Transcript, Commission on Presidential Debates, http://
www.debates.org/index.php?page=october-7.1960-debate-transcript.

25 Christopher M. Andrew, *For the President's Eyes Only: Secret Intelligence and
the American Presidency from Washington to Bush*, New York: HarperCollins,
1995, p.259에서 재인용.

26 1961년 4월 27일 카스트로의 침략 포로 심문(Castro Speeches Database, http://lanic.
utexas.edu/project/castro/db/1961/19610427.html).

27 1961년 8월 22일 사령관 체 게바라와 대화(National Security Archive Digital
Archive(NSA-DA), https://nsarchive.wordpress.com/2012/02/03/document-
friday-che-guevara-thanks-the-united-states-for-the-bay-of-pigs-invasion/).

28 1961년 4월 23일 카스트로의 미국 침략 비난(Castro Speeches Database, http://lanic.
utexas.edu/project/castro/db/1961/19610423.html).

29 Hugh Sidey, "The Lesson John Kennedy Learned From the Bay of Pigs," *Time*,
16 April 2001.

30 1961년 4월 19일 법무장관(케네디)이 대통령 케네디에게 보낸 각서(*FRUS 1961-
1963*, vol.10, p.304).

31 Muhammad Haykal, *The Sphinx and the Commissar: The Rise and Fall of Soviet*

Influence in the Middle East, New York: Harper & Row, 1978, p.98에서 재인용.

32 William Taubman, *Khrushchev*, p.541에서 재인용.

33 1962년 10월 18일 케네디와 그로미코의 대화 기록(*FRUS 1961-1963*, vol.11, p.112).

34 1962년 10월 22일 케네디의 텔레비전 연설(*Public Papers of the Presidents: John F. Kennedy 1962*, p.808).

35 Adlai Stevenson Addresses the United Nations Security Council, 22 October 1962, https://www.youtube.com/watch?v=xgR8NjNw_I.

36 Interview with Walter Cronkite, CNN *Cold War* series, episode 10 ("Cuba 1959-1962"), http://nsarchive.gwu.edu/coldwar/interviews/episode-10/cronkite1.html.

37 카스트로가 흐루쇼프에게 보낸 전문의 일부(John F. Kennedy Library website, http://microsites.jfklibrary.org/cmc/oct26/doc2.html에서 재인용).

38 McNamara, CNN *Cold War* series, episode 10 ("Cuba 1959-1962").

39 Castro, CNN *Cold War* series, episode 10 ("Cuba 1959-1962").

40 미사일위기 이후로 다른 곳에서는 제3세계 급진주의자들조차 소련과 미국의 관계가 안정되기를 기대했다. 예를 들어 1962년 12월 18일 외무부 보고서 078-048418-0010, National Archives of Egypt, Cairo를 보라.

41 1963년 10월 19일 메인대학교에서 연설한 내용(*Public Papers of the Presidents: John F. Kennedy 1963*, p.797).

42 기밀해제된 펜콥스키 자료, CIA Library, http://www.foia.cia.gov/sites/default/files/document_conversions/89801/DOC_0000012267.pdf.

43 Grimes, CNN *Cold War* series, episode 21("Spies 1944-1994").

44 제508차 국가안전보장회의 회의 기록(*FRUS 1961-1963*, vol.8, p.462).

12 베트남과 조우

1 훌륭한 개관으로 Christopher Goscha, *Vietnam: A New History*, New York: Basic Books, 2016이 있다.

2 Le Duan, "Duong loi cach mang mien Nam", 1956년 무렵, http://vi.uh.edu/pages/buzzmat/southrevo.htm.

3 Robert D. Dean, "An Assertion of Manhood," in *Light at the End of the Tunnel: A Vietnam War Anthology*, ed. Andrew J. Rotter, 3rd ed., Rowman & Littlefield, 2010, p.367에서 재인용.

4 Michael Beschloss, ed., *Taking Charge: The Johnson White House Tapes, 1963-1964*, New York: Simon & Schuster, 1998, pp.401~403에서 재인용.

5 Andrew Preston, *The War Council: McGeorge Bundy, the NSC, and Vietnam*, Cambridge, MA: Harvard University Press, 2006, p.163에서 재인용.

6 David E. Kaiser, *American Tragedy: Kennedy, Johnson, and the Origins of the Vietnam War*, Cambridge, MA: Belknap Press of Harvard University Press, 2000, p.361에서 재인용.

7 Joint Resolution of Congress H.J. RES 1145 7 August 1964, http://avalon.law.yale.edu/20th_century/tonkin-g.asp.

8 1966년 8월 23일 저우언라이와 팜반동 등의 대화 기록(Odd Arne Westad et al., eds., *77 Conversations between Chinese and Foreign Leaders on the Wars in Indochina, 1964-1977*, Working Paper 22, Washington, DC: Cold War International History Project, Woodrow Wilson International Center for Scholars, 1998, p.97).

9 1964년 3월 19일 대외원조에 관해 의회에 보내는 특별 서신(*Public Papers of the Presidents: Lyndon B. Johnson 1963-1964*, p.393).

10 Kwame Nkrumah, *Neo-Colonialism: The Last Stage of Imperialism*, New York: International Publishers, 1965, p.247.

11 Intelligence Memorandum Prepared in the Central Intelligence Agency, 19 June 1965, *FRUS 1964-1968*, vol.24, p.42.

12 1964년 11월 24일 존슨과 전미자동차노동조합 위원장 월터 루서의 통화 기록 [tape number 6474, Lyndon B. Johnson Presidential Library, Austin, Texas(이하 Johnson Library)].

13 Robert Komer, "'Talking Points'(Preparation for McGeorge Bundy talk with Senator Dodds)," 31 August 1965, box 85, Congo, Africa, Country File, NSC, Presidential

Papers, Johnson Library.

14 Matthew Jones, "'Maximum Disavowable Aid': Britain, the United States and the Indonesian Rebellion, 1957-58," *The English Historical Review* 114, no. 459, 1999, p.1192에서 재인용.

15 Robert Cribb, "The Indonesian Massacres," in *Century of Genocide: Critical Essays and Eyewitness Accounts*, ed. Samuel Totten, William S. Parsons, and Israel W. Charny, 2nd ed., New York: Routledge, 2004, p.252에서 재인용.

16 Michael Wines, "CIA Tie Asserted in Indonesia Purge," *New York Times*, 12 July 1990과 John Prados, *Lost Crusader: The Secret Wars of CIA Director William Colby*, Oxford: Oxford University Press, 2003, p.156을 보라.

17 1966년 3월 12일 대통령 국가안보 특별보좌관 대행(코머)이 대통령 존슨에게 보낸 각서(*FRUS 1964-1968*, vol.26, p.418).

18 Taomo Zhou, "China and the Thirtieth of September Movement," *Indonesia* 98, no. 1, 2014, pp.29~58에서 재인용(인용문은 pp.53~54).

19 Eric Gettig, "'Trouble Ahead in Afro-Asia': The United States, the Second Bandung Conference, and the Struggle for the Third World, 1964-1965," *Diplomatic History* 39, no. 1, 2015, pp.126~156(인용문은 p.150).

20 1966년 3월 12일 대통령 국가안보 특별보좌관 대행(코머)이 대통령 존슨에게 보낸 각서(*FRUS 1964-1968*, vol.26, pp.457~458).

21 1966년 4월 국무장관 러스크가 대통령 존슨에게 보낸 각서(*FRUS 1964-1968*, vol.4, p.365).

22 1967년 4월 11일 마오쩌둥과 팜반동, 보응우옌잡의 대화 기록(Westad et al., *77 Conversations between Chinese and Foreign Leaders on the Wars in Indochina, 1964-1977*, p.102).

23 Nicholas Khoo, *Collateral Damage: Sino-Soviet Rivalry and the Termination of the Sino-Vietnamese Alliance*, New York: Columbia University Press, 2011, p.87.

24 1968년 2월 베트남전쟁에 관한 월터 크롱카이트의 성명 방송. *CBS News*, http://www.cbsnews.com/news/highlights-of-some-cronkite-broadcasts/.

25 Krishnadev Calamur, "Muhammad Ali and Vietnam," *The Atlantic*, 4 June 2016

에서 재인용.

26 Martin Luther King Jr., "Beyond Vietnam," 4 April 1967, in *A Call to Conscience: The Landmark Speeches of Dr. Martin Luther King, Jr.*, ed. Clayborne Carson and Kris Shepard, New York: Warner Books, 2001, pp.133~140.

27 1966년 9월 1일 샤를 드골의 프놈펜 연설(Fondation Charles de Gaulle, http://www. charles-de-gaulle.org/pages/l-homme/accueil /discours/le-president-de-la-cinquieme-republique-1958.1969/discours-de-phnom-penh-1er-septembre-1966.php).

28 Robert David Johnson, *Lyndon Johnson and Israel: The Secret Presidential Recordings*, Research Paper, no. 3, Tel Aviv: S. Daniel Abraham Center for International and Regional Studies, Tel Aviv University, 2008, p.33에서 재인용.

29 Thomas Borstelmann, *The Cold War and the Color Line: American Race Relations in the Global Arena*, Cambridge, MA: Harvard University Press, 2009, p.182에서 재인용.

30 Thomas Borstelmann, *The Cold War and the Color Line*, p.173에서 재인용.

13 냉전과 라틴아메리카

1 크리스티나 고도이-나바레테Christina Godoy-Navarrete의 말(Kim Sengupta, "Victims of Pinochet's Police Prepare to Reveal Details of Rape and Torture," *The Independent*(London), 9 November 1998에서 재인용).

2 Walter LaFeber, *The American Search for Opportunity, 1815-1913*, Cambridge: Cambridge University Press, 1993, p.9에서 재인용.

3 Gilbert M. Joseph and Daniela Spenser, eds., *In From the Cold: Latin America's New Encounter with the Cold War*, Durham, NC: Duke University Press, 2007, p.20을 보라.

4 Eric Zolov, "Expanding Our Conceptual Horizons: The Shift from an Old to a New Left in Latin America," *A Contra Corriente* 5, no. 2(날짜 없음), pp.47~73을 보라.

5   *La Prensa*, 13 January 1927.

6   1950년 3월 29일 국무부 고문(케넌)이 국무장관에게 보낸 각서(*FRUS 1950*, vol.2, pp.598~624). 존 루이스 개디스John Lewis Gaddis가《조지 F. 케넌: 어느 미국인의 삶(George F. Kennan: An American Life)》(New York: Penguin, 2011) 386쪽에서 지적한 것처럼, 케넌이 라틴아메리카에 관해 권고한 내용이 미국의 정책에 영향을 미쳤음을 보여 주는 증거는 거의 없다. 하지만 그의 상황 요약은 당시 워싱턴이 품은 여러 우려를 반영했음이 분명하다.

7   1954년 4월 26일 대통령 공보비서관 제임스 해거티의 일기에서 발췌(*FRUS 1952-1954*, vol.4, p.1102).

8   Piero Gleijeses, *Shattered Hope: The Guatemalan Revolution and the United States, 1944-1954*, Princeton University Press, 1992, p.4에서 재인용.

9   Max Paul Friedman, "Fracas in Caracas: Latin American Diplomatic Resistance to United States Intervention in Guatemala in 1954," *Diplomacy & Statecraft* 21, no. 4, 2010, p.681에서 재인용.

10   Max Paul Friedman, "Fracas in Caracas," p.679에서 재인용.

11   "Interamerican Tension Mounting at Caracas," *New York Times*, 7 March 1954.

12   Max Paul Friedman, "Fracas in Caracas," p.672에서 재인용.

13   1954년 6월 24일 제임스 해거티 일기(Box 1, Hagerty Papers, Dwight D. Eisenhower Library, Abilene, Kansas).

14   1961년 3월 13일 라틴아메리카 각 공화국의 외교단 환영 연설(*Public Papers of the Presidents: John F. Kennedy 1961*, p.172).

15   Francisco H. G. Ferreira and Julie A Litchfield, "The Rise and Fall of Brazilian Inequality, 1981-2004", Policy Research Working Paper Series, The World Bank, 2006을 보라.

16   Robert M. Levine, *The History of Brazil*, London: Palgrave Macmillan, 2003, p.126 에서 재인용.

17   1964년 3월 31일 린든 존슨과 조지 볼George Ball, 토마스 만Thomas Mann의 통화 기록(tape number 2718, Johnson Library).

18   James Dunkerley, *Warriors and Scribes: Essays on the History and Politics of*

Latin America, London: Verso, 2000, p.4에서 재인용.

19 Jon Lee Anderson, *Che Guevara: A Revolutionary Life*, New York: Grove Press, 1997([한국어판] 존 리 앤더슨 지음, 허진·안성열 옮김, 《체 게바라 혁명가의 삶》1·2, 열린책들, 2015), p.768에서 재인용.

20 David Rock, *Authoritarian Argentina: The Nationalist Movement, Its History and Its Impact*, Berkeley: University of California Press, 1993, p.218에서 재인용.

21 Paul H. Lewis, *Guerrillas and Generals: The "Dirty War" in Argentina*, Westport, CT: Praeger, 2001, p.51에서 재인용.

22 Allende, "First Annual Message to the National Congress, 21 May 1971," James D. Cockcroft and Jane Canning, eds., *Salvador Allende Reader*, New York: Ocean Press, 2000, p.96.

23 1973년 8월 22일 칠레 하원 결의안[*La Nacion* (Santiago), 25 August 1973].

24 Tanya Harmer, *Allende's Chile and the Inter-American Cold War*, Chapel Hill: The University of North Carolina Press, 2011, p.63에서 재인용.

25 1970년 9월 15일 칠레 관련 대통령 회담 기록(NSA-DA, http://nsarchive.gwu.edu/NSAEBB/NSAEBB8/nsaebb8i.htm).

26 Comisión Nacional Sobre Prisón Politica y Tortura, http://www.indh.cl/informacion-comision-valech.

27 Róbinson Rojas Sandford, *The Murder of Allende and the End of the Chilean Way to Socialism*, New York: Harper & Row, 1976, p.208.

28 Federico Finchelstein, *The Ideological Origins of the Dirty War: Fascism, Populism, and Dictatorship in Twentieth Century Argentina*, Oxford: Oxford University Press, 2014, p.152.

29 Christopher M. Andrew and Vasili Mitrokhin, *The World Was Going Our Way: The KGB and the Battle for the Third World*, New York: Basic Books, 2005, p.78.

30 Renata Keller, *Mexico's Cold War: Cuba, the United States, and the Legacy of the Mexican Revolution*, Cambridge Studies in US Foreign Relations, Cambridge: Cambridge University Press, 2015, p.211에서 재인용.

31 Renata Keller, *Mexico's Cold War*, p.223에서 재인용.

32 어떤 이는 태도를 바꾸기도 했다. 도시 게릴라 출신으로 우루과이 대통령이 된 호세 무히카José Mujica는 다음과 같이 결론지었다. "정부를 뒤집어엎거나 거리를 봉쇄하는 것과 더 나은 사회를 창조하고 건설하는 것은 전혀 다른 문제입니다. 후자에는 조직과 규율, 장기 작업이 필요하지요. 양자를 혼동해서는 안 됩니다" (Krishna Andavolu, "Uruguay and Its Ex-Terrorist Head of State May Hold the Key to Ending the Global Drug War," *Vice*, 9 May 2014, http://www.vice.com/read/president-chill-jose-pepe-mujica-uruguay-0000323-v21n5).

14 브레즈네프 시대

1 Melvyn P. Leffler, *For the Soul of Mankind: The United States, the Soviet Union, and the Cold War*, New York: Hill & Wang, 2008, p.247에서 재인용.

2 1974년 10월 24일 브레즈네프와 키신저의 대화 기록(William Burr, ed., *Kissinger Transcripts: The Top Secret Talks with Beijing and Moscow*, New York: New Press, 1998, pp.327~342).

3 *Pravda*, 25 September 1968.

4 William Taubman, *Khrushchev: The Man and His Era*, New York: Norton, 2003, p.16에서 재인용.

5 David Holloway, "Nuclear Weapons and the Escalation of the Cold War, 1945-1962," in *The Cambridge History of the Cold War*, ed. Melvyn P. Leffler and Odd Arne Westad, Cambridge: Cambridge University Press, 2010, pp.376~397 에서 재인용.

6 Henry Phelps Brown, *The Inequality of Pay*, Oxford: Oxford University Press, 1977, pp.38~51을 보라.

7 *Marxism Today*, July 1968, pp.205~217에서 재인용.

8 1968년 7월 29일 치에르나 나트 티소우에서 벌인 협상(Jaromír Navrátil, ed., *The Prague Spring 1968: A National Security Archive Documents Reader*, Budapest: Central European University Press, 1998).

9 1968년 8월 13일 레오니트 브레즈네프와 알렉산드르 둡체크의 통화 녹취록

(Jaromír Navrátil, ed., *The Prague Spring 1968: A National Security Archive Documents Reader*, pp.345~356).

10 Vladimir Tismaneanu, ed., *Promises of 1968: Crisis, Illusion, and Utopia*, Budapest: Central European University Press, 2011, p.394.

11 Nicolae Ceaușescu, *Romania on the Way of Completing Socialist Construction: Reports, Speeches, Articles*, vol.3, Bucharest: Meridiane, 1969, pp.415~418.

12 SDS, "The Port Huron Statement," in Timothy Patrick McCarthy and John Campbell McMillian, eds., *The Radical Reader: A Documentary History of the American Radical Tradition*, New York: The New Press, 2003, pp.468~476.

13 Betty Friedan, *The Feminine Mystique*, New York: Norton, 1963([한국어판] 베티 프리단 지음, 김현우 옮김,《여성성의 신화》, 갈라파고스, 2018), p.1.

14 Maurice Vaïsse, *La grandeur: politique étrangère du général de Gaulle, 1958-1969*, Paris: Fayard, 1998, pp.360~361.

15 Thomas Alan Schwartz, *Lyndon Johnson and Europe: In the Shadow of Vietnam*, Cambridge, MA: Harvard University Press, 2003, p.123에서 재인용.

16 1967년 4월 11일 브란트가 독일사회민주당 연방의회 의원에게 연설한 내용 (Willy Brandt, *Berliner Ausgabe*, vol.6, ed. Helga Grebing et al., Bonn: Dietz, 2000, p.129).

17 Willy Brandt, *People and Politics: The Years 1960-75*, London: HarperCollins, 1978, p.238에서 재인용.

18 1973년 9월 26일 브란트의 유엔총회 연설(Brandt, *Berliner Ausgabe*, vol.6, pp.498~511).

19 1983년 9월 19일 에리히 밀케Erich Mielke와 블라디미르 크류치코프의 대화 기록 (CWIHP—DA, http://digitalarchive.wilsoncenter.org/document/115718).

20 "Conference on Security and Co-Operation in Europe: Final Act," *American Journal of International Law* 70, no. 2, 1976, pp.417~421.

21 1967년 10월 25일 〈알제헌장〉(Mourad Ahmia, ed., *The Collected Documents of the Group of 77*, vol.6, Oxford: Oxford University Press, 2015, pp.22~39).

22 Nils Gilman, "The New International Economic Order: A Reintroduction," *Humanity* 6, no. 1, 2015, pp.1~16에서 재인용.

1   1968년 8월 8일 마이애미비치에서 열린 공화당 전당대회에서 리처드 닉슨이 대통령 후보 지명을 수락하는 연설(The American Presidency Project, http://www.presidency.ucsb.edu/ws/?pid=25968).

2   Richard Nixon, "Asia after Viet Nam," *Foreign Affairs* 46, no. 1, 1967, pp.113~125.

3   1960년 6월 국가안전보장회의 보고서, 미국의 대일본정책(*FRUS 1958-1960*, vol.18, p.347).

4   Gilbert Cette et al., "A Comparison of Productivity in France, Japan, the United Kingdom, and the United States over the Past Century," paper presented at the 14e Colloque de l'Association de comptabilité nationale (6,8 June 2012), Paris, France, www.insee.fr/en/insee-statistique-publique/connaitre/colloques/acn/pdf14/acn14-session1-3-diaporama.pdf를 보라.

5   Mark Tran, "South Korea: A Model of Development?," *The Guardian*, 28 November 2011.

6   Young-Iob Chung, *South Korea in the Fast Lane: Economic Development and Capital Formation*, Oxford: Oxford University Press, 2007, p.30.

7   Ang Cheng Guan, "Singapore and the Vietnam War," *Journal of Southeast Asian Studies* 40, no. 2, 2009, p.365.

8   Odd Arne Westad et al., eds., *77 Conversations between Chinese and Foreign Leaders on the Wars in Indochina, 1964-1977*, Working Paper 22, Washington, DC: Cold War International History Project, Woodrow Wilson Center, 1998, pp.132~133.

9   Xiong Xianghui, "Dakai ZhongMei guanxi de qianzou," *Zhonggong dangshi ziliao*, no. 42, 1992, pp.72~75.

10 1969년 8월 14일 샌클레멘테에서 열린 국가안전보장회의록(*FRUS 1969-1976*, vol.12, p.226).

11 1969년 10월 20일 닉슨과 도브리닌의 대화 기록(*FRUS 1969-1976*, vol.12, p.285).

12 1971년 8월 2일 크림반도에서 레오니트 브레즈네프와 다른 공산주의 지도자들이 대화한 기록(SAPMO-BArch, DY 30 J IV 2/20, p.9).

13 1971년 3월 12일 닉슨과 키신저의 전화대화(Luke Nichter and Douglas Brinkley, eds., *The Nixon Tapes, 1971-1972*, Boston: Houghton Mifflin Harcourt, 2014, p.41).

14 1971년 4월 27일 닉슨과 키신저의 전화대화(Luke Nichter and Douglas Brinkley, eds., *The Nixon Tapes, 1971-1972*, Boston: Houghton Mifflin Harcourt, 2014, p.108).

15 1971년 7월 24일 중국공산당 중앙위원회 문서(James T. Myers, Jürgen Domes, and Erik von Groeling, *Chinese Politics: Ninth Party Congress (1969) to the Death of Mao (1976)*, Columbia: University of South Carolina Press, 1986, p.171).

16 1971년 6월 3일 마오쩌둥과 차우셰스쿠의 대화 기록(CWIHP-DA, http://digitalarchive.wilsoncenter.org/document/117763).

17 1972년 2월 21일 마오쩌둥과 닉슨의 대화 기록(*FRUS 1969-1976*, vol.17, pp.680~681).

18 1972년 2월 22일 마오쩌둥과 저우언라이의 대화 기록(*FRUS 1969-1976*, vol.17, p.362).

19 *FRUS 1969-1976*, vol.17, pp.812~813.

20 1970년 9월 23일 마오쩌둥과 팜반동의 대화 기록(Westad et al., eds., *77 Conversations between Chinese and Foreign Leaders on the Wars in Indochina, 1964-1977*, p.175).

21 1975년 10월 21일 마오쩌둥과 키신저의 대화 기록(*FRUS 1969-1976*, vol.18, p.789).

22 Michael Schaller, "The Nixon 'Shocks' and U.S.-Japan Strategic Relations, 1969-74," National Security Archive Working Paper No. 2 (1996), http://nsarchive.gwu.edu/japan/schaller.htm.

23 *PPP Nixon 1972*, p.633.

24 John Kenneth Galbraith, "Reith Lectures 1966: The New Industrial State. Lecture 6: The Cultural Impact," 1966년 12월 18일 방송, downloads.bbc.co.uk/rmhttp/radio4/transcripts/1966_reith6.pdf.

25 "19th Pugwash Conference on Science and World Affairs," in *Science and Public*

Affairs, April 1970, pp.21~24.

26 Aleksandr Solzhenitsyn, *One Day in the Life of Ivan Denisovitch*, trans. by Ralph Parker, New York: Dutton, 1963(한국어판 다수), p.42.

27 Andrei Amalrik, *Will the Soviet Union Survive Until 1984?*, New York: Harper & Row, 1970, 41, pp.5~6.

28 Tom W. Smith, "The Polls: American Attitudes Toward the Soviet Union and Communism," *Public Opinion Quarterly* 47, no. 2, 1983, pp.277~292.

29 Werner D. Lippert, "Richard Nixon's Détente and Willy Brandt's Ostpolitik: The Politics and Economic Diplomacy of Engaging the East", PhD thesis, Vanderbilt University, 2005 부록을 보라.

30 1974년 11월 23일 브레즈네프와 포드의 대화 기록(*FRUS 1969-1976*, vol.16, p.325).

16 인도의 냉전

1 Jag Mohan, "Jawaharlal Nehru and His Socialism," *India International Centre Quarterly* 2, no. 3, 1975, pp.183~192에서 재인용.

2 *India International Centre Quarterly*에서 재인용.

3 Karl Ernest Meyer and Shareen Blair Brysac, *Pax Ethnica: Where and How Diversity Succeeds*, New York: PublicAffairs, 2012, p.52에서 재인용.

4 1949년 10월 13일 네루가 미국 의회에서 연설한 내용(*Selected Works of Jawaharlal Nehru*, 2nd series, New Delhi: Jawaharlal Nehru Memorial Fund, 1992, vol.13, p.304).

5 Robert J. McMahon, *The Cold War on the Periphery: The United States, India, and Pakistan*, New York: Columbia University Press, 1994, p.57에서 재인용.

6 Andrew J. Rotter, *Comrades at Odds: The United States and India, 1947-1964*, Ithaca, NY: Cornell University Press, 2000, p.214에서 재인용.

7 1956년 3월 9일 네루와 덜레스의 대화 기록(*FRUS 1955-1957*, vol.8, p.307).

8 Indian Planning Commission, *Second Five Year Plan: A Draft Outline*, New Delhi: The Commission, 1956, p.1.

9 David C. Engerman, "Learning from the East: Soviet Experts and India in the Era of Competitive Coexistence," *Comparative Studies of South Asia, Africa and the Middle East* 33, no. 2, 2013, pp.227~238을 보라.

10 Ratnam to Dutt, 22 December 1955, Ministry of External Affairs(이하 MEA), P(98)-Eur/55, 4~5쪽, National Archives of India, New Delhi(이하 NAI).

11 Jawaharlal Nehru, *Letters to Chief Ministers, 1947-1964*, vol.4, ed. G. Parthasarathi, New Delhi: Oxford University Press, 1985, p.86. 인도와 중국의 관계를 개관한 글로는 Anton Harder, "Defining Independence in Cold War South Asia: Sino-Indian Relations, 1949-1962", PhD thesis, LSE, 2016을 보라.

12 Indian Mission, Lhasa, Annual Report for 1950, MEA 3(18)-R&I/51, NAI.

13 Indian Mission, Lhasa, Annual Report for 1950, MEA 3(18)-R&I/51, NAI.

14 이 지역을 둘러싸고 중국과 인도가 경쟁한 초기 단계를 가장 훌륭히 개관한 연구는 Sulmaan Wasif Khan, *Muslim, Trader, Nomad, Spy: China's Cold War and the People of the Tibetan Borderlands*, Chapel Hill: The University of North Carolina Press, 2015이다.

15 "Treaty 4307: Agreement on Trade and Intercourse between Tibet Region of China and India, 29 April 1954," *UN Treaty Series*, 229, 1958, p.70.

16 Jovan Čavoški, "Between Great Powers and Third World Neutralists: Yugoslavia and the Belgrade Conference of the Non-Aligned Movement, 1961," in *The Non-Aligned Movement and the Cold War: Delhi-Bandung-Belgrade*, ed. Natasa Miskovic et al., London: Routledge, 2014, p.187에서 재인용.

17 Jawaharlal Nehru, *Letters to Chief Ministers, 1947-1964*, vol.4, p.197, p.240.

18 Indian embassy Moscow to Ministry of External Affairs, 24 February 1956, MEA, 26(22)Eur/56(Secret), NAI.

19 "Non-Aligned Countries Declaration, 1961," Edmund Jan Osmańczyk, ed., *Encyclopedia of the United Nations and International Agreements*, 3rd ed., London: Taylor & Francis, 2003, vol.3, p.1572.

20 "Non-Aligned Countries Declaration, 1961," Edmund Jan Osmańczyk, ed., *Encyclopedia of the United Nations and International Agreements*, 3rd ed.,

London: Taylor & Francis, 2003.

21 1962년 11월 25일 러스크가 애버럴 해리먼Averell Harriman에게 보낸 서한(FRUS 1961-1963, vol.19, p.406).

22 Jawaharlal Nehru, *Letters to Chief Ministers, 1947-1964*, vol.5, p.537.

23 East Asia Division to Foreign Secretary, 6 February 1967, MEA WII/104/3/67, NAI.

24 Renu Srivastava, *India and the Nonaligned Summits: Belgrade to Jakarta*, Delhi: Northern Book Centre, 1995, p.85에서 재인용.

25 1969년 3월 8일 트릴로키 나트 카울Triloki Nath Kaul과 A. A. 포민의 대화 기록 [MEA WI/101(39)/69 vol.2, p.84, NAI].

26 1966년 2월 17일 외무장관이 워싱턴 주재 (인도) 대사관에 보낸, 총리와 험프리 부통령의 회담 요약 기록[MEA WII/121(21)/66, p.60, NAI].

27 1969년 10월(날짜 없음) 워싱턴 주재 인도 대사관이 외무장관에게 보낸 보고, "Internal Developments in the United States," MEA WII/104(14)/69 vol.2, NAI.

28 Oriana Fallaci, "Indira's Coup," *New York Review of Books*, 18 September 1975 에서 재인용.

29 1963년 11월 12일 외무장관과 장군 애덤스의 대화 기록[MEA 101(34)-WII/63, p.34, NAI].

30 1971년 7월 7일 싱과 키신저의 대화 기록[MEA, WII/121(54)/71, p.55, NAI].

31 Treaty of Peace, Friendship and Cooperation between the Government of India and the Government of the Union of Soviet Socialist Republics, 9 August 1971, http://mea.gov.in/bilateral-documents.htm?dtl/5139/Treaty+of+.

32 1971년 8월 18일 정치장관 보고서, MEA, WII/104/34/71, NAI.

33 1971년 12월 10일 키신저와 황전黃鎭의 대화 기록(FRUS 1969-1976, vol.11, p.756).

34 1971년 12월 4일 워싱턴 특별행동그룹 회의록(FRUS 1969-1976, vol.11, pp.620~626).

35 1971년 12월 5일 닉슨과 키신저의 통화 기록(FRUS 1969-1976, vol.11, p.638).

36 "Indo-Pakistan Relations, 날짜 없음(1972년 3월?), WII/103/17/72, p.8, NAI.

37 "Sino-US Relations and Implications," 6 March 1972, WII/103/17/72, p.14.

38 "Impact of Sino-American, Indo-Soviet, and Indo-Pakistan Relations on Indo-US Relations," 날짜 없음 (1972년 3월?), WII/103/17/72, p.31.

39 인도 외무부 동유럽국 연례 보고서(1975년 2월 3일), MEA WI/103/5/75-EE vol.1, NAI.

40 Vojtech Mastny, "The Soviet Union's Partnership with India," *Journal of Cold War Studies* 12, no. 3, 2010, pp.73~74에서 재인용.

41 인도-소련 관계 정책 평가서, 1977년 4월 12일, MEA, WI/103/10/77/EE, p.53, NAI.

42 1977년 4월 21일 메타와 수다리코프(소련 외무부 남아시아부 국장)의 대화 기록 (MEA WI/103/10/77/EE, p.45, NAI).

43 1979년 6월 12일 브레즈네프와 데사이의 대화 기록[MEA WI/103/4/79(EE) vol.1, pp.234~249, NAI].

44 1979년 3월 20일 메타와 율리 보론초프Yuli M. Vorontsov의 대화 기록[MEA WI/103/4/79(EE) vol.1, pp.98~102, NAI].

45 1980년 4월 1일 델리의 인도국민회의에서 인디라 간디가 연설한 내용(http://inc.in/resources/speeches/298-What-Makes-an-Indian).

17 소용돌이치는 중동

1 Nasser, "Falsafat al-Thawra"(Reem Abou-El-Fadl, "Early Pan-Arabism in Egypt's July Revolution: The Free Officers' Political Formation and Policy-Making, 1946-54," *Nations and Nationalism* 21, no. 2, 2015, p.296에서 재인용).

2 Nasser, "Falsafat al-Thawra"(Reem Abou-El-Fadl, "Early Pan-Arabism in Egypt's July Revolution: The Free Officers' Political Formation and Policy-Making, 1946-54," *Nations and Nationalism* 21, no. 2, 2015, p.295에서 재인용).

3 1962년 12월 23일 나세르 연설(https://www.youtube.com/watch?v=voUNkFuhg1E).

4 1950년 2월 1일 아플라크 연설(Michel Aflaq, *Choice of Texts from the Ba'th Party Founder's Thought*, Baghdad: Arab Ba'th Socialist Party, 1977, p.86).

5 Douglas Little, "His Finest Hour? Eisenhower, Lebanon, and the 1958 Middle

935

East Crisis," in *Empire and Revolution: The United States and the Third World Since 1945*, ed. Peter L. Hahn and Mary Ann Heiss, Columbus: Ohio State University Press, 2001, p.32에서 재인용.

6   Aleksandr Fursenko and Timothy Naftali, *Khrushchev's Cold War: The Inside Story of an American Adversary*, New York: Norton, 2006, p.164에서 재인용.

7   1958년 7월 15일 대통령 성명(*Public Papers of the Presidents: Dwight D. Eisenhower 1958*, p.553).

8   Fursenko and Naftali, *Khrushchev's Cold War*, p.159에서 재인용.

9   Fursenko and Naftali, *Khrushchev's Cold War*, p.169에서 재인용.

10 Sharman Kadish, *Bolsheviks and British Jews: The Anglo-Jewish Community, Britain, and the Russian Revolution*, London: Psychology Press, 1992, p.135에서 재인용.

11 Avi Shlaim, "Israel, the Great Powers, and the Middle East Crisis of 1958," *Journal of Imperial and Commonwealth History* 27, no. 2, 1999, pp.177~192에서 재인용.

12 소련의 원조와 관련해 이집트가 어떤 문제들을 우선순위로 두었는지, 1966년 5월 이집트 부총리 무스파타 칼릴Mustafa Khalil이 소련 대외경제관계위원회 위원장 S. 스카치코프에게 보낸 서한(3022-000557, National Archives of Egypt, Cairo)을 보라.

13 1963~1965년 당시 아프리카 나라들과 이집트의 관계는 외무부 보고서(0078-048408, National Archives of Egypt, Cairo)를, 군사 지원에 관해서는 1965년 9월 18일 보고서(0078-048418-408, National Archives of Egypt, Cairo)를 보라.

14 Ghassan Khatib, *Palestinian Politics and the Middle East Peace Process: Consensus and Competition in the Palestinian Negotiating Team*, London: Routledge, 2010, p.27에서 재인용.

15 1967년 6월 9일 국가안전보장회의 특별위원회 회의록(*FRUS 1964-1968*, vol.19, p.399).

16 "On Soviet Policy following the Israeli Aggression in the Middle East," 20 June 1967, CWIHP-DA, http://digitalarchive.wilsoncenter.org/document/112654.

17 1969년 5월 5일 총리 골다 메이어가 이스라엘 의회 크세네트에 보낸 성명서(Israel

Foreign Ministry, http://www.mfa.gov.il/mfa/foreignpolicy/mfadocuments/yearbook1/pages/8%20statement%20to%20the%20knesset%20by%20prime%20minister%20golda.aspx).

18 "On Soviet Policy following the Israeli Aggression in the Middle East," 20 June 1967, CWIHP-DA, http://digitalarchive.wilsoncenter.org/document/113381.

19 Isabella Ginor, "'Under the Yellow Arab Helmet Gleamed Blue Russian Eyes': Operation Kavkaz and the War of Attrition, 1969-70," *Cold War History* 3, no. 1, 2002, p.138에서 재인용.

20 1969년 4월 25일 국가안전보장회의 회의록(*FRUS 1969-1976*, vol.23, p.92).

21 1973년 10월 13일 키신저, 제임스 슐레진저James R. Schlesinger, 윌리엄 콜비William Colby 대화 기록(*FRUS 1969-1976*, vol.25, p.483).

22 1973년 10월 24일, 25일 기록을 위해 작성한 비망록(*FRUS 1969-1976*, vol.25, p.741).

23 Victor Israelyan, *Inside the Kremlin During the Yom Kippur War*, Philadelphia, PA: Penn State Press, 2010, p.180에서 재인용.

24 1973년 10월 26일 대통령 기자회견(*Public Papers of the Presidents: Richard Nixon 1973*, pp.902~903).

25 1973년 10월 9일 대화 비망록(*FRUS 1969-1976*, vol.25, p.413).

26 1974년 8월 12일 대화 비망록(*FRUS 1969-1976*, vol.26, p.406).

27 1975년 3월 21일 대통령 포드가 이스라엘 총리 라빈에게 보낸 서한(*FRUS 1969-1976*, vol.26, p.553).

28 1975년 5월 22일 미국 상원의원 76명이 대통령 포드에게 보낸 서한(Israeli Foreign Ministry, http://mfa.gov.il/MFA/ForeignPolicy/MFADocuments/Yearbook2/Pages/84%20Letter%20to%20President%20Ford%20by%2076%20Members%20of%20the%20U.aspx).

29 Efraim Karsh, *Israel: The First Hundred Years*, London: Frank Cass, 2002, vol.3, p.103에서 재인용.

30 많은 팔레스타인 단체도 소련에 가까워졌다. 한 내부자의 견해로, 1981년 11월 17일 팔레스타인해방인민전선 조지 하바시와 불가리아공산당 정치국 추도미르

알렉산드로프가 대화한 기록(Sofia, f.1b, op.60, an.287, pp.1~60, CDA, Sofia)을 보라.

31 Massimiliano Trentin, "La République démocratique allemande et la Syrie du parti Baas," *Les cahiers Irice*, no. 10, 2013, p.19.

32 "Saddam Hussein's political portrait-compiled for Foreign Minister Frigyes Puja prior to the Iraqi leader's visit to Hungary in May 1975," 26 March 1975, CWIHP-DA, http://digitalarchive.wilsoncenter.org/document/122524.

33 "Policy Statement on the Bulgarian Relations with Angola, Ethiopia, Mozambique, and PDR of Yemen," 1 October 1978, CWIHP-DA, http://digitalarchive.wilsoncenter.org/document/113582.

34 Joanne Jay Meyerowitz, *History and September 11th*, Philadelphia, PA: Temple University Press, 2003, p.231에서 재인용.

18 데탕트를 무너뜨리다

1 Hedrick Smith, *New York Times*, 13 June 1973.

2 1975년 3월 1일 2회 보수정치행동회의 연례 총회에서 레이건이 연설한 내용 (http://reagan2020.us/speeches/Let_Them_Go_Their_Way.asp).

3 1976년 3월 31일 레이건의 선거운동 연설(https://reaganlibrary.gov/curriculum-smenu?catid=0&id=7).

4 Daniel J. Sargent, *A Superpower Transformed: The Remaking of American Foreign Relations in the 1970s*, Oxford: Oxford University Press, 2015를 보라.

5 George J. Church, "Saigon," *Time*, 24 June 2001에서 재인용.

6 1975년 4월 23일 털레인대학교 졸업식에서 연설한 내용(*PPP Ford 1975*, p.568).

7 이에 관해 1975년 10월 8일, 9일 토도르 집코프Todor Zhivkov와 레주언의 대화 기록(Sofia, pp.1~45, a.n. 186, op.60, f.1, CDA, Sofia)을 보라.

8 R. J. Rummel, "Statistics of Cambodian Democide: Estimates, Calculations, and Sources," at https://www.hawaii.edu/powerkills/SOD.CHAP4.HTM을 보라.

9 1976년 5월 15일 케이프타운 외무장관에게 남아프리카 유엔 대표단이 보낸 키신 저와 스코크로프트와의 대화 기록, 1/33/3, vol.33, South African Department of

Foreign Affairs Archives, Pretoria.

10 이런 관계를 쿠바가 요약한 내용으로 1976년 3월 11일 피델 카스트로와 토도르 집코프의 대화 기록(Sofia, f.1b. op.60, an.194, pp.1~38, CDA, Sofia)을 보라.

11 "US-Soviet Relations and Soviet Foreign Policy towards the Middle East and Africa in the 1970s. Transcript of the Proceedings of the First Lysebu Conference of the Carter-Brezhnev Project. Oslo, Norway, 1-3 October 1994"(이하 Lysebu I), p.45.

12 Lysebu I, p.47.

13 1976년 10월 6일 대통령 토론위원회: 카터와 포드의 2차 대통령 토론(http://www. debates.org/index.php?page=october-6.1976-debate-transcript).

14 1977년 1월 26일 카터가 브레즈네프에게 보낸 편지(FRUS 1977-1980, vol.6, p.2).

15 "SALT II and the Growth of Mistrust. Transcript of the Proceedings of the Musgrove Conference of the Carter-Brezhnev Project. Musgrove Plantation, St. Simon's Island, Georgia, 7-9 May 1994," p.62에서 재인용.

16 1977년 2월 5일 카터가 사하로프에게 보낸 편지(FRUS 1977-1980, vol.6, p.17).

17 "The Collapse of Detente. Transcript of the Proceedings of the Pocantico Conference of the Carter-Brezhnev Project. The Rockefeller Estate, Pocantico Hills, NY, 22-24 October 1992," p.13에서 재인용.

18 1977년 6월 해밀턴 조던이 카터에게 한 보고, Container 34a, Foreign Policy/ Domestic Politics Memo, Hamilton Jordan's Confidential Files, Office of the Chief of Staff Files, Jimmy Carter Library, Atlanta, Georgia.

19 Tom W. Smith, "The Polls-American Attitudes Toward the Soviet Union and Communism," Public Opinion Quarterly 47, no. 2, pp.277~292.

20 1978년 2월 10일 파울 마르코프스키와 포노마레프의 대화 기록(CWIHP-DA, http://digitalarchive.wilsoncenter.org/document/110967).

21 1978년 3월 2일 대통령 기자회견(PPP Carter 1978, vol.1, p.442).

22 1978년 3월 2일 국가안전보장회의 특별조정위원회 회의(Jussi M. Hanhimäki and Odd Arne Westad, eds., The Cold War: A History in Documents and Eyewitness Accounts, Oxford: Oxford University Press, 2003, pp.542~544에서 재인용).

23 1979년 1월 29일 카터와 덩샤오핑의 대화 기록(*FRUS 1977-1980*, vol.8, p.768).

24 1979년 1월 29일 카터와 덩샤오핑의 대화 기록(*FRUS 1977-1980*, vol.8, p.747).

25 1979년 1월 29일 카터와 덩샤오핑의 대화 기록(*FRUS 1977-1980*, vol.8, p.770).

26 1979년 6월 15일 카터와 브레즈네프의 대화 기록(*FRUS 1977-1980*, vol.6, p.551).

27 1979년 6월 16일 카터와 브레즈네프의 대화 기록(*FRUS 1977-1980*, vol.6, p.578, p.581).

28 Hamid Algar, ed., *Islam and Revolution: Writings and Declarations of Imam Khomeini*, Berkeley, CA: Mizan Press, 1981, pp.300~306.

29 Lysebu I, p.34.

30 1980년 1월 4일 지미 카터 텔레비전 연설(*PPP Carter 1980-81*, vol.1, p.22).

31 Jimmy Carter, "State of the Union Address," 23 January 1980, *PPP Carter 1980*, vol.1, p.196.

32 1980년 1월 4일 지미 카터 텔레비전 연설(*PPP Carter 1980-81*, vol.1, p.24).

33 SIPRI Military Expenditure Database, http://www.sipri.org/research/armaments/milex/milex_database를 보라.

34 Ronald Reagan, "Address Accepting the Presidential Nomination at the Republican National Convention in Detroit," 17 July 1980, The American Presidency Project, http://www.presidency.ucsb.edu/ws/?pid=25970.

35 "Toasts of the President and Prime Minister Margaret Thatcher of the United Kingdom at the Dinner Honoring the President," 27 February 1981, The American Presidency Project, http://www.presidency.ucsb.edu/ws/index.php?pid=43471. 레이건의 당선에 소련이 처음 보인 반응은 1980년 12월 23일 토도르 집코프와 안드레이 그로미코의 대화 기록(f.1b, op.60, an.277, pp.1~22, CDA, Sofia)을 보라.

36 Steve Coll, *Ghost Wars: The Secret History of the CIA, Afghanistan, and Bin Laden, from the Soviet Invasion to September 10, 2001*, New York: Penguin, 2004, p.99에서 재인용.

37 산디니스타가 소련과 동유럽에 무엇을 원했는지, 1979년 10월 18일, 19일 니카라과 해외원조 장관 헨리 루이스와 불가리아공산당 부주석 알렉산다르 릴로프의

대화 기록(f.1b, op.60, an.257, pp.1~83, CDA, Sofia)을 보면 대략 알 수 있다. 카스트로의 견해는 1979년 4월 7~11일 아바나에서 피델 카스트로와 토도르 집코프가 대화한 내용의 요약(f.1b, op.66, an.1674, pp.23~35, CDA, Sofia)을 보라.

38 1981년 3월 3일 CBS News 기자 월터 크롱카이트와 인터뷰한 내용에서 발췌(*PPP Reagan 1981*, p.191).

19 유럽의 불길한 징조

1 "Stasi Note on Meeting Between Minister Mielke and KGB Chairman Andropov," 11 July 1981, CWIHP-DA, http://digitalarchive.wilsoncenter.org/document/115717.

2 Silvio Pons, "The Rise and Fall of Eurocommunism," in *The Cambridge History of the Cold War*, ed. Melvyn P. Leffler and Odd Arne Westad, Cambridge: Cambridge University Press, 2010, vol.2, p.55에서 재인용.

3 Kristina Spohr, *The Global Chancellor: Helmut Schmidt and the Reshaping of the International Order*, Oxford: Oxford University Press, 2016, p.111에서 재인용.

4 1983년 9월 5일 로널드 레이건 텔레비전 연설(*PPP Reagan 1983*, p.1227).

5 Nate Jones, "First Page of Paramount Able Archer 83 Report Declassified by British Archive," 27 October 2014, https://nsarchive.wordpress.com/2014/10/27/first-page-of-paramount-able-archer-83-report-declassified-by-british-archive-remainder-of-the-detection-of-soviet-preparations-for-war-against-nato-withheld/에서 재인용. Nate Jones, ed., *Able Archer 83: The Secret History of the NATO Exercise That Almost Triggered Nuclear War*, New York: New Press, 2016도 보라.

6 1979년 6월 2일 바르샤바에서 성하 요한 바오로 2세의 설교(https://w2.vatican.va/content/john-paul-ii/en.html).

7 "Session of the CPSU CC Politburo," 10 December 1981, CWIHP-DA, http://digitalarchive.wilsoncenter.org/document/110482.

8 Interviews, http://www.academia.edu/7966890/Interviews_about_travelling_to_

West_under_communism_Hungary_in_Europe_Divided_-_Then_and_Now.

9 Declaration of Charter 77, 1 January 1977, https://chnm.gmu.edu/1989/
   archive/files/declaration-of-charter-77_4346bae392.pdf.

10 Plastic People of the Universe, "Komu je dnes dvacet", http://www.karaoketexty.
   cz/texty-pisni/plastic-people-of-the-universe-the/komu-je-dnes-
   dvacet-188129.

11 1975년 12월 10일 오슬로 수락 연설(http://www.nobelprize.org/nobel_prizes/peace/
   laureates/1975/sakharov-acceptance.html).

12 "Solemn Declaration on European Union(Stuttgart, 19 June 1983)," *Bulletin of
   the European Communities*, no. 6 (June), 1983, pp.24~29. 1970년대 말의 전
   개를 개관한 책은 N. Piers Ludlow, *Roy Jenkins and the European Commission
   Presidency, 1976-1980: At the Heart of Europe*, London: Palgrave Macmillan,
   2016이다.

13 1986년 12월 9일 대처의 유럽의회 연설(http://www.margaretthatcher.org/
   document/106534).

14 Ian Glover-James, "Falklands: Reagan Phone Call to Thatcher," *Sunday Times*, 8
   March 1992에서 재인용.

15 James M. Markham, "Germans Enlist Poll-Takers in Missile Debate," *New York
   Times*, 23 September 1983.

16 Christopher Flockton, Eva Kolinsky, and Rosalind M. O. Pritchard, *The New
   Germany in the East: Policy Agendas and Social Developments since Unification*,
   London: Taylor & Francis, 2000, p.178에서 재인용.

17 "Tagesprotokoll, 32. Bundesparteitag, Mai 1984, Stuttgart, CDU," at www.kas.
   de/Protokolle_Bundesparteitage.

18 Entry for 18 November 1983, Ronald Reagan, *The Reagan Diaries*, New York:
   HarperCollins, 2007, p.199.

1 Yegor Gaidar, *Collapse of an Empire: Lessons for Modern Russia*, Washington, DC: Brookings Institution Press, 2010을 보라.

2 Interview with Dr. Charles Cogan, August 1997, National Security Archive, http://nsarchive.gwu.edu/coldwar/interviews/episode-20/cogan1.html.

3 Boland amendment, Public Law 98-473, 12 October 1984, uscode.house.gov/statutes/pl/98/473.pdf.

4 Malcolm Byrne, *Iran-Contra: Reagan's Scandal and the Unchecked Abuse of Presidential Power*, Lawrence: University Press of Kansas, 2014, p.45에서 재인용.

5 1985년 3월 11일 소련공산당 중앙위원회 정치국 회의(http://digitalarchive.wilson center.org/document/120771).

6 Mikhail Gorbachev, *Memoirs*, New York: Doubleday, 1996, pp.102~103.

7 1985년 4월 4일 소련공산당 중앙위원회 정치국 회의(NSA-DA, nsarchive.gwu.edu/NSAEBB/NSAEBB172/Doc8.pdf).

8 "Conference of Secretaries of the CC CPSU," 15 March 1985, CWIHP-DA, http://digitalarchive.wilsoncenter.org/document/121966.

9 1985년 3월 11일 레이건이 고르바초프에게 보낸 친서(NSA-DA, http://nsarchive.gwu.edu/dc.html?doc=2755702-Document-02).

10 Entry for 10 October 1983, Ronald Reagan, *The Reagan Diaries*, New York: HarperCollins, 2007, p.186.

11 1984년 1월 25일 레이건 연두교서(*PPP Reagan 1984*, vol.1, p.93).

12 1985년 11월 20일 제네바에서 레이건과 고르바초프가 대화한 기록(Svetlana Savranskaya and Thomas Blanton, eds., *The Last Superpower Summits. Gorbachev, Reagan, and Bush. Conversations that Ended the Cold War*, Budapest: Central European Press, 2016, p.112).

13 Mikhail Gorbachev, *Political Report of the CPSU Central Committee to the 27th Party Congress*, Moscow: Novosti, 1986, pp.5~6.

14 1986년 6월 26일 소련공산당 중앙위원회 정치국 회의(Notes of Anatoly S.

943

Chernyaev, NSA-DA, http://nsarchive.gwu.edu/NSAEBB/NSAEBB272/Doc%204%20 1986.06.26%20Politburo%20Session%20on%20Afganistan.pdf). 4개월 뒤 고르바초프 는 다른 지도자들에게 소련이 "1년이나 최대 2년 안에 병력을 철수해야 한다"라 고 말했다.

15 1986년 11월 13일 정치국 회의(Notes of Anatoly S. Chernyaev, NSA-DA, http://nsarchive.gwu.edu/NSAEBB/NSAEBB272/Doc%205%201986-11-13%20 Politburo%20on%20Afghanistan.pdf).

16 1986년 10월 12일 (오후) 레이캬비크에서 열린 레이건과 고르바초프의 정상회담 녹취(published in FBIS-USR-93-121, 20 September 1993).

17 "Excerpts from a speech given by Mikhail Gorbachev to the Central Committee of the Communist Party of the Soviet Union," http://chnm.gmu.edu/tah-loudoun/blog/psas/end-of-the-cold-war/.

18 "Soviets Admit Blame in Massacre of Polish Officers in World War II," *New York Times*, 13 April 1990.

19 N. Andreeva, "Ne mogu postupatsia printsipami", *Sovetskaia Rossiia*, 13 March 1988.

20 1986년 10월 3일 고르바초프와 호네커의 대화 기록(*Chronik der Mauer*, http://www.chronik-der-mauer.de/material/178876/niederschrift-ueber-ein-gespraech-zwischen-erich-honecker-und-michail-gorbatschow-3-oktober-1986).

21 "The Diary of Anatoly S. Chernyaev, 1987-1988," translated and edited by Svetlana Savranskaya(이하 Cherniaev Diaries), NSA-DA, http://nsarchive.gwu.edu/NSAEBB/NSAEBB250/index.htm.

22 David H. Shumaker, *Gorbachev and the German Question: Soviet-West German Relations, 1985-1990*, Westport, CT: Greenwood Publishing Group, 1995, p.36 에서 재인용.

23 Reagan, "Remarks and a Question-and-Answer Session with the Students and Faculty at Moscow State University," 31 May 1988, *PPP Reagan 1988*, vol.1, p.687.

24 Stanley Meisner, "Reagan Recants 'Evil Empire' Description," *Los Angeles Times*,

1 June 1988에서 재인용.

25 Igor Korchilov, *Translating History: 30 Years on the Front Lines of Diplomacy with a Top Russian Interpreter*, New York: Simon and Schuster, 1999, p.167에서 재인용.

26 1988년 6월 1일 고르바초프와 레이건의 대화 기록(NSA-DA, http://nsarchive.gwu.edu/NSAEBB/NSAEBB251/).

27 Amin Saikal and William Maley, eds., *The Soviet Withdrawal from Afghanistan*, Cambridge: Cambridge University Press, 1989, p.19에서 재인용.

28 Archie Brown, "Did Gorbachev as General Secretary Become a Social Democrat?," *Europe-Asia Studies* 65, no. 2, 2013, p.209에서 재인용.

29 1989년 10월 17일 고르바초프와 브란트의 대화 기록(NSA-DA, nsarchive.gwu.edu/NSAEBB/NSAEBB293/doc06.pdf).

21 전 지구적 전환

1 2013년 10월 런던에서 지은이와 대화한 대사 우졘민吳建民.

2 *Selected Works of Deng Xiaoping, 1982-1992*, Beijing: Foreign Languages Press, 1994, p.174.

3 Ezra F. Vogel, *Japan as Number One: Lessons for America*, Cambridge, MA: Harvard University Press, 1979([한국어판] 에즈라 F. 보겔 지음, 이주영 옮김, 《우리가 일본에서 배울 것은》, 조선일보사출판국, 1991), p.vii.

4 Paul Kennedy, *The Rise and Fall of the Great Powers: Economic Change and Military Conflict from 1500 to 2000*, New York: Random House, 1987([한국어판] 폴 케네디 지음, 이왈수·전남석·황건 옮김, 《강대국의 흥망》, 한국경제신문, 1997), pp.467~468.

5 "Cable from Ambassador Katori to the Foreign Minister, 'Prime Minister Visit to China (Conversation with Chairman Deng Xiaoping),'" 25 March 1984, CWIHP-DA, http://digitalarchive.wilsoncenter.org/document/118849.

6 1967년 8월 8일 아세안 방콕선언(Michael Leifer, ed., *Dictionary of the Modern*

Politics of Southeast Asia, 3rd ed., London: Routledge, 2001, p.69).

7   K. Natwar Singh, "Revisiting Russia," *Business Standard*, 5, March 2011에서 재
    인용.

8   John Prados, *Safe for Democracy: The Secret Wars of the CIA*, Chicago, IL: Ivan R.
    Dee, 2006, p.503.

9   *The Philadelphia Inquirer*, 19 December 1988에서 재인용.

10 Cherniaev Diaries, 1989, http://nsarchive.gwu.edu/NSAEBB/NSAEBB275/.

11 Kevin J. Middlebrook and Carlos Rico, *The United States and Latin America in
    the 1980s*, Pittsburgh, PA: University of Pittsburgh Press, 1986, p.50을 보라.

12 "Serbian Academy of Arts and Sciences (SANU) Memorandum 1986," Making
    the History of 1989, https://chnm.gmu.edu/1989/items/show/674.

13 Abdullah Azzam, "Defense of the Muslim Lands," https://archive.org/stream/
    Defense_of_the_Muslim_Lands/Defense_of_the_Muslim_Lands_djvu.txt.

22 유럽의 현실

1   Reagan, "Farewell Address to the Nation," 11 January 1989, *PPP Reagan 1988-
    89*, vol.2, p.1720.

2   National Security Review 3, 15 February 1989, GHW Bush Library, https://
    bush41library.tamu.edu/archives/nsr.

3   Sarah B. Snyder, "Beyond Containment? The First Bush Administration's
    Sceptical Approach to the CSCE," *Cold War History* 13, no. 4, 2013, p.466에서
    재인용.

4   1989년 4월 5일 고르바초프와 대처의 대화 기록(NSA-DA, http://nsarchive.gwu.
    edu/NSAEBB/NSAEBB422/).

5   1989년 체르냐예프 일기, http://nsarchive.gwu.edu/NSAEBB/NSAEBB275/.

6   가장 훌륭히 개관한 책은 Serhii Plokhy, *Last Empire: The Final Days of the Soviet
    Union*, New York: Basic Books, 2014이다.

7   "Excerpts from debate between Lech Walesa and Alfred Miodowicz, 30

November 1988," Making the History of 1989, https://chnm.gmu.edu/1989/items/show/540.

8   Mark Kramer, "The Demise of the Soviet Bloc," *Journal of Modern History* 83, no. 4, 2011, p.804에서 재인용.

9   Viktor Orbán, "The Reburial of Imre Nagy," in *The Democracy Reader*, ed. Diane Ravitch and Abigail Thernstrom, New York: HarperCollins, 1992, p.249.

10 Sergey Radchenko, *Unwanted Visionaries: The Soviet Failure in Asia at the End of the Cold War*, Oxford: Oxford University Press, 2014, p.161에서 재인용.

11 Sergey Radchenko, *Unwanted Visionaries: The Soviet Failure in Asia at the End of the Cold War*, Oxford: Oxford University Press, 2014, p.163에서 재인용.

12 Sergey Radchenko, *Unwanted Visionaries: The Soviet Failure in Asia at the End of the Cold War*, Oxford: Oxford University Press, 2014, p.167에서 재인용.

13 Odd Arne Westad, "Deng Xiaoping and the China He Made," in *Makers of Modern Asia*, ed. Ramachandra Guha, Cambridge, MA: Harvard University Press, 2014, pp.199~214에서 재인용.

14 Mark Kramer, "The Demise of the Soviet Bloc," p.827에서 재인용.

15 Mark Kramer, "The Demise of the Soviet Bloc," p.828쪽.

16 Cherniaev Diaries, 1989, http://nsarchive.gwu.edu/NSAEBB/NSAEBB275/.

17 "From the Conversation of M. S. Gorbachev and François Mitterrand," 5 July 1989, Making the History of 1989, https://chnm.gmu.edu/1989/items/show/380.

18 Mary Elise Sarotte, *The Collapse: The Accidental Opening of the Berlin Wall*, New York: Basic Books, 2014, pp.146~149를 보라.

19 페트라 루더Petra Ruder의 말(Kai Diekmann and Ralf Georg Reuth, eds., *Die längste Nacht, der grösste Tag: Deutschland am 9. November 1989*, Munich: Piper, 2009, p.167에서 재인용).

20 1989년 11월 28일 헬무트 콜의 독일 통일을 위한 10개조 계획(German History in Documents and Images, http://germanhistorydocs.ghi-dc.org/docpage.cfm?docpage_id=118).

21 R.C. Longworth, "France Stepping Up Pressure For A United States Of Europe," *Chicago Tribune*, 30 October 1989에서 재인용.

22 1990년 1월 20일 찰스 파월Charles Powell이 스티븐 월Stephen Wall에게 보 낸 편지, Margaret Thatcher Foundation, http://www.margaretthatcher.org/ document/113883.

23 Frédéric Bozo, *Mitterrand, the End of the Cold War and German Unification*, New York: Berghahn Books, 2009를 보라.

24 1989년 11월 29일 부시와 콜의 통화 기록[Memcons and Telcons, https:// bush41library.tamu.edu/archives/memcons-telcons(이하 Bush Memcons), Bush Library].

25 Mary Sarotte, *1989: The Struggle to Create Post-Cold War Europe*, Princeton, NJ: Princeton University Press, 2009, p.111에서 재인용.

26 "Hungary Declares Independence," *Chicago Tribune*, 25 October 1989에서 재인 용.

27 Steven Greenhouse, "350,000 at Rally Cheer Dubcek," *New York Times*, 25 November 1989에서 재인용.

28 "New Year's Address to the Nation, 1990," Havel's Selected Speeches and Writings, http://old.hrad.cz/president/Havel/speeches/index_uk.html.

29 1989년 12월 21일 영상 녹화 사본, https://www.youtube.com/watch?v=wWIb Ctz_Xwk.

30 1989년 12월 2일 첫 번째 회담 대화 기록(Bush Memcons, Bush Library).

31 영상 녹화 사본, https://www.youtube.com/watch?v=UKtdBAJGK9I.

32 Supreme Council of the Republic of Lithuania, "Act on the Re-establishment of the Independent State of Lithuania," 11 March 1990, http://www.lrkt.lt/en/ legal-information/lithuanias-independence-acts/act-of-11-march/366.

33 Bridget Kendall, "Foreword," Irina Prokhorova, ed., *1990: Russians Remember a Turning Point*, London: MacLehose, 2013, p.12에서 재인용.

34 Archie Brown, "Did Gorbachev as General Secretary Become a Social Democrat?," *Europe-Asia Studies* 65, no. 2, 2013, pp.198~220에서 재인용.

35 Hanns Jürgen Küsters, "The Kohl-Gorbachev Meetings in Moscow and in the

Caucasus, 1990," *Cold War History* 2, no. 2, 2002, pp.195~235에서 재인용.

36 "Treaty on the Final Settlement with Regard to Germany," *United Nations Treaty Series*, vol.1696, I-29226.

37 "Address given by Hans-Dietrich Genscher at the signing of the Two Plus Four Treaty," 12 September 1990, CVCE website, http://www.cvce.eu/obj/address_given_by_hans_dietrich_genscher_at_the_signing_of_the_two_plus_four_treaty_moscow_12_september_1990-en-e14baf8d-c613.4c0d-9816.8830a7f233e6.html.

38 1989년 6월 28일 코소보 평원에서 밀로셰비치가 연설한 내용(http://www.slobodan-milosevic.org/spch-kosovo1989.htm).

39 David Thomas Twining, *Beyond Glasnost: Soviet Reform and Security Issues*, Westport, CT: Greenwood, 1992, p.26에서 재인용.

40 1991년 1월 18일 통화 기록(Bush Memcons, Bush Library).

41 Bush, "Remarks to the Supreme Soviet of the Republic of Ukraine," 1 August 1991, *PPP Bush 1991*, vol.2, p.1007.

42 "Yeltsin's address to the Russian people," 19 August 1991, https://web.viu.ca/davies/H102/Yelstin.speech.1991.htm.

43 *New York Times*, 24 August 1991에서 재인용.

44 Soglashenie o Sozdanii Sodruzhestva Nezavisimykh Gosudarstv, 8 December 1991, http://www.worldcourts.com/eccis/rus/conventions/1991.12.08_Agreement_CIS.htm.

45 "End of the Soviet Union: Text of Gorbachev's Farewell Speech," *New York Times*, 26 December 1991.

46 1991년 12월 25일 고르바초프와 부시의 통화 기록(Bush Memcons, Bush Library).

47 Andrei S. Grachev, *Final Days: The Inside Story of the Collapse of the Soviet Union*, Boulder, CO: Westview, 1995, p.192.

주

에필로그 냉전이 만든 세계

1   Constantine Pleshakov, *There Is No Freedom Without Bread!: 1989 and the Civil War that Brought Down Communism*, New York: Farrar, Straus and Giroux, 2009.

2   "Russians Name Brezhnev Best 20th-Century Leader, Gorbachev Worst," 22 May 2013, *Russia Today*, https://www.rt.com/politics/brezhnev-stalin-gorbachev-soviet-638/.

3   Chuck Sudetic, "Evolution in Europe: Bulgarian Communist Stalwart Says He'd Do It All Differently," *New York Times*, 28 November 1990에서 재인용.

4   Wilfried Loth, *Die Teilung der Welt: Geschichte des Kalten Krieges 1941-1955*, Munich: Deutscher Taschenbuch-Verlag, 1980.

5   François Genoud, ed., *The Testament of Adolf Hitler; the Hitler-Bormann Documents, February-April 1945*, London: Cassell, 1961, p.103.

6   1985년 12월 11일 예브게니 차조프Yevgeny Chazov 노벨상 수상 강연(https://www.nobelprize.org/nobel_prizes/peace/laureates/1985/physicians-lecture.html).

7   Depeche Mode (Alan Wilder), "Two Minute Warning," from *Construction Time Again*, Mute Records, 1983.

해제 현재사로서의 냉전사

1   오드 아르네 베스타 지음, 문명기 옮김, 《잠 못 이루는 제국》, 까치, 2014; 오드 아르네 베스타 지음, 옥창준 외 옮김, 《냉전의 지구사》, 에코리브르, 2020; 오드 아르네 베스타 지음, 옥창준 옮김, 《제국과 의로운 민족》, 너머북스, 2022. 베스타 작업에 대한 서평으로는 류기현, 〈냉전 연구의 탈중심화를 향하여〉, 《인문논총》 77-3, 2020; 노경덕, 〈구식 냉전연구와 신식 냉전사〉, 《역사비평》 134, 2021; 백승욱, 〈냉전 시대 연구의 심화 작업, 그러나 냉전 시각에서 벗어났는가?〉, 《통일과 평화》 14-2, 2022.

2   Odd Arne Westad, "Cold War and Revolution: Soviet-American Rivalry and the

Origins of the Chinese Civil War, 1944~1946," University of North Carolina at Chapel Hill, 1990.

3   최근 베스타는 중국의 개혁개방을 다루는 '거대한 전환'이라는 제목의 책을 천 젠과 함께 썼다. Odd Arne Westad and Chen Jian, *The Great Transformation: China's Road From Revolution to Reform*, Yale University Press, 2024.

4   Odd Arne Westad, "Introduction: Reviewing the Cold War," Odd Arne Westad ed., *Reviewing the Cold War: Approaches, Interpretations, Theory*, Frank Cass, 2000, p.19. 이 책은 1998년 노벨 심포지움Nobel Symposia의 결과물이기도 하다.

5   마이클 H. 헌트 지음, 권용립·이현휘 옮김, 《이데올로기와 미국 외교》, 산지니, 2007, 54쪽.

6   Odd Arne Westad, "Introduction: Reviewing the Cold War," Odd Arne Westad ed., *Reviewing the Cold War: Approaches, Interpretations, Theory*, Frank Cass, 2000, p.19.

7   J. M. 로버츠·O. A. 베스타 지음, 노경덕 외 옮김, 《세계사 I》, 까치, 2015; J. M. 로버츠·O. A. 베스타 지음, 노경덕 외 옮김, 《세계사 II》, 까치, 2015.

8   Melvyn P. Leffler and Odd Arne Westad eds., *The Cambridge History of the Cold War*, Cambridge University Press, 2010. 제1권 기원들, 제2권 위기와 데탕 트, 제3권 결말들로 구성된 《케임브리지 냉전사》에 대한 예리한 평가로는 노경덕, 〈냉전 연구의 새로운 시각과 관점〉, 《통일과 평화》 3-2, 2011 참조.

9   Odd Arne Westad, "The Cold War and the international history of the twentieth century," Melvyn P. Leffler and Odd Arne Westad eds., *The Cambridge History of the Cold War: Vol. 1, Origins*, Cambridge University Press, 2010, p.2.

10   물론 베스타는 다원주의적 접근법의 유용성을 인정한다. 베스타가 유일하게 비판 하는 것은 냉전의 한 부분에만 천착하여 이와 같은 부분이 전체를 설명할 수 있다 는 환원주의적 태도였다. Odd Arne Westad, "Exploring the Histories of the Cold War: A Pluralist Approach," John Isaac and Ducan Bell eds., *Uncertain Empire: American History and the Idea of the Cold War*, Oxford University Press, 2012.

11   냉전 개념의 모순성과 이에 대한 의미론적 투쟁에 대해서는 권헌익 지음, 이한중 옮김, 《또 하나의 냉전》, 민음사, 2015, 제1장 서론을 보라.

12 Odd Arne Westad, "The Cold War and the international history of the twentieth century," *Reviewing the Cold War: Approaches, Interpretations, Theory*, Frank Cass, 2000, p.19.

찾아보기

954

955

957

찾아보기

ㅈ ————————————————

973